El gran libro de SolidWorks® Simulation

El gran libro de SolidWorks® Simulation

Sergio Gómez González

Marcombo

El gran libro de SolidWorks® Simulation

Primera edición, 2017

Diseño cubierta: NDENU DISSENY GRÀFIC

ISBN: 978-84-267-2371-0

DL: B-15612-2016

Impreso en Grafo

Printed in Spain

A Julián, mi padre.

A Toñi, mi madre.

Cómo obtener una versión demo gratuita de SolidWorks Education

Por favor, vaya al siguiente enlace para solicitar una licencia temporal de SolidWorks Education:

http://www.solidworks.es/elgranlibrodesolidworkssimulation

Índice General

Capítulo 1
Conceptos previos

Introducción

SolidWorks **Simulation** es una herramienta de validación de diseño integrada en **Solid**Works que permite simular el comportamiento de piezas y ensamblajes mediante la aplicación del **análisis por elementos finitos (FEA)**.

Al estar perfectamente integrada en **Solid**Works puede modificar la geometría del modelo 3D y volver a ensayarlo bajo diferentes condiciones de contorno (distintos materiales, cargas, mallado, etc.) tantas veces como crea necesario hasta encontrar el modelo que mejor se ajusta a las necesidades requeridas.

En este primer capítulo se describen los conceptos básicos de la teoría de los elementos finitos (FEA) y los distintos estudios disponibles en la versión **Solid**Works **Premium**: **Análisis estático**, de **Frecuencia**, **Pandeo**, **Térmico**, de **Fatiga**, de **Recipientes a presión** y los estudios de **Dinámica lineal** y **No lineal**.

Con **Solid**Works puede diseñar productos y con **Solid**Works **Simulation** puede validar su correcto comportamiento, con lo que se reducen el coste de los ensayos y el tiempo de lanzamiento.

Contenido

- Introducción a **Solid**Works **Simulation**.
- Conceptos básicos del método de análisis por elementos finitos (FEA).
- Tipos de estudio: **Análisis estático**, de **Frecuencia**, **Pandeo**, **Térmico**, de **Fatiga**, de **Recipientes a presión**.
- Estudios de **Dinámica lineal** y **No lineal**.
- Descripción del entorno, teclas rápidas y gestor de simulación (AnalysisManager).
- Etapas en la creación de un estudio.

1.1 Introducción

SolidWorks **Simulation** es una herramienta de validación de diseño integrada en **Solid**Works muy útil en la simulación del comportamiento de piezas y ensamblajes mediante la aplicación del **análisis por elementos finitos (FEA)**.

Su uso permite estudiar el comportamiento mecánico y térmico de un modelo de pieza o ensamblaje bajo ciertas condiciones de servicio sin necesidad de crear un prototipo físico real del mismo. Con este tipo de validación virtual es posible evaluar el comportamiento de su modelo de forma rápida y económica sin tener que invertir recursos en ensayos destructivos.

Al estar integrada en **Solid**Works puede modificar la geometría del modelo 3D y volver a ensayarlo bajo diferentes condiciones de contorno (distintos materiales, cargas, mallado, etc.) tantas veces como crea necesario hasta encontrar el modelo que mejor se ajusta a las necesidades requeridas.

Los estudios disponibles en la versión **Solid**Works **Professional** permiten crear **Análisis estático**, de **Frecuencia**, **Pandeo**, **Térmicos**, de **Fatiga** y de **Recipientes a presión**. Los estudios de **Dinámica lineal** y **No lineal** son exclusivos de **Solid**Works **Premium**. **Solid**Works **Simulation** emplea los mejores *solvers* de **análisis de elementos finitos (FEA)** creados especialmente para el entorno Microsoft Windows®.

Con **Solid**Works puede diseñar productos y con **Solid**Works **Simulation** puede validar su correcto comportamiento, con lo que se reducen el coste de los ensayos y el tiempo de lanzamiento.

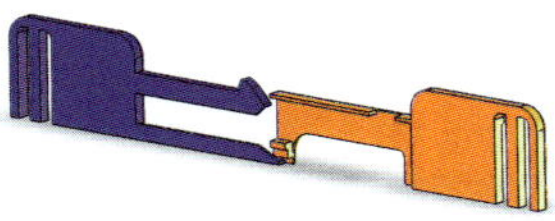

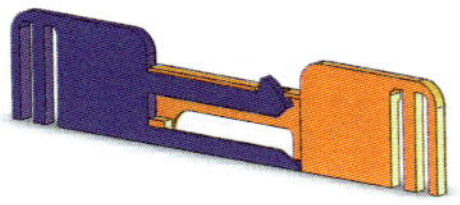

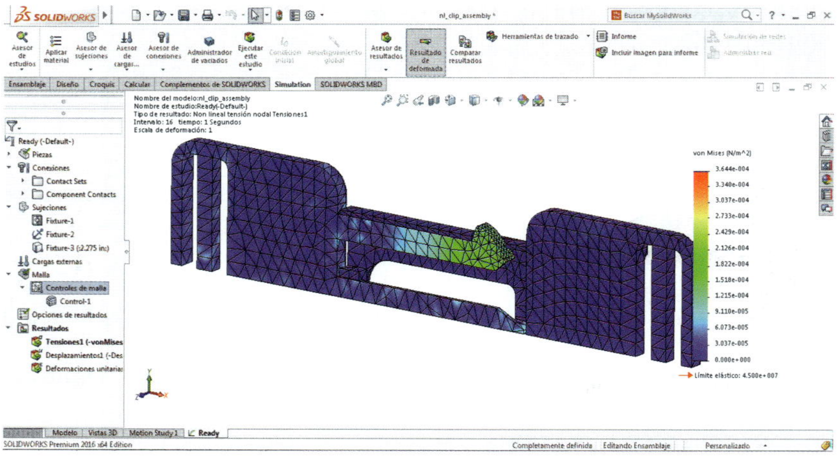

SolidWorks **Simulation** está completamente integrado en CAD **Solid**Works. Las dos aplicaciones informáticas de CAD y CAE han sido desarrolladas para el sistema operativo *Windows*® y la integración entre ellos es perfecta. Puede realizar cualquier análisis de simulación en su modelo de pieza o ensamblaje, modificar su geometría en función de los resultados obtenidos y volver a ensayar, sin la necesidad de cambiar de aplicación informática ni importar/exportar modelos o mallas.

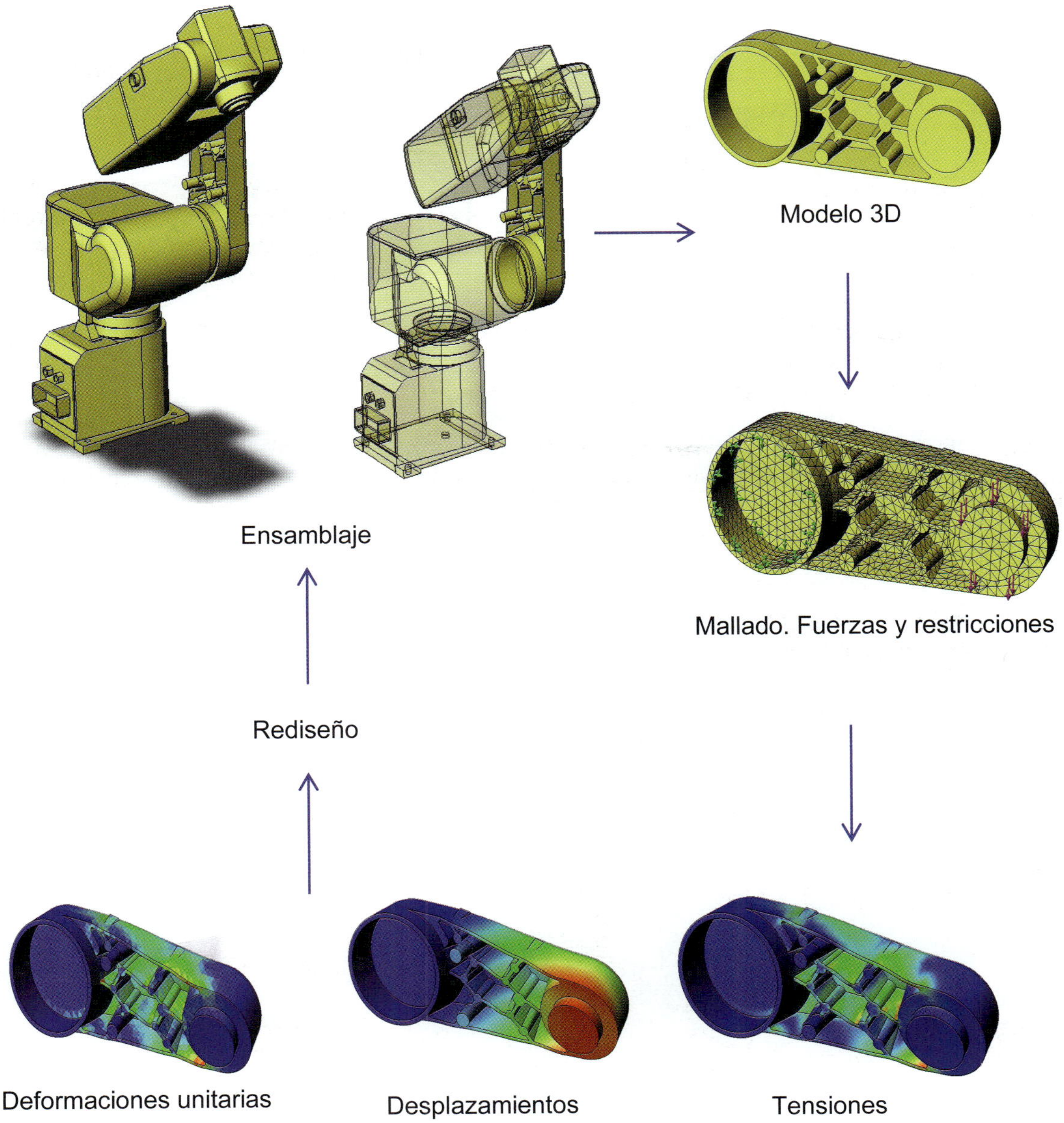

> No fundamente sus decisiones de diseños únicamente en los resultados obtenidos con **Solid**Works **Simulation**. Utilice esta información junto con datos experimentales y con la experiencia práctica. Las pruebas de campo son de obligado cumplimiento para validar su diseño definitivo. Este software le ayuda a reducir el tiempo de salida al mercado de sus productos, aunque sin llegar a eliminar las pruebas de campo por completo. *Dassault Systèmes SolidWorks Corp.*

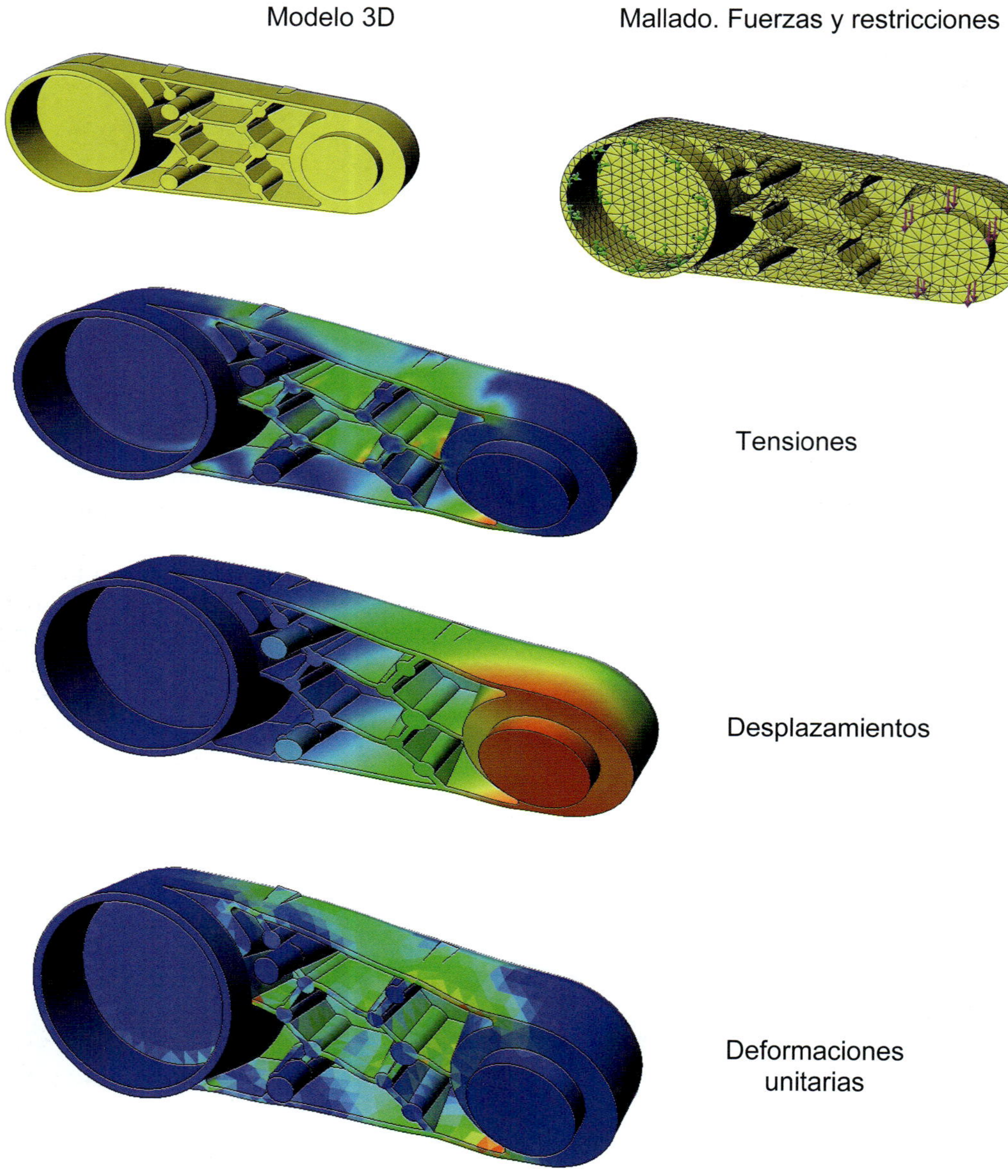

1.2 Método de los elementos finitos (MEF)

SolidWorks **Simulation** analiza los modelos mediante el **método de los elementos finitos** (FEM, *Finite Element Method*). FEM es un método numérico de cálculo empleado en la resolución de ecuaciones diferenciales parciales muy utilizado en diversos problemas de ingeniería, como es el análisis de tensiones o el análisis estático, térmico, análisis de fatiga y no lineal, entre otros. Se considera el método de análisis estándar más usado debido a su generalidad y compatibilidad para ser implementado en cualquier tipo de ordenador.

El método se basa en dividir el modelo o la geometría a validar en múltiples partes de pequeño tamaño denominadas "**Elementos**". La división del modelo 3D en pequeñas partes divide un problema complejo en muchos problemas de mayor simplicidad que se pueden resolver de forma simultánea en menos tiempo. Los elementos comparten entre sí puntos comunes de intersección llamados "**Nodos**".

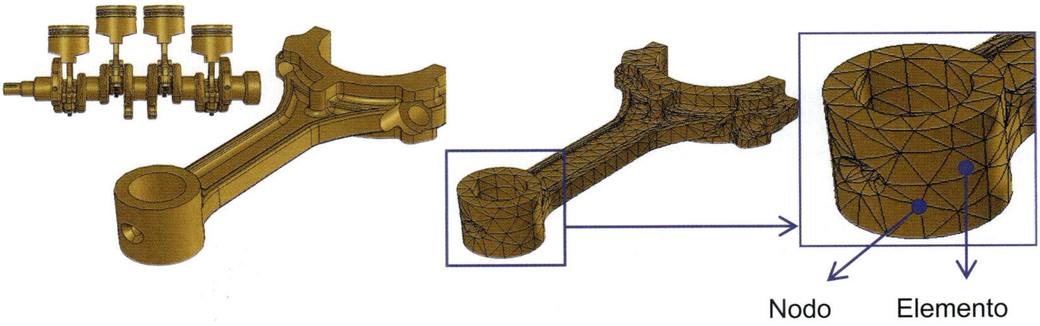

Los programas basados en FEM formulan ecuaciones matemáticas que rigen el comportamiento de cada uno de los elementos teniendo en cuenta su conectividad con los demás elementos a través de los nodos. Las ecuaciones matemáticas empleadas en un **estudio estático** definen los desplazamientos de cada uno de los nodos en las direcciones X, Y y Z en función de la carga, las restricciones de movimiento y las propiedades mecánicas del material empleado, entre otros aspectos. El desplazamiento de cada uno de los nodos permite al programa calcular las deformaciones unitarias en las diferentes direcciones y las tensiones resultantes.

Finalmente, el **postprocesado** representa el modelo tridimensional con una gama de colores que indican las tensiones y deformaciones sufridas bajo las condiciones de contorno definidas (**Sujeciones**, **Material** y **Cargas**). La aplicación FEM se puede emplear en otros estudios: estudios térmicos, de fatiga, caída, etc.

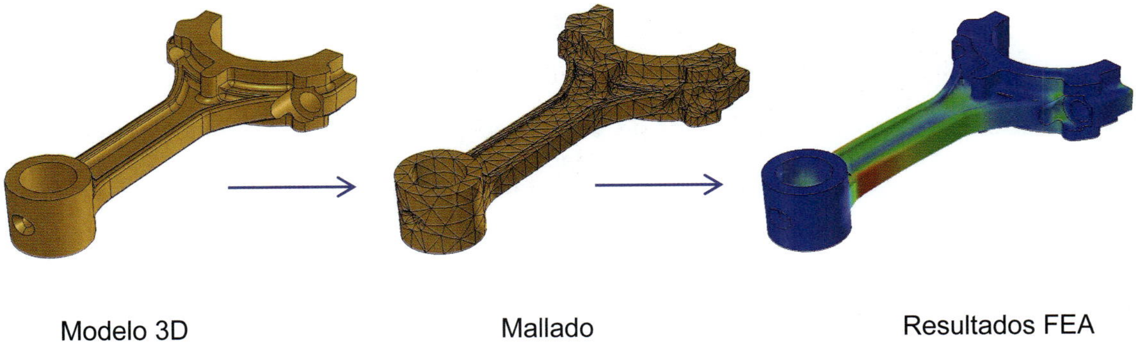

El proceso de división del modelo a evaluar en pequeños elementos de formas simples se denomina **Mallado**.

En el caso del **análisis estático**, **Solid**Works **Simulation** formula las ecuaciones matemáticas que definen el comportamiento de cada elemento y su conectividad con el resto. Las ecuaciones tienen en cuenta las cargas impuestas (fuerzas, presiones, etc.), las restricciones de movimiento del modelo (sujeciones) y las propiedades mecánicas del material. La resolución de cada una de las ecuaciones planteadas para cada uno de los elementos permite conocer los desplazamientos de todos ellos, así como las tensiones y las deformaciones unitarias. Las herramientas de **postprocesado** pintan, con diferentes colores, los resultados sobre el mismo modelo tridimensional.

1.3 Estudios realizados por SolidWorks Simulation

SolidWorks **Simulation** puede realizar los siguientes tipos de estudios: Estático, Estudio de frecuencia, Pandeo, Térmico, Caída, Fatiga, No lineal, Dinámica lineal o Diseño de recipiente a presión. En cada uno de ellos las ecuaciones matemáticas aplicadas difieren en función del análisis realizado.

1.3.1 Análisis estático

El **análisis estático** permite conocer cómo se deforma el modelo ensayado bajo la acción de cargas y como estas se transmiten a través del mismo. El análisis calcula los desplazamientos, las deformaciones unitarias, las tensiones y las fuerzas de reacción que se producen sobre el modelo estudiado cuando se somete a la acción de cargas y a unas restricciones de movimiento (sujeciones).

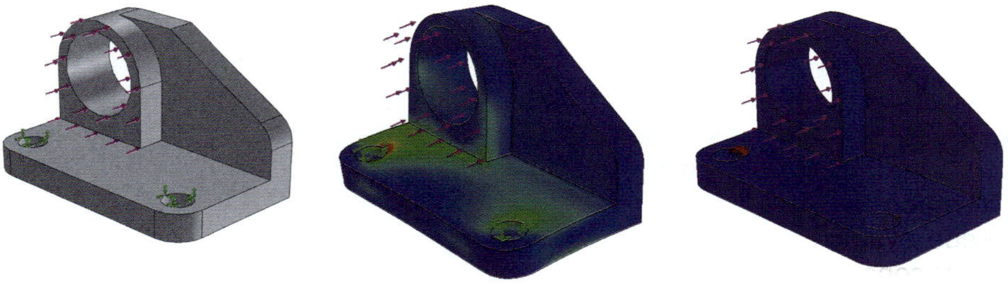

La simulación permite evaluar el **factor de seguridad (FS)** y rediseñar el modelo para evitar el fallo en las zonas con tensiones elevadas. Un **factor de seguridad (FS)** inferior a la unidad indica un error en el material. Los errores en el material se representan con color rojo en el postprocesado.

Cuando el **factor de seguridad** es mayor a la unidad, el modelo se encuentra sometido a bajas tensiones y tiene la posibilidad de eliminar material y reducir su peso (optimización). El **análisis estático** se puede aplicar tanto a piezas como a ensamblajes. Para mayor información, consulte el Capítulo 2.

El **análisis estático** no tiene en cuenta las fuerzas inerciales y supone un comportamiento lineal en el material simulado. (El material recupera la forma original cuando deja de aplicarse la carga).

1.3.2 Estudio de pandeo y frecuencia

Un sólido alterado de su posición de descanso tiende a vibrar con ciertas frecuencias denominadas naturales o resonantes. La frecuencia natural más baja se denomina frecuencia fundamental. Para cada frecuencia natural, el sólido adquiere una determinada forma denominada forma modal. El **análisis de frecuencia** calcula las frecuencias naturales y las formas modales asociadas.

Los modelos de gran longitud y pequeña sección, cuando son sometidos a cargas axiales compresivas, sufren grandes deformaciones laterales antes de que se produzca la rotura. Este comportamiento se conoce con el nombre de **pandeo**.

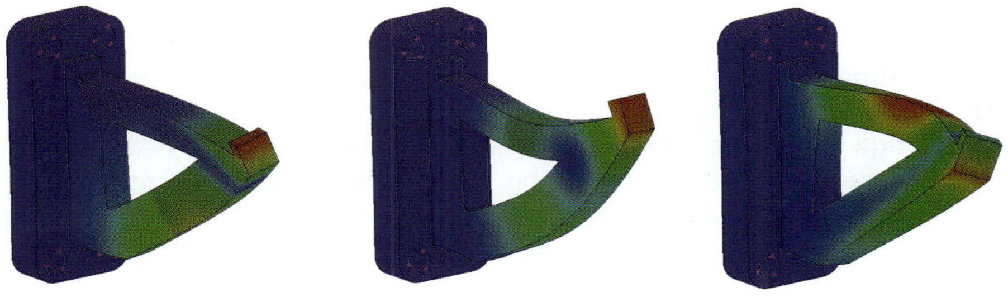

El **análisis de pandeo** y el de **frecuencia** permiten evaluar frecuencias naturales o cargas críticas de pandeo, así como los modos de vibración de sus componentes estructurales o sistemas de soporte. El **análisis de frecuencias**, también conocido como análisis modal o dinámico, calcula las frecuencias resonantes (naturales) y las correspondientes formas modales. El **análisis de pandeo** calcula los factores de carga (crítica) de pandeo y los modos de pandeo correspondientes. Para mayor información, consulte los Capítulos 4 y 5, respectivamente.

1.3.3 Térmico

El **análisis térmico** estudia la transferencia de calor en modelos simples o ensamblajes complejos. Puede evaluar los cambios de temperatura en su modelo tridimensional (gradientes y flujos térmicos) y conocer cómo estos provocan tensiones, deformaciones y desplazamientos en cada uno de los elementos que definen el modelo evaluado.

1.3.4 Estudio de caída

El **estudio de caída** simula el comportamiento de un modelo de pieza o ensamblaje bajo las condiciones de choque producidas por un impacto. Se evalúa el efecto del impacto sobre el modelo cuando cae de una altura determinada o cuando se projecta sobre una superficie fija e inmóvil a una velocidad específica.

Puede obtener gráficos de desplazamiento, velocidades, aceleraciones, deformaciones unitarias y tensiones sobre su modelo, además de conocer su interacción con otro modelo vecino cuando se trata de un ensamblaje. **Solid**Works **Simulation** es el único programa de análisis convencional que ofrece la función de prueba de impacto.

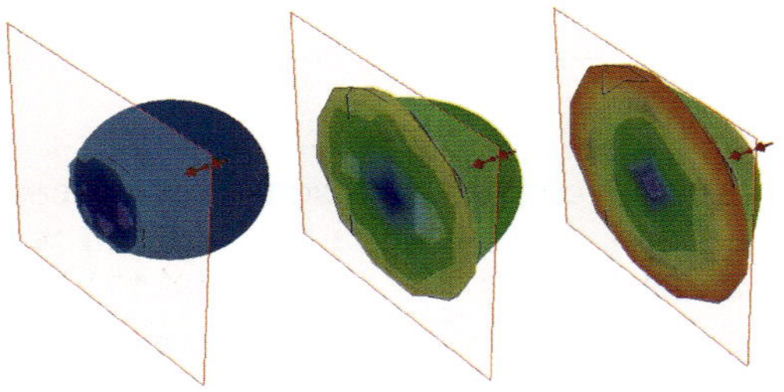

1.3.5 Estudio de fatiga

El **análisis de fatiga** predice el comportamiento del modelo cuando está sometido a cargas mecánicas o térmicas fluctuantes en el tiempo. La simulación indica la forma en que la fatiga afectará a la vida total del producto (número de ciclos) y detecta las áreas del modelo donde se pueden originar las primeras grietas de inicio de fractura.

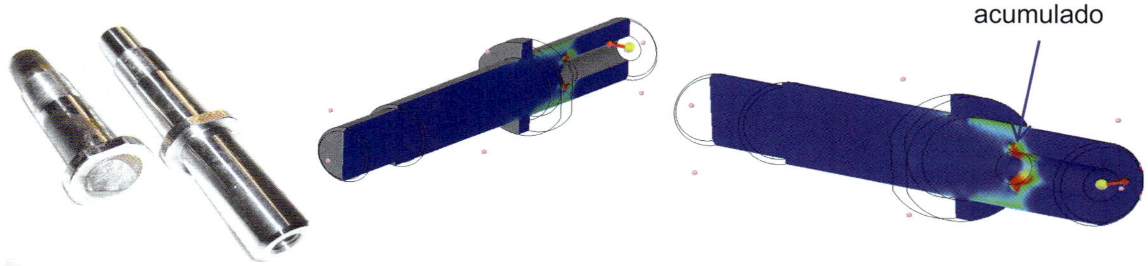

1.3.6 Estudio de diseño

Permite diseñar productos con el material justo y necesario sin que se rompa durante su funcionamiento normal a lo largo de su ciclo de vida. La optimización ahorra material y al mismo tiempo garantiza su correcto funcionamiento. A partir de la versión **Solid**Works 2010 el **estudio de diseño** se encuentra integrado en el resto de estudios.

Para implementar un **estudio de diseño** debe conocer e indicar el objeto inicial del estudio, por ejemplo, reducir el material en su modelo, seleccionar las variables que pueden cambiar (cotas) y sus intervalos permisibles de variación (máximos y mínimos admisibles), además de indicar las restricciones a las que debe estar expuesto el modelo.

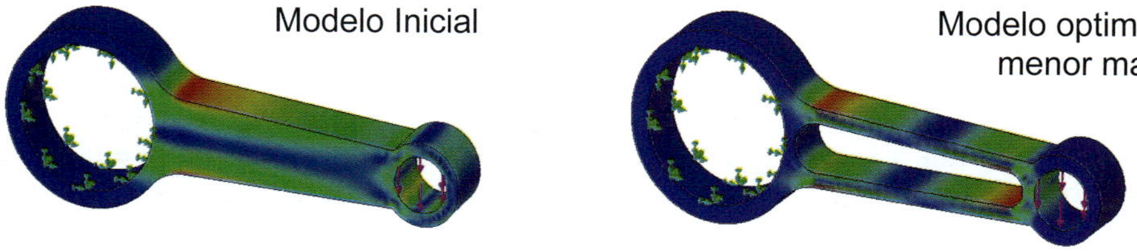

1.4 El entorno

SolidWorks **Simulation** está integrado en **Solid**Works y comparte la mayoría de funciones en un mismo entorno de trabajo. A continuación se describen la zona de gráficos, el gestor de diseño y las barras de herramientas.

1.4.1 Zona de gráficos

La zona de gráficos es la zona en la que se visualiza el modelo tridimensional y los resultados de la tensión, la deformación, las frecuencias resonantes, y otros resultados sobre el modelo. Puede visualizar más de un resultado al mismo tiempo dividiendo la zona de gráficos en dos o más partes. La división de la zona de gráficos permite comparar dos resultados distintos y comprobar cómo se comporta el modelo en cada una de las situaciones.

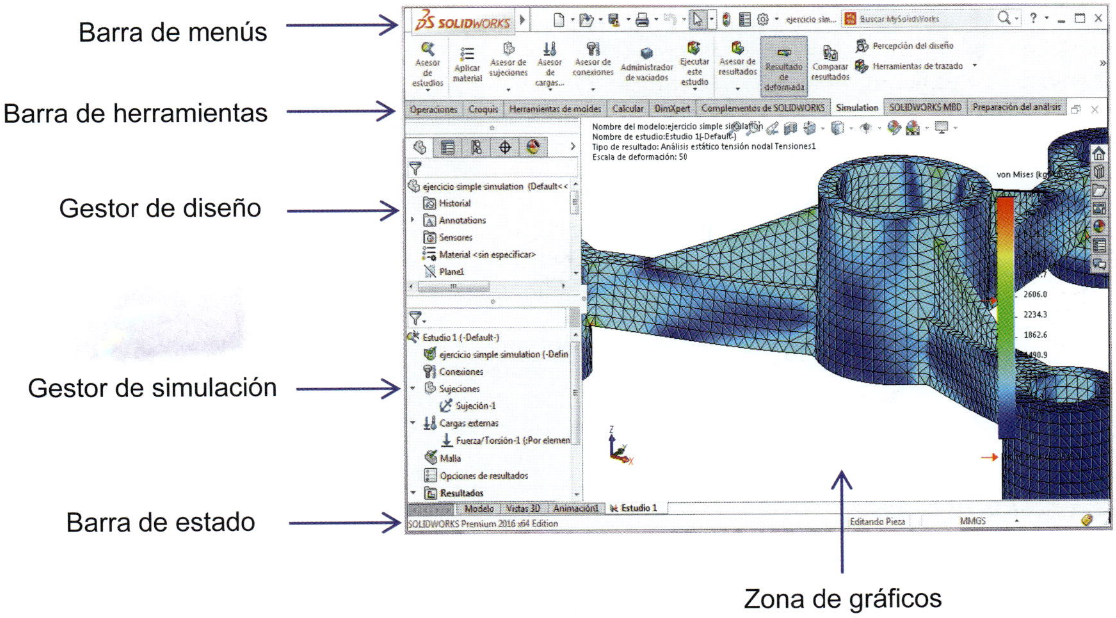

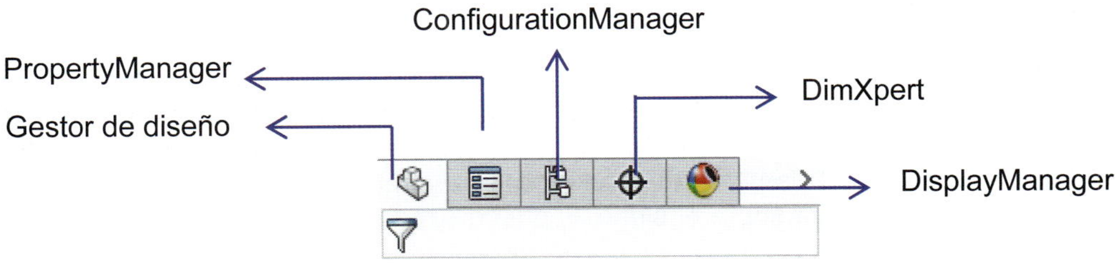

Las teclas **F9**, **F10** y **F11** maximizan la zona de gráficos. La Tecla **F9** elimina el gestor de diseño y el gestor de simulación, con lo que se incrementa el área de la zona de gráficos. La tecla **F10** elimina las barras de herramientas flotantes y la tecla **F11** maximiza la ventana de **Solid**Works para que ocupe toda la pantalla.

Junto al modelo tridimensional también se representan símbolos y anotaciones que hacen referencia a las cargas, las sujeciones, los conectores o los controles de malla.

- **Anotaciones**. Son cuadros rellenos de texto que acompañan al modelo a estudiar. En los cuadros se incluye información acerca de las cargas, los tipos de sujeciones, etc. Los valores se pueden cambiar haciendo doble clic sobre el recuadro correspondiente.

- **Símbolos**. Los símbolos hacen referencia a las cargas, las sujeciones o a cualquier otro tipo de control añadido al modelo. Los símbolos permiten localizar cada una de las condiciones de contorno definidas en el modelo. Si hace doble clic sobre alguna de ellas, puede modificar sus condiciones de uso desde PropertyManager.

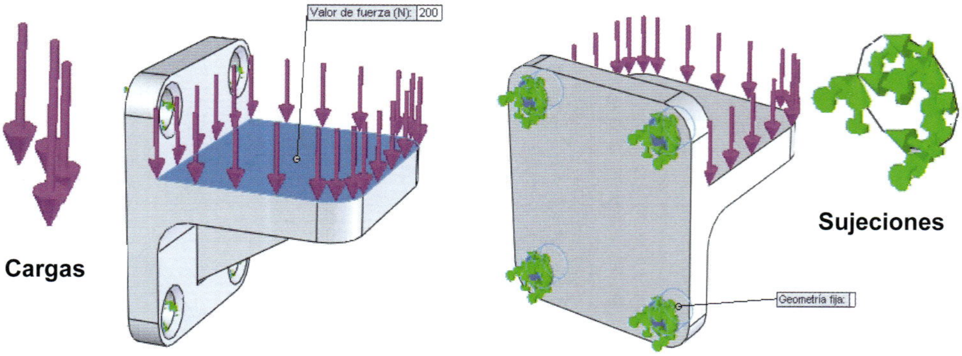

> Si desea **ocultar/mostrar** los símbolos y las anotaciones en la zona de gráficos, pulse con el botón secundario del ratón sobre el control (**Sujeciones** o **Cargas**) desde el gestor de simulación y seleccione **Ocultar todo** o **Mostrar todo**.

1.4.2 Gestor de simulación (AnalysisManager)

El gestor de simulación aparece en la parte izquierda de la zona de gráficos, justo debajo del gestor de diseño (FeatureManager). Para su aparición en pantalla debe pulsar sobre **Estudio** y seleccionar uno de ellos. Las carpetas del gestor de simulación son diferentes en función del tipo de estudio creado (estático, de caída, de frecuencia, etc.).

El gestor de simulación se presenta como un explorador estructurado en el que se organizan todos los elementos que definen el análisis y todos los elementos que representan los resultados del mismo. Las carpetas y elementos que contienen un símbolo **+** son aquellos que incluyen elementos asociados. Si pulsa sobre el signo **+**, puede expandir el elemento y visualizar los sub-elementos que contiene.

En la figura se representa el gestor de simulación para un **Análisis estático** donde se incluyen las carpetas **Conexiones**, **Sujeciones**, **Cargas externas** y **Malla**. Si pulsa sobre cada una de ellas con el botón secundario del ratón, puede definir los diferentes parámetros de su análisis. Así, por ejemplo, en el icono **ejercicio simple de simulación** de la figura puede definir el tipo de material para el modelo.

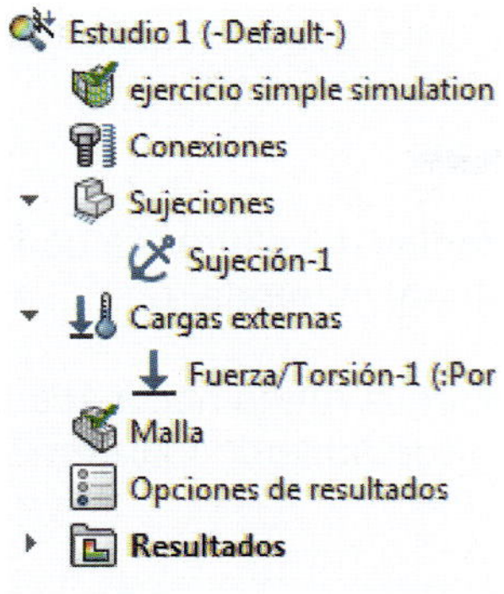

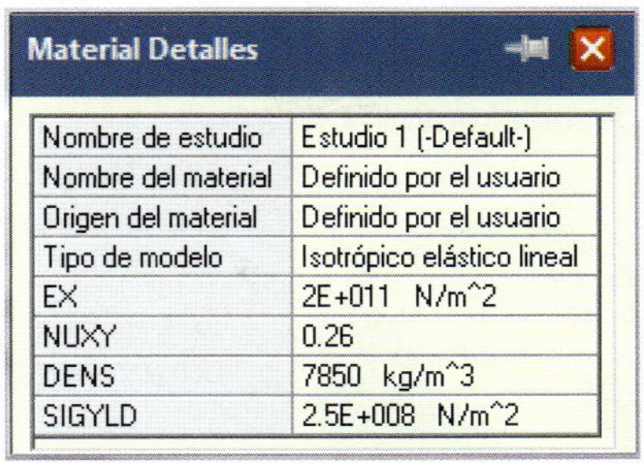

Nombre de estudio	Estudio 1 (-Default-)
Nombre del material	Definido por el usuario
Origen del material	Definido por el usuario
Tipo de modelo	Isotrópico elástico lineal
EX	2E+011 N/m^2
NUXY	0.26
DENS	7850 kg/m^3
SIGYLD	2.5E+008 N/m^2

Si observa marcas de visualización verdes sobre alguno de los elementos, indican que la operación se ha definido con éxito. Así, por ejemplo, si visualiza la marca verde sobre **Malla,** indica que ya se ha definido el mallado en el modelo de forma satisfactoria. Los elementos de definición se representan como iconos de subcarpetas o elementos. Si realiza un estudio estático, puede encontrar las subcarpetas **Conexiones**, **Sujeciones**, **Cargas externas**, **Malla** y **Resultados**. El gestor de simulación permite realizar las siguientes funciones:

- Definir y administrar los escenarios de diseño.
- Asignar materiales, cargas y sujeciones a su modelo.

Además, permite realizar las siguientes funciones:

- Definir las condiciones de contacto y penetración.
- Definir la malla del modelo de pieza o ensamblaje.
- Ejecutar el análisis y ver sus resultados.
- Modificar la definición de cada uno de los elementos indicados (Materiales, Cargas, Sujeciones, Condiciones de contacto o Malla) y volver a ejecutar el análisis.
- Crear imágenes y animaciones con los resultados obtenidos y generar un informe con los resultados del análisis.

1.4.3 Botones del ratón

Cada botón del ratón tiene unas funciones definidas para su trabajo con **Solid**Works **Simulation**.

Botón izquierdo. Permite seleccionar geometrías desde la zona de gráficos o desde el gestor de simulación y seleccionar operaciones desde el menú de persiana o desde las barras de herramientas.

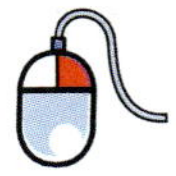

Botón derecho. Permite abrir los menús contextuales del gestor de simulación. También se emplea para modificar las operaciones o croquis desde el gestor de diseño. Además de **Suprimir**, **Eliminar**, **Insertar color o material**, visualizar las relaciones **Padre/Hijo**, etc.

Rueda central. Permite realizar operaciones como **Girar vista**, **Trasladar** y realizar **Zoom** sobre la pieza, ensamblaje o dibujo en pantalla.

Girar vista. Permite arrastrar la pieza o el ensamblaje con el botón central del ratón presionado.

Si desea girar su modelo alrededor de un vértice, arista o cara, pulse con el botón central del ratón sobre el elemento y arrastre el puntero manteniendo el botón presionado.

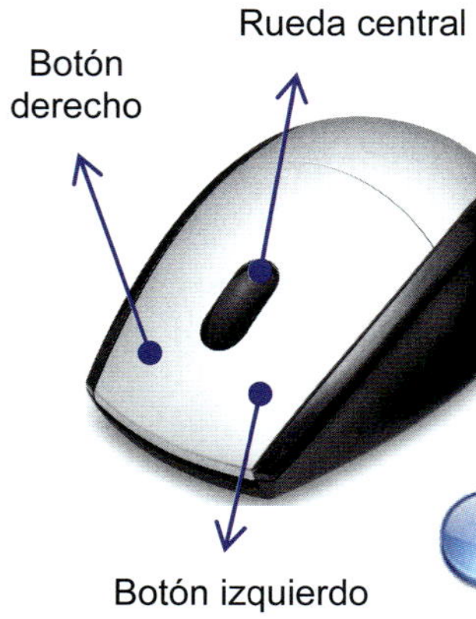

Trasladar. Si pulsa la **tecla Ctrl** y arrastra con el botón central presionado, puede trasladar su modelo.

Zoom acercar/alejar. Gire la rueda hacia adelante y hacia atrás para realizar **Zoom** de acercamiento o alejamiento.

Puede utilizar las opciones **Copiar** y **Pegar** (**Ctrl+C** y **Ctrl+V**), o las funciones arrastrar y colocar para definir estudios múltiples de forma rápida. Los estudios múltiples son varios estudios que se realizan sobre el mismo modelo, pero cambiando algunas de sus condiciones de contorno para su posterior comparación. Puede copiar y pegar materiales, cargas, restricciones y control de malla, entre otros elementos.

1.4.4 Métodos abreviados de teclado

Permiten ejecutar operaciones mediante el teclado y agilizar el proceso de diseño. Algunas operaciones tienen teclas rápidas predefinidas por **Solid**Works®, el resto las puede definir desde el menú de persiana **Herramientas**, **Personalizar**, **Teclado**.

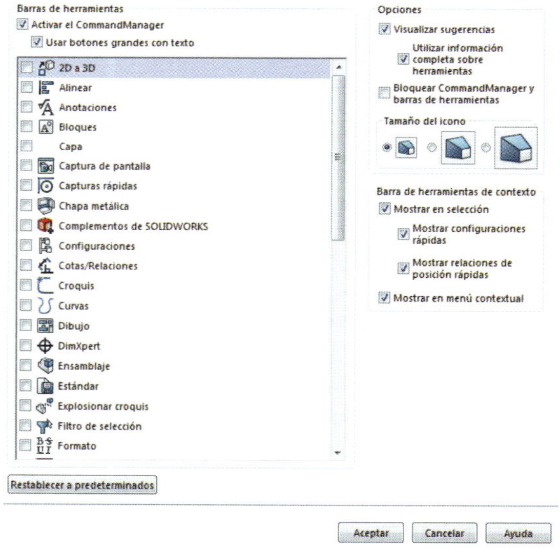

La mayoría de usuarios de **Solid**Works trabaja con la zona de gráficos totalmente maximizada, que ocupa toda la pantalla (teclas F9, F10 y F11). La configuración de las principales órdenes u operaciones con la combinación de teclas permite un acceso más rápido a las mismas y reduce el tiempo empleado en la creación de modelos.

Teclas	Función
F9	Visualiza/oculta el gestor de diseño
F10	Visualiza/oculta la barra de herramientas
F11	Visualiza/oculta la pantalla completa
CTRL+1	Vista frontal
CTRL+2	Vista posterior
CTRL+3	Vista izquierda
CTRL+4	Vista derecha
CTRL+5	Vista superior
CTRL+6	Vista inferior
CTRL+7	Vista isométrica
CTRL+8	Vista normal a:
SHIFT+Z	Zoom acercar
CTRL+SHIFT+Z	Vista previa
Cursores	Gira el modelo en pantalla
Mayús+Z	Zoom acercar
Z	Zoom alejar
F	Zoom para ajustar
Barra espaciadora	Menú Ver orientación

1.4.5 Barra de herramientas flotante

Para activar las herramientas de **Solid**Works **Simulation** debe seleccionar la opción **Complementos** desde el menú de persiana **Herramientas**. Marque la casilla correspondiente a **Solid**Works **Simulation**. Pulse sobre **Herramientas**, **Personalizar** y active las herramientas necesarias para realizar su análisis.

Las barras de herramientas se presentan en una única barra que incluye las barras de herramientas Principal, Cargas, Resultados, Cargas térmicas, Listado de resultados, Escenario de diseño y Herramientas de fatiga.

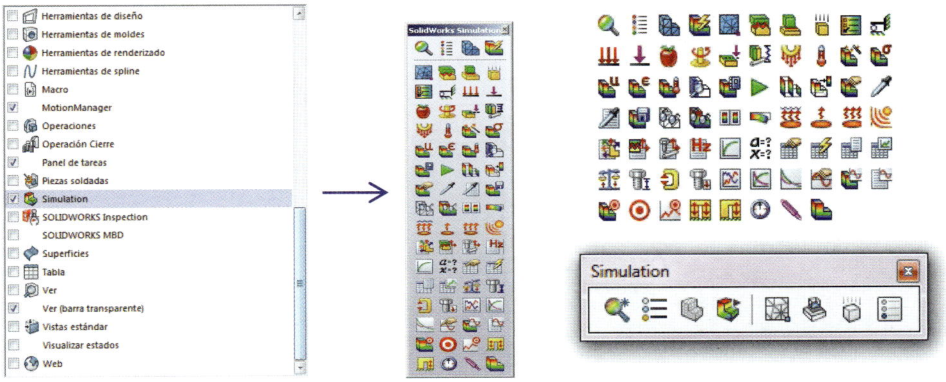

Nuevo estudio. Define un nuevo estudio. Puede seleccionar: Estudio estático, Estudio de frecuencia, Pandeo, Térmico, Caída, Fatiga, No lineal, Dinámica lineal o Diseño de recipiente a presión.

Aplicar Material. Define el material para los elementos seleccionados.

Aplicar Malla. Permite crear una malla sólida o de vaciado para el estudio activo.

Ejecutar. Inicia el *solver* para el estudio activo.

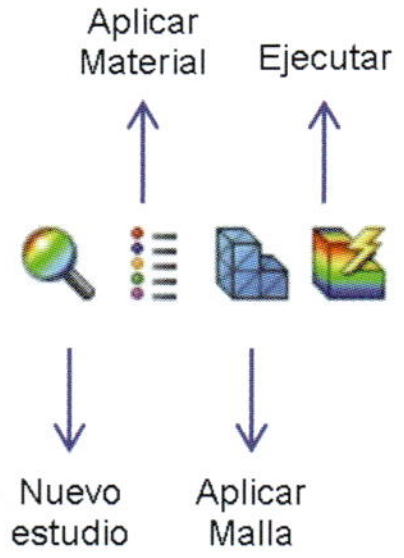

Aplica control. Define un control de malla para las entidades seleccionadas.

Contacto global. Establece la condición de contacto global.

Conjunto de contactos. Define un conjunto de contactos (cara, arista, vértice).

Configurar caída. Define la configuración de caída.

Opciones de resultados. Edita y define las opciones de resultados.

Sujeción. Define una o más sujeciones sobre las entidades seleccionadas para el estudio activo.

Presión. Define una presión sobre las entidades seleccionadas para el estudio activo.

Fuerza. Define una fuerza sobre las entidades seleccionadas para el estudio activo.

Gravedad. Define la aceleración gravitacional para el estudio activo.

Fuerza centrífuga. Define la velocidad y aceleración angular para el estudio activo.

Carga/Masa remota. Define la carga/masa remota sobre un conjunto de caras con respecto a un sistema de coordenadas para el estudio.

Conexión rígida. Define los conectores sobre un conjunto de caras con respecto a otro conjunto de caras desde diferentes componentes para el estudio activo.

Carga de apoyo. Define la carga de apoyo sobre un conjunto de caras cilíndricas con respecto a un sistema de coordenadas para un estudio activo.

Temperatura. Define una temperatura sobre las entidades seleccionadas para el estudio activo.

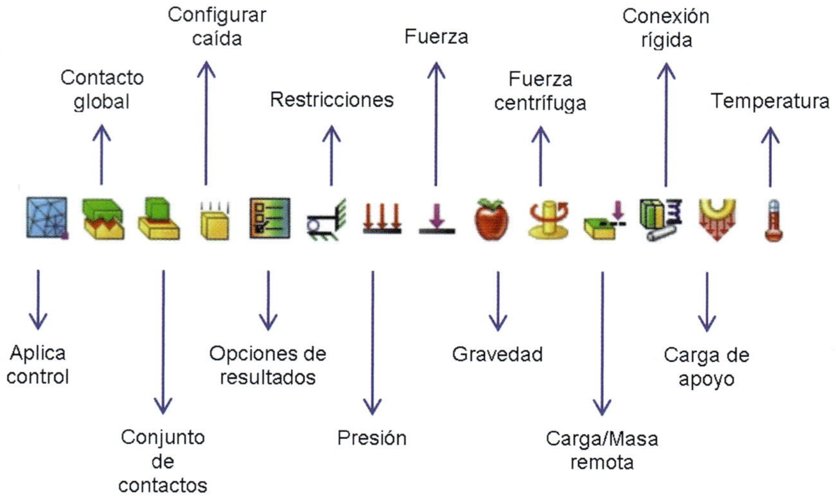

Factor de seguridad. Traza la distribución del factor de seguridad sobre el modelo para el estudio estático activo.

Tensión. Traza los contornos/vectores de tensión del modelo para el estudio activo.

Desplazamiento. Traza los contornos/vectores de desplazamiento del modelo para el estudio activo.

Deformación unitaria. Traza la distribución de deformación unitaria sobre el modelo para el estudio activo.

Térmico. Traza la distribución de la temperatura, el flujo de calor y el gradiente de temperatura sobre el modelo para el estudio térmico activo.

Percepción de diseño. Crea un trazado de percepción de diseño para el estudio activo.

Informe. Genera un informe en HTML para el estudio de análisis activo.

Animar. Anima el trazado de resultados activo sobre la pantalla.

Recorte de sección. Mueve dinámicamente las superficies de la vista de sección para los trazados de sección.

Iso-Superficies. Desplaza las superficies de la vista de sección dinámica para los trazados de superficies ISO.

Configuración de trazado. Cambia la configuración del trazado de postprocesado actual.

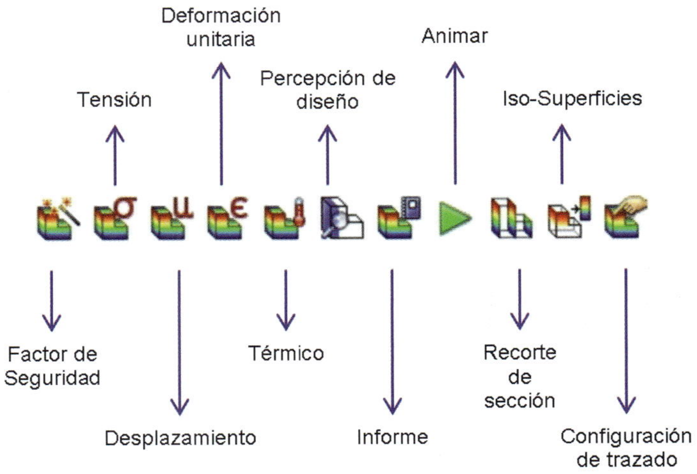

Identificar valores. Identifica los valores del trazado resultante actual al hacer clic en la ubicación deseada.

Listar selección. Lista los resultados seleccionando las entidades deseadas del modelo.

Guardar como. Guarda el trazado activo en la pantalla como en un archivo de mapa de bits, VRML, XGL o ZGL.

Mostrar/ocultar malla. Alterna (muestra/oculta) la visibilidad de la malla.

Mostrar/ocultar resultado. Alterna (muestra/oculta) la visibilidad de los resultados.

Comparar resultados. Compara varios resultados en paralelo.

Resultado de deformada. Muestra el modelo en su estado deformado.

Convección. Define una convección sobre las entidades seleccionadas para el estudio térmico activo.

Energía Térmica. Define una energía térmica sobre las entidades seleccionadas para el estudio térmico activo.

Flujo de Calor. Define un flujo de calor sobre las entidades seleccionadas para el estudio térmico activo.

Radiación. Define una radiación sobre las entidades seleccionadas para el estudio térmico activo.

Fuerza de reacción. Calcula la fuerza de reacción sobre las entidades seleccionadas para el estudio activo.

Listar fuerza de contacto. Calcula la fuerza de contacto sobre las entidades seleccionadas para el estudio estático activo.

Listar fuerza del pasador, perno o rodamiento. Calcula la fuerza del pasador, perno o rodamiento sobre las entidades seleccionadas para el estudio estático activo.

Listar frecuencias resonantes. Lista las frecuencias o los modos de deformación para el estudio activo.

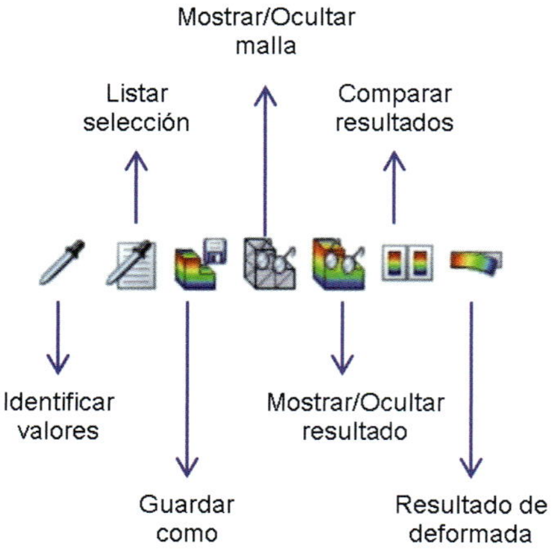

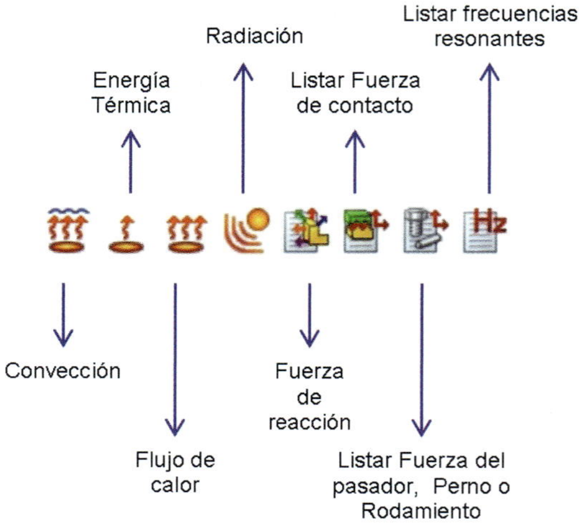

Historia-tiempo. Define una gráfica de respuesta en función del tiempo.

Parámetros. Edita/define parámetros.

Escenarios de diseño. Edita/define escenarios de diseño.

Ejecutar escenarios de diseño. Ejecuta un escenario de diseño.

Mostrar resumen. Muestra el resumen de los escenarios de diseño resultantes.

Definir gráfica. Define la gráfica del escenario de diseño.

Objetivo. Define el objetivo (minimizar o maximizar) para el estudio de optimización activo.

Variables de diseño. Define las cotas que se van a utilizar como variables de diseño para el estudio de optimización activo.

Restricción. Define las cantidades que se van a utilizar como restricción para el estudio de optimización activo.

Nuevos resultados del ciclo de diseño. Muestra un resumen de los resultados de optimización para el estudio de optimización activo.

Nuevo historial del ciclo de diseño. Muestra la gráfica para el ciclo de diseño frente al objetivo/la variable de diseño/las restricciones.

Nueva gráfica de tendencia local. Muestra la gráfica para la tendencia de objetivo/la variable de diseño/las restricciones.

Cambiar el tipo de suceso. Cambia el tipo de suceso para la fatiga.

Agregar suceso. Agrega un suceso para la fatiga.

Trazado de fatiga. Define un trazado para la fatiga.

Listar los resultados de fatiga. Lista los resultados de fatiga.

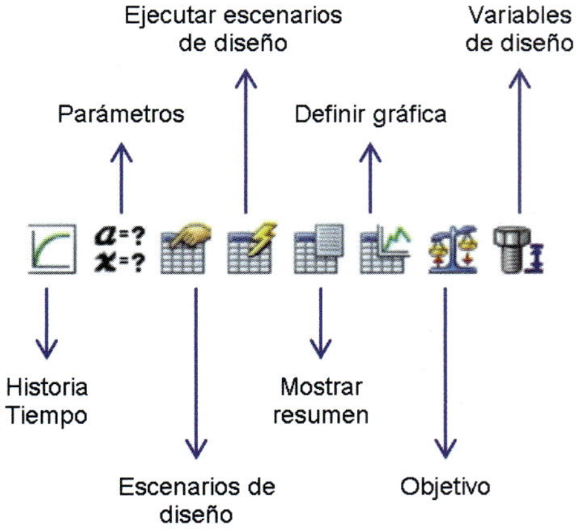

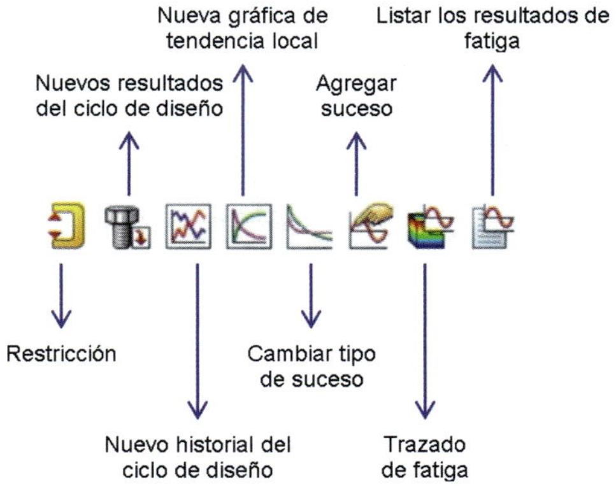

Buscador de tendencias. Buscador de tendencias.
Establecer línea base. Establece la línea base.
Agregar gráfico de datos de seguimiento. Agrega gráficos de datos de seguimiento.
Excitación de la base uniforme. Define la excitación de la base uniforme.
Excitación de la base seleccionada. Define la excitación de la base seleccionada.
Condición inicial. Define la condición inicial.
Amortiguamiento global. Define el amortiguamiento global.
Tensión/Deformación. Inicia un estudio de **Solid**Works Simulation para calcular las tensiones, deformaciones y otros elementos.

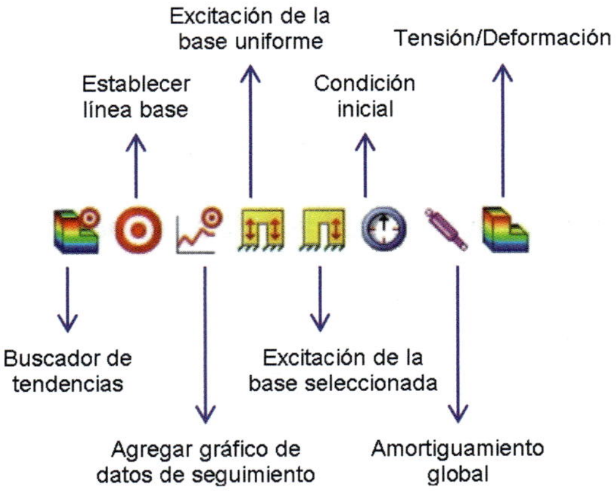

1.5 Activación de SolidWorks Simulation

Para poder trabajar con **Solid**Works **Simulation** debe activar el complemento **Solid**Works **Simulation** desde el menú de persiana **Herramientas**, **Complementos**. Seleccione la columna de la izquierda y de la derecha para activar la aplicación. La selección de la casilla derecha permite que cada vez que inicie una sesión con **Solid**Works aparezca las barras de herramientas y el menú de persiana de **Solid**Works **Simulation**.

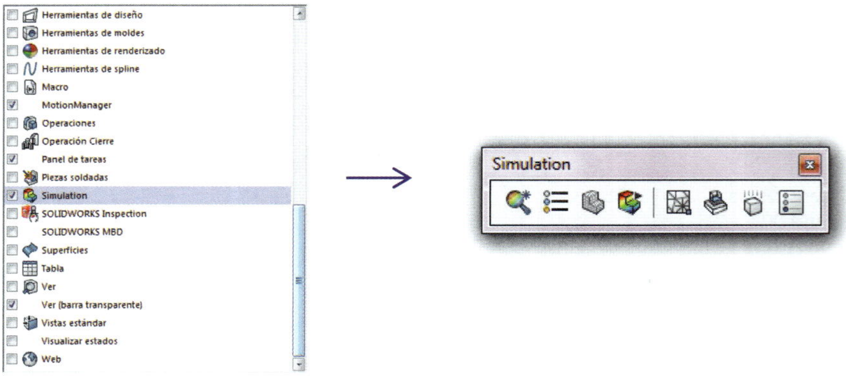

La activación de **Solid**Works **Simulation** permite disponer de todas las herramientas de validación de diseño. Puede configurar la barra general de iconos seleccionando **Herramientas**, **Personalizar**. Seleccione los iconos deseados de **Solid**Works **Simulation** desde la pestaña **Comandos**.

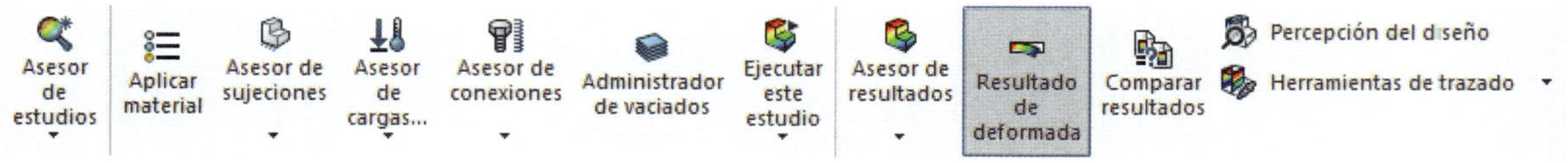

Es conveniente desactivar el complemento de **Solid**Works **Simulation** en las sesiones de trabajo en las que prevea que no va a usarlo para evitar el consumo de recursos en su ordenador.

1.6 Creación de un nuevo estudio

La orden **Nuevo estudio** crea una nueva simulación o estudio. Puede seleccionar: Estudio estático, Estudio de frecuencia, Pandeo, Térmico, Caída, Fatiga o Diseño de recipiente a presión.

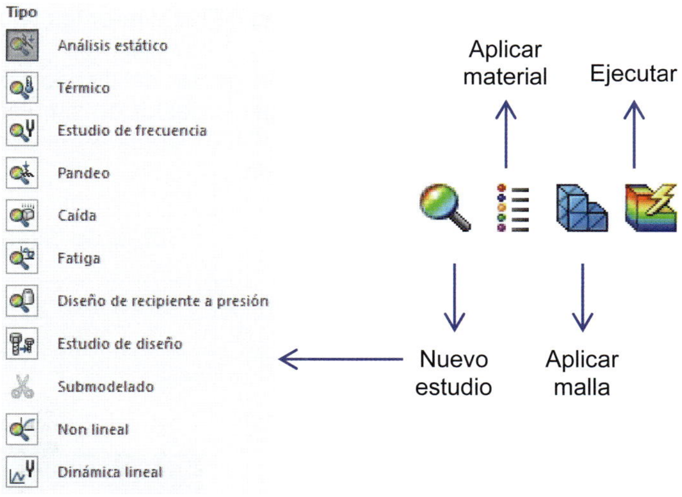

SolidWorks **Simulation Professional** permite la realización de simulaciones de análisis estático, de choque, de pandeo y de frecuencia, de optimización, térmico y de fatiga, tanto en modelos de pieza como de ensamblaje.

> Si desea realizar simulaciones de **Dinámica no lineal** y analizar el comportamiento de **Piezas de plástico,** debe emplear **SolidWorks Premium**. Para realizar simulaciones del flujo de fluidos, utilice **SolidWorks Flow Simulation**.

Preparación previa del análisis

Antes de empezar a definir la malla, las cargas y las sujeciones, debe abrir la pieza con el modelo a ensayar. Pulse sobre el menú de persiana **Archivo** y seleccione **Abrir**. Localice el modelo de pieza o ensamblaje, y pulse **Abrir**.

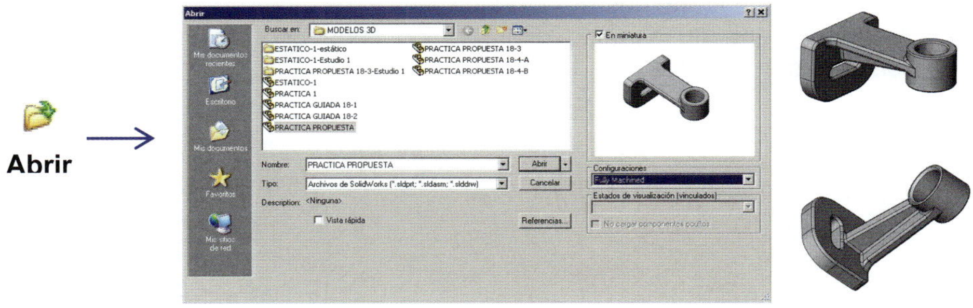

Para iniciar un análisis pulse **Estudio** desde el menú de persiana **Solid**Works® **Simulation** o seleccione el icono correspondiente desde la barra de herramientas flotante. Observe el menú emergente en el gestor de simulación. En **Nombre**, escriba el nombre del análisis a realizar. Puede seleccionar diferentes tipos de ensayos: **Análisis estático**, **Estudio de frecuencia**, **Pandeo**, **Térmico**, **Caída**, **Fatiga**, **No lineal**, **Dinámico lineal** y **Diseño de recipiente a presión**. En **Mensaje** se incluye una pequeña descripción de cada uno de los diferentes tipos de estudio.

Después de pulsar **Aceptar,** observe cómo justo debajo del gestor de diseño aparece un nuevo árbol o gestor de operaciones denominado **AnalysisManager** o gestor de simulación. En la parte superior del mismo se indica su nombre (Mi primer ESTUDIO). Contiene las carpetas **Sólidos** (Pieza3), **Conexiones**, **Sujeciones**, **Cargas externas** y **Malla.**

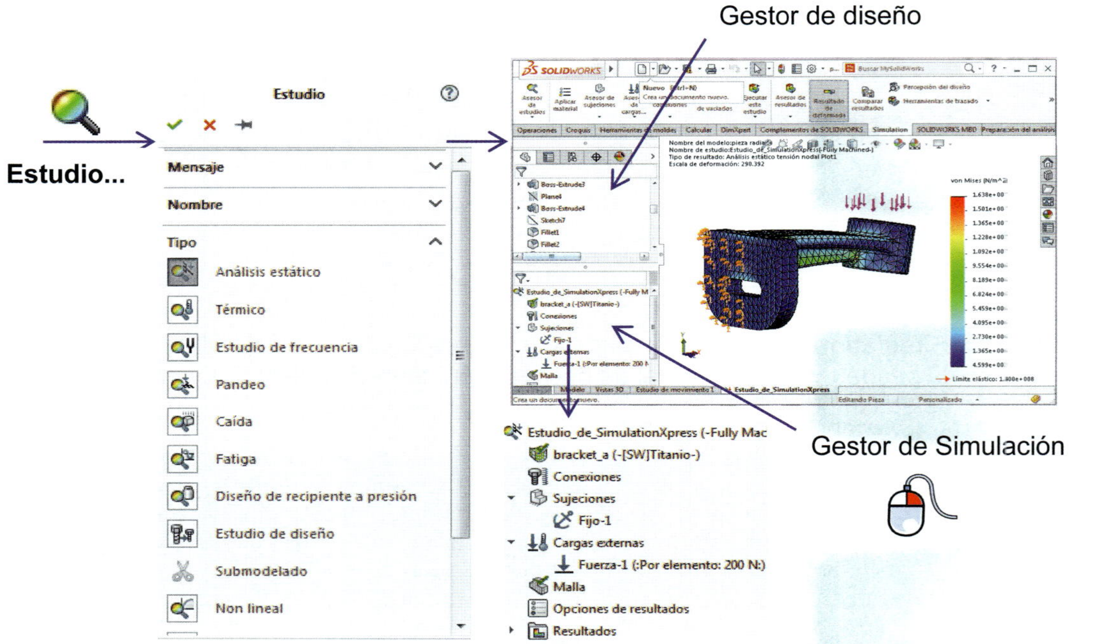

El gestor de simulación (**AnalysisManager**) es un explorador en el que se localizan todos los elementos que integran la simulación en subcarpetas o elementos.

En la figura 1.21 se representa el gestor de simulación para un **Análisis estático** donde se incluyen las carpetas **Conexiones**, **Sujeciones**, **Cargas externas** y **Malla**. Si pulsa sobre cada una de ellas con el botón secundario del ratón, puede definir los diferentes parámetros del análisis. El gestor de simulación tiene un aspecto diferente en cada uno de los estudios porque las condiciones de contorno son distintas.

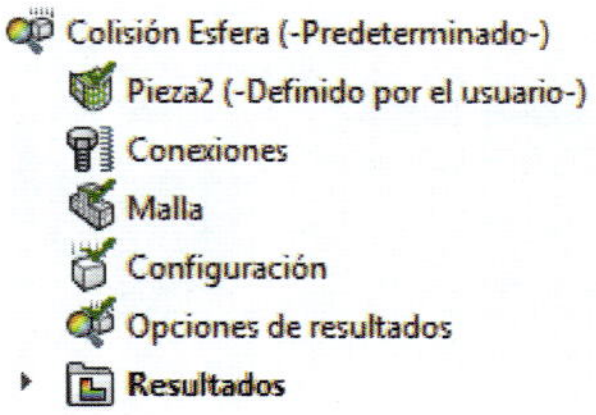

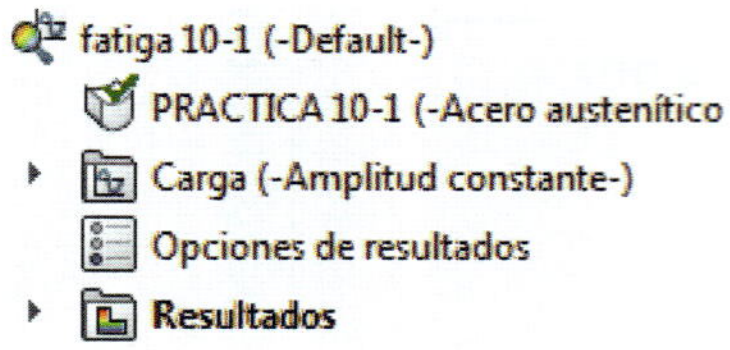

Capítulo 2
Análisis estático

Introducción

El **Análisis Estático** de una pieza o ensamblaje simula los desplazamientos, las fuerzas de reacción, las tensiones y las deformaciones unitarias bajo unas condiciones de contorno previamente definidas. La simulación realizada permite, entre otras cosas, evaluar el **Factor de Seguridad** de su modelo y rediseñarlo para evitar el fallo en las zonas del mismo donde se tengan elevadas tensiones. Es posible **Optimizar diseños** sin necesidad de hacer prototipos físicos y pruebas de campo que encarecen el proyecto e incrementan el tiempo de lanzamiento del producto.

En este capítulo se estudiarán los conceptos teóricos de estática así como el procedimiento y las funcionalidades que dispone **Solid**Works **Simulation** para evaluar el comportamiento de su modelo en condiciones estáticas lineales y no lineales. Se describe la forma de asignar **Material**, la definición y selección de **Sujeciones**, **Cargas Externas** (fuerza, presión, carga térmica, etc.) y las diferentes formas de **Mallar** el modelo teniendo en cuenta las características de **Contacto** cuando se trata de un ensamblaje.

Finalmente, se describen los diferentes **Trazados** que pueden ser obtenidos en los **Análisis estáticos** (Factor de seguridad, percepción de diseño, tensiones, deformaciones, comprobación de fatiga, etc.).

En el capítulo de **Análisis Estático** se incluyen seis **tutoriales guiados** y **prácticas propuestas** para que practique las funcionalidades descritas.

Contenido

- Características generales de **Solid**Works® **Simulation** y conceptos teóricos.
- Descripción de las etapas requeridas en la realización de un ensayo estático.
- Configuración del ensayo.
- Definición de **sujeciones**, **cargas** y **contactos**.
- Definición y creación de **malla** para la realización del análisis.
- Descripción de los trazados de resultados.
- Prácticas guiadas de pieza y ensamblaje. Prácticas propuestas.
- Análisis no lineal.

2.1 Introducción

El **Análisis Estático** de una pieza o ensamblaje permite conocer cómo se deforma el sólido bajo la acción de una carga y como esta se transmite a través del mismo. El análisis calcula los desplazamientos, las deformaciones unitarias, las tensiones y las fuerzas de reacción que se producen sobre el modelo estudiado.

El **Análisis Estático** realiza dos suposiciones que debe tener en cuenta. La primera considera que el ensayo se realiza en condiciones estáticas y, la segunda, define el ensayo como lineal, donde las deformaciones son proporcionales a las cargas aplicadas.

Suposición Estática. Las cargas aplicadas sobre su modelo se aplican lentamente hasta llegar al valor máximo establecido. Las cargas aplicadas no tienen en cuenta fuerzas inerciales y de amortiguamiento. Si su modelo está sometido a cargas dinámicas o cambiantes en el tiempo como colisiones, impactos, cargas oscilantes, etc., debe emplear **Análisis Dinámicos** y **Estáticos**.

Suposición Lineal. La respuesta del modelo es proporcional a la carga aplicada. La respuesta del modelo sometido a una tensión estática es lineal, siendo las deformaciones unitarias y las tensiones proporcionales a las cargas aplicadas.

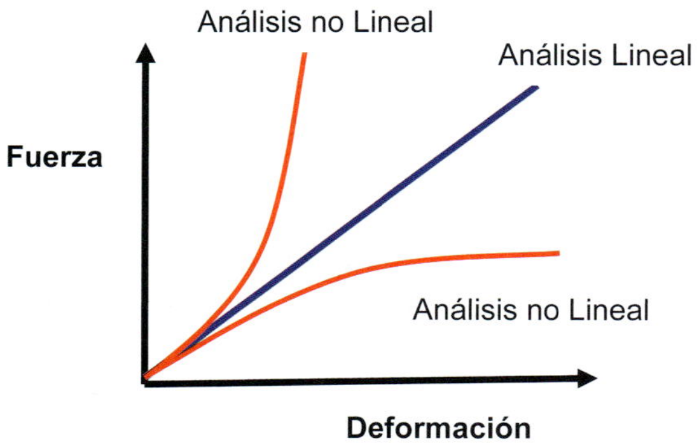

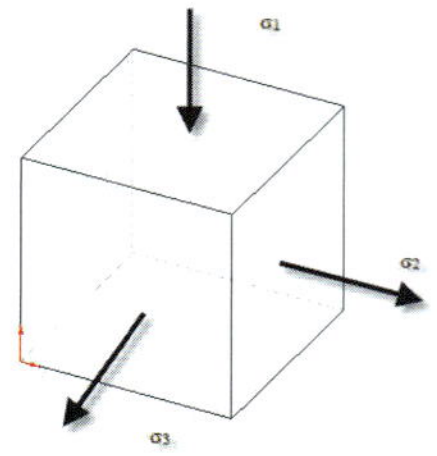

$$\sigma_{eq} = \sqrt{\frac{1}{2}\left[(\sigma_1 - \sigma_2)^2 + (\sigma_2 - \sigma_3)^2 + (\sigma_3 - \sigma_1)^2\right]}$$

Propiedades mecánicas

El **análisis estático** de una pieza permite conocer cómo se deforma bajo unas condiciones de carga previamente definidas. Además, permite conocer si el modelo puede llegar a romper y, en caso de hacerlo, por dónde se iniciará la fractura. A continuación, se definen las principales propiedades mecánicas que se deben tener en cuenta en un análisis estático.

Densidad (DENS). Es la masa contenida por unidad de volumen en un cuerpo. Depende de la temperatura. Se expresa como kg/m^3 o g/cm^3.

Tensión. Es el cociente entre la fuerza aplicada (F) y el área (A) que la soporta. La tensión define la intensidad de las fuerzas aplicadas sobre el modelo por unidad de sección.

Tensión de Von Mises. Es la tensión equivalente que actúa sobre los elementos diferenciales del modelo y que es comparada con la tensión límite elástico del material. Permite conocer si la tensión está dentro de la zona elástica y óptima o por el contrario se encuentra en la zona plástica no deseada.

Tensiones principales: P1, P2 y P3. El estado tensional del modelo analizado se puede definir mediante las tres componentes de la tensión principales que son normales a las caras de un cubo.

Deformación unitaria. Es la proporción entre el cambio de la longitud del modelo y la longitud inicial del mismo. Se expresa de forma adimensional.

Módulo de elasticidad (EX). Es la relación entre la tensión y la deformación cuando esta es únicamente elástica. Es una propiedad que depende de cada material y que se determina de forma experimental. Se conoce como Módulo de Young. Para la mayoría de los metales está comprendido $4{,}5 \times 10^4$ MPa y $40{,}7 \times 10^4$ MPa. En las curvas tensión-deformación es la pendiente de la zona elástica. La expresión que lo define es:

$$EX = \frac{\Delta\sigma}{\Delta l}$$

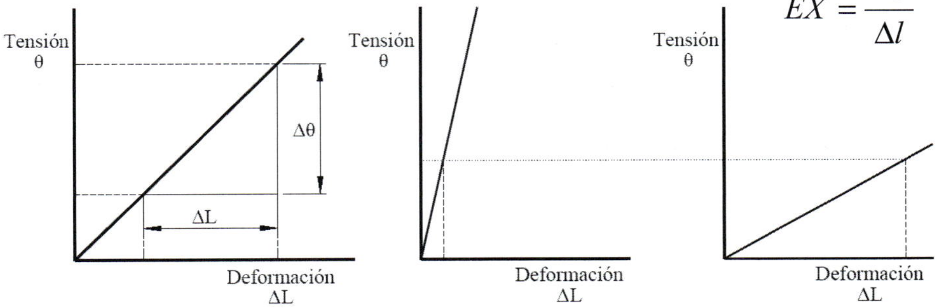

Toda la deformación es elástica y cuando deja de aplicarse la fuerza el material recupera sus dimensiones iniciales. Las estructuras metálicas y muchos elementos de máquina se diseñan para que no estén sometidos a tensiones superiores al límite elástico y no se deformen plásticamente.

Límite elástico (σ_e). Es la máxima tensión que puede soportar un material sin que se produzcan deformaciones permanentes. En un diagrama de tracción (esfuerzos-deformaciones), el límite elástico divide la gráfica en deformaciones elásticas y deformaciones plásticas o permanentes. Se determina según el Límite elástico ingenieril 0,2 %.

Tensión límite. Valor de la tensión por el cual un material no puede aguantar más esfuerzos y se produce la rotura.

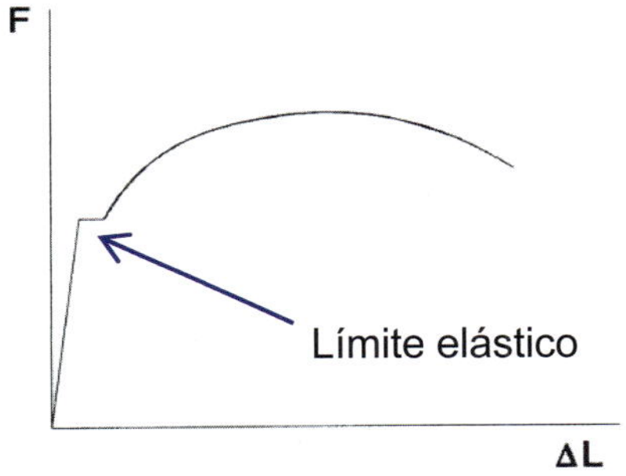

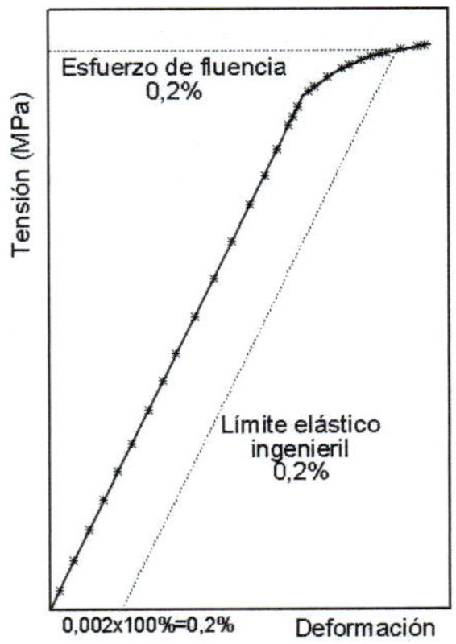

Relación de Poisson (NUXY). Es la relación negativa de las deformaciones laterales y axiales que resultan de aplicar un esfuerzo axial en la deformación elástica. Relaciona la deformación elástica longitudinal producida por una tensión de tracción o compresión con la deformación que se produce en la dirección perpendicular a la aplicación de la carga.

$$\mu = \frac{-\varepsilon_{LATERAL}}{\varepsilon_{LONGITUDINAL}}$$

$$\varepsilon_x = \frac{\sigma_x}{E} - \frac{\upsilon}{E}(\sigma_x + \sigma_z)$$

$$\varepsilon_y = \frac{\sigma_y}{E} - \frac{\upsilon}{E}(\sigma_z + \sigma_x)$$

$$\varepsilon_z = \frac{\sigma_z}{E} - \frac{\upsilon}{E}(\sigma_x + \sigma_y)$$

El **coeficiente teórico de Poisson** en materiales isotrópicos debe ser 0,25 y el valor máximo de 0,5 (no existe cambio de volumen). La mayoría de los metales y de sus aleaciones tienen coeficientes de Poisson entre 0,25 y 0,35.

Factor de seguridad (FDS). En el diseño de cualquier pieza que deba estar sometida a unos esfuerzos estáticos se define el **factor de seguridad** con valores comprendidos entre 1 y 4. De esta forma las piezas están sobredimensionadas para evitar su rotura mediante la definición de la tensión de seguridad o tensión de trabajo y la tensión límite elástico según la expresión:

$$\sigma_S = \frac{\sigma_{L.E}}{N}[n = 1,2,3,4]$$

SolidWorks **Simulation** realiza el cálculo del **Factor de Seguridad (FDS)** con los criterios: Máxima tensión de von Mises, Tensión cortante máxima (Tresca), Tensión de Mohr-Coulomb y Tensión normal máxima.

Módulo cortante. El módulo cortante es el cociente entre la tensión de cortadura en un plano y la deformación unitaria de cortadura.

Coeficiente de dilatación térmica (ALPX). La dilatación térmica es la variación longitudinal y volumétrica que experimenta un sólido debido a la separación de sus moléculas como consecuencia del incremento térmico. En la dilatación de los sólidos se define el coeficiente de dilatación lineal, superficial y cúbica, en función del alargamiento experimentado por el cuerpo en una, dos o tres direcciones. Los materiales aumentan de volumen o dilatan cuando son calentados y se contraen cuando se enfrían. El cambio de longitud lineal se expresa según (1):

$$\frac{l_F - l_0}{l_0} = \alpha_L (T_F - T_0) \qquad (1) \qquad\qquad \frac{\Delta V}{V_0} = \alpha_V \Delta T \qquad (2)$$

Donde l_F y l_o es la longitud final e inicial respectivamente. T_F y T_0 las temperaturas finales e iniciales y α_L es un coeficiente lineal de dilatación térmica que depende del material y sus unidades son $(°C)^{-1}$. Para realizar el cálculo de la variación de volumen se emplea la expresión (2).

ΔV y V_0 son el cambio de volumen que experimenta el cuerpo al ser calentado o enfriado y el volumen inicial, respectivamente. Y α_V es una constante que depende del material y que en la mayoría de los casos es anisotrópica. Como simplificación se puede establecer como $3\alpha_L$.

Conductividad térmica. Relaciona la cantidad de calor transferido por unidad de tiempo a través de una sección cuando se da un gradiente de temperatura. Es una magnitud característica de cada material. Las unidades de conductividad térmica son Btu/pulg. seg °F en el sistema inglés y W/m K en el Sistema Internacional (SI).

Capacidad calorífica. Energía requerida para aumentar en un grado centígrado (°C) la temperatura de un mol de material.

Calor específico. Es la energía necesaria para incrementar en un grado centígrado (°C) la temperatura de una masa particular de un material. Las unidades de calor específico son Btu pulg./lbf °F en el sistema inglés y J/kg K en el sistema SI. Esta propiedad se utiliza solo en análisis térmicos transitorios (véase capítulo 3).

Unidades

Las unidades de medida empleadas en las simulaciones pueden configurarse en el menú **Herramientas**, **Opciones**. Seleccione **Unidades** desde la pestaña **Propiedades del documento**.

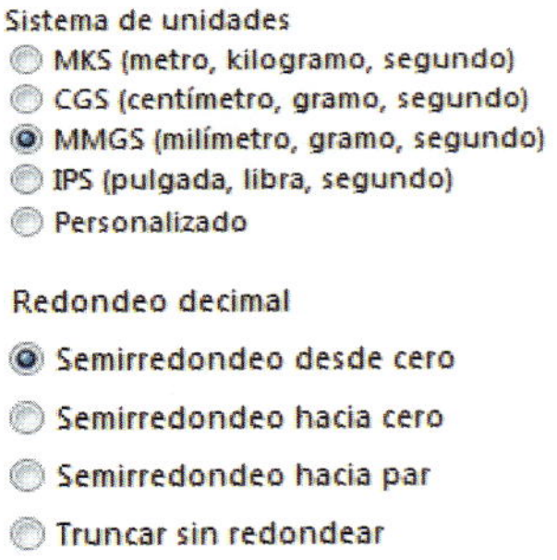

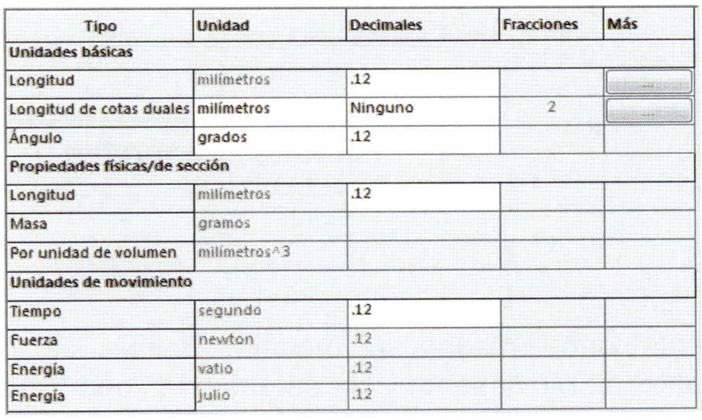

Tipo	Unidad	Decimales	Fracciones	Más
Unidades básicas				
Longitud	milímetros	.12		...
Longitud de cotas duales	milímetros	Ninguno	2	...
Ángulo	grados	.12		
Propiedades físicas/de sección				
Longitud	milímetros	.12		
Masa	gramos			
Por unidad de volumen	milímetros^3			
Unidades de movimiento				
Tiempo	segundo	.12		
Fuerza	newton	.12		
Energía	vatio	.12		
Energía	julio	.12		

Para definir las **Unidades**:

1. Pulse sobre **Simulation**, **Opciones**, **Opciones predeterminadas**, **Unidades**. En **Sistema de unidades**, seleccione **SI** (Sistema internacional de unidades), **Inglés** (Sistema de unidades convencional de Estados Unidos) o **Métrico** (sistema de unidades gravitacional).

2. En **Unidades**, puede seleccionar las unidades para **Longitud/desplazamiento**, **Temperatura**, **Velocidad angular** y **Presión/Tensión**.

3. Pulse **Aceptar** para finalizar.

Cuando tenga que introducir **unidades** para definir las condiciones de contorno de su ensayo puede emplear cualquier tipo de unidad aunque haya definido como predefinidas otras distintas.

2.2 Etapas en la realización de un análisis

La aplicación del **Análisis Estático** de una pieza con **Solid**Works **Simulation** se realiza mediante la aplicación de un sistema de ecuaciones lineales de equilibrio en cada uno de los elementos finitos establecidos por el mallado del sólido. El cálculo inicial del **Análisis Estático** determina los desplazamientos de cada uno de los nodos. A continuación, calcula la deformación unitaria y las tensiones para cada uno de los puntos.

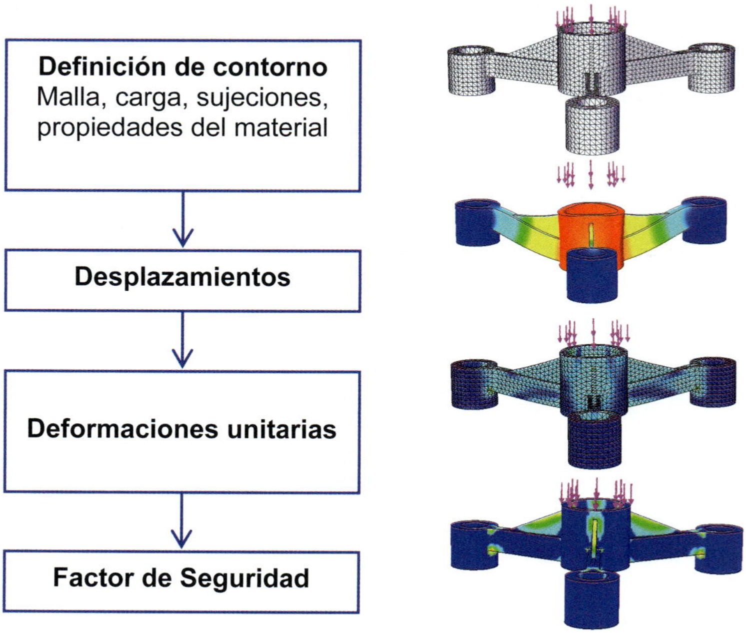

Inicialmente debe mallar su modelo, definir las propiedades mecánicas del material, las restricciones de movimiento y las cargas a las que desea someterlo.

1. **Mallado del modelo**. Debe mallar el modelo de pieza o ensamblaje antes de realizar el análisis. Cualquier modificación en la geometría del mismo, así como en el cambio de alguna de las condiciones de contorno definidas exigen una nueva definición del mallado. Defina las condiciones de contacto cuando trabaje con ensamblajes.

2. **Propiedades del material**. Seleccione un material desde la biblioteca de materiales o cree uno definiendo sus propiedades: Modulo elástico o de Young (EX), Coeficiente de Poisson (NUXY), Densidad (DENS), Coeficiente de dilatación térmica (ALPX) y el Módulo cortante (GXY). Si el material a ensayar es ortotrópico puede definir diferentes Módulos elásticos, Coeficientes de Poisson o los Módulos cortantes.

3. **Asignación de la/s sujeciones.** Debe seleccionar las caras o aristas de su modelo que van a tener un movimiento restringido.

4. **Asignación de cargas.** Indique el tipo de carga (fuerza, presión, etc.) que se aplica en el modelo simulado e identifique la dirección de la misma. Puede importar cargas desde FlowSimulation y SolidWorksMotion.

El cálculo de la tensión se realiza inicialmente en los llamados puntos gaussianos o de cuadratura que se localizan en el interior de cada uno de los elementos y a continuación extrapola el resultado a cada uno de los nodos.

2.2.1 Activación de SolidWorks Simulation

Para poder realizar un **Análisis Estático** de una pieza dentro del entorno de **Solid**Works debe activar el complemento **Solid**Works **Simulation** desde el menú de persiana **Herramientas**, **Complementos**. Seleccione la columna de la izquierda y de la derecha para activar la aplicación. Cada vez que inicie una sesión con **Solid**Works aparecen las barras de herramientas y el menú de persiana de **Solid**Works **Simulation**. Para configurar la barra general de iconos pulse en **Herramientas**, **Personalizar**. A continuación, seleccione los iconos deseados desde la pestaña **Comandos**.

Es conveniente desactivar el complemento de **Solid**Works **Simulation** en las sesiones de trabajo en las que prevea que no va a usarlo para evitar el consumo de memoria de su ordenador. La barra principal de **Solid**Works **Simulation** dispone de los iconos indicados en la figura:

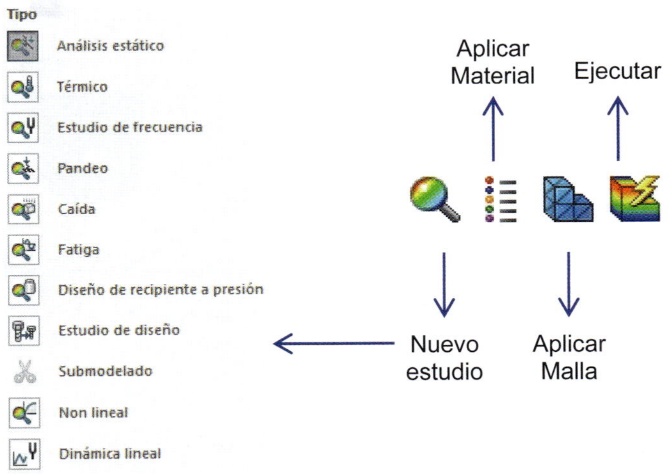

La opción **Nuevo estudio** define una nueva simulación: Estático, Térmico, Frecuencia, Pandeo, Caída, Fatiga, No lineal, Dinámica lineal o de Diseño de recipiente a presión.

2.2.2 Preparación previa al análisis

Antes de empezar a definir la malla, las cargas y las sujeciones debe abrir la pieza con el modelo a ensayar. Pulse sobre el menú de persiana **Archivo** y seleccione **Abrir**. Localice el modelo de pieza o ensamblaje y pulse **Abrir**.

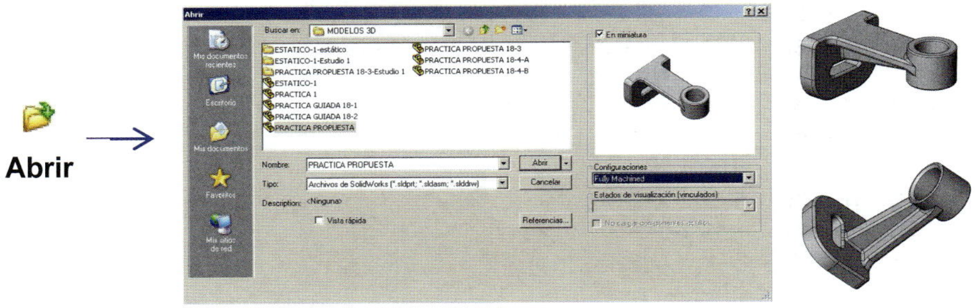

Para iniciar un estudio estático sobre su modelo pulse **Estudio** desde el menú de persiana **Solid**Works® **Simulation** o seleccione el icono correspondiente desde la barra de herramientas flotante. Observe el menú emergente en el Gestor de Diseño. En **Nombre**, escriba el nombre del análisis a realizar. Puede seleccionar diferentes tipos de ensayos: **estático**, **estudio de frecuencia**, **pandeo**, **térmico**, **caída**, **fatiga**, **optimización**, **no lineal**, **dinámico lineal** y **diseño de recipiente a presión**. En **Mensaje** se describe cada uno de los diferentes tipos de estudio.

Después de pulsar **Aceptar** observe como debajo del Gestor de Diseño (FeatureManager) aparece un nuevo árbol o gestor de operaciones denominado **AnalysisManager** o Gestor de Simulación. En la parte superior se indica el nombre del ensayo (Estudio de simulación) y contiene las carpetas **Sólidos, Conexiones**, **Sujeciones**, **Cargas externas** y **Malla**.

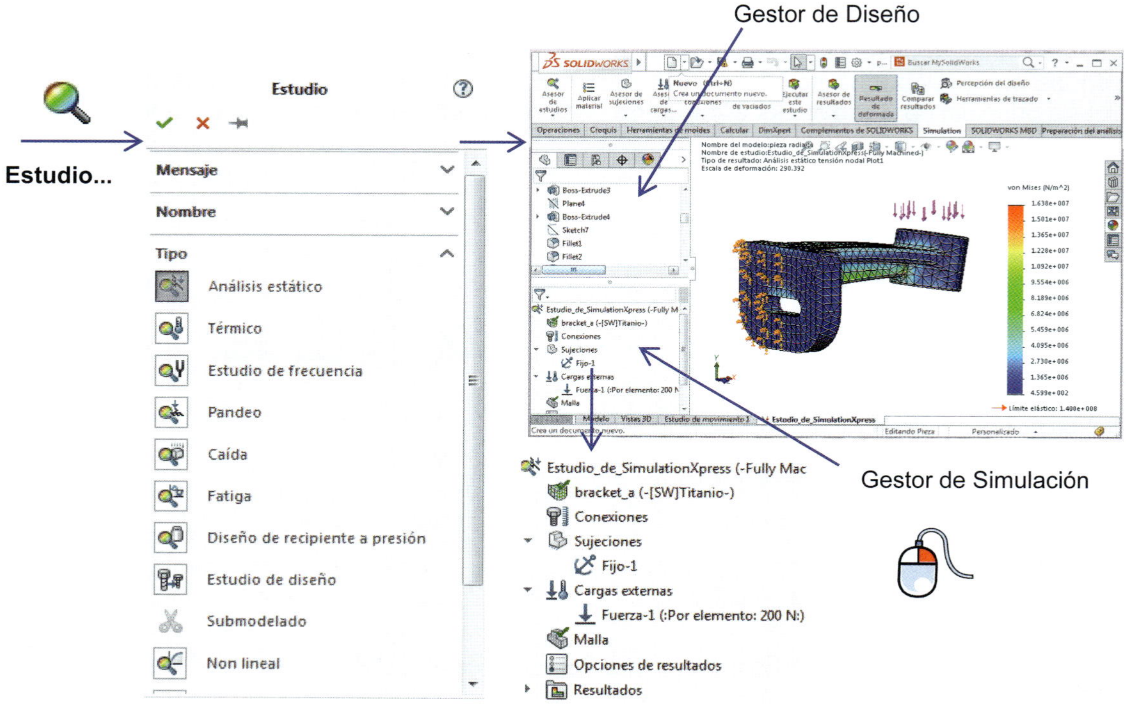

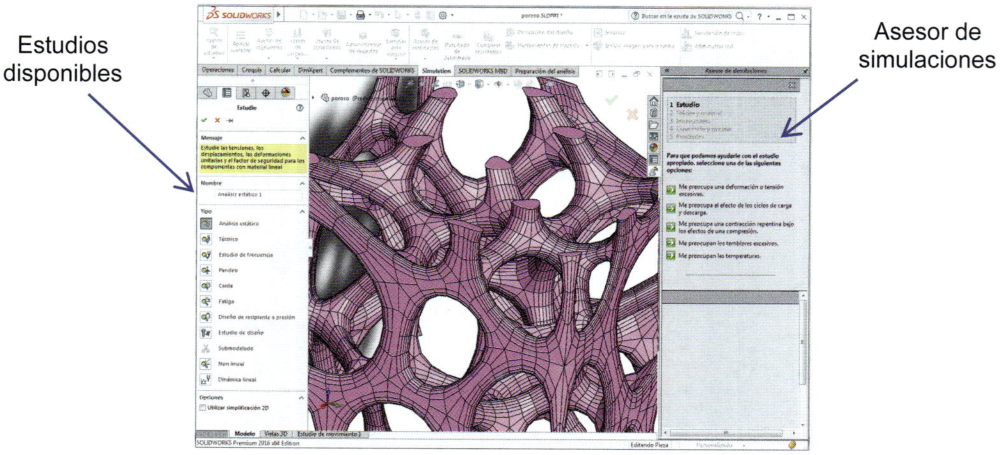

El Gestor de Simulación (**AnalysisManager**) es un explorador donde se localizan todos los elementos que integran un análisis en subcarpetas o elementos. En la figura se representa el Gestor de Simulación para un **Análisis Estático Lineal** donde se incluye las carpetas **Conexiones**, **Sujeciones**, **Cargas externas** y **Malla**. Si pulsa sobre cada una de ellas con el botón derecho del ratón, puede definir los diferentes parámetros de su análisis.

La primera de las carpetas adopta el nombre del fichero de su modelo. Si pulsa sobre su nombre con el botón derecho del ratón, puede definir el material del modelo.

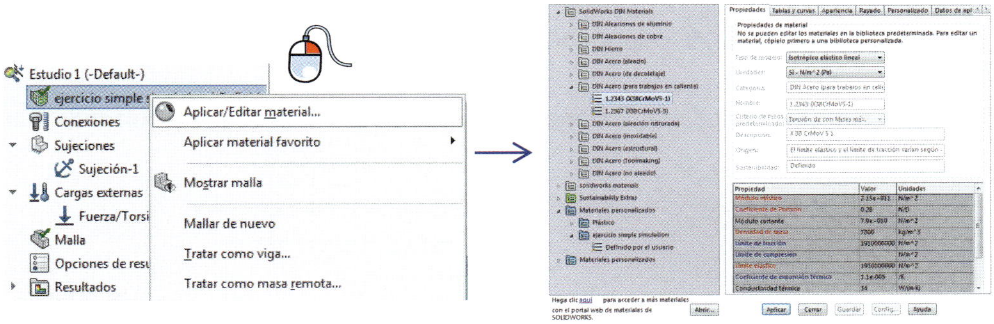

De esta forma es posible definir el material o las propiedades mecánicas del mismo, indicar las cargas que participan en el ensayo, las restricciones de movimiento a las que está sometido el modelo, el tipo de ensayo a realizar (estático, dinámico, fatiga, etc.), así como la definición de las características y tipo de malla a emplear, entre otras muchas opciones. Después de ejecutar y resolver el ensayo aparece una nueva carpeta con los trazados de los distintos resultados.

2.2.3 Selección de materiales

Si pulsa sobre la primera carpeta (nombre del modelo) con el botón derecho del ratón accede al cuadro de diálogo indicado en la figura. Puede definir las características del material asignando valores a sus propiedades o seleccionar un material predefinido desde la biblioteca de materiales de **Solid**Works® **Simulation**. La personalización de un material por parte del usuario requiere la definición de las propiedades indicadas en la tabla (módulo elástico, coeficiente de Poisson, Densidad, límite elástico, etc.).

Propiedad	Valor	Unidad
Módulo elástico	2e+011	N/m^2
Coeficiente de Poisson	0.26	N/D
Módulo cortante		N/m^2
Densidad de masa	7850	kg/m^3
Límite de tracción		N/m^2
Límite de compresión		N/m^2
Límite elástico	250000000	N/m^2
Coeficiente de expansión térmica		/K

Observe el **color de las propiedades** indicadas en la tabla (rojo, azul y negro). Las propiedades marcadas con el color rojo deben ser definidas para la realización de la simulación. En caso de no estar definidas el ensayo no podrá ser efectuado. Las propiedades con el color azul son opcionales pero se recomienda su definición.

Para definir un **Material** para su modelo:

1. Pulse con el botón derecho del ratón sobre la primera de las carpetas (con el nombre del modelo) desde el Gestor de Simulación. Seleccione **Aplicar/editar material**.
2. Seleccione el material desde la biblioteca de materiales o defina sus propiedades (mecánicas y térmicas).
3. Las propiedades mecánicas que puede definir son: Módulo elástico, Coeficiente de Poisson, Módulo cortante, Densidad, Límite de tracción, entre otras. Puede seleccionar el **Tipo de Modelo** a aplicar (Isotrópico u ortotrópico), definir las **Unidades**, visualizar las propiedades del material seleccionado, ver su apariencia estética, entre otras muchas opciones.
4. Pulse **Aplicar** para asignar el material a su modelo. Cierre la ventana pulsando **Cerrar**.

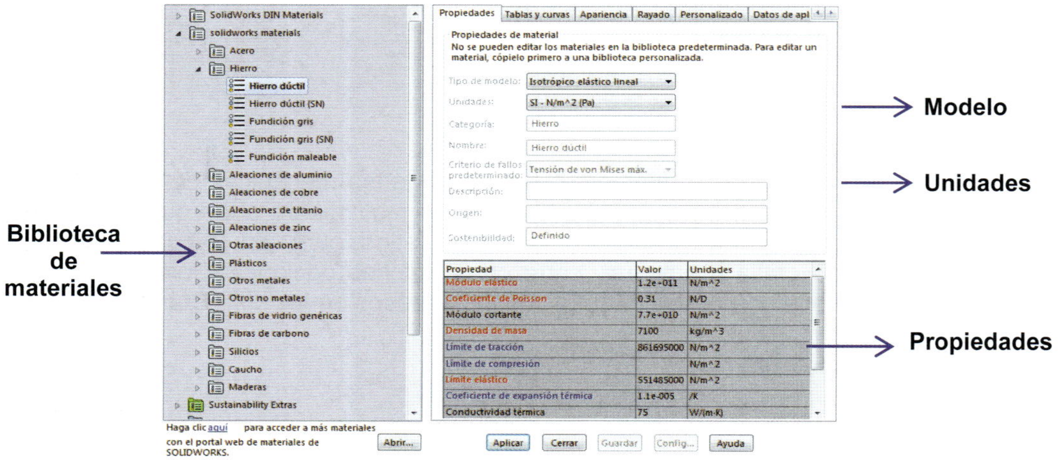

Las propiedades de los materiales incluidos en la biblioteca de materiales han sido extraídas de *Metals Handbook Desk Edition, ASM Internacional.* Los valores de tensión-deformación unitaria del *Atlas of Stress-Strain Curves*, ASM International y las curves de fatiga del *Atlas of Fatigue.*

Recuerde que un material tiene comportamiento **isotrópico** cuando tiene el mismo comportamiento en cualquier dirección mientras que será **ortotrópico** cuando presente tres propiedades diferentes en las tres direcciones perpendiculares en el espacio. En este caso, el material se comporta dependiendo del eje donde se esté trabajando. Para más información consulte el apartado 2.4 (Materiales).

Después de seleccionar el material observe como en el Gestor de Simulación (**AnalysisManager**) aparece un símbolo verde junto al icono de **Sólido** que indica la correcta selección del mismo.

2.2.4 Definición de Sujeciones

Las **Sujeciones** establecen la forma en la que el modelo está posicionado y anclado en el entorno. Puede definir desplazamientos de cero y distintos de cero en vértices, aristas o caras para utilizarlos en los análisis. Para seleccionar las Sujeciones en su modelo pulse con el botón derecho del ratón sobre **Sujeciones**, en el Gestor de Simulación.

Puede seleccionar las siguientes **Sujeciones**: **Fija**, **Inamovible** (sin traslación), **Rodillo/Deslizamiento**, **Utilizar geometría de referencia**, **Sobre cara plana**, **Sobre cara cilíndrica**, **Sobre cara esférica**, **Simetría,** entre otras.

Geometría fija

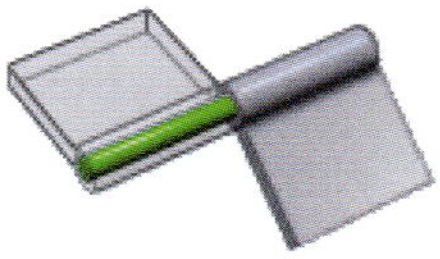

Bisagra fija

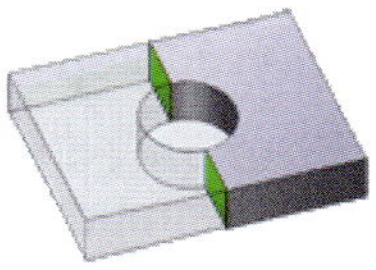

Simetría

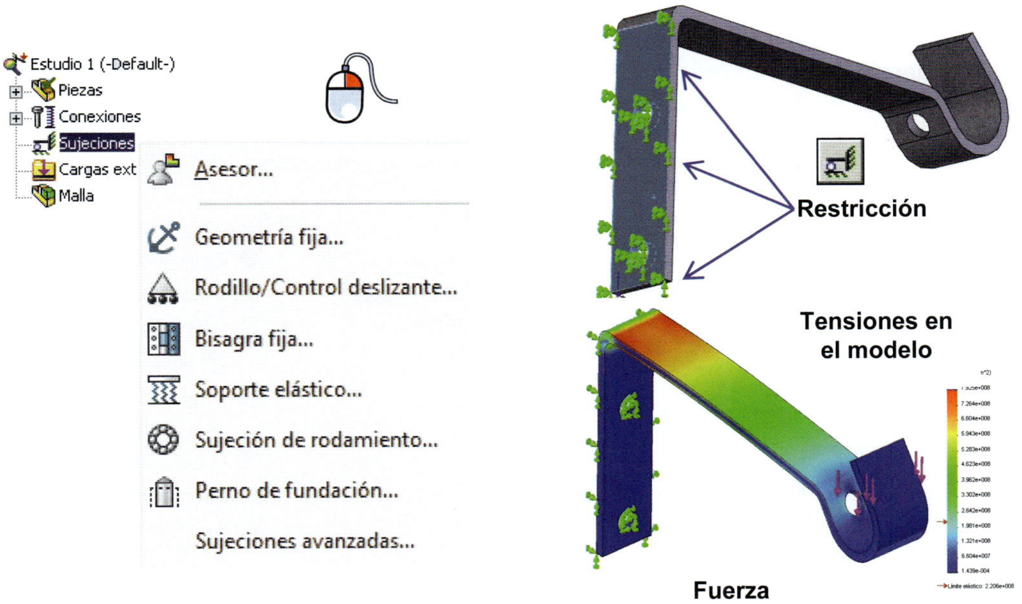

> El **Asesor de Simulaciones** nos recuerda que, para definir los estudios con mayor rapidez, es posible arrastrar y colocar las carpetas **Sujeciones** y **Cargas externas** de un estudio a otra pestaña de estudio de simulación. Y también es posible duplicar los estudios.

Las **Sujeciones** impuestas son asociativas y se adaptan a las modificaciones realizadas en la geometría del modelo. Puede emplear las funciones de **Copiar** y **Pegar** en el Gestor de Simulación para copiar las sujeciones de un análisis a otro.

La opción **Fija**, por ejemplo, restringe el movimiento de forma que los elementos seleccionados no tienen ningún tipo de desplazamiento ni giro después de cargar el modelo.

Para insertar una **Sujeción** en su modelo:

1. Pulse con el botón derecho del ratón sobre **Sujeciones** desde el **Gestor de Simulación**.
2. En **Tipo** seleccione el tipo de restricción a imponer en un modelo **Estándar** o **Avanzada**. En Estándar puede seleccionar: **Fija**, **Inamovible**, **Rodillo/Control deslizante y bisagra fija**.
3. Seleccione el vértice, arista o cara de su modelo a restringir desde la zona de gráficos.
4. Active **Vista preliminar** si desea ver el símbolo de la sujeción sobre su modelo.
5. En **Configuración de Símbolo** puede editar el tamaño y el color del símbolo de restricción.
6. Pulse **Aceptar** para crear la **Sujeción**.

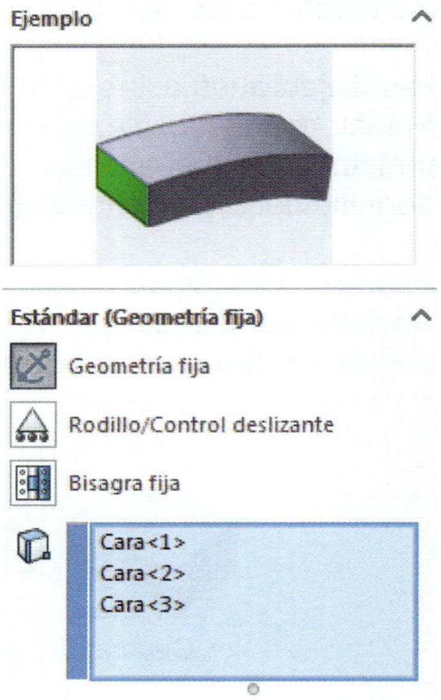

Observe como en el Gestor de Simulación aparece el icono con la **Sujeción** creada. Puede volver a repetir la operación para crear una nueva sujeción en su modelo. Para modificar una **Sujeción** creada pulse con el botón derecho del ratón sobre el icono de **Sujeción** y seleccione **Editar definición**. Realice los cambios en el PropertyManager de **Sujeción** y pulse **Aceptar**. Para más información sobre los distintos tipos de sujeciones consulte la sección 2.5.

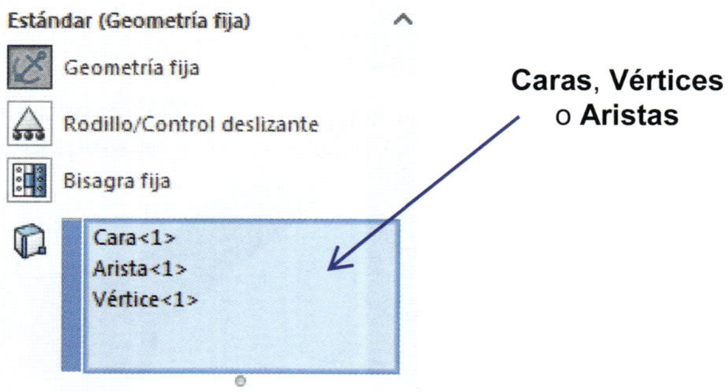

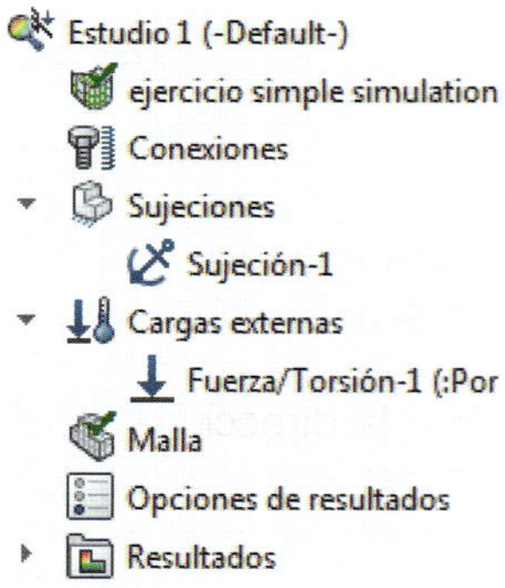

Fijo e inamovible

Establecen todos los grados de libertad de traslación en cero. Pulse botón derecho del ratón en **Sujeciones** y seleccione **Geometría fija**. En **Estándar**, seleccione **Inamovible (Sin traslación)** o **Fijo**. La diferencia entre ellos es la pendiente de la deformada. En el primer caso (inamovible), la pendiente no es cero mientras que en el segundo caso (**Fijo**) la pendiente de la deformada es cero.

Inamovible Fijo

2.2.5 Definición de Cargas

Permite definir las cargas que actúan sobre el modelo a estudiar. Para su selección debe pulsar con el botón derecho del ratón sobre **Cargas esternas**, desde el Gestor de Simulación. A continuación seleccione **Fuerza**, **Presión**, **Gravedad**, etc. y defina sus características y magnitudes.

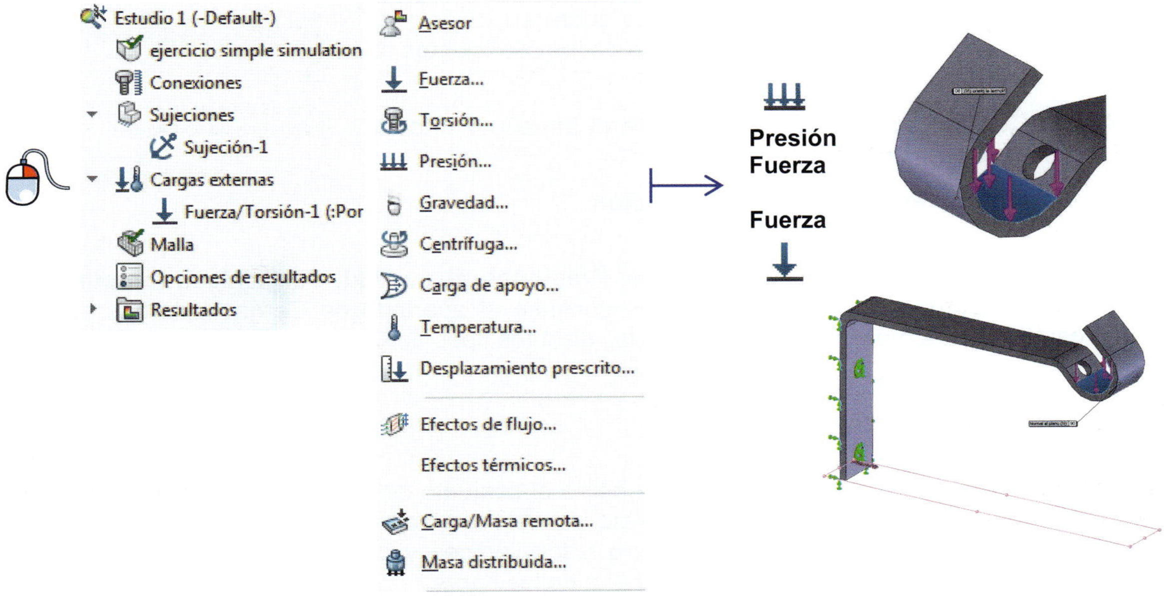

Para insertar una **Fuerza**, **Momentos** o **Torsiones** distribuidos de manera uniforme en su modelo debe seleccionar la cara, arista, puntos de referencia, vértices o planos donde va a aplicarse y la dirección en la que actúa.

Puede indicar la dirección mediante la selección de una arista, línea o eje. El sistema de unidades a emplear (Sistema Internacional, Métrico o Ingles) puede seleccionarlo desde el mismo cuadro de definición.

Para definir una **Fuerza** sobre su modelo:

1. Pulse con el botón derecho del ratón sobre **Cargas externas** desde el Gestor de Simulación y seleccione **Fuerza.**
2. En la pestaña **Tipo** seleccione la cara/s o plano sobre el que actúa la **Fuerza** y la arista, línea o eje de dirección de la misma. Pulse sobre (**Aplicar fuerza/momento**, **Aplicar fuerza normal** o **Aplicar momento torsor**).
3. Pulse **Vista preliminar** para visualizar los símbolos de la fuerza aplicada sobre el modelo en la zona de gráficos.

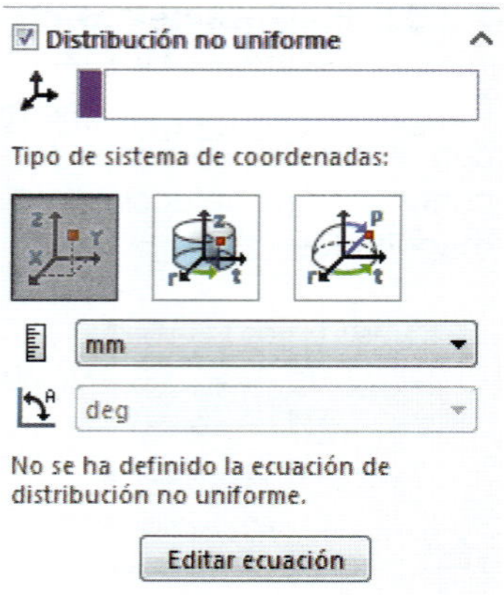

4. Seleccione Sistema Internacional, Métrico o Inglés en **Unidades**.
5. En la pestaña **Fuerza (por entidad)** puede indicar la magnitud de la fuerza. Active la casilla **Invertir dirección** si desea cambiar la dirección de la fuerza aplicada.
6. En **Distribución no uniforme** puede definir la forma en la que se distribuye la **Fuerza** aplicada sobre su modelo en los diferentes ejes (X, Y y Z), a través de los coeficientes de la ecuación.
7. En **Configuración de Símbolo** edite el tamaño y el color del símbolo de restricción.
8. Pulse **Aceptar** para crear la **Restricción**.

Además de crear **Fuerzas**, puede seleccionar **Presiones**, **Gravedad**, **Carga/Masa remota**, entre otros tipos de Carga. Para más información consulte el apartado de Cargas externas en este mismo capítulo. Para más información sobre los distintos tipos de **Cargas** consulte la sección 2.6.

2.2.6 Creación del mallado

En el primer capítulo se ha definido la malla como el conjunto de pequeños cuerpos tetraédricos que llenan todo el volumen del modelo objeto de estudio. Para realizar análisis simple puede estudiar únicamente los vértices del tetraedro o los vértices y el punto central del polígono, o incluso los vértices y el punto central de cada una de las caras.

Cuando se desean resultados más precisos debe incrementar el número de nodos del análisis o reducir la medida de las figuras. De esta forma, la misma geometría está ocupada por mayor número de polígonos (elementos) con más puntos de control (nodos).

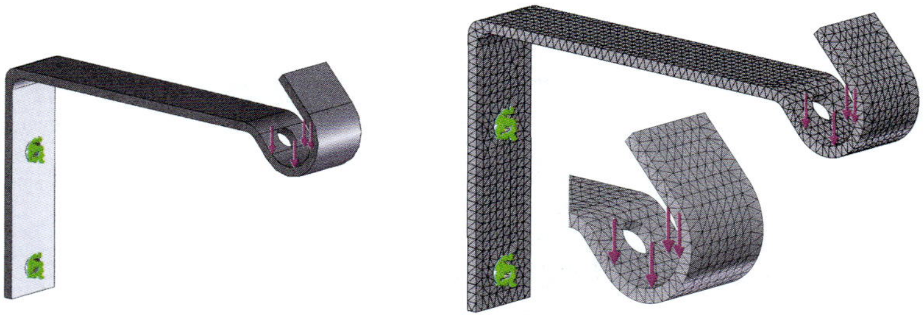

Para definir la **Malla** sobre su modelo:

1. Pulse con el botón derecho del ratón sobre **Malla**, desde el Gestor de Simulación. Seleccione del cuadro de diálogo emergente la opción **Crear Malla**. La opción **Asesor...** puede ayudarle durante el proceso de definición en las primeras simulaciones.
2. En **Densidad de malla** defina el grosor de la malla (**Malla gruesa** o **Fina**) mediante el arrastre del cursor deslizante. Desplazamientos del cursor hacia la derecha define elementos de malla más finos (mayor densidad) que requieren de mayor tiempo de cálculo, pero ofrecen resultados más precisos.

3. En **Parámetros de mallado** defina la **Malla estándar o Malla basada en curvatura.** Defina las **Unidades**, el **Tamaño global** de cada uno de los elementos y su **Tolerancia**.
4. Pulse **Aplicar** y **Aceptar** para crear la malla en el modelo.

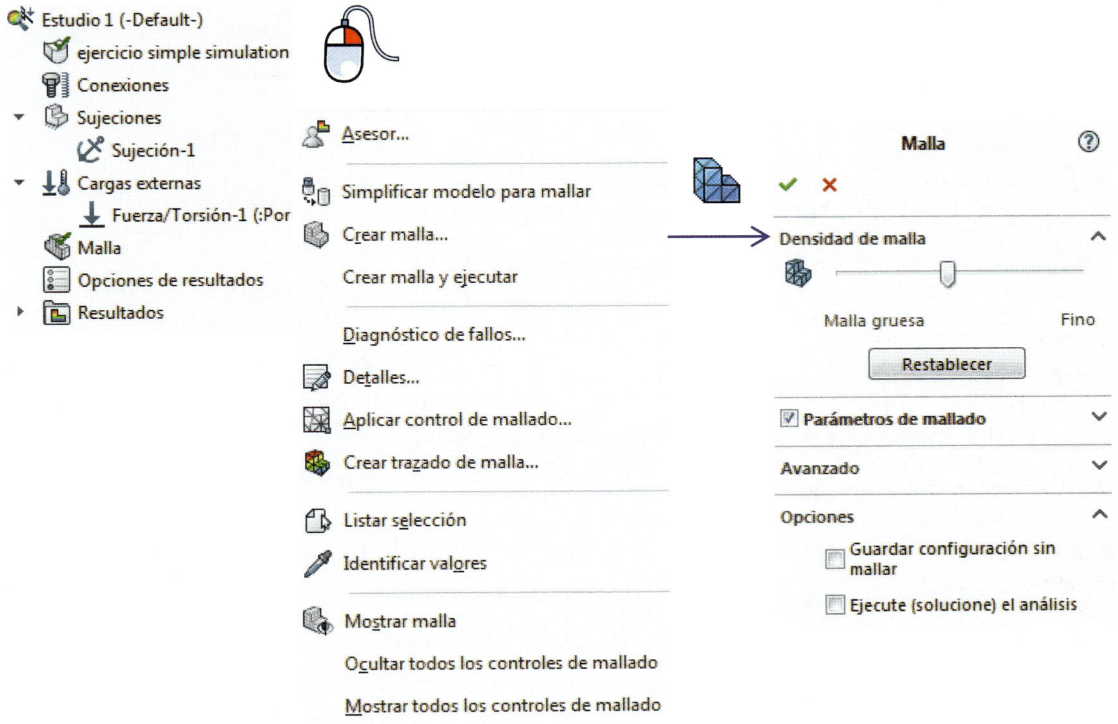

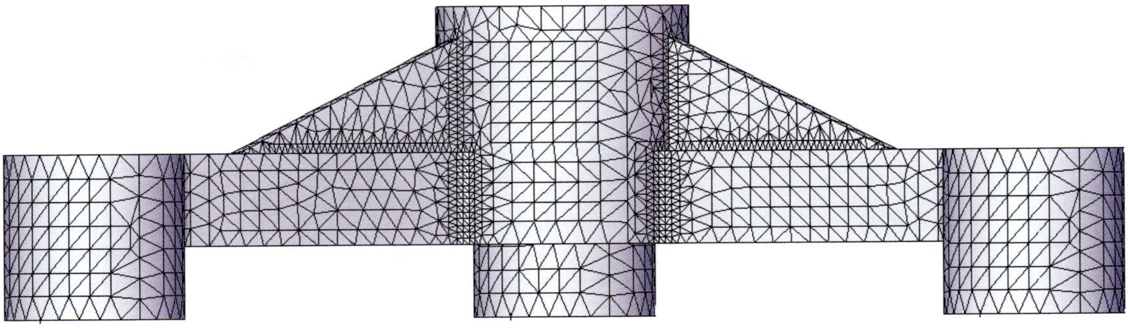

Los modelos que han sido mallados con elementos de pequeño tamaño permiten obtener resultados más precisos pero requieren de mayor tiempo de cálculo.

Densidad de malla

Define el tamaño de la malla (Gruesa o fina). Un tamaño fino permite obtener resultados más precisos, pero requiere de mayor tiempo de cálculo. **Restablecer** devuelve el tamaño de la malla a sus valores anteriores.

Parámetros de mallado

Define el mallado según dos técnicas: **Estándar** y **Malla basaba en curvatura**. El mallado **Estándar** es más rápido y suele emplearse en la mayoría de los casos. La **Malla basada en curvatura** se emplea en modelos con pequeños radios y caras curvas. La opción **Malla basada en curvatura de combinado** es recomendable usarla cuando no pueda mallar con las dos opciones anteriores.

Tamaño Global y Tolerancia

El **Tamaño global** define el tamaño medio de los elementos (Malla gruesa o fina). La **Tolerancia** establece el margen admisible (tolerancia) para el elemento mallado en malla estándar. No puede ser mayor al 30 %.

Transición automática permite aplicar un control de malla más detallado y preciso en operaciones que crean geometrías curvas (redondeos, taladros, etc.).

Avanzado

Defina los **Puntos jacovianos** (verificación jacoviana) y seleccionar **Malla con calidad de borrador** y **Pruebas automáticas para el sólido**.

Es recomendable utilizar **Malla con calidad de borrador** cuando desee realizar una simulación rápida.

Transición automática Desactivada

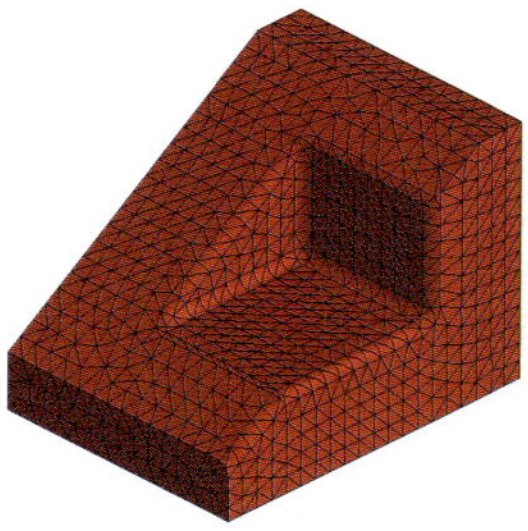

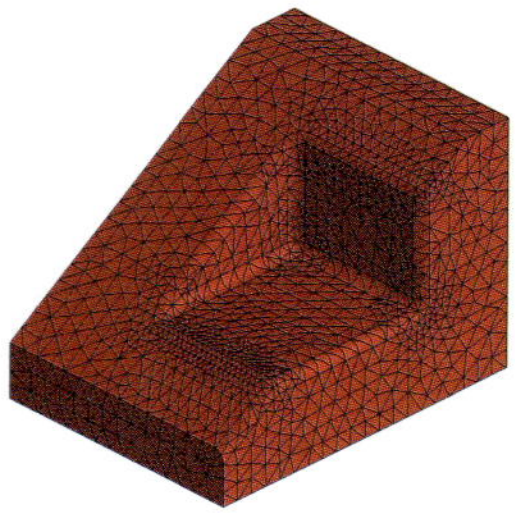

Transición automática Activada

2.2.7 Inicio del estudio

Una vez definido el tipo de estudio (**Estático**), las cargas, las sujeciones y el mallado del modelo debe seleccionar la opción **Ejecutar** para empezar con el análisis. Puede seleccionar el icono **Ejecutar** o pulsar sobre el nombre de su análisis, con el botón derecho del ratón, desde el Gestor de Simulación y seleccionar la opción **Ejecutar**.

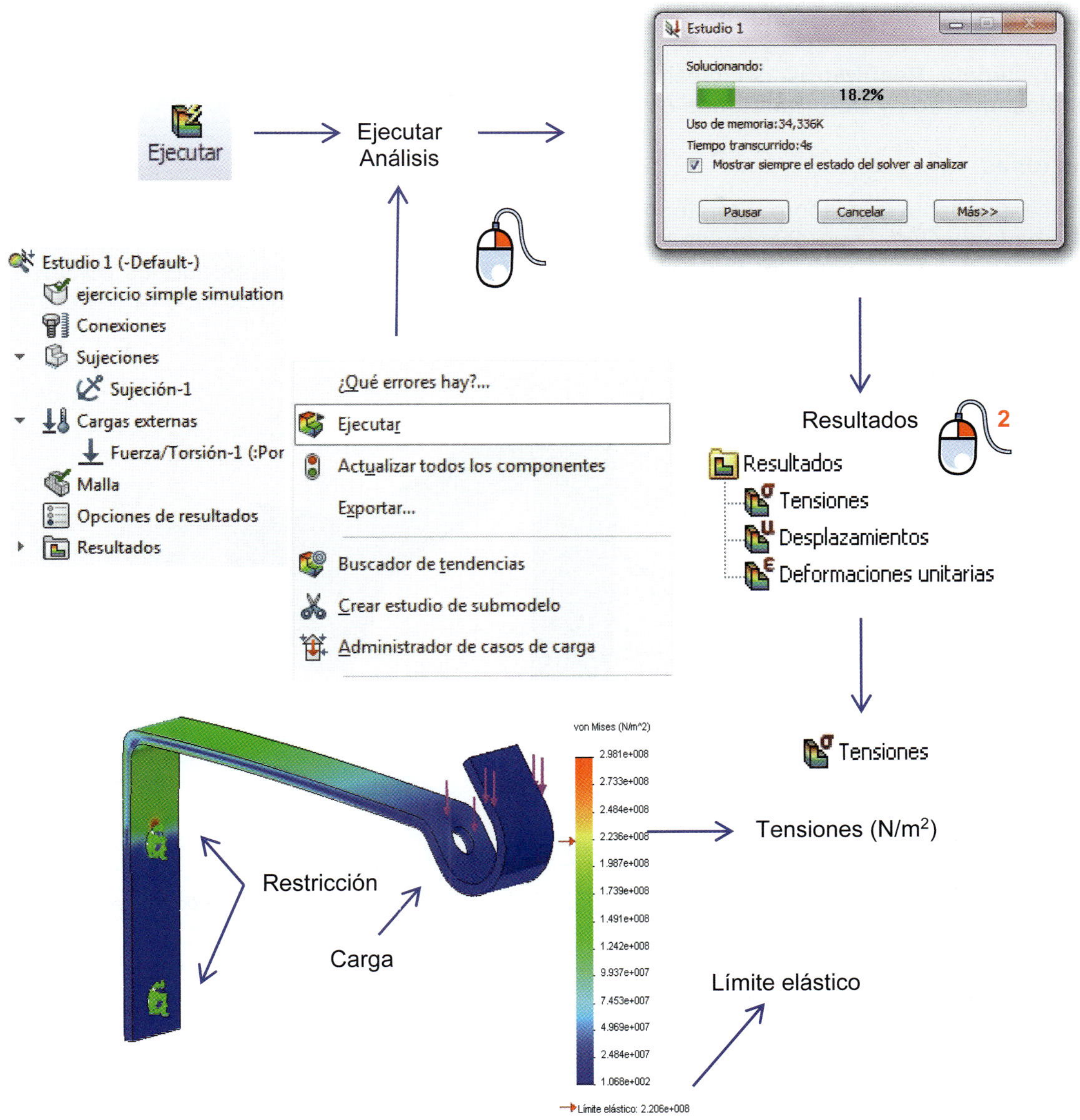

Puede visualizar las **Tensiones** (von Mises, N/m^2) resultantes sobre el modelo realizando un doble clic sobre **Tensiones** desde el Gestor de Simulación. El color pintado sobre el modelo representa las tensiones en esos puntos. Observe el **Límite elástico** de pieza en la parte inferior de la leyenda con el valor de la tensión. Los colores por encima de la flecha presentan tensiones mayores al límite elástico.

> Recuerde que es necesario volver a mallar el modelo cada vez que modifique su geometría. Las modificaciones en el tipo de material, sujeción y cargas son independientes del mallado y no lo afecta.

2.2.8 Visualización de resultados

En la carpeta **Resultados** del Gestor de Simulación puede ver tres elementos: **Tensiones**, **Desplazamientos** y **Deformaciones unitarias**.

Tensiones

Realice un doble clic sobre **Tensiones** desde la carpeta **Resultados**. Puede ver el modelo deformado y colores que definen las tensiones *von Mises* (N/m^2) en cada uno de los puntos. Los colores cálidos (rojo, amarillo) representan las mayores tensiones mientras que los colores más fríos (azules y verdes) representan las menores tensiones en el modelo. En la parte inferior derecha puede leer el límite elástico de la pieza, debajo de la leyenda.

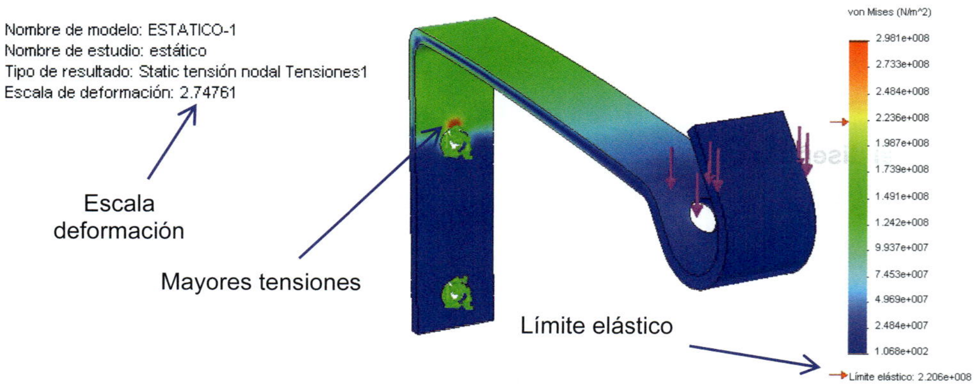

Debe tener en cuenta que la deformación observada no es la real, sino que se encuentra ampliada según una **Escala de deformación** prestablecida. En el modelo de la figura la escala de ampliación de la deformación es de 2.7476. es decir. 2.74 veces mayor que la real (1:1).

Desplazamientos

Seleccione el trazado de **Desplazamientos** desde la carpeta **Resultados** para ver el modelo deformado y los colores que definen los desplazamientos de cada uno de los nodos (mm). Los colores cálidos (rojo, amarillo) representan las zonas con mayores deformaciones mientras que los colores más fríos (azules y verdes) representan las zonas que prácticamente no se han deformado. Estas últimas coinciden con las regiones donde se ha restringido el movimiento (Geometría Fija o Inamovible).

Deformaciones unitarias

Pulse mediante un doble clic sobre **Deformaciones unitarias** desde la carpeta **Resultados** para ver las deformaciones unitarias sobre el modelo simulado. También puede visualizar la **Deformación unitaria equivalente** y la deformación del modelo en los ejes X, Y o Z. Visualice la **Energía de deformación unitaria** total y la **Densidad de energía de deformación unitaria** desde la misma carpeta.

Los colores cálidos (rojo, amarillo) representan las zonas con mayores deformaciones mientras que los colores más fríos (azules y verdes) representan las zonas que prácticamente no se han deformado.

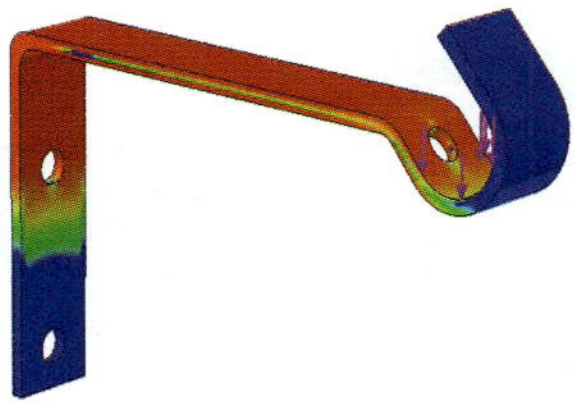

Distribución del Factor de Seguridad

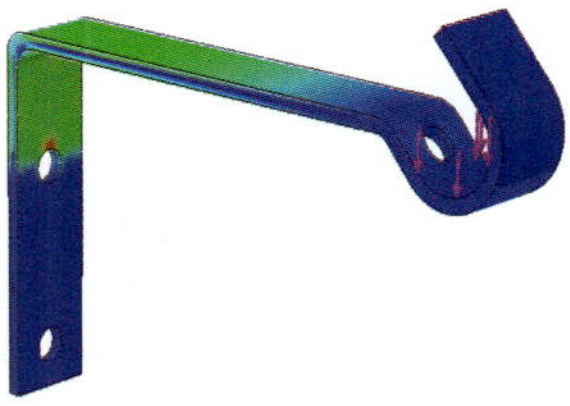

Distribución no dimensional de tensiones

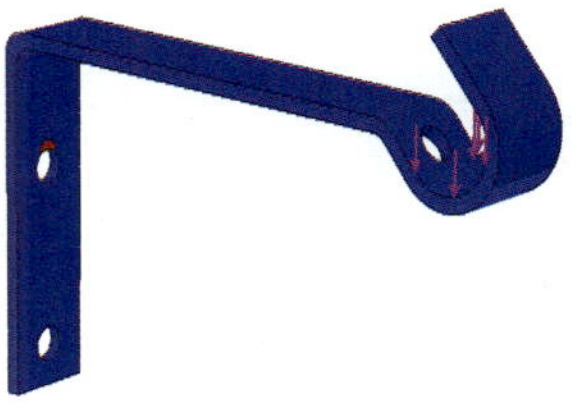

Áreas por debajo del factor de seguridad

Seguridad en el diseño

Puede evaluar el **Factor de Seguridad** de su modelo y ver si alguna zona del mismo se encuentra sometida a mayores tensiones de las que puede llegar a soportar.

El **Factor de Seguridad (FDS)** es un número adimensional que nos ayuda a hacernos una idea sobre cómo está cargada la pieza y si puede llegar a soportar bien las cargas a las que está sometida. El FDS relaciona la máxima tensión resultante en un punto con la tensión máxima que teóricamente puede llegar a soportar el material. El valor teórico se obtiene experimentalmente mediante ensayos físicos de tracción con probetas normalizadas para cada uno de los materiales.

Un FDS inferior a 1 indica que la pieza no es capaz de soportar los esfuerzos y por lo tanto romperá. El FDS mayor a 1 indica que la pieza aguanta los esfuerzos que recibe y cuanto mayor sea el valor mayor margen de seguridad tendrá la pieza.

Para evaluar el **Factor de Seguridad (FDS)** en su modelo:

1. Pulse con el botón derecho del ratón sobre la carpeta **Resultados** desde el Gestor de Simulación y seleccione la opción **Definir trazado de Factor de Seguridad**.
2. Seleccione el criterio de evaluación: **Tensión de Von mises máx., Tensión de cortadura máx. (Tresca), Tensión de mohr-Coulomb o Tensión normal máx.** Pulse **Siguiente**.
3. Seleccione las **Unidades** (N/m^2, psi, Kgf/cm^2, N/mm^2). Defina el **Límite de tensión** (Límite elástico, Límite de rotura o definido por el usuario). Para materiales dúctiles es recomendable utilizar el criterio de **Tensión Máxima de von Mises** o de **Tensión de cortadura máxima**. Por el contrario, los materiales más frágiles deben ser evaluados con el método de tensión normal máxima o **Tensión de Mohr-Coulomb**. En la misma ventana puede ver las propiedades del material seleccionado. Pulse **Siguiente**.
4. Seleccione la forma de visualizar los resultados: **Distribución del factor de seguridad**, **Distribución no dimensional de tensiones**, **Áreas por debajo del factor de seguridad**. Pulse **Aceptar**.

$$\frac{\sigma_{vonMises}}{\sigma_{Limit}} < 1$$

Tensión de von Mises

$$\frac{\tau_{max}}{0.5\sigma_{Limit}} < 1$$

Tensión de cortadura

$$\frac{\sigma_1}{\sigma_T} + \frac{\sigma_2}{\sigma_C} < 1$$

Tensión de Mohr-Coulomb

$$\frac{\sigma_1}{\sigma_{Limit}} < 1$$

Tensión normal

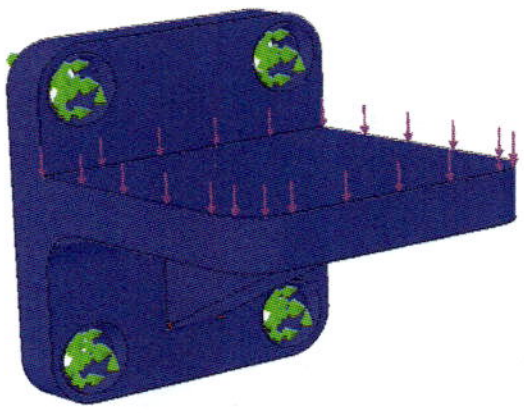

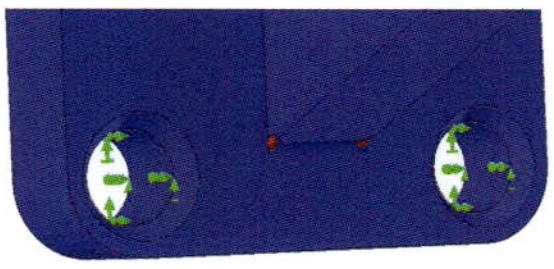

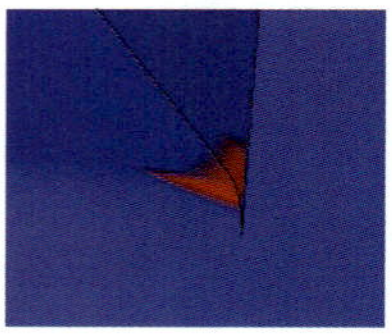

Las zonas con valor por debajo del factor de seguridad se representan de color rojo. Modifique la geometría o cambie el material de su modelo de pieza y vuelva a evaluar el FDS para asegurar su correcto funcionamiento.

Factor de Seguridad

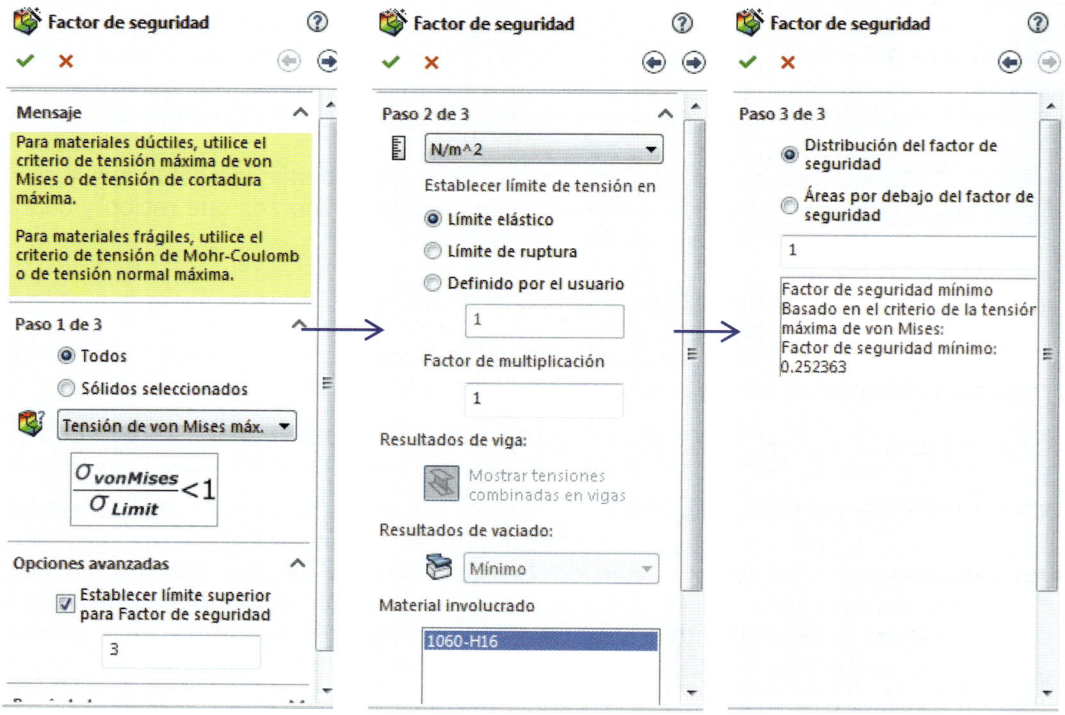

Los criterios de evaluación del Factor de Seguridad **Tsai-Hill** y **Tsai-Wu** permiten evaluar vaciados compuestos mientras que el **Criterio de tensión máxima** puede emplearse en vaciados compuestos.

2.3 Prácticas

2.3.1 Práctica 2-1. Análisis estático de una pieza

Evalúe el soporte indicado en la figura sabiendo que será fabricado con un **acero aleado**. Se encuentra **Fijo** por tres taladros y cargado con una **Fuerza** de 1000 N sobre la cara superior. En la segunda parte de la práctica se propone crear un nuevo material definiendo sus propiedades mecánicas. El modelo (Práctica-1) puede abrirlo desde el DVD que acompaña el libro.

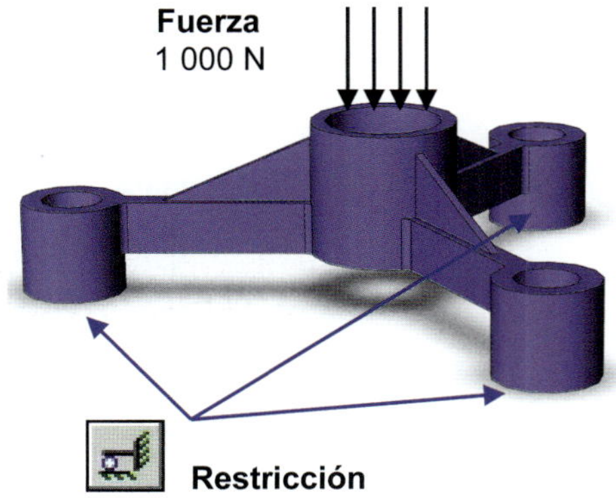

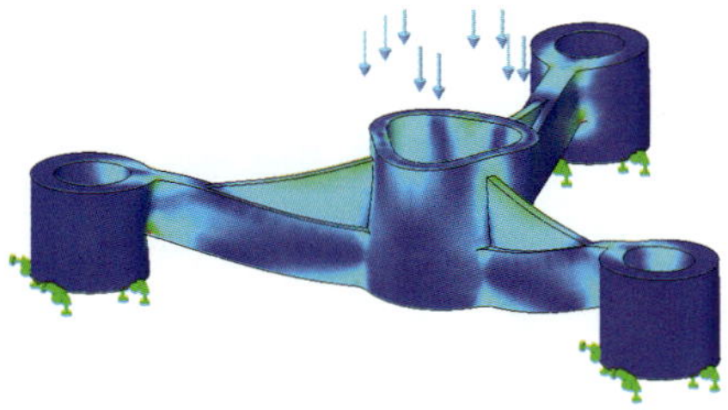

Objetivos de la práctica

- Descargar y abrir documento.
- Cargar **Solid**works **Simulation** y sus barras de herramientas flotantes.
- Crear un estudio de análisis estático.
- Crear un material nuevo para la práctica.
- Aplicar las sujeciones y la carga de fuerza sobre el modelo.
- Definir las características del mallado y remallar aristas.
- Ejecutar el estudio.
- Ver resultados básicos del análisis estático.
- Evaluar la seguridad del diseño.

Características

- **Primea material**. Acero aleado.
- **Material nuevo**: **Modulo elástico** de 200 000 N/mm^2 (MPa), **Coeficiente de Poisson** 0.3, **Densidad** 7 850 kg/m^3 y **Límite elástico** 250 N/mm^2 (MPa).
- Malla sólida y malla remallada. **Mallador**: Estándar. **Unidades**: mm. **Tamaño global**: 4 mm. **Tolerancia**: 0,20 mm. **Transición automática**: Desactivado.
- **Fuerza** normal 1 000 N.

1. Activación de SolidWorks Simulation y abrir el modelo a analizar

1. Active el complemento **Solid**Works **Simulation** desde el menú de persiana **Herramientas**, **Complementos**.
2. Abra el modelo de la práctica desde el DVD que acompaña el libro. Pulse sobre el menú de persiana **Archivo**, busque el modelo de la práctica y seleccione **Abrir**.

2. Selección del análisis Estático

1. Pulse sobre **Estudio** desde el menú de persiana **Solid**Works **Simulation**. Seleccione la opción **Estático** y escriba el nombre de su simulación en **Nombre del estudio**. Pulse **Aceptar**.

3. Selección del material (Acero aleado)

Para seleccionar un material ya definido debe buscarlo en la Biblioteca de materiales de **Solid**Works **Simulation**:

1. Pulse con el botón derecho del ratón sobre **Material** desde el Gestor de Simulación y seleccione la opción **Aplicar/Editar Material**. De la lista de materiales seleccione **Acero aleado**. En la pestaña de **Propiedades** puede ver sus características.

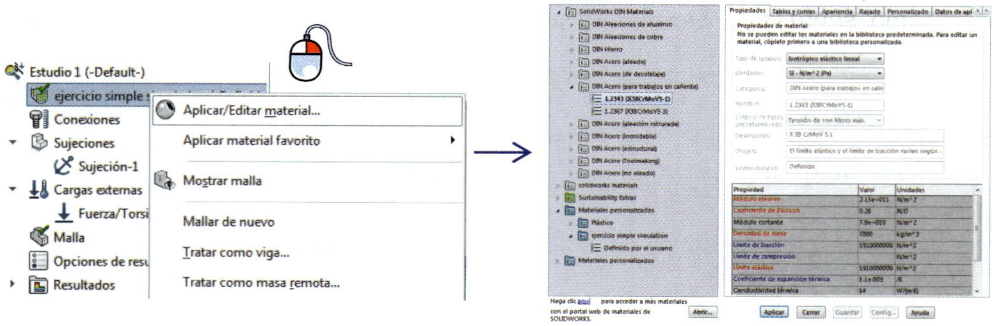

En la última parte del tutorial se define un nuevo material mediante la designación de sus propiedades mecánicas.

4. Selección de las Sujeciones

Debe restringir el movimiento de los tres elementos salientes de la base tal y como se indica en la figura.

1. Pulse sobre **Sujeciones** con el botón derecho del ratón desde el Gestor de Simulación. Seleccione la opción **Geometría Fija**. Seleccione, desde la zona de gráficos, cada una de las **Caras** internas que definen los tres elementos salientes del modelo.
2. Pulse **Aceptar** para crear la **Sujeción**.

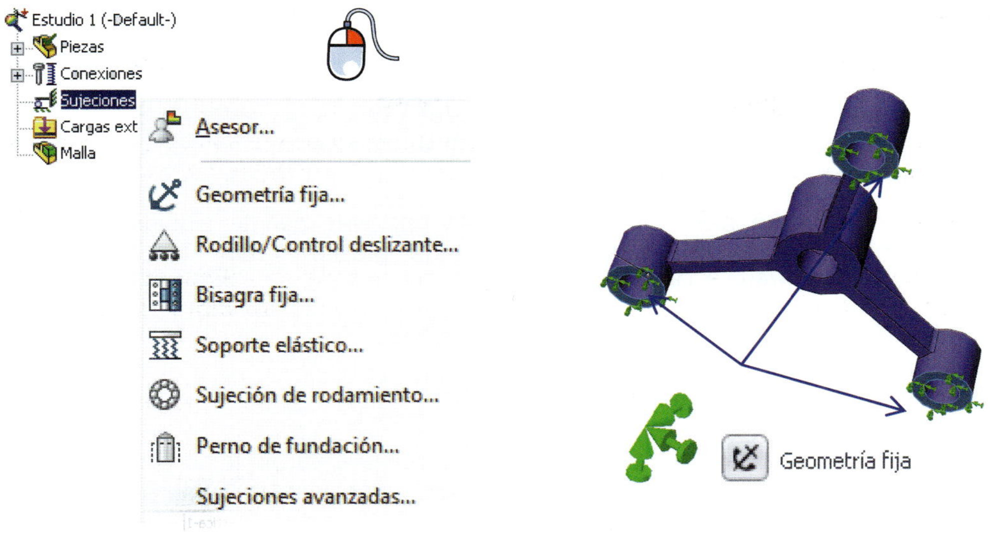

5. Definición de las cargas

Para definir una **Fuerza** de 1 000 N sobre la cara superior del modelo:

1. Pulse con el botón derecho del ratón sobre **Cargas externas** desde el Gestor de Simulación y seleccione **Fuerza** o seleccione el icono de **Fuerza** desde la barra principal de **Solid**Works Simulation.
2. En la pestaña **Tipo** seleccione la cara superior del modelo. Pulse sobre **Normal**. Observe como, sobre la cara del modelo, se representan flechas en dirección de la fuerza aplicada.
3. Seleccione **Sistema Internacional (SI)** en **Unidades** y en la pestaña **Fuerza** indique la fuerza de 1 000 N. Active la casilla **Invertir dirección** si desea cambiar la dirección de la fuerza aplicada.
4. Pulse **Aceptar** para crear la **Fuerza** actuante sobre su modelo.

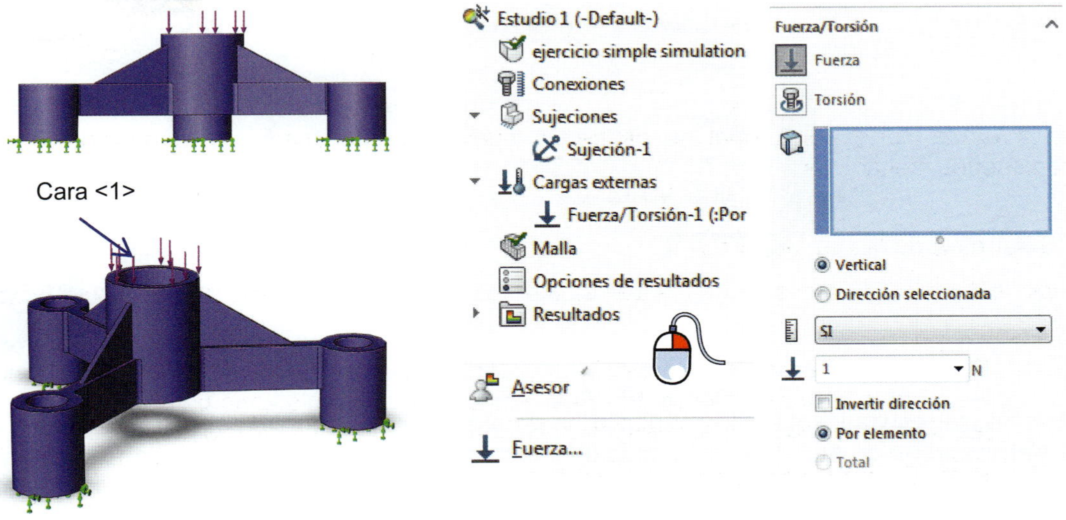

6. Definición del mallado

Para definir la **Malla** sobre su modelo:

1. Pulse con el botón derecho del ratón sobre **Malla** desde el Gestor de Simulación o pulse sobre el icono **Malla** de la barra de herramientas. Seleccione del cuadro de diálogo emergente la opción **Crear Malla.**
2. En **Parámetros de mallado** seleccione las opciones con la siguiente configuración: **Mallador**: Estándar. **Unidades**: mm. **Tamaño global**: 4 mm. **Tolerancia**: 0,20 mm. **Transición automática**: Desactivado.
3. Pulse **Aceptar** para crear el mallado en su modelo.

7. Ejecución y visualización de resultados

1. Pulse con el botón derecho del ratón sobre la primera de las etiquetas de su Gestor de Diseño **(Estudio 2).** En la ventana emergente seleccione la primera de las opciones, **Ejecutar**.
2. Después de un tiempo de cálculo se crea la carpeta **Resultados** en el Gestor de Simulación. Pulse con un doble clic sobre **Tensiones**, **Desplazamientos** o **Deformaciones unitarias**.

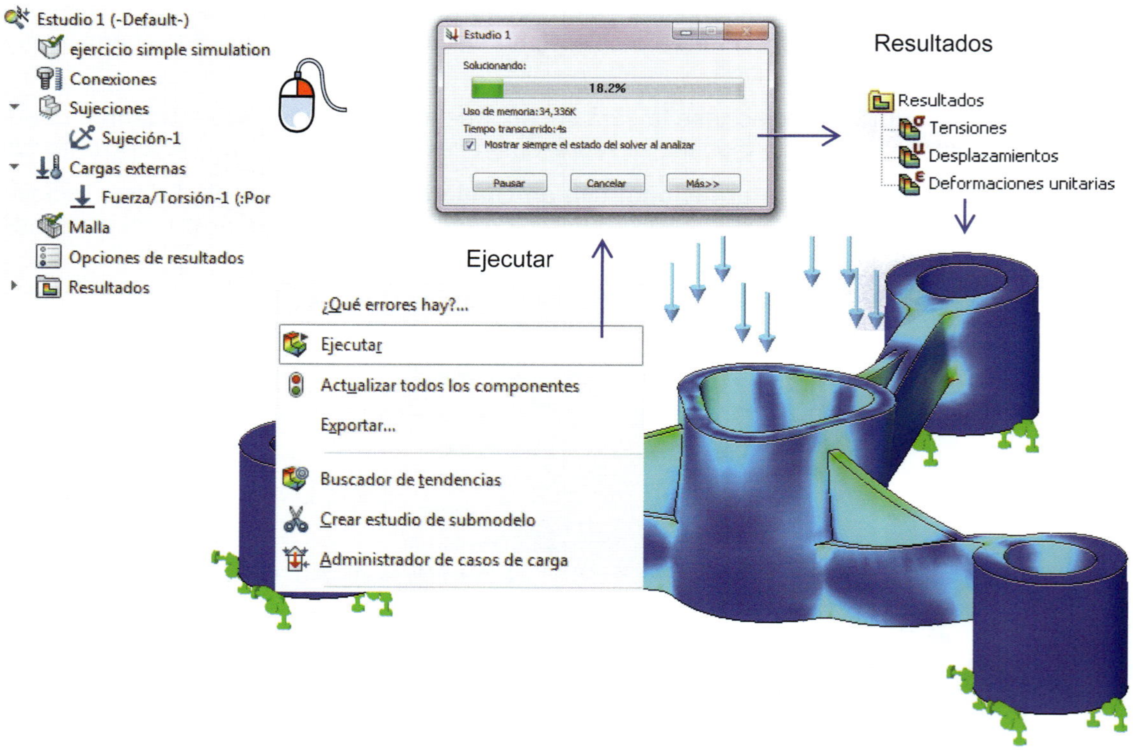

Observe los resultados obtenidos en la zona de gráficos. El modelo de la figura tiene una **Escala de deformación** de 160.853. Las zonas de color amarillo, naranja y rojo que son las que superan el valor el limite elástico. Si desea ver el modelo con la deformación real pulse con un doble clic sobre el texto de **Escala de deformación** y seleccione **Escala real** en **Forma deformada**.

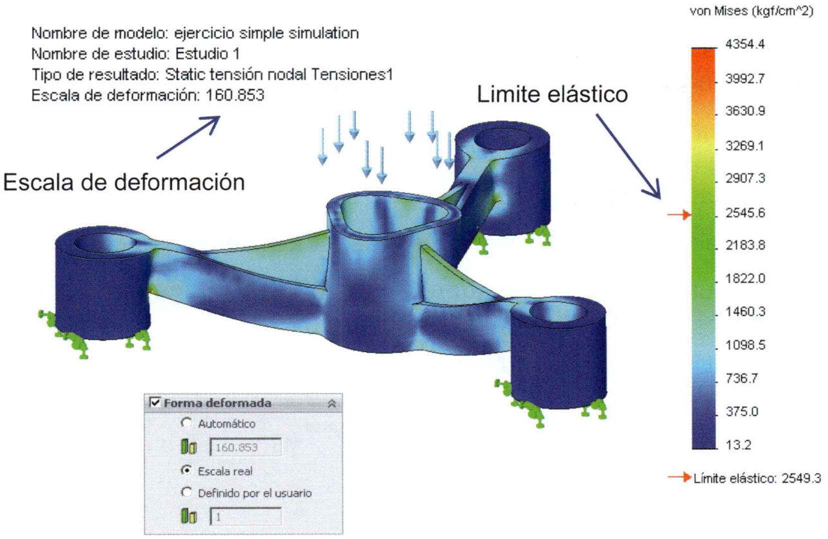

Gire el modelo para visualizar las zonas con mayores tensiones (rojo). Para poder ver al mismo tiempo el resultado de las tensiones en su modelo y el mallado pulse con el botón derecho del ratón sobre el grafico de tensiones desde el Gestor de Simulación y seleccione **Configuración**. En **Opciones de contorno** seleccione **Malla**.

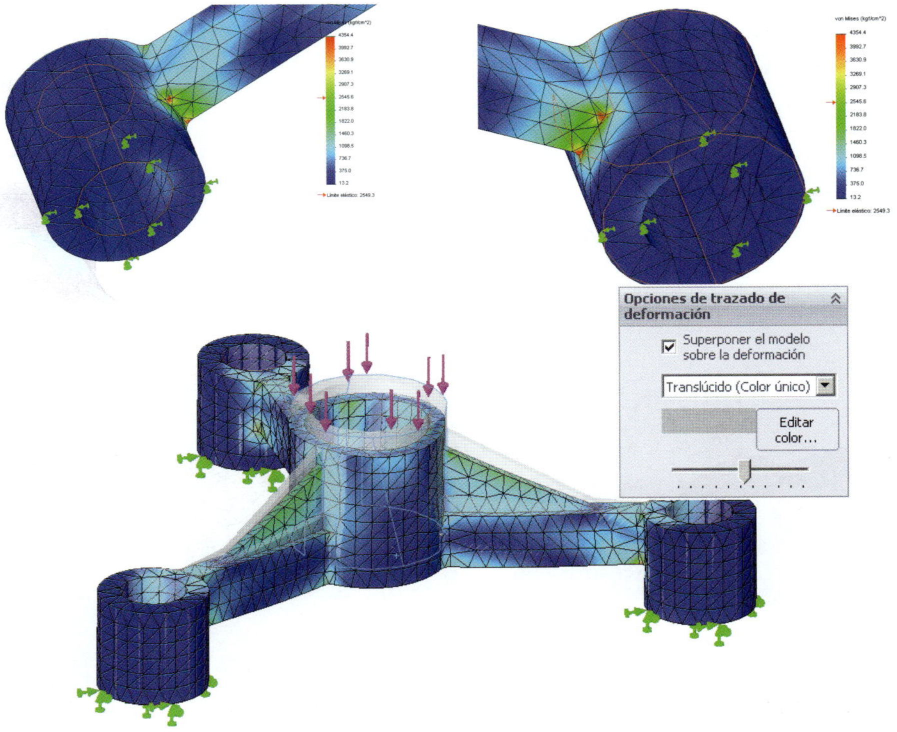

Para superponer el modelo deformado sobre el modelo real active la casilla **Superponer el modelo sobre la deformación**. Edite el color o seleccione un traslucido como color único del material deformado.

Definición del trazado del Factor de Seguridad

Para localizar las zonas del modelo con tensiones von Mises por encima del valor del **Límite elástico** del material seleccionado puede utilizar el trazado del **Factor de Seguridad**.

1. Para definir el trazado de **Factor de Seguridad** pulse con el botón derecho del ratón sobre la carpeta **Resultados** del Gestor de Simulación y seleccione la opción **Definir trazado de Factor de Seguridad**.
2. **Paso 1 de 3**. Seleccione el **Criterio von Mises** para materiales dúctiles y pulse **Siguiente**.
3. **Paso 2 de 3**. Seleccione las **Unidades** N/mm^2 (MPa) y **Límite elástico** con un **Factor de multiplicación** 1. Pulse **Siguiente**.
4. **Paso 3 de 3**. Seleccione la opción **Áreas por debajo del factor de seguridad**. Pulse **Aceptar**.

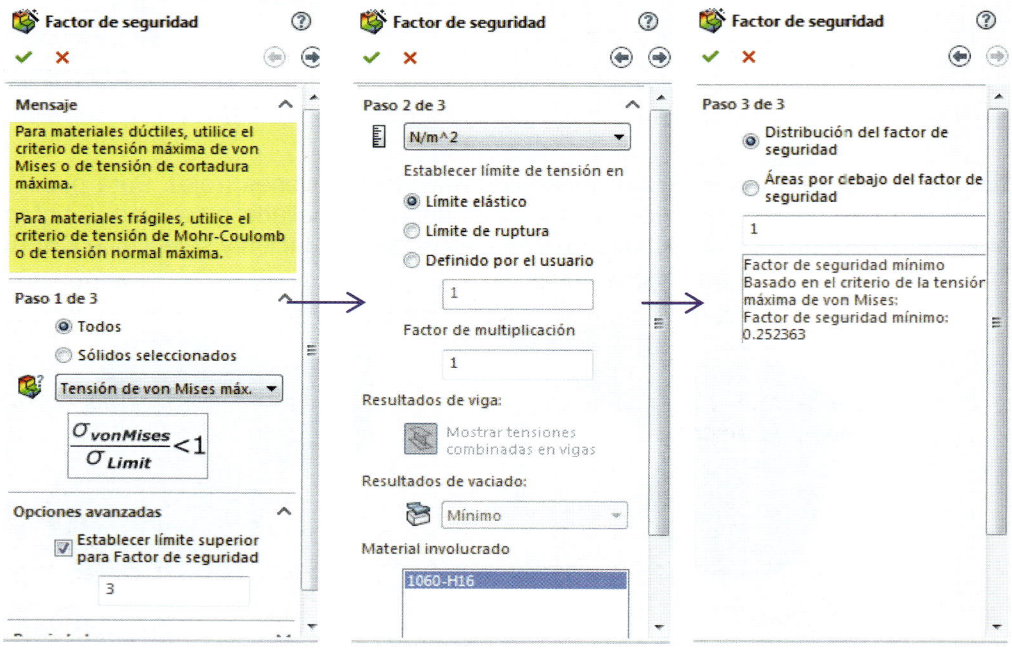

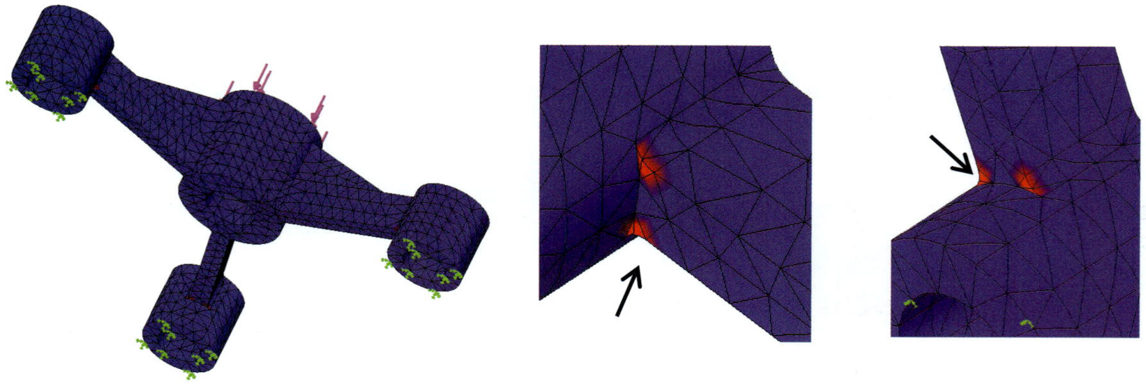

Todo el modelo aparece de color azul excepto en las 3 pequeñas zonas indicadas en la figura.

Para mejorar la calidad del trazado del **Factor de Seguridad** es necesario aplicar un **Control de mallado** en las tres aristas del modelo. Para ello:

1. Pulse con el botón derecho del ratón sobre **Malla** y seleccione la opción **Aplicar control de mallado**. Seleccione desde la zona de gráficos las tres aristas críticas de su modelo. Defina un **Tamaño del elemento** de 0.5 y un **Ratio a/b** de 1.5 para obtener resultados con mayor definición en la región crítica. Pulse **Aceptar**.

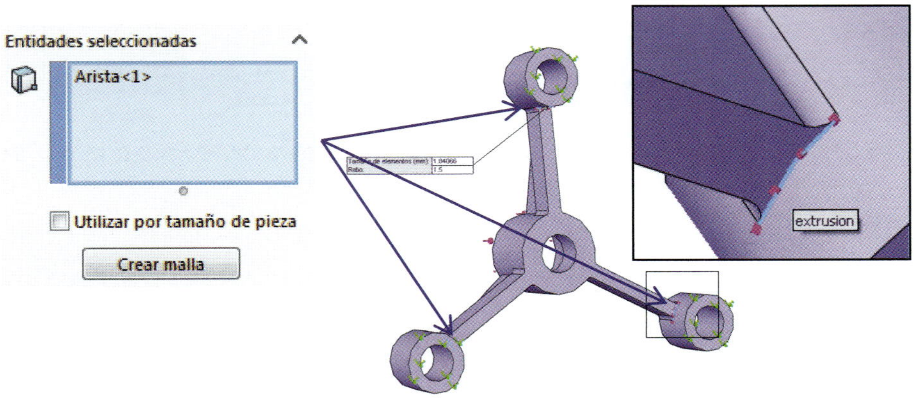

2. Vuelva a pulsar con el botón derecho del ratón sobre **Malla** y seleccione **Crear Malla**. Deje los parámetros de la malla como vienen predefinidos y pulse **Aceptar**. Observe el incremento de la densidad de malla en las aristas seleccionadas en comparación con el resto del modelo.

3. Ejecute de nuevo la simulación y observe cómo mejora la calidad de la definición en los resultados obtenidos.

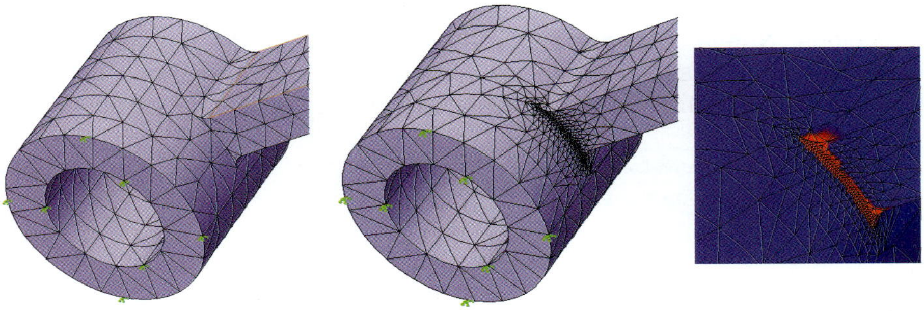

Sin control de malla

Con control de malla

9. Creación de un nuevo material

Para definir un nuevo material debe copiar uno preexistente de la biblioteca de materiales y editarlo:

1. Pulse con el botón derecho del ratón sobre **Material** desde el Gestor de Diseño y seleccione la opción **Editar Material**. De la lista de materiales seleccione **Hierro dúctil**, que es el material más parecido al definido en las propiedades mecánicas del enunciado. Pulse con el botón derecho del ratón y seleccione **Copiar**.

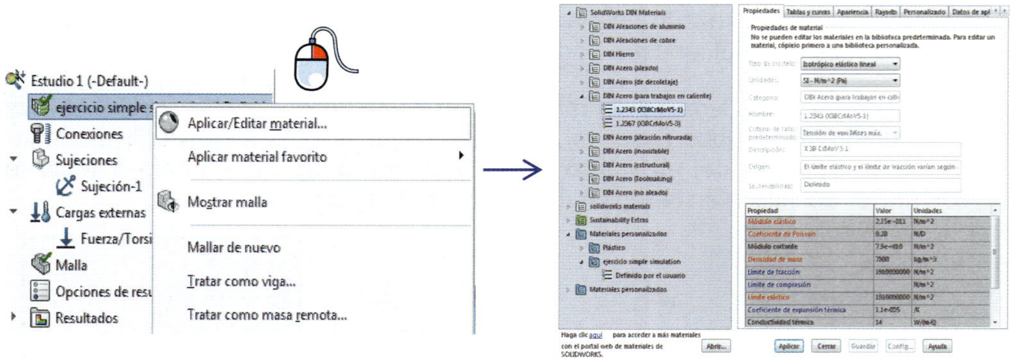

Propiedad	Valor	Unidades
Módulo elástico	1.200000031e+011	N/m^2
Coeficiente de Poisson	0.26	N/D
Módulo cortante	6500000000	N/m^2
Densidad de masa	7250	kg/m^3
Límite de tracción	350000000	N/m^2
Límite de compresión		N/m^2
Límite elástico	220000000	N/m^2
Coeficiente de expansión térmica	1.15e-005	/K
Conductividad térmica	58	W/(m·K)

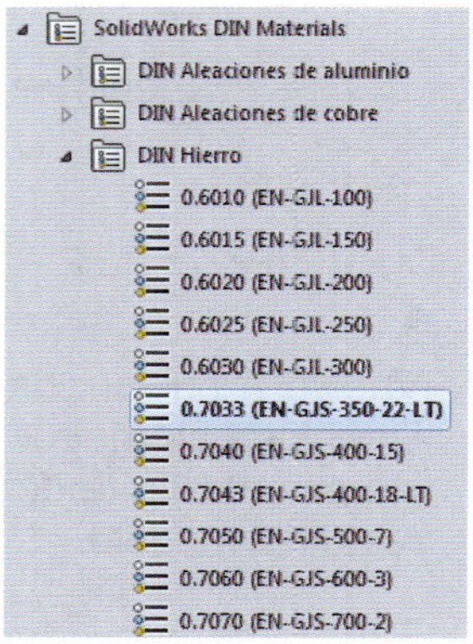

2. Pulse con el botón derecho del ratón sobre la carpeta de **Materiales Personalizados** y seleccione **Nueva Categoría**. Cree una categoría de materiales denominada (Mis Materiales). Pulse sobre la carpeta creada con el botón derecho del ratón y seleccione **Pegar**. De esta forma ha pegado el material Hierro dúctil en su carpeta de materiales.

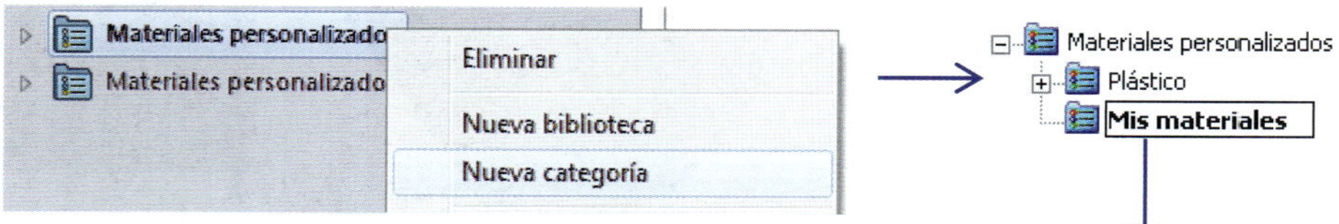

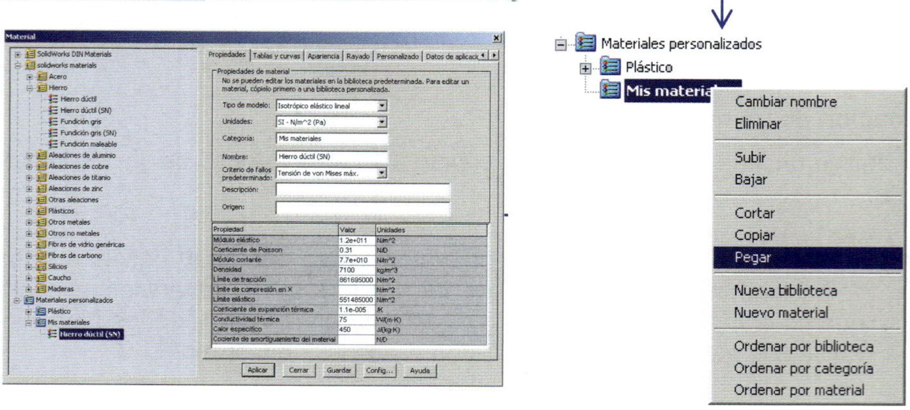

3. Pulse con el botón derecho del ratón sobre el material y cambie el nombre del material y edite sus propiedades. En la pestaña **Propiedades** defina el sistema de **Unidades SI**, e indique el **Nombre del material** (Acero ejemplo 1). En el cuadro de propiedades indique un **Módulo elástico** de 200 000 N/mm^2 (MPa), **Coeficiente de Poisson** 0.3, **Densidad** 7 850 kg/m^3 y **Limite elástico** 250 N/mm^2 (MPa).

Propiedad	Valor	Unidades	Dependencia de la te
Módulo elástico	200000	N/mm^2	Constante
Coeficiente de Poisson	0.26	NA	Constante
Módulo cortante		N/mm^2	Constante
Densidad	7850	kg/m^3	Constante
Límite de tracción		N/mm^2	Constante
Límite de compresión		N/mm^2	Constante
Límite elástico	250	N/mm^2	Constante
Coeficiente de dilatación térmica		/Kelvin	Constante
Conductividad térmica		W/(m.K)	Constante
Calor específico		J/(kg.K)	Constante
Cociente de amortiguamiento del material		NA	Constante

4. Pulse **Aplicar**.

5. En este momento ha creado un material con las propiedades mecánicas deseadas. Ahora debe ir al Gestor de Simulación y seleccionar el material creado para el modelo de la práctica-1.

6. Pulse con el botón derecho del ratón sobre el nombre del modelo desde el Gestor de Simulación y seleccione **Aplicar/Editar material**. De la lista de materiales seleccione el recién creado.

7. Pulse **Aceptar**. Vuelva a **Ejecutar** el estudio y compare los resultados con los dos materiales distintos empleados. Recuerde que no es necesario volver a mallar el modelo.

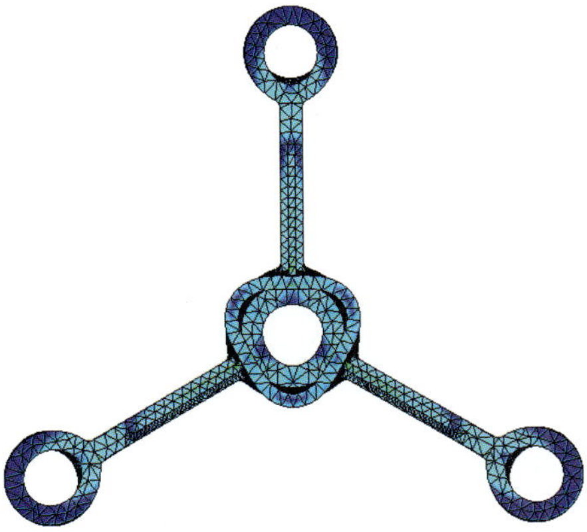

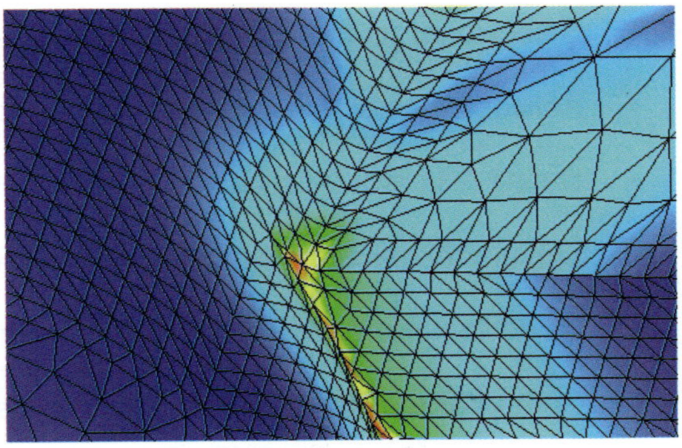

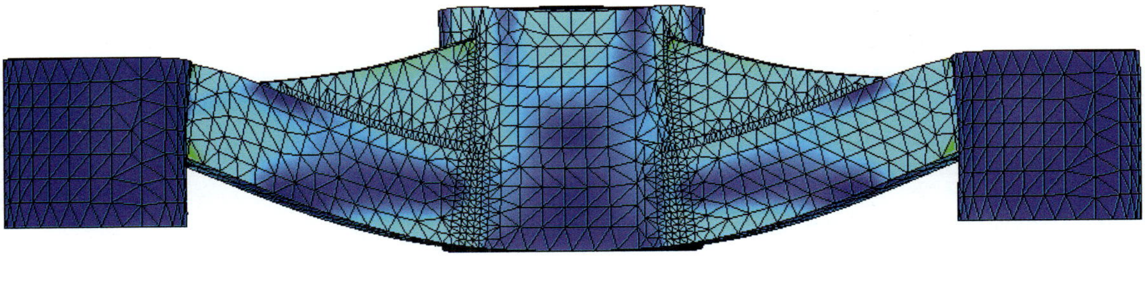

2.3.2 Práctica 2-2. Análisis estático de un modelo poroso

Evalúe el comportamiento mecánico del modelo poroso fabricado con caucho natural y deformado dos milímetros desde la cara superior. Se encuentra **Fijo** en la cara inferior. El modelo (Práctica-1.B) puede abrirlo desde el DVD que acompaña el libro.

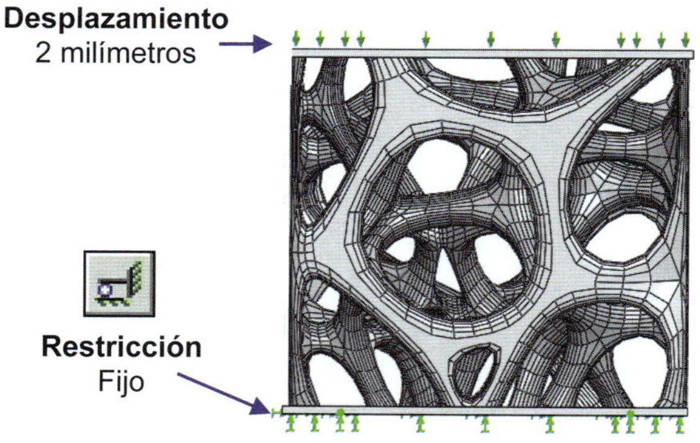

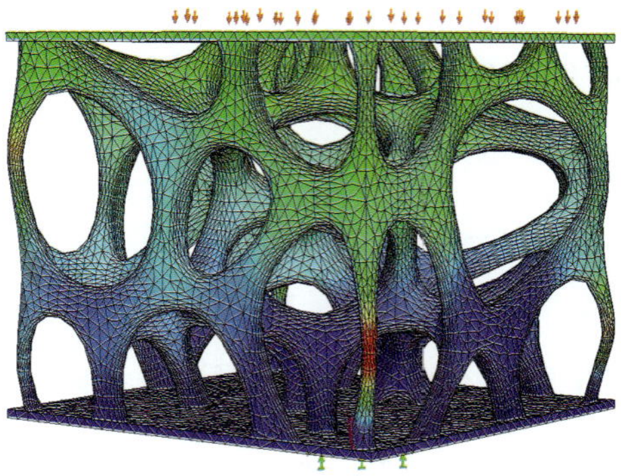

Objetivos de la práctica

- Descargar y abrir documento.
- Cargar **Solid**works **Simulation** y sus barras de herramientas flotantes.
- Crear un estudio de análisis estático.
- Seleccionar un material elastomérico para la práctica.
- Aplicar las sujeciones y desplazamiento sobre la cara superior del modelo.
- Definir las características de la malla.
- Ejecutar el estudio y ver resultados básicos del análisis estático.
- Seleccionar análisis con grandes desplazamientos.
- Comparar resultados (Tensiones versus desplazamientos).
- Guardar los resultados para su visualización en e-Drawings.

Características

- **Material**. Caucho natural.
- Malla sólida y malla remallada. **Mallador**: Estándar. **Unidades**: mm. **Tamaño global**: 4 mm. **Tolerancia**: 0,20 mm. **Transición automática**: Desactivado.
- **Desplazamiento** normal de 2 milímetros de la cara superior del modelo.

1. Activación de SolidWorks Simulation y abrir el modelo a analizar

1. Active el complemento **Solid**Works **Simulation** desde el menú de persiana **Herramientas**, **Complementos**.
2. Abra el modelo contenido en el DVD que acompaña el libro. Pulse sobre el menú de persiana **Archivo**, busque el modelo de la práctica y seleccione **Abrir**.

2. Selección del análisis Estático

1. Pulse sobre **Estudio** desde el menú de persiana **Solid**Works **Simulation**. Seleccione la opción **Estático** y escriba el nombre de su simulación en **Nombre del estudio**. Pulse **Aceptar**.

3. Selección del material (Acero aleado)

Para seleccionar un material ya definido debe buscarlo en la Biblioteca de materiales de **Solid**Works **Simulation**:

1. Pulse con el botón derecho del ratón sobre **Material** desde el Gestor de Simulación y seleccione la opción **Aplicar/Editar Material**. De la lista de materiales seleccione **Caucho natural**, desde la carpeta **Caucho**. En la pestaña de **Propiedades** puede ver sus características. Observe cómo las propiedades marcadas en rojo están definidas por lo que será posible realizar el ensayo.

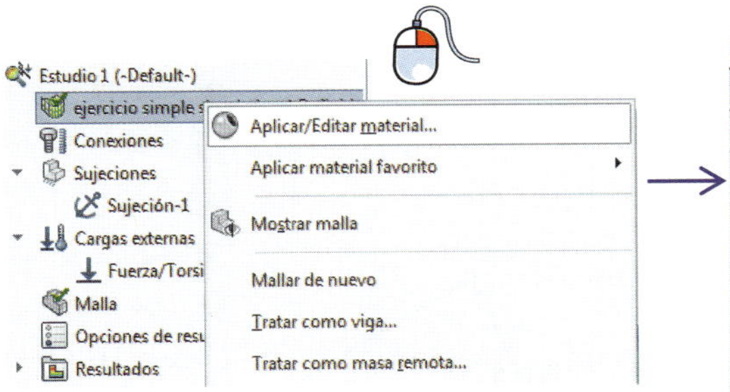

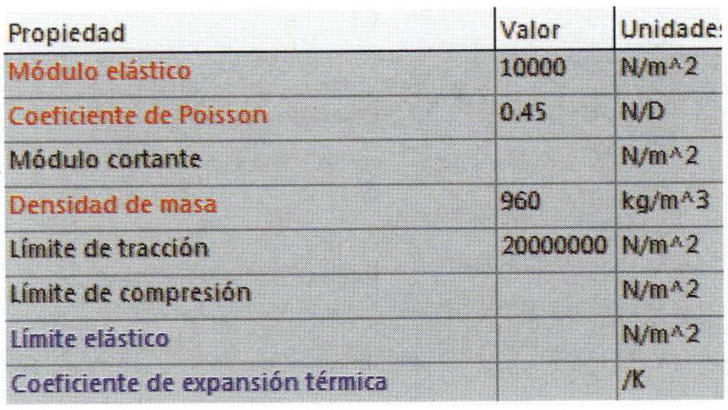

Propiedad	Valor	Unidade
Módulo elástico	10000	N/m^2
Coeficiente de Poisson	0.45	N/D
Módulo cortante		N/m^2
Densidad de masa	960	kg/m^3
Límite de tracción	20000000	N/m^2
Límite de compresión		N/m^2
Límite elástico		N/m^2
Coeficiente de expansión térmica		/K

4. Selección de las Sujeciones

Debe restringir el movimiento en la cara inferior del modelo poroso según se indica en la figura.

1. Pulse sobre **Sujeciones** con el botón derecho del ratón desde el Gestor de Simulación. Seleccione la opción **Geometría Fija**. Seleccione, desde la zona de gráficos, la **Cara** inferior del modelo poroso.
2. Pulse **Aceptar** para crear la **Sujeción**.

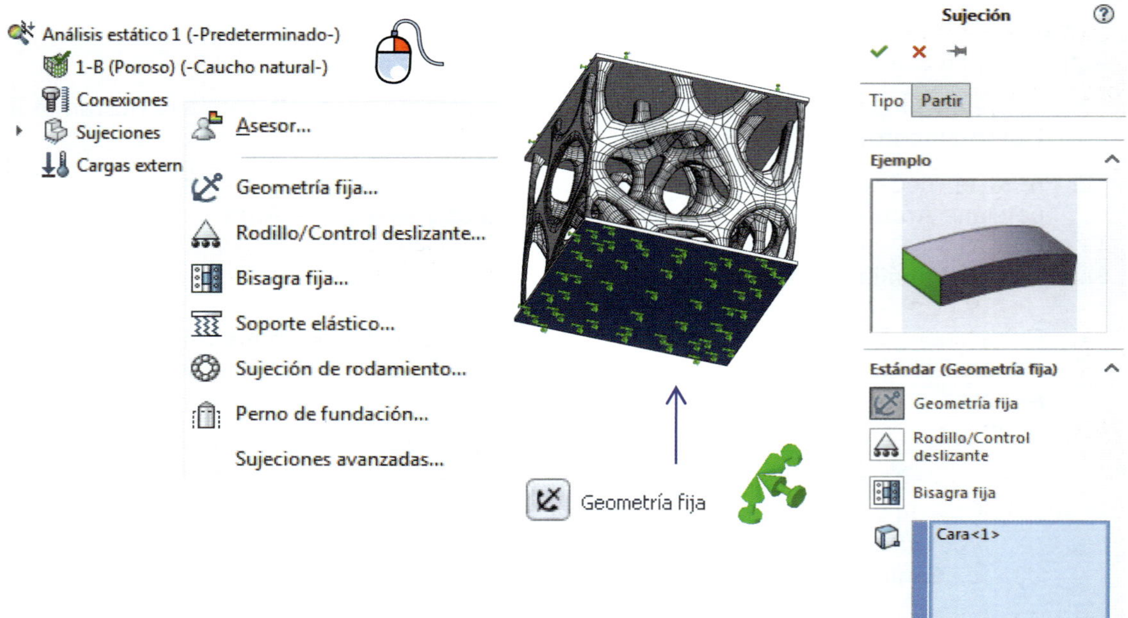

5. Definición del desplazamiento

Para definir un **Desplazamiento** de 2 milímetros sobre la cara superior del modelo:

1. Pulse con el botón derecho del ratón sobre **Cargas externas** desde el Gestor de Simulación y seleccione **Desplazamiento prescrito**.
2. En la pestaña **Tipo** seleccione la cara superior del modelo. Pulse sobre **Utilizar geometría de referencia**. Observe como, sobre la cara del modelo, se representan flechas en dirección de la fuerza aplicada.
3. Seleccione una **Arista vertical** e indique la traslación de 2 milímetros.
4. Pulse **Aceptar** para crear **el Desplazamiento**.

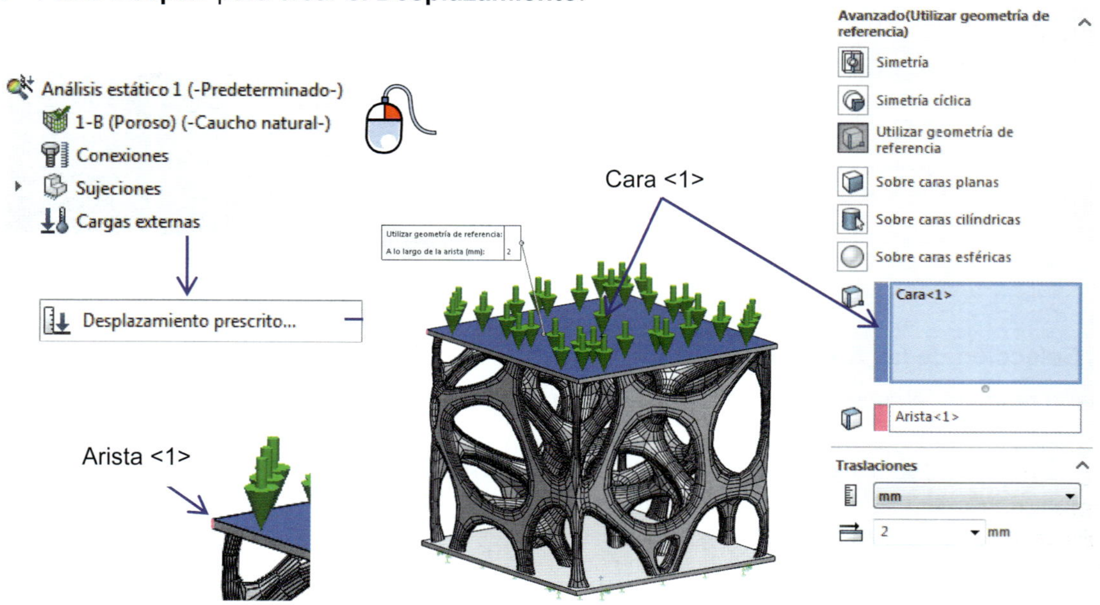

6. Definición del mallado

Para definir la **Malla** sobre su modelo:

1. Pulse con el botón derecho del ratón sobre **Malla** desde el Gestor de Simulación o pulse sobre el icono **Malla** de la barra de herramientas. Seleccione del cuadro de diálogo emergente la opción **Crear Malla.**
2. En **Parámetros de mallado** seleccione las opciones con la siguiente configuración: **Mallador**: Estándar. **Unidades**: mm. **Tamaño global**: 4 mm. **Tolerancia**: 0,20 mm. **Transición automática**: Desactivado.
3. Pulse **Aceptar** para crear el mallado en su modelo.

7. Ejecución y visualización de resultados

1. Antes de ejecutar el análisis pulse con el botón derecho del ratón sobre la primera de las etiquetas de su Gestor de Diseño **(Análisis estático)** y seleccione la opción **Propiedades**. En **Opciones** active la casilla **Grandes desplazamientos**. Repita la operación y seleccione la primera de las opciones, **Ejecutar**.
2. Después de unos 10 minutos (aprox.) se crea la carpeta **Resultados** en el Gestor de Simulación. Pulse con un doble clic sobre **Tensiones**, **Desplazamientos** o **Deformaciones unitarias**.

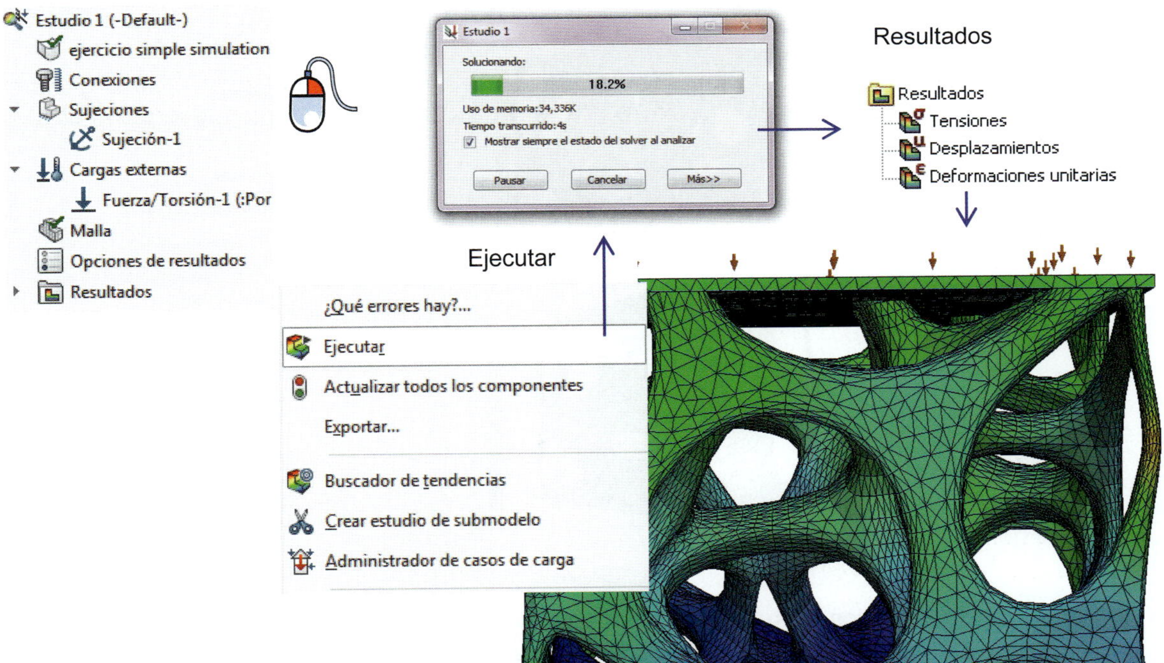

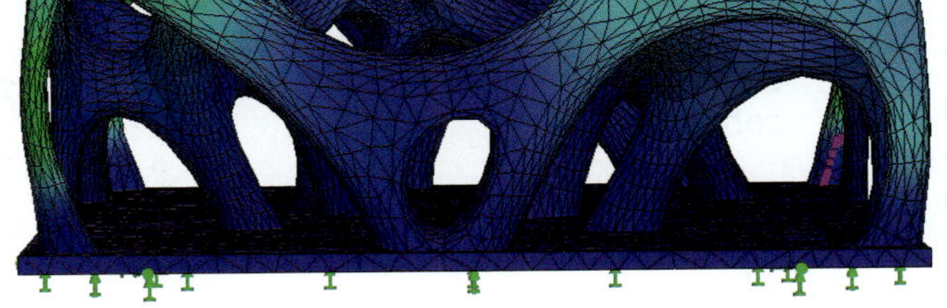

Observe los resultados obtenidos en la zona de gráficos. El modelo de la figura tiene una **Escala de deformación** de 1/1 (**Escala real**). Las zonas rojas se deforman unos 4 milímetros según el trazado de **Desplazamientos**.

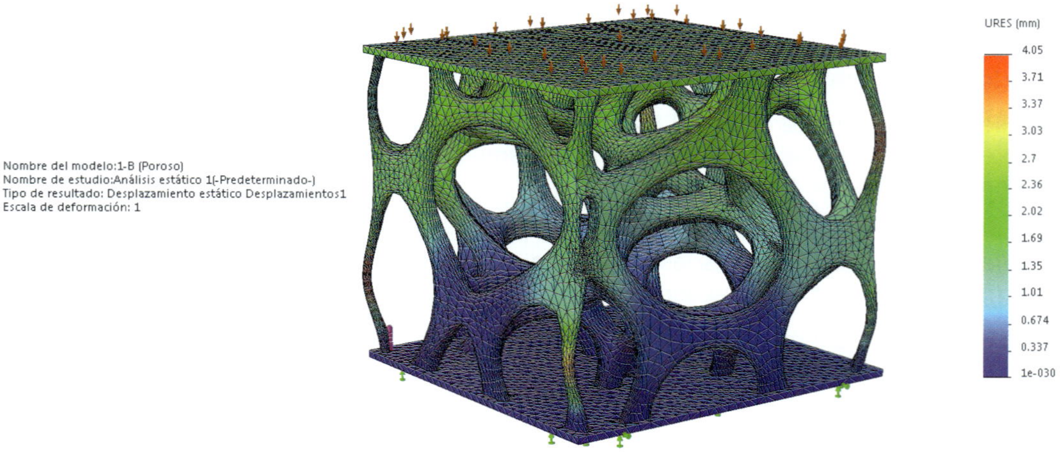

3. Para comparar el trazado de tensiones con el trazado de desplazamientos seleccione la opción **Comparar resultados** después de pulsar con el botón derecho sobre la etiqueta de **Resultados**. Seleccione los trazados a comparar y pulse **Aceptar**. Observe como la Zona de Visualización se divide en dos pantallas independientes en las que en una de ellas puede seleccionar el trazado de **Tensiones** (von Mises) y en la otra **Desplazamientos**.

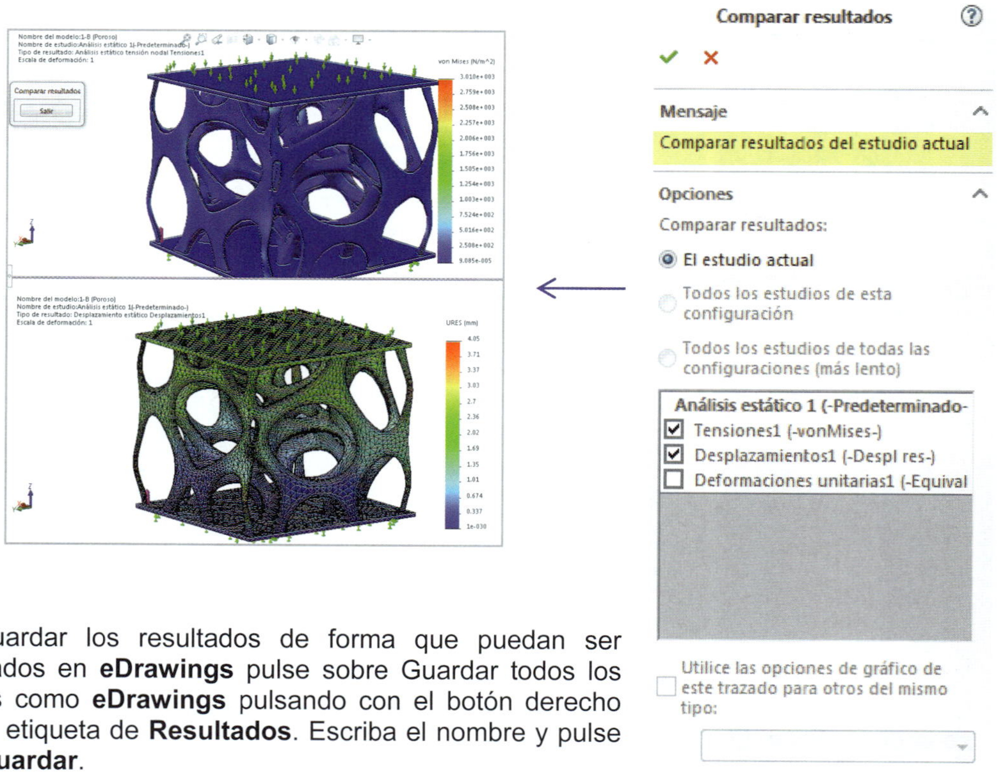

4. Para guardar los resultados de forma que puedan ser visualizados en **eDrawings** pulse sobre Guardar todos los trazados como **eDrawings** pulsando con el botón derecho sobre la etiqueta de **Resultados**. Escriba el nombre y pulse sobre **Guardar**.

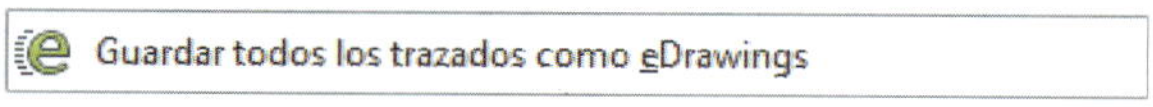

2.3.3 Práctica 2-3. Análisis estático de un modelo poroso

Evalúe el comportamiento de la pieza indicada en la figura cargada con una fuerza de 3 000 N. Se encuentra **Fijo** en la cara inferior. Seleccione el material más adecuado. El modelo (Práctica-1.B) puede abrirlo desde el DVD que acompaña el libro.

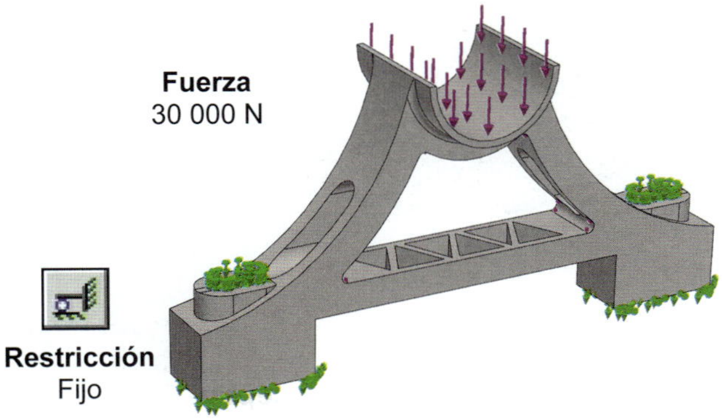

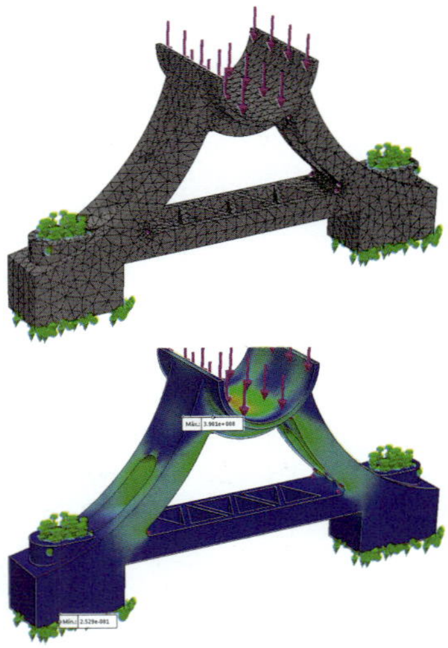

Objetivos de la práctica

- Descargar y abrir documento.
- Cargar **Solid**works **Simulation** y sus barras de herramientas flotantes.
- Crear un estudio de análisis estático.
- Seleccionar el material más adecuado.
- Aplicar las sujeciones y desplazamiento sobre la cara superior del modelo.
- Definir las características del mallado y remallar aristas.
- Ejecutar el estudio y ver resultados básicos del análisis estático.
- Seleccionar análisis con grandes desplazamientos.
- Comparar resultados (Tensiones versus desplazmientos).
- Guardar los resultados para su visualización en e-Drawings.

Características

- **Material**. Caucho natural.
- Malla sólida y malla remallada. **Mallador**: Estándar. **Unidades**: mm. **Tamaño global**: 4 mm. **Tolerancia**: 0,20 mm. **Transición automática**: Desactivado.
- **Fuerza normal** de 3 000 N sobre la cara circular.

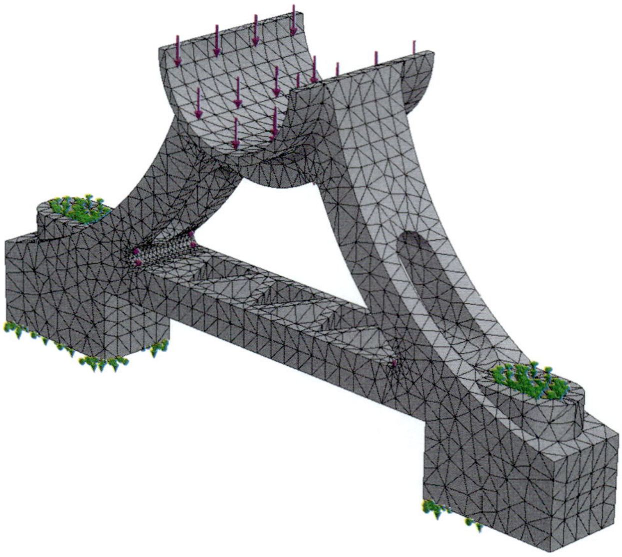

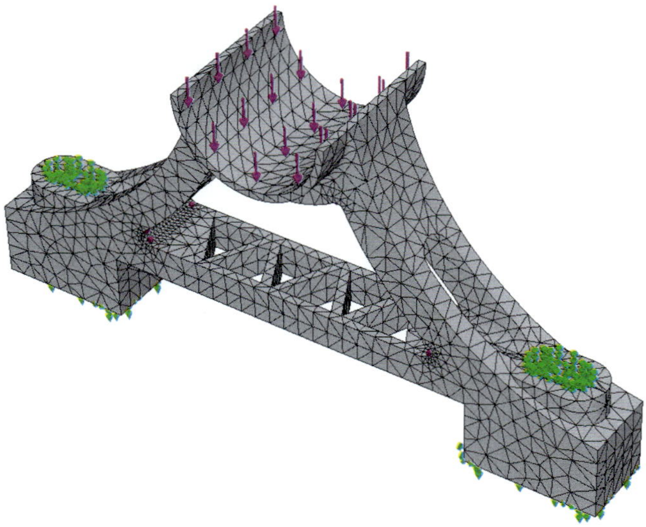

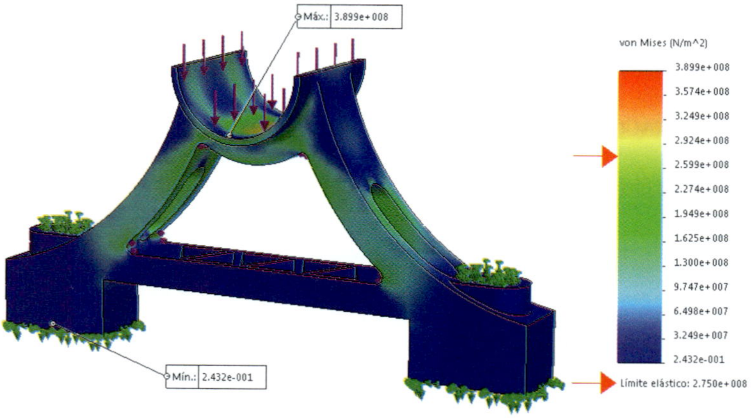
Máx.: 3.899e+008
Mín.: 2.432e-001
von Mises (N/m^2)
3.899e+008
3.574e+008
3.249e+008
2.924e+008
2.599e+008
2.274e+008
1.949e+008
1.625e+008
1.300e+008
9.747e+007
6.498e+007
3.249e+007
2.432e-001
Límite elástico: 2.750e+008

2.3.4 Práctica 2-4. Análisis estático de una pieza de chapa metálica

Evalúe el comportamiento mecánico de la pieza de chapa fabricada en acero aleado. Se encuentra Fija por los cuatro taladros y cargado con una presión de 6 800 N/m^2 sobre la cara superior izquierda indicada en la figura.

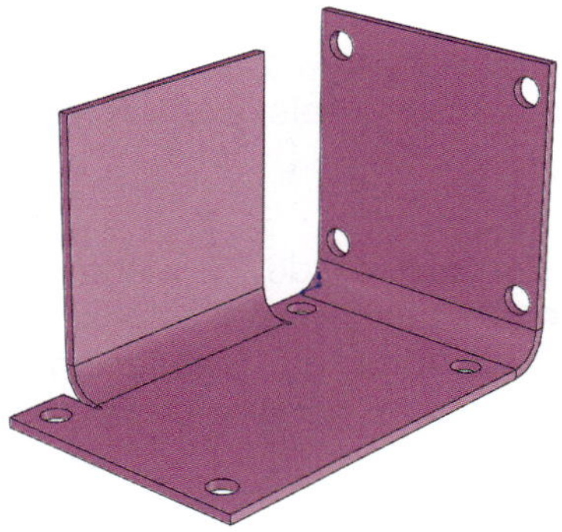

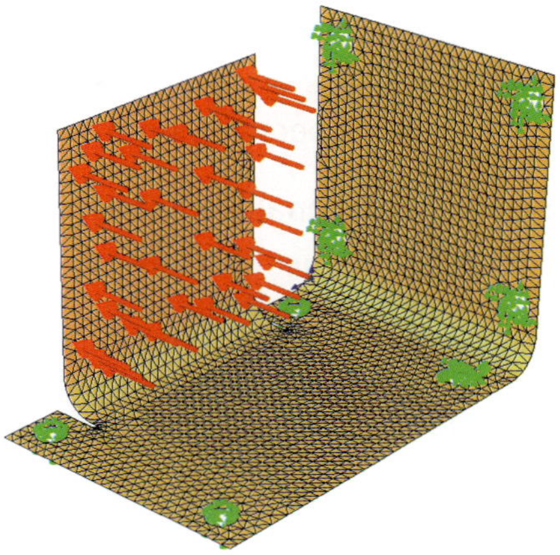

Aspectos

- Abrir documento desde el DVD.
- Cargar **Solid**Works **Simulation** y sus barras de herramientas flotantes.
- Asignar un material a la pieza.
- Elegir un *solver* para el modelo de chapa metálica.
- Crear un estudio de análisis estático.
- Aplicar sujeciones y la carga de presión sobre el modelo.
- Definir las características del mallado para el modelo de chapa metálica.
- Ejecutar el estudio.
- Ver resultados de tensiones en el modelo.

Características

- **Solver** empleado para el mallado: **FFEPlus**.
- **Material**: Acero aleado.
- **Espesor de vaciado**: Delgado.
- **Presión**: 6 800 N/m^2.
- **Malla**: **Estándar**. Unidades: mm. **Tamaño global**: Calculado por el programa. **Tolerancia**: Calculado por el programa. **Transición automática**: Desactivado.

1. Activación de SolidWorks Simulation

1. Active el complemento **Solid**Works **Simulation** desde el menú de persiana **Herramientas**, **Complementos**.

2. Abrir el modelo a analizar

1. Descargue el modelo de la práctica desde el DVD que acompaña el libro Pulse sobre el menú de persiana **Archivo**, busque el modelo de la práctica y seleccione **Abrir**.

3. Selección del análisis Estático

1. Para definir el **Tipo de Análisis** pulse sobre **Estudio** desde el menú de persiana **Solid**Works **Simulation**. También puede realizar la selección del estudio pulsando el icono **Estudio** desde la barra de herramientas flotante de Simulación. Desde el FeatureManager seleccione la opción **Estático** y escriba el nombre de la simulación en **Nombre del estudio**. Pulse **Aceptar**.

2. Observe el Gestor de Simulación creado en la parte izquierda de la zona de gráficos, debajo del Gestor de Diseño con el nombre indicado, Práctica-2. El Gestor de Diseño contiene varias carpetas que a su vez contienen iconos: **Conexiones**, **Sujeciones**, **Cargas externas** y **Malla**.

4. Definición del Solver FFEPlus

1. Pulse con el botón derecho del ratón sobre el nombre del estudio desde el Gestor de Simulación y seleccione la opción **Propiedades**.

En la pestaña **Opciones** seleccione el solver **FFEPlus**. Es un solver iterativo capaz de resolver las ecuaciones por aproximación. En cada una de las iteraciones se supone una solución y sus errores asociados. Las iteraciones continúan hasta que los errores son considerados mínimos. Este tipo de Solver es recomendable en aquellos casos en los que se presentan más de 100 000 grados de libertad (GDL). Cuanto mayor número de grados de libertad más efectivo se muestra este tipo de solver.

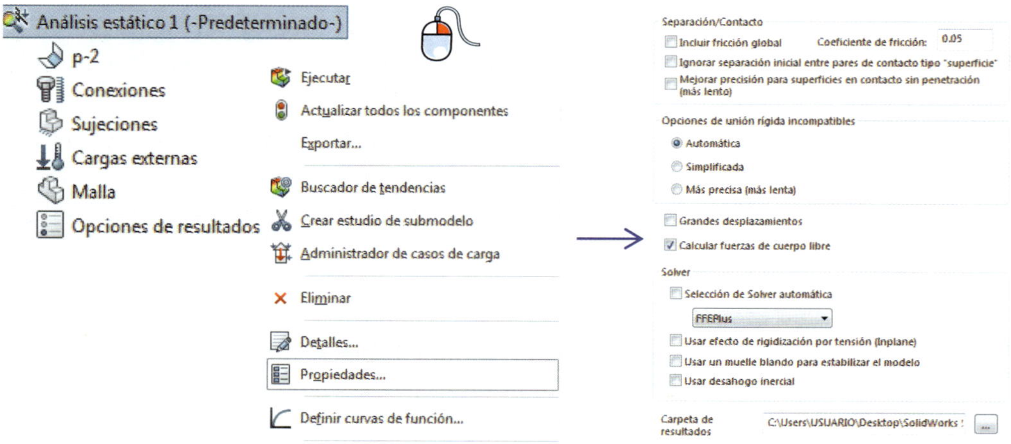

5. Selección del material

1. Pulse con el botón derecho del ratón sobre la primera de las carpetas (contiene el icono de una chapa metálica). Seleccione **Aplicar/Editar material**.
2. Seleccione el material **Acero aleado** desde la carpeta **Solid**Works **Materiales, Aceros**. Pulse **Aplicar y Cerrar**.

6. Definición del espesor del vaciado

Mediante la **Definición del espesor del vaciado** se define el espesor del modelo a evaluar en los estudios estáticos, de frecuencia y de pandeo.

1. Pulse con el botón derecho del ratón sobre el icono con el nombre de su modelo desde el Gestor de Simulación. Seleccione la opción **Editar definición**.
2. Defina las **Unidades** en mm e indique un **Espesor de vaciado Delgado** de 2 mm. En **Vista preliminar completa** puede visualizar en pantalla el modelo final definido. Pulse **Aceptar**.

7. Selección de las sujeciones

Debe restringir el movimiento de los cuatro taladros para que se encuentren totalmente fijos.

1. Pulse sobre **Sujeciones** con el botón derecho del ratón desde el Gestor de Simulación. Seleccione la opción **Geometría Fija**. La restricción impuesta define los seis grados de libertad (tres de rotación y tres de traslación) en cero.
2. Seleccione, desde la zona de gráficos, cada uno de las caras que definen los taladros indicados en la figura.
3. Observe en el PropertyManager de **Sujeciones** las caras de los taladros seleccionadas. Pulse **Aceptar** para crear la **Sujeción**.

Mediante la **Sujeción** impuesta se restringen todos los grados de libertad de traslación y de rotación en las áreas de los taladros seleccionados. Los símbolos de la restricción incluyen flechas en cada una de las direcciones para indicar la restricción de traslación (3) y discos, que indican las restricciones de rotación (3).

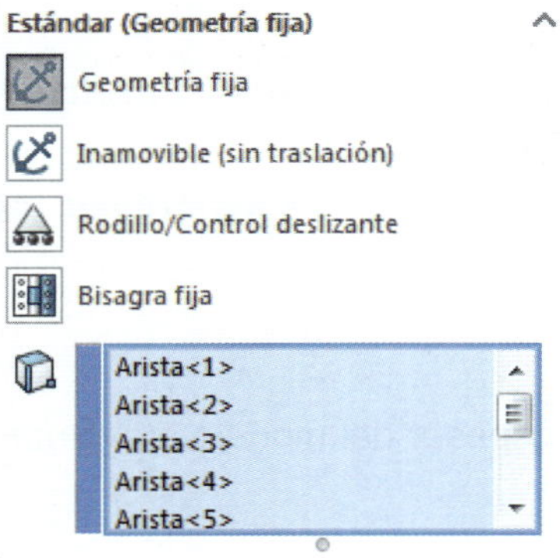

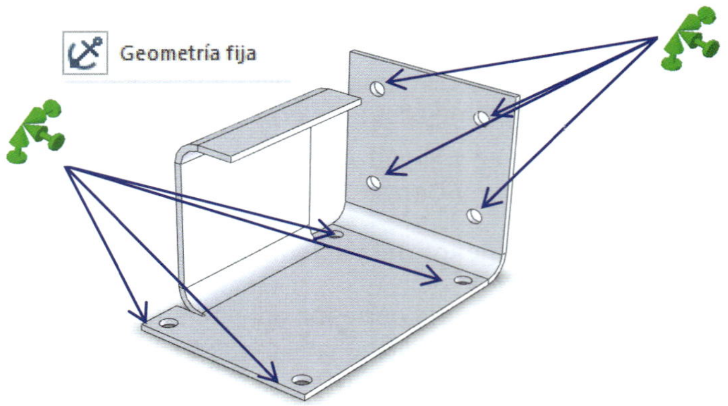

8. Definición de presión

Para definir una **presión** de 6 800 N/m^2 sobre la cara superior del modelo:

1. Pulse con el botón derecho del ratón sobre **Cargas externas** desde el Gestor de Simulación (**AnalysisManager)** y seleccione **Presión**.

2. En la pestaña **Tipo** seleccione la cara superior del modelo. Pulse sobre **Normal**. Observe como sobre la cara del modelo se representan flechas en dirección de la fuerza aplicada.

3. Seleccione **Sistema Internacional (SI)** en **Unidades** y en la pestaña **Fuerza (por entidad)** indique la fuerza de 6 800 N/m^2. Active la casilla **Invertir dirección** si desea cambiar la dirección de la fuerza aplicada.

4. Pulse **Aceptar** para crear la **Presión** actuante sobre su modelo.

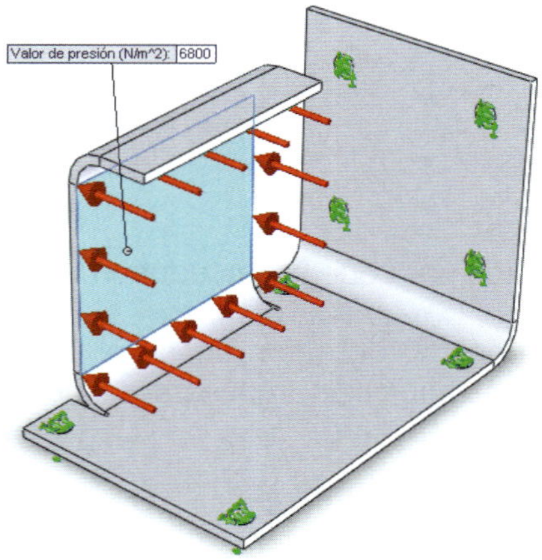

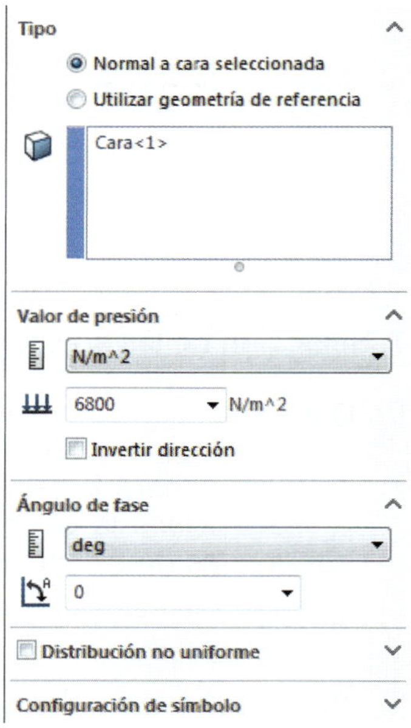

9. Definición del mallado

Para definir la **Malla** sobre su modelo:

1. Pulse con el botón derecho del ratón sobre **Malla** desde el Gestor de Simulación o pulse sobre el icono **Malla** de la barra de herramientas. Seleccione del cuadro de diálogo emergente la opción **Crear Malla.**

2. En **Parámetros de mallado** seleccione la siguiente configuración: **Mallador**: Estándar. **Unidades**: mm. **Tamaño global**: Calculado por el programa. **Tolerancia**: Calculado por el programa. **Transición automática**: Desactivado.
3. Pulse **Aceptar** para crear el mallado en su modelo.

Observe como las caras malladas inferiores aparecen de color anaranjado mientras que las caras superiores tienen un color rosado.

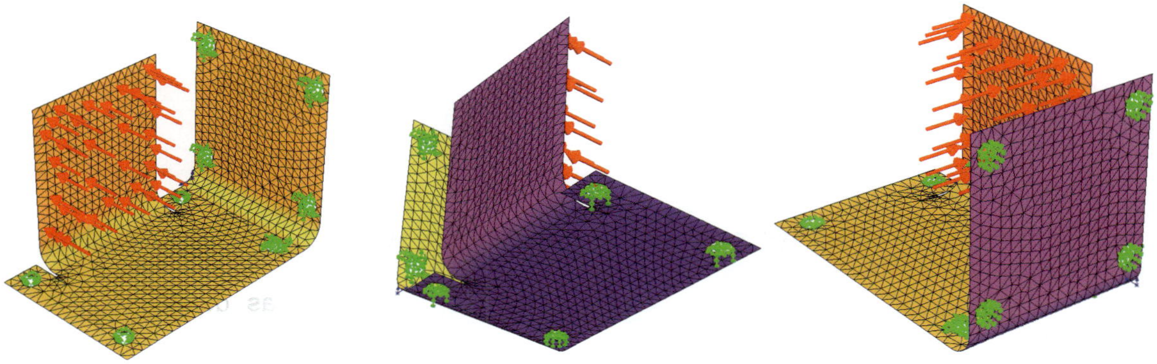

SolidWorks **Simulation** puede trabajar con distintos tipos de malla: sólida, de vaciado con superficies medias, de vaciado utilizando superficies y de malla de viga, en función del tipo de problema a resolver.

9. Ejecución y visualización de resultados

1. Pulse con el botón derecho del ratón sobre la primera de las etiquetas de su Gestor de Diseño **(Estudio 1)**. En la ventana emergente seleccione la primera de las opciones, **Ejecutar**. También puede pulsar el icono **Ejecutar** desde la barra de herramientas principal de Simulación.
2. Se inicia el Solver para el estudio seleccionado y en él se indica el tiempo transcurrido, el número de nodos y el número de elementos.
3. Al finalizar se crea la carpeta **Resultados** en el Gestor de Simulación. Realice un doble clic sobre **Tensiones**, **Desplazamientos** o **Deformaciones unitarias**.

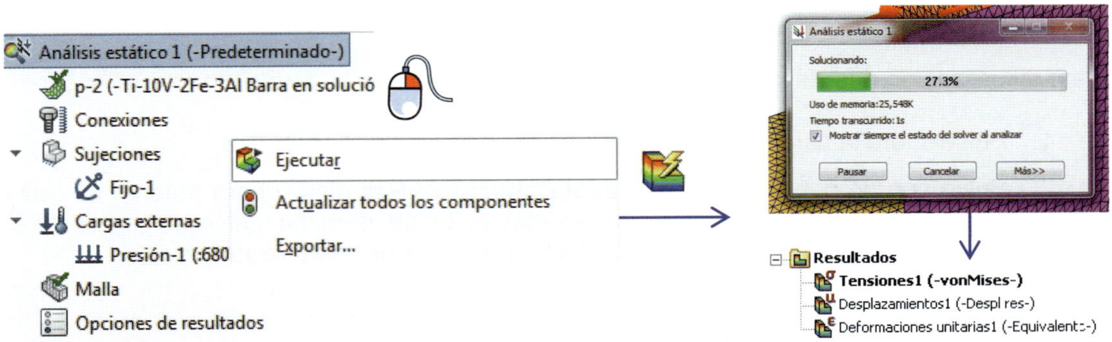

10. Tensiones de tensiones von Mises y tensiones en las caras superiores

Para ver las tensiones von Mises en las **caras superiores** e **inferiores** del modelo de vaciado (Chapa metálica):

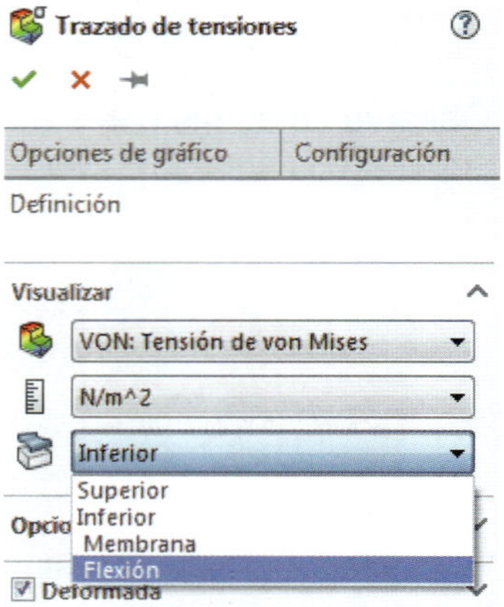

1. Abra la carpeta **Resultados** desde el Gestor de Simulación.
2. Pulse con un doble clic sobre **Tensión** (-von Mises-). Si el trazado no aparece puede crearlo pulsando con el botón derecho del ratón sobre la carpeta **Resultados** y seleccione la opción **Definir trazado de tensiones**. Defina la cara de vaciado superior.
3. Pulse **Aceptar**.

11. Tensiones en las caras inferiores

Para ver las tensiones en las **caras inferiores** e inferiores del modelo de vaciado (Chapa metálica):

1. Pulse con el botón derecho del ratón sobre la carpeta **Resultados** y seleccione la opción **Definir trazado de tensiones**.
2. En el PropertyManager defina las **Unidades** y establezca la **Cara de vaciado** en **Inferior**.
3. Pulse **Aceptar**.
4. El trazado permite visualizar las tensiones equivalentes en las caras inferiores del modelo. Observe como estas son diferentes a las obtenidas en las caras superiores.

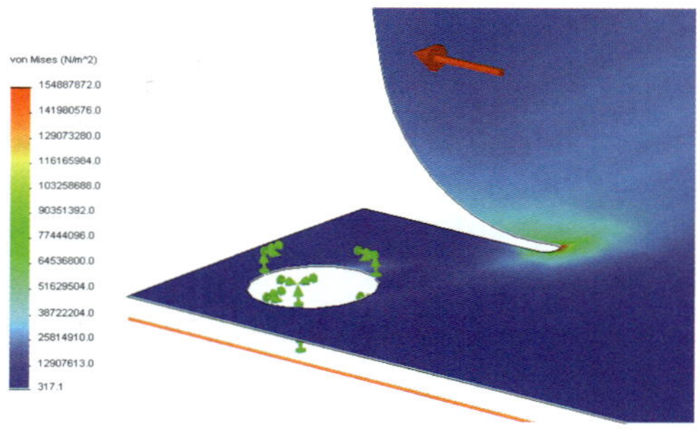

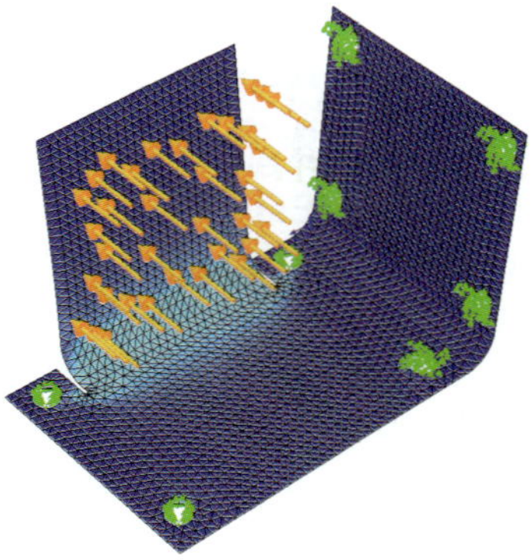

12. Desplazamientos resultantes

Para visualizar los **desplazamientos** en el modelo de chapa:

1. Pulse sobre la carpeta **Resultados** desde el Gestor de Simulación.
2. Pulse con un doble clic sobre **Desplazamiento** (-Res disp.-) para obtener su trazado. Si no aparece puede crearlo pulsando con el botón derecho del ratón sobre la carpeta **Resultados** y seleccione la opción **Definir trazado de desplazamiento**.
3. Pulse **Aceptar**.

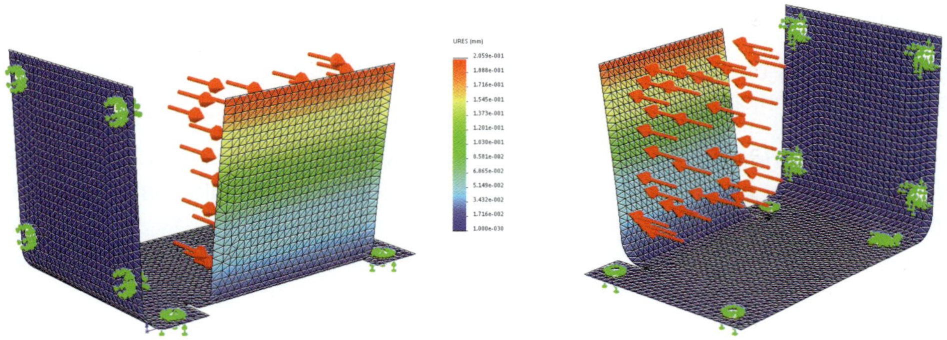

2.3.5 Práctica propuesta 1

Evalúe el comportamiento mecánico del modelo de chapa metálica de la figura contenido en el DVD contenido en el libro. Las condiciones de contorno son:

Solver empleado para el mallado: FFEPlus.
Material: Chapa de acero al carbono (SS).
Espesor de vaciado: Delgado.
Fuerza: 50 N/m^2.
Malla: Estándar. Unidades: mm. **Tamaño global**: Calculado por el programa. **Tolerancia**: Calculado por el programa. **Transición automática**: Activado.

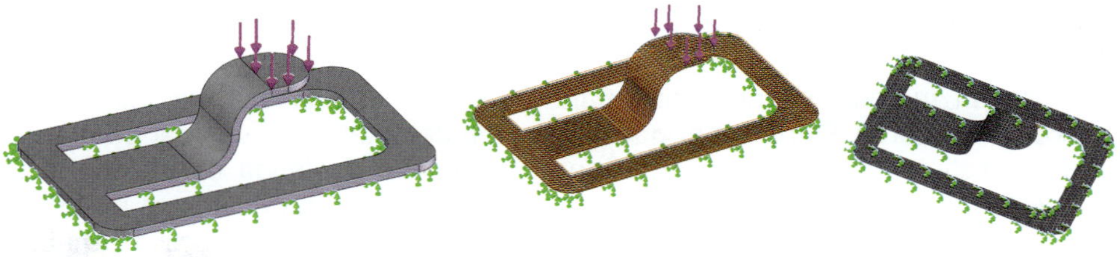

2.3.6 Práctica propuesta 2

Evalúe el comportamiento mecánico del modelo de chapa metálica de la figura contenido en el DVD contenido en el libro. Las condiciones de contorno son:

Solver empleado para el mallado: FFEPlus.
Material: Chapa de acero al carbono (SS).
Espesor de vaciado: Delgado.
Fuerza: 25 N/m^2.
Malla: Estándar. Unidades: mm. **Tamaño global**: Calculado por el programa. **Tolerancia**: Calculado por el programa. **Transición automática**: Activado.
.

2.4 Materiales

Una de las primeras operaciones que debe realizar en la creación de un análisis en **Solid**Works **Simulation** es la definición del material de la pieza ensayada.

Recuerde que para definirlo debe pulsar con el botón derecho del ratón sobre la primera de las etiquetas que tiene el nombre del modelo desde el Gestor de Simulación y seleccionar la opción **Aplicar/editar material**.

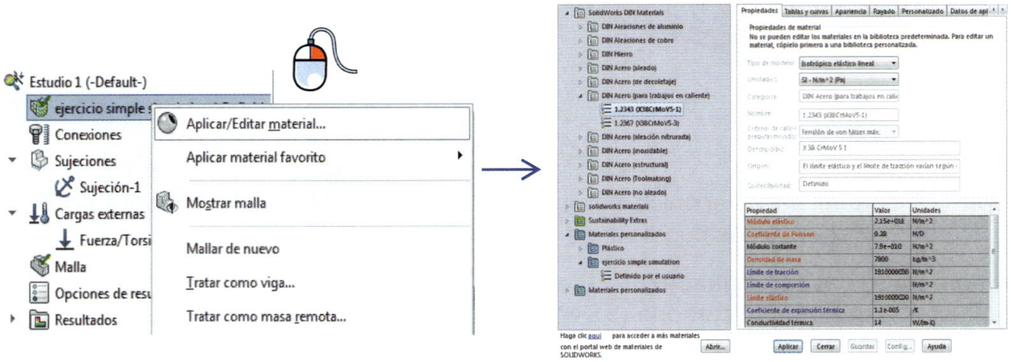

SolidWorks dispone de una base de datos con la definición de las propiedades más importantes de un gran número de materiales. Las propiedades de los materiales incluidos en la base de datos han sido extraídas del **Metals Handbook Desk Edition**, del **Atlas of Stress-Strains Curves** y del **Atlas of Fatigue**, de la **ASM Internacional**.

La selección de un material es necesario para poder ejecutar el análisis. Sin su definición el ensayo no podrá realizarse. Debe saber que en función del análisis a efectuar se requerirá un tipo de propiedades distintas. Así, por ejemplo, para un ensayo de fatiga es necesario seleccionar materiales que tengan definidas las curvas SN y para definir un material para un ensayo térmico es necesario que las propiedades como el coeficiente de dilatación térmico, la conductividad o el calor específico estén perfectamente establecidas.

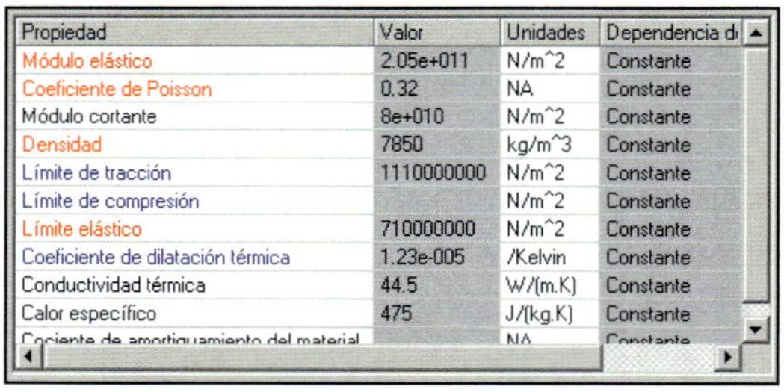

Propiedad	Valor	Unidades	Dependencia d
Módulo elástico	2.05e+011	N/m^2	Constante
Coeficiente de Poisson	0.32	NA	Constante
Módulo cortante	8e+010	N/m^2	Constante
Densidad	7850	kg/m^3	Constante
Límite de tracción	1110000000	N/m^2	Constante
Límite de compresión		N/m^2	Constante
Límite elástico	710000000	N/m^2	Constante
Coeficiente de dilatación térmica	1.23e-005	/Kelvin	Constante
Conductividad térmica	44.5	W/(m.K)	Constante
Calor específico	475	J/(kg.K)	Constante
Cociente de amortiguamiento del material		NA	Constante

Al seleccionar un tipo de análisis y un tipo de material de la base de datos de **Solid**Works puede ver como las propiedades marcadas en rojo deben ser definidas de forma obligatoria mientras que las marcadas en azul son opcionales.

Tipos de materiales

La biblioteca de materiales de **Solid**Works **Simulation** está formada por una gran base de datos en la que se incluyen las propiedades de un gran número de materiales.

Los materiales se agrupan en función de su naturaleza en metales puros, aleaciones, cerámicos, plásticos, entre otros. Debe saber que cada uno de ellos formar parte de distintos modelos: **Isotrópico elástico lineal**, **Ortotrópico**, **viscoelástico**, con **plasticidad von-Mises**, etc., y son adecuados para un tipo de estudio determinado. Así, por ejemplo, para realizar un estudio de caída, puede emplear un modelo con plasticidad von-Mises mientras que para un estudio no lineal puede emplear otros modelos como por ejemplo (modelos de elasticidad, plasticidad, hiperelasticidad, entre otros.). Los principales modelos de materiales se agrupan en:

- Materiales para estudios térmicos y estructurales.
- Materiales para estudios no lineales.
- Materiales para estudios de caída.

La biblioteca de materiales incluye tres bases de datos: **SolidWorks DIN Materials**, **SolidWorks Materiales** y **Materiales personalizados**. En cada una de las bibliotecas los materiales están ordenados por categorías para facilitar su búsqueda y selección.

Estudios térmicos y estructurales

Disponen de dos modelos de materiales: **Isotrópico elástico lineal** y **Ortotrópico elástico lineal**.

- **Isotrópico elástico lineal**. Tienen las mismas propiedades en todas las direcciones y además tienen un comportamiento elástico lineal. En su definición requiere el conocimiento del módulo elástico, coeficiente de Poisson, conductividad térmica, coeficiente de expansión térmica, etc. Recuerde que en los modelos elástico lineal se realizan dos grandes simplificaciones. En la primera simplificación se supone que la deformación es proporcional a la carga aplicada. En la segunda, las cargas no producen una deformación permanente. Es un comportamiento perfectamente elástico. El modelo puede recobrar sus dimensiones iniciales después de cesar la carga.
- **Ortotrópico elástico lineal**. Tiene diferente comportamiento en cada una de las direcciones principales. Pueden definir las propiedades para cada una de las direcciones al asignar el material al modelo.

Estudios no lineales

Los estudios no lineales disponen de los siguientes modelos de materiales: modelo de elasticidad, plasticidad, hiperelasticidad, viscoelástico, de fluencia y de material de Nitinol.

Estudios de caída

Dispone de dos modelos: Isotrópico elástico lineal y Plasticidad von-Mises.

Cuadro de diálogo de materiales

El cuadro de diálogo de **Material** permite seleccionar, definir y editar las propiedades del material de su modelo. En la parte izquierda de la ventana se presenta las bases de datos con los materiales existentes agrupados por categorías (**SolidWorks DIN Materials**, **SolidWorks Materiales** y **Materiales personalizados**). En la parte derecha se tienen varias pestañas que permiten ver y editar las propiedades del material seleccionado. En la pestaña inicial se define el **Nombre**, las **Unidades** y las **Propiedades del material**.

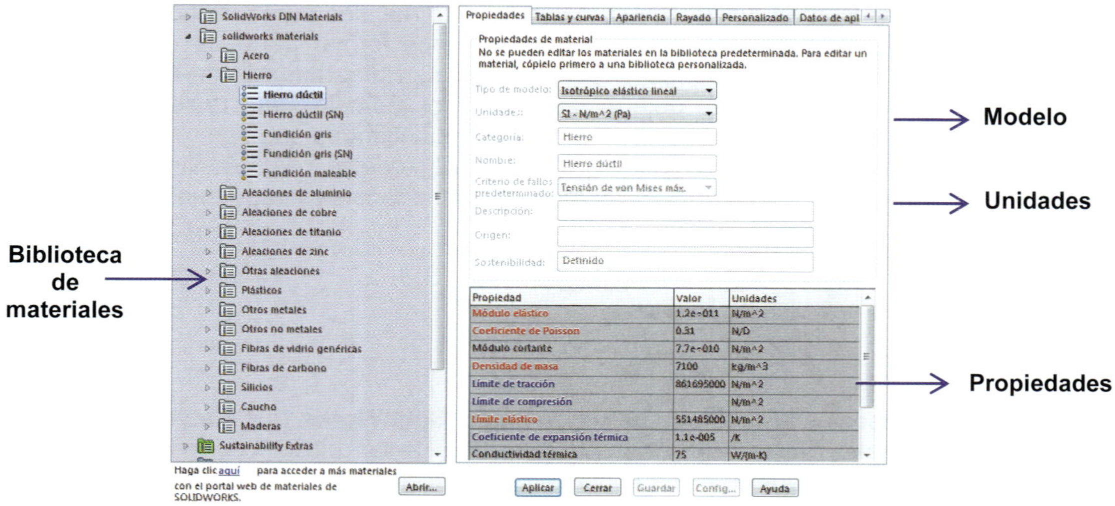

Material de SolidWorks

Puede emplear el material seleccionado desde el entorno de pieza de **Solid**Works. Recuerde que desde el propio **Solid**Works puede asignar un material a su modelo para que se tengan en cuenta sus propiedades físicas y visuales.

Personalizado

Puede definir las propiedades de su modelo mediante la definición de su módulo elástico, coeficiente de Poisson, módulo cortante, densidad, etc. Antes de definir las propiedades debe copiar un material ya existente y pegarlo en la carpeta de **Materiales Personalizados**. Es recomendable que el material copiado sea lo más parecido posible al material a configurar para editar las mínimas propiedades.

Desde la biblioteca de materiales

Permite seleccionar uno de los muchos materiales incluidos en la base de datos de **Solid**Works. La base de datos incluye metales, aleaciones, materiales cerámicos, poliméricos, compuestos, etc. Los materiales se reparten entre las tres carpetas (**SolidWorks DIN Materials**, **SolidWorks Materiales** y **Materiales personalizados**).

Los materiales incluidos en la biblioteca pueden ir precedidos de las siglas **SS** y **SN**. Los primeros son aquellos materiales que incluyen curvas de tensión-deformación unitarias y los segundos incluyen curvas SN típicas de los ensayos de fatiga. Al seleccionar uno de los materiales desde **Archivos de la Biblioteca** puede ver sus propiedades en la parte derecha del cuadro de diálogo (ver figura siguiente).

Propiedades

En la pestaña de **Propiedades** se incluyen las características físicas del material seleccionado. Puede editar las propiedades mecánicas definidas para el material solo cuando el material seleccionado procede de la carpeta de Biblioteca personalizada.

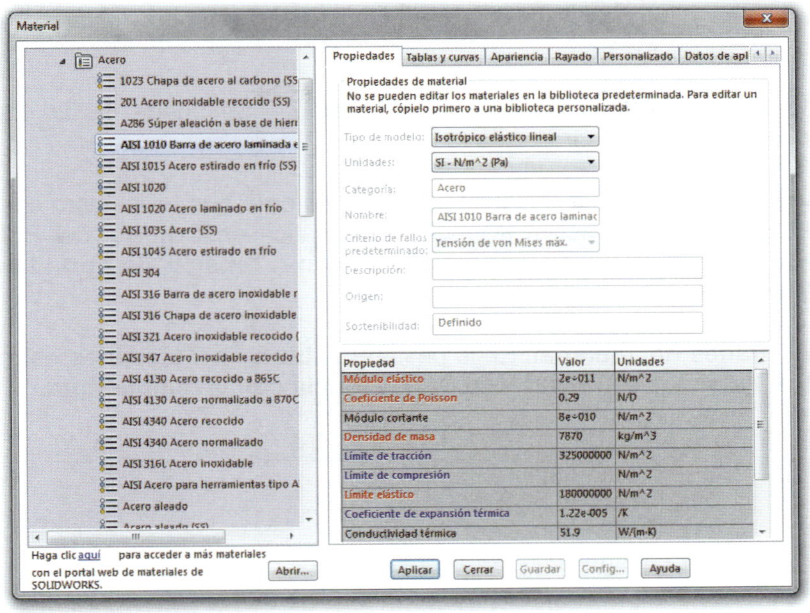

Tipo de modelo. Se incluyen los distintos tipos de modelos de materiales disponibles para el estudio creado. Puede definir materiales para estudios térmicos, estructurales, no lineales y de caída.

Unidades. Defina el sistema de unidades: **SI** (Sistema de unidades internacional), **Inglés IPS** (Estados Unidos) o **Métrico MKS**.

Geometría de referencia. Esta opción permite definir las direcciones que definen las propiedades de los materiales ortotrópicos (solo cuando el material es elástico lineal ortotrópico). Para indicar las direcciones que definen su comportamiento seleccione un sistema de coordenadas, un eje o un plano de referencia.

Recuerde que un material isotrópico tiene las mismas propiedades en todas las direcciones mientras que un material ortotrópico tiene distintas propiedades en cada una de las tres direcciones.

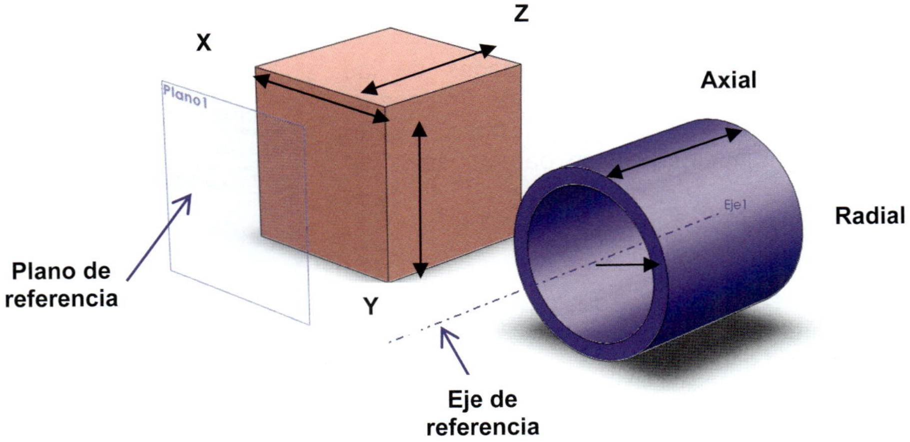

Categoría. Indica la categoría a la que pertenece el material (metal puro, aleación, plástico, cerámico, etc.).

Nombre y Descripción. Define el nombre del material. Se puede incluir una descripción del mismo con un máximo de 256 caracteres.

Criterio de error predeterminado. Define el criterio de error que utiliza para calcular el **Factor de Seguridad** (FOS) cuando se activa la opción automática en **Criterio**, del PropertyManager de **Verificación de Diseño**. (**Tensión de von Mises máx**., **Tensión de cortadura máx. (Tresca)**, **Tensión de Mohr-Columb** y **Tensión normal máx**.

Tabla de propiedades del material. En la pestaña **Tabla de propiedades del material** se define la **Propiedad**, el **Valor**, las **Unidades** y su **Dependencia con la temperatura**.

Propiedad	Valor	Unidades
Módulo de elasticidad en X	1.2e+011	N/m^2
Coeficiente de Poisson en XY	0.31	N/D
Módulo cortante en XY	7.7e+010	N/m^2
Densidad de masa	7100	kg/m^3
Límite de tracción en X	861695000	N/m^2
Límite de compresión en X		N/m^2
Límite elástico	551485000	N/m^2
Coeficiente de expansión térmica en X	1.1e-005	/K
Conductividad térmica en X	75	W/(m·K)
Calor específico	450	J/(kg·K)
Cociente de amortiguamiento del material		N/D

- **Propiedad**. Lista las propiedades del material seleccionado. Las propiedades marcadas en color rojo deben ser obligatoriamente definidas en el ensayo activo.
- **Valor**. Establece el valor numérico de cada una de las propiedades.
- **Unidades**. Define el sistema de unidades para cada una de las propiedades.

La madera se considera un material con **propiedades ortotrópicas** porque tiene diferente comportamiento en las distintas direcciones (X, Y y Z).

Tablas y curvas

En esta pestaña puede definir las propiedades de los materiales que dependen de la temperatura (materiales lineales) y definir las curvas de tensión-deformación y de índice de elasticidad longitudinal-tensión para modelos no lineales.

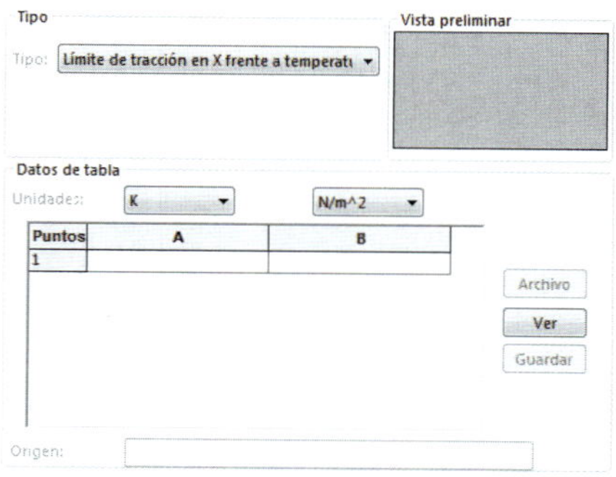

Apariencia y rayado

En estas dos pestañas se define el aspecto del material y el patrón de rayado. En el primer caso puede indicar la textura o el color para el material activo.

La **Apariencia** definida solo afecta a la visualización del modelo en pantalla y en ningún caso modifica sus propiedades mecánicas o térmicas. La pestaña de **Rayado** establece el patrón de rayado a emplear en las secciones realizadas en los documentos de dibujo.

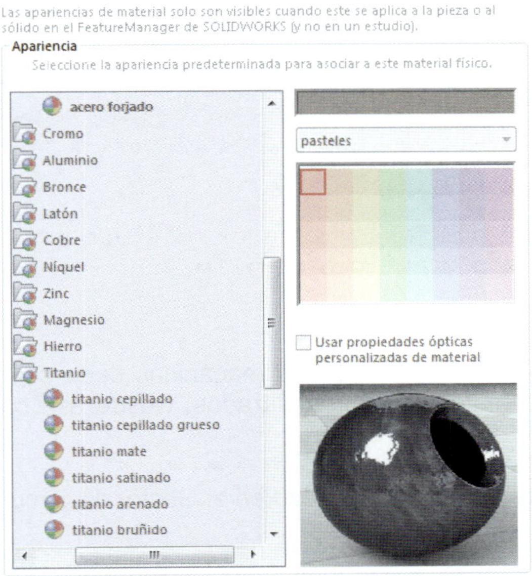

Resto de pestañas

El resto de pestañas son: **Personalizado**, **Datos de aplicación**, **Curvas SN** y **Favoritos**.

- **Personalizado**. Permite agregar propiedades no estándar a un material. Solo puede ser utilizada en materiales procedentes de la biblioteca personalizada que pueden editarse.
- **Datos de aplicación**. La pestaña permite registrar anotaciones que describen las características del material empleado en la simulación. Puede introducir anotaciones sobre el tipo de fabricación, documentos asociados, definir responsabilidades, etc. Al igual que en el caso anterior, solo puede emplearse en materiales procedentes de la biblioteca personalizada.
- **Curvas S-N**. Puede definir las curvas S-N empleadas en los estudios de fatiga (indicando en la tabla la tensión y el número de ciclos a los que se ha producido la rotura).
- **Favoritos**. Puede definir y gestionar sus materiales favoritos. En esta pestaña puede ver los materiales más usados en su sesión de trabajo.

Asignar y definir nuevos materiales

A continuación, se describe cómo **Asignar materiales predefinidos**, y cómo crear nuevos materiales. Finalmente se describe cómo crear una nueva biblioteca de usuario y cómo gestionarla. Para definir un material ya existente en la biblioteca de materiales:

1. Pulse con el botón derecho del ratón sobre la carpeta de pieza en el Gestor de Simulación y seleccione **Aplicar/Editar material**.

2. Seleccione una de las tres carpetas (**SolidWorks DIN Materials**, **SolidWorks Materiales** y **Materiales personalizados**). Observe las diferentes categorías de materiales. Seleccione la categoría y a continuación el material deseado.
3. Pulse **Aplicar** y **Cerrar**.

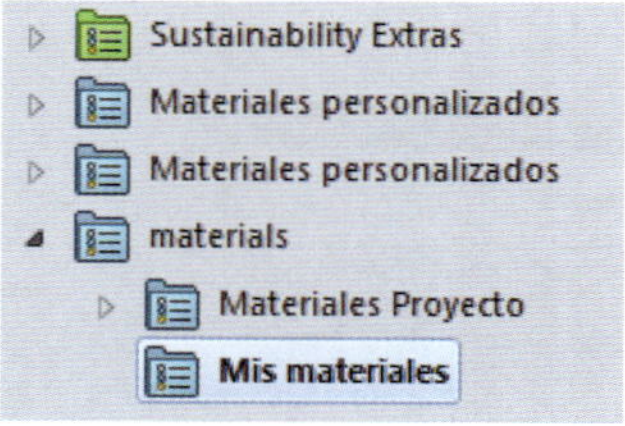

Definir materiales personalizados

Para definir un material mediante la descripción de sus propiedades mecánicas debe copiar un material ya existente y pegarlo en la carpeta de materiales personalizados. Desde esa carpeta puede editar las propiedades del material copiado.

1. Pulse con el botón derecho del ratón sobre la carpeta de pieza en el Gestor de Simulación y seleccione **Aplicar/Editar material**.
2. Seleccione un material ya creado. Es importante que el material seleccionado sea lo más parecido al material a crear. Puede seleccionar uno de la carpeta de **SolidWorks DIN Materials** o de **SolidWorks Materiales**.
3. Pulse sobre el material seleccionado con el botón derecho del ratón y seleccione **Copiar** (Ctrl + C). Pegue (Ctrl + V) el material en la carpeta de **Materiales Personalizados**. Antes puede crear una nueva carpeta con el nombre de **Mis Materiales**.
4. Para crear la carpeta pulse sobre **Materiales personalizados** con el botón derecho del ratón y seleccione **Nueva Categoría**. Escriba el nombre de su carpeta y pegue el material (Ctrl + V).
5. Seleccione la pestaña **Propiedades** y defina las características de su nuevo material. Recuerde que las propiedades en rojo deben ser definidas de forma obligatoria.
6. Pulse **Aplicar** y **Cerrar**.

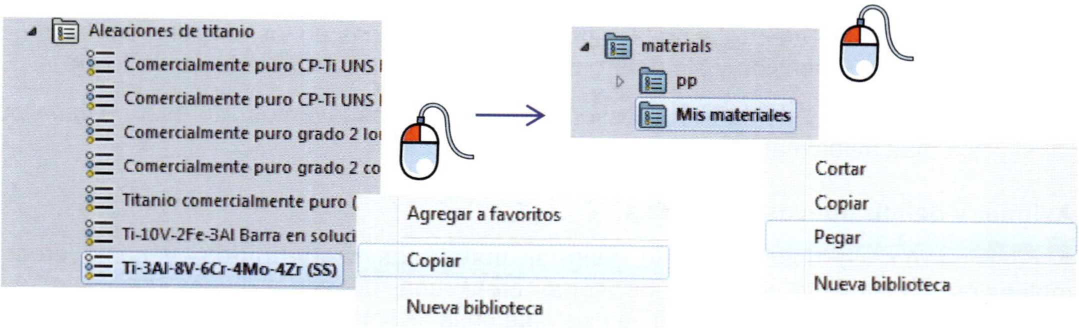

Creación de una Nueva categoría de materiales

Puede crear una **Nueva categoría** de materiales en la carpeta de materiales personalizados para editar y gestionar los materiales empleados en las simulaciones.

Para crear una **Nueva categoría**:

1. Pulse con el botón derecho del ratón sobre la carpeta de pieza en el Gestor de Simulación y seleccione **Aplicar/Editar material**.
2. Pulse con el botón derecho del ratón sobre **Materiales Personalizados** y seleccione **Nueva categoría**.
3. En esa nueva categoría creada puede pegar distintos materiales procedentes de la biblioteca de diseño de **Solid**Works y editarlos en función de sus necesidades.

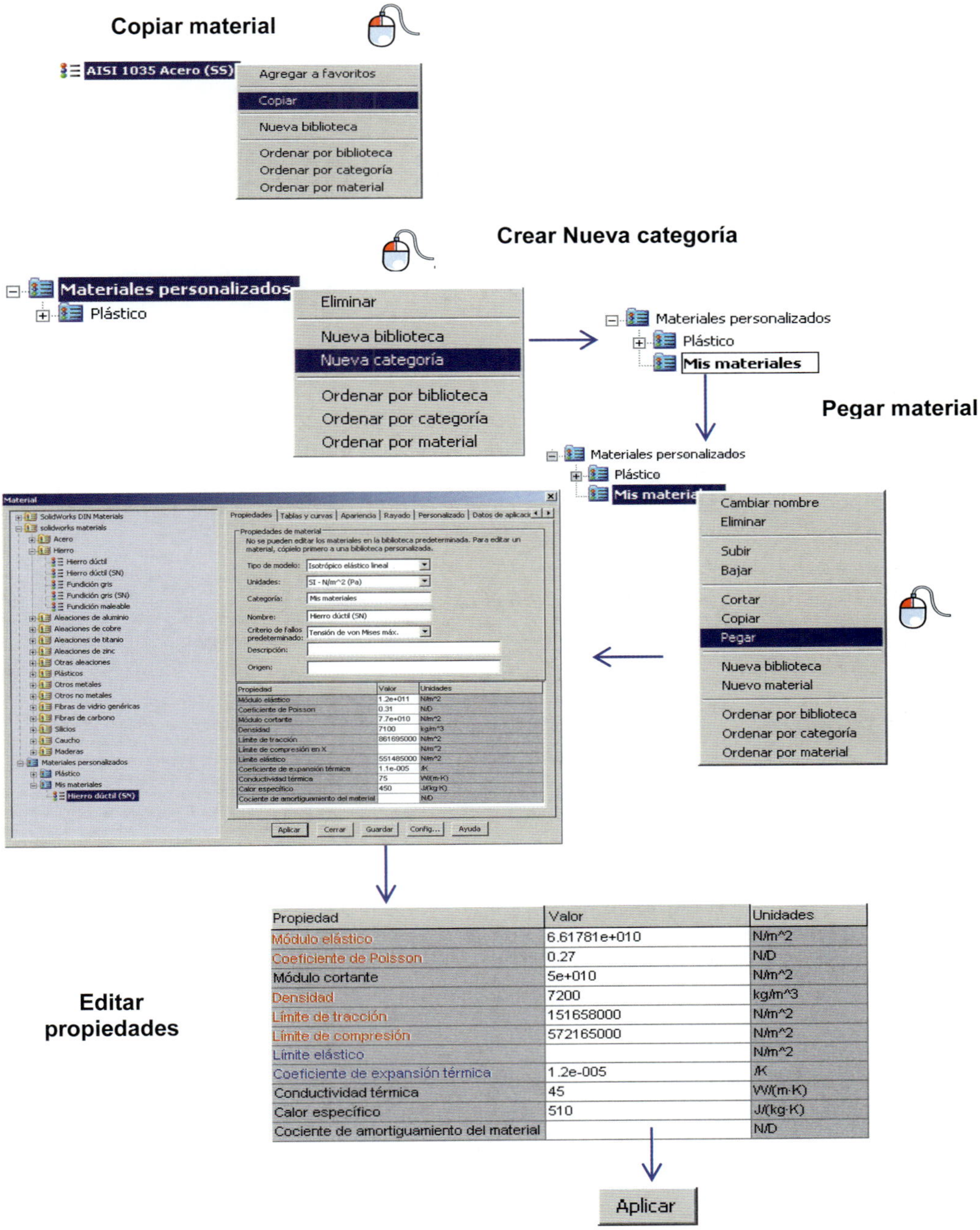

Propiedad	Valor	Unidades
Módulo elástico	6.61781e+010	N/m^2
Coeficiente de Poisson	0.27	N/D
Módulo cortante	5e+010	N/m^2
Densidad	7200	kg/m^3
Límite de tracción	151658000	N/m^2
Límite de compresión	572165000	N/m^2
Límite elástico		N/m^2
Coeficiente de expansión térmica	1.2e-005	/K
Conductividad térmica	45	W/(m·K)
Calor específico	510	J/(kg·K)
Cociente de amortiguamiento del material		N/D

2.5 Sujecciones

Las Sujeciones permiten definir la forma en la que el modelo de pieza o ensamblaje se va a comportar en sus desplazamientos después de que alguna carga actúe sobre él. Las sujeciones son necesarias para evitar que los modelos de piezas se desplacen o giren al aplicarles cargas. Recuerde que todo sólido rígido tiene 3 modos de traslación y rotación. En el caso de un ensamblaje se tienen 6 modos de traslación/rotación para cada una de las piezas que lo integran.

SolidWorks dispone de dos tipos de **Sujeciones**: **Estándar** (Geometría fija, Inamovible, Rodillo/Control deslizante y Bisagra fija) y **Avanzada** (Simetría, simetría circular, Utilizar geometría de referencia, Sobre caras planas, Sobre caras cilíndricas, Sobre caras esféricas).

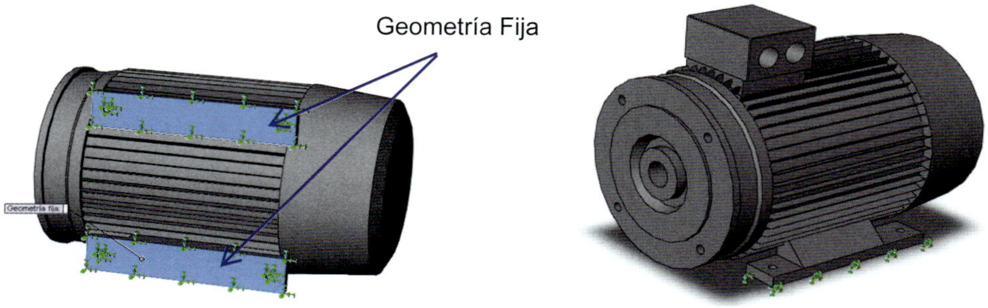

El **Asesor de Simulaciones** puede ser consultado para conocer la forma en la que pueden crearse las distintas Sujeciones en su modelo. Para acceder a el asesoramiento pulse con el botón derecho del ratón sobre Sujeciones desde el Gestor de Diseño y seleccione la opción **Asesor**. En la parte derecha de la zona de gráficos aparece una ventana con información acerca de las sujeciones.

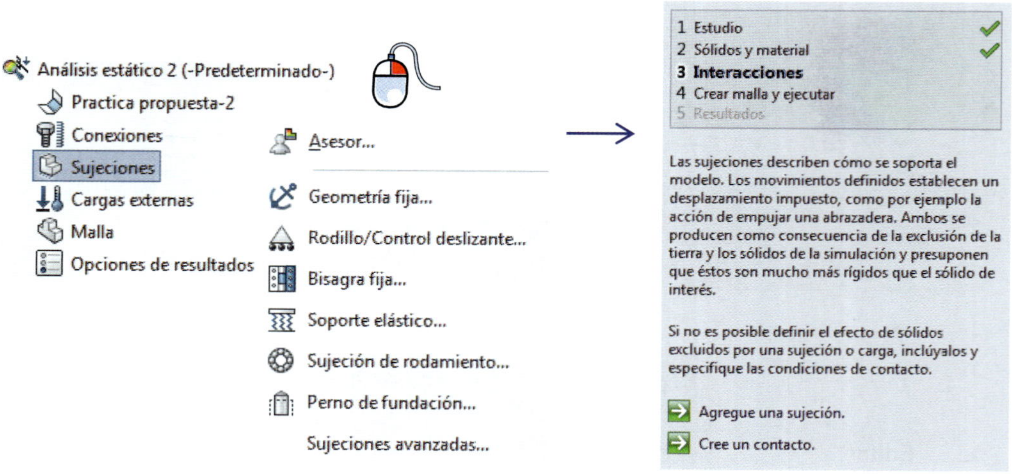

Para insertar una Sujeción puede pulsar sobre **Sujeciones** desde el menú de persiana Simulation, **Carga/Sujeción** o pulsando con el botón derecho del ratón sobre **Sujeciones** desde el Gestor de Diseño.

Para crear una **Sujeción** en su modelo de pieza o ensamblaje:

1. Pulse con el botón derecho del ratón sobre **Sujeciones** desde el Gestor de Simulación y seleccione la sujeción más adecuada a su modelo.
2. En el PropertyManager de **Sujeciones** seleccione las entidades del modelo (vértices, aristas o caras) a los que desea aplicar la restricción.
3. Pulse **Aceptar** para crear la sujeción.

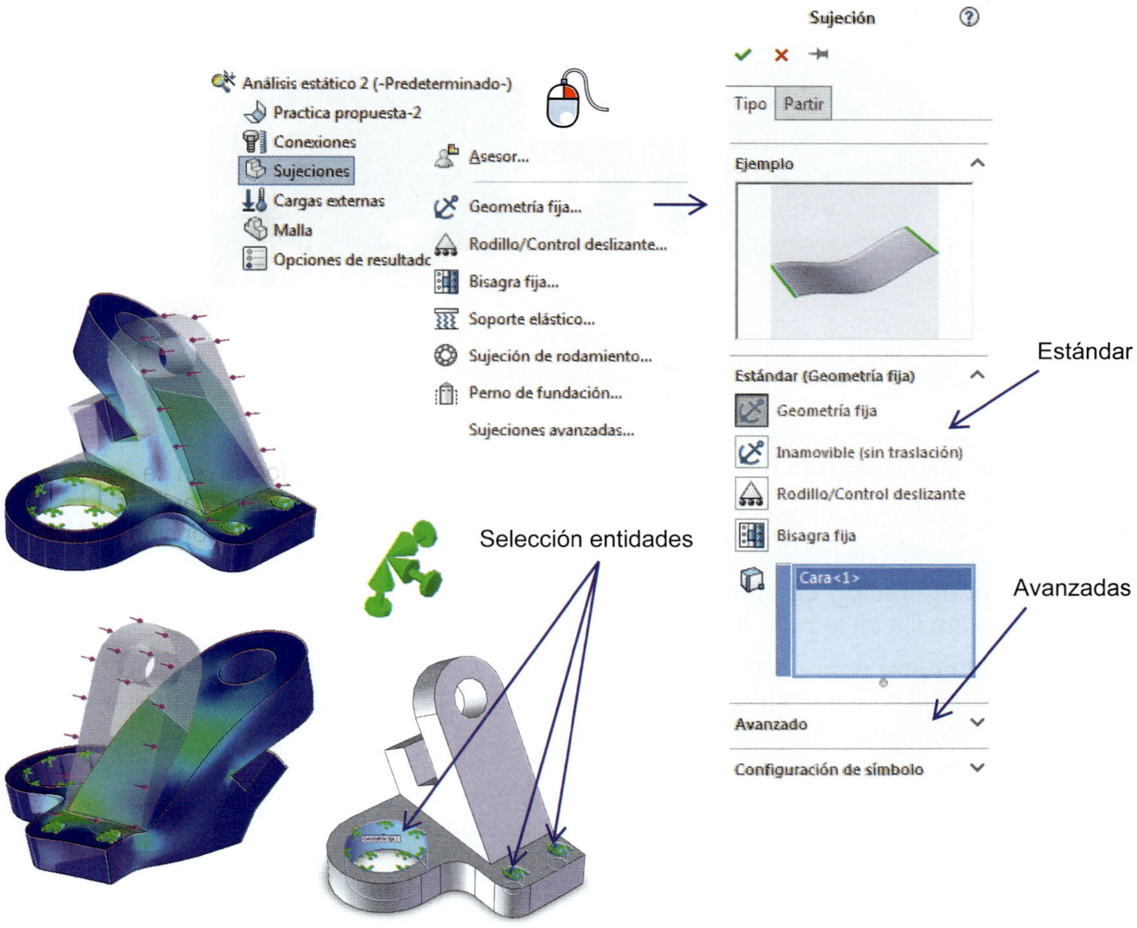

En el modelo de la figura se ha creado una sujeción de **Geometría Fija** en cada una de las caras internas de los tres taladros. De esta forma se consigue restringir todos los grados de libertad de traslación y rotación en la geometría seleccionada.

Si desea modificar el color o el tamaño del símbolo indicativo de la **Sujeción** impuesta defina sus características desde **Configuración de Símbolo**.

2.5.1 Geometría fija

Define todos los grados de libertad de traslación como cero en los sólidos seleccionados. Anula la posibilidad de producirse un desplazamiento en las entidades seleccionadas (vértices, aristas o caras). En los modelos de vaciado y en vigas se anulan las traslaciones y rotaciones mientras que en las cabezas de armadura el grado de libertad de traslación es cero.

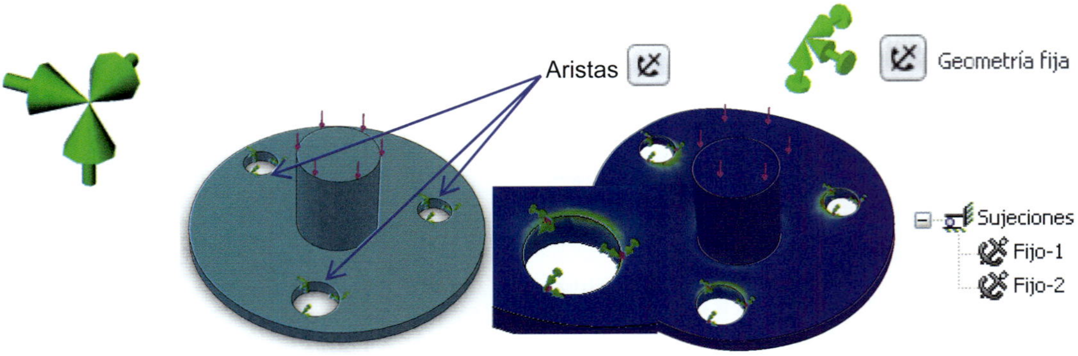

Para crear una Sujeción de **Geometría fija** en su modelo:

1. Pulse con el botón derecho del ratón sobre **Sujeciones** desde el Gestor de Simulación y seleccione **Geometría fija**.
2. En el PropertyManager de **Sujeciones** seleccione las entidades del modelo (vértices, aristas o caras) a los que desea aplicar la restricción.
3. En **Configuración de símbolo** puede definir el color y el tamaño del símbolo que indica geometría fija en la zona de gráficos.
4. Pulse **Aceptar** para crear la sujeción. Observe como en la zona de gráficos las entidades seleccionadas aparecen con el símbolo de la restricción establecida y como en el Gestor de Diseño aparece la sujeción creada.

Este tipo de sujeción no requiere la selección de la dirección a la que se aplica la restricción, a diferencia de otro tipo de sujeciones, ya que restringe todos los grados de libertad (tres grados de libertad de traslación) y (tres grados de libertad de rotación).

Si desea ocultar los símbolos de restricción (**Mostrar/Ocultar**) pulse con el botón derecho del ratón sobre la sujeción desde el Gestor de Simulación y seleccione **Ocultar** o **Mostrar**.

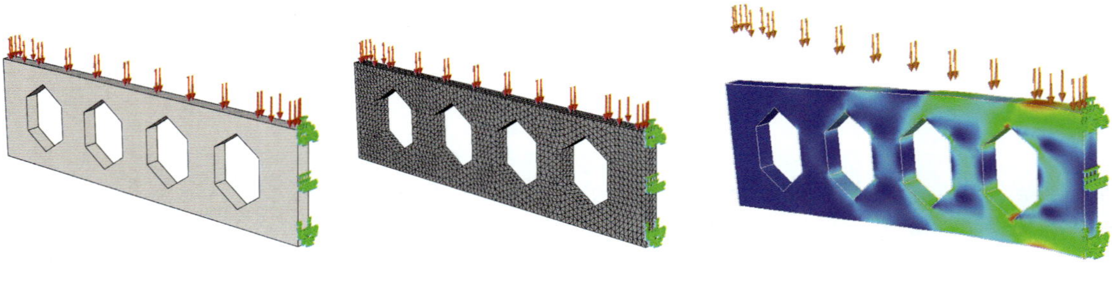

2.5.2 Inamovible

Define todos los grados de libertad de traslación como cero para las geometrías sólidas, vaciados, cabezas de armadura y vigas. Los grados de libertad de rotación no son restringidos.

Para crear una sujeción **Inamovible** pulse con el botón derecho del ratón sobre **Sujeciones** desde el Gestor de Simulación y seleccione **Geometría fija**. En el PropertyManager observe la opción **Inamovible (sin traslación)**. Seleccione la opción e indique las aristas, vértices o caras a las que desea restringir su grado de libertad de traslación.

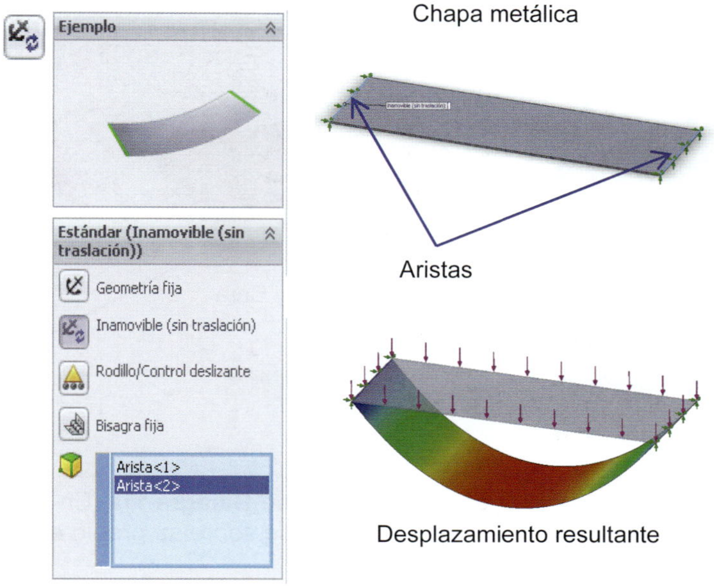

En el ejemplo de la figura las sujeciones **Inamovible** se han impuesto a las dos aristas opuestas del modelo. La aplicación de la fuerza provoca la deformación del mismo sin que las dos aristas se desplacen, permaneciendo inmóviles.

2.5.3 Rodillo/Control deslizante

La restricción define el libre movimiento de una cara plana sobre su plano pero impide el movimiento perpendicular o normal del mismo. El modelo puede deformarse bajo cualquier tipo de carga (contracción-expansión).

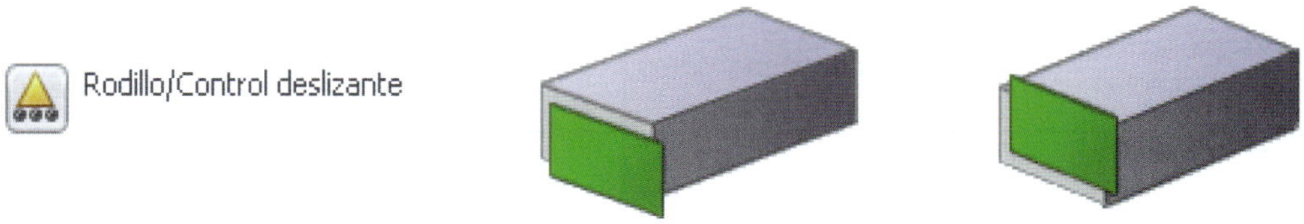

Para crear una restricción **Rodillo/Control deslizante** pulse con el botón derecho del ratón sobre **Sujeciones** desde el Gestor de Simulación y seleccione **Geometría fija**. En el PropertyManager seleccione la sujeción **Rodillo/Control deslizante** e indique las caras para definir la sujeción.

2.5.4 Bisagra fija

Este tipo de restricción se emplea para especificar que las caras cilíndricas de un modelo únicamente pueden rotar/girar sobre su propio eje. La restricción es equivale a anular las componentes radiales y axiales sobre la cara cilíndrica del modelo.

Para crear una restricción **Bisagra fija** pulse con el botón derecho del ratón sobre **Sujeciones** desde el Gestor de Simulación y seleccione **Geometría fija**. En el PropertyManager seleccione **Bisagra fija** e indique las caras circulares a restringir.

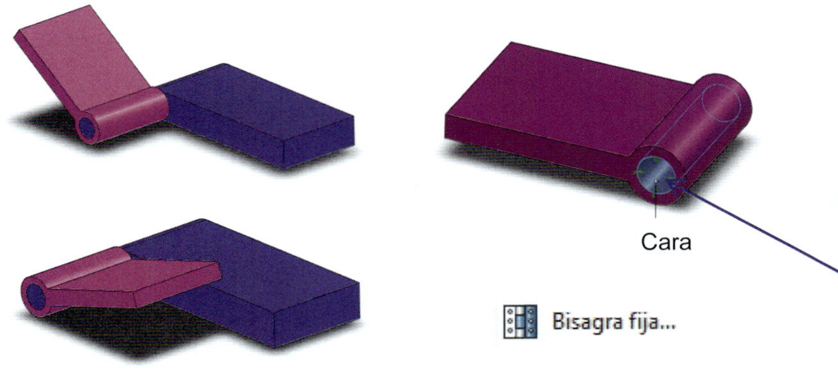

En el ejemplo de la figura se ha impuesto la Sujeción de **Bisagra fija**. En la cara cilíndrica interior del modelo la cara seleccionada solo puede desplazarse sobre su propio eje sin poder modificar ni su radio ni su longitud por deformación.

En la tabla se describen las cuatro restricciones descritas, las entidades de restricción, su geometría de referencia y las entradas requeridas.

Tipo de restricción	Entidades de restricción	Geometría de referencia	Entrada requerida
Geometría fija	Vértices, aristas y caras	No aplicable	No aplicable
Inamovible (fija las traslaciones solamente)	Vértices, aristas y caras	No aplicable	No aplicable
Rodillo/Control deslizante	Caras	No aplicable	No aplicable
Bisagra fija	Caras cilíndricas	No aplicable	No aplicable

2.5.5 Simetría

La Sujeción de **Simetría** se emplea en todos los modelos con geometría simétrica como procedimiento de simplificación y ahorro de recursos. Permite tratar únicamente una de sus mitades en lugar del modelo completo. Tal simplificación reduce el número de elementos a mallar y permite obtener mejores resultados en menor tiempo.

La asignación de simetría puede hacerse en aquellos modelos donde el resto de restricciones y cargas son totalmente simétricos, en caso contrario no podrá ser aplicado con éxito.

Para crear una restricción avanzada de **Simetría** pulse con el botón derecho del ratón sobre **Sujeciones** desde el Gestor de Simulación y seleccione **Avanzado**. Pulse **Simetría**. En el PropertyManager seleccione las caras del modelo que definen la simetría.

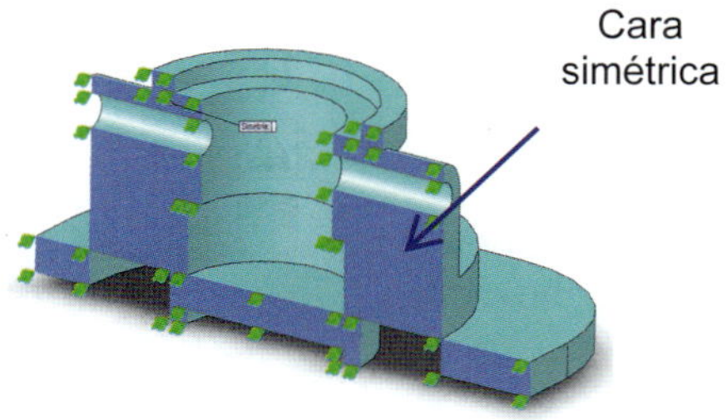

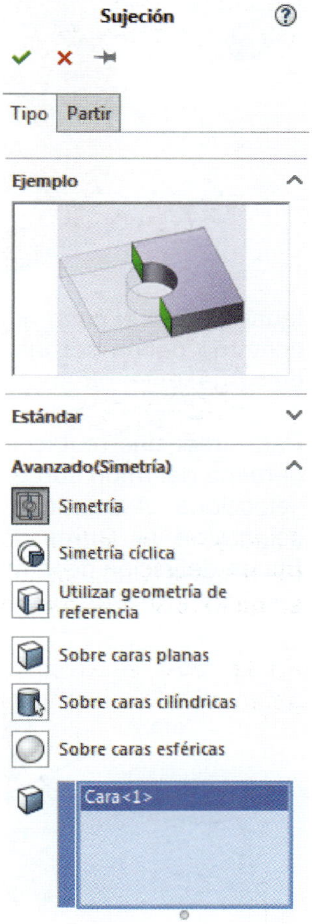

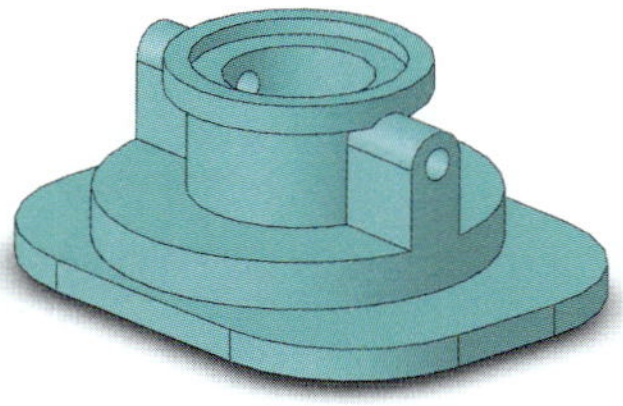

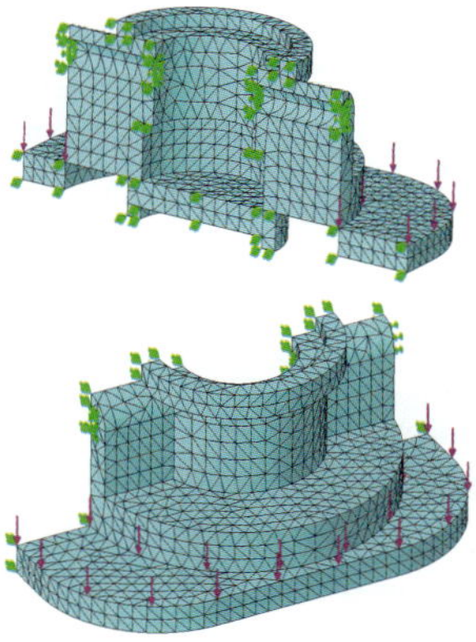

El empleo de **Simetría** en el modelo de la figura permite evaluar la mitad del modelo en lugar del modelo completo. La simulación tiene en cuenta la mitad no tratada. No es recomendable usar este tipo de **Sujeción** en estudios de pandeo o de frecuencia.

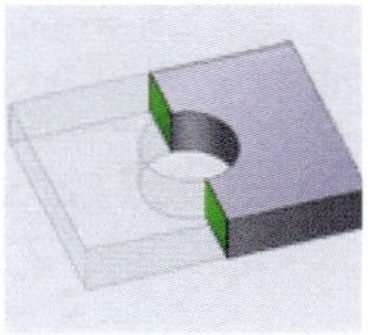

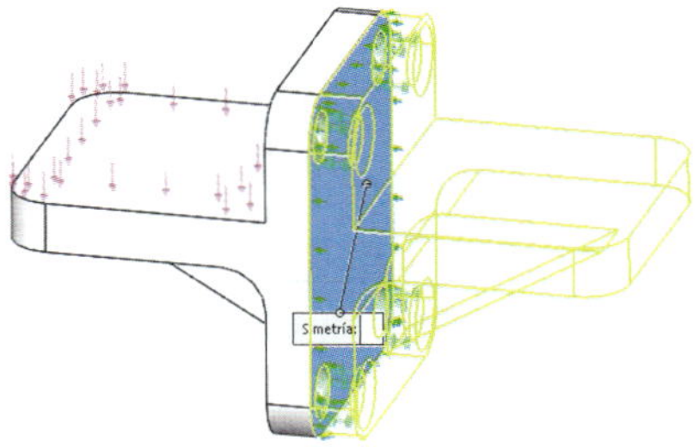

2.5.6 Simetría cíclica

Es una **Sujeción Avanzada** parecida a **Simetría** pero en este caso permite simplificar modelos obtenidos mediante matrices polares o circulares.

Para crear la restricción debe seleccionar el segmento correspondiente a la matriz polar que representa el modelo. Su uso reduce el tiempo de cálculo e incrementa la calidad de los resultados.

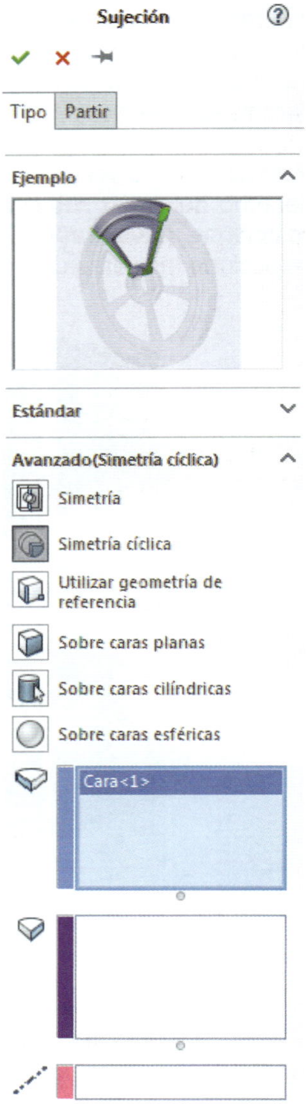

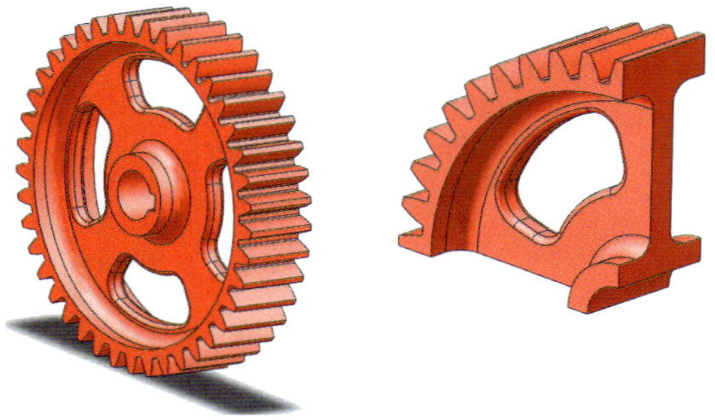

Igual que en el caso anterior, el resto de variables y condiciones de contorno deben ser las mismas (geometría, sujeciones, condiciones de carga, entre otras).

Para crear una restricción avanzada de **Simetría** pulse con el botón derecho del ratón sobre **Sujeciones** desde el Gestor de Simulación y seleccione **Avanzado**. Pulse **Simetría**. En el PropertyManager seleccione las **Caras** del modelo que definen las dos simetrías y el **Eje** de definición de la matriz polar.

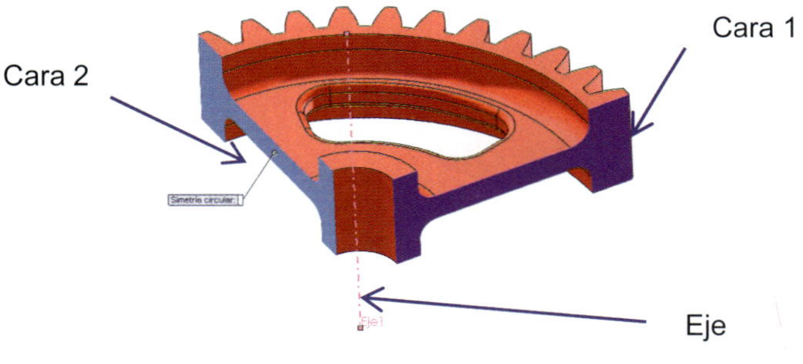

La definición de **Sujeciones** es uno de los aspectos más complejos y difíciles en la realización de una simulación. En la mayoría de las ocasiones las simulaciones erróneas son debidas a la imposición de un número excesivo de sujeciones que impiden la deformación real del modelo. Es recomendable que estudie con detenimiento las sujeciones a imponer en su modelo.

2.5.7 Utilizar geometría de referencia

Este tipo de sujeción permite aplicar restricciones de movimiento usando **Geometría de Referencia** (plano, eje, arista o cara). La Sujeción restringe el movimiento del plano, cara o arista en las direcciones seleccionadas mientras que permite su movimiento libre en las otras.

Plano de referencia

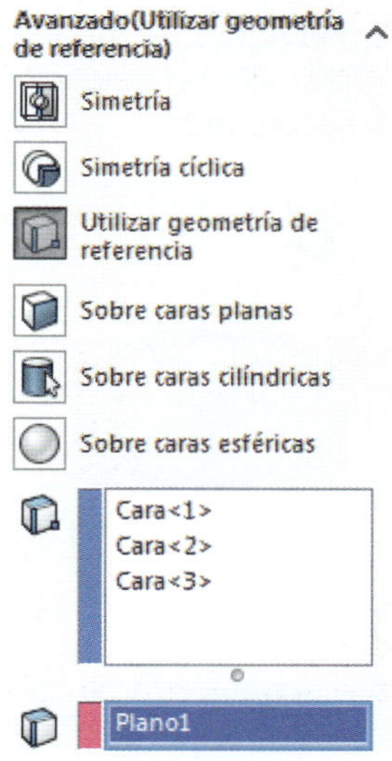

Las Sujeciones son definidas por la selección de un plano como referencia y alguna de las caras del modelo. En la figura se ha seleccionado como plano de referencia el plano 1 y las caras seleccionadas del modelo son las caras 1, 2, 3 y 4. El modelo puede trasladarse a través de las direcciones Dir.1 y Dir.2 y dirección normal al plano de referencia seleccionado.

Los movimientos en cualquiera de esas tres direcciones pueden ser restringidos cuando se define el cuadro de diálogo de **Traslaciones**. En la figura adjunta el modelo puede desplazarse en la dirección 2 (Flecha roja) 5 mm y 2 mm en la dirección 1. El resto de direcciones tienen los movimientos restringidos. No se desplaza ni en la dirección 1 ni en la dirección normal.

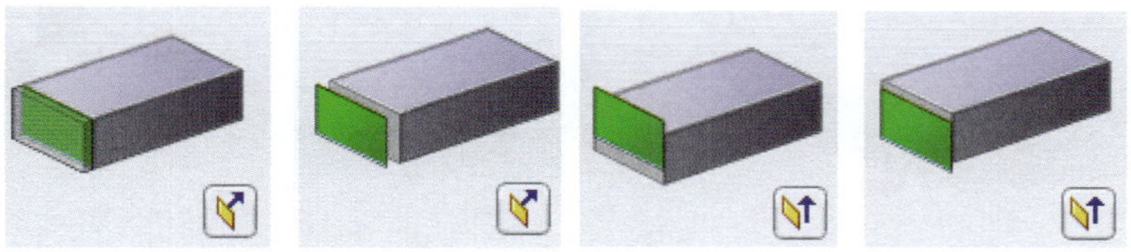

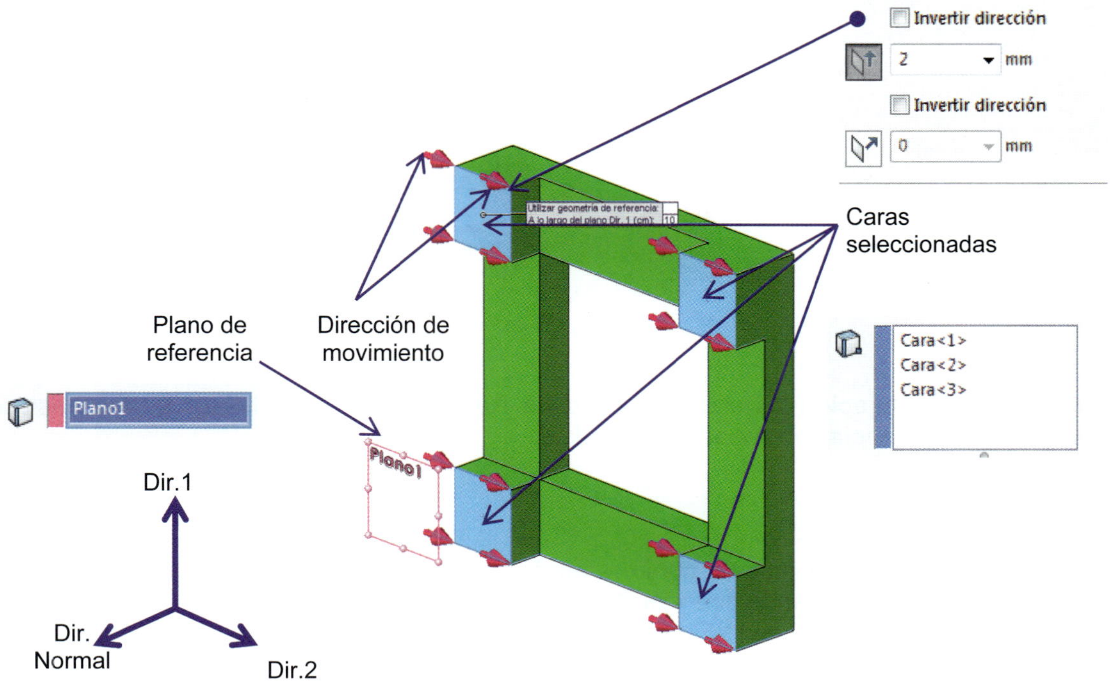

Eje de referencia

La Sujeción se crea mediante la selección de un eje que es tomado como referencia y una cara a la que se le permiten ciertas traslaciones radiales, circunferenciales y axiales. El eje seleccionado permite definir un movimiento de traslación en las direcciones radiales, axiales y circunferenciales.

En la figura, el modelo puede moverse libremente en la dirección axial y rotar sobre el eje (Flechas rojas). Se ha seleccionado la cara del cilindro central para que gire a lo largo del eje de referencia seleccionado.

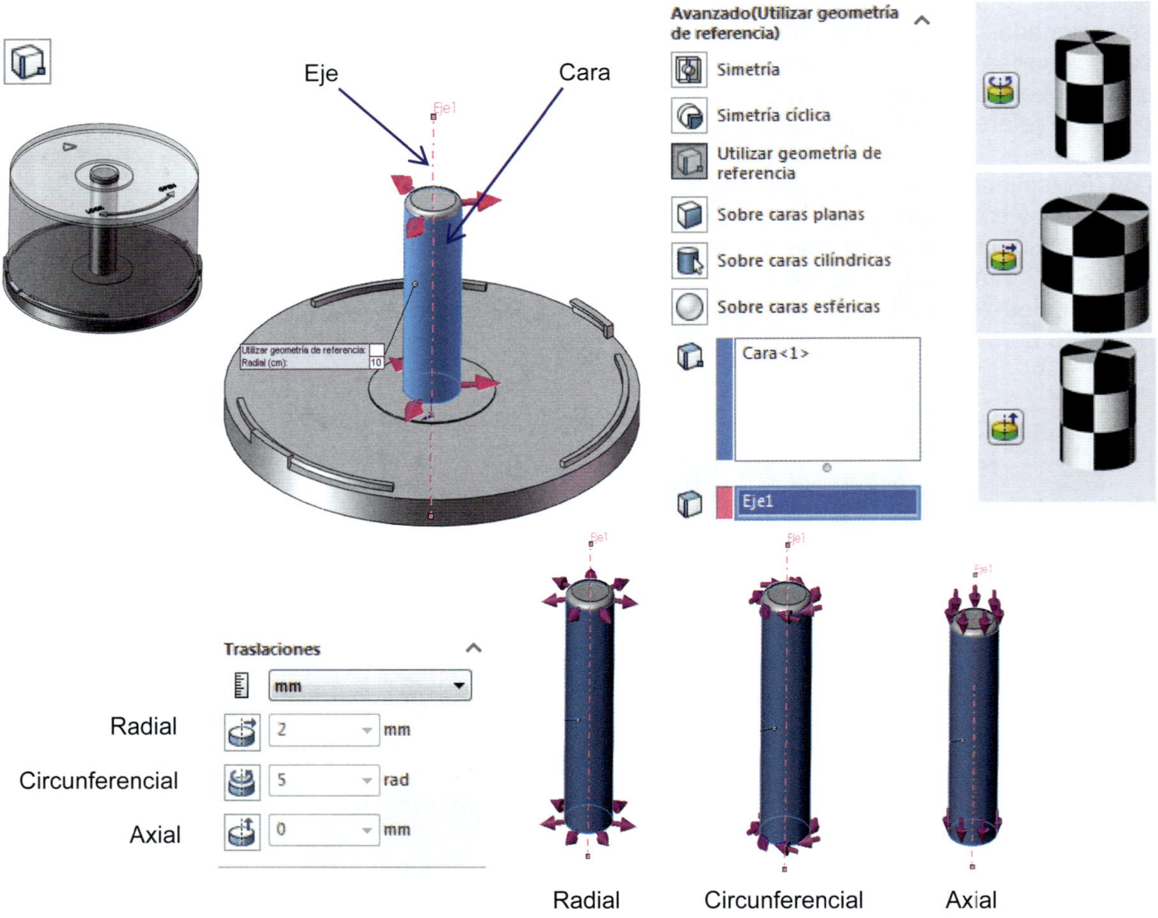

Para crear una **Sujeción Avanzada** de **Eje de Referencia** defina el valor de las traslaciones **Radial**, **Circunferencial** y/o **Axial** en su modelo.

Utilizar cara del modelo

Se emplea una cara del modelo como referencia en la aplicación de la sujeción. Se define el movimiento de traslación en la dirección 1, 2 de la cara o en la dirección normal. En la figura se ha seleccionado la cara 1 del modelo como elemento de referencia y la cara 2 como cara restringida. Los movimientos de la cara 2 se puede restringir en las direcciones (Dir.1, Dir.2 y normal).

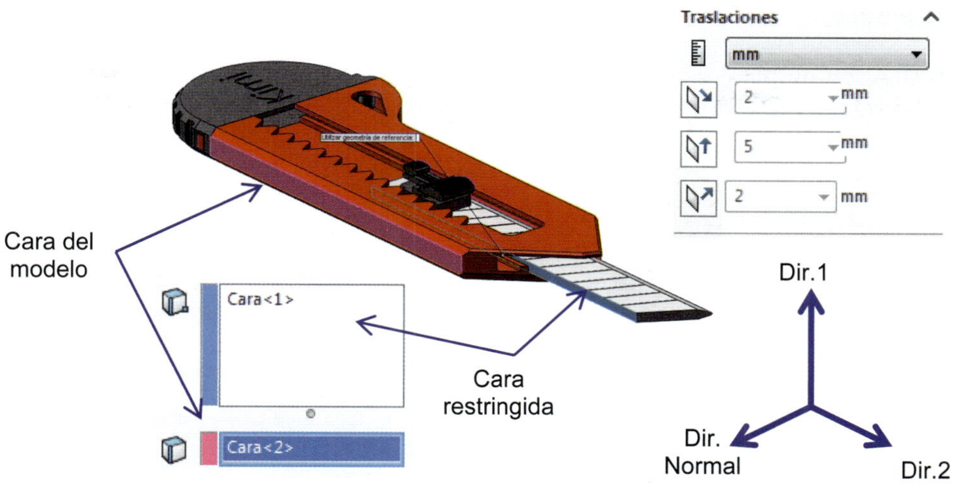

Usar arista del modelo

Se utiliza la arista recta del modelo como referencia en la creación de la sujeción. La cara restringida del modelo de la figura puede desplazarse dos centímetros a lo largo de la arista.

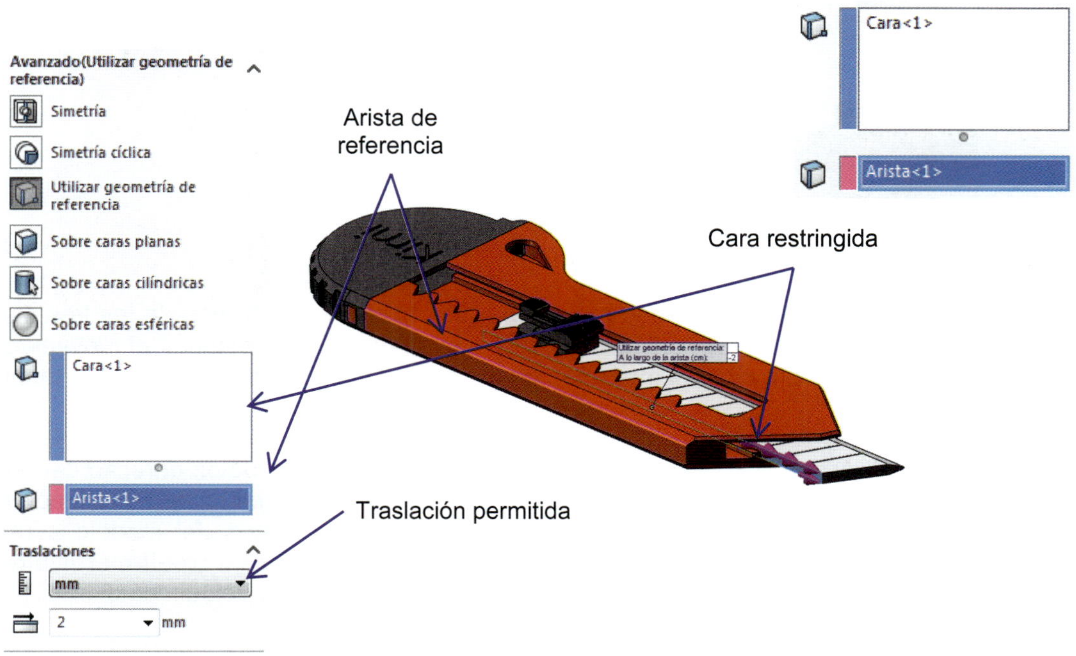

La cara seleccionada de la cuchilla del cúter (en azul) debe moverse 2 mm en la dirección especificada por la arista de referencia seleccionada. Puede emplear la opción **Vista previa** para identificar la dirección y utilizar un valor negativo para invertir la dirección del desplazamiento.

Sobre caras planas

Este tipo de sujeción permite restringir el movimiento de una cara plana seleccionada respecto de sus propias direcciones (Dirección 1, Dirección 2 y Normal).

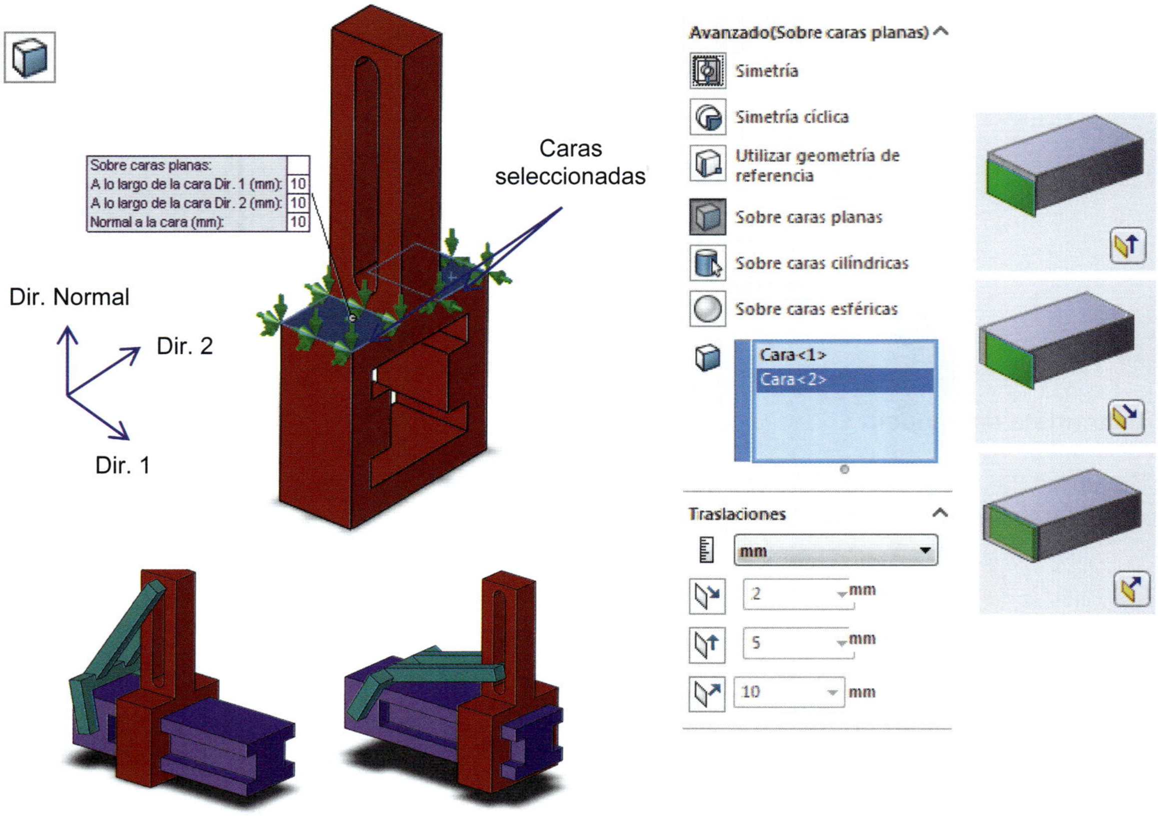

Las caras seleccionadas solo pueden moverse 2, 5 y 10 mm en cada una de las tres direcciones indicadas (Dir. 1, Dir. 2 y Dirección normal), respectivamente. Para restringir el movimiento de las caras seleccionadas y provocar el movimiento indicado en la figura debe restringirse la dirección 2 y la normal.

Para crear una sujeción avanzada **Sobre caras planas** pulse con el botón derecho del ratón sobre **Sujeciones** desde el Gestor de Simulación y seleccione **Sujeciones avanzadas**. En el PropertyManager pulse **Sobre caras planas**. Seleccione la/s cara/s del modelo a restringir y defina las traslaciones permitidas en cada una de las tres direcciones. Pulse **Invertir direcciones** si desea restringir el movimiento en la dirección opuesta a la definida actualmente.

A lo largo de la dirección 1 de la cara

A lo largo de la dirección 2 de la cara

Normal a la cara

Sobre caras cilíndricas

Este tipo de sujeción permite restringir el movimiento de una cara cilíndrica seleccionada respecto de su propio eje en las direcciones radial, circunferencial y axial.

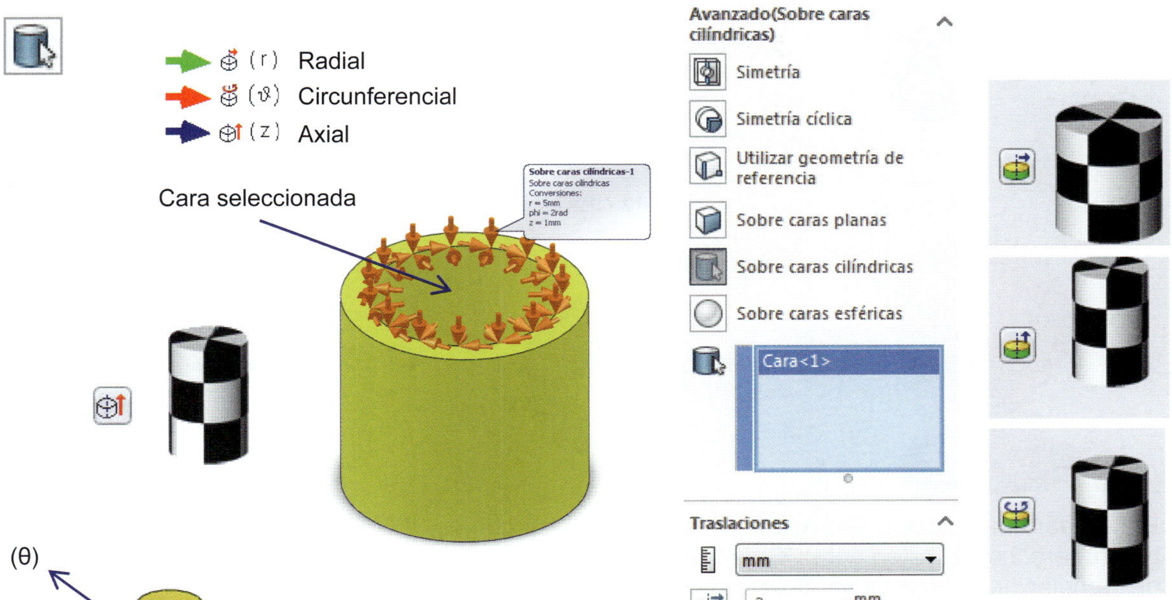

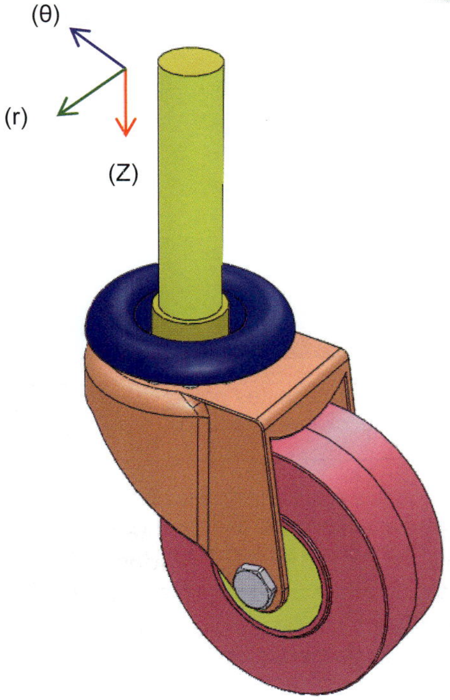

Para crear una sujeción **Sobre caras cilíndricas** pulse con el botón derecho del ratón sobre **Sujeciones** desde el Gestor de Simulación y seleccione **Sujeciones Avanzadas**. En el PropertyManager pulse **Sobre caras cilíndricas**. Seleccione la cara cilíndrica del modelo a restringir y definas las traslaciones **radiales**, **circunferenciales** y **axiales**.

En el modelo de la figura se ha empleado la sujeción **Sobre caras cilíndricas** para definir como nula la **traslación axial (z)** y **la traslación radial (r)** en el pasador de la rueda. Al mismo tiempo, el pasador puede girar libremente en la dirección **circunferencial (θ)**.

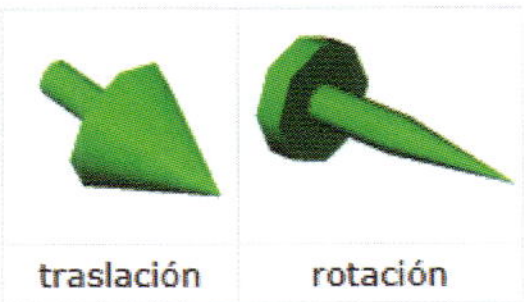

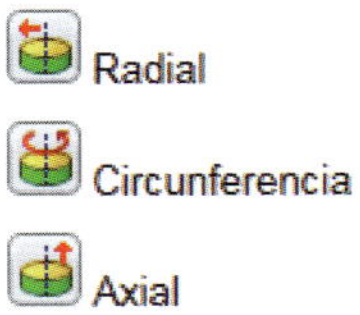

Sobre caras esféricas

Permite restringir el movimiento de una cara esférica de un modelo seleccionado respecto a las direcciones radiales, de latitud y de longitud de su propio centro.

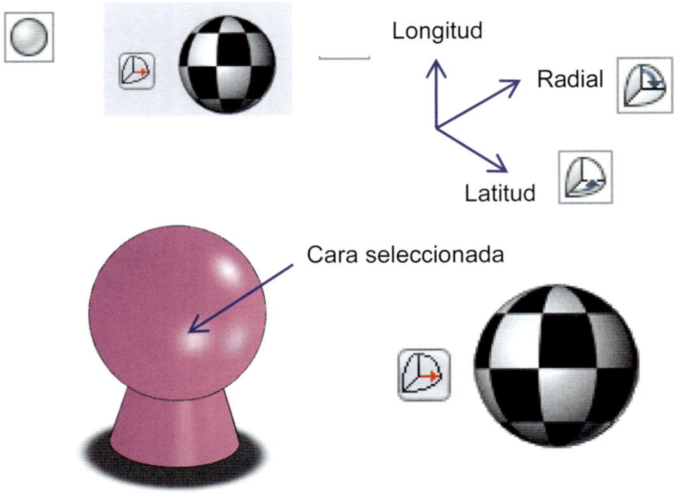

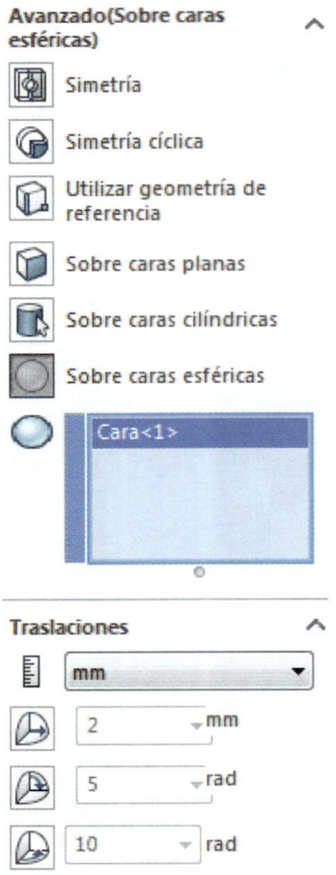

Para crear una sujeción **Sobre caras esféricas** pulse con el botón derecho del ratón sobre **Sujeciones** desde el Gestor de Simulación y seleccione **Sujeciones avanzadas**. En el PropertyManager pulse **Sobre caras esféricas**. Seleccione la cara esférica del modelo a restringir y defina las traslaciones **radiales**, **de latitud** y **de longitud** respecto del centro de la esfera.

Tipo de restricción	Entidades de restricción	Geometría de referencia	Entrada requerida
Utilizar geometría de referencia	Vértices, aristas y caras	Cara, arista, plano o eje	Traslaciones y rotaciones prescritas en las direcciones deseadas.
Sobre caras planas	Caras planas	No aplicable	Traslaciones y rotaciones prescritas en las direcciones deseadas asociadas con la cara plana seleccionada.
Sobre caras cilíndricas	Caras cilíndricas	No aplicable	Traslaciones y rotaciones prescritas en las direcciones deseadas asociadas con la cara cilíndrica seleccionada.
Sobre caras esféricas	Caras esféricas	No aplicable	Traslaciones y rotaciones prescritas en las direcciones deseadas asociadas con la cara esférica seleccionada.

2.6 Cargas externas

Los diferentes tipos de carga que pueden ser definidas en un ensayo estático son: **Fuerza**, **Torsión**, **Presión**, **Gravedad**, **Centrífuga**, **Carga de apoyo** y **Temperatura**. Además, pueden incluirse **Efectos de flujo y térmicos**, **Carga/Masa remota** y **Masa distribuida**.

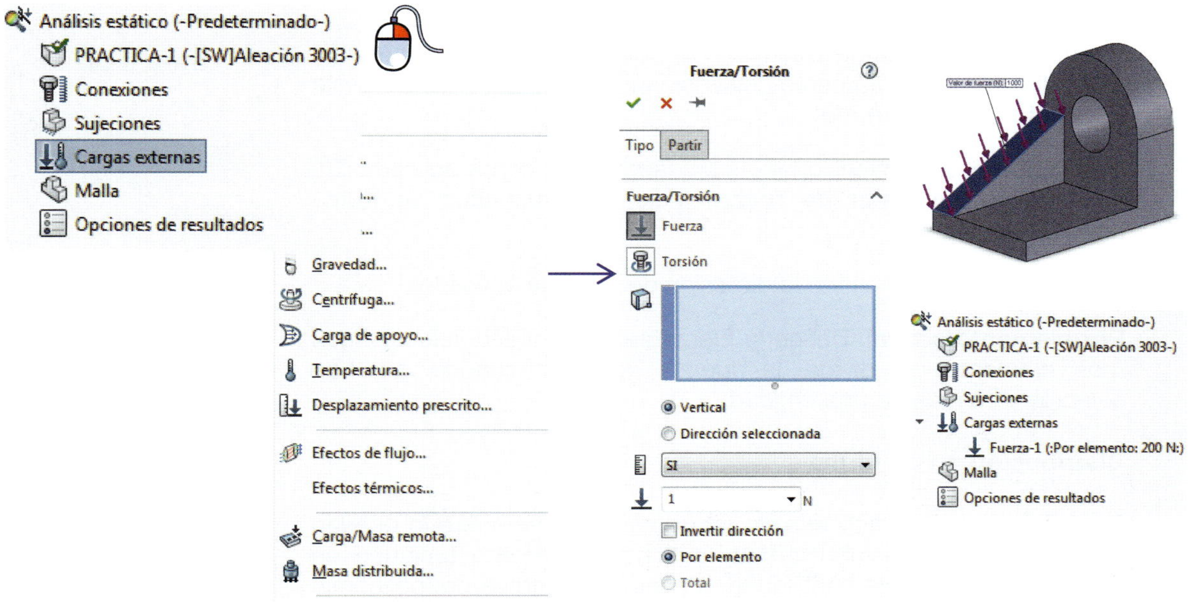

2.6.1 Fuerza

Aplica fuerzas, momentos y/o torsiones en las caras, aristas, puntos de referencia y/o vértices del modelo ensayado.

Para aplicar una **Fuerza** en su modelo:

1. Pulse con el botón derecho del ratón sobre **Cargas externas** desde el Gestor de Simulación y seleccione **Fuerza**.
2. En el PropertyManager de **Fuerza** seleccione la entidad en la que desea aplicar la **Fuerza** seleccionada (vértice, arista o cara), las **Unidades**, el **Valor de la fuerza** a aplicar y su dirección.
3. Puede crear una **Distribución de la fuerza no uniforme** definiendo cada uno de los coeficientes de la ecuación asociados a un polinomio de segundo grado y a un sistema de coordenadas.
4. Pulse **Aceptar** para crear la fuerza sobre el modelo. Observe como en el PropertyManager se crea la carpeta con la fuerza recién creada.

> Cuando desee simular con un ensamblaje puede utilizar la geometría de referencia del propio ensamblaje o de cada una de las piezas o sub-ensamblajes que lo componen.

En el PropertyManager de **Fuerza/torsión** puede definir:

Tipo

Vértices, Aristas y Caras. Seleccione desde la zona de gráficos los elementos sobre los que desee aplicar la carga.

Puede definir una carga **Normal** a la cara seleccionada o que siga una dirección previamente seleccionada mediante una arista (**Dirección seleccionada**).

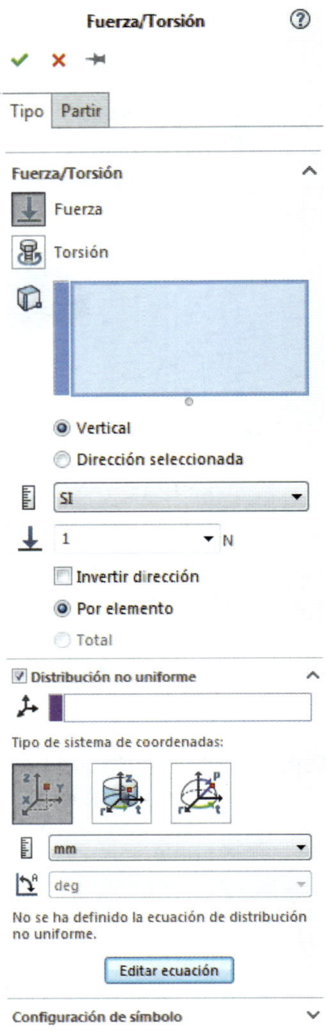

En **Unidad** puede seleccionar las unidades de la carga aplicada (**SI**, **IPS** y **G**) y en **Valor de fuerza** indicar su magnitud de forma numérica.

Invertir dirección. Invierte la dirección de la carga aplicada.

Por elemento o total. Define la fuerza para la entidad seleccionada (por elemento) o divide la fuerza aplicada cuando se han seleccionado más de una entidad.

Distribución no uniforme

Distribuye la fuerza aplicada de forma no uniforme sobre la entidad seleccionada. La distribución de la fuerza se realiza teniendo en cuenta un sistema de coordenadas y los coeficientes del polinomio de segundo grado:

F(X,Y) = V* (A + B*X + C*Y + D*X*Y + E*X^2 + F*Y^2)

F(X,Y) . Es la magnitud relativa de la fuerza aplicada a un punto con la coordenada X y la coordenada Y en el sistema de coordenadas seleccionado.

V. Es un valor calculado por **Solid**Works de manera que la magnitud total de la fuerza aplicada es igual al **Valor** introducido en el campo **Valor de fuerza**.

X, Y. Son las coordenadas del punto con relación al sistema de coordenadas seleccionado.

A, **B**, **C**, **D**, **E** y **F.** Son los coeficientes de polinomio.

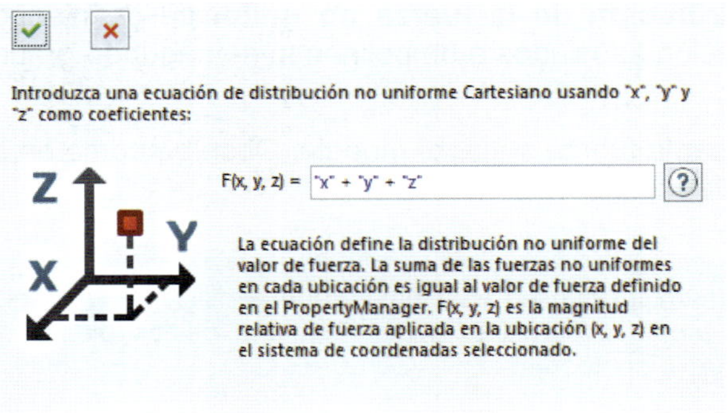

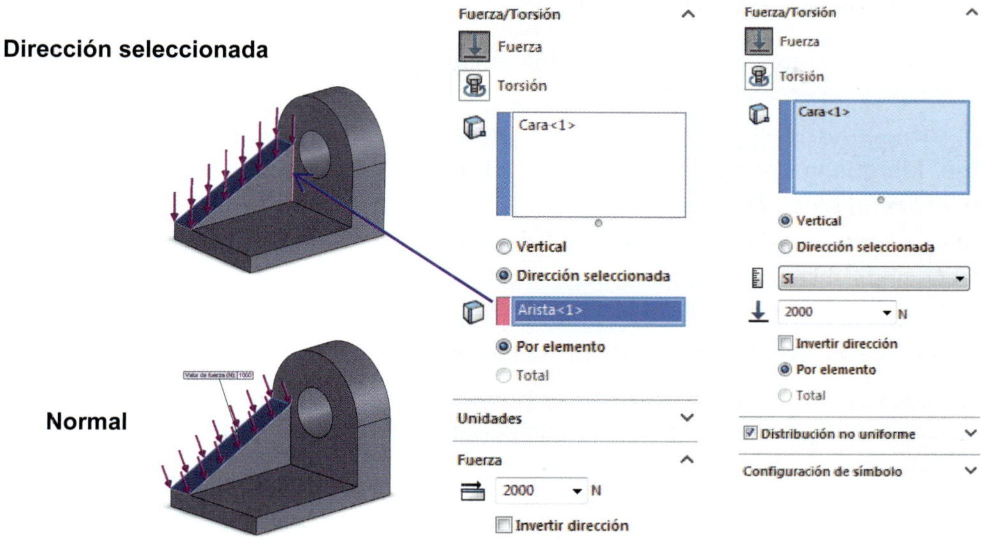

Para crear una **Fuerza Normal** a una cara del modelo:

1. Pulse con el botón derecho del ratón sobre **Cargas externas** desde el Gestor de Simulación y seleccione **Fuerza**.
2. En el PropertyManager seleccione la **cara** donde desee aplicar la carga. Marque la opción **Normal**.
3. Defina el tipo de **Unidades** y el **Valor de la fuerza** a aplicar.
4. Seleccione **Por elemento** o **Total**. La primera opción aplica la carga total al elemento o elementos seleccionados (cara, arista o vértice) mientras que la opción **Total** la distribuye de forma proporcional a las entidades seleccionadas.
5. Pulse **Aceptar**.

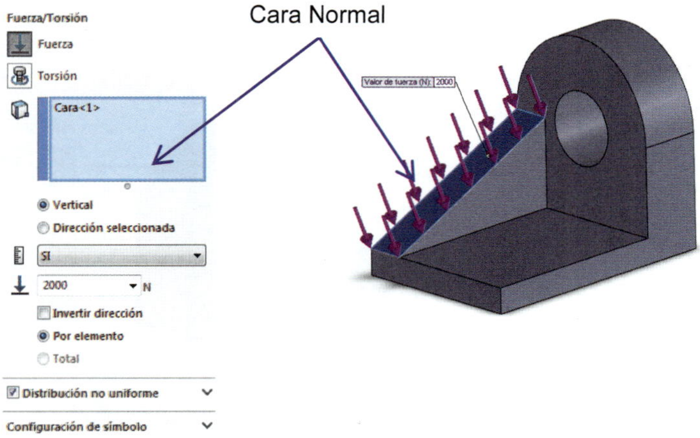

Para crear una **Fuerza uniforme** en una dirección determinada:

1. Pulse con el botón derecho del ratón sobre **Cargas externas** desde el Gestor de Simulación y seleccione **Fuerza**.
2. En el PropertyManager seleccione el **vértice**, la **arista** o **cara** donde desee aplicar la carga. Marque la opción **Dirección seleccionada** e indique una arista, cara, plano o eje que defina su dirección.
3. Seleccione **Por elemento** o **Total**. La primera opción aplica la carga total a cada entidad seleccionada mientras que la opción **Total** la distribuye. En el ejemplo de la figura esta última opción divide el valor de la carga entre las dos caras seleccionadas.
4. Defina el tipo de **Unidades** y el **Valor de la fuerza** a aplicar.
5. Si selecciona una **Arista** el valor de la fuerza tiene la dirección de la arista selecciona. Si selecciona un **Eje** puede especificar componentes **Radial**, **Circunferencial** o **Axial**. Pulse **Aceptar**.

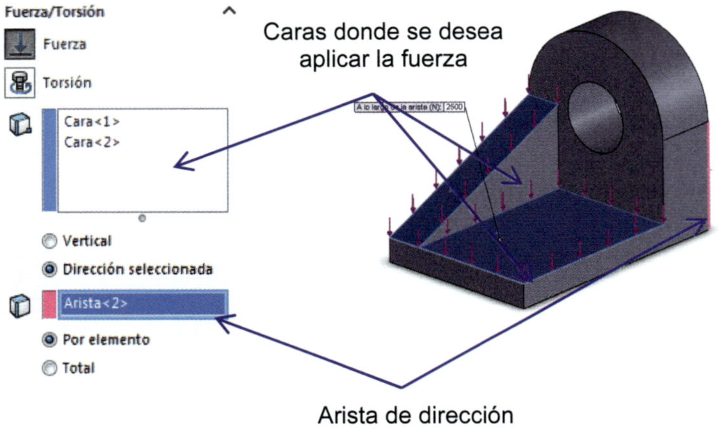

En el caso de seleccionar una **Cara** como dirección de la fuerza en la casilla **Fuerza** puede indicar el valor a lo largo de las **Direcciones 1**, **2** o **Normal al plano**. Para cada una de las direcciones puede indicar un valor de la fuerza distinto.

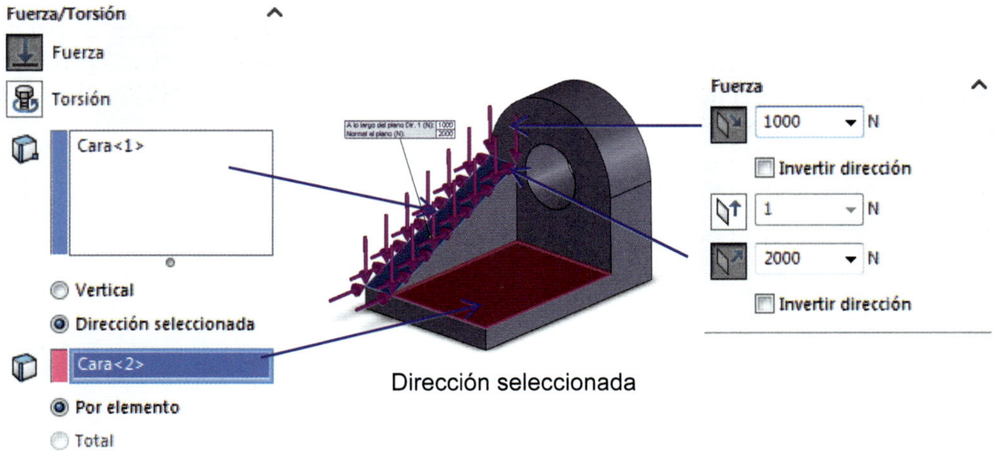

Para crear una **Fuerza de carga no uniforme** en su modelo:

1. Pulse con el botón derecho del ratón sobre **Cargas externas** desde el Gestor de Simulación y seleccione **Fuerza**.
2. En el PropertyManager defina las características de la aplicación de la carga sobre el modelo.
3. Active la casilla **Distribución no uniforme**. Seleccione un sistema de coordenadas desde la zona de gráficos e indique los coeficientes de distribución no uniforme**.** Pulse **Aceptar**.

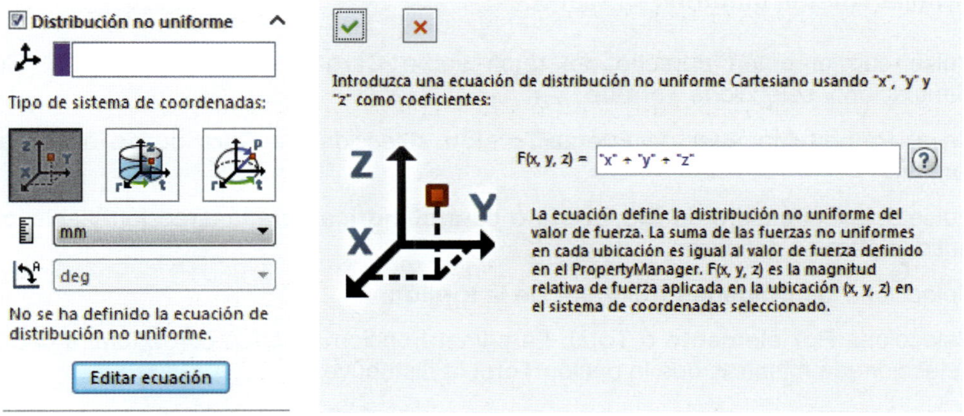

Sistema de coordenadas cartesianas (x, y, z)

Sistema de coordenadas cilíndricas (radial "r", circunferencial "t", axial "z")

Sistema de coordenadas esféricas (radial "r", longitud "t", latitud "p")

Pulse **Editar ecuación** para definir el comportamiento que describe la variación espacial de la fuerza con respecto a un sistema de coordenadas seleccionado. Para su definición puede emplear una lista de funciones matemáticas básicas desde el menú desplegable introduciendo las coordenadas entrecomillas: "x", "y", "z", "r", "t" y "p".

Para definir una ecuación que describa la distribución no uniforme según coordenadas cilíndricas (r, t, p):

F (r, t, z) = 5 * "r" + sin ("t") + 2 * "z"

Mientras que para hacerlo con coordenadas esféricas (r, t, p) la expresión a utilizar es:

F (r, t, p) = "r" + 3 * sin ("t") + 2 * cos ("p")

En la barra de herramientas flotante **Geometría de referencia** de **Solid**Works puede encontrar el icono que le ayudará a crear un **Sistema de coordenadas** en su modelo de pieza.

2.6.2 Torsión

Aplica torsión en las caras, aristas, puntos de referencia y/o vértices del modelo ensayado. Para aplicar una torsión en su modelo los pasos que debe seguir son los mismos que los empleados en la aplicación de una **Fuerza**, pero debe saber que solo puede seleccionar caras cilíndricas.

Para definir una **Torsión uniforme** en su modelo:

1. Pulse con el botón derecho del ratón sobre **Cargas externas** desde el Gestor de Simulación y seleccione **Torsión**.
2. En el PropertyManager de **Fuerza/Torsión** seleccione la **Cara** donde desea aplicar la torsión.
3. Pulse sobre el cuadro de **Eje, arista o cara cilíndrica** para la dirección y seleccione una entidad para su definición.
4. Seleccione las **Unidades** y el **Valor de la torsión**.
5. Seleccione **Por elemento** o **Total**. La primera opción aplica la carga total a cada entidad seleccionada mientras que la opción **Total** la distribuye.
6. Pulse **Aceptar**.

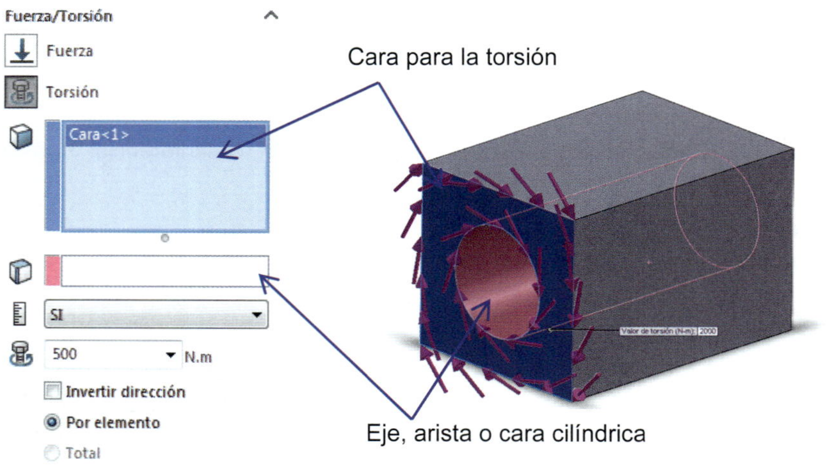

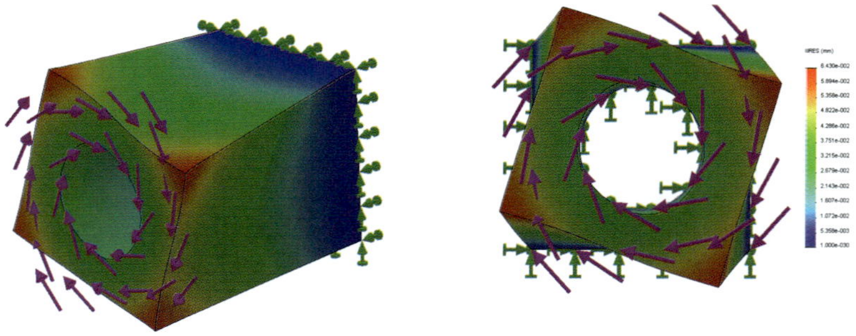

2.6.3 Presión

Permite definir una presión uniforme o variable (no uniforme) sobre las caras del modelo a ensayar. La presión puede aplicarse en estudios estáticos, de frecuencia y pandeo.

La presión, una vez definida, puede aplicarse en una dirección especificada o en dirección normal a las caras seleccionadas. Así, por ejemplo, si se trata de evaluar la presión ejercida por un líquido sobre el recipiente que lo contiene la presión ejercida por este debe ser normal a las caras. Si se trata de la presión ejercida por la nieve acumulada en un techo inclinado, la presión ejercida debe ser vertical. En el siguiente modelo se ha definido una presión normal a cada una de las caras interiores.

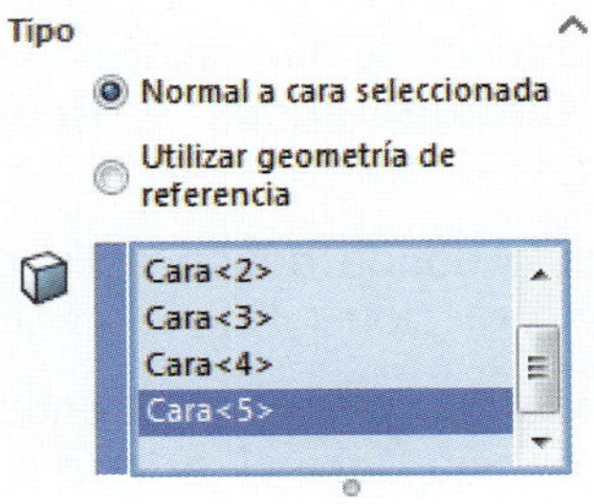

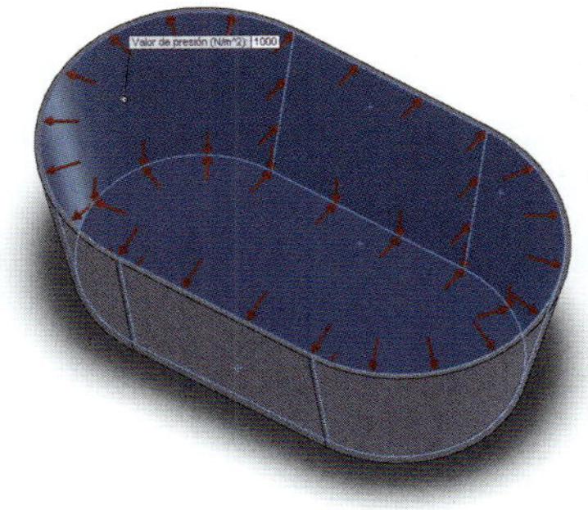

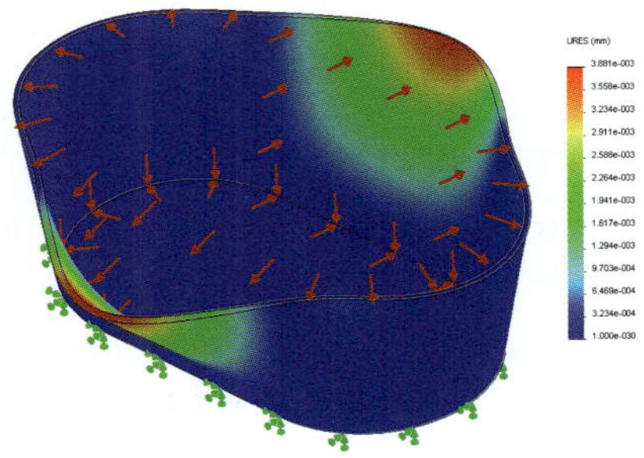

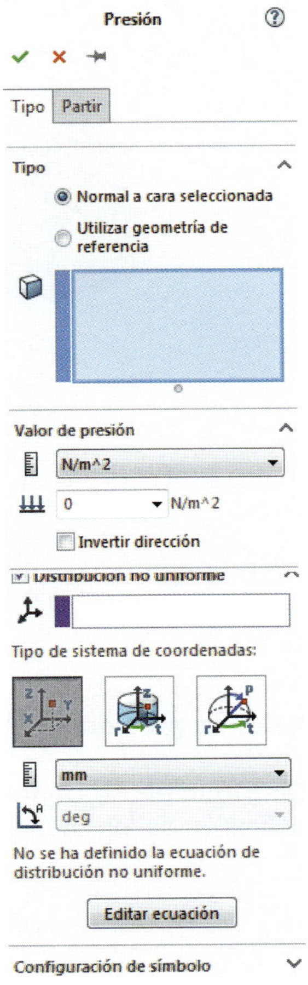

Para aplicar una **Presión** en su modelo:

1. Pulse con el botón derecho del ratón sobre **Cargas externas** desde el Gestor de Simulación y seleccione **Presión**.

2. En el PropertyManager de **Presión** seleccione el **Tipo** de presión que desea aplicar sobre el modelo (**Normal a cara seleccionada** o **Utilizar geometría de referencia**) y seleccione las entidades desde la zona de gráficos.

3. Indique las **Unidades**, el **Valor de la presión** y su dirección en **Invertir dirección**.

4. Active la pestaña **Distribución no uniforme** para definir una distribución de la presión basada en los coefientes del polinomio de segundo grado. La expresión matemática y los coeficientes son los mismos que los explicados en la aplicación de fuerzas.

5. Pulse **Aceptar** para crear la presión.

Tipo de presión

Normal a cara seleccionada. Define la presión de forma normal o perpendicular a la cara o arista seleccionada.

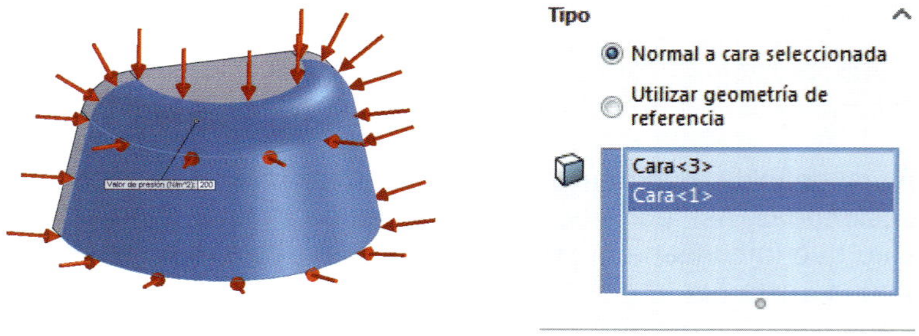

Utilizar geometría de referencia. Define la presión en la dirección establecida mediante la selección de una entidad de referencia. En los tres casos de la figura inferior se han seleccionado dos **Caras** y un **Eje** constructivo. Las direcciones son **Axial**, **Circunferencial** y **Radial**, respectivamente.

Caras o aristas para presión. Indique las caras o aristas del modelo donde desee aplicar la presión.

Cara, arista, plano o eje para la dirección. Seleccione, desde la zona de gráficos, una entidad de referencia para especificar la dirección de la presión. La selección de una **Cara cilíndrica** o un **Eje** de referencia, permite definir la presión en dirección **Radial**, **Circunferencial** o **Axial**. La selección de una **Arista** permite definir la presión a lo largo de la misma.

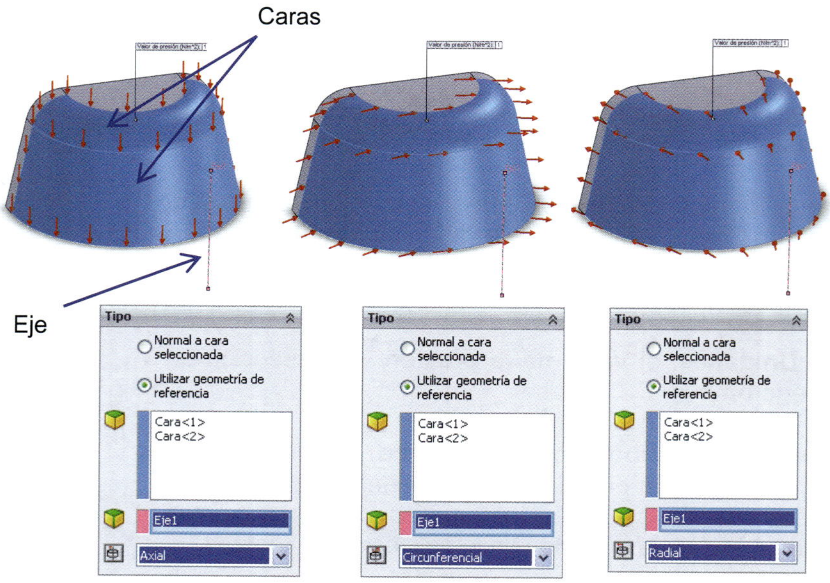

Valor de presión. Define el tipo de **Unidades** y el **Valor de presión**.

Distribución no uniforme. Su activación permite establecer una presión no uniforme mediante la definición de los coeficientes polinomiales de la expresión:

$$p(X,Y) = V^* (A + B^*X + C^*Y + D^*X^*Y + E^*X^\wedge 2 + F^*Y^\wedge 2)$$

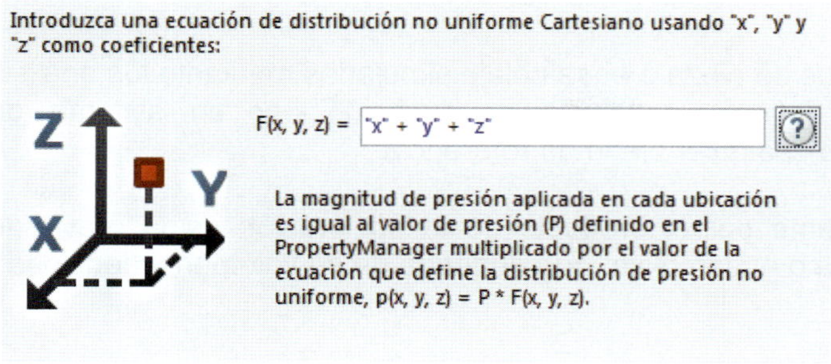

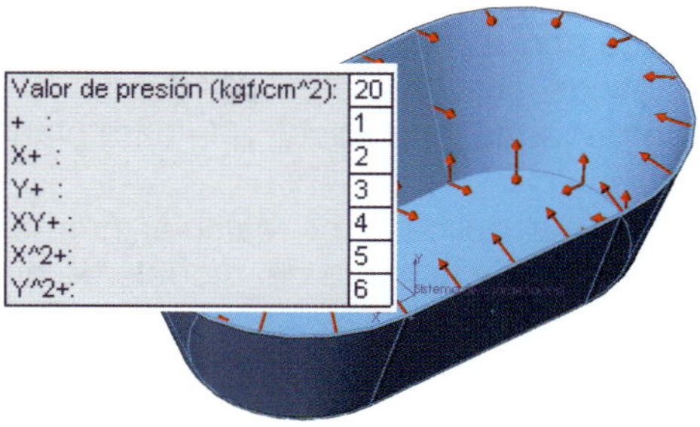

Donde:

p(X,Y). Representa el valor de la presión aplicada a un punto con las coordenadas X,Y.

V. Representa el valor de la presión ejercida. Es el valor especificado en el campo **Valor de presión**.

X, Y. Son las coordenadas del punto relativo al sistema de coordenadas seleccionado.

A, **B**, **C**, **D**, **E** y **F** son coeficientes del polinomio.

Seleccionar un sistema de coordenadas. Debe seleccionar un sistema de coordenadas para definir la presión no uniforme.

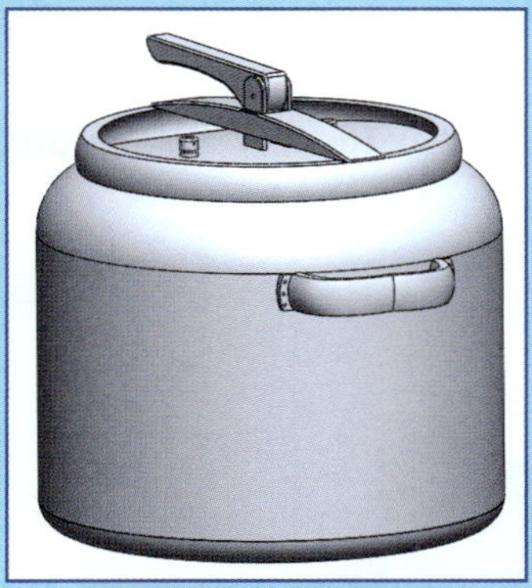

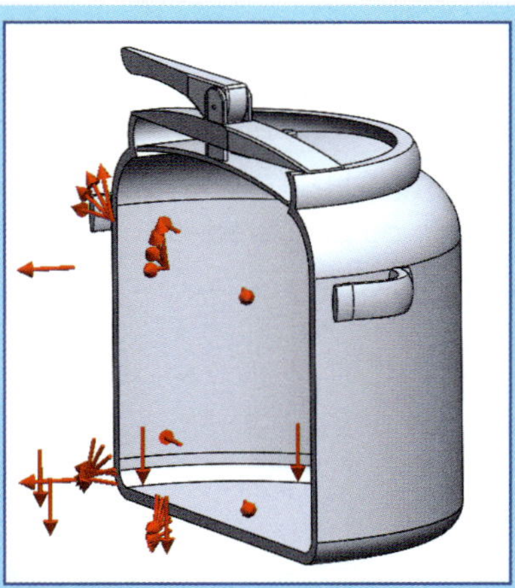

Vista en sección visualiza las partes internas del modelo de pieza o ensamblaje como si estuviera cortado por uno o más planos de corte. El área en contacto con el plano imaginario de corte se representa en color para su diferenciación.

Para acceder a la orden seleccione **Vista de sección** desde el menú de persiana **Ver**, **Visualizar** o pulse el icono desde la barra de herramientas **Ver**.

2.6.4 Gravedad

Aplica aceleraciones lineales a los modelos de pieza o ensamblaje simulados mediante los análisis estáticos. La aceleración puede ser definida en cualquier dirección por un sistema de coordenadas, una arista, una cara plana o cualquier plano de referencia.

La fuerza aplicada se calcula internamente por el producto de la aceleración de la gravedad establecida y la masa del modelo de pieza o ensamblaje, que depende de su volumen y densidad.

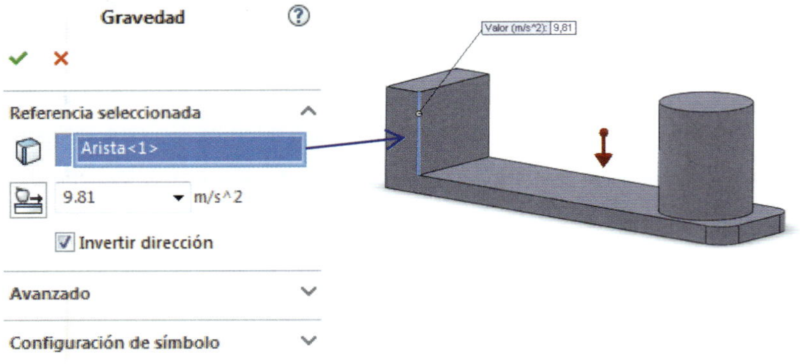

Para aplicar una **Gravedad** en un modelo:

1. Pulse con el botón derecho del ratón sobre **Cargas externas** desde el Gestor de Simulación y seleccione **Gravedad**.
2. En el PropertyManager de **Gravedad** seleccione una **Arista**, un **Plano de referencia** o una **Cara plana** para definir la dirección de la gravedad.
3. Indique el **Valor de la gravedad** (m/s^2). Pulse **Invertir dirección** si desea cambiar la dirección de la gravedad.
4. Pulse **Aceptar**.

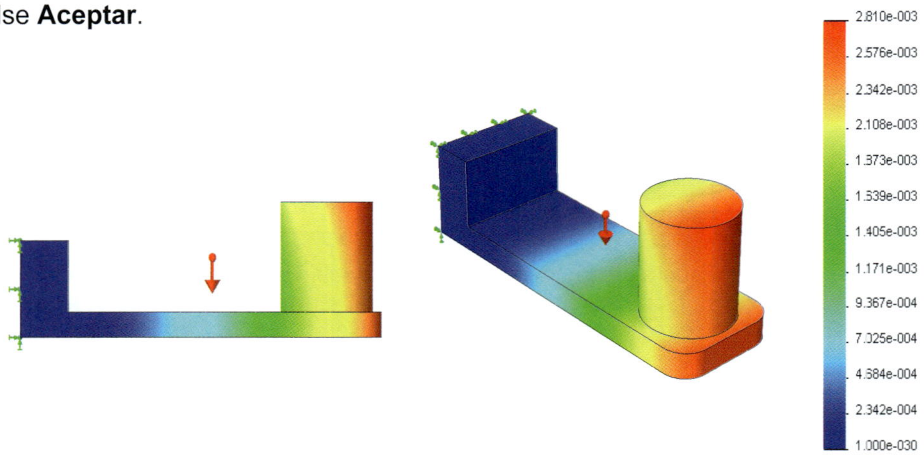

Desde la opción **Avanzado** puede indicar planos de dirección para la aplicación de la gravedad (Dir. 1 y Dir. 2) e invertir su dirección.

2.6.5 Carga centrífuga

Aplica una carga centrífuga a una pieza o ensamblaje mediante la definición de la velocidad (rad/s) y la aceleración angular (rad/s^2). Las cargas centrífugas aplicadas dependen de la velocidad y aceleración angular además de la densidad de masa del modelo. Es aplicable en simulaciones estáticas de frecuencia y pandeo.

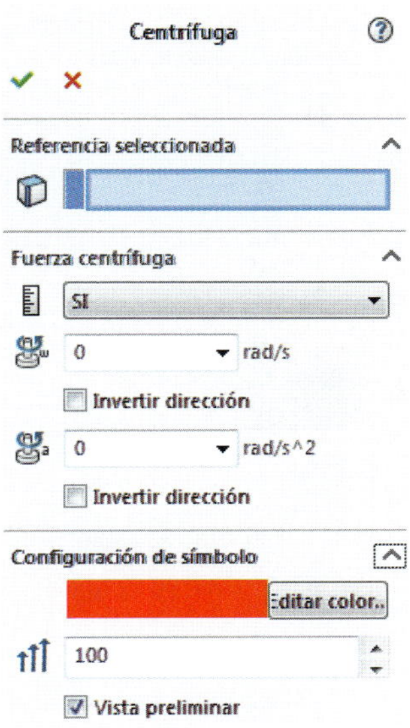

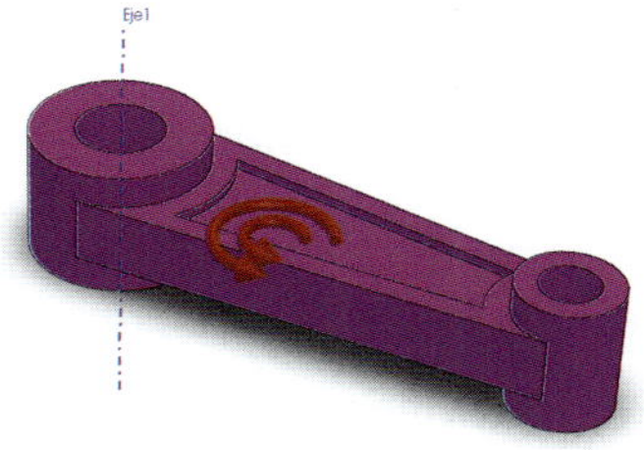

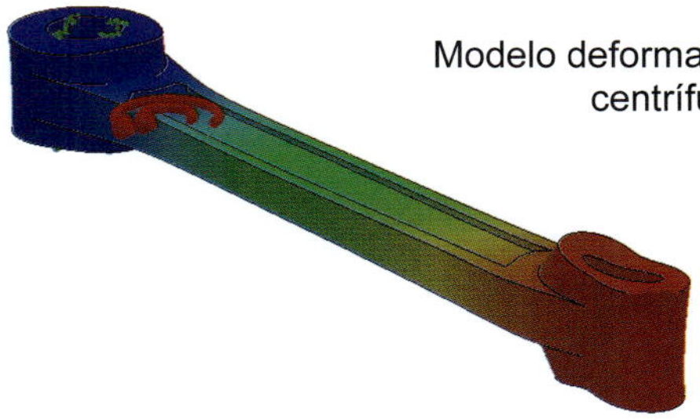

Modelo deformado por carga centrífuga

Para definir la **Carga centrífuga** de un modelo:

1. Pulse con el botón derecho del ratón sobre **Cargas externas** desde el Gestor de Simulación y seleccione **Carga centrífuga**.
2. En el PropertyManager de **Carga centrífuga** seleccione una **Arista**, un **eje** o una **Cara cilíndrica** para definir la dirección de la velocidad angular.
3. Indique las **Unidades** y el **Valor de la velocidad angular** (rad/s) y el **Valor de la aceleración angular** (rad/s^2).
4. Pulse **Aceptar**.

Velocidad angular (rad/s)

Aceleración angular (rad/s^2)

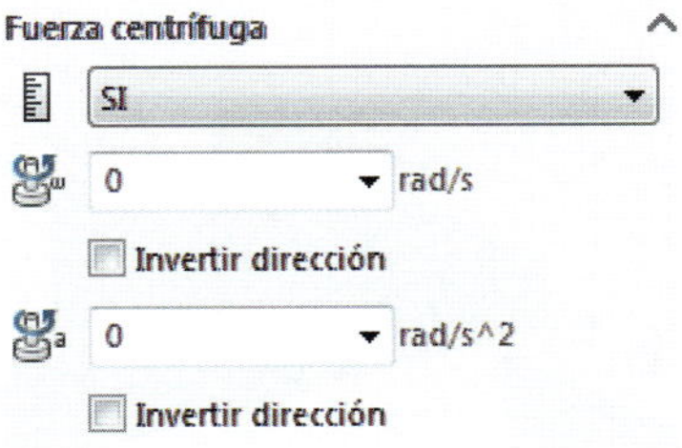

Con la versión **Solid**Works **Premium** puede definir **Fuerzas centrífugas no lineales** (dependientes del tiempo). En estos casos debe definirse una curva de tiempo.

2.6.6 Carga de apoyo en rodamientos

Permite definir las cargas que se establecen en los rodamientos. Para su definición debe seleccionar las caras cilíndricas y de contacto donde va alojado el rodamiento. Las fuerzas generadas crean una presión que no es uniforme en la zona de contacto. **Solid**Works presupone una distribución sinusoidal o parabólica.

Para definir **Cargas en rodamientos**:

1. Pulse con el botón derecho del ratón sobre **Cargas externas** desde el Gestor de Simulación y seleccione **Carga de apoyo**.
2. En el PropertyManager de **Carga de apoyo** seleccione la Cara o Caras cilíndricas o aristas circulares de vaciado para la carga del rodamiento.
3. Seleccione el **Sistema de coordenadas** desde el Gestor de Diseño.
4. En **Carga de rodamiento** puede seleccionar las **Unidades** y el valor de la carga en la dirección X o Y.
5. Seleccione el tipo de distribución: **Sinusoidal** o **parabólica**.
6. Pulse **Aceptar**.

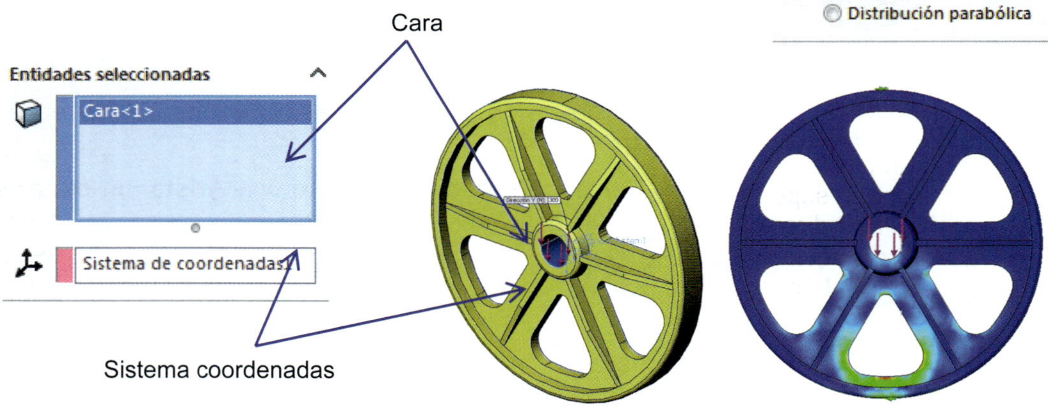

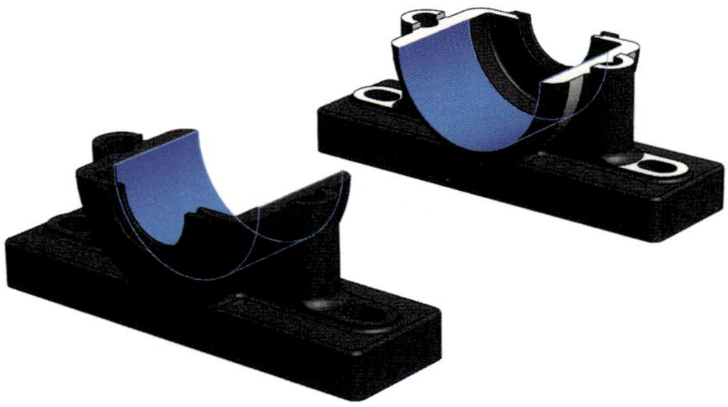

Cuando aplica una fuerza de rodamiento a dos o más caras, siendo las áreas A1 y A2 y sus posiciones relativas con respecto al espacio medio son idénticas, la fuerza se dividirá de manera equitativa.

2.6.7 Temperatura

Establece una carga térmica en el modelo de pieza o ensamblaje para incluirlo en las simulaciones estructurales y térmicas.

Para definir una **Carga térmica** en su modelo:

1. Pulse con el botón derecho del ratón sobre **Cargas externas** desde el Gestor de Simulación y seleccione **Temperatura**.
2. En el PropertyManager de **Temperatura** seleccione las caras que van estar sometidas a esa temperatura (**Caras expuestas**). En el caso que sea todo el modelo seleccione la opción **Todas las caras expuestas**.
3. En **Temperatura** seleccione las **Unidades** (Kelvin, Fahrenheit o Celsius). Indique su valor numérico. Pulse **Aceptar**.

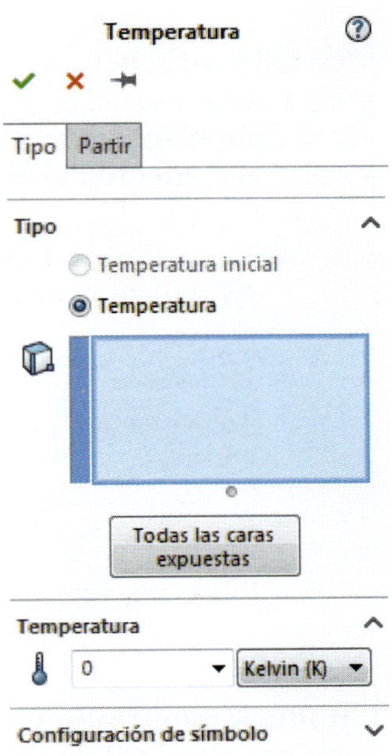

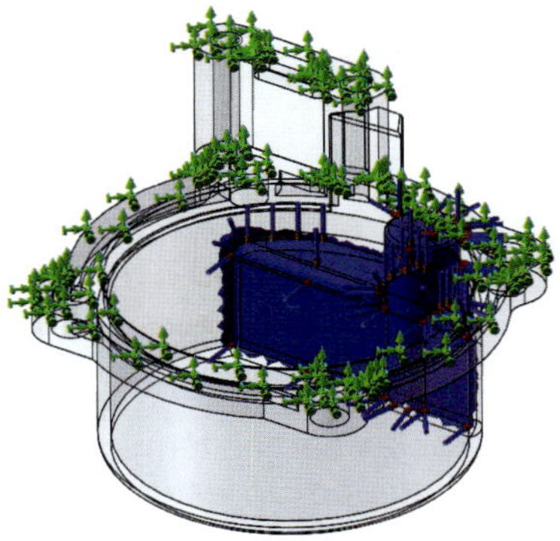

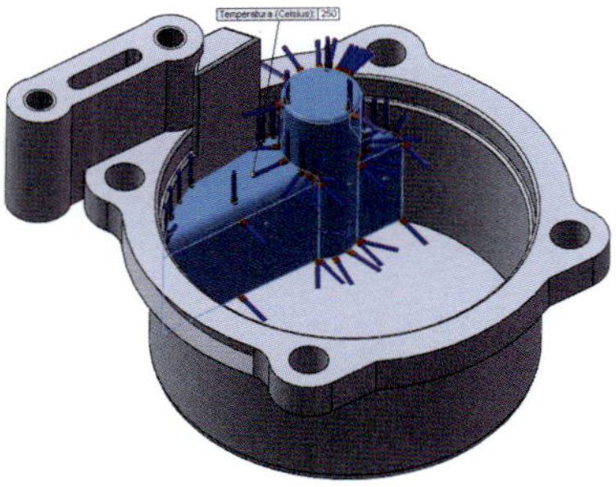

En la dilatación de los sólidos como consecuencia del incremento térmico se define el coeficiente de dilatación lineal, superficial y cúbica, en función del alargamiento experimentado por el cuerpo en una, dos o tres direcciones. A nivel atómico puede imaginarse la dilatación térmica como el aumento en la distancia interatómica (separación de átomos) debido al incremento energético por el aporte de calor. Los materiales aumentan de volumen o dilatan cuando son calentados y se contraen cuando se enfrían. El cambio de longitud lineal se expresa según:

$$\frac{l_F - l_0}{l_0} = \alpha_L (T_F - T_0)$$

Donde l_F y l_o representan la longitud final e inicial respectivamente. T_F y T_0 las temperaturas finales e iniciales y α_L es un coeficiente lineal de dilatación térmica que depende del material y cuyas unidades son $(°C)^{-1}$.

La **fuerza de dilatación** o contracción varía con la temperatura y depende de la sección de la pieza y de su módulo elástico o módulo de Young según:

$$F = \alpha E A (T - T_0) Kg$$

Donde α es el coeficiente de dilatación lineal, *E* el módulo de Young o de elasticidad, *A* la sección, *T* la temperatura final y T_0 la temperatura inicial.

2.6.8 Efectos térmicos y de flujo

En cualquier tipo de estudio puede incluir cargas térmicas que modifiquen la temperatura de su modelo. Cualquier cambio de temperatura puede provocar dilataciones o contracción en los materiales en función de la variación de la temperatura, el coeficiente de dilatación lineal (coeficiente de expansión térmica KX, según **Solid**Works) y las características volumétricas y dimensionales del modelo analizado.

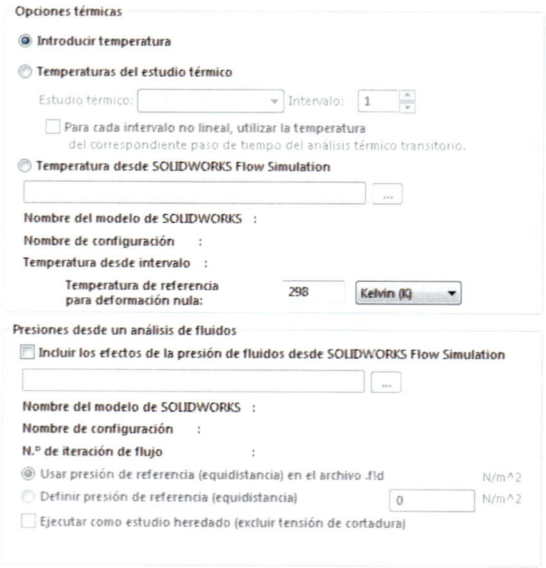

Para tener en cuenta este tipo de **Efectos térmico y de fluido** pulse con el botón derecho del ratón sobre **Cargas externas** en el Gestor de Simulación y seleccione **Efectos térmicos/de flujo**.

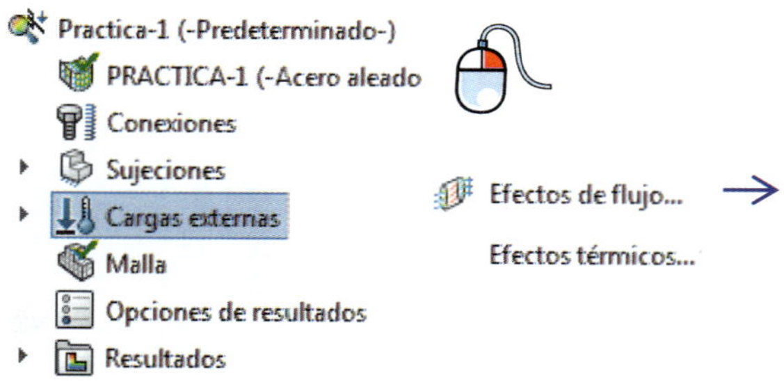

Opciones térmicas

Introducir temperatura. La temperatura del modelo es definida al crear las cargas térmicas.
Temperaturas del estudio térmico. Solo es válida si antes se ha creado un estudio térmico. Debe seleccionar el estudio térmico y el **Paso del tiempo**.

- **Temperatura desde SolidWorks Flow Simulation**. Las temperaturas se toman de los resultados obtenidos en una simulación de FlowSimulation. Para su selección debe buscar el archivo creado en la simulación (*.fld).
- **Temperatura de referencia para deformación nula**. Define la temperatura para que no exista deformación unitaria en el modelo a evaluar.
- **Incluir cargas de presión desde SolidWorks Flow Simulation**. Tiene en cuenta la presión en los estudios de Flow Simulation. Debe seleccionar el fichero (*.lfd).

En la figura se presenta un paralepípedo con dimensiones (50 × 25 × 10) milímetros con las dos caras menores sujetas con restricción fija. El modelo se ha fabricado con un acero aleado que tiene un **Coeficiente de expansión térmica KX**, de 1,3e-05 /K. Al modelo se le ha aplicado una **Carga térmica** de 180 °C en todas las superficies. Observe el trazado de deformaciones ampliado 2000 veces y un trazado de tensiones seccionado justo por la mitad. Las tensiones inducidas en la superficie son mayores que en el núcleo.

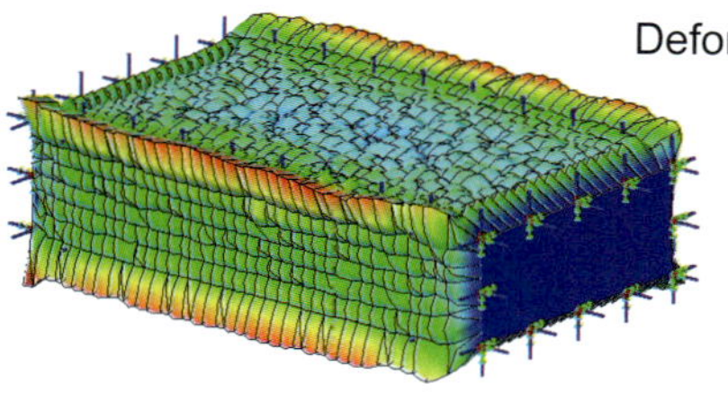

Deformaciones

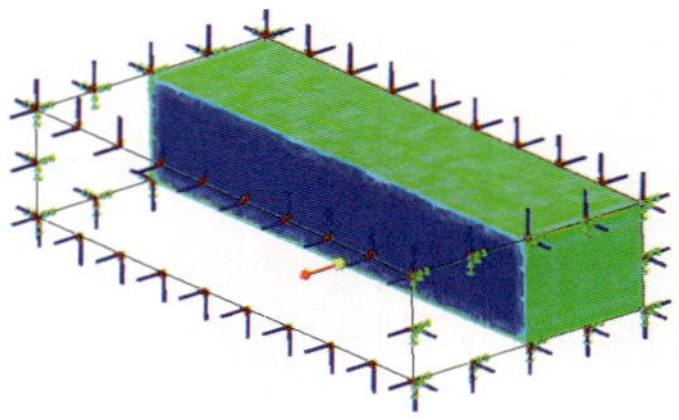

Tensión

2.6.9 Carga/Masa remota

Carga/Masa remota es un tipo de carga que permite aplicar cargas y masas remotas en estudios estáticos, de frecuencia y pandeo. Las cargas y masas remotas que pueden crearse son de tres tipos: **Carga de transferencia directa**, **Carga/Masa de conexión rígida** y **Desplazamiento de conexión rígida**.

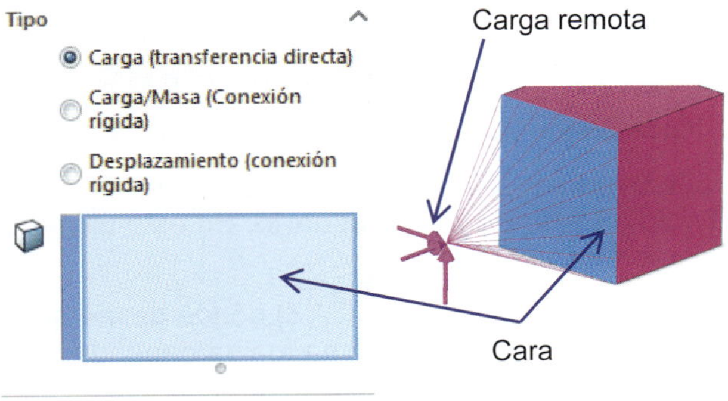

Para crear una **Carga/Masa remota** en su modelo:

1. Pulse con el botón derecho del ratón sobre el icono **Cargas externas** y seleccione **Carga/Masa remota**.
2. En el PropertyManager de **Carga/Masa directa** seleccione el **Tipo de carga** a aplicar y sus características (**Carga**, **Carga/Masa** o **Desplazamiento**). Pulse **Aceptar**.

Carga (Transferencia directa)

Crea una carga remota (fuerza y/o momento) localizada en un punto definido por las coordenadas (X, Y y Z) que afecta a la/s cara/s del modelo seleccionado. Las fuerzas aplicadas de forma remota pueden transferir la fuerza o momentos equivalentes en la/s cara/s del modelo seleccionado. En la figura se presenta la aplicación de una fuerza aplicada sobre el punto en las tres direcciones del espacio (X, Y y Z, 10, 30 y 35 N, respectivamente).

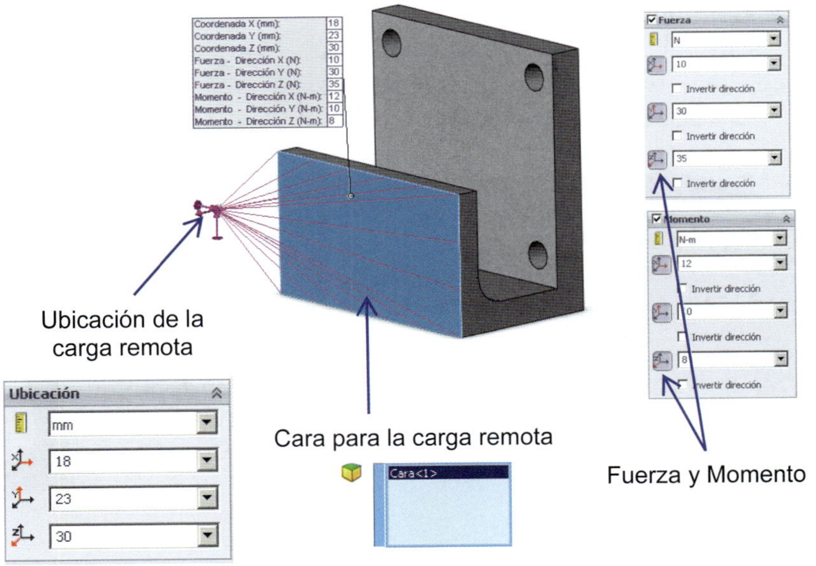

SolidWorks **Simulation** calcula la fuerza y el momento resultante sobre la cara seleccionada. Recuerde que el Momento es el producto de la fuerza aplicada por la distancia: F = F × d

Para crear una **Carga/Masa remota de transferencia directa** en su modelo:

1. Pulse con el botón derecho del ratón sobre el icono **Cargas externas** y seleccione **Carga/Masa remota**.
2. En el PropertyManager de **Carga/Masa directa** seleccione el **Carga (Transferencia directa)**.
3. Seleccione la **Cara** dónde desee aplicar la carga desde la zona de gráficos.
4. En **Sistema de coordenadas** seleccione **Global** si desea trabajar con el sistema de coordenadas predefinido o **Definido por el usuario**. En este último caso seleccione desde la zona de gráficos el sistema de coordenadas.
5. En **Ubicación** seleccione las coordenadas (X,Y,Z) dónde desee que se aplique la fuerza o el momento. Recuerde que la localización de dicha fuerza depende del sistema de coordenadas definido en el paso 4.
6. En **Fuerza** y en **Momento** seleccione la **Unidad** y defina la fuerza/momento en las direcciones X,Y,Z. Pulse **Invertir** si desea invertir la dirección de la fuerza en esa dirección. Pulse **Aceptar**.

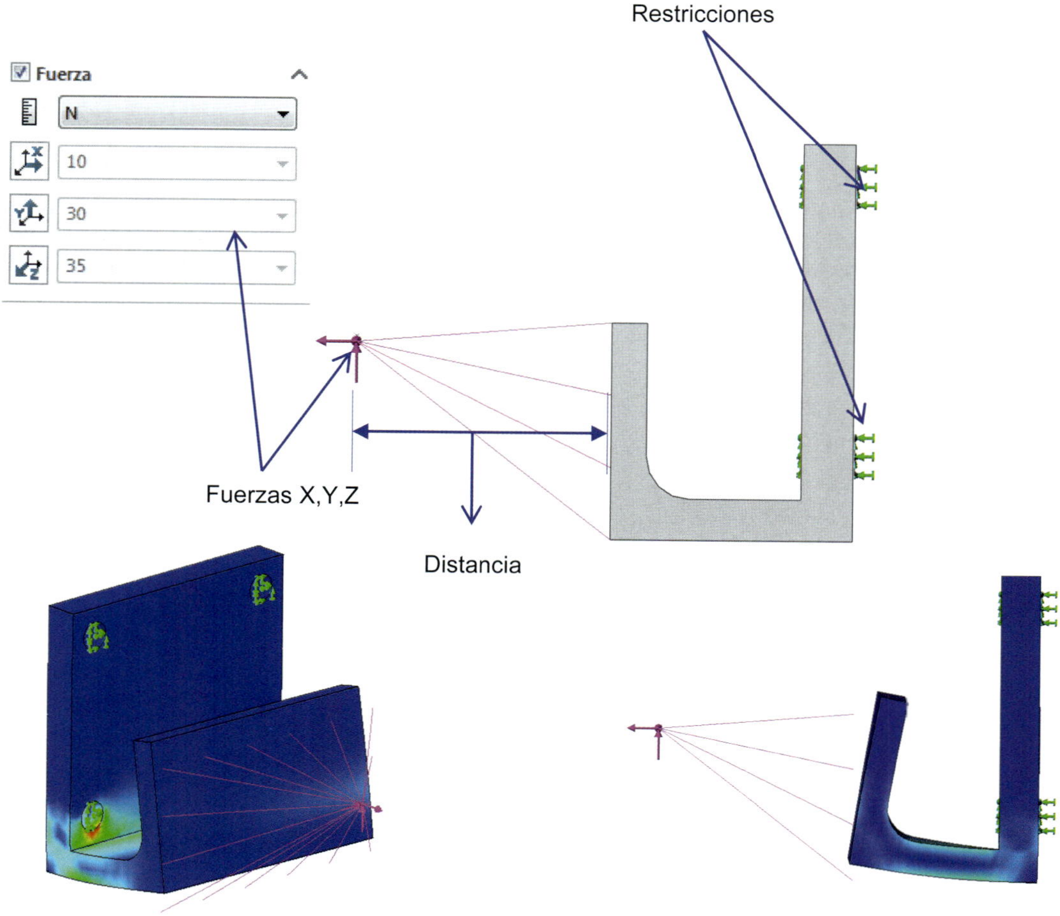

2.6.10 Carga/Masa (Conexión rígida)

Trasfiere fuerza, momento de inercia y/o masa desde la ubicación remota a **Caras**, **Aristas** o **Vértices** del modelo. La conexión entre la ubicación remota y las entidades seleccionadas son consideradas como barras rígidas.

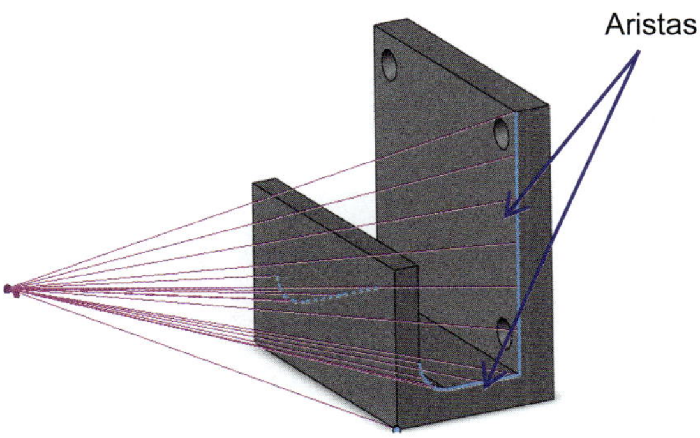

Coordenada X (mm):	10
Coordenada Y (mm):	20
Coordenada Z (mm):	50
Masa remota (kg):	0
Lxx (kg.m^2):	0
Lyy (kg.m^2):	0
Lzz (kg.m^2):	0
Lxy (kg.m^2):	0
Lyz (kg.m^2):	0
Lxz (kg.m^2):	0
Fuerza - Dirección X (N):	10
Momento - Dirección X (N-m):	0

Para crear una **Carga/Masa remota (Conexión rígida)** en su modelo:

1. Pulse con el botón derecho del ratón sobre el icono **Cargas externas** y seleccione **Carga/Masa remota**.
2. En el PropertyManager de **Carga/Masa directa** seleccione el **Conexión rígida**.
3. Seleccione la **Cara, Arista o Vértice** dónde desee aplicar el momento de inercia, la fuerza y/o la masa
4. En **Sistema de coordenadas** seleccione **Global** si desea trabajar con el sistema de coordenadas predefinido o **Definido por el usuario**. En este último caso seleccione desde la zona de gráficos el sistema de coordenadas.
5. En **Ubicación** seleccione las coordenadas (X,Y,Z) donde desee que se aplique el momento de inercia, la fuerza y/o la masa. Recuerde que la localización de dicha fuerza depende del sistema de coordenadas definido en el paso 4.
6. En **Fuerza**, en **Momento y** en **Masa** seleccione la **Unidad** y defina cada uno de los valores en las direcciones X,Y,Z. Pulse **Invertir** si desea invertir la dirección de la fuerza en esa dirección. Pulse **Aceptar**.

Fuerza (N)

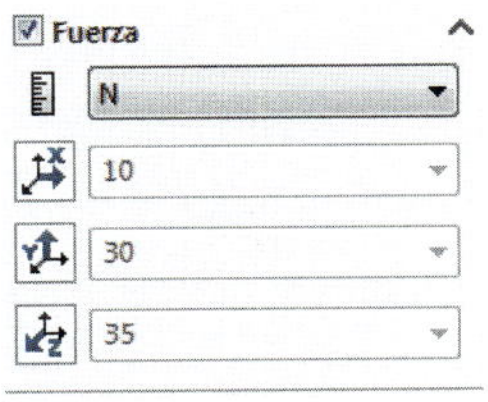

Momento (N.m)

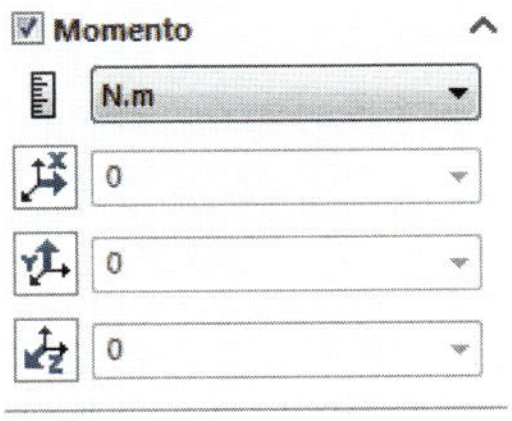

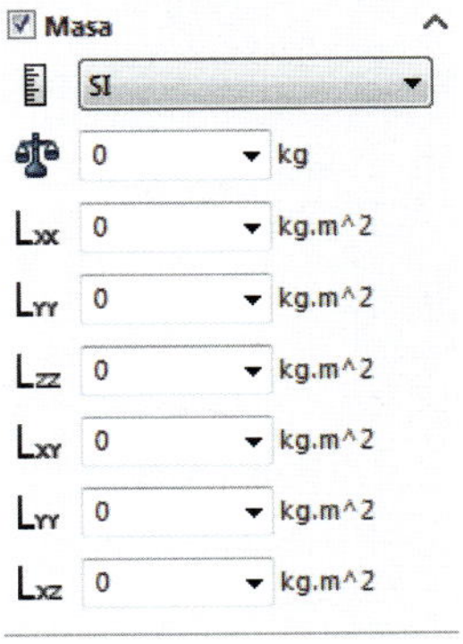

Masa (kg)

Desplazamiento (Conexión rígida)

Establece una conexión rígida (barras rígidas) que conecta la ubicación remota donde se aplican traslaciones y rotaciones, con las entidades seleccionadas del modelo (**Caras**, **Aristas** o **Vértices**).

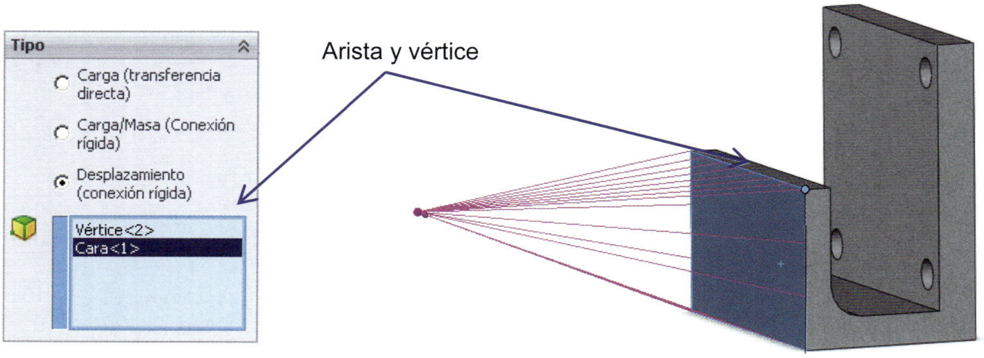

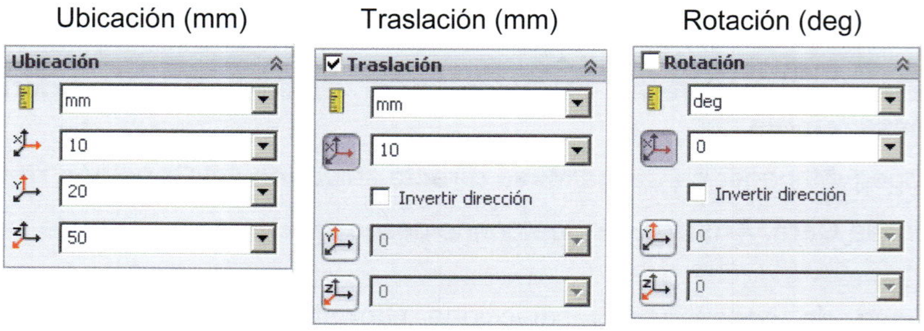

Para crear un Desplazamiento **(Conexión rígida)** en su modelo:

1. Pulse con el botón derecho del ratón sobre el icono **Cargas externas** y seleccione **Carga/Masa remota**.
2. En el PropertyManager de **Carga/Masa directa** seleccione el **Desplazamiento (Conexión rígida)**.
3. Seleccione la **Cara, Arista o Vértice** donde desee aplicar la traslación y/o rotación.
4. Defina el **Sistema de coordenadas** y la **Ubicación** del desplazamiento.
5. En **Traslación** y **Rotación** seleccione la **Unidad** y defina cada uno de los valores en las direcciones X,Y,Z. Pulse **Invertir** si desea invertir la dirección de la fuerza en esa dirección.
6. Pulse **Aceptar**.

2.6.11 Masa distribuida

La opción se emplea para definir la masa que uno o varios componentes pueden ejercer sobre las caras seleccionadas de otro sin que tenga que incluirse el modelo, sino únicamente el efecto de su masa.

Esta opción es muy interesante en aquellas situaciones en las que la carga generada por la masa del modelo se encuentra homogéneamente distribuida sobre las caras seleccionadas y no se consideran los efectos rotativos. Es el caso de la carga que ejerce un patinador de 70 kg sobre la superficie de la tabla o la carga que aplica un objeto sobre las caras seleccionadas de una superficie.

Para crear una Masa distribuida

Para definir una carga de **Masa distribuida** en su modelo:

1. Pulse con el botón derecho del ratón sobre **Cargas externas** desde el Gestor de Simulación y seleccione **Masa distribuida**.
2. En el PropertyManager seleccione la/s cara/s de su modelo dónde desee que actúe la carga. Definas las **Unidades** e indique la **Masa distribuida** en kilogramos si las unidades seleccionadas son SI. Pulse **Aceptar**.

Configuración de símbolos

Cualquier carga externa que sea aplicada se representa en pantalla mediante un pequeño icono representativo para indicar su presencia. Las fuerzas, por ejemplo, están representadas por flechas. En la figura se presenta los símbolos de la aplicación de una fuerza, temperatura y el símbolo de una fuerza centrífuga.

La configuración de los símbolos permite editar el color, su tamaño y activar la vista preliminar para verlos en la zona de gráficos. Recuerde que las sujeciones también tienen diferente tipo de simbología.

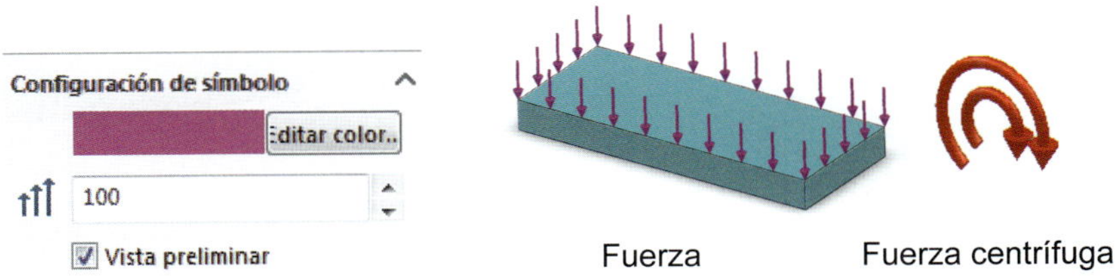

Fuerza

Fuerza centrífuga

2.7 Prácticas propuestas

2.7.1 Práctica propuesta 2-3. Carga y masa remota y distribuida

El robot de la figura pesa 125 kilogramos y se encuentra apoyado sobre la estructura metálica. Emplee el tipo de carga de masa distribuida para conocer cómo se comporta la estructura que lo soporta. Compare el resultado situando la carga de forma remota. Para realizar la práctica abra el modelo desde el DVD que acompaña el libro.

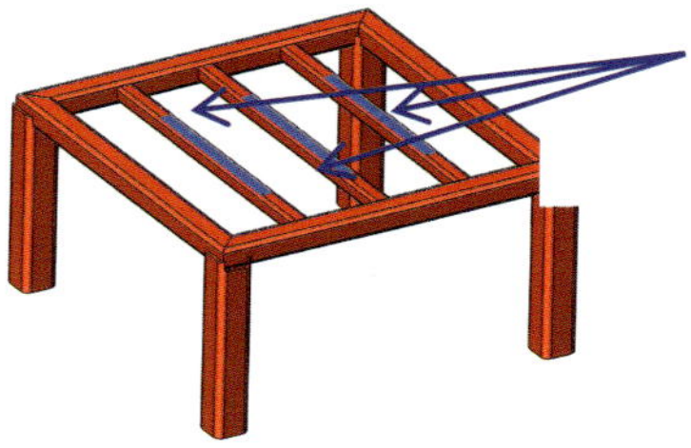

2.7.2 Práctica propuesta 2-4. Carga distribuida

Estudie el comportamiento mecánico de la pieza de la figura que soporta las ruedas del *Skate* suponiendo que la carga sostenida es de 70 kg y está apoyada en las dos regiones que definen la posición de los pies. Puede descargar modelos semejantes a este desde la web de Grabcad (www.grabcad.com).

2.8 Contactos

Cuando se realiza un estudio en el que participan varias piezas de un mismo ensamblaje deben definirse las condiciones de contacto para indicar la forma en la que se produce la interacción entre los contornos de cada una de ellas.

La definición de los contactos es necesaria en los estudios estáticos, de frecuencia, pandeo, térmicos, no lineales, dinámicos y de caída y siempre que se trabaje con varias piezas de un ensamblaje o de un sólido multicuerpo.

Para crear **Contactos**:

1. Pulse con el botón derecho del ratón sobre el icono **Conexiones**, por encima de **Sujeciones**, en el Gestor de Simulación.
2. Seleccione **Contactos** o **Contacto entre componentes.** Si desconoce el funcionamiento y necesita ayuda puede pulsar sobre **Asesor de conexiones**.
3. Defina las características del contacto y los elementos a los que hace referencia y pulse **Aceptar**.

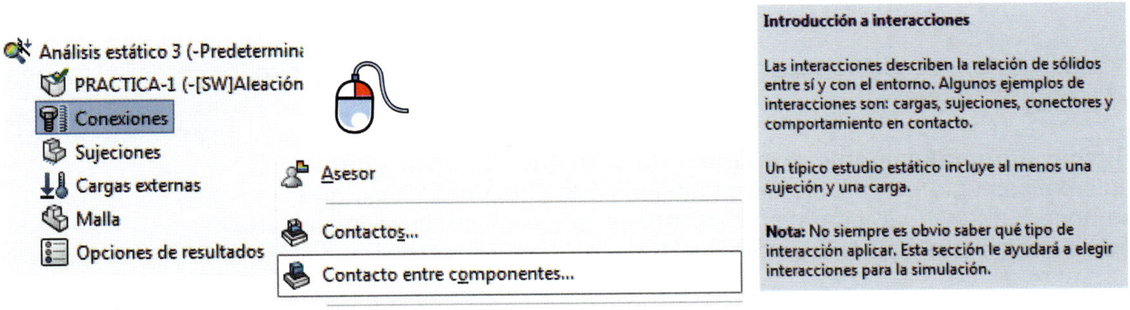

Además de definir el tipo de **Contacto** o el **Contacto entre componentes** desde la ventana de **Conexiones** puede definir los conectores **Resorte**, **Perno**, **Rodamiento**, etc.

Al modificar las condiciones de contacto entre dos piezas de un ensamblaje en partes de un sólido multicuerpo debe volver a mallar el modelo para que los cambios sean tenidos en cuenta.

2.8.1 Opción Contactos

La opción **Contactos** establece la relación entre sólidos, vaciados y vigas en una malla mixta. En el PropertyManager de **Contacto** puede buscar de forma automática los contactos existentes en un modelo (**Buscar automáticamente conjuntos de contacto**) y su selección manual (**Seleccionar manualmente conjuntos de contactos**). Además de definir el **Tipo de contacto** (Sin penetración, unión rígida, ajuste por contracción, libre, pared virtual, etc.) puede seleccionar las entidades a relacionar y definir las propiedades de **fricción** entre las superficies en contacto.

Contacto

Seleccionar manualmente conjuntos de contactos. Los grupos de contacto se crean de forma manual seleccionando las caras desde la zona de gráficos. Puede seleccionar **Vértices**, **Caras** y **Aristas**. Para su selección pulse sobre **Set 1** y a continuación seleccione la Cara <1> del primer sólido. Repita la misma operación con la cara <2> del segundo sólido en el **Set 2**.

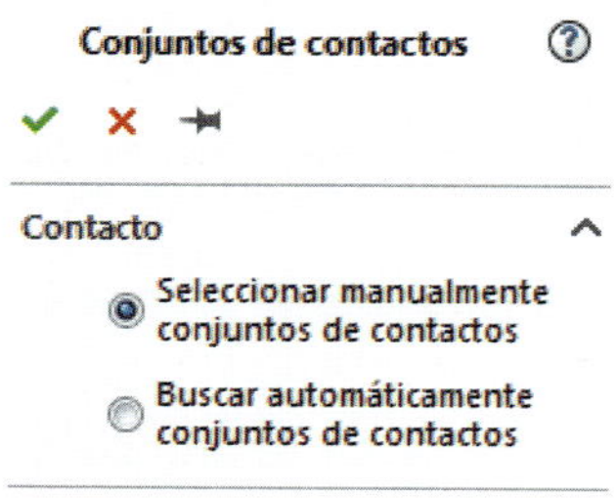

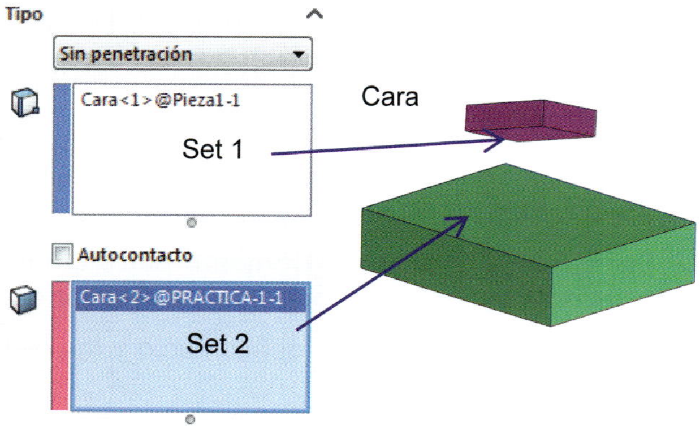

A continuación, puede seleccionar el **Tipo de contacto** a establecer entre las caras seleccionadas y el **Tipo de fricción**.

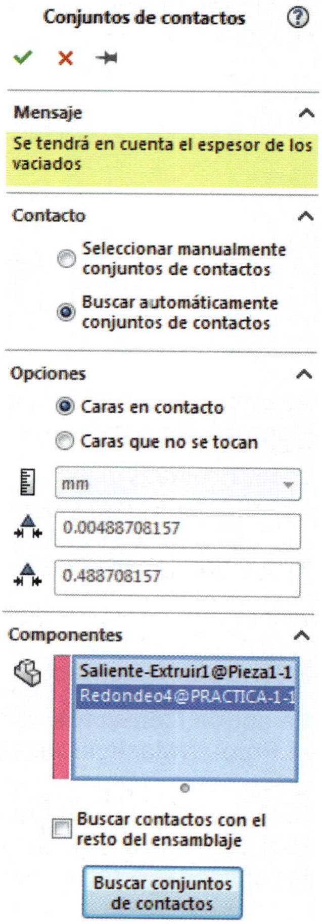

Buscar automáticamente conjuntos de contacto. La opción busca automáticamente el conjunto de caras del modelo de ensamblaje que se tocan o no. Las que no se tocan se seleccionan cuando se encuentran a una distancia determinada definida previamente.

Caras en contacto

Para **Crear automáticamente conjuntos de contactos** entre caras marque la opción **Caras en contacto** y seleccione, desde la zona de gráficos, los componentes de su ensamblaje. Si activa la casilla **Buscar contactos con el resto del ensamblaje**, **Solid**Works **Simulation** incluye el resto de piezas no preseleccionadas. Pulse en **Buscar caras** para iniciar el proceso.

Componentes

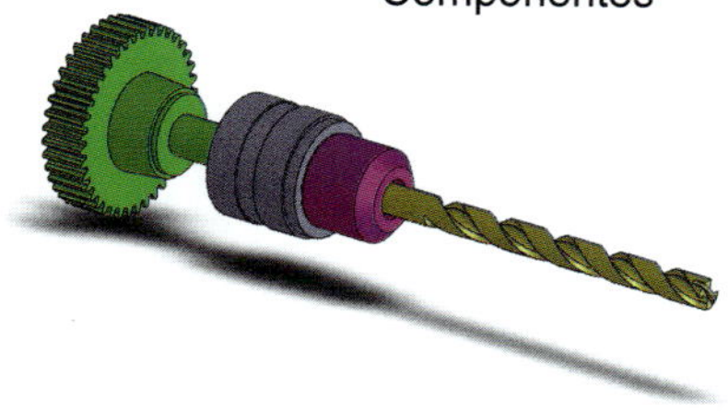

Vista transparente

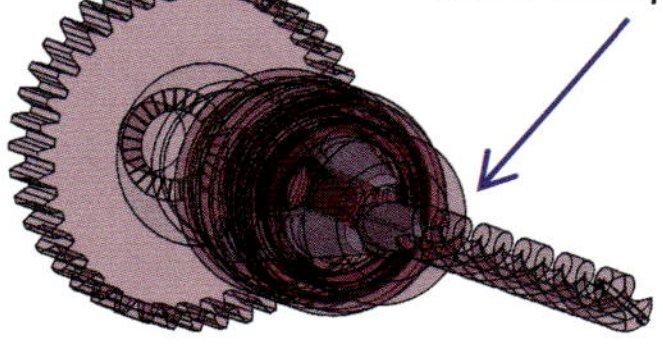

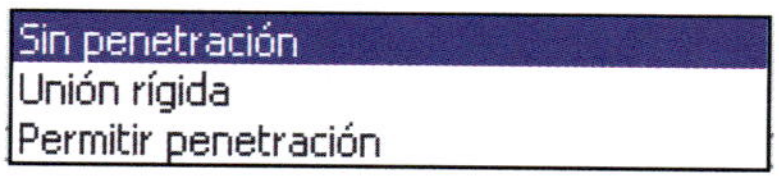

Crear conjunto de contacto

Eliminar conjunto de contacto

Unos segundos después en la pestaña **Resultados** aparece una lista con todos los contactos detectados. Los contactos aparecen numerados e incluyen las piezas que lo forman. Cuando desee crear el contacto pulse sobre **Crear conjunto de contacto** y defina el **Tipo de contacto** (Sin penetración, Unión fija, etc.). En caso contrario debe seleccionar el contacto y pulsar sobre el icono **Eliminar conjuntos de contactos**.

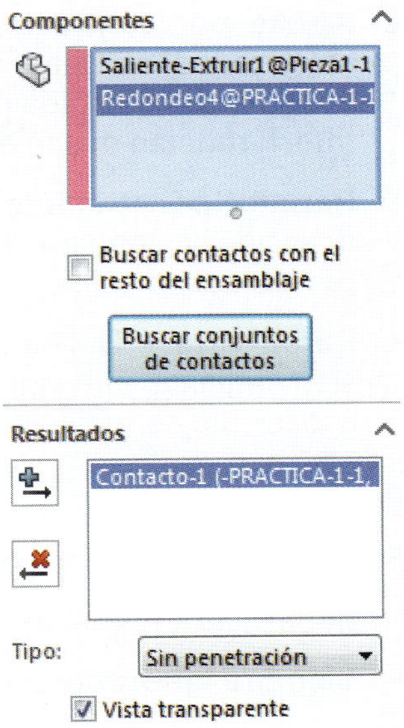

Los contactos creados aparecen en el Gestor de Simulación. Puede editar cualquier contacto creado pulsando sobre el mismo con el botón derecho del ratón y seleccionando la opción **Editar definición**.

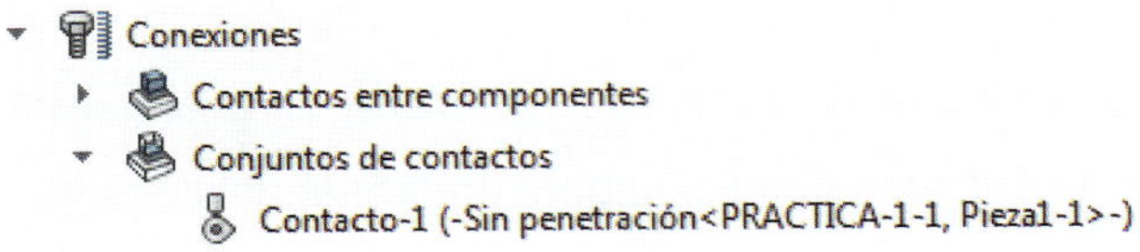

Caras que no se tocan

Seleccione esta opción para definir relaciones de contacto entre caras que no llegan a tocarse. En **Opciones** indique las **Distancias mínimas y máximas** entre las caras a relacionar. En componentes seleccione los componentes del ensamblaje y pulse sobre **Buscar Caras**.

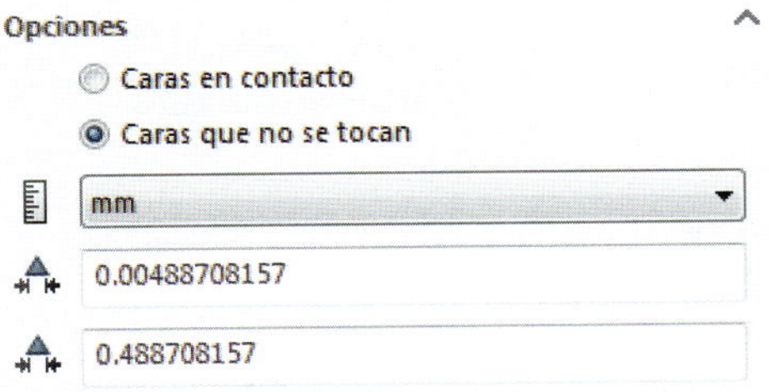

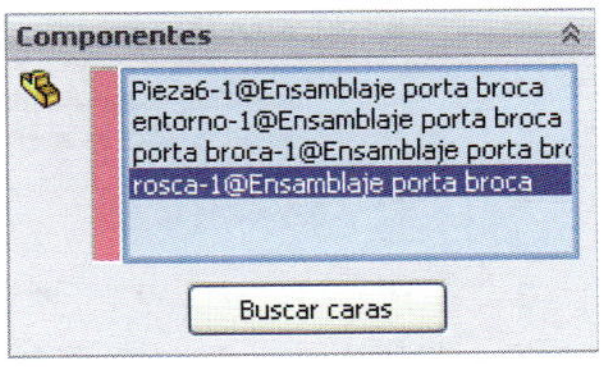

En la pestaña **Resultados** aparece una lista con todas las caras que no se tocan y tienen esas distancias máximas y mínimas de separación. Seleccione una a una cada una de ellas y defina el tipo de contacto. La opción **Vista transparente** puede facilitar la visualización del contacto cuando se produce en el interior del modelo.

Tipos de contacto

Los contactos que puede definirse son:

- **Sin penetración**. Las caras seleccionadas en **Set1** y en **Set2** pueden separarse pero no pueden penetrar una dentro de la otra durante el estudio. En su definición puede especificar el coeficiente de fricción entre las caras en contacto.
- **Unión rígida**. Las caras seleccionadas se unen en una única cara. Puede tener algún problema cuando las caras seleccionadas no son coincidentes y entre ellas existe una pequeña distancia. El mallado puede dar error por esta razón.

- **Ajuste por contracción**. Se crea un ajuste por contracción entre las caras de las piezas seleccionadas. Debe haber una interferencia entre las piezas por lo que es conveniente asegurarse que realmente las caras interfieren entre ellas. Seleccione **Detección de interferencias** desde el menú de persiana **Herramientas**.
- **Permitir penetración.** Las caras seleccionadas (**Set1** y **Set2**) pueden moverse en cualquier dirección y penetrar entre ellas. Es recomendable no utilizar este tipo de contacto cuando prevea que la carga aplicada puede ocasionar interferencia entre las piezas.
- **Pared virtual.** Define un tipo de contacto entre las entidades **Set1** y una pared virtual que ha sido definida previamente por un plano de destino rígido o flexible. Es posible definir el coeficiente de rozamiento entre el plano de destino y las entidades **Set1**.

Propiedades

Fricción. Active la casilla para definir el coeficiente de fricción de rozamiento. El valor máximo es de 1,0.

- **Separación (espacio libre)**. Puede definir la condición para ignorar las distancias.
- **Siempre ignorar espacio libre.** Omite la distancia sin tener en cuenta la separación existente.
- **Ignorar espacio libre si la separación es menor de:** puede indicar un valor máximo para definir la distancia que se ignora.

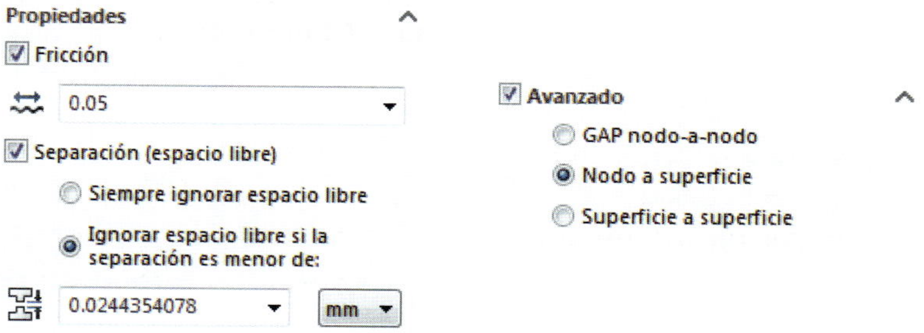

Avanzado

Para el contacto **Sin penetración** puede definir el tipo de contacto entre los nodos creados durante el proceso de mallado: **Gap nodo-a-nodo**, **Nodo a superficie** o **Superficie a superficie**.

- **Gap nodo-a-nodo.** La opción crea una malla cuyos nodos son coincidentes en las caras de las dos superficies en contacto. Solo es válido para los contactos Sin penetración y en los estudios estáticos, térmicos y no lineales. Para el **Set1** puede seleccionar Vértices, Aristas y Caras. Para el **Set2** únicamente puede seleccionar Caras.

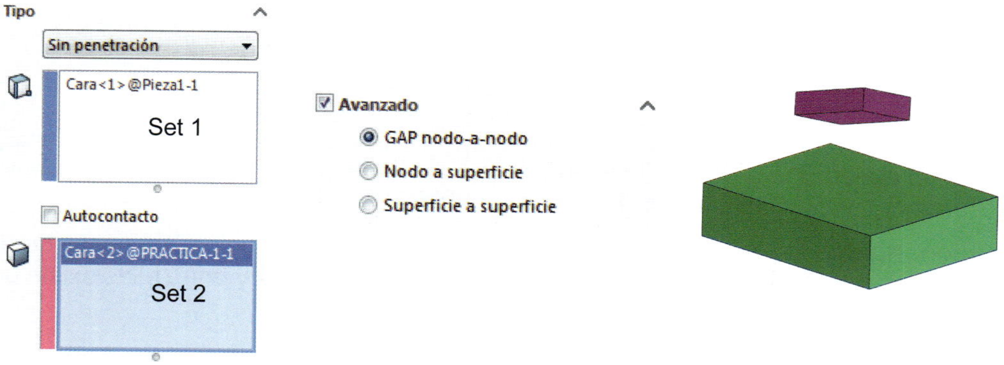

- **Nodo a superficie.** Este tipo de contacto evita la interferencia entre las caras de origen y destino (**Set1** y **Set2**) y permite que se alejen entre sí. En su definición no se necesita que las caras en contacto se toquen inicialmente. Como **Set1** puede seleccionar vértices, aristas y caras mientras que como **Set2** solo puede seleccionar Caras. Es aplicable en estudios estáticos y no lineales. Su aplicación resulta muy precisa en los casos en los que el área de contacto entre las caras es muy pequeña (área reducida, línea o punto).

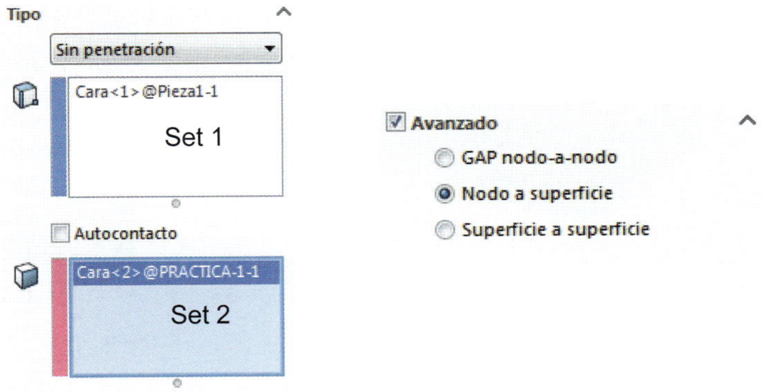

- **Superficie a superficie**. Evita la interferencia entre las caras seleccionadas durante la carga, pero se permite su separación en los tipos de contacto **Sin penetración**. Se emplea en contacto complejos y no requiere mallas compatibles entre las caras seleccionadas. Se utiliza en estudios estáticos y no lineales.

2.8.2 Contactos entre componentes

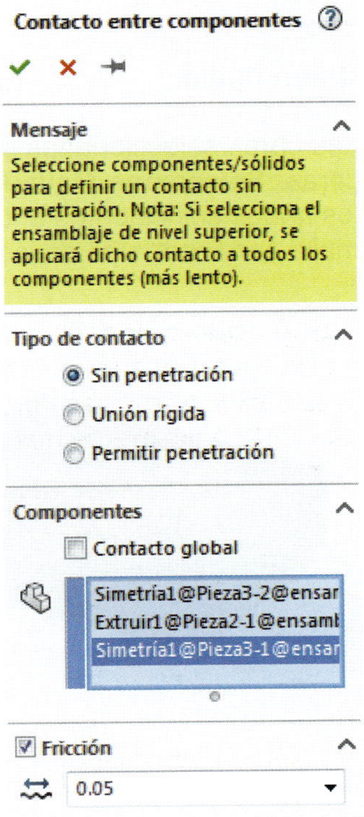

Establece el tipo de contacto (**Sin penetración**, **Unión rígida** y **Permitir penetración**) entre los componentes seleccionados. Todas las áreas en contacto entre los modelos mantienen el tipo de contacto definido. La definición de **Contacto entre componentes** anula la definición de **Contacto global**.

El PropertyManager permite ignorar la posibilidad de crear un **Contacto global** agregando contacto entre componentes y conjuntos de contactos globales.

Para agregar un **Contacto entre componentes**:

1. Pulse con el botón derecho del ratón sobre el icono **Conexiones** y seleccione **Contacto entre componentes**.
2. En el PropertyManager de **Contacto entre componentes** seleccione el **Tipo de contacto** a establecer.
3. En **Componentes** active la casilla **Contacto global** si desea aplicar el contacto a todo el modelo e indique los componentes que participan en la definición del contacto.
4. Defina las **Fricción** y el **Tipo de mallado**, solo cuando permita la penetración. Pulse **Aceptar**.

Sin penetración

En **Componentes** seleccione los sólidos o componentes a los que va a definir el contacto **Sin penetración**. Defina el coeficiente de **Fricción** entre ellos. En el modelo de la figura se han seleccionado los dos componentes para el contacto sin penetración. El coeficiente de fricción establecido es de 0,05. El modelo pequeño está sometido a una carga paralela a su cara de apoyo. El modelo mayor se encuentra anclado fijo.

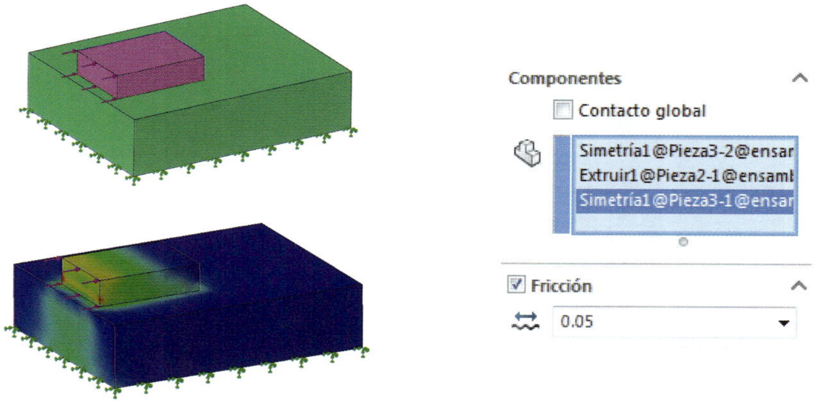

Las caras en contacto entre todos los modelos seleccionados pueden separarse durante la aplicación de las caras, pero nunca podrán penetrar una en la otra. Es indispensable que las dos caras sean del mismo tipo (planas, cilíndricas con un mismo radio, etc.). Esta última condición es necesaria para que los nodos creados compartan una misma área común.

Unión rígida

Las caras seleccionadas se unen en una única cara. En componentes seleccione cada una de las caras. **Seleccione Mallado compatible** o **Mallado incompatible**. En el primer caso se fusionan los nodos coincidentes entre los componentes mientras que con el mallado incompatible se genera malla para cada uno de los componentes

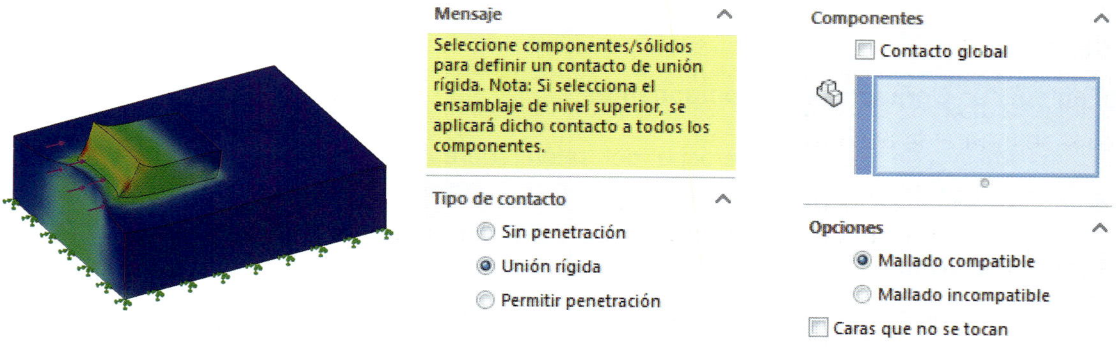

Seleccione los sólidos que pueden estar en contacto (**Set1** y **Set2**). Las entidades seleccionadas pueden estar en contacto o no (pequeña distancia entre las mismas). La unión rígida crea un contacto rígido entre las entidades **Set1** y **Set2** seleccionadas.

Recuerde que la opción **Malla compatible** para crear la malla compatible con las áreas que inicialmente se encuentran en contacto mientras que la opción **Malla incompatible** crea una malla distinta para cada uno de los componentes.

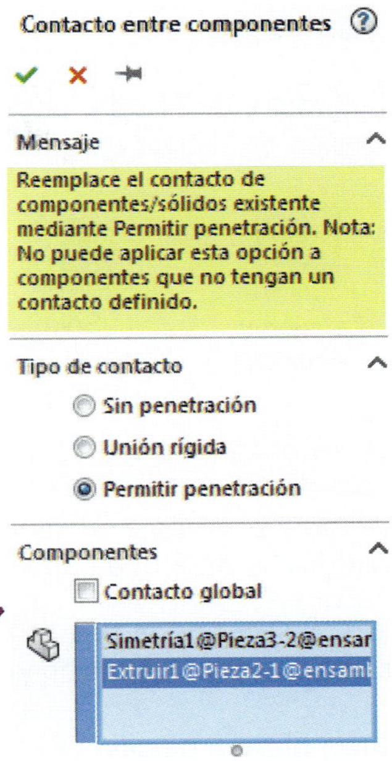

Permitir penetración

Seleccione los componentes en contacto. Los componentes seleccionados pueden moverse en cualquier dirección y penetrar entre ellos. Es recomendable no utilizar este tipo de contacto cuando prevea que la carga aplicada puede ocasionar interferencia entre las piezas.

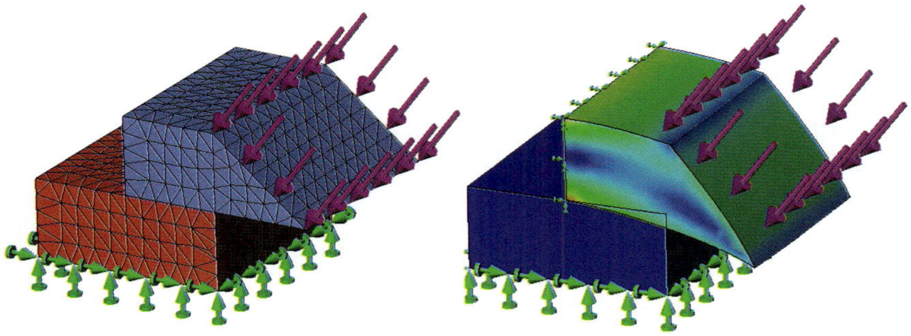

2.9 Conectores

Para crear un **Conector** pulse son el botón derecho del ratón sobre **Conexiones** desde el Gestor de Simulación. En el menú aparecen las herramientas de definición de **Resorte**, **Pasador**, **Perno**, **Rodamiento**, **Soldadura por puntos** y **Soldadura de arista**. Seleccione una de las opciones y defina sus características desde el PropertyManager. Si desea emplear un conector que no aparece en la lista seleccione uno cualquiera de ellos y en el PropertyManager cambie el tipo de conector.

2.9.1 Conexión rígida

La **Conexión rígida** une las caras de un sólido con las de otro de forma que pasan a comportarse como un único cuerpo cuando están sometidas a cargas externas. En estos casos se puede deformar como si se tratara de una única unidad.

En el PropertyManager debe seleccionar las caras a las que desea unir rígidamente. Seleccione en **Set1** la cara de una de las piezas y en **Set2** la cara de la otra.

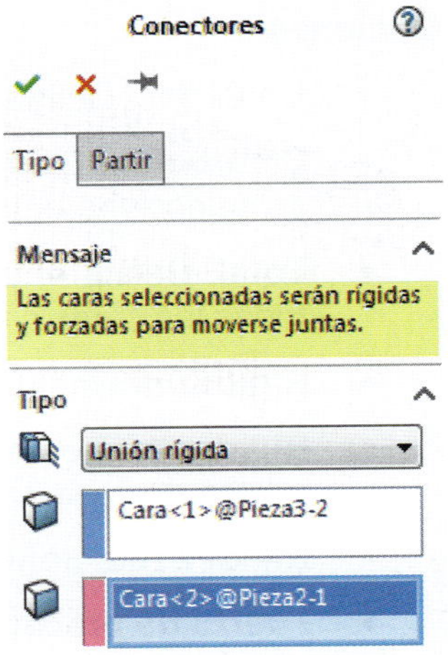

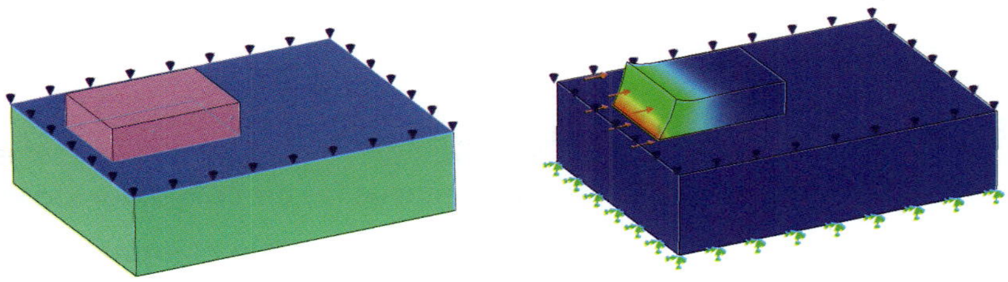

2.9.2 Resorte

El conector de **Muelle** permite conectar las caras planas paralelas o caras cilíndricas con muelles capaces de resistir a tensión, compresión o tensión y compresión.

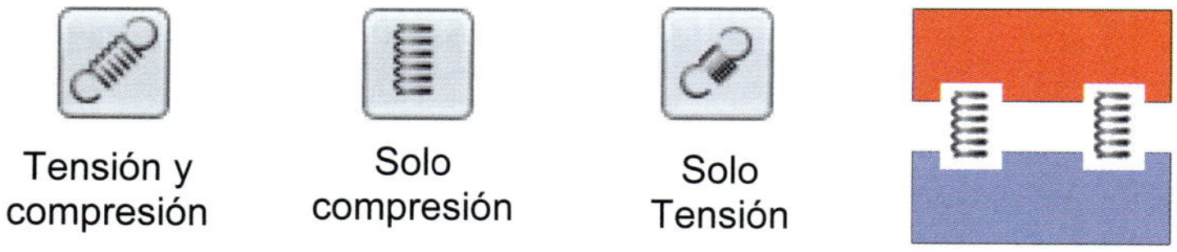

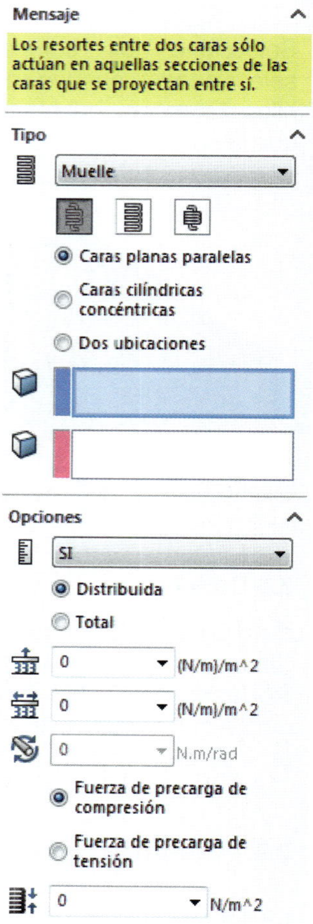

Los muelles suelen localizarse entre dos caras de un sólido ocupando el área común de proyección. Entre las caras debe existir un área para que pueda crearse el resorte. En caso de no existir el área común SolidWorks dará una señal de error.

Tipo. Seleccione el tipo de resorte en función de las tensiones a las que están sometidos. (Tensión y compresión, solo compresión o solo tensión).

Caras planas paralelas

Seleccione la **Cara plana o arista de vaciado del Componente 1 y la Cara/arista paralela del Componente 2**. La cara seleccionada debe ser paralela a la primera. Si se han seleccionado aristas lineales, estas deben ser rectas y paralelas.

Caras cilíndricas concéntricas

Seleccione las **Caras cilíndricas del componente 1** (caras cilíndricas o aristas circulares de sólidos o vaciados) y las **Caras cilíndricas del componente 2** (caras cilíndricas o aristas circulares de vaciados de otro sólido). Las caras o las aristas seleccionadas deben ser concéntricas a las caras o aristas seleccionadas inicialmente.

Dos ubicaciones. Seleccione dos vértices. Uno para la primera posición y otro para la segunda.

Opciones

- **Unidades**. Defina el tipo de unidades a emplear.
- **Distribuida**. Define el valor de la rigidez por unidad de área o unidad de longitud cuando se selecciona una arista de vaciado.
- **Total**. Define el valor de la rigidez total. La rigidez se distribuye de manera uniforme en todas las caras o en todas las aristas de vaciado seleccionadas.
- **Rigidez normal (Rigidez radial)**. Rigidez normal a las caras o aristas de vaciado.
- **Rigidez tangente (Rigidez de corte)**. Rigidez en el plano de las caras o tangencial a las aristas de vaciado.
- **Rigidez rotacional**. Rigidez torsional entre dos puntos.
- **Fuerza de precarga de compresión**. No puede utilizarse en muelles de **Solo extensión**.
- **Fuerza de precarga de tensión**. No puede utilizarse en muelles tipo **Solo compresión**.

2.9.3 Pasador

Los pasadores son elementos normalizados empleados como elementos de unión desmontable de piezas. Al igual que los tornillos, los pasadores de unión desmontables se montan en el taladro de unión de dos piezas.

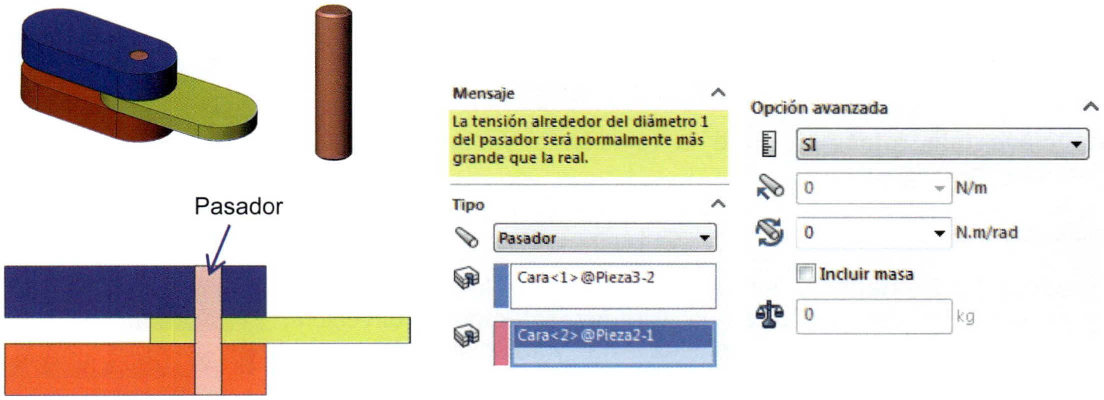

Los ensamblajes con un gran número de pasadores u otros elementos de unión requieren la definición de la geometría de cada uno de ellos y las condiciones de contacto con las caras cilíndricas de las piezas a unir. Esta definición tan exhaustiva requiere de grandes tiempos de cálculo y no garantiza resultados precisos. En su lugar es preferible emplear el **Conector Pasador** que simula la geometría y las conexiones entre los elementos participantes sin la necesidad de su presencia durante una simulación.

El empleo de **Conectores** tipo **Pasador** permite determinar el comportamiento final del ensamblaje y ver las tensiones sufridas por cada uno de ellos. Para crear un **Pasador** en su modelo pulse con el botón derecho del ratón sobre **Conexiones** y seleccione **Pasador**. Seleccione las caras o aristas para el Componente 1 y para el componente 2.

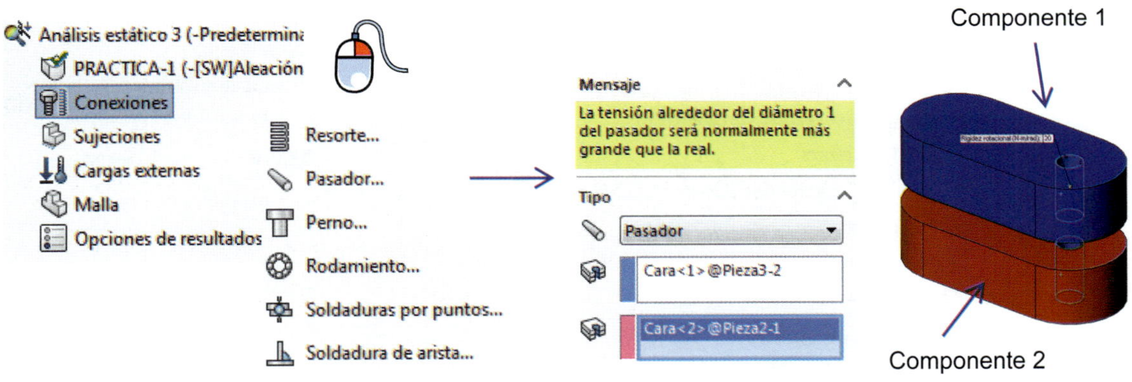

Caras/Arista cilíndricas del componente 1 y 2. Seleccione la cara o arista cilíndrica del primer y del segundo componente para definir el conector pasador. Las caras deben ser concéntricas entre el componente 1 y el 2, en caso contrario no puede definirse el pasador.

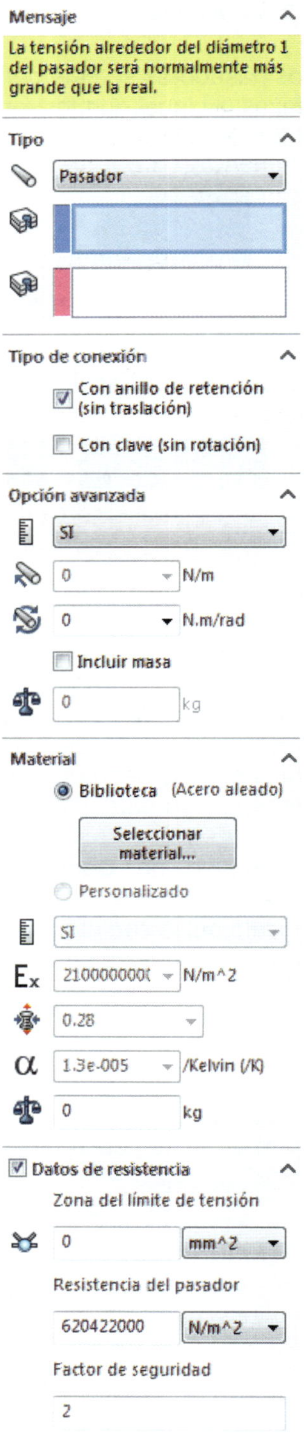

Tipo de conexión

Con anillo de retención (sin traslación). Evita la traslación axial relativa entre las dos caras cilíndricas seleccionadas.

Con clave (sin rotación). Evita la rotación entre las dos caras cilíndricas seleccionadas.

Opciones avanzadas

Seleccione las **Unidades** y defina el valor (N/m) de la **Rigidez axial** (en la dirección del eje) o de la **Rigidez rotacional** (dirección circunferencial). El valor de la rigidez axial y rotacional debe ser superior a 0.0.

Incluir masa. Tiene en cuenta la masa del pasador al realizar la simulación.

Datos de resistencia

Zona del límite de tensión. Defina las unidades y el valor de la zona del límite de tensión para el pasador.

Resistencia del pasador. Defina las unidades y el límite elástico del material.

Factor de seguridad. Defina el factor de seguridad para comprobar si el diseño del pasador es o no correcto. El diseño del pasador se considera incorrecto cuando la carga excede del coeficiente 1/factor de seguridad.

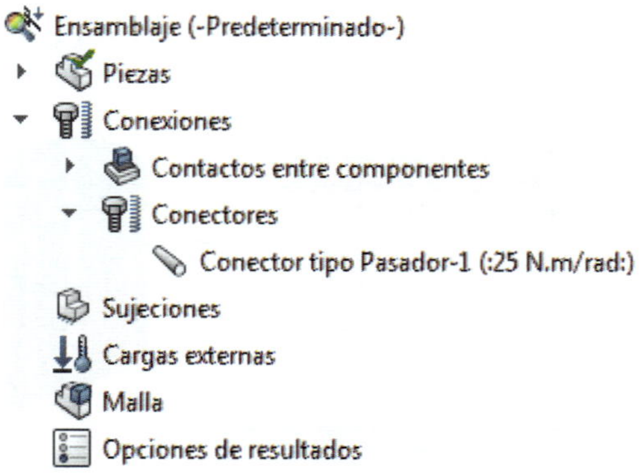

SolidWorks selecciona el material **Acero aleado** contenido en la biblioteca de materiales como el material predeterminado en caso de no seleccionarse uno distinto.

2.9.4 Tornillo

Este tipo de **Conector** simula un tornillo que conecta dos o más componentes mediante la selección de las aristas circular del taladro y las de la tuerca, en el caso de crear un **conector de tornillo estándar** o **refrentado con tuerca**. Además de este tipo de conector, puede crear: **Avellanado con tuerca**, **Tornillo estándar o refrentado**, **Tornillo avellanado** y **Perno de fundación**.

El empleo de **Conectores** tipo **Tornillo** también permite determinar el comportamiento final del ensamblaje y ver las tensiones sufridas por cada uno de ellos sin tener que dibujarlos ni editar las condiciones de contacto con los elementos vecinos.

Para crear un **Tornillo** en su modelo pulse con el botón derecho del ratón sobre **Conexiones** y seleccione **Tornillo**. Seleccione las Caras o Aristas para el componente 1 y para el componente 2.

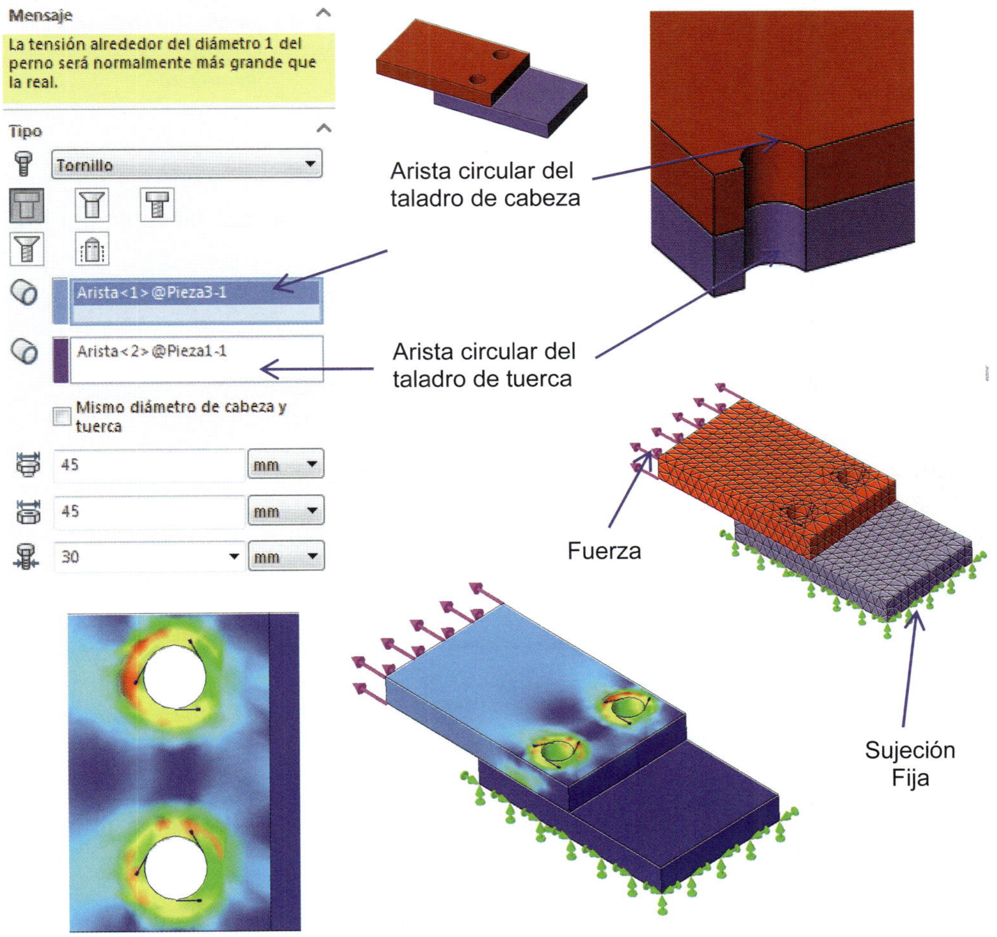

En el modelo simulado de la figura se han definido dos conectores tipo tornillo para definir la unión de las dos placas. Observe que una de las placas está fija mientras que sobre la superior se aplica la fuerza.

2.9.5 Tipo de conexión

Seleccione uno de los distintos tornillos incluidos en la lista: **Avellanado con tuerca**, **Tornillo estándar o refrentado**, **Tornillo avellanado** y **Perno de fundación**.

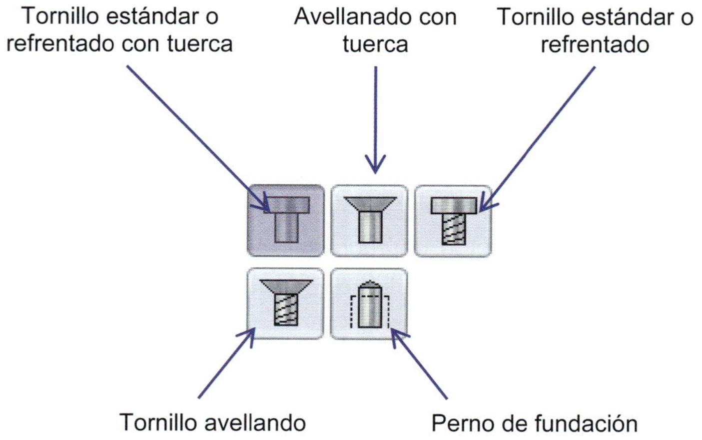

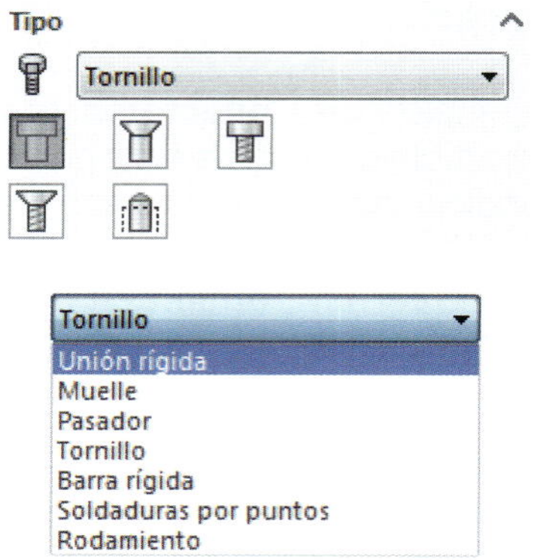

Tornillo estándar o refrentado con tuerca

Seleccione la **Arista circular del taladro de cabeza de perno** y **Arista circular del taladro de tuerca de perno**.

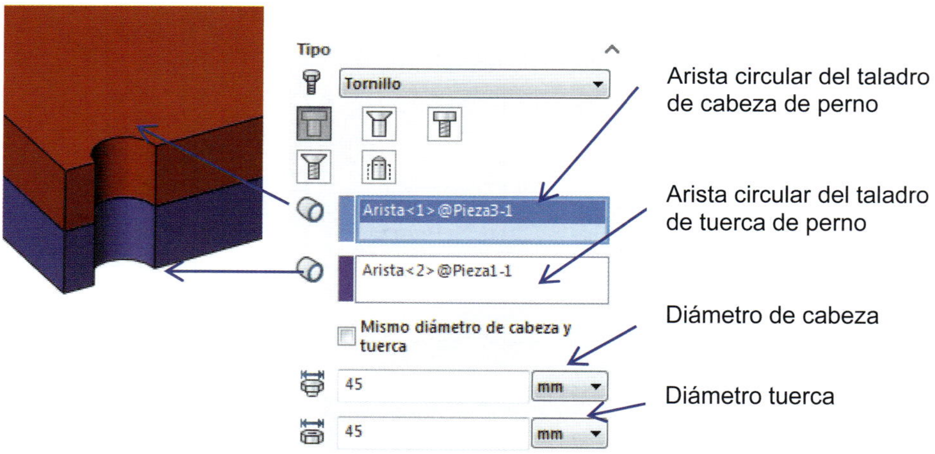

Seleccione **Mismo diámetro de cabeza y tuerca** cuando la cabeza del perno tenga el mismo diámetro que la tuerca.

Diámetro de la cabeza y **Diámetro de la tuerca**. Defina las unidades y el diámetro para la cabeza y la tuerca. El diámetro de la cabeza se calcula automáticamente a partir del producto del diámetro del vástago por 1,5.

Diámetro del vástago del perno. Establezca las unidades y el valor del diámetro del vástago.

Avellanado con tuerca

Seleccione la **Cara cónica** para definir la cabeza del perno. Seleccione la **Arista circular del taladro de tuerca de perno** de la misma forma que en el caso anterior y defina el **Diámetro de la cabeza** y **el del vástago del perno**. Igual que en el caso anterior, el diámetro de la tuerca se obtiene de forma automática a partir del producto del diámetro del vástago por 1,5.

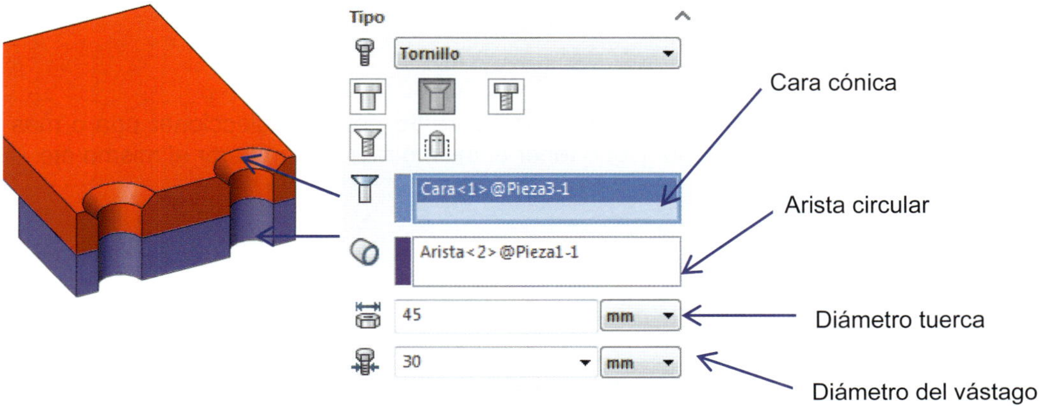

Tornillo estándar o refrentado

Seleccione la **Arista circular del taladro de cabeza de perno** y las **Cara(s) de rosca**. Al igual que en los casos anteriores debe indicar el **Diámetro de la cabeza** y **Diámetro del vástago del perno**.

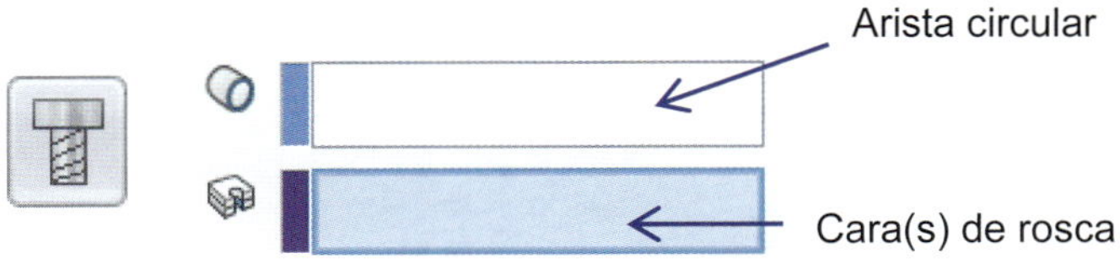

Tornillo avellanado

Seleccione la **Cara cónica** y la/s **Cara(s) de rosca**. Indique el valor del **Diámetro del vástago** del perno.

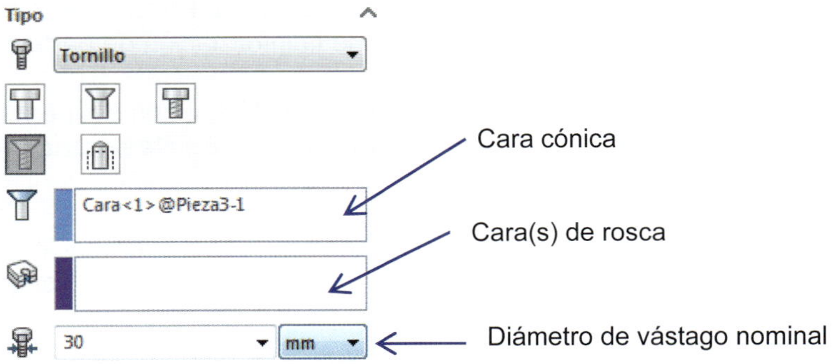

Perno de fundación

Seleccione la **Arista circular del taladro de cabeza de perno**. En **Plano de destino** seleccione el plano para modelar una pared virtual. Debe definir una condición de contacto de pared virtual para evitar la penetración en su base.

Defina el **Diámetro de la cabeza** y **el del vástago del perno**. Igual que en el caso anterior el diámetro de la tuerca se obtiene de forma automática a partir del producto del diámetro del vástago por 1,5.

Ajuste exacto

La opción **Caras en contacto con el vástago del tornillo** permite seleccionar una o más caras cilíndricas en contacto con el vástago. Debe tener el mismo radio y compartir el mismo eje.

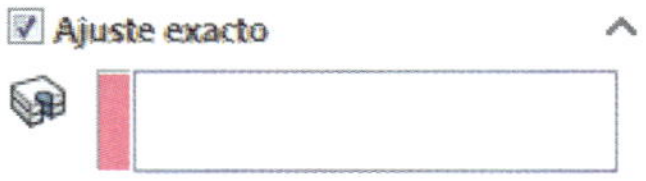

Material

Puede seleccionar un material de la biblioteca de materiales y configurar sus propiedades (**Módulo de Young**, **Coeficiente de Poisson** y el **Coeficiente de dilatación térmica**). Además, puede **Incluir la masa del perno** en el análisis.

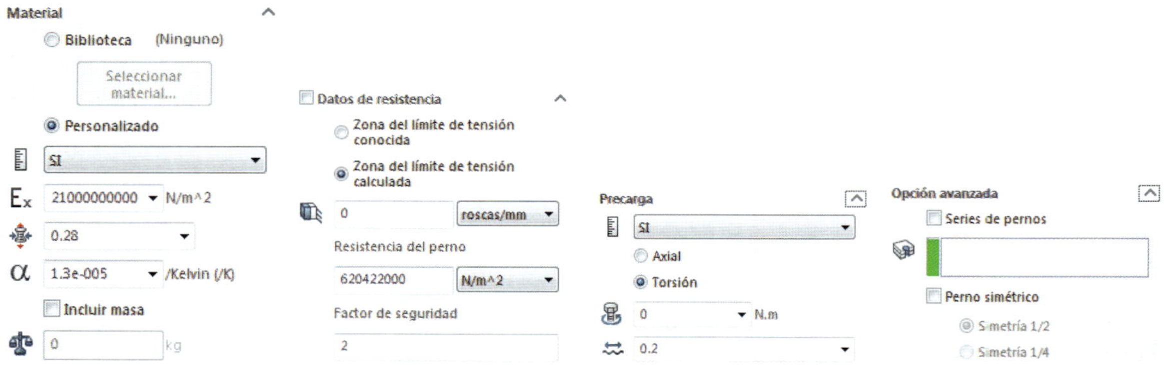

Datos de resistencia

Puede definir la resistencia del perno definiendo la **Zona del límite de tensión conocida** o la **Zona del límite de tensión calculada** en función de la información de partida.

En **Zona del límite de tensión** indique la zona del límite de tensión del perno conocida. En **Paso**, el número de roscas del perno por pulgada o por milímetro. En **Resistencia del perno** indique la resistencia del material del perno y su unidad de medida.

En **Factor de Seguridad** defina el factor de seguridad para la comprobación del diseño del perno. El perno se considera incorrecto cuando su carga combinada excede el coeficiente de 1/Factor de seguridad.

Precarga

Defina las **Unidades**, active **Axial** y/o **Torsión** si conoce la carga axial o la torsión a la que está sometido el perno. Indique el **Factor de fricción (K)**. El valor de K se emplea para calcular la fuerza axial (F) en el perno según las expresiones:

Para un perno CON tuerca, se aplica torsión a la tuerca F = T/(K*D)

Para un perno SIN tuerca, se aplica torsión en la cabeza F = T/(K*D*1,2)

donde: T = torsión aplicada, K = factor de fricción y D = diámetro mayor del vástago.

Opción avanzada

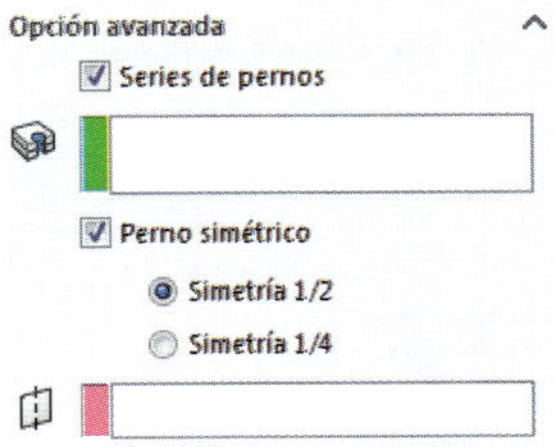

La opción **Serie de pernos** permite definir más de dos componentes mediante el perno. Para ello debe seleccionar las caras cilíndricas o aristas circulares de cada uno de ellos. Active la opción **Perno simétrico** cuando uno o dos planos de simetría se cortan a través del perno (simetría ½ o ¼).

Vínculo (Barra rígida)

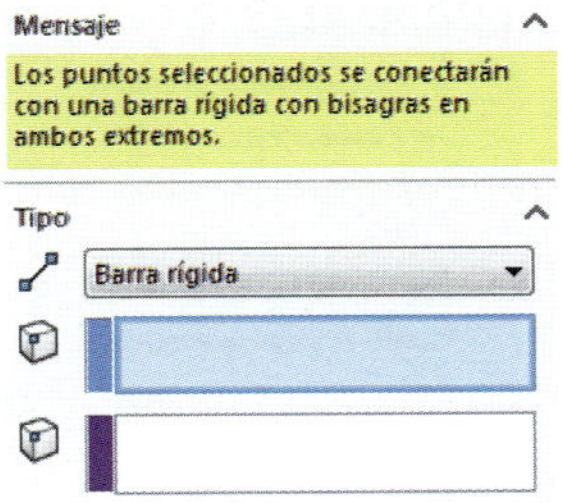

Este conector también se conoce con el nombre de **Articulación** y permite unir dos vértices de un modelo mediante una barra rígida con bisagras en los extremos. La distancia entre los vértices siempre permanece constante aunque el modelo sufra deformaciones.

Para crear una barra rígida seleccione el **Vértice o punto para la primera posición** y para la **segunda**. Pulse **Aceptar** para crear el conector.

2.9.6 Soldadura por puntos

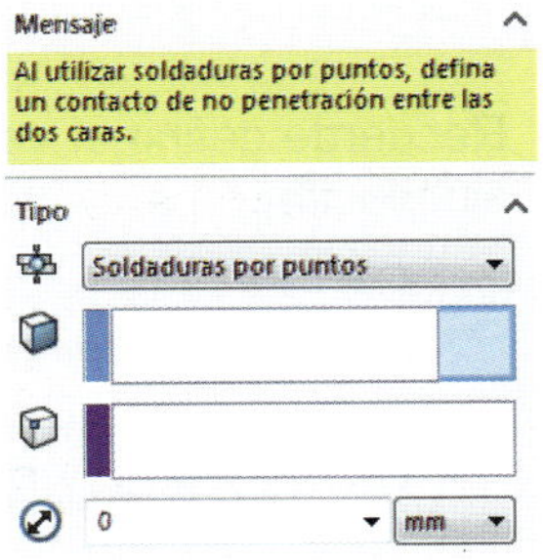

El conector de **soldadura por puntos** pone en contacto dos o más chapas metálicas superpuestas y de reducido espesor sin necesidad de emplear ningún material de relleno a través de una soldadura por puntos.

En el PropertyManager debe definir las dos caras donde se van a crear los puntos de soldadura, la localización de los puntos y, finalmente, el diámetro de los puntos empleados.

Primera y segunda cara de soldadura concentrada. Debe seleccionar las dos caras del sólido o vaciado que desean unirse con el conector **soldadura por puntos**. Las dos caras seleccionadas deben pertenecer a distintos modelos.

Ubicación de la soldadura por puntos. Seleccione los vértices o puntos de referencia previamente dibujados. La soldadura se crea en cada uno de los puntos seleccionados.

Diámetro de la soldadura por puntos. Define el diámetro del punto de soldadura.

2.9.7 Soldadura por arista

El conector de **soldadura por arista** permite crear una soldadura para unir dos modelos de chapa o de superficie en contacto y a través de una arista común. Para crear una soldadura de este tipo pulse con el botón derecho del ratón sobre **Conexiones** y seleccione **Soldadura de Arista**. Desde el PropertyManager defina las características de la misma.

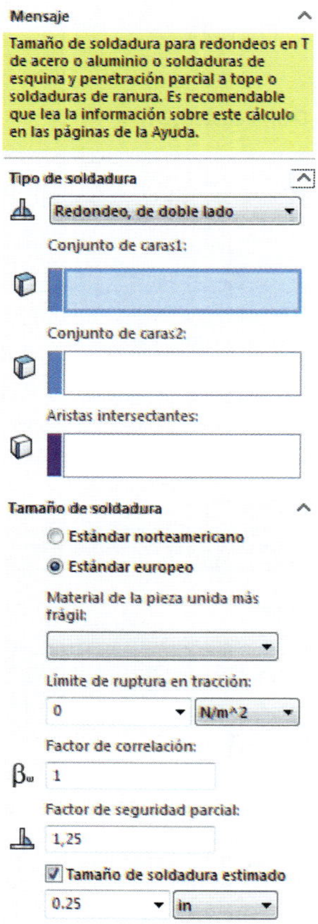

Tipo de soldadura

Seleccione **Redondeo** (dos lados, un lado) o **Ranura** (dos lados, un lado).

En **Conjunto de Caras 1** debe indicar la cara de un vaciado o de un sólido de chapa metálica. En **Conjunto de Caras 2** puede seleccionar la cara de un vaciado, una chapa metálica o un sólido.

Observe en **Aristas intersecantes** la arista seleccionada de forma automática por contacto entre las entidades seleccionadas.

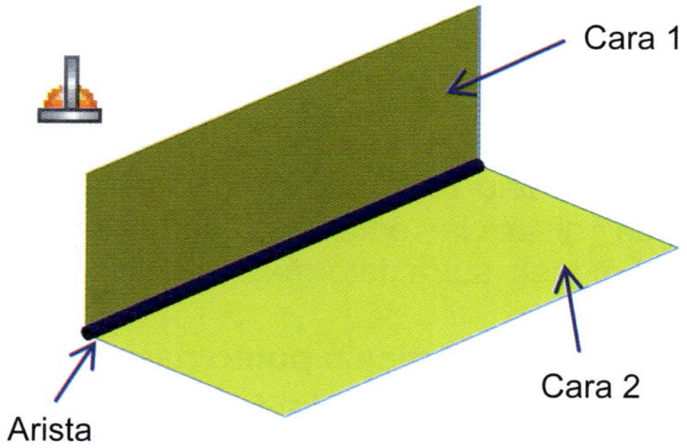

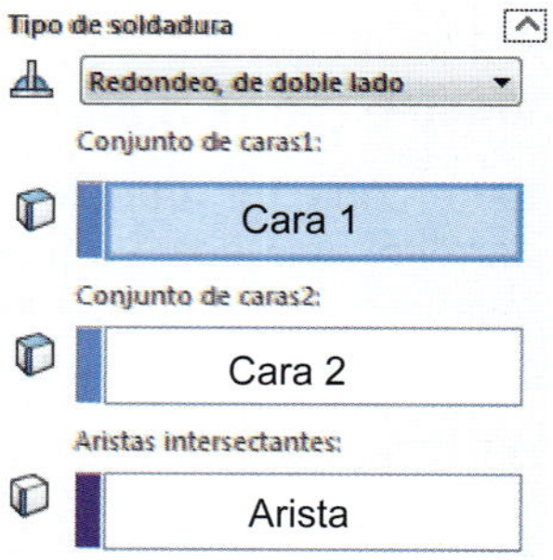

En **Tamaño de Soldadura** defina el material del electrodo (**Electrodo**), la **Fuerza de la soldadura** y el **Tamaño de soldadura estimado**. **Solid**Works determina el tamaño más adecuado para el tamaño de la soldadura.

Recuerde definir el **vaciado para los modelos de superficie o chapa** metálica antes de iniciar la simulación.

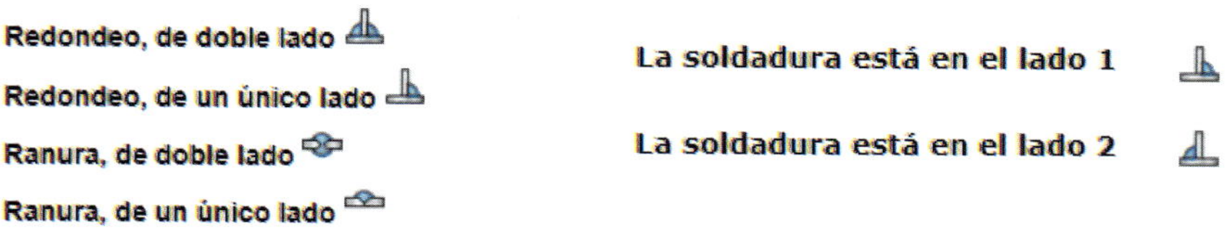

Para definir el espesor del cordón de soludaura puede emplear el estándar norteamericano (*American Welding Standard D1.1 and D1.2*) o el europeo (*Eurocódigo 3: Estructuras de acero, Parte 1.8: Uniones, sección 4.5*) para llevar a cabo los cálculos de tamaño de soldadura.

2.9.8 Rodamiento

Permite simular la creación de un rodamiento en el modelo y la interacción que se produce entre el vástago y el receptáculo. En su definición debe indicar las caras cilíndricas del eje y las caras del receptáculo.

Tipo

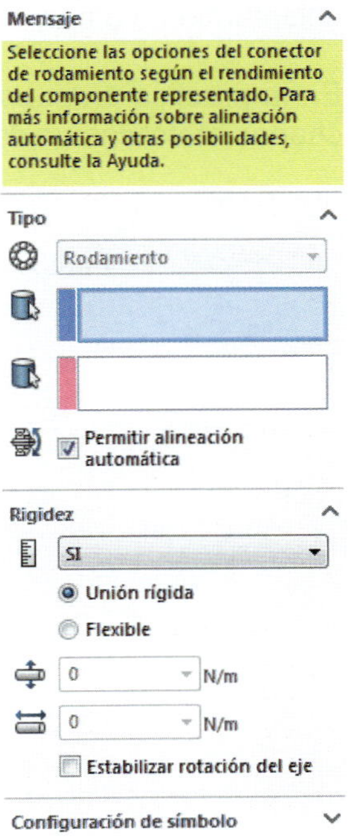

En tipo puede definir las caras para el vástago y para el receptáculo además de activar la opción de alineación automática.

En **Selección (cara cilíndrica)**. Seleccione desde la zona de gráficos, una cara completa del vástago o caras cilíndricas concéntricas para ángulos más pequeños.

En **Selección (Cara cilíndrica o esférica, o arista circular en vaciado)** debe indicar la cara cilíndrica, esférica o arista de vaciado circular que corresponde con el receptáculo.

La opción **Permitir alineación automática**. Permite definir la alineación automática (Rotación del eje sin fuera del eje restricciones). Puede definir la rigidez de dirección axial y radial en el caso de activar la opción de alineación automática.

Rigidez

Defina las **Unidades**, el tipo de **Unión rígida** o **Flexible** y la estabilización del eje.

- **Unión rígida**. La cara que se selecciona no puede ser deformada ni trasladarse.
- **Flexible**. Defina la rigidez. Active la opción **Radial** cuando desee una resistencia en la deformación lateral o **Axial** cuando la resistencia sea en el desplazamiento axial.

Active la opción **Estabilizar rotación del eje** cuando desee evitar la inestabilidad rotacional provocada por la torsión.

Lateral aplica la **rigidez lateral** del eje K que resiste el desplazamiento a lo largo de la dirección de la carga aplicada. La **Axial** aplica la rigidez K que resiste el desplazamiento por el eje. Active la opción **Estabilidad rotación del eje** cuando desee evitar la inestabilidad rotacional.

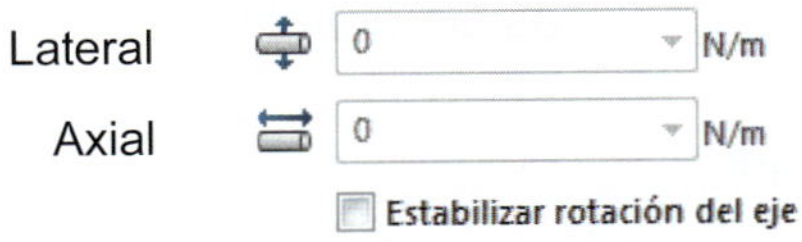

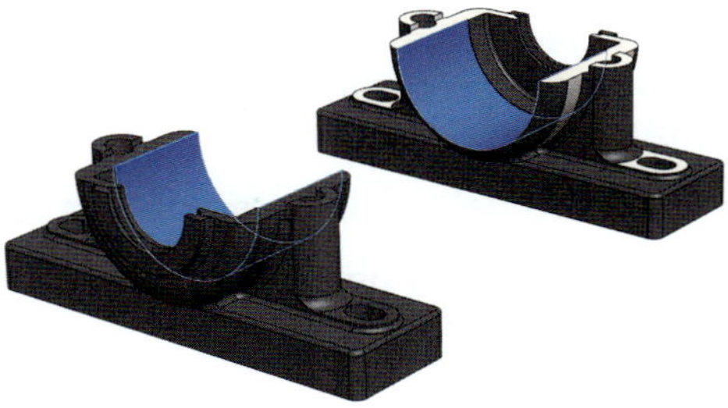

2.10 Práctica 2-5. Soldadura por puntos

La soldadura por puntos es un procedimiento de soldadura por resistencia muy empleado en la unión de láminas metálicas de hasta 3 milímetros de espesor. El punto de soldadura se realiza por el paso de corriente eléctrica de gran intensidad entre las chapas a soldar. La corriente eléctrica pasa por los electrodos que presionan las chapas a unir y que, debido al efecto Joule, genera un calentamiento a muy elevada temperatura.

En la práctica propuesta se evalúa el comportamiento mecánico de un conjunto formado por tres chapas metálicas unidas mediante puntos de soldadura en cada uno de los extremos.

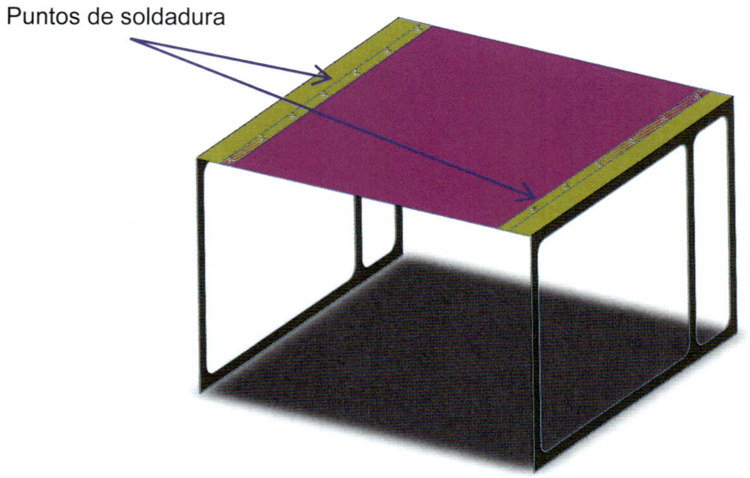

Objetivo

Se estudian lo conectores tipo puntos de soldadura.

- Definición del **Espesor de la chapa**.
- Material: **Acero inoxidable**. Propiedades: **Módulo elástico** de 200 000 N/mm^2 (MPa), **Coeficiente de Poisson** 0.3, densidad 7 850 kg/m^3 y **Límite elástico** 250 N/mm^2 (MPa).
- Desactivar la opción **Grandes desplazamientos**.
- **Restricción fija**.
- **Fuerza normal**.
- Para crear un modelado correcto es conveniente definir una **Condición de contacto** de **Sin penetración** entre las dos caras a soldar. Contactos sin penetración entre el techo y los lados.
- **Diámetro del punto de soldadura**: 2 milímetros.
- **Características del material**

1. Activación de SolidWorks Simulation y abrir el modelo a analizar

1. Active el complemento **Solid**Works **Simulation** desde el menú de persiana, **Complementos**.
2. Descargue el modelo de ensamblaje desde el DVD que acompaña el libro. Pulse **Abrir** y localice el modelo de la Práctica. Pulse **Aceptar.**

2. Selección del análisis Estático

1. Pulse sobre **Estudio** desde el menú de persiana **Solid**Works **Simulation**. Y seleccione la opción **Estático** y escriba el nombre de su simulación en **Nombre del estudio**. Pulse **Aceptar**.

3. Selección del material

Defina el **material** para las piezas de chapa metálica.

1. Pulse con el botón derecho del ratón sobre la primera de las carpetas. Tiene el nombre del fichero. Seleccione **Aplicar/Editar material**.
2. Defina un material con las siguientes propiedades: **Módulo elástico** de 200 000 N/mm^2 (MPa), **Coeficiente de Poisson** 0.3, densidad 7 850 kg/m^3 y **Límite elástico** 250 N/mm^2 (MPa).
3. Consulte la práctica guiada número 1 para crear el material requerido en la práctica.
4. Aplique el material a las dos chapas.

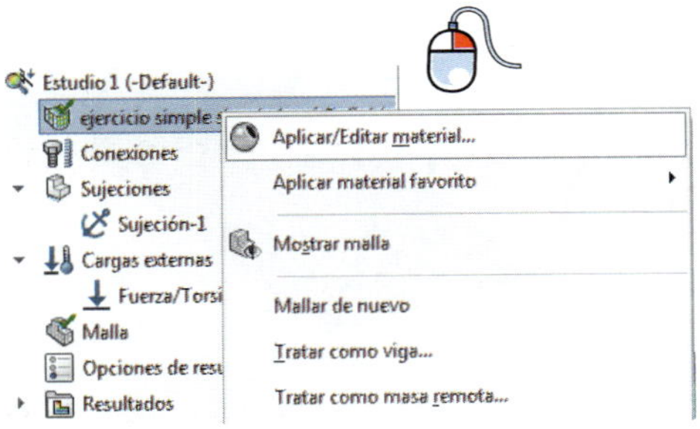

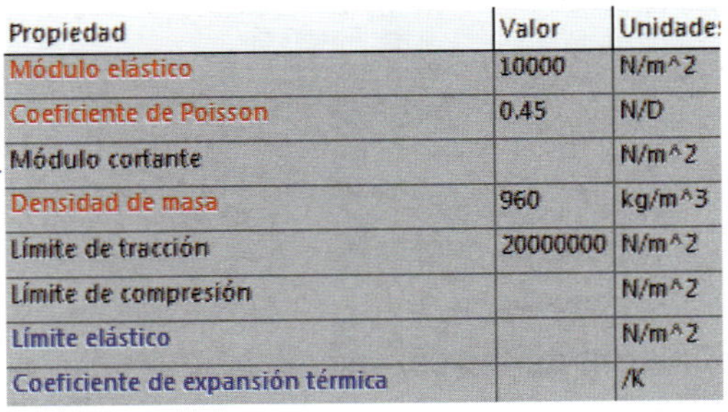

Propiedad	Valor	Unidade
Módulo elástico	10000	N/m^2
Coeficiente de Poisson	0.45	N/D
Módulo cortante		N/m^2
Densidad de masa	960	kg/m^3
Límite de tracción	20000000	N/m^2
Límite de compresión		N/m^2
Límite elástico		N/m^2
Coeficiente de expansión térmica		/K

4. Editar definición de las chapas

Para realizar la simulación de las chapas metálicas o de superficies debe **editar su definición** para poder asignar un **espesor**. Para ello:

1. Pulse con el botón derecho del ratón sobre el nombre de cada una de las piezas que conforman el ensamblaje.
2. Seleccione **Editar definición**. Pulse sobre **Delgado** e indique un **Espesor de elementos SHELL** de 1,2 milímetros.
3. Pulse **Aceptar**. Repita la misma operación con el resto de las piezas de chapa metálica o de superficie.

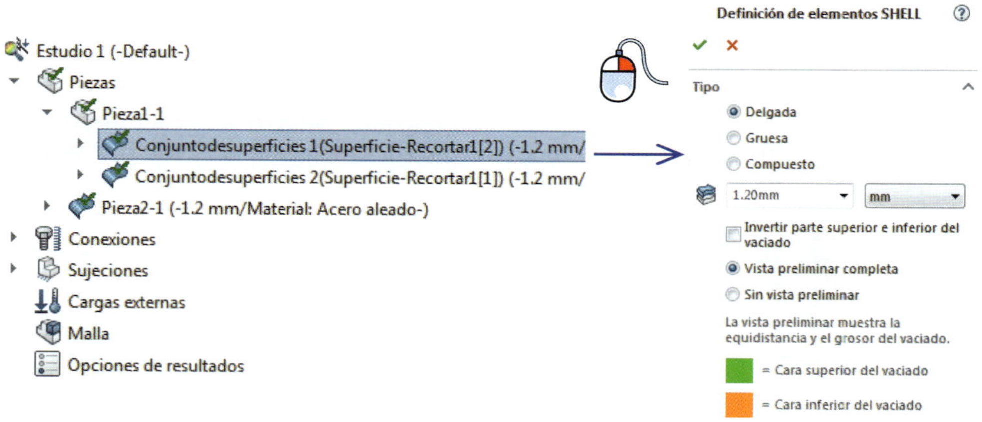

5. Creación de las sujeciones

Debe restringir el movimiento de la base tal y como se indica en la figura.

1. Pulse sobre **Sujeciones** con el botón derecho del ratón desde el Gestor de Simulación. Seleccione la opción **Geometría Fija**. Seleccione, desde la zona de gráficos, las dos aristas indicadas en la figura.
2. Pulse **Aceptar** para crear la **Sujeción**.

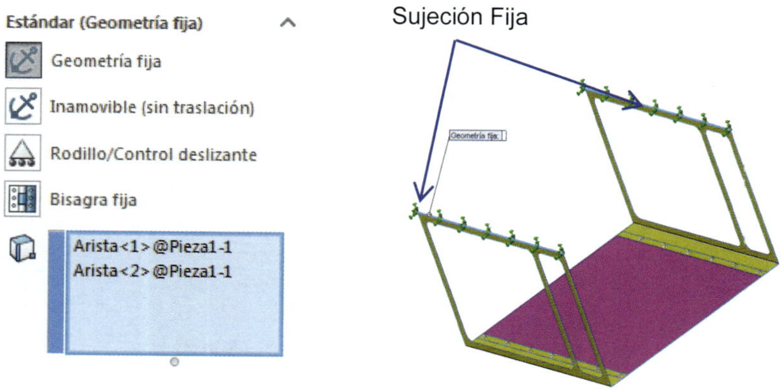

6. Definición de las cargas

Para definir una **Fuerza** de 2 000 N sobre la cara superior del modelo:

1. Pulse con el botón derecho del ratón sobre **Cargas externas** desde el Gestor de Simulación y seleccione **Fuerza** o seleccione el icono de **Fuerza** desde la barra principal de **Solid**Works **Simulation**.
2. En la pestaña **Tipo** seleccione la cara superior del modelo. Pulse sobre **Normal**. Observe como sobre la cara del modelo se representan flechas en dirección a la fuerza aplicada.

3. Seleccione **Sistema Internacional (SI)** en **Unidades** y en la pestaña **Fuerza (por entidad)** indique la fuerza de 2 000 N. Active la casilla **Invertir dirección** si desea cambiar la dirección de la fuerza aplicada.
4. Pulse **Aceptar** para crear la **Fuerza**.

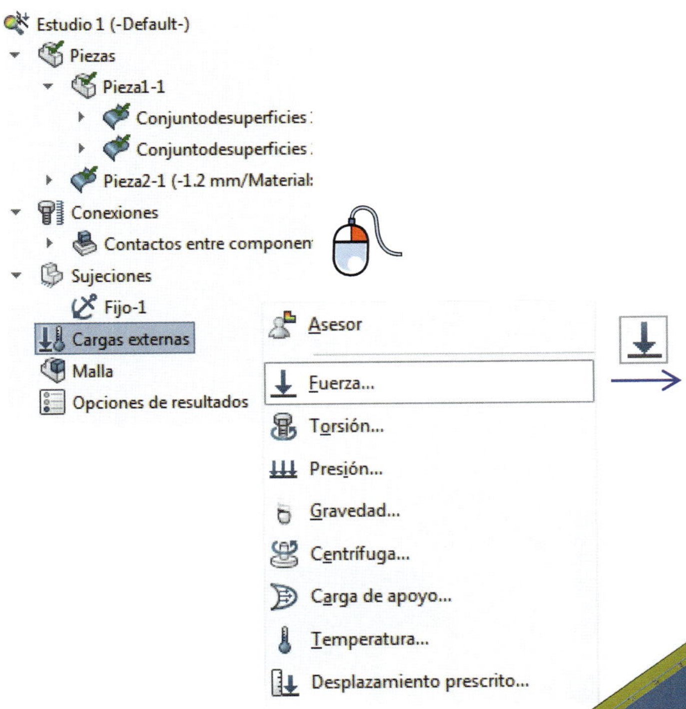

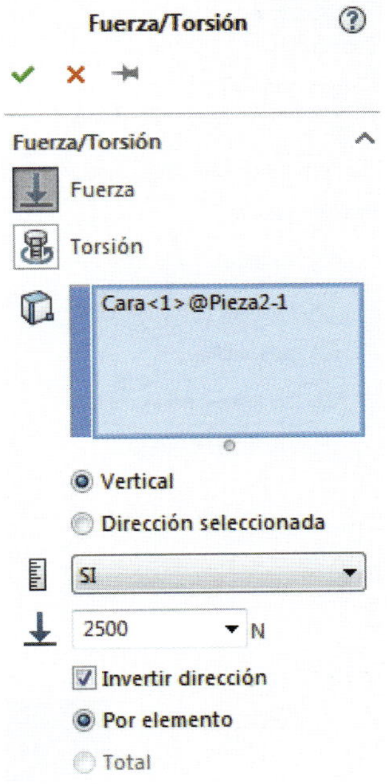

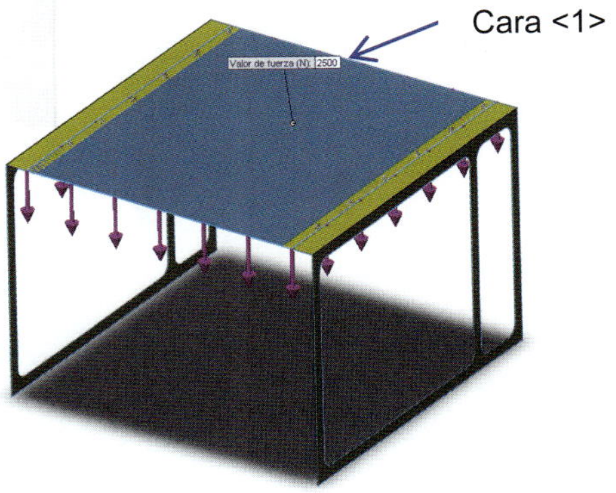

7. Definición de conectores (Puntos de soldadura)

Para definir **Conectores** tipo **Soldadura por puntos** en el modelo:

1. Pulse con el botón derecho del ratón sobre **Conexiones** y seleccione **Soldaduras por puntos**.
2. En el PropertyManager de **Soldadura por puntos** seleccione la cara de cada una de las chapas a unir (**Primera cara de soldadura concentrada)** y (**Segunda cara de soldadura concentrada)**.
3. Pulse sobre **Ubicaciones de soldadura concentrada** y seleccione, desde el gestor de diseño de **Solid**Works, cada uno de los puntos de soldadura.
4. En **Unidades** seleccione milímetros y en **Diámetro de soldadura** por puntos indique 2 mm.
5. Pulse **Aceptar**. Repita los pasos 1-4 para la otra fila de puntos de soldadura.

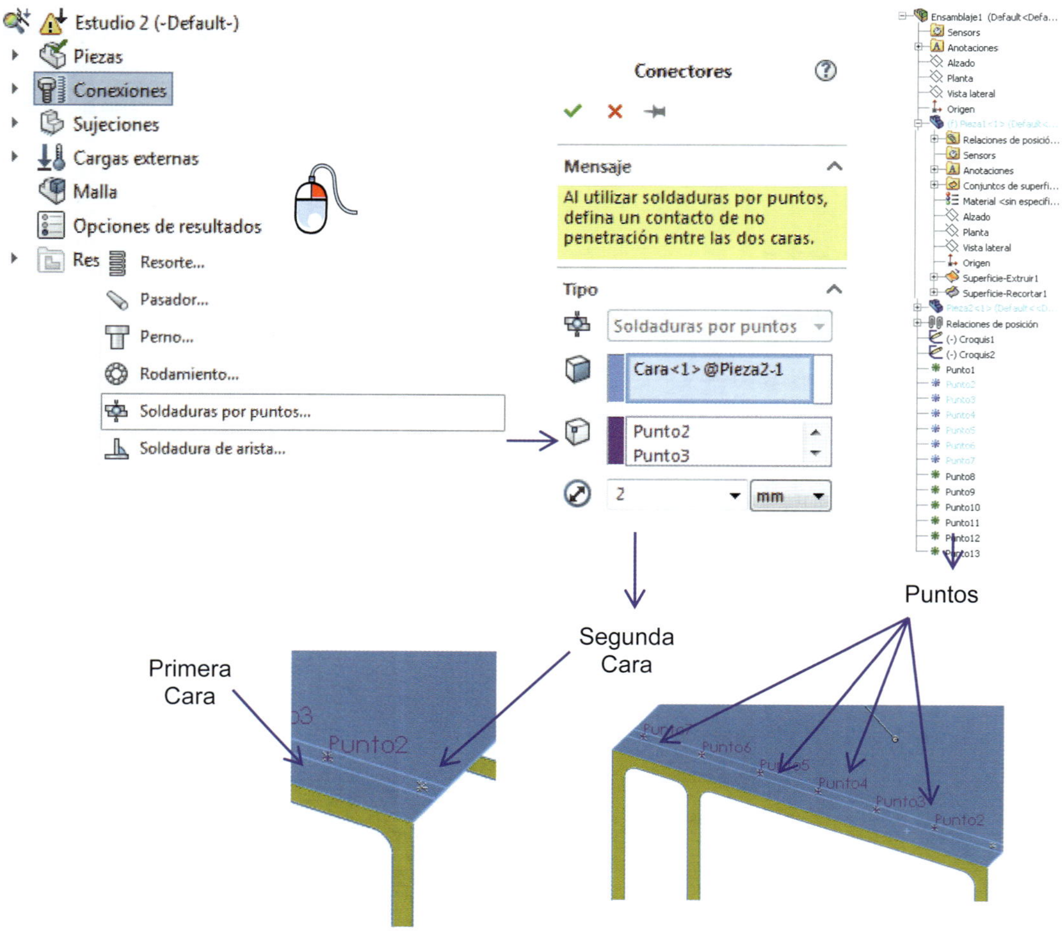

La **soldadura por puntos** es un procedimiento de soldadura que calienta las chapas o láminas metálicas (<3,0 mm) a soldar, por corriente eléctrica, a temperaturas cercanas a la de fusión y además ejerce una presión entre la ellas.

8. Definición de contacto entre las chapas

Para definir la **Condición de contacto** entre las chapas:

1. Pulse con el botón derecho del ratón sobre **Conexiones** desde el Gestor de Simulación y seleccione la opción **Contactos**.
2. En **Tipo** de contacto seleccione **Sin penetración**. Seleccione las dos caras de la chapa metálica en **Set1** y **Set2**.
3. Pulse **Aceptar**.

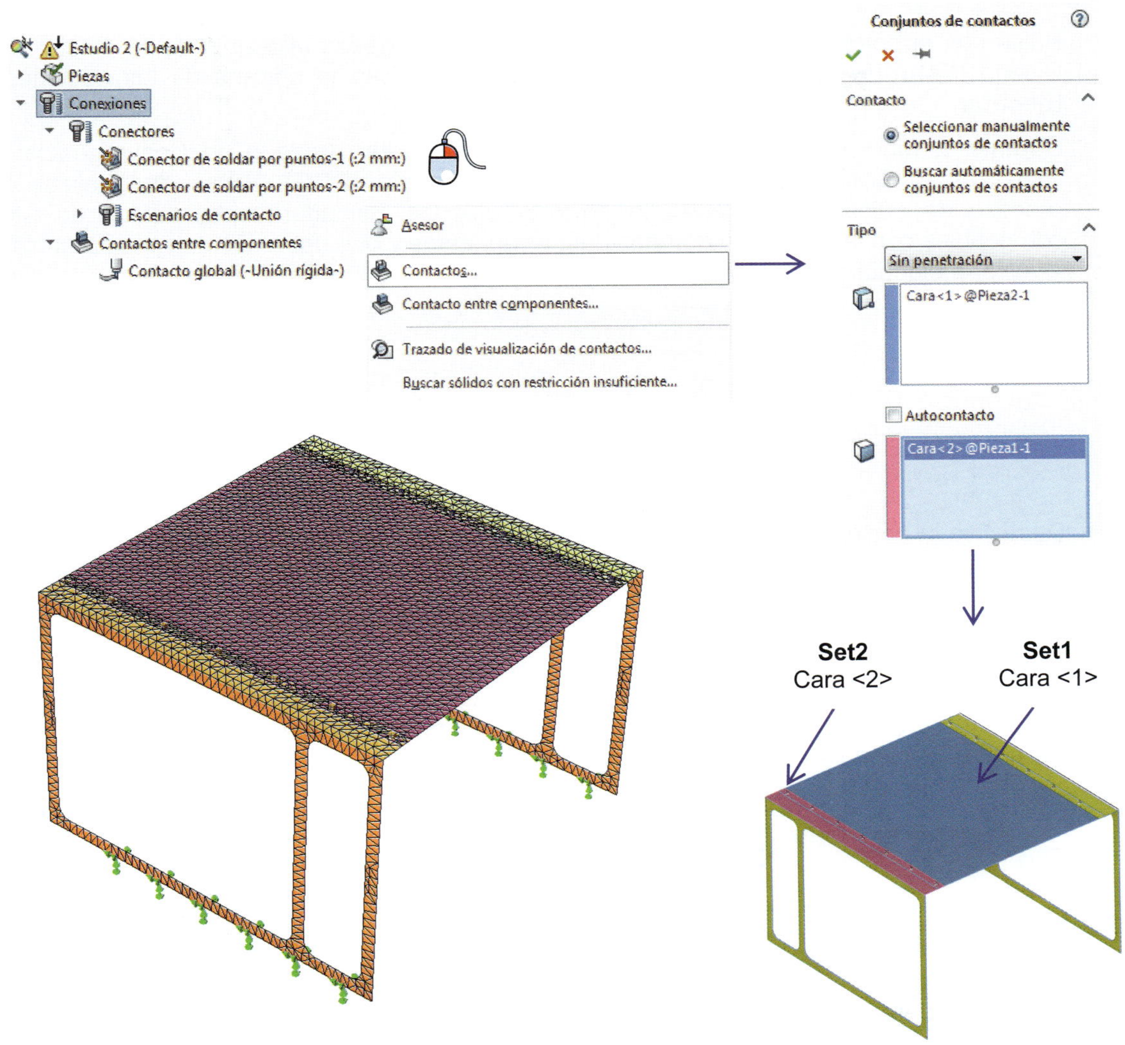

9. Definición del mallado

Para definir la **Malla** sobre su modelo:

1. Pulse con el botón derecho del ratón sobre **Malla** desde el Gestor de Simulación o pulse sobre el icono **Malla** de la barra de herramientas. Seleccione del cuadro de diálogo emergente la opción **Crear Malla.**
2. En **Parámetros de mallado** seleccione las opciones con la siguiente configuración: **Mallador**: Estándar. **Unidades**: mm. **Tamaño global**: Calculado por el programa. **Tolerancia**: Calculado por el programa. **Transición automática**: Desactivado.
3. Pulse **Aceptar** para crear el mallado en su modelo.

10. Ejecución y visualización de resultados

1. Pulse con el botón derecho del ratón sobre la primera de las etiquetas de su Gestor de Diseño **(Estudio 1).** En la ventana emergente seleccione la primera de las opciones, **Ejecutar**.
2. Durante el funcionamiento del solver puede pulsar sobre trazado de Convergencia y visualizar el **Gráfico de interacciones convergencia (PCG)**. Antes de finalizar el proceso de cálculo **Solid**Works le advierte que las Soldaduras por puntos no son compatibles con la opción de grandes desplazamientos y que debe desactivar esta opción y volver a ejecutar el análisis.

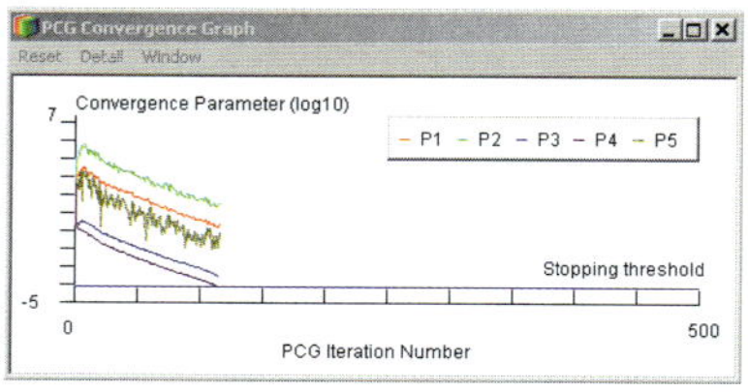

3. Desactive la opción de **grandes desplazamientos**. Pulse con el botón derecho del ratón sobre el nombre del estudio desde el Gestor de Simulación y seleccione **Propiedades**.
4. En la pestaña **Opciones** desactive **Grandes desplazamientos**. Pulse **Aceptar**.
5. Vuelva a ejecutar la simulación.
6. Al finalizar se crea la carpeta **Resultados** en el Gestor de Simulación. Realice un doble clic sobre **Tensiones**, **Desplazamientos** o **Deformaciones unitarias**. Pulse con un doble clic sobre Tensión (von Mises) y observe el trazado creado.

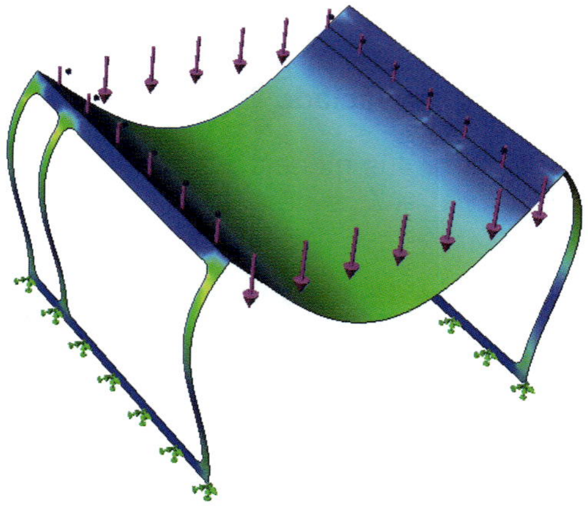

Grandes deformaciones. Cuando el modelo se encuentra sometido a cargas que provocan grandes deformaciones debe activar la opción de cálculo para grandes desplazamientos desde la ventana de información o desde el menú de propiedades del análisis. La opción grandes desplazamientos resuelve el problema teniendo en cuenta los cambios de rigidez provocados por las deformaciones.

2.11 Mallado

Una de las etapas más importantes en la realización de una simulación numérica por ordenador es la definición del mallado del modelo tridimensional de pieza o de ensamblaje. Como ya sabe, el mallado es una operación que divide el modelo en porciones más pequeñas denominadas elementos que a su vez se encuentran conectados a otros elementos adyacentes mediante puntos o nodos.

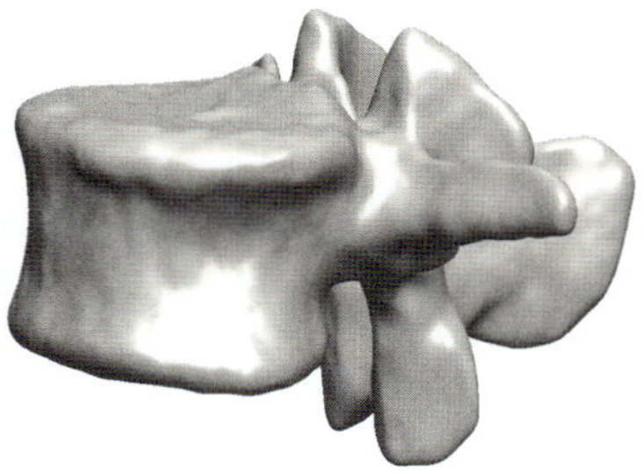

Modelo CAD

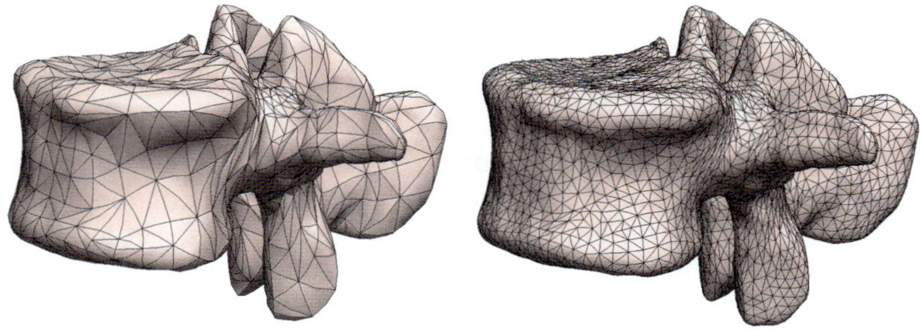

Modelo Mallado

El **Método de elementos finitos** (FEM) resuelve ecuaciones diferenciales sobre cada uno de los nodos del modelo mallado y extiende la solución, de forma aproximada y mediante interpolación, al resto de puntos que no son nodos. El posprocesado final permite visualizar el resultado del análisis sobre el mismo modelo 3D y en colores por el suavizado y la interpolación de los resultados numéricos obtenidos.

SolidWorks **Simulation** tiene la ventaja de estimar de forma automática el tamaño medio de la malla (número de nodos y elementos), en función de las dimensiones y de la forma geométrica del moldeo. Sin embargo, es muy recomendable que en los análisis previos defina una malla más grosera (mayor tamaño de los elementos) para obtener soluciones más rápidas y finalmente, cuando desee incrementar la precisión de los resultados, utilice un tamaño más pequeño.

El tipo de elementos generado en el proceso de mallado puede ser: **Sólidos tetraédricos 3D**, **Elementos de vaciado 2D** y **Elementos de viga 1D**.

Cada uno de sus modelos 3D deben ser mallados con algunos de los métodos indicados o por la combinación de dos de ellos, cuando sea requerido. En este último caso la malla final obtenida se denomina **Mixta**.

Los elementos en 3D (sólidos tetraédricos) se aplican en modelos sólidos de gran tamaño, los de 2D (elementos de vaciado) cuando las piezas tienen espesores reducidos y los de 1D (Elementos viga) cuando se emplean en miembros estructurales.

El **Grado de Libertad (DOF)** de un nodo se define como la capacidad que este tiene para desplazarse por rotación o traslación. Así, por ejemplo, los nodos de los elementos sólidos (3D) tienen tres grados de libertad mientras que los elementos de vaciado (2D) tienen seis grados de libertad (tres de traslación y tres de rotación), en los ejes X, Y y Z.

Tipos de mallado

SolidWorks **Simulation** trabaja con tres tipos de malla: **malla sólida**, **malla de vaciado** y una combinación de estas dos, la **malla mixta**.

Malla sólida

SolidWorks Simulation crea dos tipos de malla sólida en función del tipo de elemento **sólido tetraédrico** creado (**lineal** o **parabólico**).

- **Elemento Sólido tetraédrico lineal**. Se conoce como **Malla con calidad de borrador**. Los elementos lineales o de primer orden son definidos por cuatro nodos conectados por seis aristas. Cada nodo presenta tres grados de libertad. Las aristas son rectas y las caras planas. Permanecen rectas cuando son sometidas a una deformación. No es recomendable su empleo en geometrías curvas.
- **Elemento Sólido tetraédrico parabólico**. Es la denominada **Malla de alta calidad**. Los elementos parabólicos o de orden superior se definen por cuatro nodos angulares, seis nodos en cada uno de los centros de las seis aristas. En total dispone de diez nodos cada uno de ellos con tres grados de liberad. Se emplea en geometrías curvilíneas con resultados mejores pues los elementos se adaptan mejor a la superficie.

Elemento sólido lineal

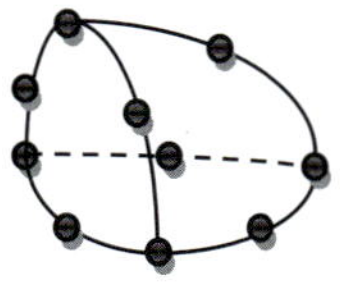

Elemento sólido parabólico

Cuando se establece la misma **densidad de malla** (mismo número de elementos), el modelo mallado con elementos sólidos parabólicos presentan mejores resultados tras el análisis y pos-procesado final pero requiere mayor tiempo y requisitos de cálculo.

Malla de vaciado

SolidWorks **Simulation** emplea dos tipos de malla de vaciado: **elementos de malla de vaciado triangulares lineales** y **parabólica**. Son útiles me modelos de superficie y chapa metálica.

- **Elementos de vaciado triangulares lineales**. O de primer orden. Es el tipo de malla con calidad de borrador. La malla se define por 3 nodos angulares y tres aristas. Cada nodo tiene seis grados de libertad. El desplazamiento se describe con los tres componentes de traslación y los tres componentes de rotación. No es recomendable su uso en geometrías curvilíneas pues los elementos se adaptan con dificultad.
- **Elementos de vaciado triangulares parabólicos**. Denominado **malla de alta calidad**. La malla se define con tres nodos angulares, tres centrales y tres aristas parabólicas.

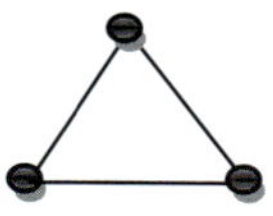

Elemento triangulares lineales

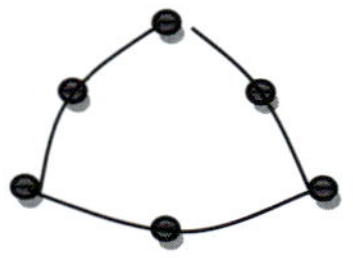

Elementos triangulares parabólicos

Cada uno de los nodos tiene seis grados de libertad (DOF): tres traslaciones y tres rotaciones, en los ejes (X, Y y Z). Se adaptan bien a las geometrías curvilíneas. **Solid**Works **Simulation** crea malla de vaciado de forma automática cuando detecta que el modelo a mallar es una superficie, chapa metálica con espesor uniforme o una pieza delgada de espesor constante.

Cuando la geometría existente está formada por espesores delgados, superficies o partes de chapa metálica además de partes gruesas **Solid**Works **Simulation** crea una **malla mixta**, formada por elementos de vaciado y elementos sólidos.

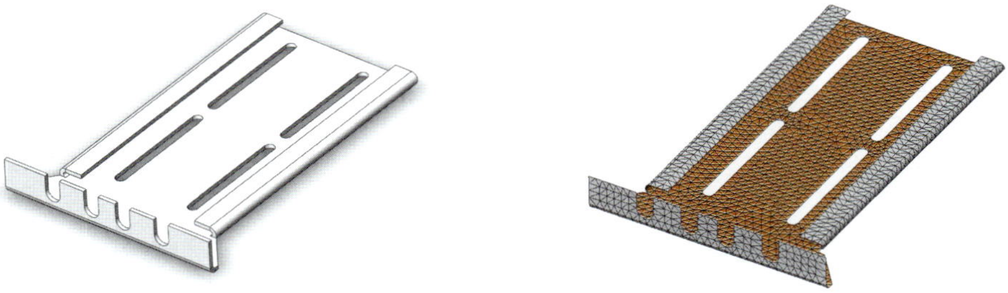

El mallado con elementos de primer orden (mallado borrador) tanto en la creación de malla sólida como en malla de vaciado debe emplearse en análisis preliminares. En la realización de análisis finales es recomendable el empleo de elementos de alta calidad o de segundo orden para garantizar que los resultados obtenidos son los óptimos.

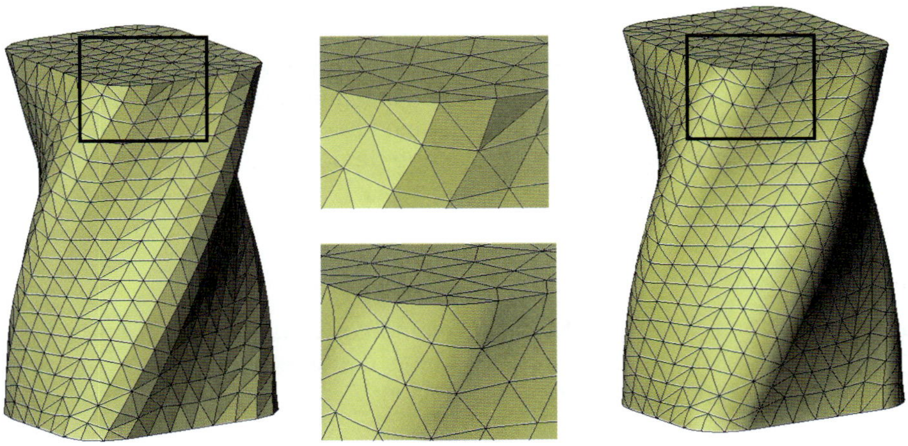

Primer orden **Segundo orden**

Los sólidos tetraédricos lineales se conocen con el nombre de elementos tetraédrico de **primer orden (calidad borrador).** Los elementos tetraédricos parabólicos son los de **segundo orden (alta calidad)**. Estos últimos se emplean en geometrías curvilíneas complejas.

2.11.1 Métodos adaptativos

La operación de mallado establace el tipo de malla (Fina o gruesa) por el desplazamiento del cursor deslizante de izquierdas a derechas. Además, en función del tamaño de los elementos seleccionados se define, de forma automática, una tolerancia que depende del tamaño de los elementos y la geometría del modelo 3D.

En **Avanzado** puede definir el número de puntos jacobianos, la calidad de borrador, activar la opción de pruebas automáticas para el sólido y regenerar la malla de piezas fallidas con malla incompatible.

En la selección de una malla estándar con 4 puntos jacobianos, **Solid**Works **Simulation** crea una malla que no garantiza una gran precisión pero que puede emplearse en las primeras simulaciones rápidas, donde interese obtener los primeros resultados sin gran precisión.

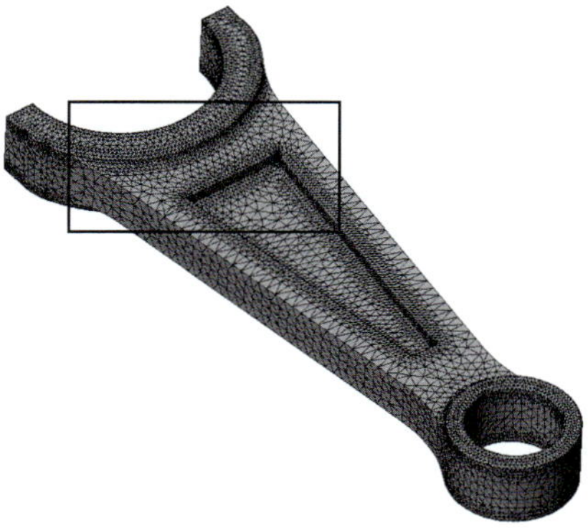

Sin embargo, nos podemos preguntar si la calidad de la malla definida es válida para obtener unos resultados coherentes en el modelo evaluado. También nos podemos preguntar si el tamaño de la malla es el adecuado. En estos casos **Solid**Works **Simulation** ofrece dos métodos de cálculo que son capaces de realizar diversas iteraciones hasta conseguir una determinada precisión en los resultados finales con un nivel de error predeterminado. Los procedimientos se denominan métodos adaptativos y **Solid**Works **Simulation** dispone de dos métodos distintos: **Método H** y del **Método P**.

Método H

En el **Método H** la malla inicial se subdivide en elementos más pequeños en las zonas donde existe mayor riesgo de error, como en el caso de zonas donde existen fuerzas mayores, cambios en las secciones o dónde se produce mayor deformación.

La estimación del error se basa en la continuidad de las tensiones. **Solid**Works realiza la media del valor de las tensiones en todos los nodos de la malla y compara el valor de la tensión en cada uno de los nodos. El error es la diferencia entre el valor medio y el valor en cada nodo. Cuando el error es superior a un porcentaje predefinido, el cálculo se para y se realiza un mallado más refinado. Podemos definir el número de iteraciones a realizar en cada una de las simulaciones. El análisis se detiene cuando el error obtenido es inferior a un porcentaje, cuando se llega a un número de iteraciones determinado o cuando los resultados de las iteraciones convergen hacia un único valor.

Para definir un procedimiento adaptativo basado en el **Método H**:

1. Pulse con el botón derecho del ratón sobre el nombre de la simulación desde el Gestor de Simulación. Seleccione **Propiedades**.
2. Pulse sobre la casilla **Solución Adaptativa** y seleccione el **Método-H**.
3. Defina las **Opciones** del método (nivel, balance de precisión y máximo número de bucles) y pulse **Aceptar**.

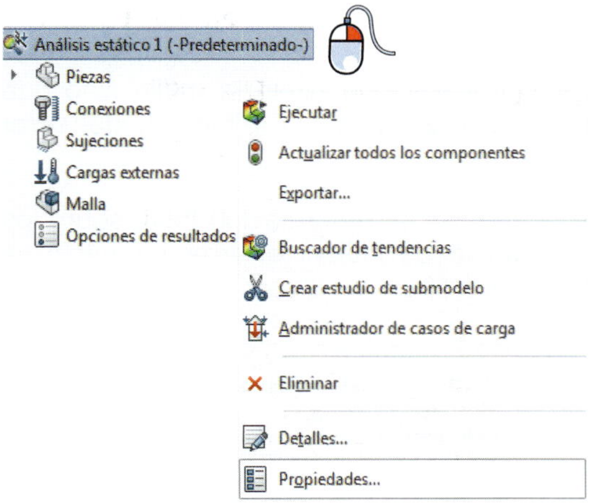

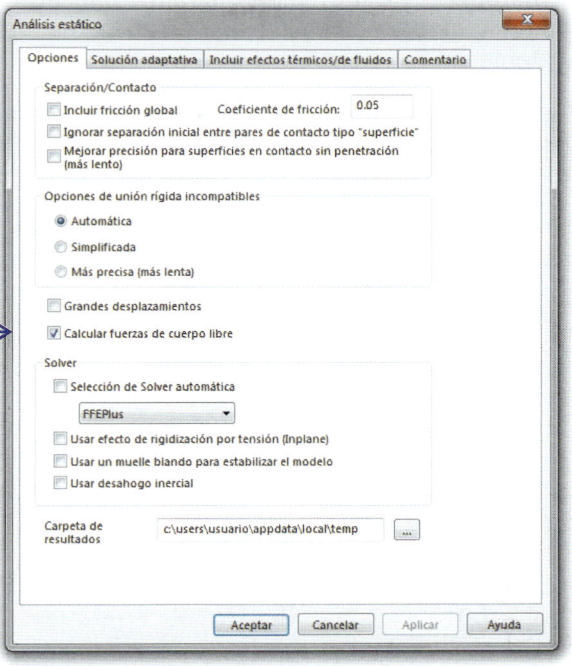

Nivel de precisión. Define el nivel de precisión para la norma de energía de deformación unitaria mediante el desplazamiento del control deslizante. Un desplazamiento hacia la derecha ofrece un nivel de precisión más alto pero ralentiza la resolución de las simulaciones. Un alto nivel de precisión en la convergencia de la norma de energía de deformación unitaria indica buenos resultados de tensión.

Desvío de precisión/Balance. El desplazamiento del control deslizante hacia la izquierda (**Local**) indica a **Solid**Works la necesidad de obtener resultados precisos de tensión usando una cantidad menor de elementos. Los resultados son obtenidos de forma más rápida. Si desplaza el control deslizante hacia la derecha (**Global**) **Solid**Works se centra en la obtención de resultados globales precisos y requiere mayor tiempo de cálculo.

N.º de bucles máximo. Determina el número máximo de bucles permitido al ejecutar el estudio. El número máximo posible de bucles es 5.

Reducir el n.º de elementos en regiones con bajo nivel de error. La activación es esta casilla permite que **Solid**Works realice un engrosamiento de la malla en las regiones con bajo nivel de error durante los bucles adaptativos. Si desactiva la opción **Solid**Works no cambiará la malla en las regiones con bajo nivel de error, por lo que el número de elementos sigue aumentando en cada bucle adaptativo. **Solid**Works detiene los bucles cuando se obtiene la precisión de destino o cuando se alcanza el número máximo de bucles.

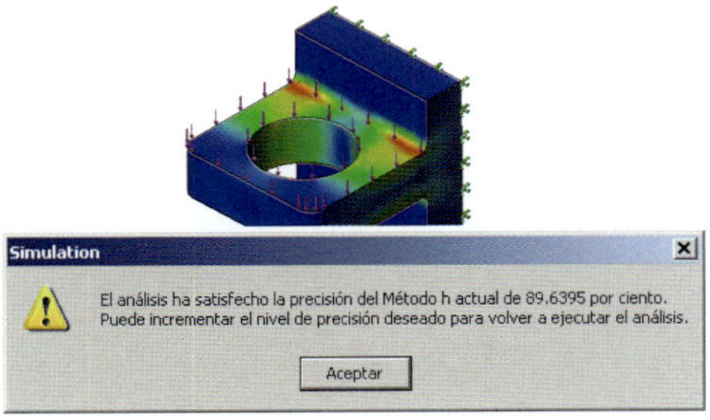

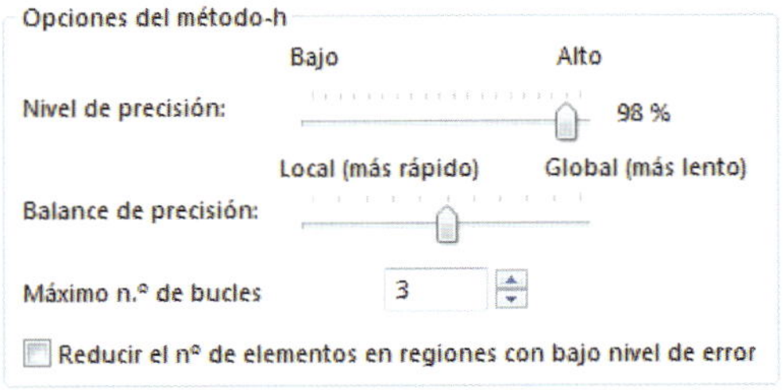

Método P

El **método P** es un método iterativo que no crea elementos adicionales en la malla sino que aumenta el orden polinomial de las caras de determinados elementos en función del error existente.

Puede seleccionar en que base calcular el error, sobre la energía de deformación total, sobre los desplazamientos o sobre las tensiones von Mises. Además, debe indicar el error permitido, el orden polinomial inicial y final y el número de interacciones permitidas.

Para definir un procedimiento adaptativo basado en el **Método P** siga los mismos pasos que en el caso anterior y seleccione **Método-P** desde la pestaña de **Soluciones Adaptativas**.

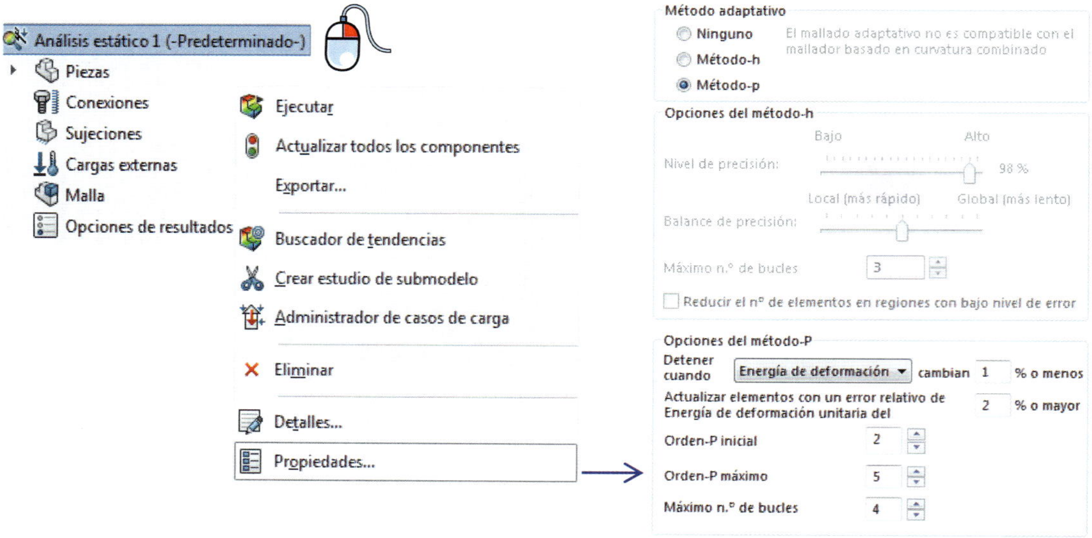

Defina las **Opciones del método-P**:

Detener cuando. Seleccione el criterio a tener en cuenta para detener los bucles e indicar la convergencia. Puede definir: **Energía de deformación total**. La energía de deformación unitaria del modelo calculada mediante la suma de la energía de deformación unitaria de todos los elementos, **Tensiones von Mises (RMS)**. El valor de raíz cuadrada de las tensiones en nodos de von Mises, **Desplazamiento RMS Res**. El valor de raíz cuadrada de los desplazamientos en nodos resultantes.

El cambio es xx% o menor. Define el cambio relativo máximo permitido en el criterio global seleccionado (**Energía de deformación total**, **Tensiones von Mises (RMS)** o **Desplazamiento RMS Res**).

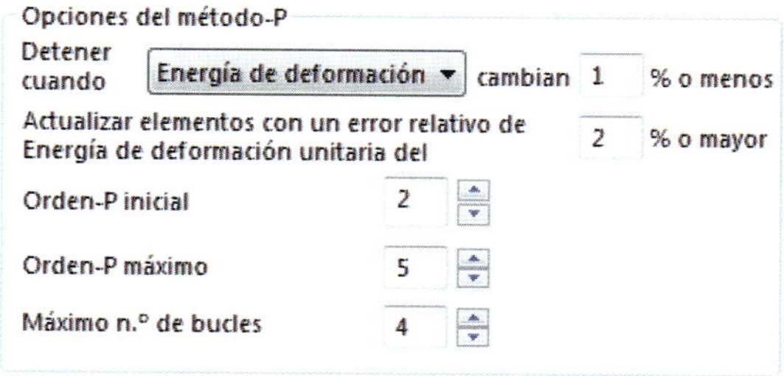

Actualizar elementos con un error relativo de Energía de deformación unitaria del xx% o mayor. Define el error relativo máximo que es permitido en la energía de deformación unitaria de cada elemento.

Orden-p inicial. Define el orden a aplicar en el primer bucle. El orden menor es 2 y el mayor es 5.

Orden-p máximo. Define el orden p más alto a utilizar. El orden más alto posible es 5.

N.º de bucles máximo. Indica el número máximo de bucles permitido para el análisis. El número máximo posible de bucles es 4. **Solid**Works detiene los bucles cuando el criterio global converge, convergen todos los errores locales (es decir, para cada elemento) o se alcanza el número máximo de bucles.

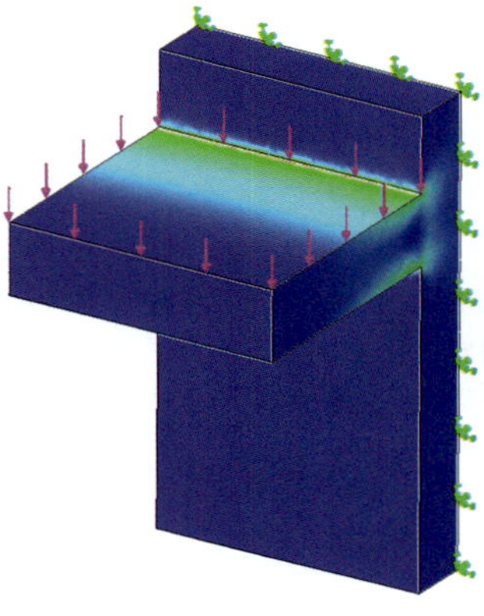

Método H

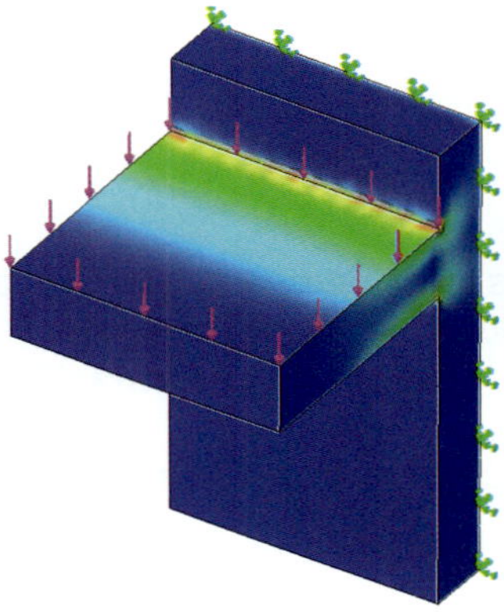

Método P

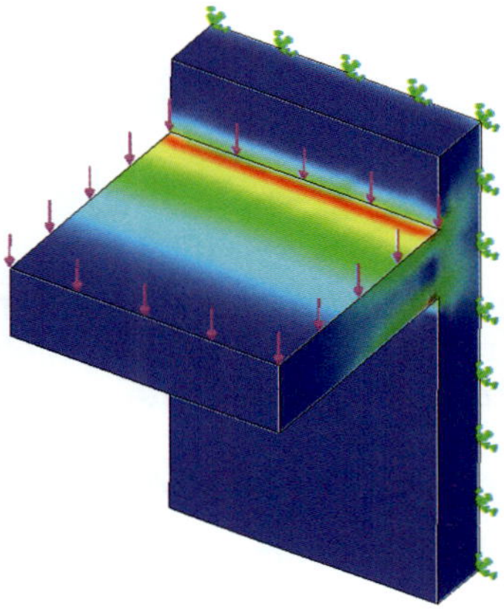

Ninguno

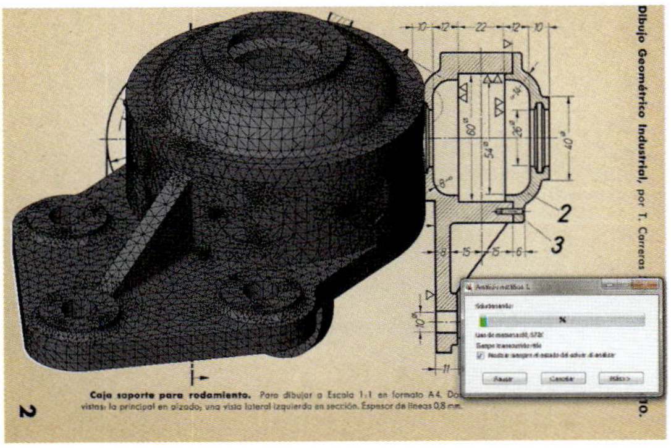

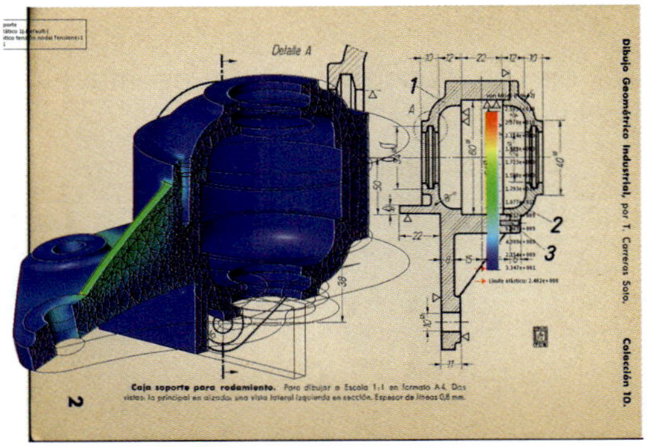

Para garantizar la correcta **convergencia** de malla es muy recomendable mallar y ensayar su modelo con diferente densidad de malla. Observe que, a partir de un número de nodos determinado, los resultados obtenidos (fuerzas, desplazamientos, etc.) son los mismos.
La **convergencia** permite definir el número mínimo de elementos de malla o densidad que garantice el resultado óptimo.

2.11.2 Gráficos de convergencia de los métodos adaptativos

Después de haber efectuado un análisis adaptativo con el **método-p** puede obtener las gráficas de convergencia para conocer la calidad de los resultados finales obtenidos en sus trazados. Pulse con el botón derecho del ratón sobre la carpeta **Resultados** y seleccione el **Gráfico de convergencia del método adaptativo**.

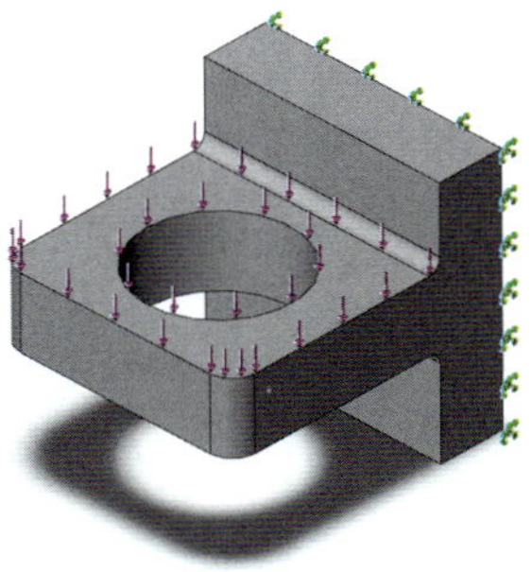

Seleccione una de las cinco opciones para determinar la Gráfica de convergencia en un estudio estático que ha empleado en Método-p: **Nivel de precisión**, **Máxima tensión de von Mises**, **Desplazamiento resultante máximo**, **Energía de deformación total** o **Número de nodos**.

- **Energía de deformación total**. Crea un gráfico de la energía de deformación total del modelo.
- **Grados de libertad (GDL)**. El gráfico creado muestra los grados de libertad. Los grados de libertad aumentan a medida que aumenta el orden-p.
- **Desplazamiento resultante máximo**. La gráfica creada muestra el desplazamiento máximo resultante en cada uno de los bucles.
- **Máxima tensión de von Mises**. La gráfica presenta la tensión máxima de von Mises calculada en cada bucle.

En el eje de abscisas se representa el número de bucles y en el de ordenadas la unidad seleccionada.

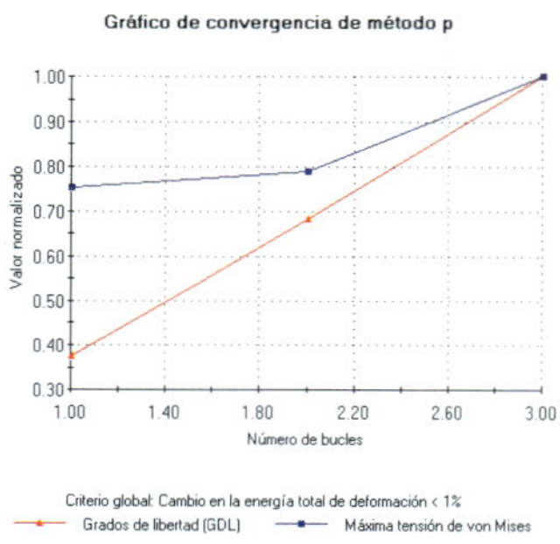

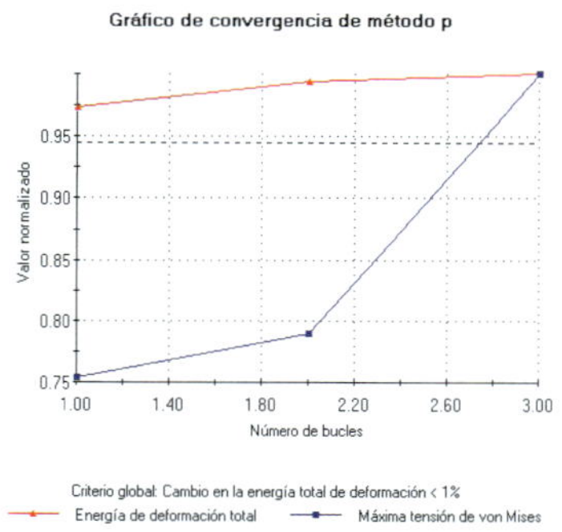

La solución Adaptativa **Método-P** no es compatible con presión no uniforme, fuerzas no uniformes ni con múltiples presiones definidas en una cara. En estos casos seleccione el **Método-H**.

2.11.3 Creación y definición de malla

Para crear la **Malla** sobre su modelo:

1. Pulse con el botón derecho del ratón sobre **Malla** desde el Gestor de Simulación o pulse sobre el icono **Malla** de la barra de herramientas. Seleccione del cuadro de diálogo emergente la opción **Crear malla.**
2. En **Parámetros de mallado** defina las opciones para su modelo: **Mallador**, **Unidades**, **Tamaño global**, **Tolerancia**, **Transición automática**, etc. Pulse **Aceptar** para crear el mallado en su modelo.

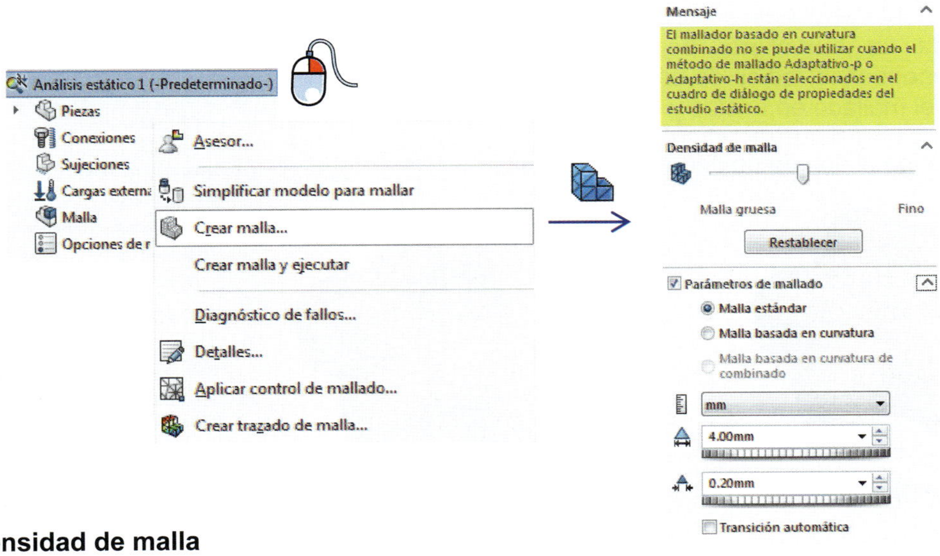

Densidad de malla

El movimiento del cursor deslizante hacia la izquierda incrementa el tamaño global del elemento (**Malla gruesa**) mientras que su desplazamiento hacia la derecha lo disminuye, incrementando la calidad y precisión del mismo (**Malla fina**).

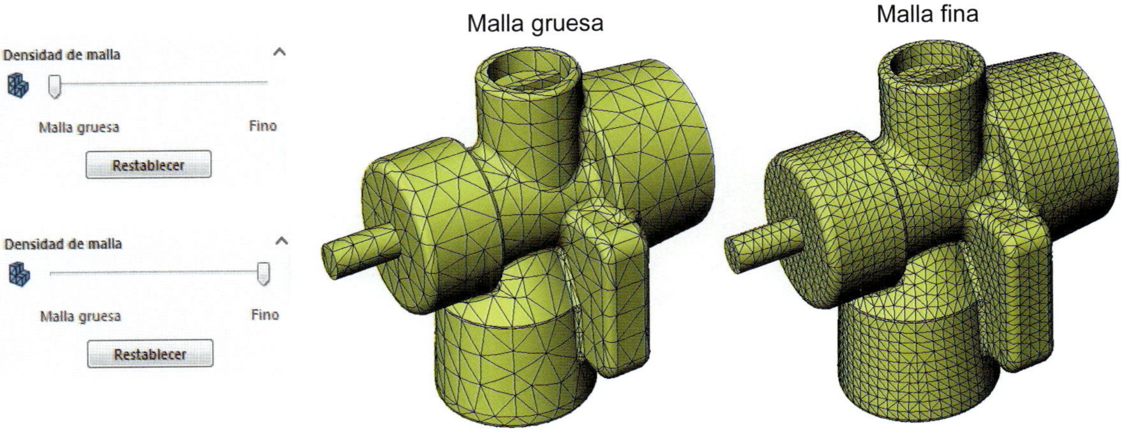

El mallado fino mejora la calidad e incrementa el número de elementos. Es importante emplear esta densidad en piezas geométricamente complejas. La malla gruesa es recomendable cuando tan solo sea necesario realizar una evaluación rápida del modelo. El botón **Restablecer** desplaza el cursor deslizante hasta la posición predeterminada.

2.11.4 Parámetros de malla

Permite definir el **Tamaño**, la **Tolerancia** y las **Características generales** del elemento.

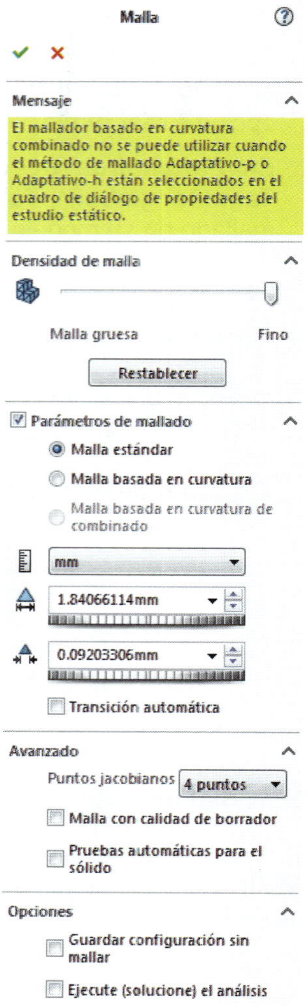

- **Malla estándar.** Es un tipo de malla aplicable en la mayoría de los casos y de muy rápida ejecución. Genera un mallado más homogéneo en toda la geometría del modelo tridimensional de pieza. Sin embargo, crea elementos alargados cuando los radios de curvatura son pequeños.

- **Malla basada en curvatura.** Es un mallado adecuado para modelos con pequeños radios de curvatura pues permite controlar mucho mejor el mallado en aristas y caras curvas.

- **Unidades.** Define el tipo de unidades para la malla.

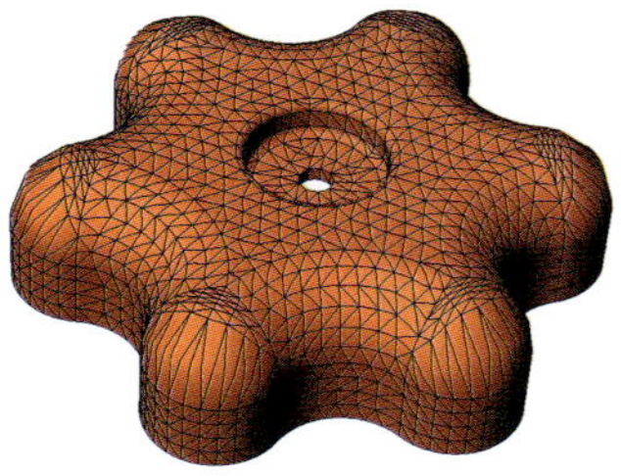

Malla estándar

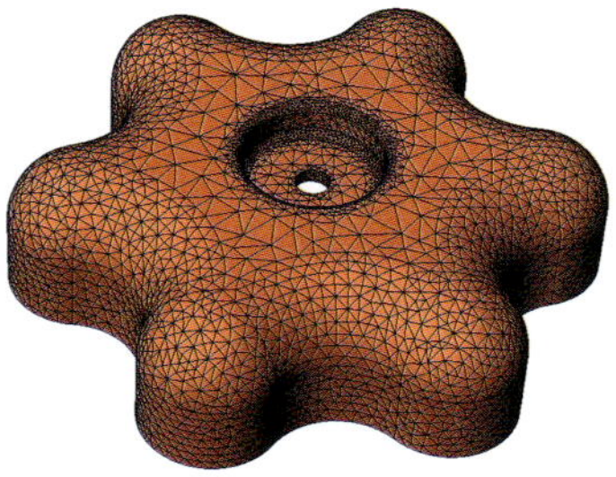

Malla basada en curvatura

- **Tamaño global.** Permite definir el tamaño medio de los elementos. Si no se indica ningún valor **Solid**Works **Simulation** establece un valor predeterminado en función de las características geométricas de la pieza. Esta opción solo está activa para **Malla estándar** y no permite definir el tamaño en **Malla basada en curvatura**.

Malla gruesa

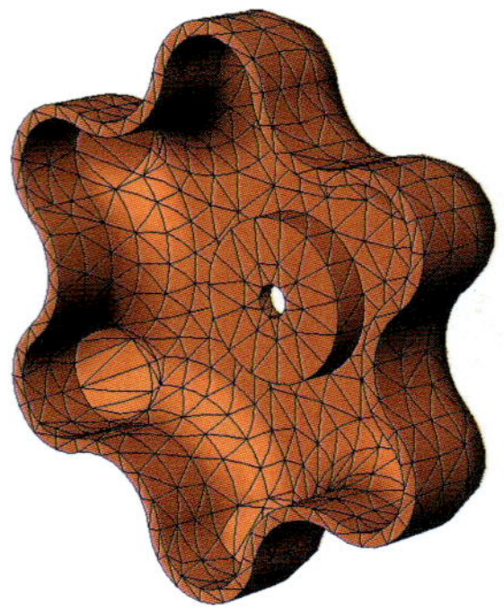

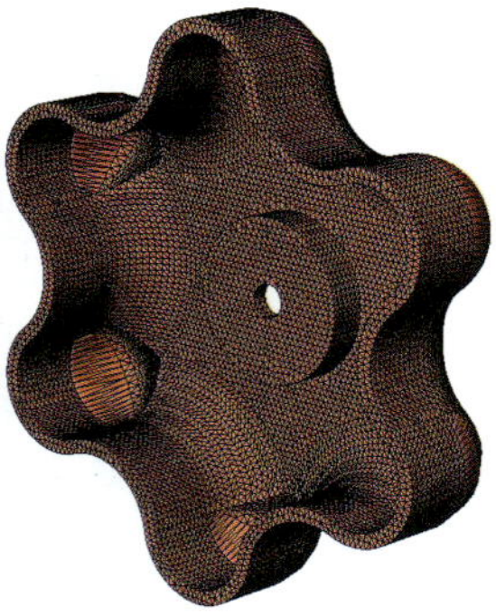

Malla fina

- **Tolerancia.** Define la tolerancia del elemento cuando se relaciona un mallado estándar. De forma predeterminada se establece como tolerancia un 5 % del tamaño global del elemento. La tolerancia no puede ser mayor al 30 % del tamaño del elemento.

- **Transición automática**. Su activación define de forma automática un control de malla más detallado y preciso en operaciones finas y curvas como redondeados y taladrados.

Transición automática　　　　Sin Transición automática

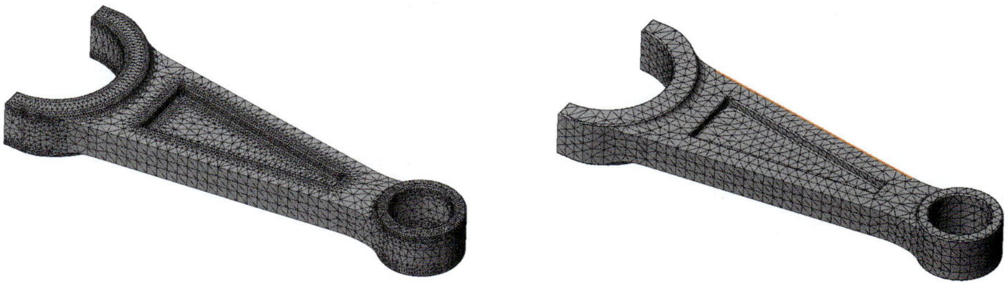

- **Tamaño máximo y mínimo del elemento.** Define el tamaño máximo y mínimo que puede tener un elemento en malla de curvatura.

- **N.º mín. de elementos en un círculo**. Define el número de elementos en un círculo teniendo siempre en cuenta el tamaño máximo y el mínimo anteriormente definido

- **Cociente de crecimiento del tamaño del elemento**. Permite definir la variación del tamaño de los elementos cuando se pasa de grandes a pequeñas curvaturas.

Tamaño máximo del elemento　　　　Tamaño mínimo del elemento

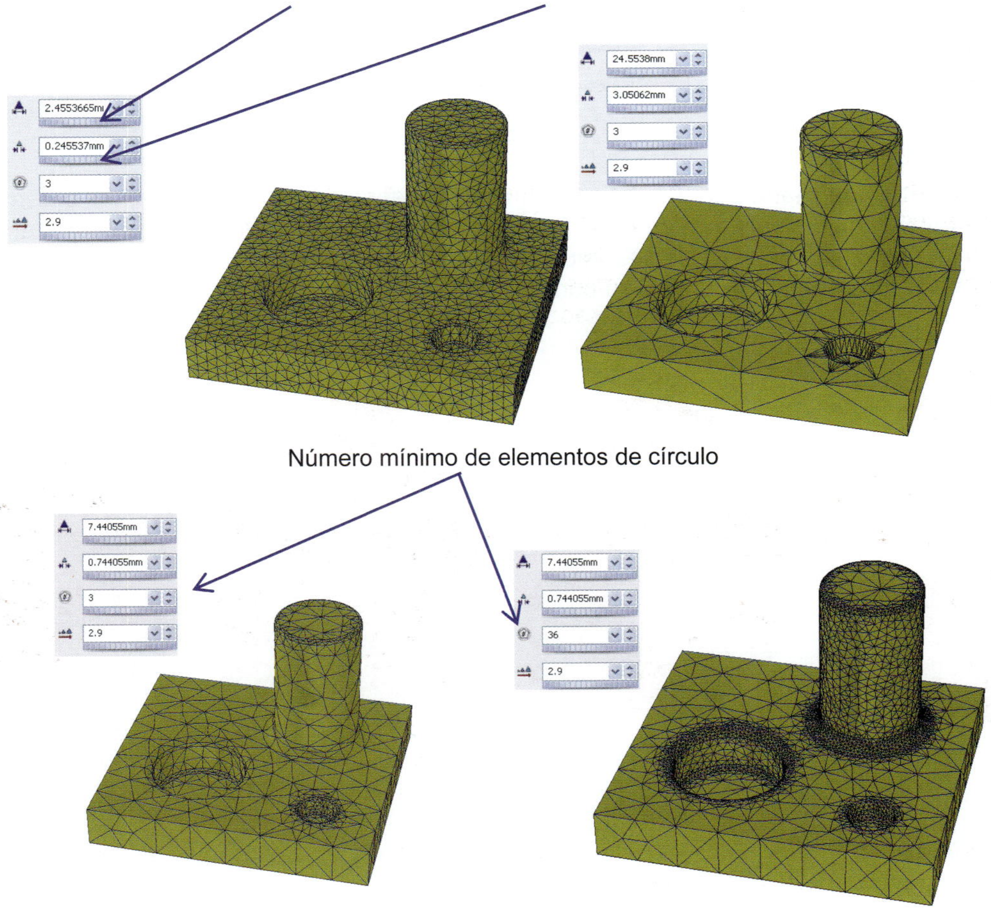

Avanzado

- **Puntos jacobianos**. Define el número de puntos para realizar la verificación jacobiana y determinar el nivel de distorsión de los elementos. Solo puede ser definido si la opción **Malla con calidad de borrador** está desactivada. En vaciados de segundo orden la verificación jacobiana usa 6 puntos localizados en los nodos. Vea el apartado de **Calidad de malla**.
- **Malla con calidad de borrador.** Se recomienda activar la opción cuando se desee evaluar el comportamiento de un modelo de forma rápida y aproximada (Sólido tetraédrico lineal o elementos de vaciado triangulares lineales).
- **Pruebas automáticas para el sólido.** Su activación permite que **Solid**Works **Simulation** intente realizar un nuevo mallado de forma automática sobre el mallado actual haciendo los elementos más pequeños con un coeficiente de reducción del 0,8.
- **Número de intentos.** Define el número máximo de intentos de mallado.

Opciones

- **Guardar configuración sin mallar**. Guarda las opciones de malla seleccionadas.
- **Ejecute (solucione) el análisis**. Ejecuta el análisis al finalizar el proceso de mallado.

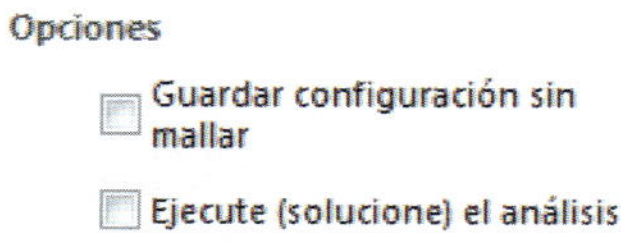

Control de malla

La opción **Control de malla** permite definir una distinta densidad de malla en zonas determinadas del modelo a evaluar. Es esta forma puede tener un modelo con un tamaño de malla general y otro específico en aquellas zonas donde sea importante una mejor definición. El control de malla puede realizarse en vértices, aristas, caras y en componentes.

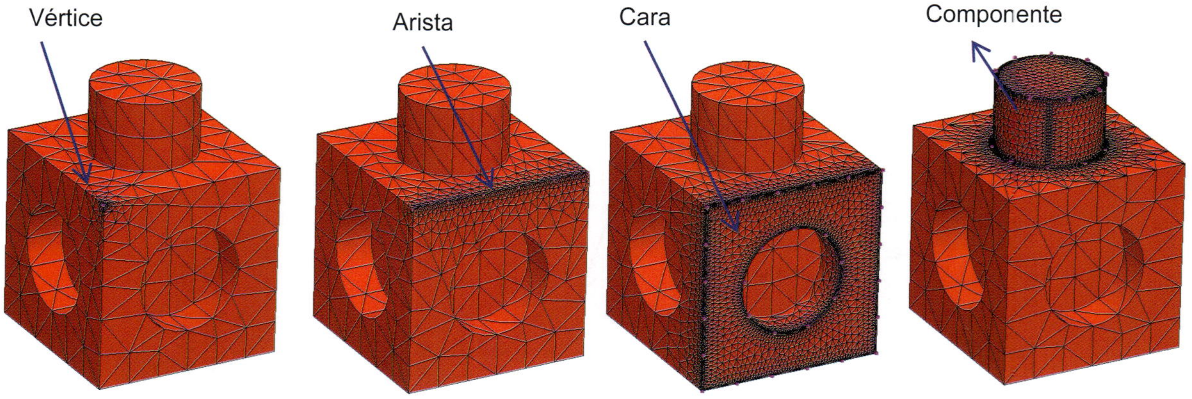

Es muy recomendable emplear el **Control de malla** en las regiones críticas del modelo y reducir el tamaño de los elementos. De esta forma mejora la precisión de los resultados gráficos posprocesados.

Para definir el **Control de malla** en su modelo:

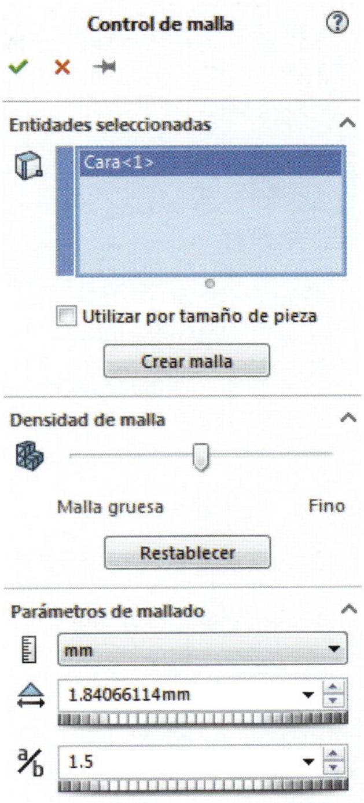

1. Pulse con el botón derecho del ratón sobre **Malla** desde el Gestor de Simulación. Seleccione **Aplicar control de mallado**.
2. En el PropertyManager de **Control de malla** seleccione las entidades en las que desee aplicar el control de malla seleccionándolas desde la zona de gráficos. Puede seleccionar **vértices**, **aristas**, **caras** o **componentes** enteros.
3. Defina la **Densidad de malla**, el **Tamaño de los elementos** y el **Cociente a/b**.
4. Pulse **Aceptar**. Para hacer efectivo el control de malla definido vuelva a mallar su modelo.
5. Pulse con el botón derecho del ratón sobre **Malla** desde el Gestor de Simulación. Seleccione **Crear malla**.
6. Defina las características generales y pulse **Aceptar**.

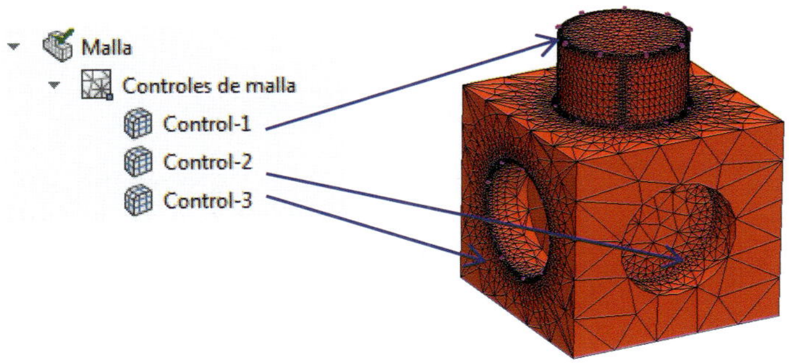

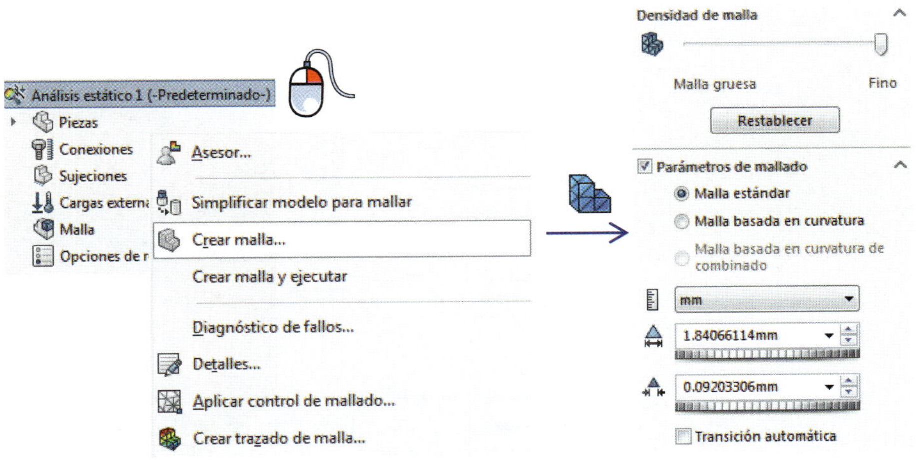

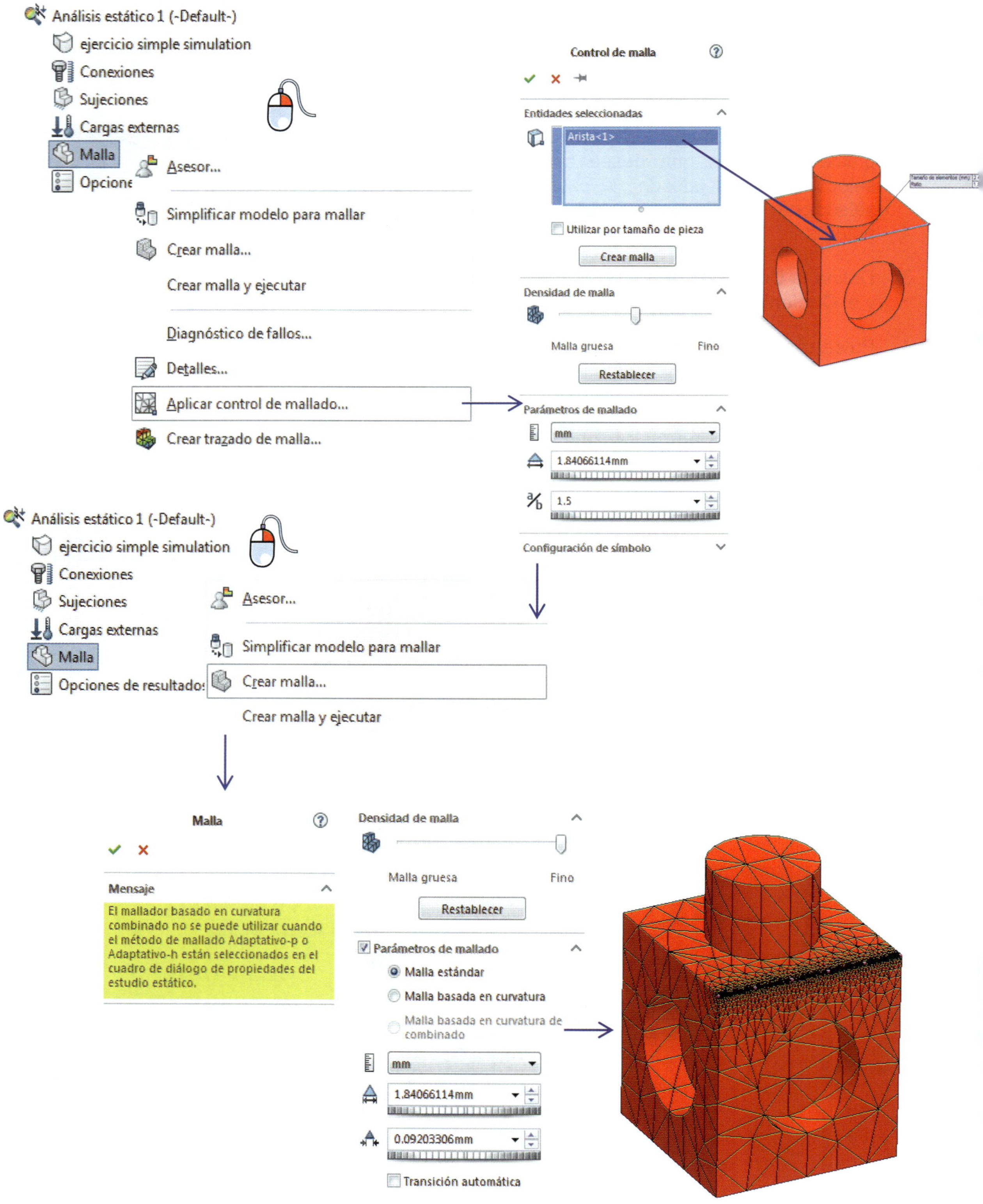
Análisis estático 1 (-Default-)
ejercicio simple simulation
Conexiones
Sujeciones
Cargas externas
Malla
Opcione
Asesor...
Simplificar modelo para mallar
Crear malla...
Crear malla y ejecutar
Diagnóstico de fallos...
Detalles...
Aplicar control de mallado...
Crear trazado de malla...
Control de malla
Entidades seleccionadas
Arista<1>
Utilizar por tamaño de pieza
Crear malla
Densidad de malla
Malla gruesa
Fino
Restablecer
Parámetros de mallado
mm
1.84066114mm
1.5
Configuración de símbolo
Análisis estático 1 (-Default-)
ejercicio simple simulation
Conexiones
Sujeciones
Cargas externas
Malla
Opciones de resultado:
Asesor...
Simplificar modelo para mallar
Crear malla...
Crear malla y ejecutar
Malla
Mensaje
El mallador basado en curvatura combinado no se puede utilizar cuando el método de mallado Adaptativo-p o Adaptativo-h están seleccionados en el cuadro de diálogo de propiedades del estudio estático.
Densidad de malla
Malla gruesa
Fino
Restablecer
Parámetros de mallado
Malla estándar
Malla basada en curvatura
Malla basada en curvatura de combinado
mm
1.84066114mm
0.09203306mm
Transición automática

Cuando se evalúa un ensamblaje y se desea aplicar un **Control de malla** a varios componentes diferentes:

1. Pulse con el botón derecho del ratón sobre **Malla** desde el Gestor de Simulación. Seleccione **Aplicar control de mallado**.
2. En el PropertyManager de **Control de malla** seleccione los componentes a los que desea modificar el mallado.
3. En **Entidades seleccionadas**, seleccione **Utilizar por tamaño de pieza**. Pulse **Aceptar**.

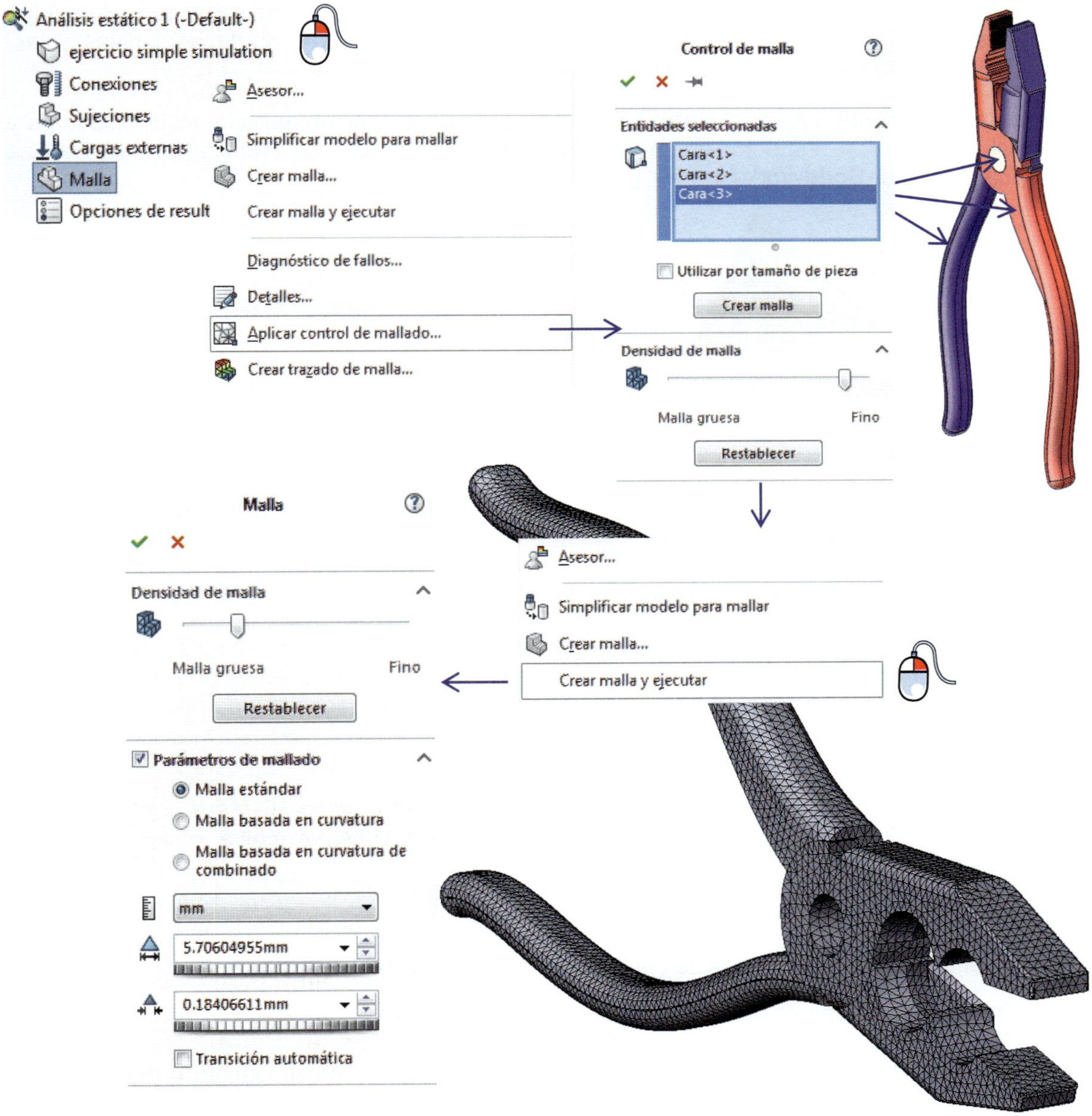

2.11.5 Calidad de malla

La precisión final de los resultados obtenidos en los trazados depende de la calidad del mallado sobre el modelo. **Solid**Works **Simulation** emplea dos procedimientos para evaluar la calidad de los elementos de la malla: la **Verificación de la relación de aspecto** (Aspect Ratio) y los **Puntos jacobianos**.

Verificación de relación de aspecto

Las mallas perfectas son aquellas en las que los elementos tetraédricos o triangulares son uniformes y sus aristas tienen la misma longitud. Cuando se tienen elementos tetraédricos perfectos, misma longitud de todas las aristas, se dice que el **Aspect Ratio** o la relación de aspecto es igual a la unidad. Sin embargo, es imposible crear un mallado con elementos tetraédricos perfectos debido a la existencia de geometría irregular formada por aristas vivas, cambios abruptos de radio, etc.

La **relación de aspecto** o **Aspect Ratio** se determina como la relación entre la arista más larga y la normal más corta respecto a un tetraedro perfecto (1,0). La verificación se realiza automáticamente por **Solid**Works.

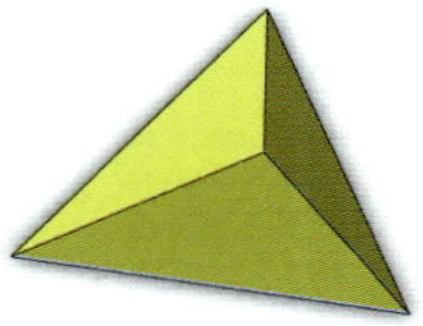

Relación de aspecto = 1.0

Relación aspecto muy alta

Puntos jacobianos

Los elementos parabólicos o de segundo orden (alta calidad) se adaptan mucho mejor a la geometría 3D que los elementos de primer orden o borrador con un mismo tamaño del elemento. En geometrías con contornos muy curvos los nodos se colocan en los centros de las aristas provocando aristas que se cruzan y elementos distorsionados.

En el caso de un elemento tetraédrico parabólico dónde los nodos centrales se localicen exactamente en el medio de las aristas rectas tiene un valor de 1.0. Este valor aumenta con la curvatura de las aristas. Se considera un valor correcto un cociente jacobiano de 40.

Volver a mallar el modelo

La creación de malla define las características geométricas del modelo 3D y sus condiciones de contacto cuando interacciona con otras piezas. Es necesario volver a mallar el moldeo en los casos en los que:

- Sea modificada la geometría 3D del modelo.
- Hayan cambiado las condiciones de contacto entre las piezas o ensamblajes.
- Haya modificado alguna de las características de la malla.

No debe volver a mallar el modelo cuando sea seleccionado un material distinto o modifique las sujeciones o se modifiquen las propiedades del estudio.

Otras opciones de mallado

Otras herramientas de mallado son accesibles cuando pulsa con el botón derecho del ratón sobre **Malla**. Observe las opciones: **Simplificar modelo para malla**, **Crear malla y ejecutar**, **Diagnóstico de fallos**, **Detalles**, **Crear trazado de malla**, **Ocultar malla** y **Ocultar todos los controles de mallado**.

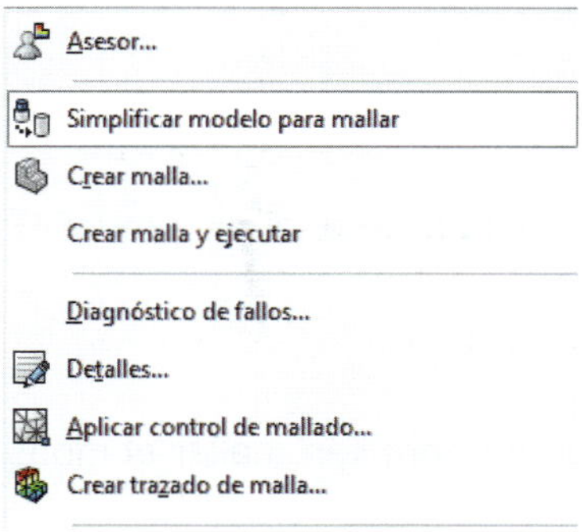

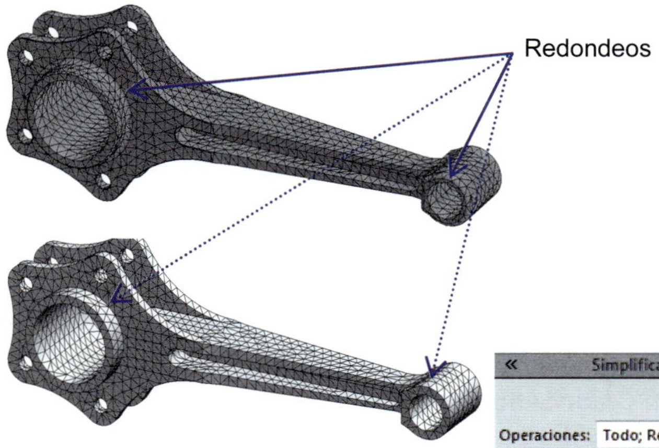

Simplificar modelo para mallar

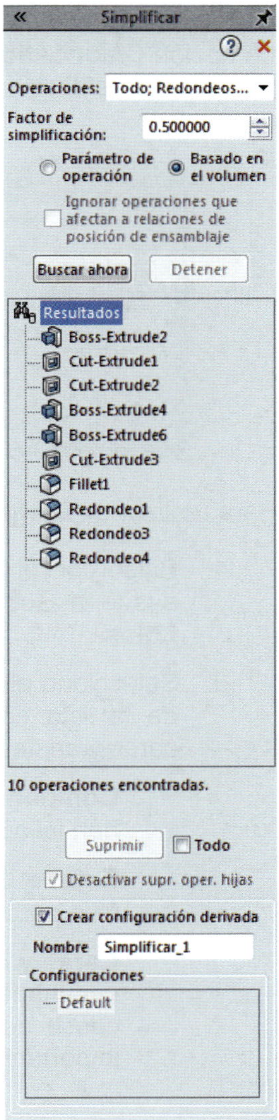

Es una opción útil cuando el modelo tiene excesivos detalles como radios, taladros, nervios que no participan directamente en el estudio que desea evaluar. Para simplificar el modelo pulse con el botón derecho del ratón sobre **Malla** y seleccione la primera de las opciones, **Simplificar modelo para mallar**.

Seleccione el **tipo de operación** que desea simplificar del modelo: chaflanes, extrusiones, saliente delgada, corte, redondeos, simple, radio múltiple, taladro (sencillo y asistente para taladro) y revoluciones (solo basado en el volumen).

Seleccione un **método de simplificación** (**Parámetro de operación** o **Basado en el volumen**).

- **Parámetro de operación**. Las operaciones son simplificadas según su parámetro de operación. Por ejemplo, un radio pequeño se simplifica con un radio mayor.
- **Basado en el volumen**. El modelo de pieza se simplifica en función de su volumen.

Defina el **Factor de simplificación** para aumentar o disminuir el grado de simplificación final del modelo.

Pulse **Buscar ahora** para iniciar el proceso de búsqueda de operaciones susceptibles de ser simplificadas. En **Resultados** puede ver las operaciones encontradas.

Pulse sobre **Suprimir** para eliminarlas del modelo y simplificarlo antes de iniciar la simulación.

Además, puede crear distintas **Configuraciones** para las distintas simplificaciones realizadas.

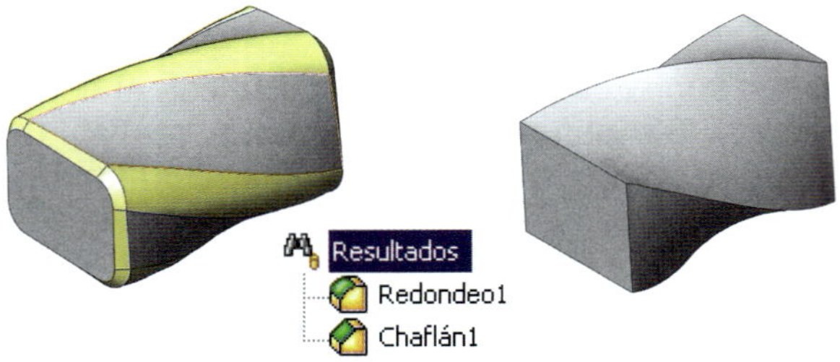

Crear malla y ejecutar

La opción **Crear malla y ejecutar** crea una malla estándar y ejecuta el análisis predefinido directamente.

Diagnóstico de fallos

Cuando **Solid**Works **Simulation** indica la existencia de errores que no permiten mallar el modelo se genera un mensaje y se detiene la operación de mallado.

La opción **Diagnóstico de fallos** permite conocer la razón por la que aparecen errores durante el proceso de definición de malla y las enumera en una lista, además de resaltarlos en la zona de gráficos.

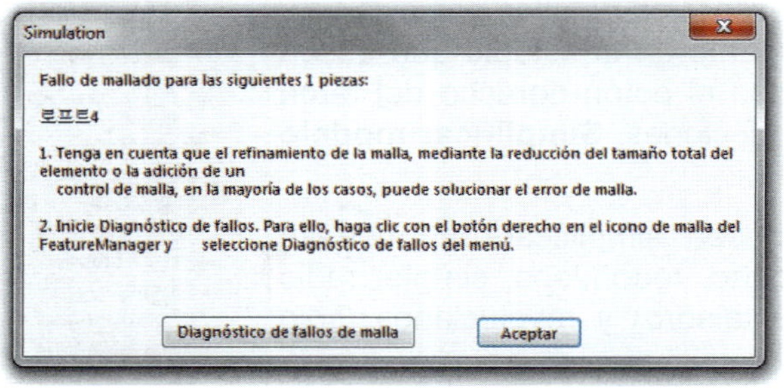

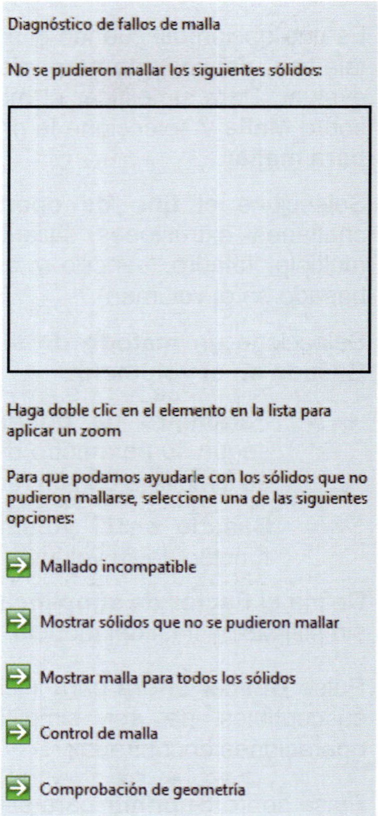

Para realizar un **Diagnóstico de fallos**:

1. Pulse con el botón derecho del ratón en el icono **Malla** desde el Gestor de diseño y seleccione **Diagnóstico de fallos.**
2. Seleccione el componente que quiera evaluar del cuadro de la lista del PropertyManager. Se resaltan todas las caras y aristas que han provocado el fallo.
   - **Componentes fallidos**. Lista los componentes que han fallado durante el mallado.
   - **Estado**. Indica la fase en la que se ha producido el fallo para cada uno de los componentes fallidos.
   - **Caras y aristas fallidas**. Lista las caras y las aristas que han ocasionado el fallo. Una vez conocida la causa de fallo debe solucionar el problema con las opciones propuestas. Es muy importante activar la opción **Activar intento automático para sólido**.

Detalles

Facilita información acerca del mallado activo en el modelo. Puede determinar el tipo de malla empleada, el mallador utilizado, el tipo de transición, el número puntos jacobianos, el tamaño y la tolerancia de los elementos, la calidad de malla y el número total de nodos.

Para ver toda esta información en su modelo:

1. Pulse con el botón derecho del ratón sobre **Malla** y seleccione la opción **Detalles**.
2. Observe el cuadro **Malla de detalles** que aparece en la zona de gráficos.

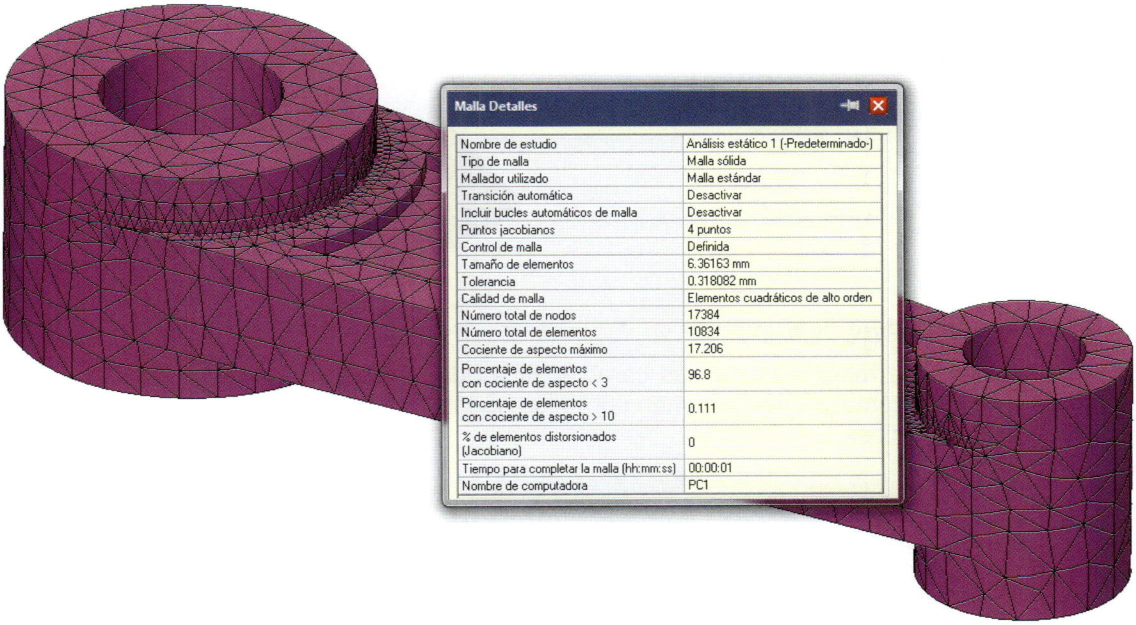

Crear trazado de malla

Traza los parámetros de calidad de elementos de sólido y vaciado. Para definir un **Trazado de calidad de malla** en su modelo:

1. Pulse con el botón derecho del ratón sobre **Malla** desde el gestor de diseño y seleccione la opción **Crear trazado de malla**.
2. En el PropertyManager de **Visualización** seleccione: **Malla**, **Cociente de aspecto** o **Jacobiana**. La opción **Malla** crea un trazado de malla regular y muestra las aristas del elemento. **Cociente de aspecto** traza la relación de aspecto de cada uno de los elementos y **Jacobiana** muestra la verificación jacobiana midiendo la posición de los nodos centrales.
3. En **Opciones avanzadas** puede seleccionar un color para los elementos de vaciado (**Color uniforme para superficies inferior del vaciado** o **Color basado en material de vaciado** o **Color basado en espesor de vaciado**).
4. En **Propiedad** indique **Incluir texto de título** y si desea asociar el trazado a una vista determinada seleccione la opción **Asociar el trazado con orientación de vista etiquetada**.
5. Pulse **Aceptar**.

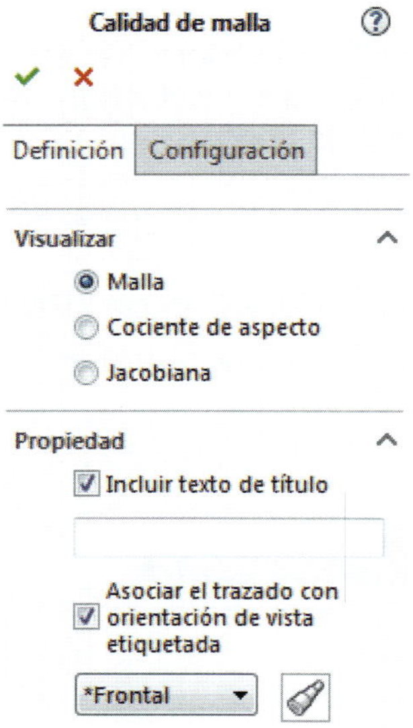

Cociente de aspecto

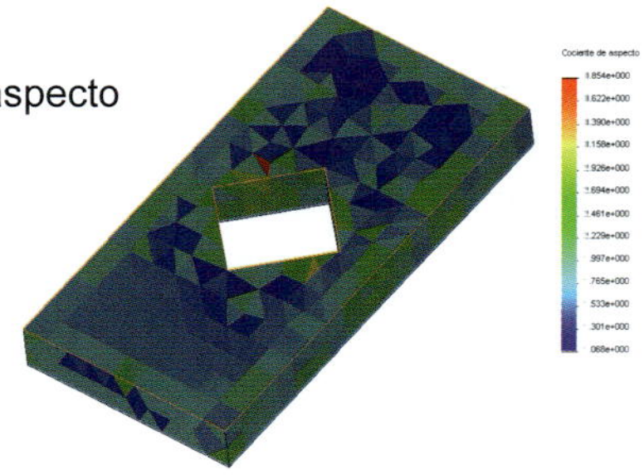

Jacobiana

Listar selección e identificar valores

Las dos opciones permiten conocer las características del mallado del elemento activo en pantalla pues informan sobre los nodos y elementos, posición y características.

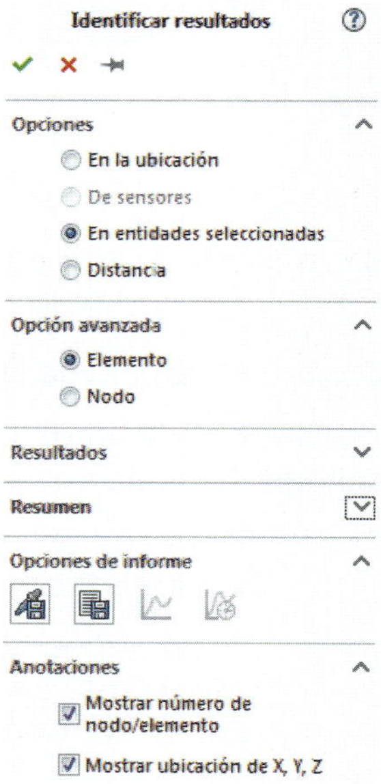

Número total de elementos	546
Volumen total de la geometría del modelo	2.0707e+005 mm^3
Volumen total de los elementos	8475.9 mm^3
% de diferencia en Volumen	95.907 %
Masa total	0.0084759 kg

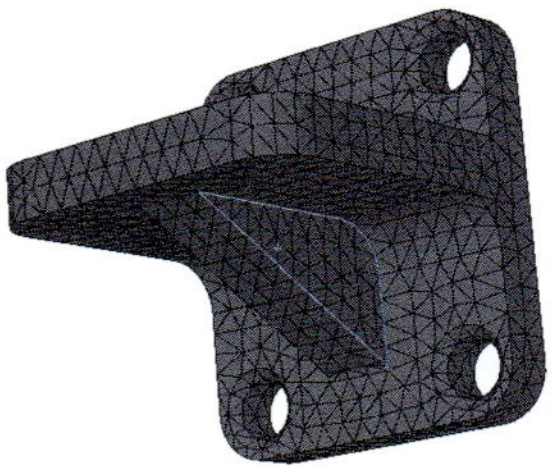

Elemento	X (mm)	Y (mm)	Z (mm)	Nodos asociados
373	-27.42475319	10.84631634	-11.10070038	682, 681, 739, 1813, 12620, 12618, 12610, 12603, 12613, 12279
448	-27.62035561	-9.45032215	7.57186842	1872, 759, 760, 758, 12178, 12181, 12172, 12185, 12188, 12187
458	4.49542522	3.89182115	28.25087357	1877, 278, 253, 279, 15488, 15643, 15641, 15482, 15491, 15642
632	3.40727425	10.07683754	28.33943367	1978, 278, 277, 252, 15487, 15499, 15495, 15650, 15652, 15653
641	-2.37360191	4.89290571	28.68980217	253, 258, 1915, 254, 15644, 15605, 15640, 15646, 15637, 15632
671	-12.58954334	16.70412827	-26.22799110	2001, 704, 720, 656, 12453, 12455, 12364, 12861, 12867, 12865
773	-2.21288466	10.98407745	-29.40644836	1952, 708, 658, 659, 12422, 12850, 12842, 12832, 12839, 12851
798	-16.85079575	11.07758904	-24.18782616	670, 669, 722, 2067, 12738, 12736, 12727, 12719, 12730, 12357
816	-17.84317589	12.96000671	-23.45950317	723, 705, 724, 2067, 12449, 12448, 12354, 12353, 12444, 12348

Para acceder a las opciones pulse con el botón derecho del ratón sobre **Malla** y seleccione **Listar selección** o **Identificar valores**.

Ocultar malla

Puede **Ocultar malla**, **Ocultar todos los controles de mallado** y mostrarlos con la opción **Mostrar todos los controles de mallado**.

2.12 Trazados

Al ejecutar un estudio **Solid**Works **Simulation** procesa toda la información definida en las condiciones de contorno (material, cargas, sujeciones, conexiones y mallado) y devuelve los resultados en forma de trazados.

Además de crear trazados puede definir listas, informes, animar las deformaciones, cortar trazados para visualizar las partes interiores del modelo, etc. Algunas de las herramientas y trazados se incluyen en la siguiente figura.

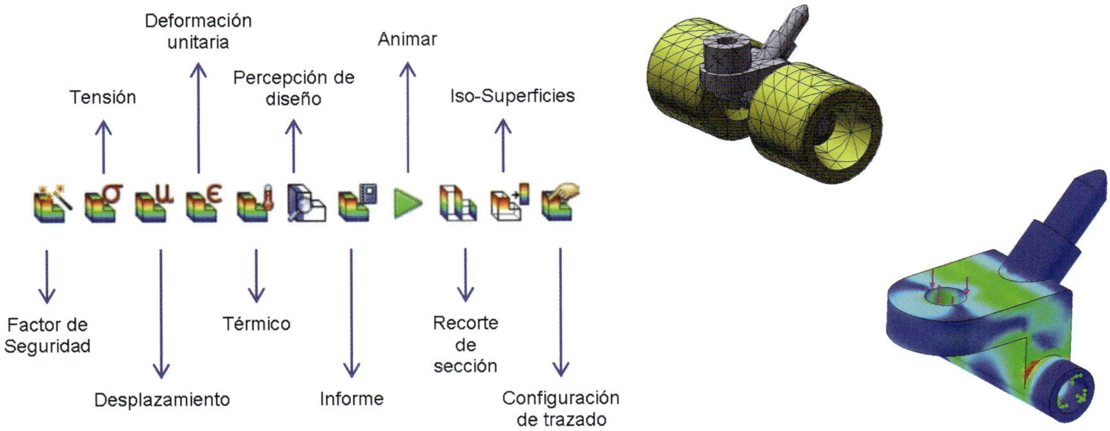

Pulse en la carpeta de **Resultados** del gestor de diseño con el botón derecho del ratón y defina el trazado deseado para cada tipo de estudio a realizar.

2.12.1 Trazado de Factor de seguridad

El trazado de **Factor de Seguridad** permite visualizar la distribución del factor de seguridad sobre el modelo y localizar las zonas que tienen valores de seguridad mínimos e inferiores a 1. En su cálculo emplea los criterios: **Máxima tensión de von Mises**, **Tensión cortante máxima (Tresca)**, **Tensión de Mohr-Coulomb** y el criterio de **Tensión normal máxima**.

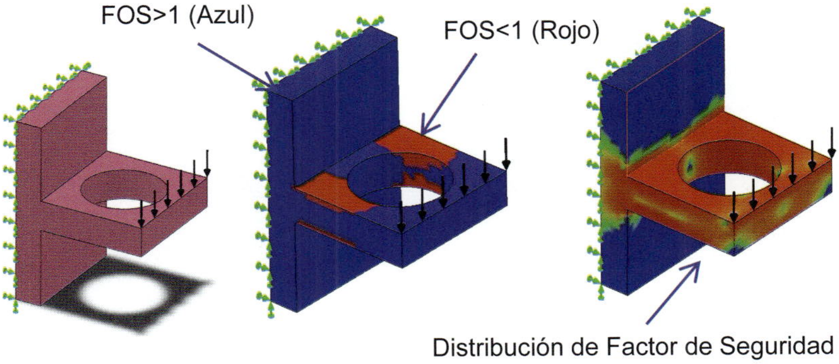

Para obtener el trazado de **Factor de seguridad** debe seguir tres pasos. En el primer **paso (1/3)** se define el **Criterio de fallo** a emplear además de definir las propiedades visuales del trazado y otros criterios para modelos con vaciados compuestos.

En el segundo **paso (2/3): Factor de multiplicación** se definen las unidades y se establece el límite de tensión (hasta el límite elástico, hasta el límite de ruptura o definido por el usuario).

Finalmente, en el último **paso (3/3)** se define cómo representar los resultados obtenidos.

Puede seleccionar **Distribuir el factor de seguridad** o **Visualizar el modelo con las áreas que se encuentran por debajo del factor de seguridad** calculado (color rojo). Además, puede indicar el **Factor de seguridad mínimo**.

En la figura se presenta el modelo con la distribución del factor de seguridad. Las zonas de color rojo tienen un factor de seguridad inferior a la unidad. Las zonas azules tienen un factor de seguridad mayor a 1, son seguras.

El PropertyManager de **Factor de seguridad** permite definir:

Paso 1 de 3

Componente. Puede seleccionar cada uno de los componentes de un ensamblaje o de piezas multicuerpo (**Todo**).

Criterio. Selecciona uno de los cinco criterios de fallo a emplear para calcular el factor de seguridad. Máxima tensión de von Mises, Tensión cortante máxima (Tresca), Tensión de Mohr-Coulomb o Tensión normal máxima.

Opciones compuestos. Esta opción es aplicable en modelos con vaciados compuestos y permite seleccionar los criterios (Tsai-Hill y Tsai-Wu).

Propiedad

Incluir texto de título. Permite definir el título para el trazado creado.

Asociar el trazado con orientación de vista etiquetada. Asocia una vista predefinida con el trazado obtenido.

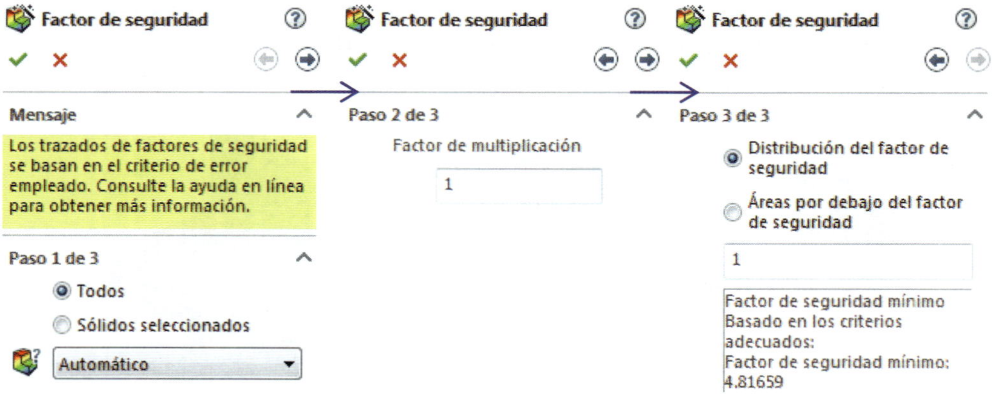

Recuerde que en los materiales dúctiles es recomendable utilizar el **criterio de tensión máxima de von Mises** o el **criterio de tensión de cortadura máxima (Tresca)**. Cuando el material del modelo es frágil es recomendable utilizar el **criterio de tensión de mohr-Coulomb** o el de **tensión normal máxima**.

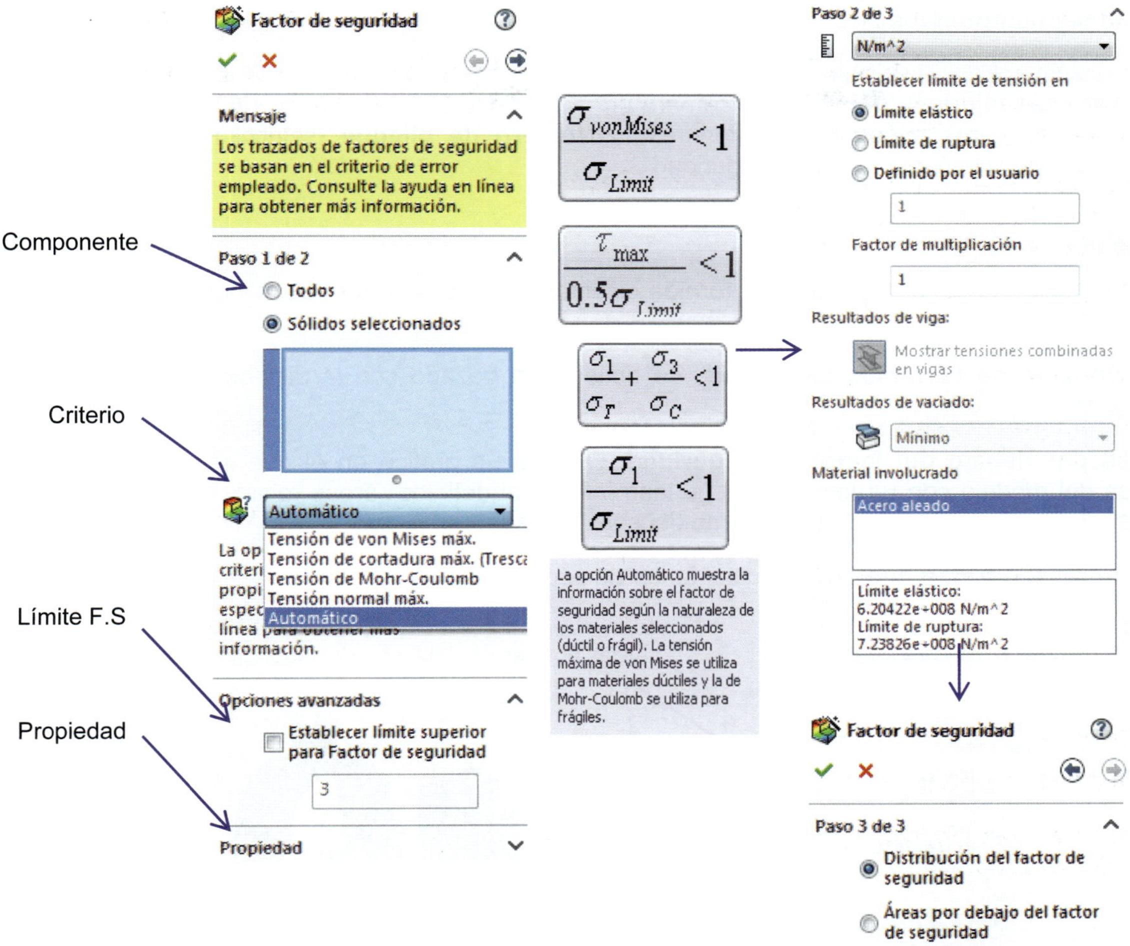

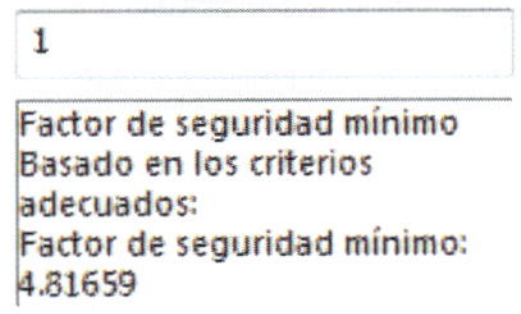

Paso 2/3

Define las **Unidades**, los **Límites de tensión** y el **Factor de multiplicación**.

Unidades. Define las unidades para la creación de los trazados.

Establecer límite de tensión en Límite elástico. Define el límite de tensión con el límite elástico del material seleccionado.

Hasta el límite de ruptura. Define el límite de tensión con el límite de ruptura del material seleccionado.

Definido por el usuario. El usuario define el límite de tensión indicando un valor numérico.

Factor de multiplicación. Puede introducir un factor de multiplicación para determinar el límite de tensión. Un factor de multiplicación de 0,25 para un límite de tensión de 440 MPa, el factor de seguridad emplea un valor de 0,25 × 440 MPa = 110 MPa.

Material involucrado. Se indica el nombre del material del que está formado el modelo analizado, su límite elástico y su límite de ruptura.

Opciones compuestos

Esta opción solo es accesible en modelos con vaciado. Tiene dos opciones: **Peor caso a lo largo de todos los pliegues** (traza el gráfico para un factor de seguridad mínimo en todos los pliegues incluidas las caras superiores e inferiores) y **Número de pliegue** (selecciona el número de pliegues para calcular el factor de seguridad).

Paso 3/3

Permite seleccionar una de las tres formas distintas de visualizar los resultados en el modelo a evaluar:

Distribución de factor de seguridad. Se obtiene un trazado con la distribución del factor de seguridad.

Áreas por debajo del factor de seguridad. Obtiene un gráfico en el que se representan las zonas del modelo con un factor de seguridad inferior al definido (áreas rojas). Las zonas azules tienen un factor de seguridad por encima del seleccionado.

Factor de seguridad mínimo. Indica el factor de seguridad mínimo.

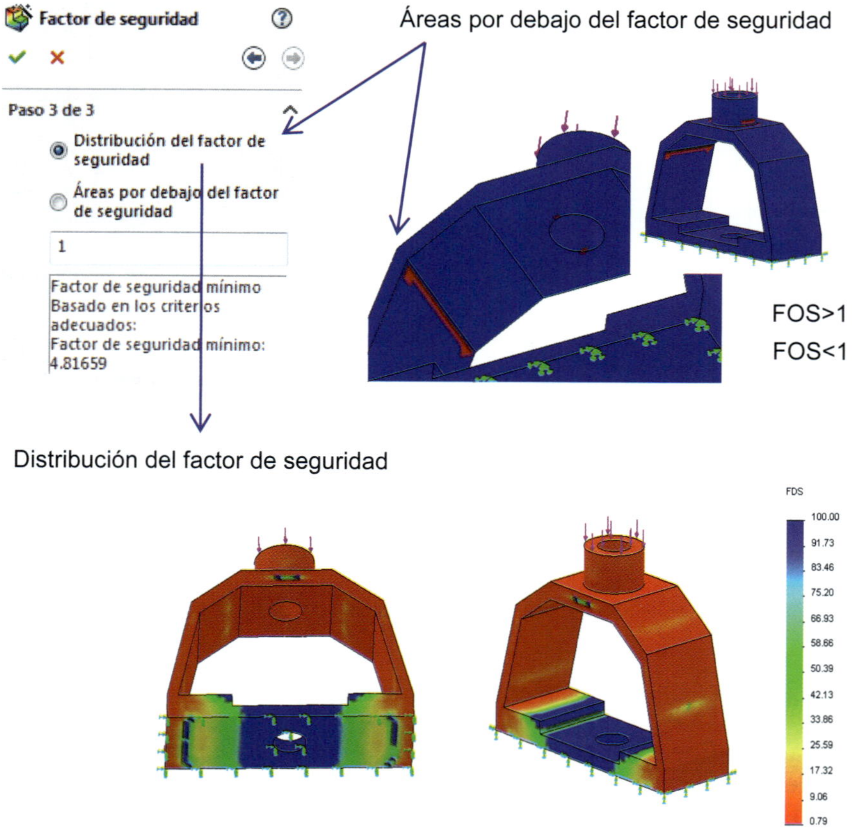

Cuando no sepa qué **Criterio de fallo** emplear en el **Paso 1/3** es recomendable que utilice la Opción **Automático**. **Solid**Works **Simulation** se encarga de definir el criterio más adecuado en función de la naturaleza del material seleccionado en su modelo.

2.12.2 Percepción de diseño

En este tipo de trazado se representan las áreas del modelo que son capaces de aguantar mejor las cargas aplicadas y las que no las soportan tan bien.

Es un trazado muy recomendable en las primeras etapas de la definición de un producto pues permite conocer las regiones del moldeo que requieren menor cantidad de material en función de las cargas y restricciones definidas en el análisis.

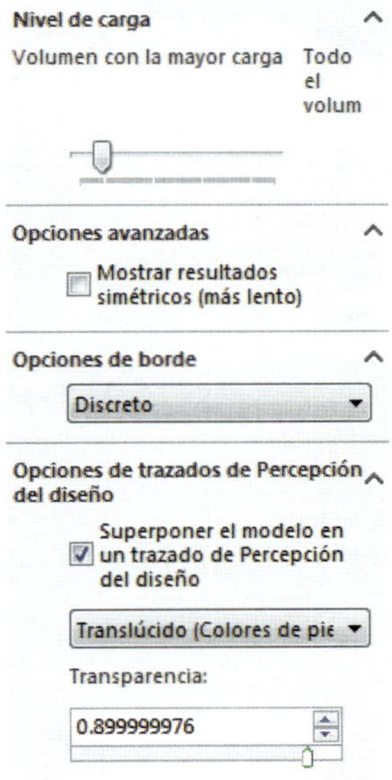

Las regiones translúcidas del modelo son las que soportan mejor las cargas aplicadas por lo que pueden ser eliminadas sin que por ello el modelo se vea especialmente afectado por ello. Desplace el cursor de izquierda a derecha. Cuando el cursor se encuentra en la parte izquierda se presentan las zonas del modelo que soportan mayores cargas.

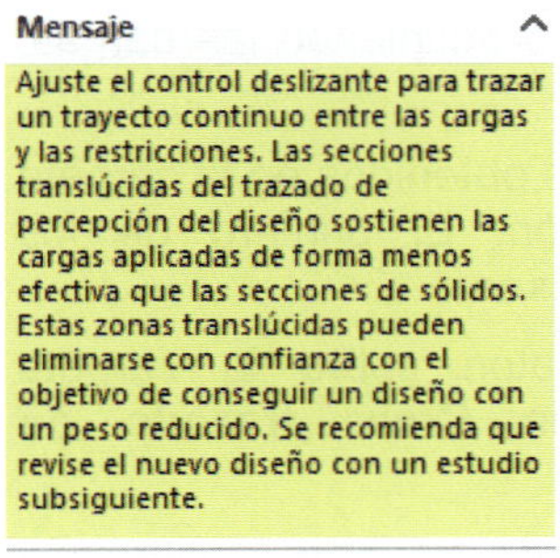

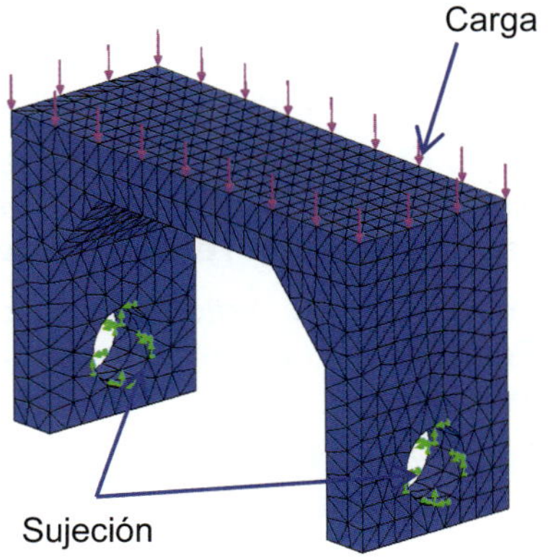

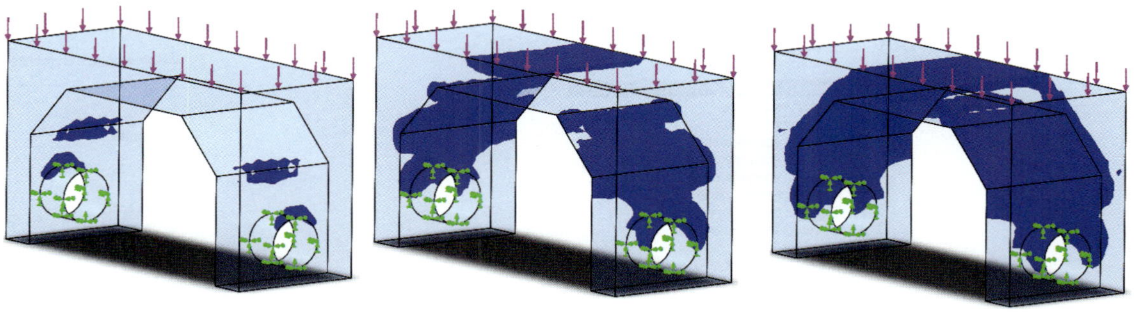

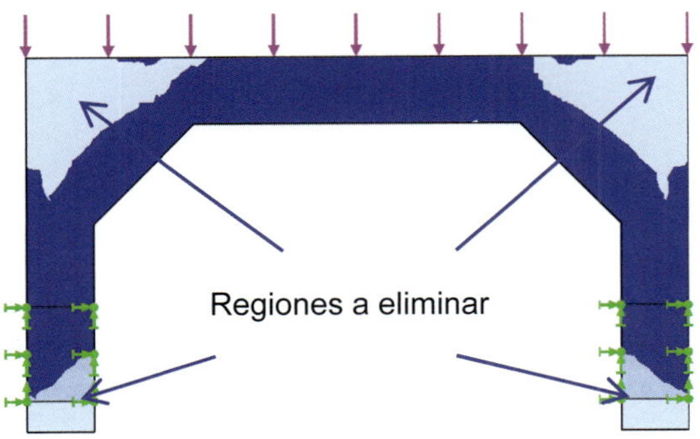

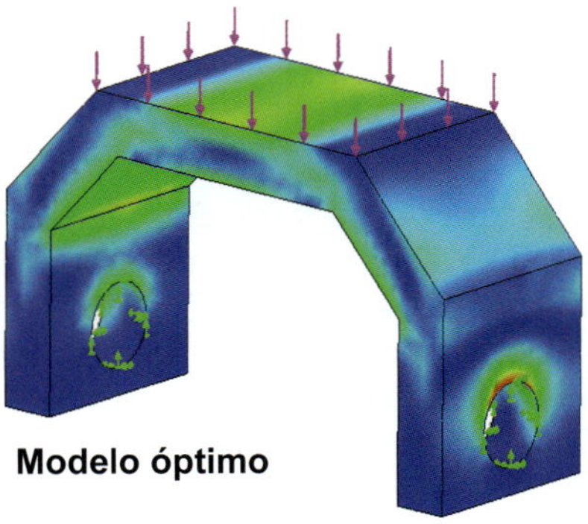

2.12.3 Trazado de tensiones

Presenta un trazado de tensiones sobre el modelo activo en estudios estáticos y de caída. Es posible obtener este tipo de trazado con sólidos, vaciados y vigas.

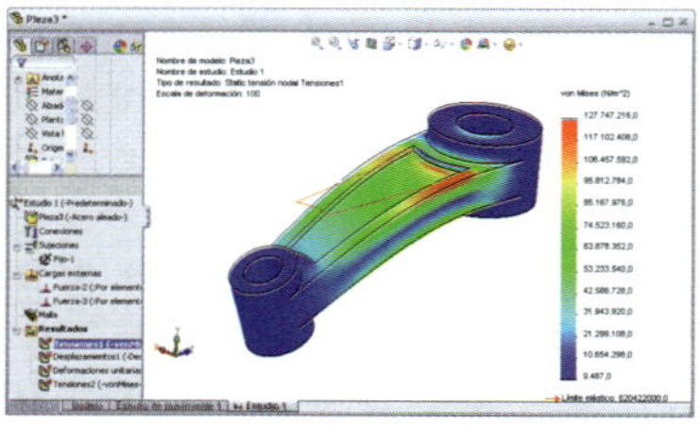

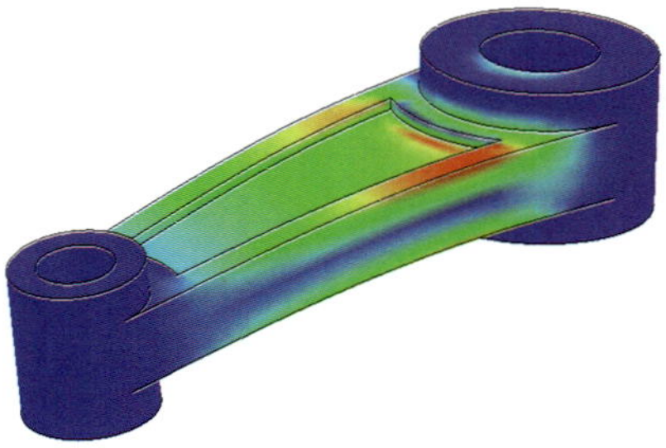

Para crear un **Trazado de tensiones**:

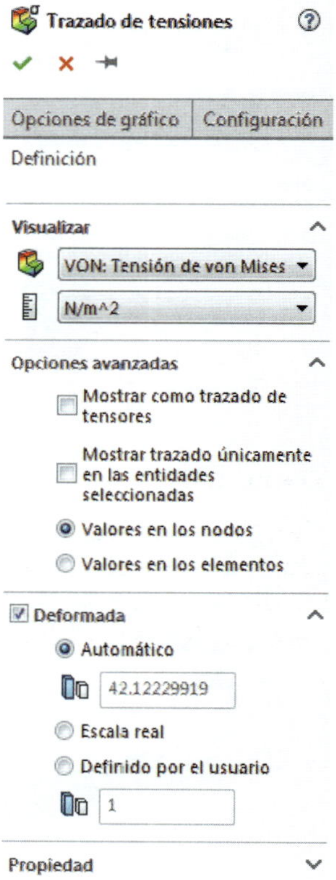

1. Cree un estudio **Estático** en su modelo definiendo las cargas, las sujeciones, el material y el mallado.
2. Pulse **Ejecutar** y observe los resultados obtenidos en la carpeta **Resultados** del Gestor de simulación. El primero de los trazados es el de **Tensiones de von Mises**.
3. Pulse con el botón derecho del ratón sobre la carpeta **Resultados** y seleccione la opción **Crear trazado de tensiones**.
4. En el PropertyManager defina el **Tipo de trazado** a obtener y las **Unidades** para su representación.
5. Configure el trazado definiendo **Opciones avanzadas**, **Deformada** y **Propiedad**.
6. Pulse **Aceptar** para crear el trazado.

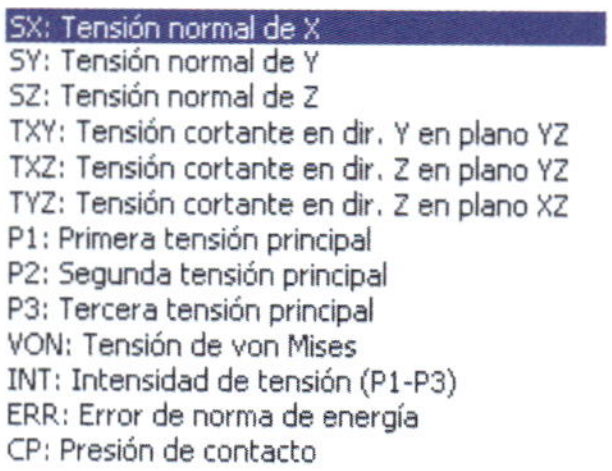

Visualizar

Puede definir el **Tipo de trazado** y las **Unidades** que lo definen.

Componente

Seleccione el tipo de trazado: **SX**: Tensión normal de X, **SY**: Tensión normal de Y, **SZ**: Tensión normal de Z, **TXY**: Tensión cortante en la dirección Y sobre el plano YZ, **TXZ**: Tensión cortante en la dirección Z sobre el plano YZ, **TYZ**: Tensión cortante en la dirección Z sobre el plano XZ, **P1**: Primera tensión principal, **P2**: Segunda tensión principal, **P3**: Tercera tensión principal, **Tensión de von Mises**, **Intensidad de tensión** (P1-P3), **ERR**: Error de norma de energía, **CP**: Presión de contacto, **ILTXZ**: Tensión interlaminar en plano XZ y **ILTYZ**: Tensión interlaminar en plano YZ.

Unidades

Definir las unidades para la obtención del trazado.

Opciones avanzadas

La activación de la casilla **Mostrar como trazado de vectores** genera un trazado de vectores para cada uno de los nodos representando la magnitud y la dirección de la tensión seleccionada. El trazado de tensores solo puede activarlo con los gráficos de von Mises.

- **Valores en los nodos**. Crea el trazado por interpolación lineal en cada uno de los nodos. Se crea un trazado liso.
- **Valores en los elementos**. El trazado creado se realiza por el cálculo de las tensiones en cada uno de los centros de los elementos. Cada elemento es representando con un color.

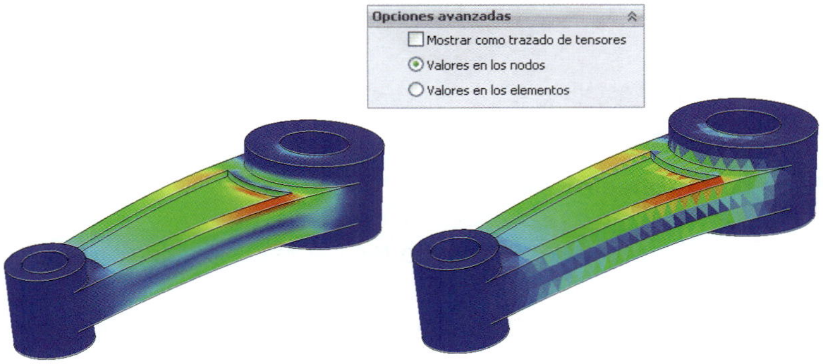

Deformada

Permite visualizar el trazado del modelo con la **Escala real de deformación**, una **Automática** o **Definida por el usuario**. En la mayoría de los casos es recomendable incrementar la escala de deformación para entender cómo las cargas y las sujeciones afectan al modelo. En la figura se representan dos escalas de deformación distintas.

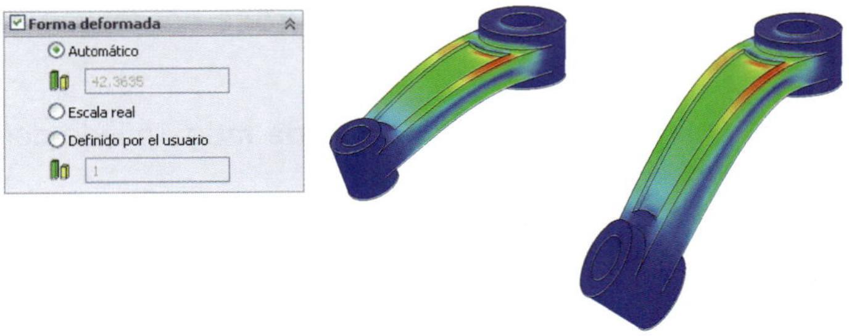

Propiedad

Incluir texto de título. Permite introducir un texto personalizado para que aparezca en la leyenda del trazado.

Asociar el trazado con orientación de vista etiquetada. Permite asociar una orientación de vista con el trazado de tensiones a crear.

Asociar con vista actual. El trazado se asocia con la vista actual.

2.12.4 Trazado de comprobación de fatiga

Permite visualizar las zonas del modelo que son susceptibles de iniciar rotura y romper cuando están sometidas a cargas de fatiga en un tiempo infinito. El trazado de comprobación de fatiga solo tiene en cuenta un evento de fatiga con carga reversible o basada en cero y de amplitud constante. Su empleo es muy útil mientras diseña el modelo de pieza y como información previa es muy valiosa. Es recomendable volver a ensayar el modelo con un **Análisis de Fatiga** avanzado, después de hacer un estudio estático.

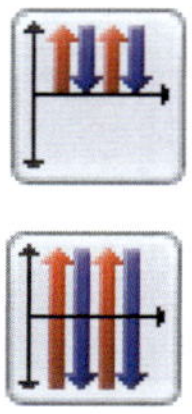

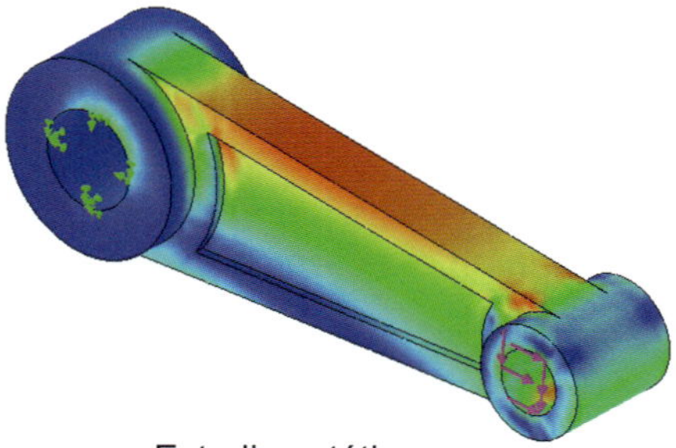

Estudio estático

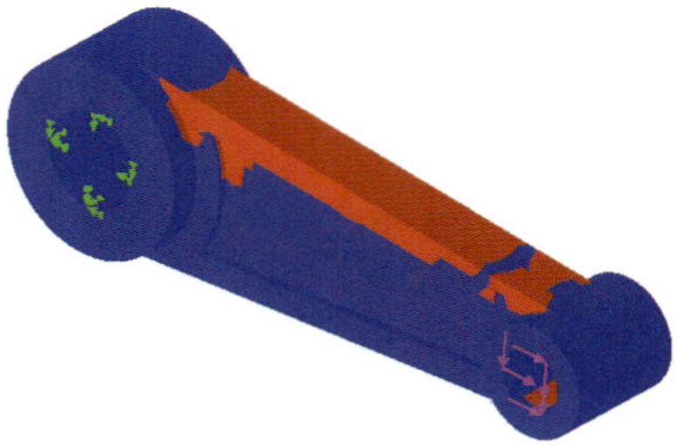

Trazado de comprobación de fatiga

Para crear un **Trazado de comprobación de fatiga**:

1. Cree un estudio **Estático** en su modelo definiendo las cargas, las sujeciones, el material y el mallado.
2. Pulse **Ejecutar** y observe los resultados obtenidos en la carpeta **Resultados** del Gestor de simulación.
3. Pulse con el botón derecho del ratón sobre la carpeta **Resultados** y seleccione la opción **Crear trazado de comprobación de fatiga**.
4. En el PropertyManager defina el **Tipo de carga** a aplicar y los **Factores de modificación**. La carga puede ser basada en cero o completamente invertida. También debe definir aspectos como el acabado superficial, el factor de carga y el factor acumulativo, entre otros.
5. Pulse **Aceptar**. En el trazado obtenido no deberían aparecer regiones de color rojo. Si es así, es posible que en esas zonas pueda generarse una rotura por fatiga y es necesario realizar una evaluación más exhaustiva

En el PropertyManager del **Trazado de comprobación de fatiga** puede definir los **Factores de modificación** y el tipo de **Material**.

Factores de modificación

En factores de modificación puede definir los factores que reducen la resistencia a la fatiga en modelo ensayado (material, acabado superficial, carga y tamaño).

$$FS\ Comp = FS(material) \times FS(acabado\ sup) \times FS(Carga) \times FS(Tamaño)$$

Tipo de carga

Defina el tipo de carga al que se encuentra sometido su modelo: **Tipo de carga basada en cero** o **Tipo de carga completamente invertida**.

Calcular. Su activación permite definir los factores de reducción de resistencia a la fatiga (material, acabado superficial, carga y tamaño).

Especificar. Su activación permite definir el factor de reducción acumulativo de resistencia a la fatiga como un valor comprendido entre 0,001 y 1. El valor se obtiene por el producto entre el factor de acabado superficial, el factor de carga y el factor de tamaño.

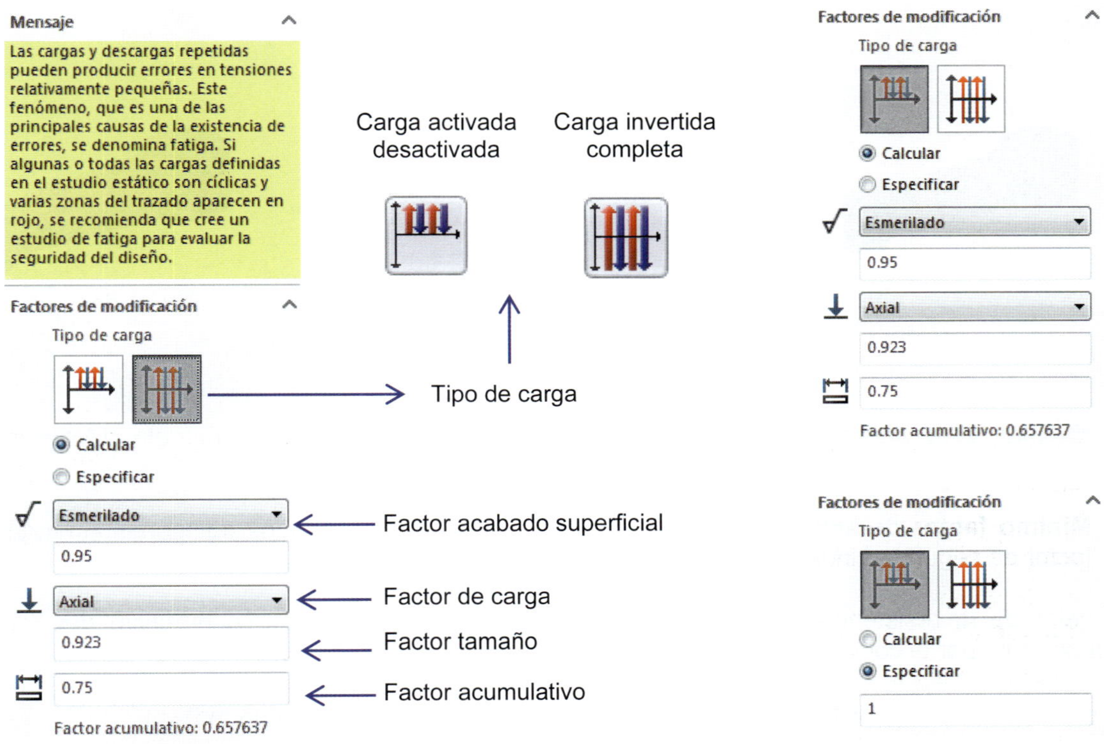

Los **factores de reducción de resistencia a la fatiga** son:

- **Factor de acabado superficial**. Establece el tipo de acabado superficial. Seleccione el tipo de acabado superficial de una lista (mecanizado, estirado en frío, laminado en caliente, forjado y otros). Permite introducir el valor del factor de acabado de forma numérica entre (0,1 y 1). El valor 1 es para un buen acabado superficial mientras que los valores bajos, cercanos a 0, son para los peores acabados (piezas más rugosas). Las piezas con peor acabado superficial soportan menor número de ciclos de fatiga y rompen a ciclos de carga/descarga menores.

- **Factor de carga**. Puede seleccionar un tipo de carga (axial, flexión, torsión, cortante y otra definida por el usuario). Permite introducir el valor de carga de forma numérica entre (0,1 y 1).

- **Factor de tamaño**. Define el factor de tamaño de corrección. Las piezas de mayor tamaño tienen inferiores límites de fatiga que las más pequeñas. Puede introducir valores de entre 0,1 y 1.

La modificación de cada uno de los factores calcula el factor acumulativo de forma automática.

Material

Aparece el tipo de material seleccionado y su resistencia a la fatiga además de un icono de color verde o rojo, en función de los resultados obtenidos. La marca de verificación verde indica que las tensiones a las que está sometido el modelo son pequeñas y que puede descartar una futura rotura por fatiga. El **círculo rojo** o la **advertencia** amarilla advierte de un posible problema de fatiga y recomienda su estudio mediante de un análisis más exhaustivo.

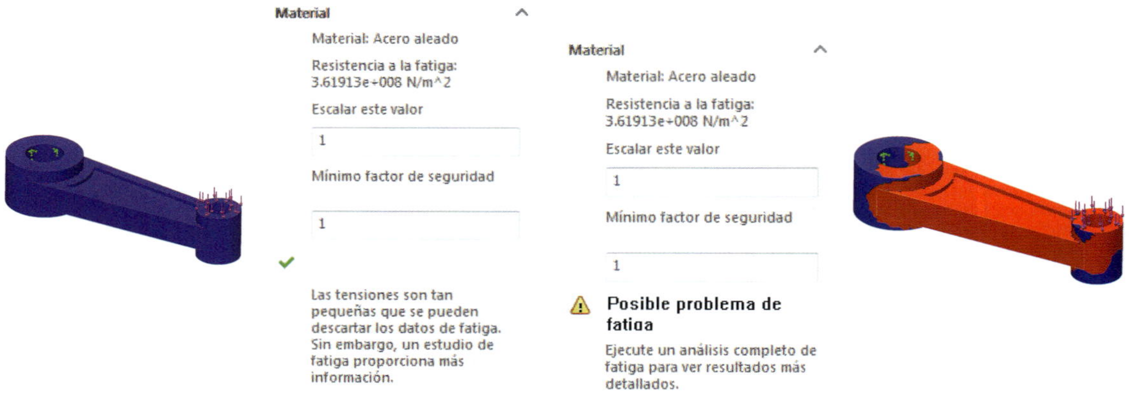

- **Escalar este valor**. Permite escalar la resistencia a la fatiga del modelo. Multiplica la resistencia de los componentes seleccionados (1 a 100).

- **Mínimo factor de seguridad**. Divide la resistencia a la fatiga de los componentes según el factor de seguridad indicado (1 a 10).

El valor de la resistencia modificada del componente se obtiene por el producto del FS del componente por el cociente del factor de escala y el factor de seguridad.

Resistencia = FS (Comp) × (Factor Escala/Factor Seguridad)

En el eje de la figura se ha empleado el **Trazado de comprobación de fatiga** con un evento de **fatiga con carga basada en cero** y otro con **carga invertida**, en las mismas condiciones de contorno. Observe la zona de daño marcada en rojo.

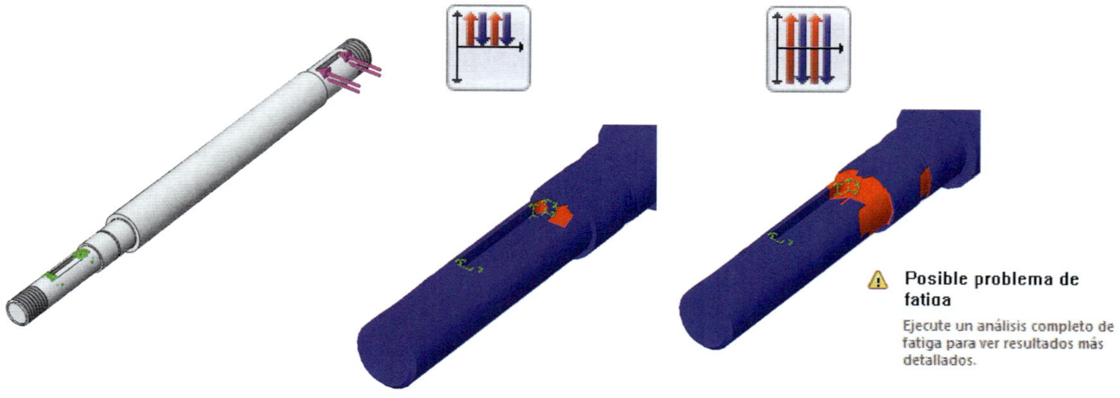

2.12.5 Trazado de desplazamientos

Representa los trazados de los desplazamientos y los resultados de fuerza de reacción para los estudios estáticos y de caída. También permite obtener resultados de desplazamiento de las formas modales en los estudios de pandeo y de frecuencia.

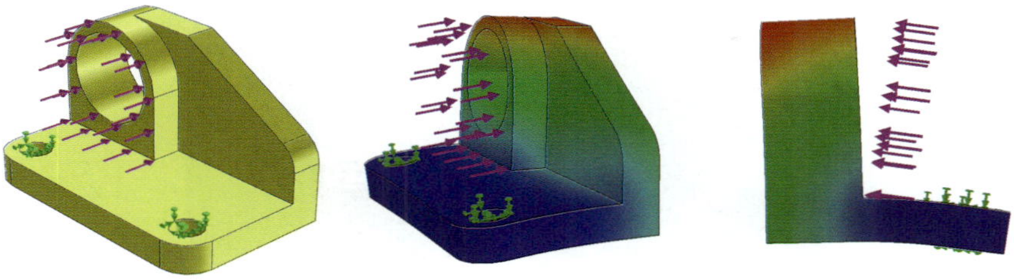

Para crear un **Trazado de deformaciones unitarias**:

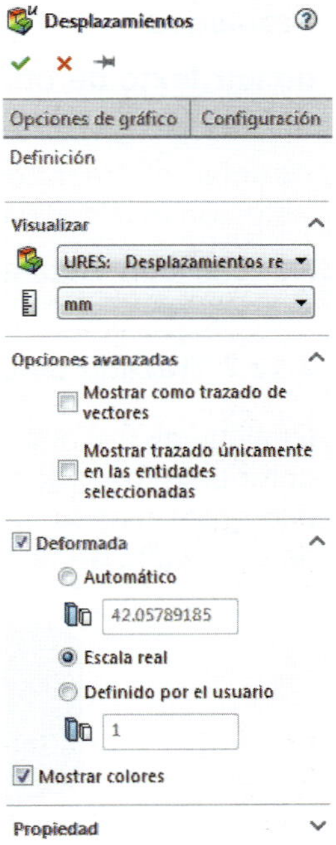

1. Cree un estudio **Estático** en su modelo definiendo las cargas, las sujeciones, el material y el mallado.
2. Pulse **Ejecutar** y observe los resultados obtenidos en la carpeta **Resultados** del Gestor de simulación.
3. Pulse con el botón derecho del ratón sobre la carpeta **Resultados** y seleccione la opción **Crear trazado de desplazamientos**.
4. En el PropertyManager defina el tipo de trazado de deformación unitaria a obtener (UX, UY, UZ, URES, RFX, RFY, RFZ o RFRES).
5. Pulse **Aceptar**.

En el PropertyManager de **Trazado de desplazamiento** puede definirse las características del trazado.

Visualizar

Seleccione el **Tipo de trazado** de desplazamiento a realizar y las **Unidades** del mismo.

Opciones avanzadas

Mostrar como trazado de vectores. Crea un trazado de vectores para cada uno de los nodos. Los vectores muestran la magnitud y la dirección del desplazamiento producido.

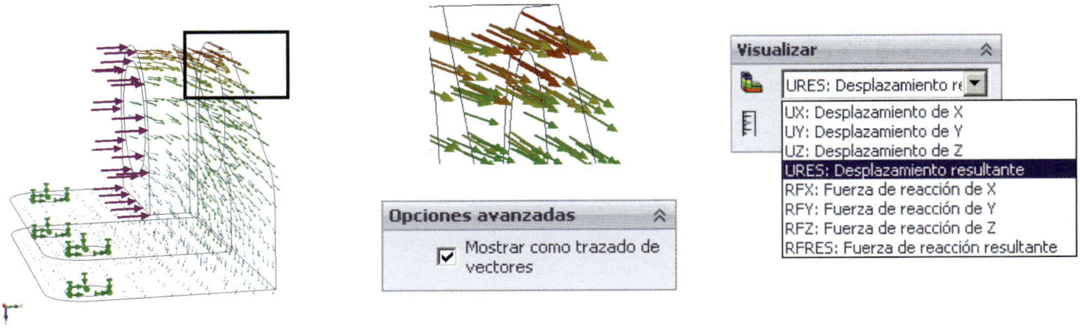

2.12.6 Forma deformada

Permite visualizar el trazado de las deformaciones unitarias con la **Escala real de deformación**, una **Automática** o **Definida por el usuario**. Es recomendable incrementar la escala de deformación para entender cómo las cargas y las sujeciones afectan al modelo.

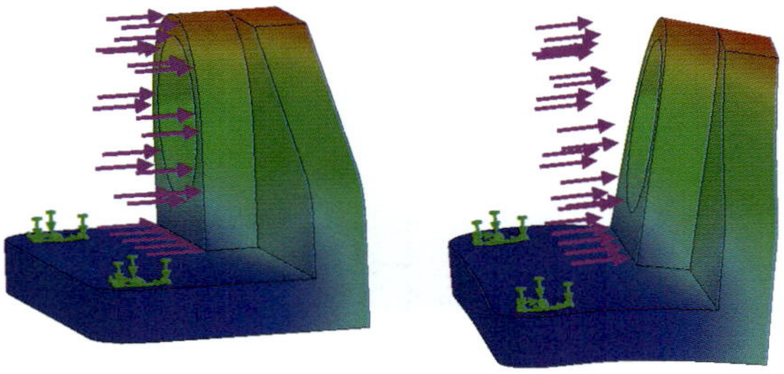

Propiedad

Incluir texto de título. Permite introducir un texto personalizado para que aparezca en la leyenda del trazado de desplazamiento.

Asociar el trazado con orientación de vista etiquetada. Permite asociar una orientación de vista con el trazado de desplazamiento a crear.

Asociar con vista actual. El trazado se asocia con la vista actual.

2.12.7 Trazado de deformaciones unitarias

Realiza el trazado de las deformaciones unitarias en estudios estáticos y de caída. Pueden obtenerse trazados de deformación unitaria en diferentes direcciones (Ejes X, Y y Z), y en diferentes planos, así como obtener trazados de energía de deformación y densidad de energía de deformación, entre otros.

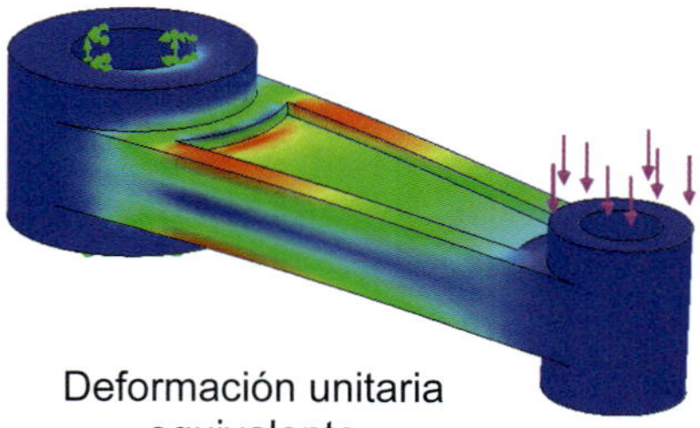

Deformación unitaria equivalente

Energía de deformación unitaria

Para crear un **Trazado de deformaciones unitarias**:

1. Cree un estudio **Estático** en su modelo definiendo las cargas, las sujeciones, el material y el mallado.
2. Pulse **Ejecutar** y observe los resultados obtenidos en la carpeta **Resultados** del Gestor de Simulación.
3. Pulse con el botón derecho del ratón sobre la carpeta **Resultados** y seleccione la opción **Crear trazado de deformaciones unitarias**.
4. En el PropertyManager defina el tipo de trazado de deformación unitaria a obtener.
5. Pulse **Aceptar**.

En el PropertyManager de **Trazado de deformaciones unitarias** puede definir las características del trazado.

Visualizar

Seleccione el **Tipo de trazado** de desplazamiento a realizar y las **Unidades** del mismo. Define el tipo de trazado de formación unitaria a obtener.

Los trazados que pueden obtenerse son: **EPSX**: Deformación unitaria normal en dir. X, **EPSY**: Deformación unitaria normal en dir. Y, **EPSZ**: Tensión normal en dir. Z, **GMXY**: Tensión cortante en la dirección Y sobre el plano YZ, **GMXZ**: Tensión cortante en la dirección Z sobre el plano YZ, **GMYZ**: Tensión cortante en la dirección Z sobre el plano XZ, **ESTRN**: Deformación unitaria equivalente, **SEDENS**: Densidad de energía de deformación unitaria, **ENERGY**: Energía de deformación unitaria total, **E1**: Deformación unitaria normal (1.ª principal), **E2**: Deformación unitaria normal (2.ª principal) y **E3**: Deformación unitaria normal (3.ª principal).

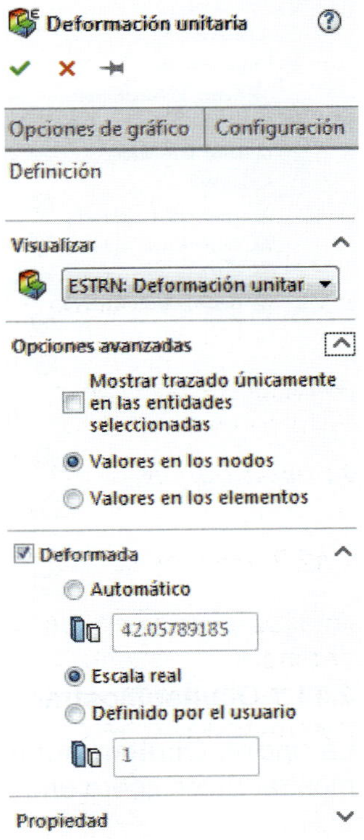

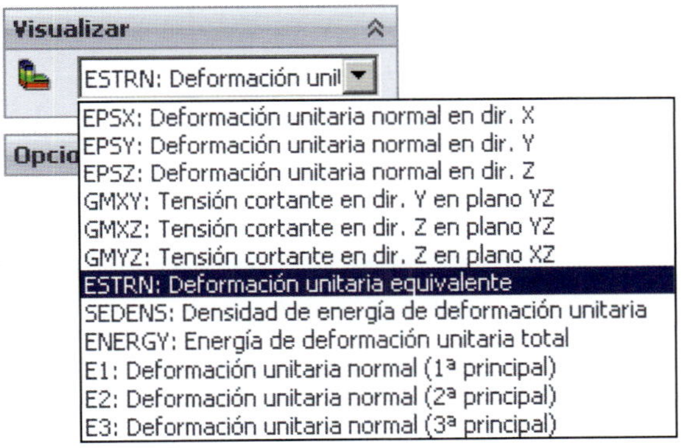

Las direcciones (X, Y y Z) se definen seleccionando la geometría de referencia adecuada.

Opciones avanzadas

Valores en los nodos. El trazado de deformación unitaria se hace en referencia a los nodos. Entre nodos vecinos se realiza una interpolación lineal y permite que el trazado final sea liso y continuado.

Valores en los elementos. El trazado de la deformación unitaria se hace para cada uno de los elementos. El resultado queda faceteado.

Forma deformada

Permite visualizar el trazado de las deformaciones unitarias con la **Escala real** de deformación, una **Automática** o **Definida por el usuario**. Es recomendable incrementar la escala de deformación para entender cómo las cargas y las sujeciones deforman el modelo ensayado.

2.13 Herramientas de resultados

Son un conjunto de herramientas de visualización que ayudan a interpretar mejor los resultados obtenidos en las simulaciones. Para acceder al uso de este tipo de herramientas pulse con el botón derecho del ratón sobre un trazado ya creado sobre el Gestor de Simulación. En la figura se muestran las principales herramientas que pueden ser usadas.

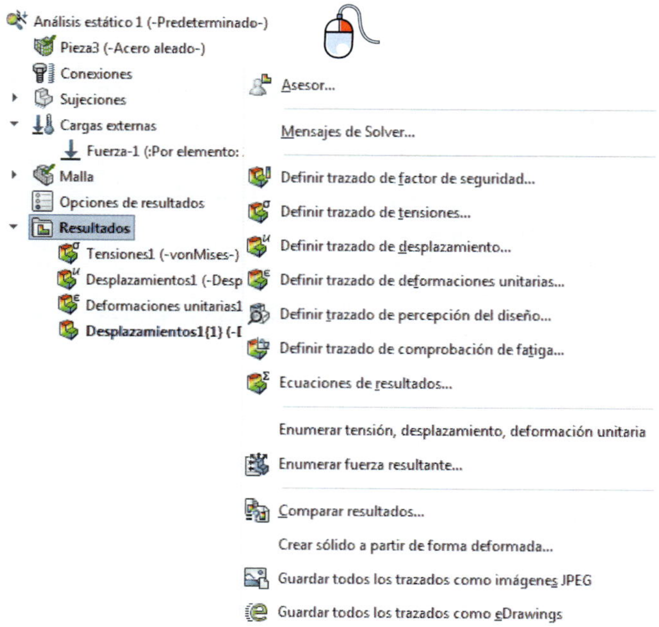

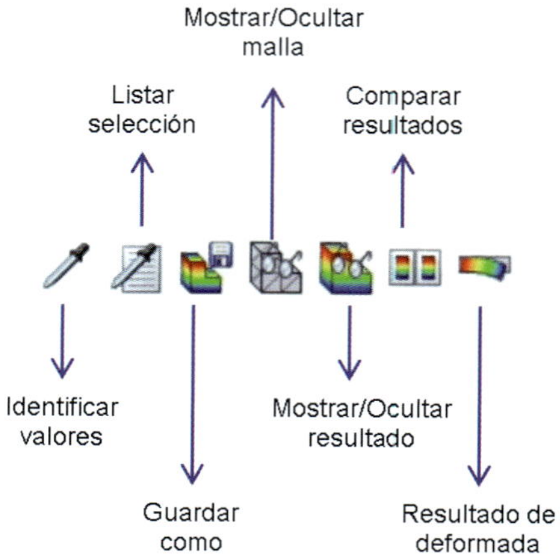

2.13.1 Ocultar/Mostrar

La opción **Ocultar/mostrar** enseña el modelo en pantalla con el trazado o sin él. Para ocultar o mostrar pulse sobre uno de los trazados obtenidos y seleccione **Ocultar** o **Mostrar**.

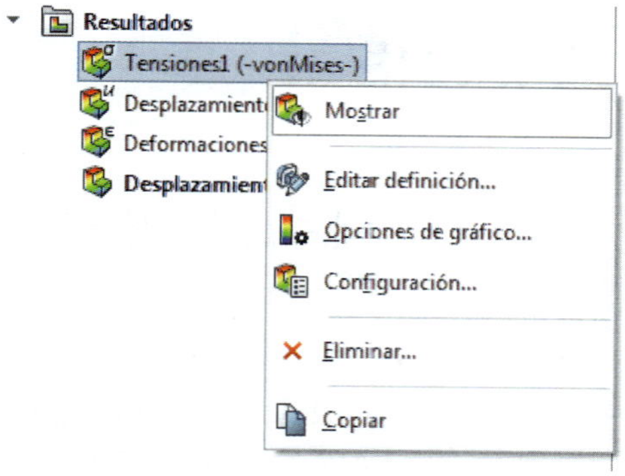

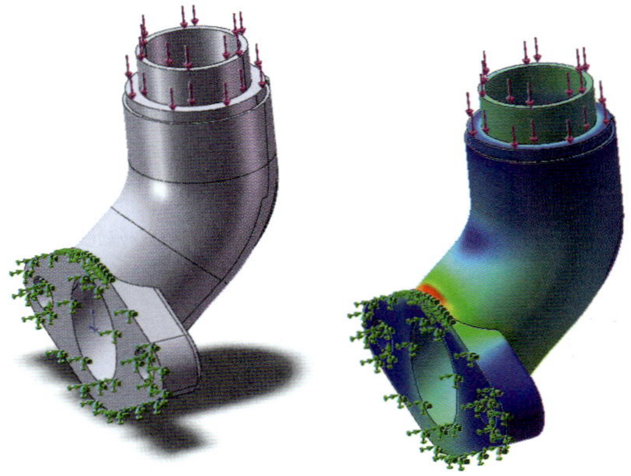

2.13.2 Editar definición

Permite editar las características del trazado seleccionado. En función del tipo de estudio y del trazado pueden editarse diferentes parámetros. En los trazados de tensiones puede cambiar el tipo de tensión, las unidades y la escala de visualización del modelo deformado.

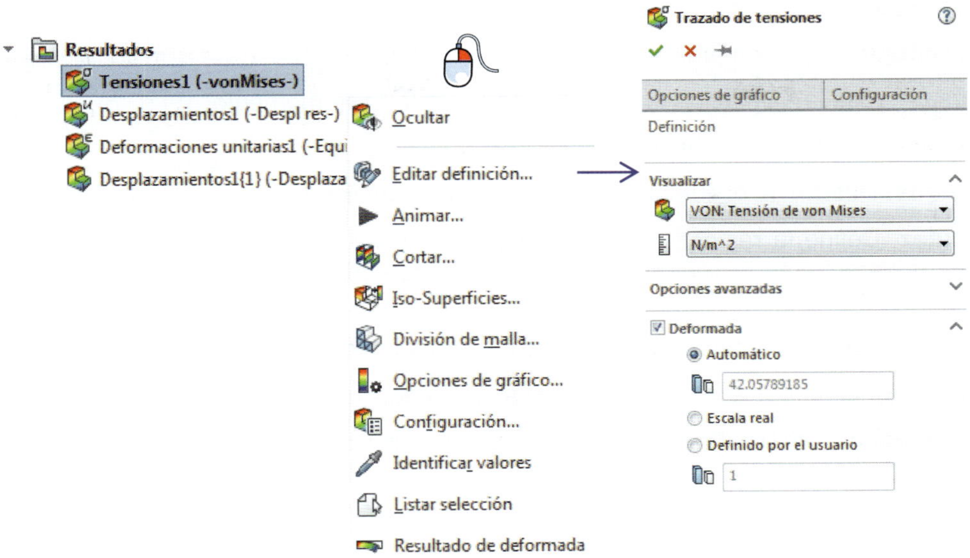

2.13.3 Animar

Crea una animación a partir de la captura de instantáneas del trazado activo frente al tiempo o a la frecuencia. Es aplicable en estudios estáticos, de frecuencia, pandeo y en estudios de caída o impacto. En estos últimos puede visualizar cómo se produce el impacto del modelo contra un plano predefinido.

Los resultados de las animaciones pueden ser guardador en formato AVI para su posterior visualización en reproductores de vídeo.

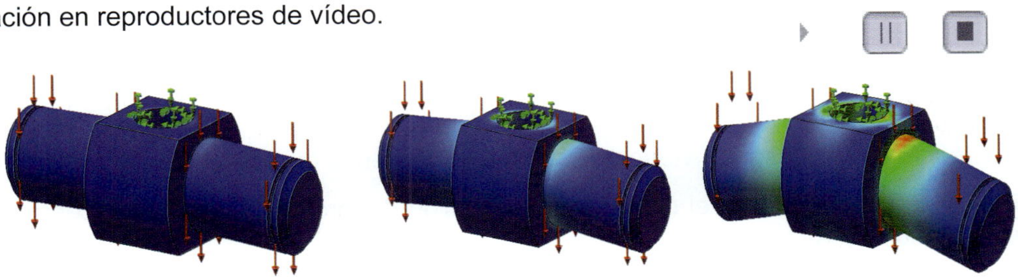

Para **Animar** un trazado activo:

1. Seleccione el trazado que desee visualizar desde la carpeta **Resultados** del Gestor de Simulación.
2. Pulse con el botón derecho del ratón sobre el nombre del trazado y seleccione **Animar**. También puede seleccionar la opción **Animar** desde **Herramientas de trazado**.
3. En el PropertyManager de **Animar** seleccione **Reproducir** para empezar a visualizar la animación en la zona de gráficos. Pulse **Detener** para finalizar o **Pausa** para detener la animación en el cuadro actual.
4. Pulse **Ejecutar** y observe los resultados obtenidos en la carpeta **Resultados** del Gestor de Simulación.
5. Para guardar una animación con formato de video AVI seleccione **Guardar como archivo AVI**. Defina el tipo de compresor de imagen en **Opciones** y seleccione la ubicación y el nombre del video desde **Examinar**. En el PropertyManager defina los **Conceptos básicos** y **Guardar como archivo AVI**.

Conceptos básicos

- **Reproducir**. Inicia la animación del trazado activo.
- **Pausa**. Pausa la animación mostrando el trazado en ese momento.
- **Detener**. Detiene la animación activa.
- **Cuadros**. Determina el número de cuadros para la animación.
- **Rapidez**. Define la rapidez con la que se reproduce la animación. Si desplaza el cursor hacia la derecha se incrementa la velocidad de reproducción y hacia la izquierda, reduce la velocidad.
- **Solo hacia delante**. Reproduce el vídeo hacia adelante una única vez.
- **Bucle**. Repite la reproducción de la animación de forma continua de principio a fin.
- **Reproducción alternativa**. Reproduce desde el inicio al fin y del fin al inicio de forma repetitiva.

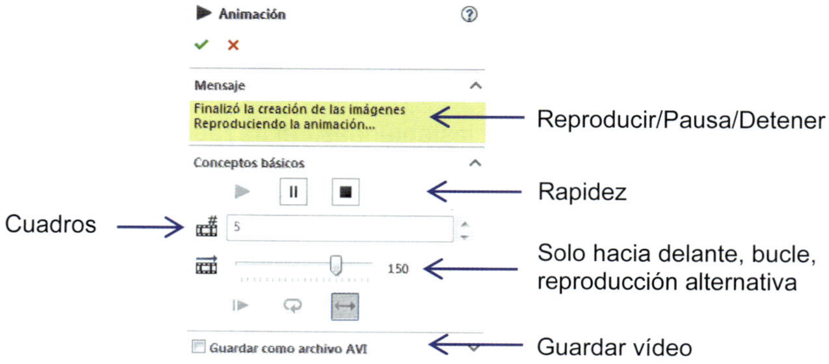

Guardar como AVI

Opción. Define el compresor de vídeo que se va a utilizar en la creación del vídeo.

Examinar. Permite especificar el nombre y la ubicación del archivo para su almacenamiento una vez creado el fichero AVI.

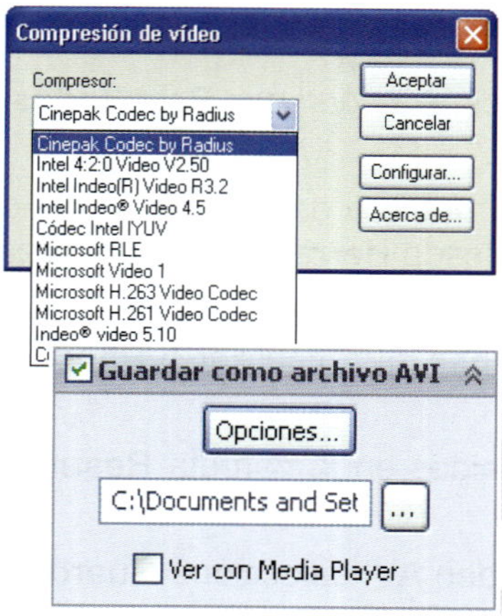

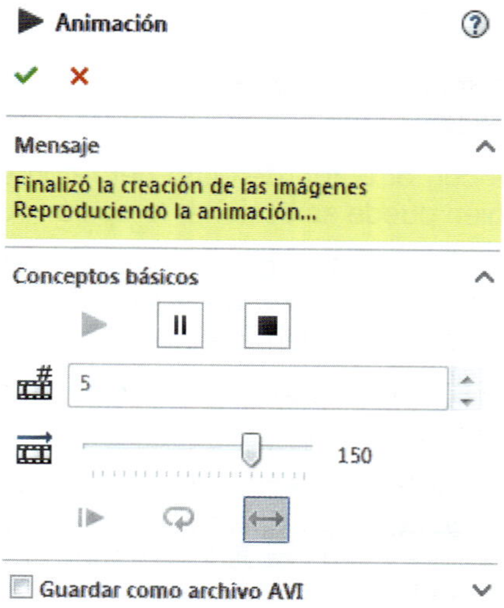

2.13.4 Recorte de sección

La herramienta de visualización **Sección** permite cortar los resultados de los trazados obtenidos sobre el modelo en 3D y conocer el comportamiento en su parte interior.

Para cortar los gráficos de los trazados se emplea un **plano de corte**, **cilindro** o **esfera** y se define su dimensión y localización. El movimiento del elemento cortante permite conocer el comportamiento del modelo en su interior.

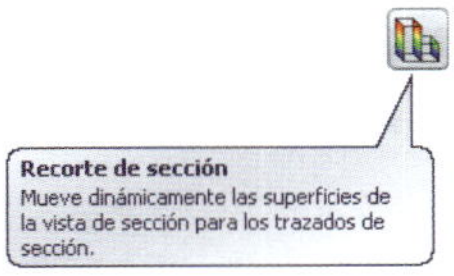

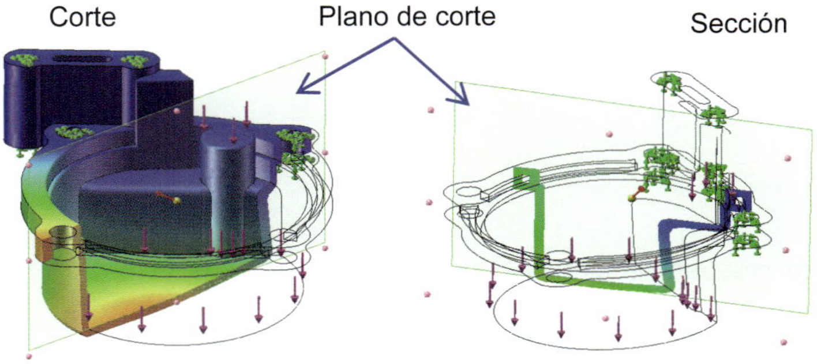

Para crear una **Sección** en un trazado:

1. Seleccione el trazado que desee visualizar desde la carpeta **Resultados** del Gestor de Simulación. Seleccione la opción **Recorte de sección**. También puede acceder a la misma opción desde el Administrador de comandos.
2. En **Sección 1** defina el modo de sección de su modelo (**Plano**, **Cilindro** o **Esfera**) y defina sus características (**Distancia**, **Rotación X, Y** y **Radio**). Seleccione **Invertir dirección** para invertir el plano de corte sobre el modelo.
3. En **Opciones** seleccione el modo en el que desea visualizar la sección. Pulse **Aceptar**.

En el PropertyManager de **Sección** puede definir:

Sección 1 y Sección 2

Plano, cilindro o esfera. Permite definir la forma en la que se va a cortar el modelo. El plano es la geometría de corte más usualmente empleada.

Entidad de referencia. Seleccione desde la zona de gráficos o desde el árbol de operaciones la entidad adecuada para realizar el corte sobre el modelo en pantalla.

Invertir dirección. Invierte la dirección del plano de corte.

Entidad de referencia. Seleccione un plano de referencia para crear la sección. El plano puede ser seleccionado del árbol de operaciones desde la zona de gráficos.

Distancia. Define la distancia desde la entidad seleccionada

Rotación X, Rotación Y. Define el giro de la entidad en las direcciones X e Y.

Radio. Define el radio cuando la entidad de sección definida es un cilindro o la esfera.

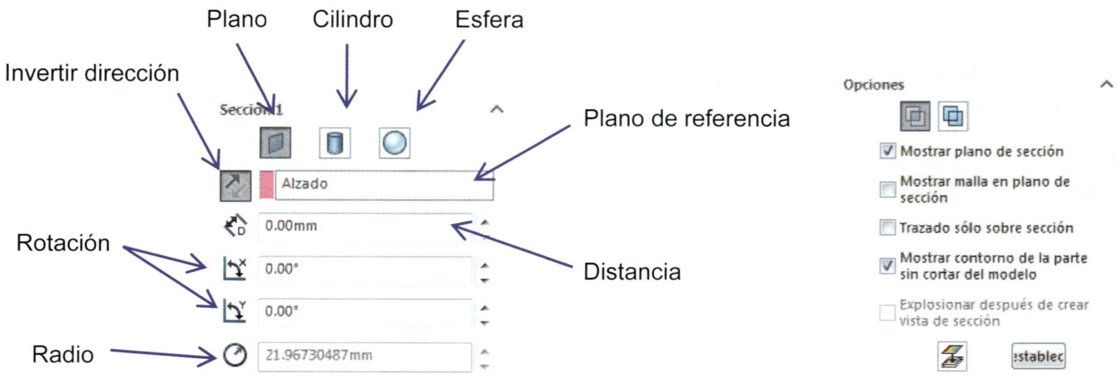

Sección 3

Puede realizar nuevas secciones.

Opciones

Intersección. Traza los resultados sobre el área de intersección común a todas las secciones.

Unión. Traza el resultado sobre las áreas de todas las secciones activas.

Mostrar plano de sección. Muestra el plano responsable del corte.

Trazado solo sobre sección. Obtiene el trazado del elemento seccionado o cortado.

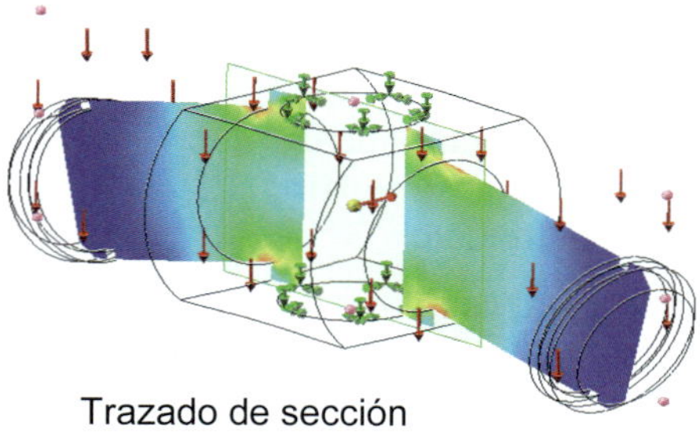
Trazado de sección

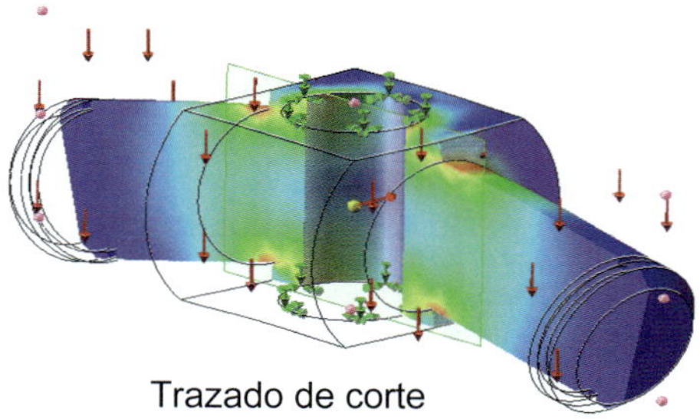
Trazado de corte

Mostrar contorno de la parte sin cortar del modelo. Su activación muestra el contorno exterior de la pieza. Su desactivación muestra el trazado en la parte exterior de la pieza cortada.

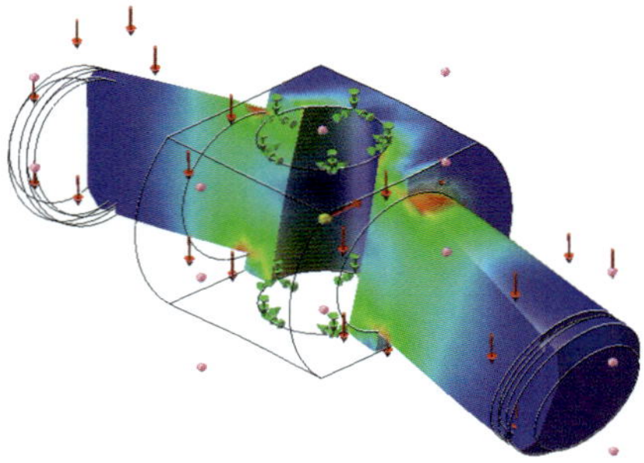

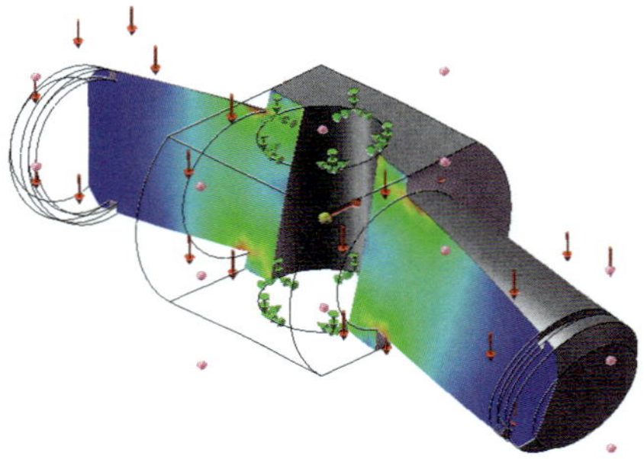

Explosionar después de crear vistas de sección. Su activación permite obtener el trazado de sección del modelo antes de su explosionado. Su desactivación muestra el trazado de sección desde la vista explosionada.

Activar/Desactiva recorte. Activa y desactiva el recorte del trazado en pantalla.

2.13.5 Iso-superficies

También denominado **Vista de sección de trazado ISO**. Permite visualizar las superficies de trazado sobre el modelo en pantalla que tienen valores superiores o inferiores a un valor predefinido. En la figura se muestran las superficies del trazado de tensiones von Mises con valores superiores a 622,44 N/m^2 (Figura superior). En la figura inferior se muestra el resultado sobre el mismo modelo pero con tensiones por debajo de 622,44 N/m^2.

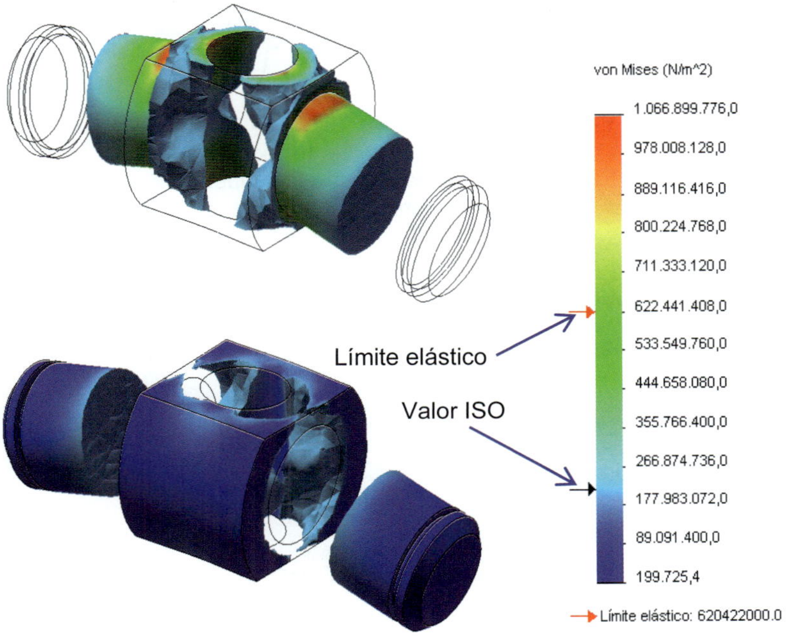

Puede crear más de una **ISO Superficie** sobre el trazado activo en pantalla, hasta seis superficies al mismo tiempo. Es habitual visualizar trazados comparando dos valores para obtener las superficies comprendidas entre ellos.
Para crear una **Vista de sección ISO** en un trazado activo:

1. Seleccione el trazado que desee visualizar desde la carpeta **Resultados** del Gestor de Simulación. Pulse con el botón derecho del ratón sobre el trazado activo y seleccione la opción **ISO-Superficies**.
2. En el PropertyManager de **ISO-Superficies** arrastre el cursor hacia la izquierda o derecha para definir el ISO-valor. Observe como al arrastrar el cursor el trazado muestra las superficies que tienen un valor igual o superior al indicado. Para visualizar el valor inferior o igual pulse sobre **Invertir dirección de recorte**. Observe la flecha negra sobre la leyenda del trazado. La fecha negra indica el ISO-valor seleccionado.
3. Pulse sobre **ISO 2** si desea introducir una nueva superficie de recorte en el trazado activo. Seleccione el **ISO-Valor** arrastrando el cursor.
4. Puede crear un total de 6 ISO-valores en el trazado activo.
5. Configure las **Opciones** de visualización.
6. Pulse **Aceptar**.

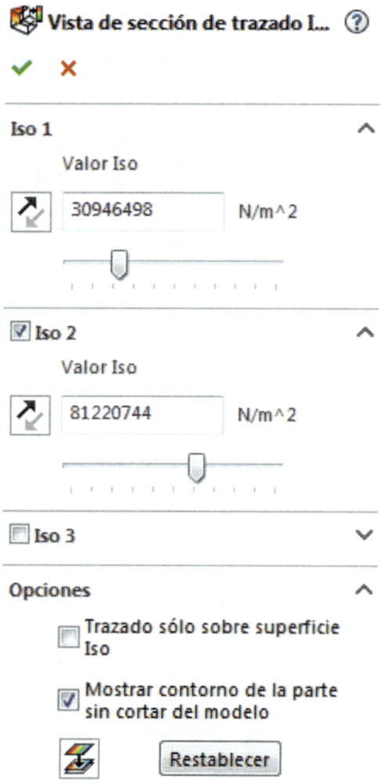

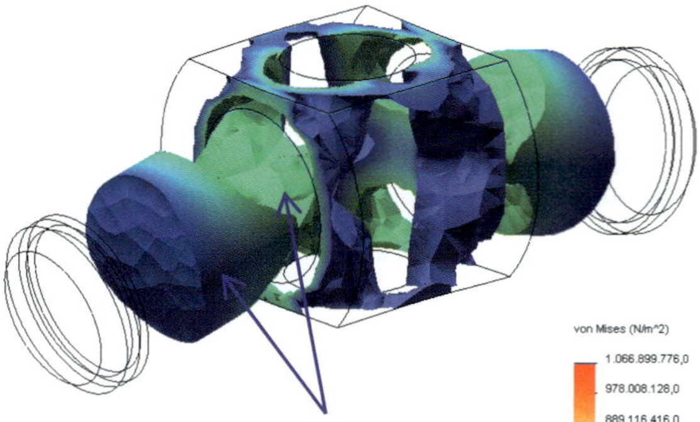

El trazado de tensiones sobre el modelo muestra las superficies con una tensión von Mises superior a **3.5e08** e inferior a **1.5e08**. Observe las **flechas negras** en la leyenda de trazado. La fecha roja indica el límite elástico.

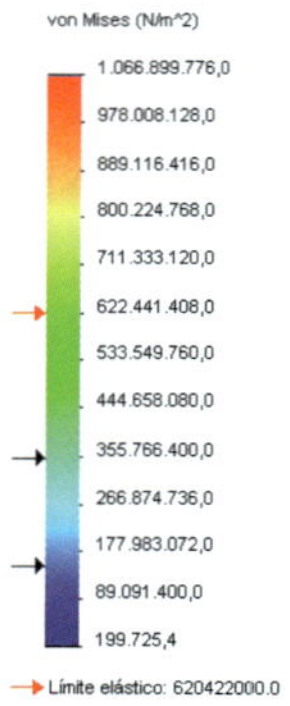

En el PropertyManager puede definir:

Iso 1 y 2

Arrastre el cursor o defina el valor numérico del **ISO-Valor** para realizar el trazado de las superficies con valores superiores al indicado sobre el modelo activo.

Invertir dirección. Cambia la dirección de corte y muestra las superficies de **ISO-Valor** menores a la indicada.

Opciones

Trazado solo sobre superficie Iso. Active la opción para ver las superficies con el valor indicado en **ISO-Valor**. Desactive la opción para ver las superficies con valores iguales o mayores al indicado en **ISO-Valor**.

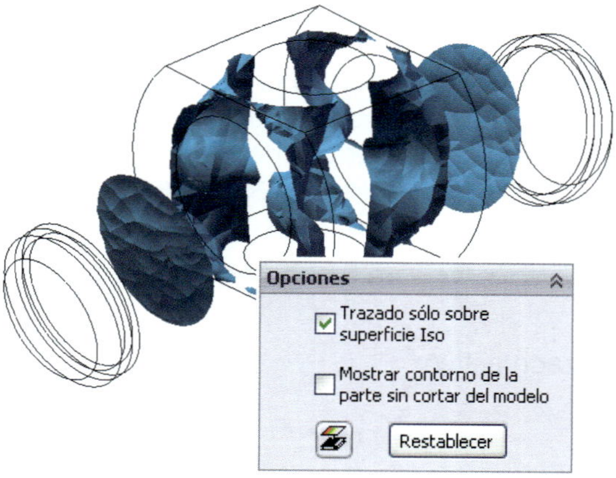

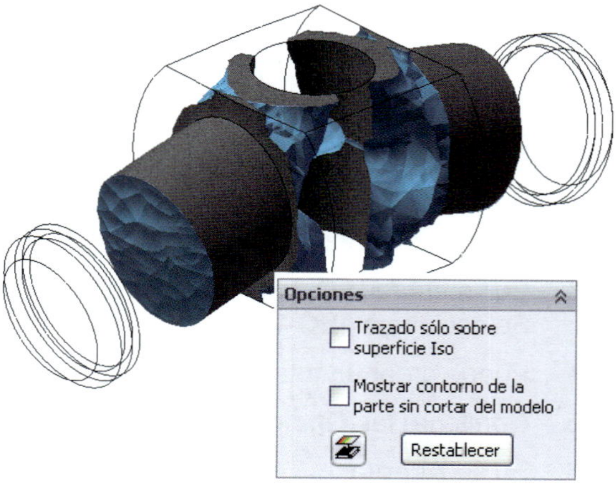

Mostrar contorno de la parte sin cortar del modelo. Active la opción para mostrar el contorno de los resultados en la parte no cortada del modelo.

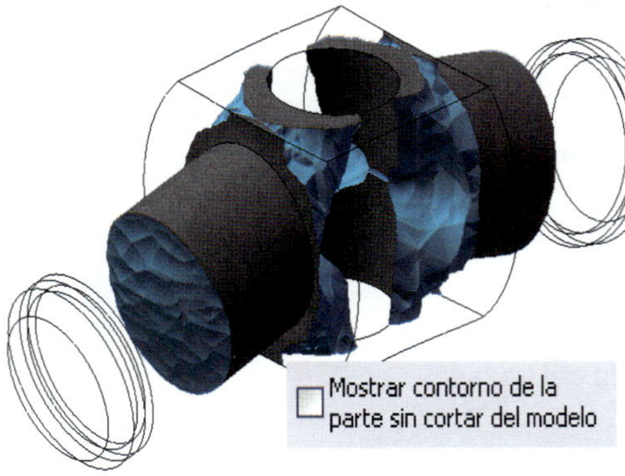

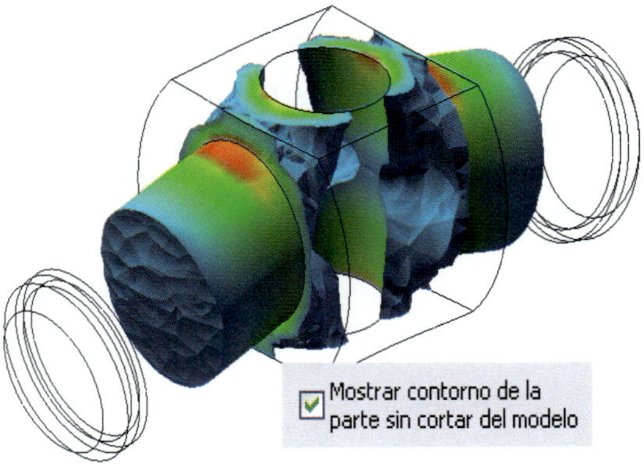

Restablecer. Restablece los valores modificados a las cantidades iniciales.

Activar/desactiva recorte. Permite activar y desactivar el recorte del trazado en pantalla.

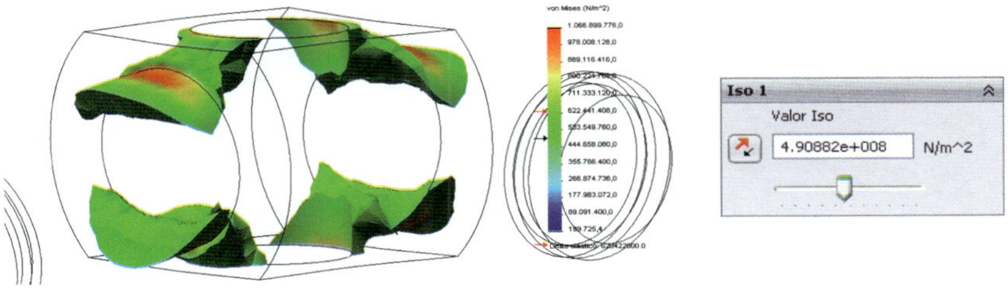

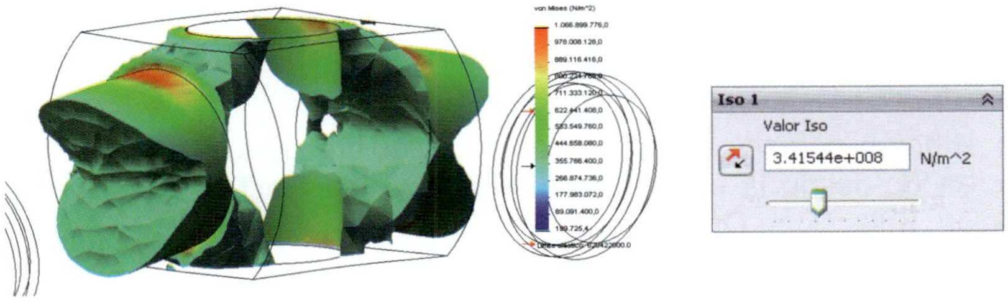

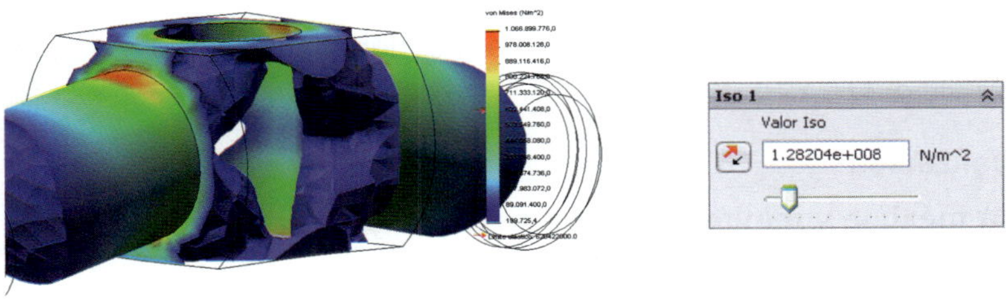

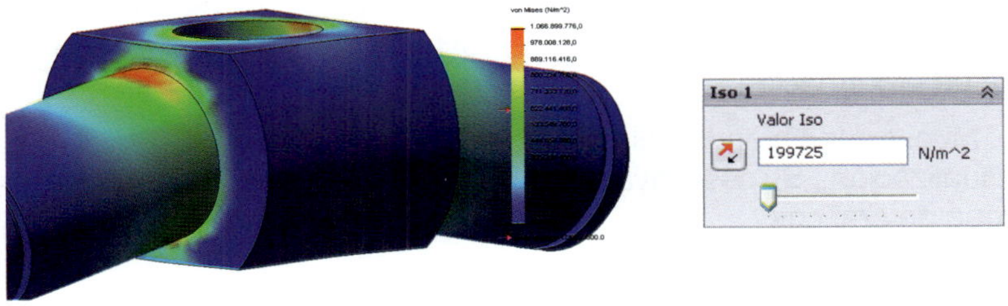

2.13.6 Opciones de gráficos/leyenda

Opciones de gráficos/leyenda permite definir y configurar cada una de los parámetros que definen el aspecto de la leyenda de los trazados obtenidos (etiqueta, leyenda, valores máximos y mínimos, colores, etc.). Los trazados se presentan en la pantalla de visualización con el aspecto indicado en la figura:

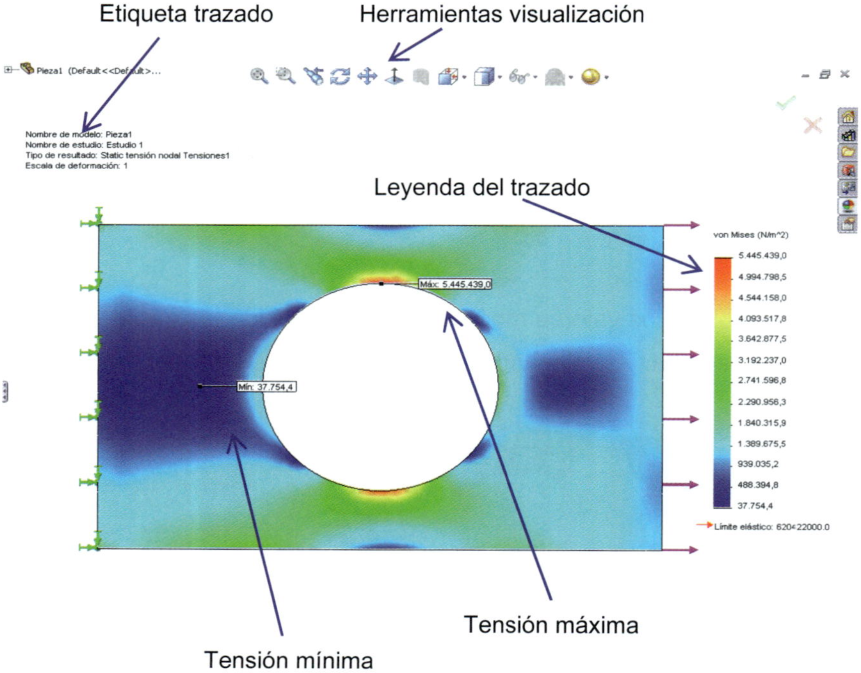

Para configurar las **Opciones de gráficos/leyenda**:

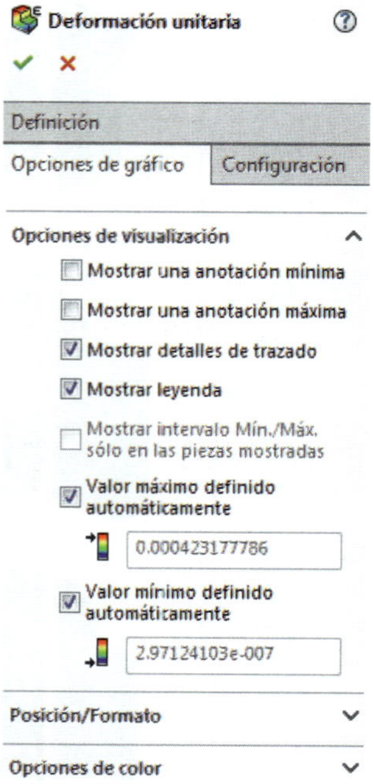

1. Pulse con el botón derecho del ratón sobre cualquiera de los trazados creados desde la capeta de **Resultados** del Gestor de Simulación. Seleccione **Opciones de gráficos**.
2. En el PropertyManager defina las **Opciones de visualización**, la **Posición/formato** y las **Opciones del color**.
3. Pulse **Aceptar**. La configuración definida es única para el trazado seleccionado.

Opciones de visualización

Mostrar anotación máxima y mínima. Muestra en el gráfico las partes del modelo ensayado que tienen el valor mínimo y el máximo.

Mostrar detalles de trazado. Muestra la etiqueta superior izquierda con la información del nombre del modelo, del estudio, el tipo de trazado y la escala de deformación.

Mostrar leyenda. Muestra la leyenda del trazado en la zona izquierda de la zona de visualización. Si desactiva esta opción la leyenda no aparecerá en la zona de gráficos.

Mostrar intervalo Mín/Máx en visualizar solo piezas. Muestra los valores mínimos y máximos en el trazado. Seleccione **Automático** para que **Solid**Works **Simulation** defina los valores máximos y mínimos. La opción **Definido**, permite que el usuario establezca el valor mínimo y el máximo.

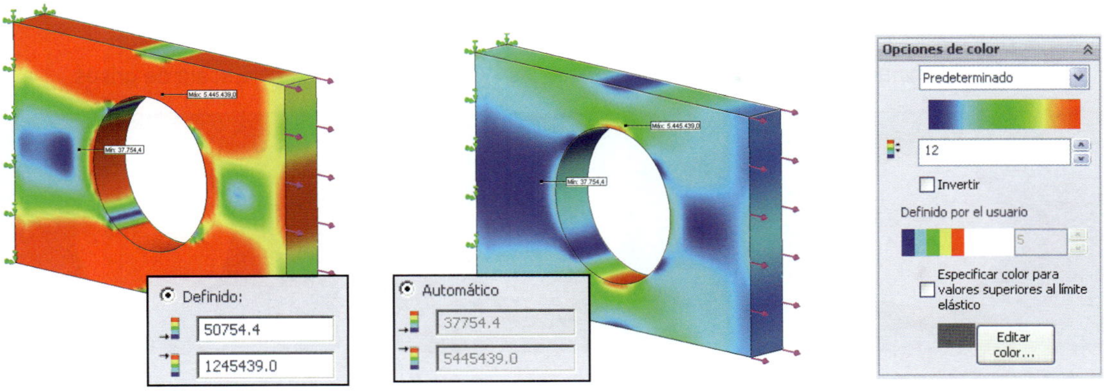

En la figura se representan las **etiquetas con las anotaciones máximas y mínimas** de la tensión sobre el modelo. Las etiquetas señalan el elemento dónde ha sido calculado el valor mayor y el menor. También se representan dos trazados para el mismo estudio y las mismas condiciones de carga/sujeción. Las diferencias del trazado se deben a los **valores máximos y mínimos en los intervalos de visualización**.

Posición/Formato

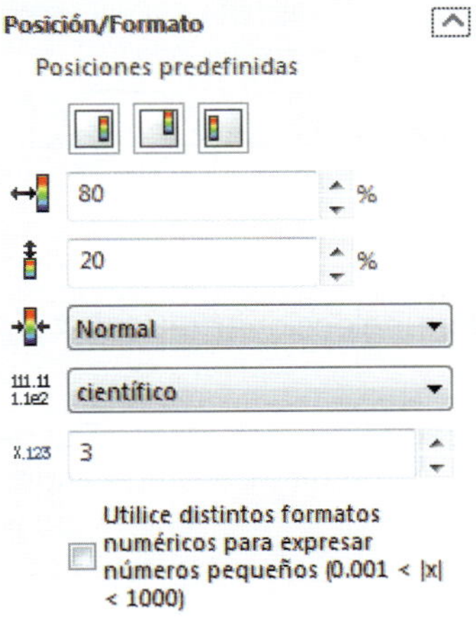

Posiciones predefinidas. Define la posición del gráfico en la zona de gráficos.

Horizontal desde la izquierda y **Vertical desde parte superior**. Define la distancia de separación de la leyenda respecto de las limitaciones verticales y horizontales. Se expresa en porcentaje.

Anchura. Seleccione el tipo de ancho de la leyenda (**Grueso**, **Normal** o **Delgado**).

Formato de número. Define el formato del número (**científico**, **flotante** o **general**).

Número de cifras decimales. Especifica el número de decimales a visualizar.

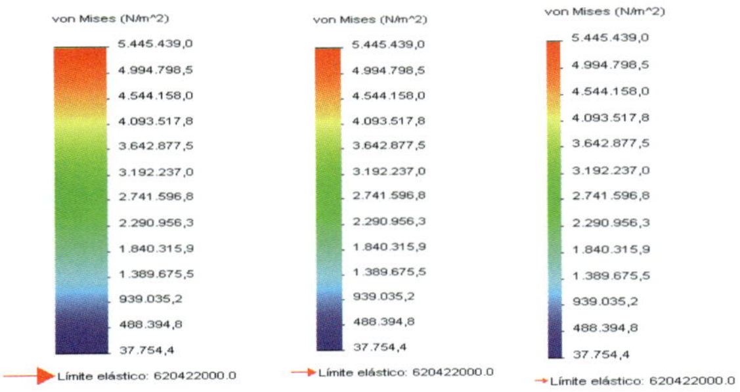

Usar separador de miles. Emplea separador de miles (punto) para número flotante o general.

Utilizar distintos formatos numéricos para expresar números pequeños. Muestra las cifras del gráfico según el intervalo indicado (formato flotante o general).

Opciones de color

Predeterminado, **Arco iris**, **Escala de grises**. Son los diferentes tipos de mapas de color que puede emplear en los trazados. El último es recomendable cuando desee imprimir el trazado en impresora blanco/negro.

Predeterminado | Arco iris | Escala de grises

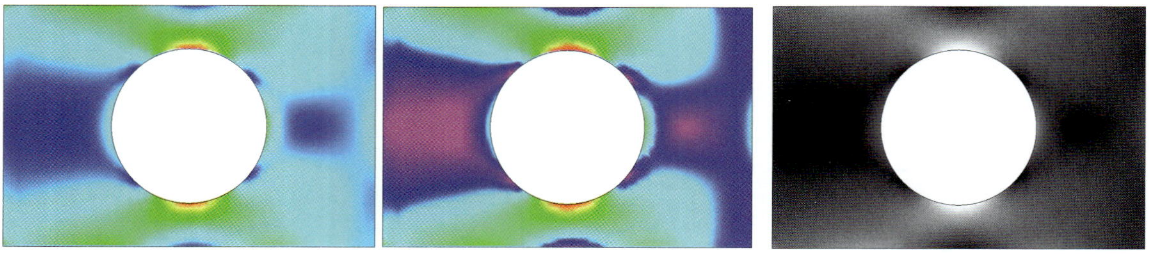

Definido por el usuario. Puede definir los trazados con 9 colores distintos. En la figura se muestra el empleo de 2, 5 y 9 colores.

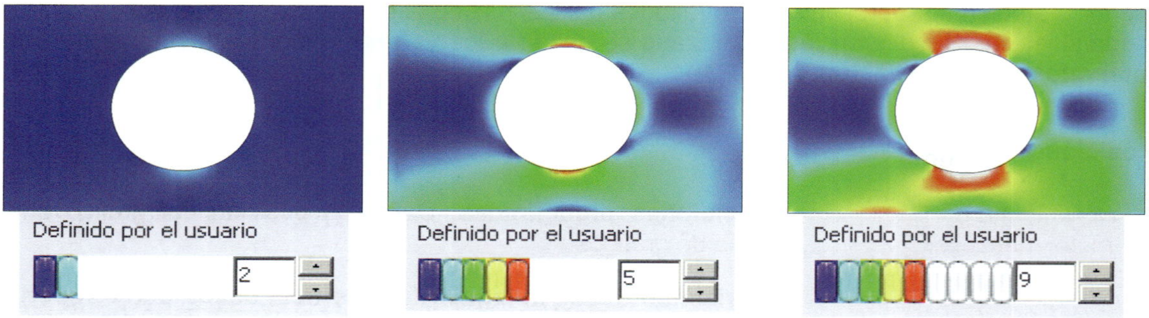

Invertir dirección. Invierte los colores.

Especificar color para valores superiores al límite elástico. Puede seleccionar un color para definir las zonas del modelo con tensiones límite elástico superiores.

Número de colores de gráfico. Define el número de colores empleados en el trazado. Pueden definirse hasta 24 colores distintos. En la siguiente figura se muestran los resultados empleando 2, 12 y 24 colores.

2 colores | 12 colores | 24 colores

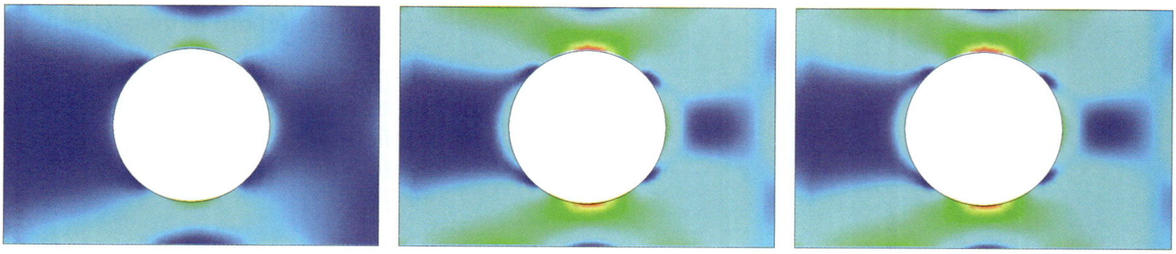

2.13.7 Configuración

La herramienta de **Configuración** define las características de visualización de los bordes y de los contornos del modelo en la representación de los trazados. También permite superponer el modelo deformado sobre el modelo inicial de partida sin deformar. Esta última opción puede definirse regulando la transparencia de la pieza original sobre el modelo deformado.

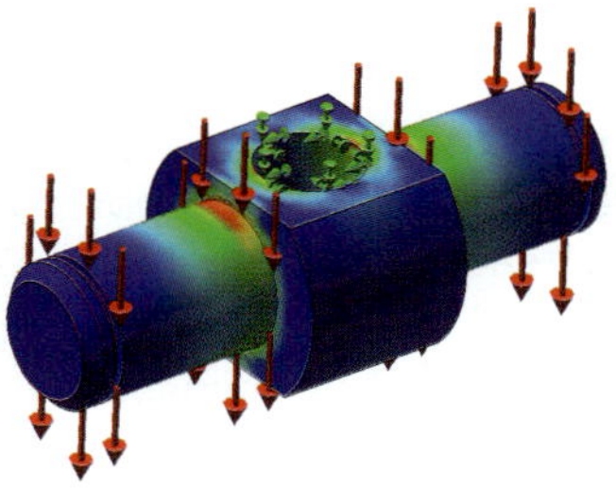

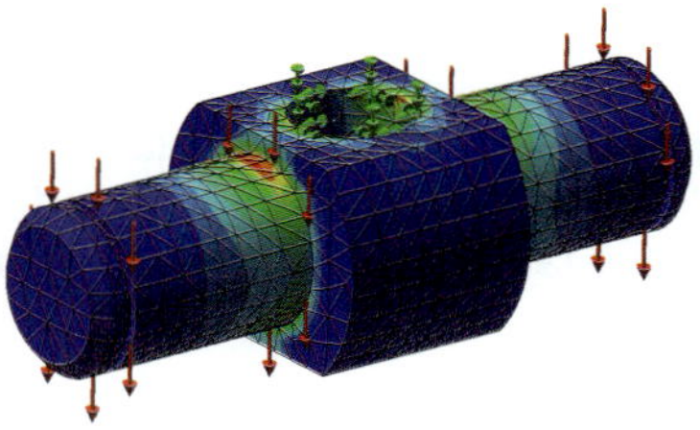

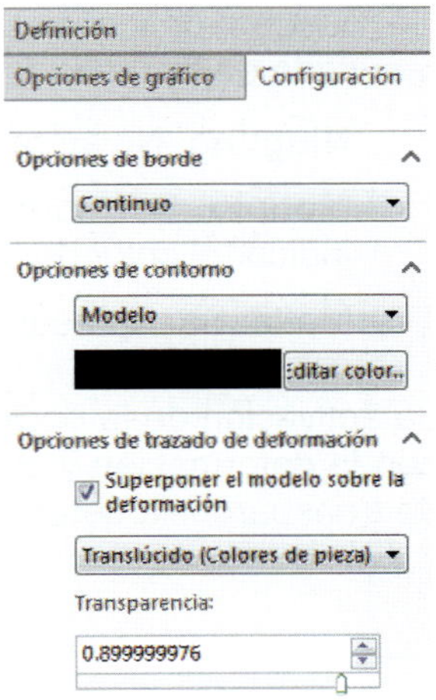

Para **Configurar** las características del trazado de visualización en su modelo:

1. Pulse con el botón derecho del ratón sobre el trazado activo dónde desee configurar el aspecto del modelo desde el Gestor de Simulación y seleccione la opción **Configuración** .
2. En el PropertyManager defina las **Opciones de borde**, **de contorno** y de **transparencia**. Pulse **Aceptar**.

Opciones de borde

Define la forma en la que se visualiza el trazado sobre el modelo. Puede seleccionar una de las cuatro opciones: **Punto**, **Línea**, **Discreto** y **Continuo**.

- **Punto.** Los contornos del trazado se definen con puntos de color. Cada color representa un valor de la variable representada.
- **Línea.** Los contornos son definidos con líneas de colores.
- **Discreto.** Se representa con contornos llenos de color (sombreado).
- **Continuo.** Los contornos se representan llenos de color y de forma lisa con transiciones más suaves que en el caso anterior.

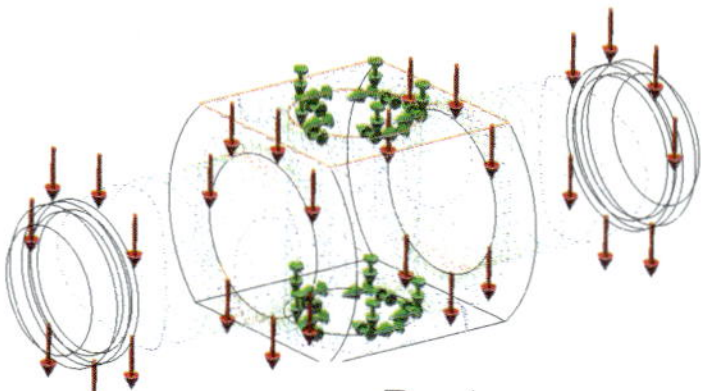

Punto

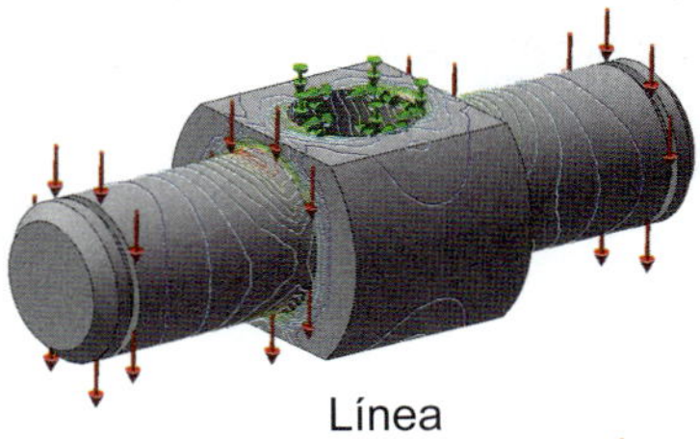

Línea

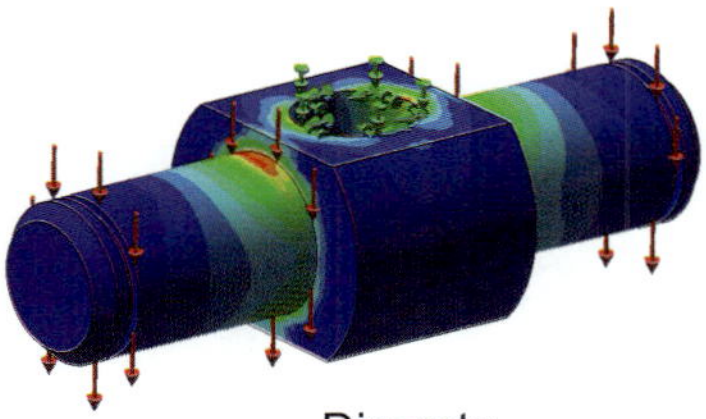

Discreto

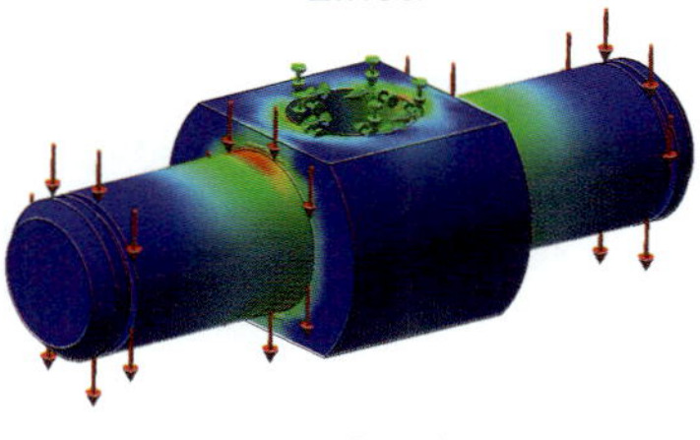

Continuo

Opciones de contorno

Se pueden definir tres formas distintas de representar el contorno del modelo junto con el resultado de los trazados (**Ninguno**, **Modelo** y **Malla**).

- **Ninguno**. No se representan las aristas externas del modelo.
- **Modelo**. Se representan las aristas exteriores que definen el contorno del modelo. Puede indicar el color de las aristas.
- **Malla**. Se representa el mallado junto con los resultados definidos por el trazado.

La activación de la opción **Superponer el modelo a la deformada** muestra el trazado del modelo con la deformación y el modelo inicial. La representación del modelo se realiza con un porcentaje de transparencia determinado para facilitar la interpretación de la deformación final obtenida.

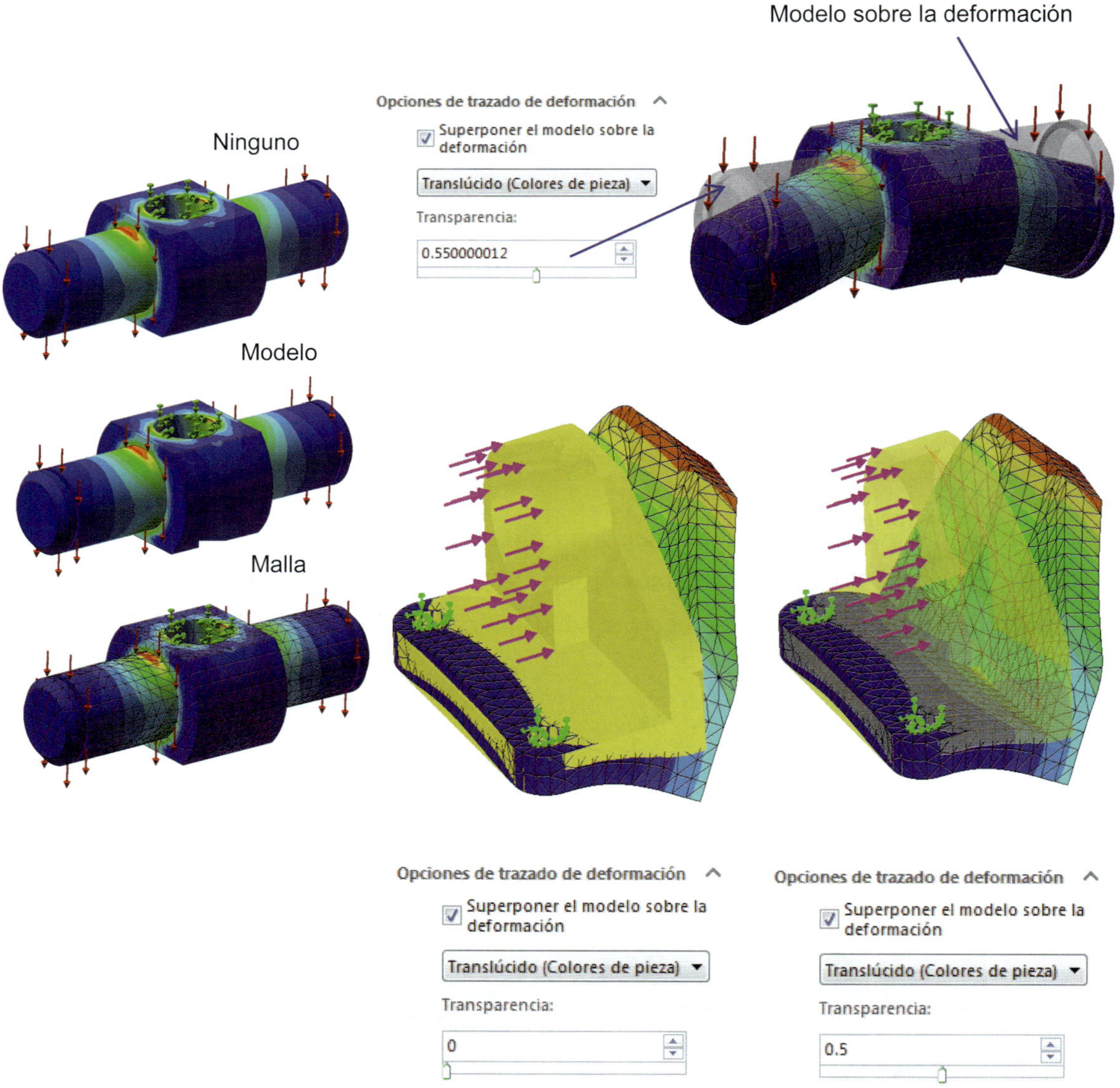

2.13.8 Identificar valores

Permite conocer el valor numérico de las cantidades trazadas en los centros de cada uno de los elementos (nodos). Puede seleccionar, desde la zona de gráficos, la ubicación donde desee identificar el valor o puede seleccionar una entidad (arista o vértice) y definir la variación de los valores a lo largo de la misma.

Identificar valores

Nodo	Valor (N/m^2)	X (mm)	Y (mm)	Z (mm)
21734	191292.1	-192.63	0	-68.256
34302	3015094.0	-149.42	0	-95.796
24142	501487.2	-104.18	0	-71.044
26034	1198591.3	-143.93	0	-41.043

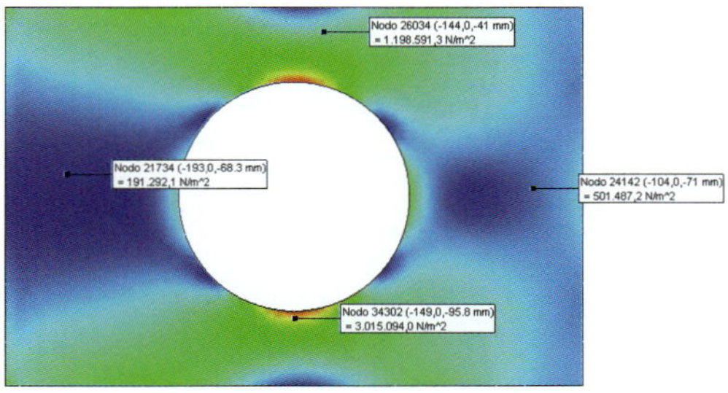

Cada vez que se identifica un valor **Solid**Works **Simulation** identifica el **Nodo**, el **Valor** de la variable controlada y las **Coordenadas** de su localización. Si selecciona una entidad como una arista además se muestran los valores de **suma**, **promedio**, **máximo**, **mínimo** y **media cuadrática** (RSM).

Resumen

	Valor	
Suma:	1.6075e+008	N/m^2
Avg	1.576e+006	N/m^2
Máx.	3.7167e+006	N/m^2
Mín.	73129	N/m^2
Valor RMS (r	1.9224e+006	N/m^2

Nodo	Valor (N/m^2)	X (mm)	Y (mm)
33793	3716710.0	-149.42	
116	3712030.0	-148.07	
33800	3646339.5	-146.72	
115	3466579.8	-145.39	
33806	3273343.0	-144.07	
114	3004828.5	-142.77	
33812	2722383.8	-141.49	
113	2402803.8	-140.25	

Para **Identificar valores**:

1. Pulse con el botón derecho del ratón sobre cualquiera de los trazados creados desde la capeta de **Resultados** del Gestor de Simulación. Seleccione **Identificar valores**.

2. En el PropertyManager defina, desde **Opciones**, la forma de identificar los valores sobre el modelo: **En la ubicación, De sensores** o **En entidades seleccionadas.**

3. Observe los resultados en la pestaña **Resultados** y en la zona de gráficos en la que se ven las etiquetas con la indicación de los valores.

4. En **Opciones de informe** puede definir trazados de los valores identificados y guardar los sensores obtenidos.

Opciones

En la ubicación. Pulse con el botón izquierdo del ratón, desde la zona de gráficos, en las zonas del modelo donde desee identificar valores. Aparece la etiqueta con el valor de la variable en ese nodo.

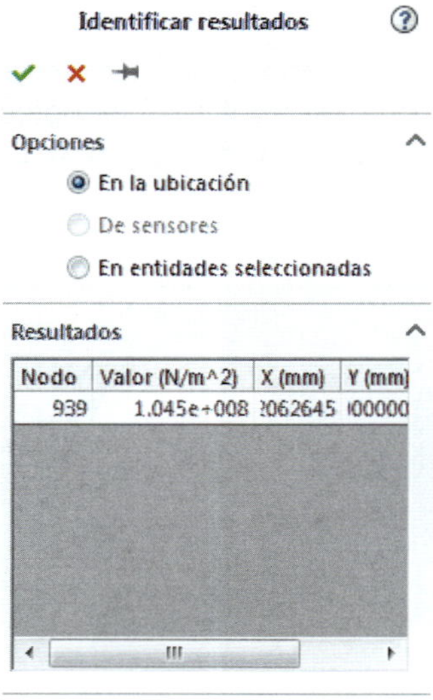

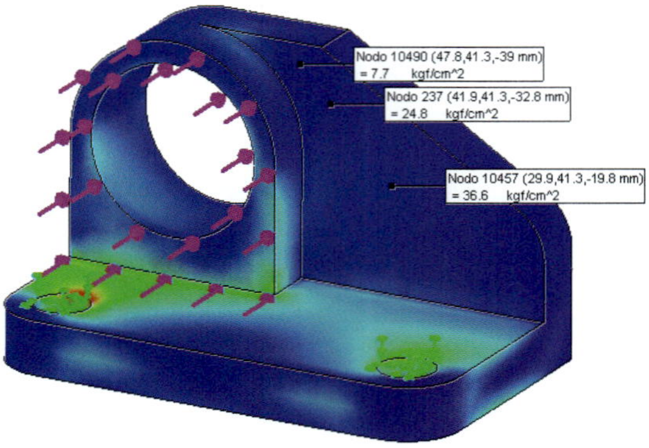

De sensores. Determina los valores de los resultados a partir de los datos de las ubicaciones guardadas en los sensores.

En entidades seleccionadas. Seleccione desde la zona de gráficos una **arista**, **cara** o **vértice** para identificar los valores en los nodos que están contenidos en la selección realizada.

	Valor	
Suma:	1.08e+006	N/m^2
Avg	1.08e+006	N/m^2
Máx.	1.08e+006	N/m^2
Mín.	1.08e+006	N/m^2
Valor RMS (	1.08e+006	N/m^2

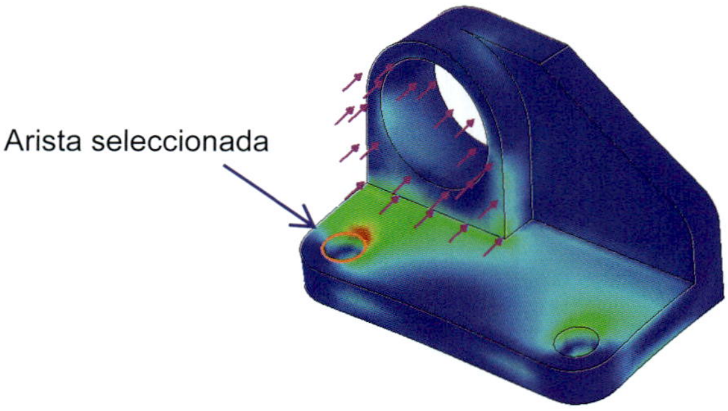

Resultados

Se identifica el número de **Nodo**, el **Valor** de la variable controlada y las **Coordenadas** de su localización. En el caso de seleccionar una entidad como una arista, en la etiqueta **Resumen** se muestran los valores de **Suma**, **Promedio**, **Máximo**, **Mínimo** y **Media cuadrática** (RSM).

Opciones de informe

Guardar como sensor. Puede seleccionar los puntos que han aparecido en la pestaña de **Resultados** y almacenarlos como **Sensores**. Puede utilizarlos en **Opciones** (**De sensores**), en otros estudios.

Guardar. Almacena los resultados en formato ***.csv** compatible con editores de texto y Microsoft Excel.

Trazado. Permite realizar un trazado XY en los que se representa la variación de la variable identificada con cada uno de los nodos y su posición en el modelo. Si selecciona una entidad como una arista **Solid**Works **Simulation** determina todos los nodos existentes sobre la entidad y determina los valores sobre el gráfico en localizaciones equidistantes.

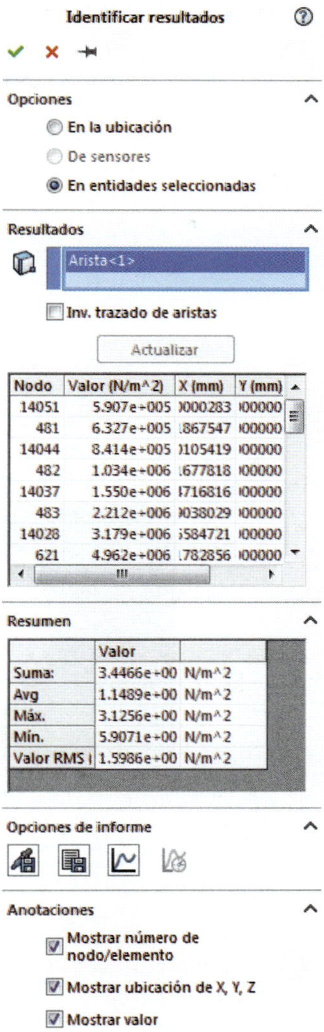

En el gráfico **Plot** observe la variación de la tensión en los nodos que definen la arista circular del taladro.

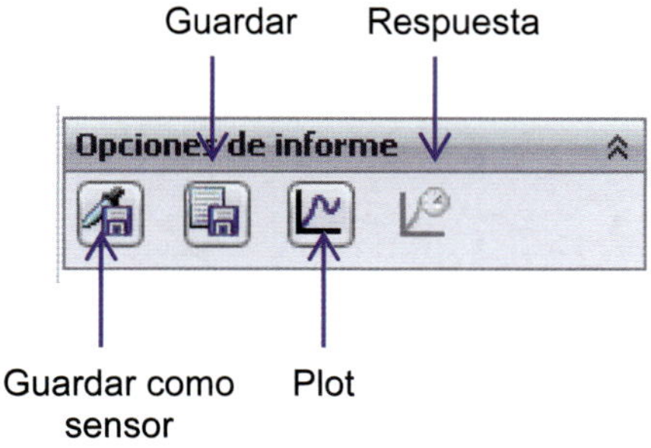

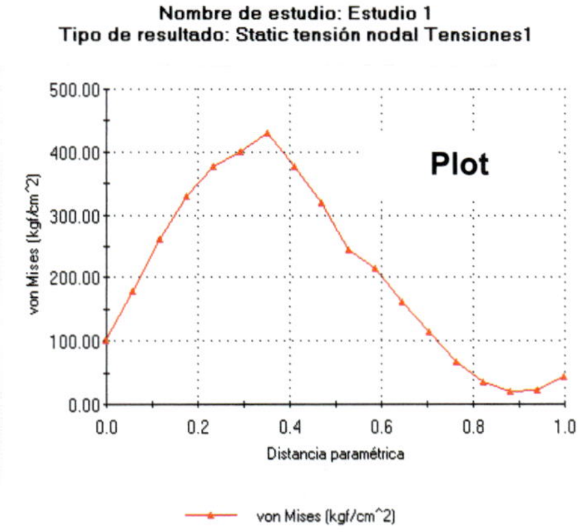

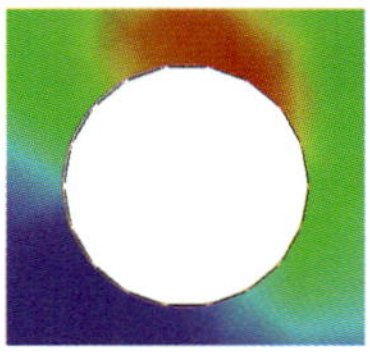

En la figura se han representado los valores de la tensión (N/m^2) frente a la distancia paramétrica de la arista. Las gráficas representan el comportamiento de la tensión sobre tres aristas distintas del modelo. La gráfica que muestra el comportamiento de la tensión en la arista circular (Gráfico central) muestra los dos máximos de la tensión.

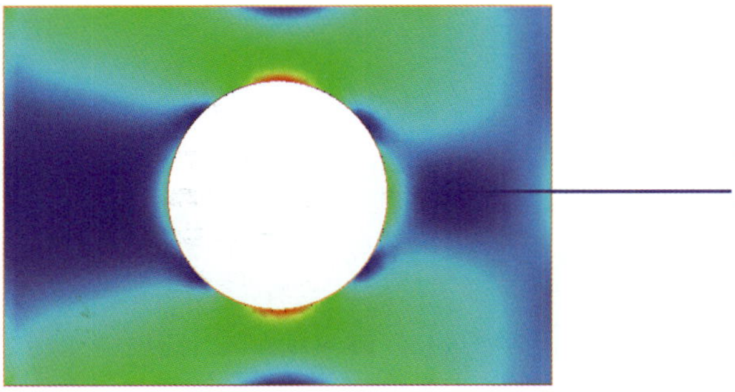

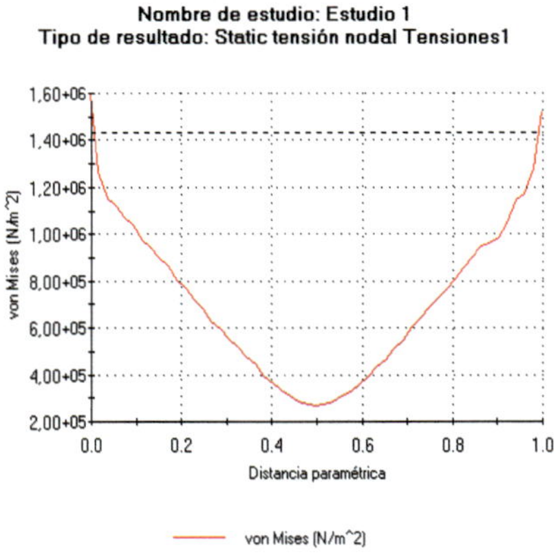

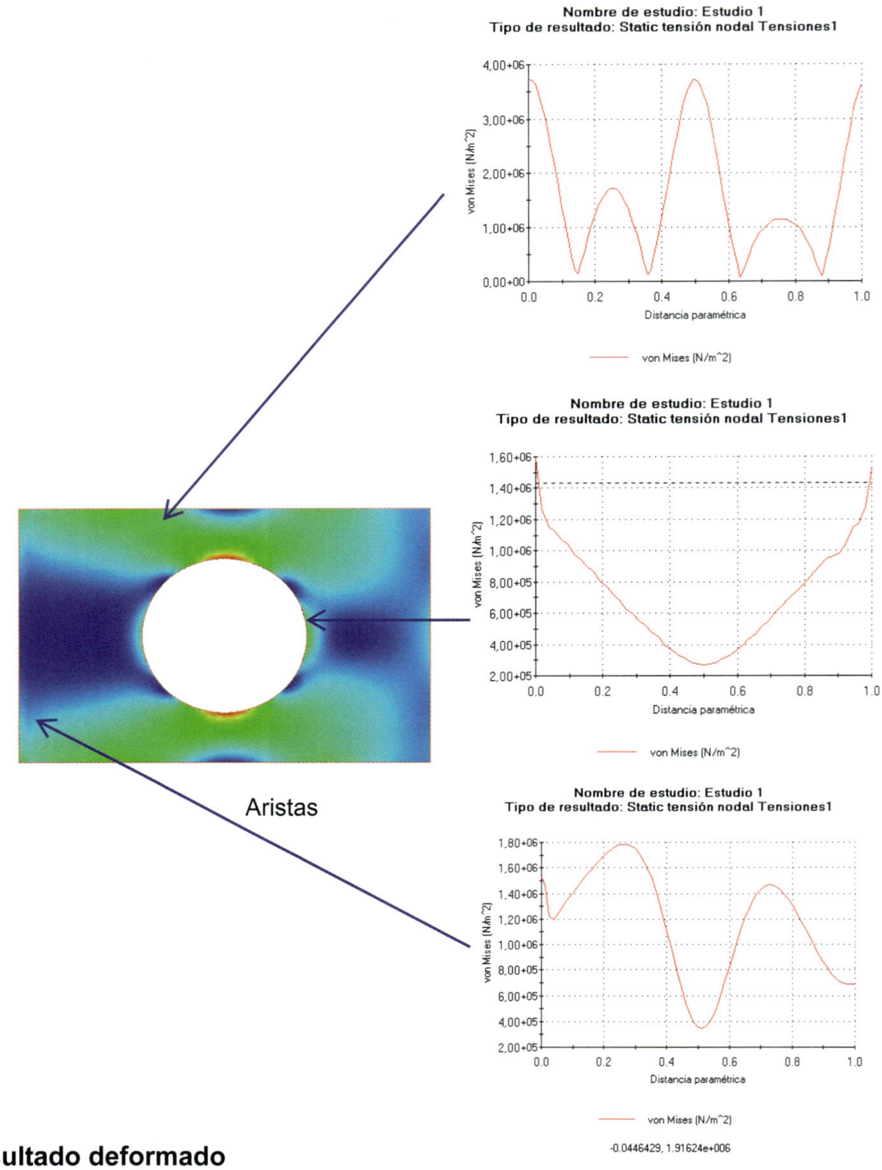

2.13.9 Resultado deformado

Permite visualizar el trazado activo en pantalla deformado, independientemente del tipo de trazado seleccionado. Puede conmutar **Deformado/sin deformar** pulsando sobre la orden **Resultado de deformada**.

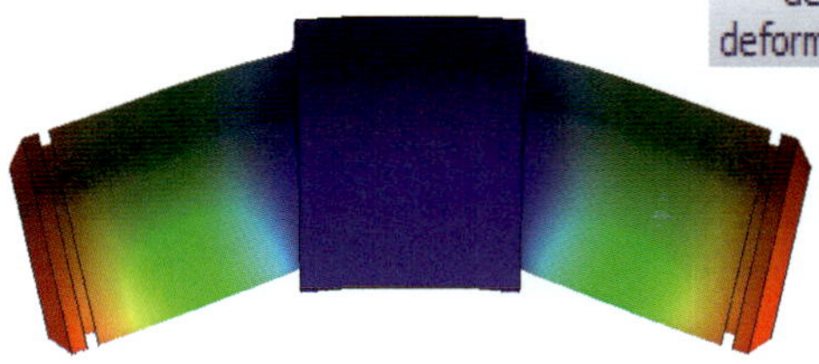

Para visualizar el modelo en **Estado deformado**:

1. Pulse sobre el icono **Resultado de deformada** desde la barra de herramientas de Simulación o pulse con el botón derecho del ratón sobre el nombre del trazado en el Gestor de Simulación y seleccione **Resultado de deformada**.
2. Observe en la zona de gráficos aparece el trazado activo con el modelo deformado independientemente del tipo de trazado seleccionado.
3. Modifique la **Escala de deformación**. Si desea incrementar el efecto de la deformación sobre el modelo en pantalla pulse con un doble clic sobre la leyenda inscrita en la parte superior izquierda de la zona de gráficos y modifique la escala de deformación.

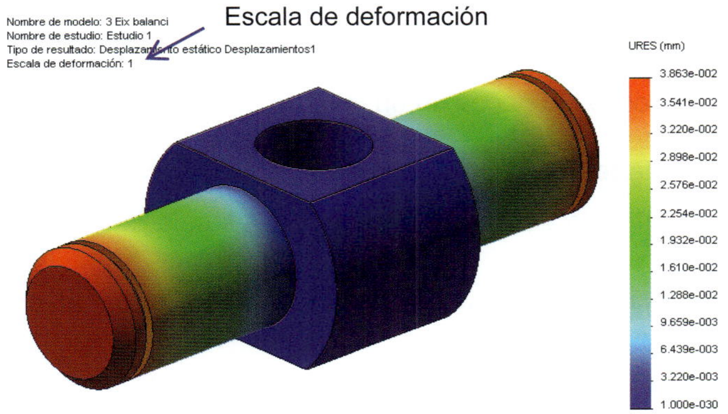

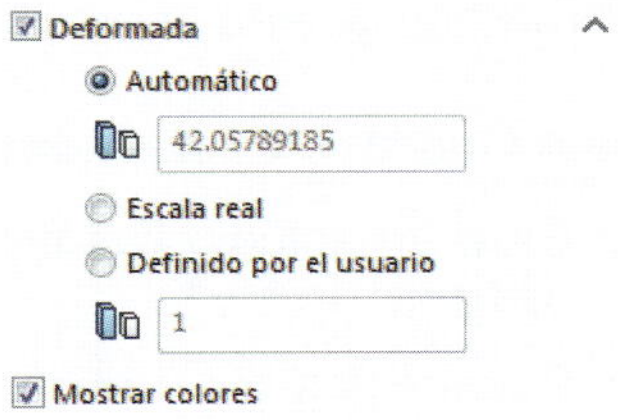

2.13.10 Otras herramientas de gestión de trazados

A continuación, se describen otras opciones para gestionar los trazados obtenidos.

Crear sólido a partir de la forma deformada

La opción permite guardar una pieza o ensamblaje con la apariencia deformada obtenida después de realizar un estudio estático. El resultado de la deformación obtenida se guarda como un documento nuevo o como una nueva configuración. Esta opción puede emplearse cuando la malla utilizada en el estudio estático sea sólida, de vaciado y mixta.

Para crear un **Sólido a partir de una forma deformada**:

1. Cree un estudio **Estático** en su modelo definiendo las cargas, las sujeciones, el material y el mallado.
2. Pulse **Ejecutar** y observe los resultados obtenidos en la carpeta **Resultados** del Gestor de Simulación.
3. Pulse con el botón derecho del ratón sobre la carpeta **Resultados** y seleccione la opción **Crear sólido a partir de forma deformada.**
4. En el PropertyManager pulse sobre **Guardar como configuración** o **Guardar como nueva pieza** o como **Configuración**. Escriba el nombre y pulse **Aceptar**.

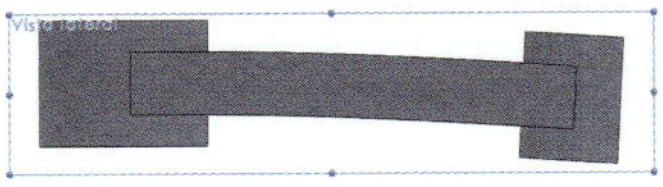

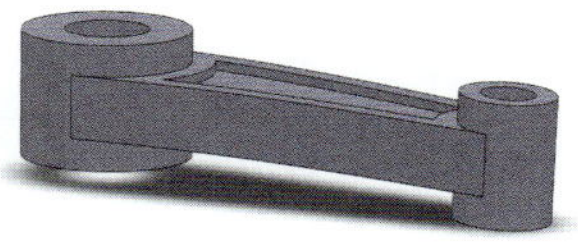

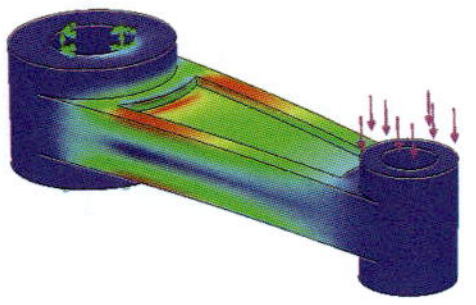

El modelo deformado es guardado como un **Sólido importado** y no podrá ver las operaciones que lo definen desde el Gestor de Diseño. Si desea proceder con el reconocimiento de operaciones responda sí a la pregunta que **Solid**Works realiza al importar el modelo.

Guardar todos los trazados como imágenes JPG o como edrawings

Los trazados obtenidos pueden ser guardados en distintos formatos como: eDrawings, bmp, jpg, wrl, xgl y zgl. Desde el menú **Archivo** puede seleccionar la opción **Guardar como** y seleccionar las extensiones JPG o TIF. De esta forma puede guardar los resultados de los trazados activos.

Además, puede guardar todos los trazados obtenidos en un mismo estudio seleccionado la opción **Guardar todos los trazados como imágenes JPG** o **eDrawings** pulsando con el botón derecho del ratón sobre el icono del **Estudio** activo. **Solid**Works **Simulation** crea un archivo de imagen (JPG) para cada uno de los trazados creados en el estudio mientras que si selecciona la opción eDrawings guarda el resultado de todos los trazados en un único fichero.

Para **Guardar los trazados como imágenes JPG**:

1. Cree un estudio **Estático** en su modelo definiendo las cargas, las sujeciones, el material y el mallado.
2. Pulse **Ejecutar** y observe los resultados obtenidos en la carpeta **Resultados** del Gestor de Simulación.
3. Pulse con el botón derecho del ratón sobre la carpeta **Resultados** y cree todos los trazados deseados.
4. Pulse con el botón derecho del ratón sobre la carpeta **Resultados** y seleccione la opción **Guardar todos los trazados como imágenes JPG**.
5. Pulse **Aceptar**.

Para **Guardar los trazados como imágenes edrawings**:

1. Cree un estudio **Estático** en su modelo definiendo las cargas, las sujeciones, el material y el mallado.
2. Pulse **Ejecutar** y observe los resultados obtenidos en la carpeta **Resultados** del Gestor de Simulación.
3. Pulse con el botón derecho del ratón sobre la carpeta **Resultados** y cree todos los trazados deseados.
4. Pulse con el botón derecho del ratón sobre la carpeta **Resultados** y seleccione la opción **Guardar todos los trazados como eDrawings**
5. Pulse **Aceptar**.

eDrawings es una herramienta de visualización de ficheros CAD que permite compartir geometrías en 3D y en 2D entre distintos usuarios sin necesidad de tener la aplicación **Solid**Works.

Comparación de resultados

Es una herramienta que permite comparar los resultados de hasta cuatro trazados distintos obtenidos en diferentes ensayos de simulación. Además, permite comparar un trazado actual con otros parecidos de diferentes estudios, comparar varios trazados de un mismo estudio y ver distintos trazados de diferentes estudios al mismo tiempo.

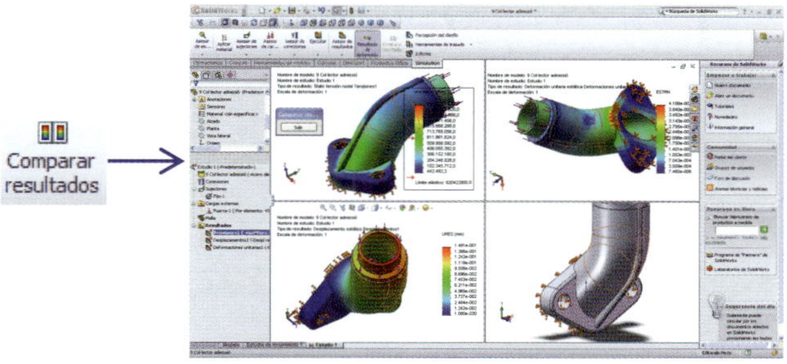

En la figura se comparan los trazados de tensiones, desplazamientos y deformaciones unitarias de un mismo estudio y pieza. La ventana se divide en función del número de trazados seleccionado. Puede visualizar el modelo con la ayuda de las herramientas de visualización en cada uno de sus trazados y compararlos entre ellos.

Para **Comparar** distintos trazados de un mismo estudio:

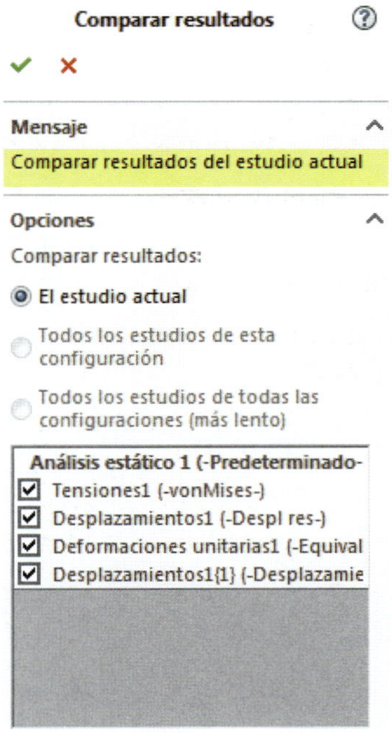

1. Pulse sobre **Comparar resultados** desde el Administrador de comandos de Simulation.
2. En **Opciones** seleccione la opción **Ver varios resultados del estudio actual**.
3. Seleccione como máximo cuatro trazados.
4. Pulse **Aceptar**.

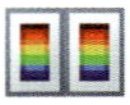

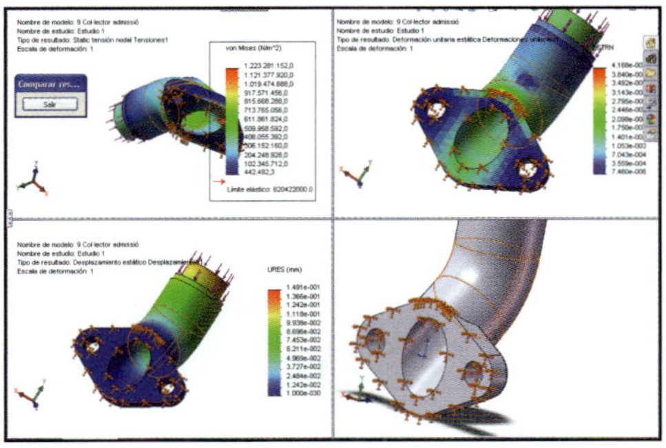

Para **Comparar un trazado** actual con otros trazados de otros estudios:

1. Actualice el trazado del modelo actual en la zona de gráficos mediante un doble clic desde la carpeta de **Resultados** del Gestor de Simulación.
2. Pulse sobre **Comparar resultados** desde el administrador de comandos de Simulation. En **Opciones** seleccione la opción **Comparar el resultado** seleccionando en los estudios.
3. Puede seleccionar un máximo de cuatro estudios.

Comparar resultados

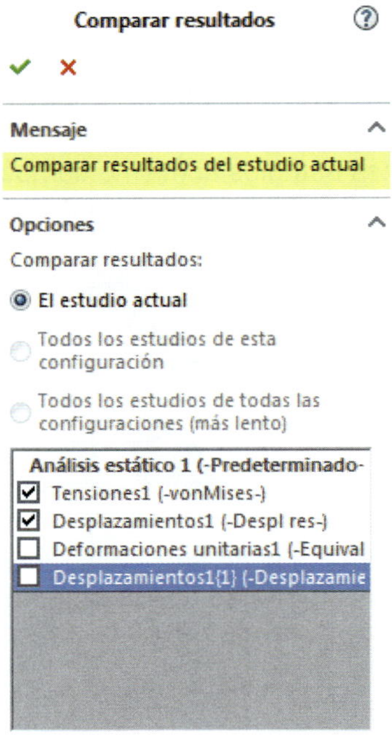

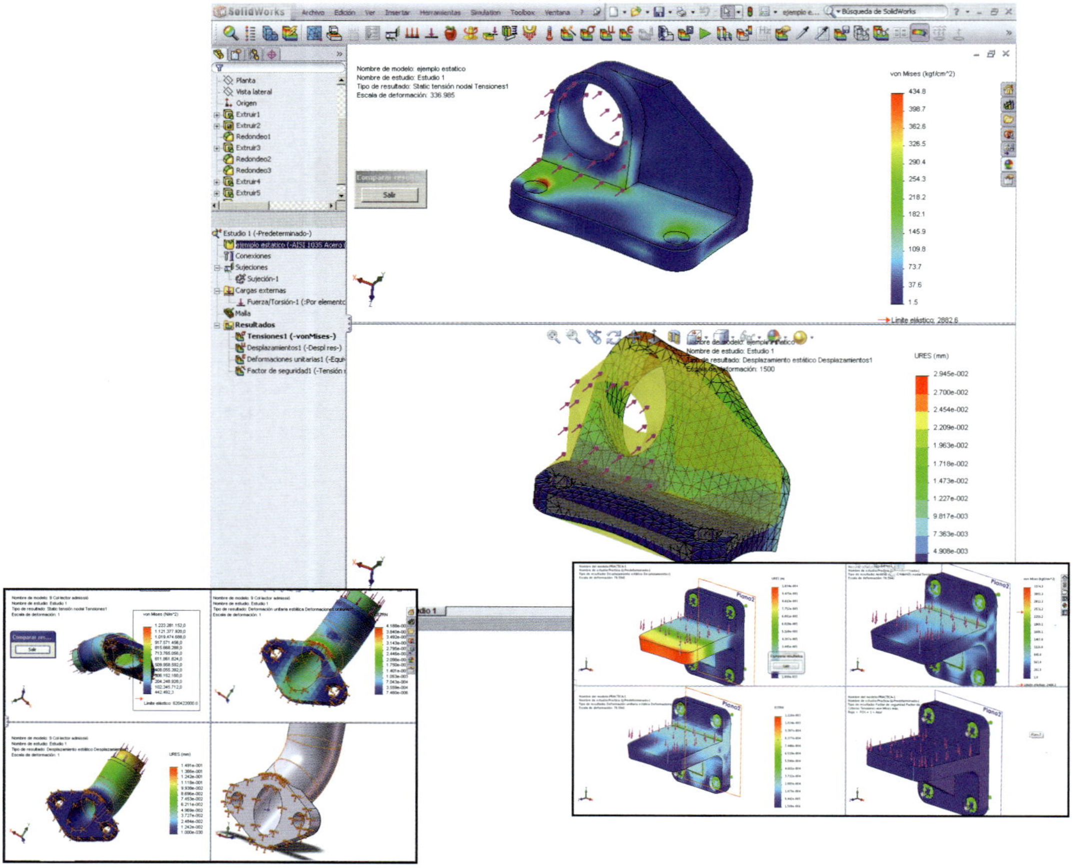

2.14 Práctica 2-6. Análisis estático de una pieza

Evalúe el soporte fabricado en acero aleado. Se encuentra fijo por los cuatro taladros y cargado con una fuerza de 1 000 N sobre la cara superior.

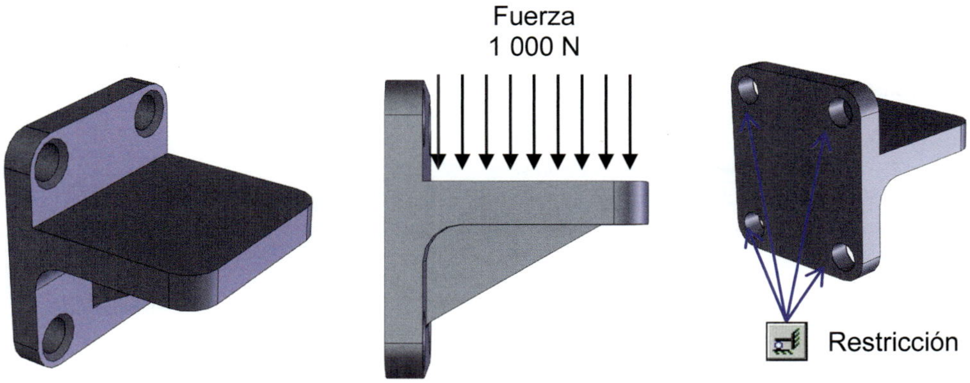

Aspectos

- Abrir documento desde el DVD.
- Cargar **Solid**Works **Simulation** y sus barras de herramientas flotantes.
- Asignar un material a la pieza.
- Crear un estudio de análisis estático.
- Aplicar las sujeciones y la carga de fuerza sobre el modelo.
- Definir las características del mallado.
- Ejecutar el estudio.
- Ver resultados básicos del análisis estático.
- Evaluar la Seguridad del diseño.
- Generar un informe del estudio.

Características

- **Malla sólida estándar**.
- **Material**. Acero al carbono no aleado.
- **Sujeción Fija**. Caras interiores de los taladros.
- **Fuerza**. 1 000 N.

1. Activación de SolidWorks Simulation

1. Active el complemento **Solid**Works **Simulation** desde el menú de persiana, **Complementos**.

2. Abrir el modelo a analizar

1. Abra el modelo de la práctica desde el DVD que acompaña el libro. Pulse sobre el menú de persiana **Archivo** y seleccione **Abrir**. Localice el modelo de la práctica y pulse **Aceptar.**

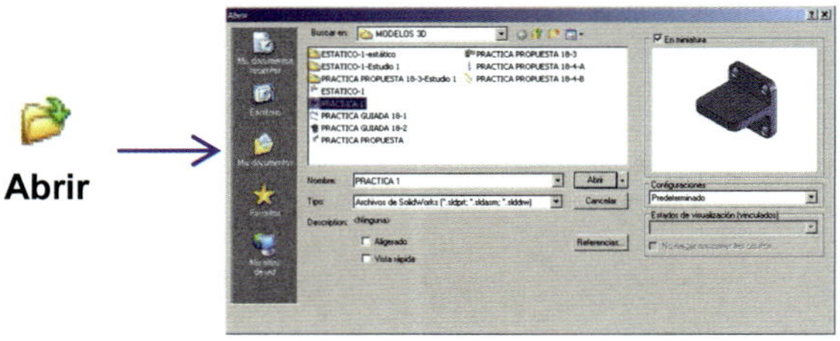

Herramientas de visualización

3. Selección del análisis Estático

1. Para definir el **Tipo de Análisis** pulse sobre **Estudio** desde el menú de persiana **Solid**Works **Simulation**. También puede realizar la selección del estudio pulsando el icono **Estudio** desde la barra de herramientas flotante de Simulación. Desde el *FeatureManager* seleccione la opción **Estático** y escriba el nombre de su simulación en **Nombre del estudio**. Pulse **Aceptar**.
2. Observe el Gestor de Simulación creado en la parte izquierda de la zona de gráficos, debajo del Gestor de Diseño con el nombre indicado, Estudio 1. El Gestor de Simulación contiene varias carpetas que a su vez contienen iconos. En el **Análisis Estático** se tiene la carpeta con el nombre del modelo de pieza (Practica) que sirve para asignar el tipo de material y las carpetas, **Conexiones**, **Sujeciones**, **Cargas externas** y **Malla**.

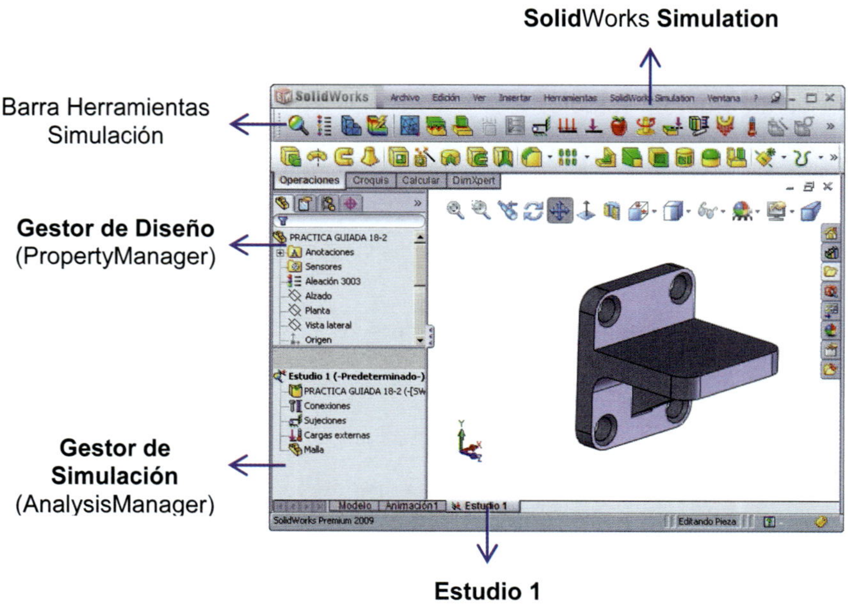

4. Opciones de SolidWorks Simulation

Configure las opciones del **Estudio Estático** desde el Menú de Opciones. Pulse sobre **Solid**Works **Simulation** desde el menú de persiana y seleccione **Opciones**. En **Opciones predeterminadas** puede configurar el tipo de **Unidades**, la **Carga/sujeción**, el tipo de **Malla**, los **Resultados**, el **Tipo de trazado** y la **configuración del Informe.**

1. Pulse sobre **Unidades** y seleccione **Sistema de unidades Métrico (MKS)** y las unidades (**mm**, **Celsius**, **rad/seg** y **N/m²**).

2. En **Trazados** pulse con el botón derecho del ratón en **Resultados del estudio estático** y seleccione **Agregar nuevo trazado**.
3. Seleccione **Factor de seguridad**. De esta forma se ha creado un nuevo gráfico para el **Estudio Estático** y cada vez que resuelva un estudio aparecerán los tres gráficos habituales (**Tensión**, **Deformaciones unitarias** y **Desplazamientos**) y, a partir de ahora, el trazado de **Factor de Seguridad** dentro de la carpeta **Resultados**.

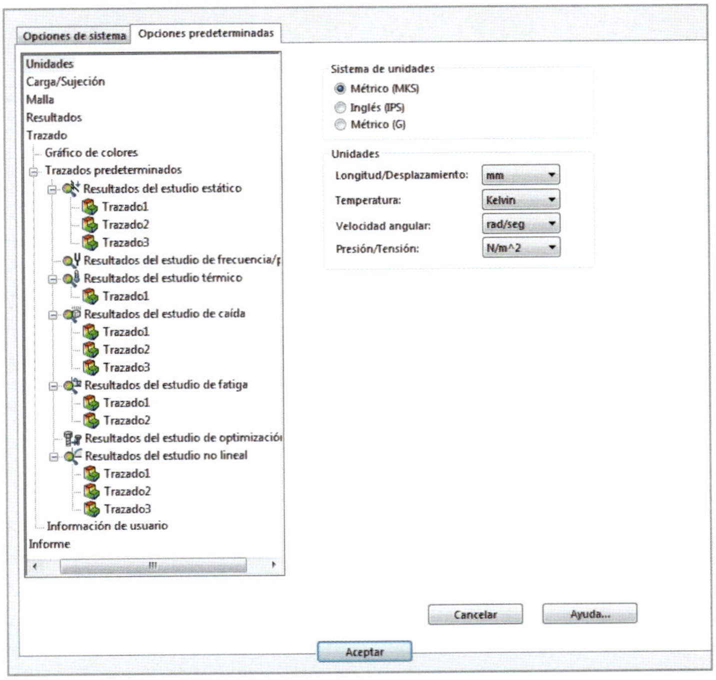

4. En **Trazados**, seleccione la opción **Mostrar una anotación de valor máximo y mínimo** desde **Anotación e intervalo**. De esta forma aparecen etiquetas sobre el modelo indicando los valores máximos y mínimos.

5. Seleccione la opción **Superponer el modelo sobre la forma deformada** e indique un porcentaje de transparencia de su modelo.
6. Además de estas configuraciones recuerde que puede modificar parámetros de **Malla** (**Calidad**, **Tipo de mallador**) y seleccionar diferentes *solvers* (**Automático**, **Direct Sparse** y **FFEPlus**), desde **Propiedades**.

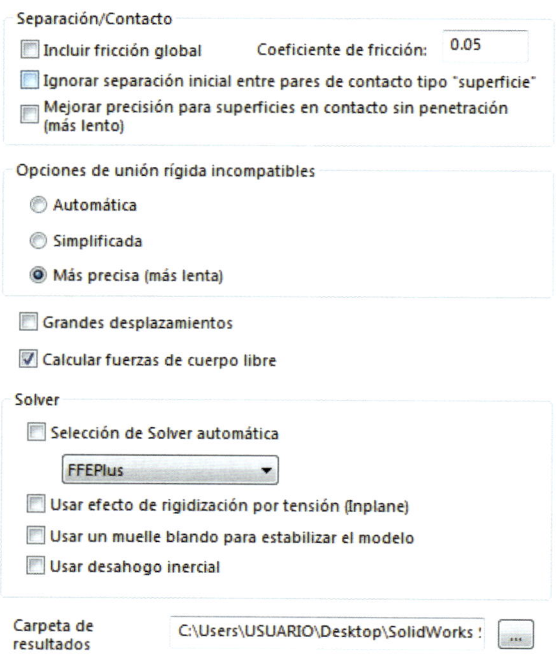

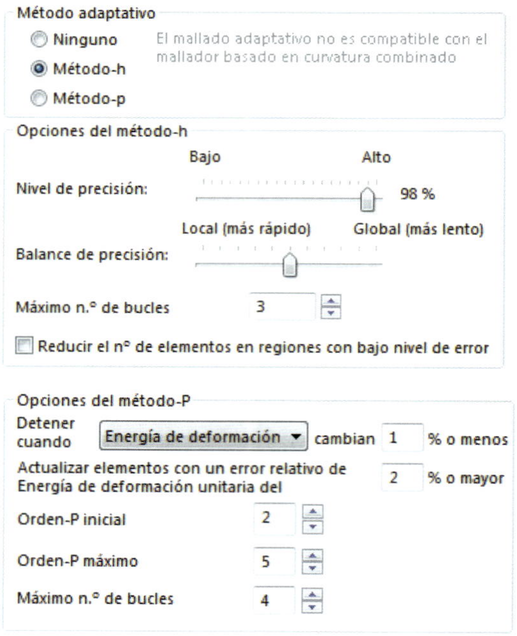

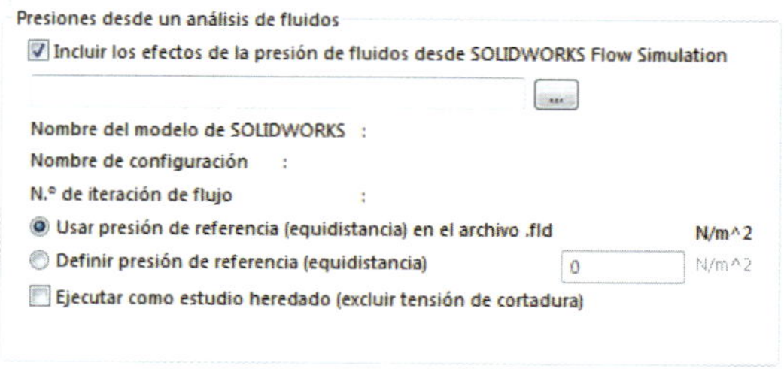

Recuerde que el solver **FFEPLUS** es recomendable activarlo en modelos con un gran número de grados de libertad (GDL) porque es más rápido que el resto de solvers.

5. Selección del material

1. Pulse con el botón derecho del ratón sobre la primera de las carpetas. Tiene el nombre del fichero. Seleccione **Aplicar/Editar material**.
2. Seleccione un **Acero al carbono no aleado** desde la biblioteca de materiales de **Solid**Works **Simulation**.
3. Pulse **Aceptar**.

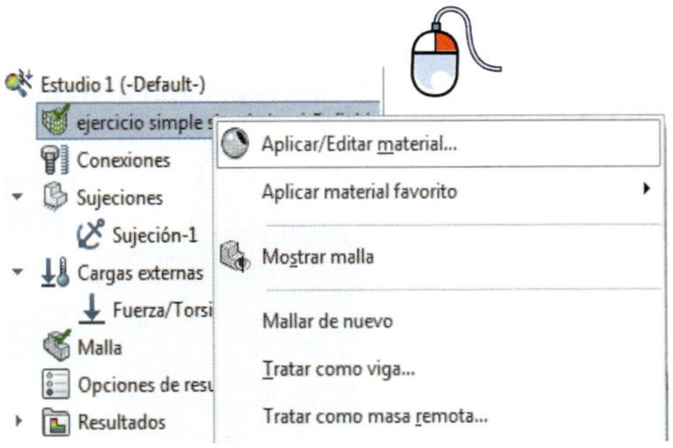

Propiedad	Valor	Unidade:
Módulo elástico	10000	N/m^2
Coeficiente de Poisson	0.45	N/D
Módulo cortante		N/m^2
Densidad de masa	960	kg/m^3
Límite de tracción	20000000	N/m^2
Límite de compresión		N/m^2
Límite elástico		N/m^2
Coeficiente de expansión térmica		/K

Observe las propiedades mecánicas del material seleccionado (Acero al carbono no aleado). Las propiedades mecánicas marcadas en **rojo** son necesarias para el estudio seleccionado mientras que las **azules** pueden ser necesarias cuando se emplean cargas específicas como por ejemplo la **temperatura** que necesita el **Coeficiente de expansión térmica**.

6. Selección de las sujeciones

Debe restringir el movimiento de los cuatro taladros de forma que se encuentren totalmente fijos.

1. Pulse sobre **Sujeciones** con el botón derecho del ratón desde el Gestor de Simulación. Seleccione la opción **Geometría Fija**.
2. Seleccione **Geometría Fija**. La restricción impuesta define los seis grados de libertad (tres de rotación y tres de traslación) en cero.
3. Seleccione, desde la zona de gráficos, cada una de las **Caras** que definen los cuatro taladros del modelo.
4. Active **Vista preliminar** si desea ver el símbolo de sujeción sobre su modelo. Además, puede editar el tamaño y el color del símbolo de restricción en **Configuración de Símbolo**. Las **Flechas** indica la restricción de traslación mientras que los **Discos** las direcciones de rotación.
5. Pulse **Aceptar** para crear la **Sujeción**.

En la sujeción **Inamovible**, a diferencia de en la sujeción **Fija**, los grados de libertad restringidos no tienen en cuenta los de rotación y se simboliza mediante una flecha (sin el disco).

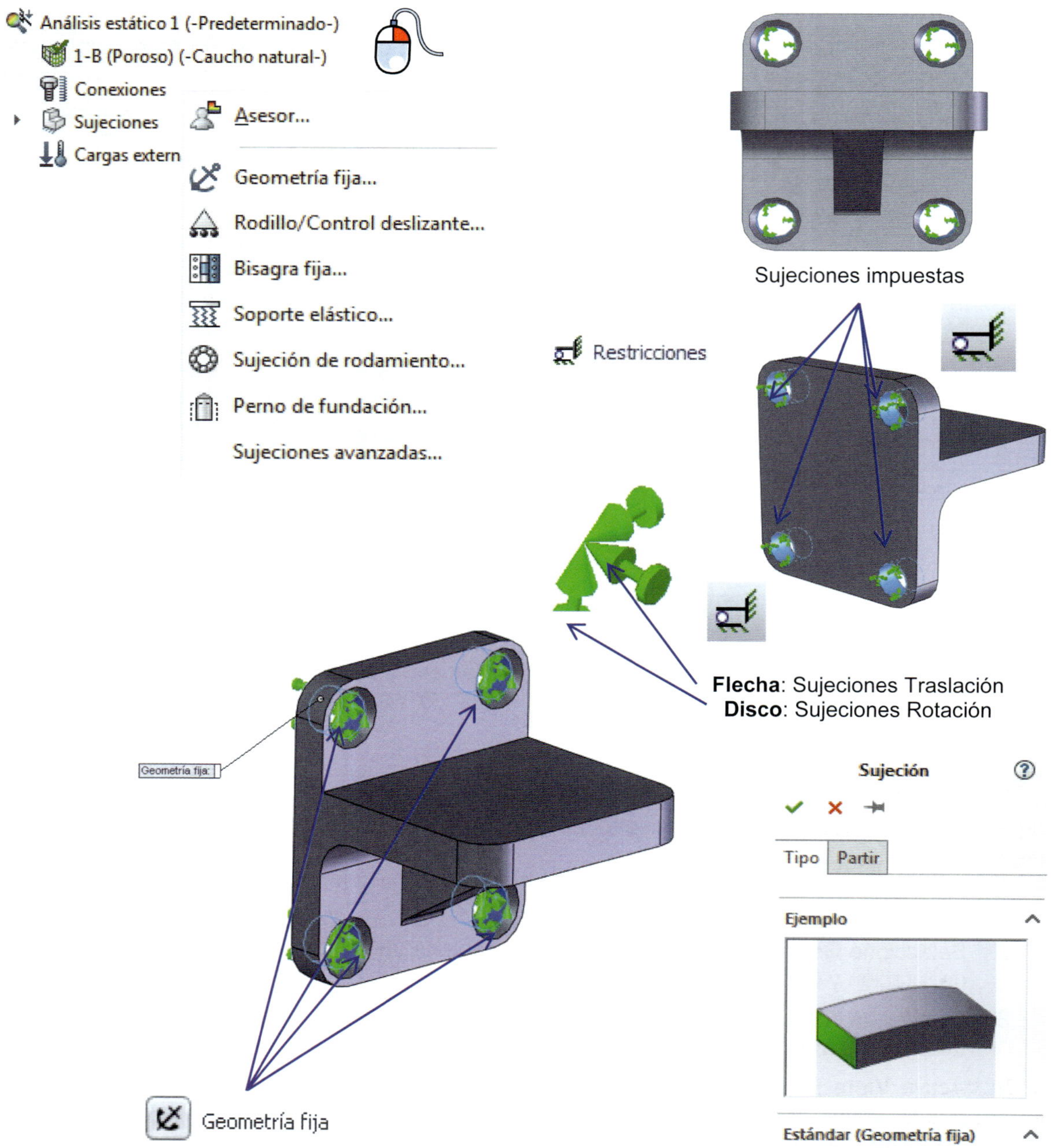

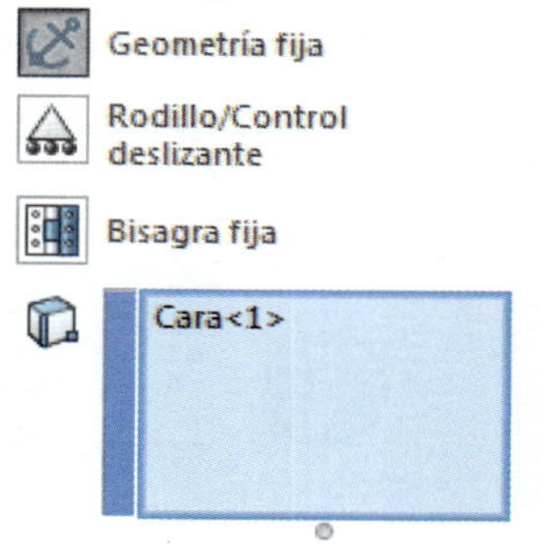

7. Definición de las cargas

Para definir una **Fuerza** de 1 000 N sobre la cara superior del modelo:

1. Pulse con el botón derecho del ratón sobre **Cargas externas** desde el Gestor de Simulación (**AnalysisManager**) y seleccione **Fuerza** o seleccione el icono de **Fuerza** desde la barra principal de **Solid**Works **Simulation**.

2. En la pestaña **Tipo** seleccione la cara superior del modelo. Pulse sobre **Normal**. Observe como sobre la cara del modelo se representan flechas en dirección de la fuerza aplicada.
3. Seleccione **Sistema Internacional (SI)** en **Unidades** y active la pestaña **por elemento**. Indique la fuerza de 1000 N. Active la casilla **Invertir dirección** si desea cambiar la dirección de la fuerza aplicada.
4. Pulse **Aceptar** para crear la **Fuerza** actuante sobre su modelo.

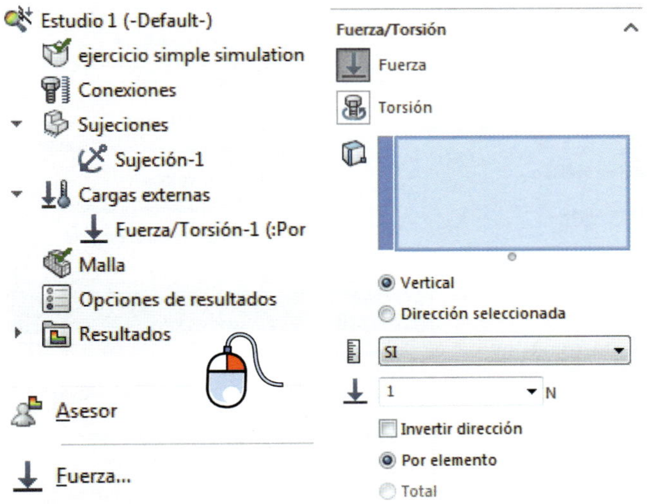

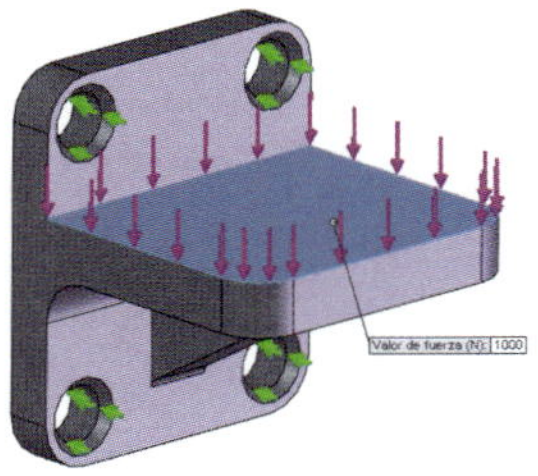

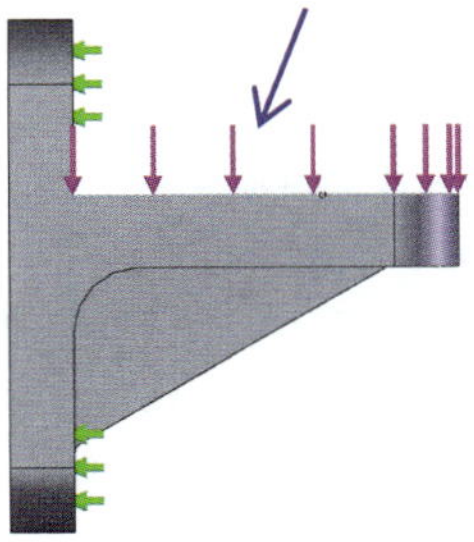

Puede incrementar el tamaño de las flechas que representan las cargas o las sujeciones sobre el modelo para su mejor visualización. Además de cambiar su color. Pulse con el botón derecho del ratón sobre **Sujeción-1** o **Fuerza/torsión-1**, desde el Gestor de Simulación, y seleccione **Editar definición**. En **Configuración de símbolo** defina el nuevo **tamaño** y **edite su color**.

Para mostrar u ocultar los símbolos de **Fuerza** o **Sujeción** pulse con el botón secundario del ratón sobre **Sujeciones** o **Cargas externas** y seleccione la opción **Ocultar todo**.

8. Definición del mallado

Para definir la **Malla** sobre el modelo:

1. Pulse con el botón derecho del ratón sobre **Malla** desde el Gestor de Simulación o pulse sobre el icono **Malla** de la barra de herramientas. Seleccione del cuadro de diálogo emergente la opción **Crear malla**.
2. En **Densidad de malla** pulse **Restablecer** para que **Solid**Works **Simulation** determine, de forma automática, el tamaño de los elementos más adecuado a su modelo. En **Parámetros de mallado** seleccione **Mallador**: Estándar (**Malla estándar**), **Unidades**: mm. **Transición automática**: Activado.
3. Pulse **Aceptar** para crear el mallado en su modelo.

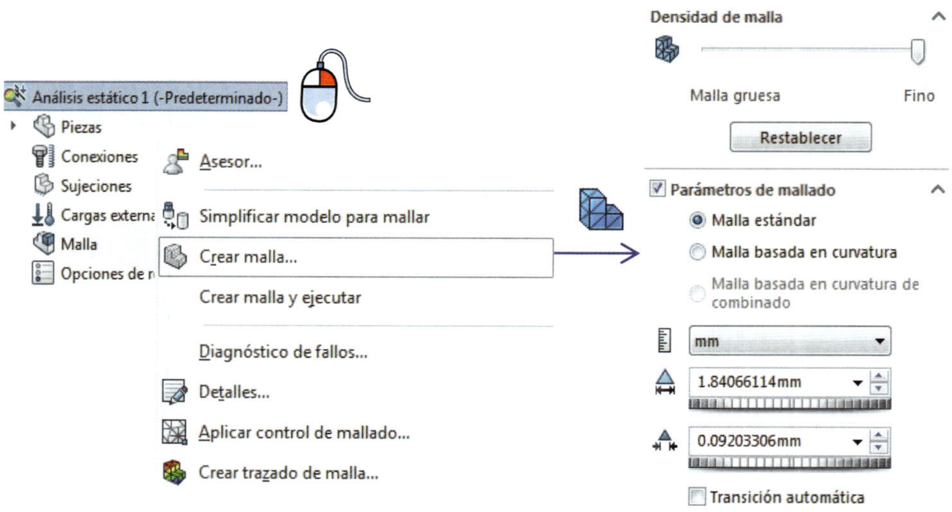

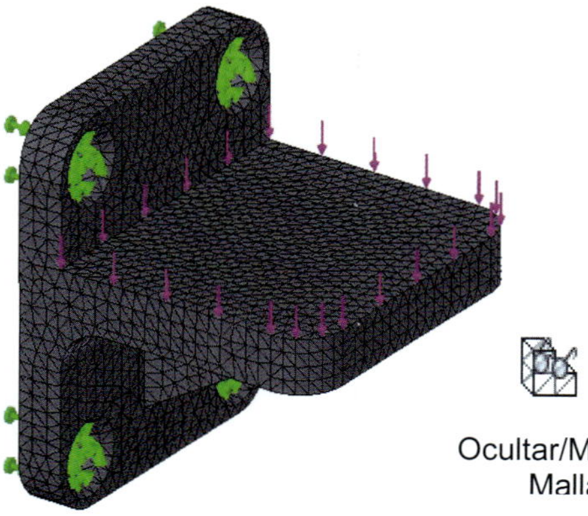

Ocultar/Mostrar Malla

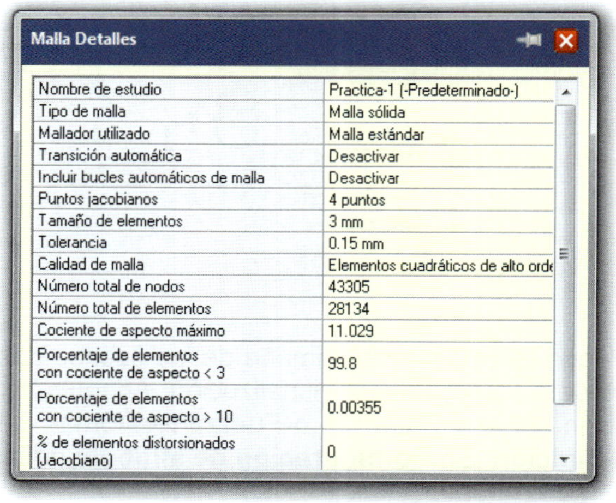
Malla Detalles

Nombre de estudio	Practica-1 (-Predeterminado-)
Tipo de malla	Malla sólida
Mallador utilizado	Malla estándar
Transición automática	Desactivar
Incluir bucles automáticos de malla	Desactivar
Puntos jacobianos	4 puntos
Tamaño de elementos	3 mm
Tolerancia	0.15 mm
Calidad de malla	Elementos cuadráticos de alto ord
Número total de nodos	43305
Número total de elementos	28134
Cociente de aspecto máximo	11.029
Porcentaje de elementos con cociente de aspecto < 3	99.8
Porcentaje de elementos con cociente de aspecto > 10	0.00355
% de elementos distorsionados (Jacobiano)	0

Para ver los detalles de la malla creada puede pulsar con el botón secundario el ratón sobre **Malla** en el Gestor de Simulación y seleccionar la opción **Detalles**. Si pulsa sobre el icono **Ocultar/Mostrar Malla** puede visualizar y ocultar la malla sobre su modelo en cualquier momento.

9. Ejecución y visualización de resultados

1. Pulse con el botón derecho del ratón sobre la primera de las etiquetas del Gestor de Simulación **(Estudio 1).** En la ventana emergente seleccione la primera de las opciones, **Ejecutar**. También puede pulsar el icono **Ejecutar** desde la barra de herramientas principal de Simulación.
2. Se inicia el Solver para el estudio seleccionado y en él se indica el tiempo transcurrido, el número de nodos y el número de elementos.
3. Al finalizar se crea la carpeta **Resultados** en el Gestor de Simulación. Realice un doble clic sobre **Tensiones**, **Desplazamientos** o **Deformaciones unitarias**.

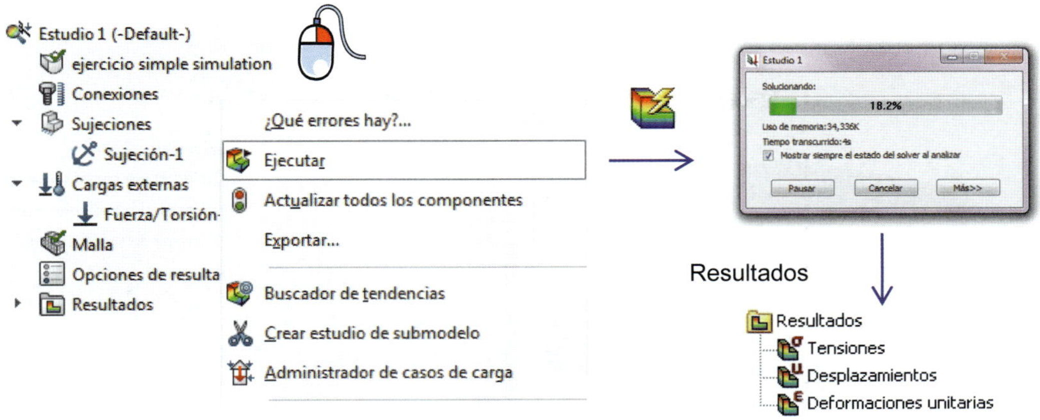

Tensión (von Mises)

Para visualizar las tensiones sobre el modelo pulse con un doble clic sobre **Tensión (von Mises)** o pulse sobre el icono **Tensión** de la barra de herramientas principal. En la zona de gáficos se genera el trazado de tensiones sobre el modelo deformado. En la parte superior izquierda de la zona de gráficos se indica la escala de deformación (1178), en el modelo del tutorial.

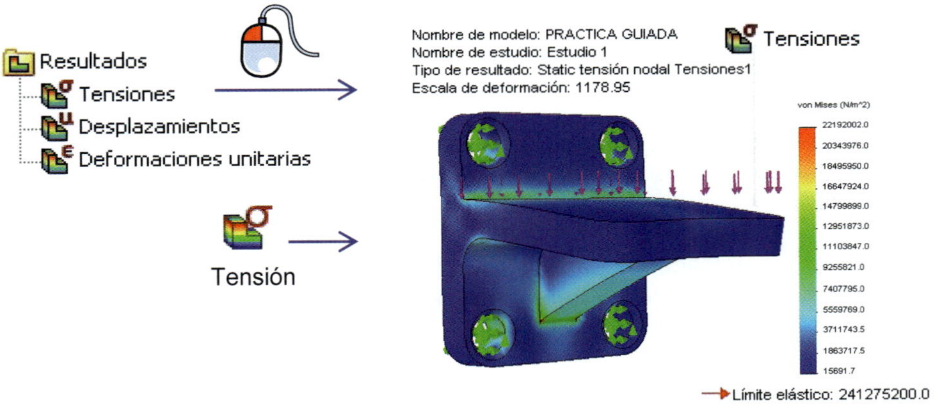

Observe que el **Límite elástico** para el material seleccionado es de 2,41 × 10^8 N/m^2, muy inferior a las tensiones a las que se encuentra sometido el modelo. Cambie la fuerza que actúa sobre el modelo e indique un valor de 15 000 N.

1. Pulse con el botón derecho del ratón sobre **Fuerza-1** desde el Gestor de Simulación y seleccione la opción **Editar definición**.
2. En **Valor de Fuerza** borre los 1 000 N e indique un nuevo valor de 15 000 N.
3. Pulse **Aceptar** para crear la nueva carga.
4. Pulse **Ejecutar** desde la Barra principal de **Solid**Works **Simulation**. Observe los resultados.

Observe la leyenda en la que se indica el degradado de color con la tensión von Mises. La flecha roja indica el límite elástico del modelo. Para tensiones por encima del valor indicado, colores amarillo, naranja y rojo, la pieza soporta tensiones mayores al límite elástico y por lo tanto experimenta deformación plástica. Pulse mediante un doble clic con el botón izquierdo del ratón sobre la leyenda y seleccione **Mostrar una anotación mínima** y **Mostrar una anotación máxima**.

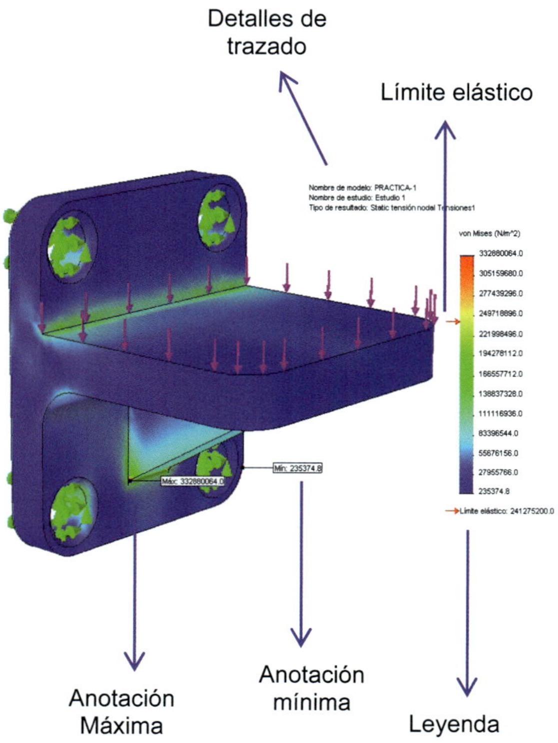

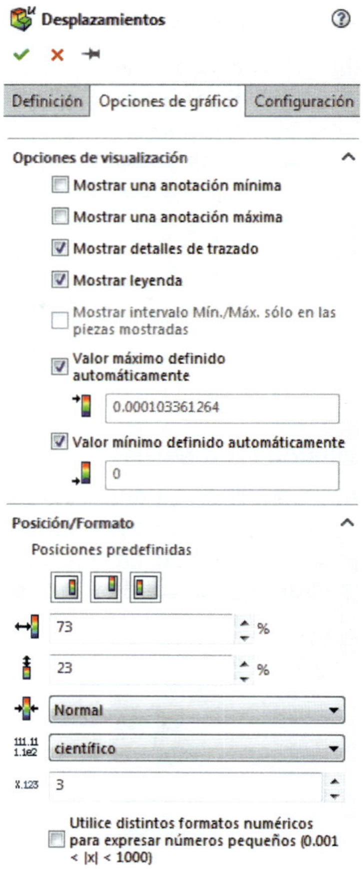

Pulsando sobre la etiqueta de **Tensión** del Gestor de Simulación accede al menú que permite **Editar la definición**, **Animar**, **Cortar**, entre otras.

Si desea modificar las unidades de la tensión pulse con el botón derecho del ratón sobre **Tensión** y seleccione la opción **Editar definición** y cambie las unidades de la tensión.

En **Forma deformada** puede seleccionar la escala de deformación de su modelo en pantalla.

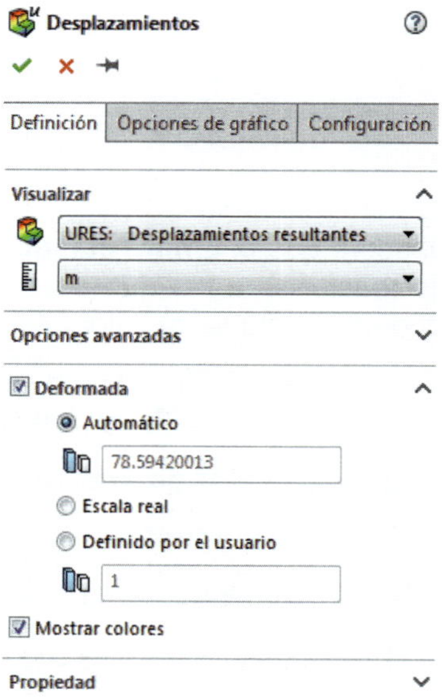

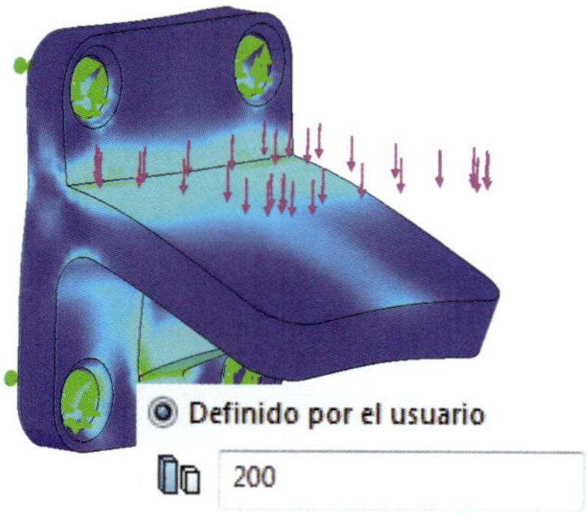

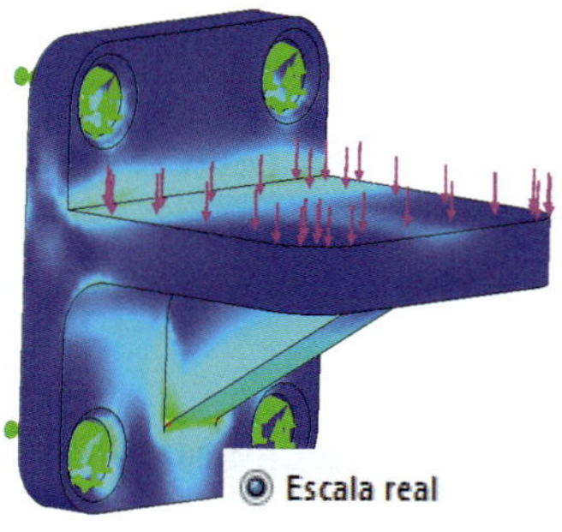

La opción **Animar** permite crear trazados animados que representan instantáneas de los trazados frente al tiempo. Puede crear animaciones en formato AVI.

10. Desplazamientos y deformaciones unitarias

Para visualizar los **Desplazamientos** o las **Deformaciones unitarias** sobre el modelo pulse con un doble clic sobre cada uno de los trazados desde el Gestor de Simulación. O pulse sobre su icono desde la barra de herramientas principal. En la zona de gráficos se genera el trazado con los desplazamientos o las deformaciones unitarias.

Desplazamiento

Deformación unitaria

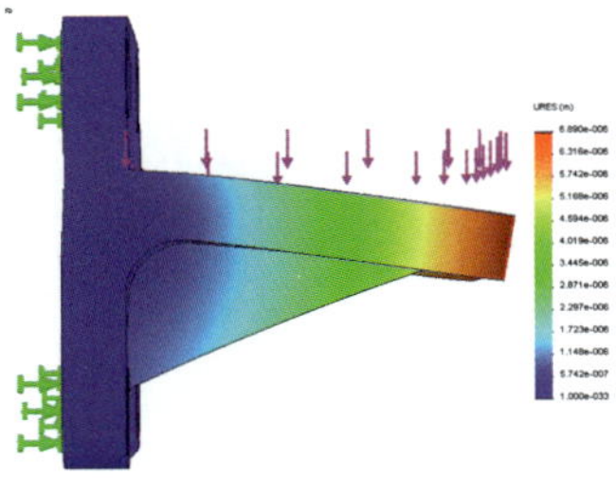

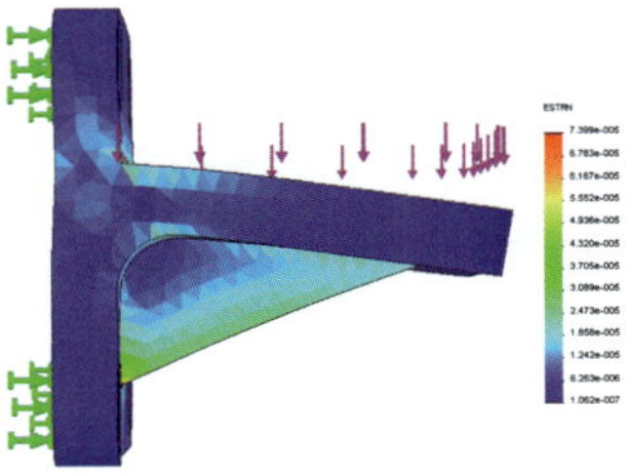

11. Trazado de Iso-superficies

Muestre las partes del modelo que se encuentren bajo tensiones von Mises de entre 8.5000e+007 y 2.35 e+005.

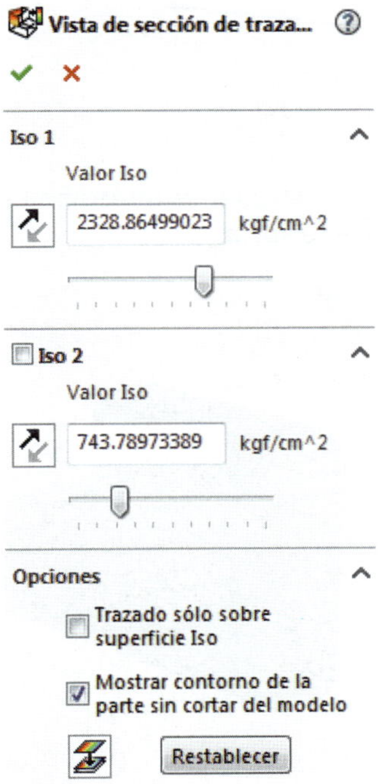

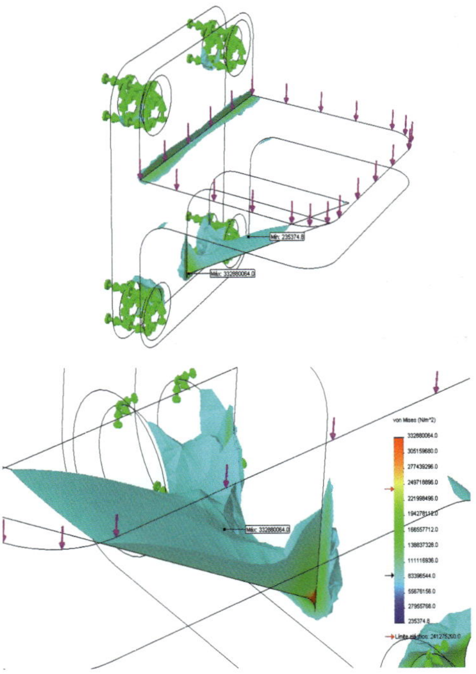

1. Pulse el icono **Iso-superficies** desde la barra de herramientas de **Solid**Works **Simulation** o pulse con el botón derecho del ratón sobre el trazado **Tensiones1(vonMises)** desde el Gestor de Simulación. Seleccione la opción **Iso-superficies**.
2. En valor **ISO 1** indique 2328.86 kgf/cm^2 y en **ISO 2**, 743.78 kgf/cm^2. Pulse **Aceptar** para visualizar el trazado.

12. Recorte de sección

Recorte dinámicamente el modelo y visualice las tensiones en las partes internas del mismo. Utilice el plano **Vista lateral** seleccionándolo desde el Gestor de Diseño.

1. Pulse el icono **Recorte de sección** desde la barra de herramientas de **Solid**Works **Simulation** o pulse con el botón derecho del ratón sobre el trazado **Tensiones1 (vonMises)** desde el Gestor de Simulación. Seleccione la opción **Recorte de sección.**
2. Seleccione el plano de corte **Vista lateral** y desplace el plano para visualizar las partes internas del modelo.

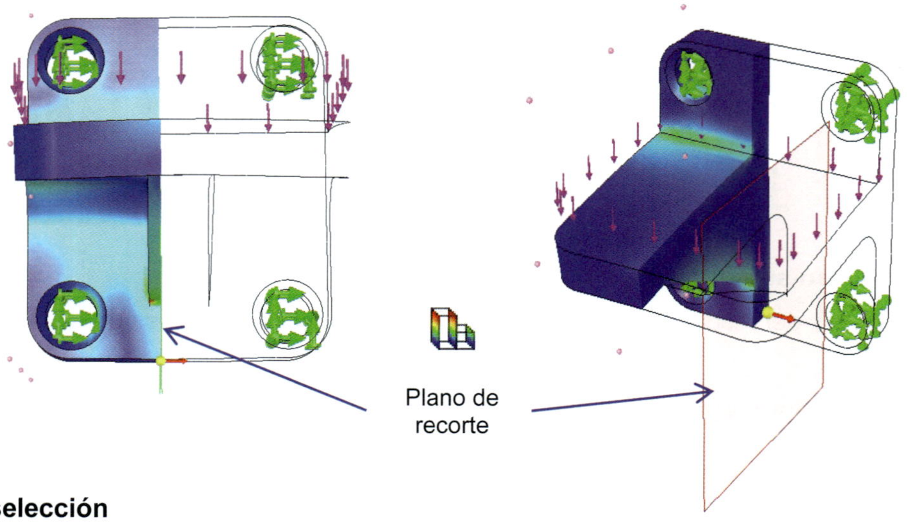

13. Listar selección

Determine las tensiones de la arista principal del modelo y represente un gráfico con la variación de sus valores empleando la herramienta **Identificación de resultados**.

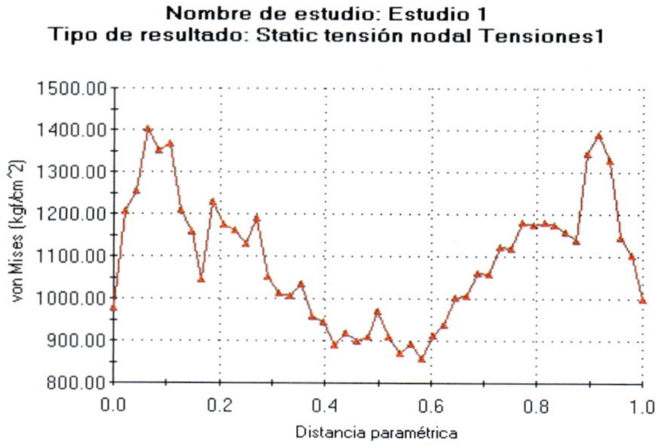

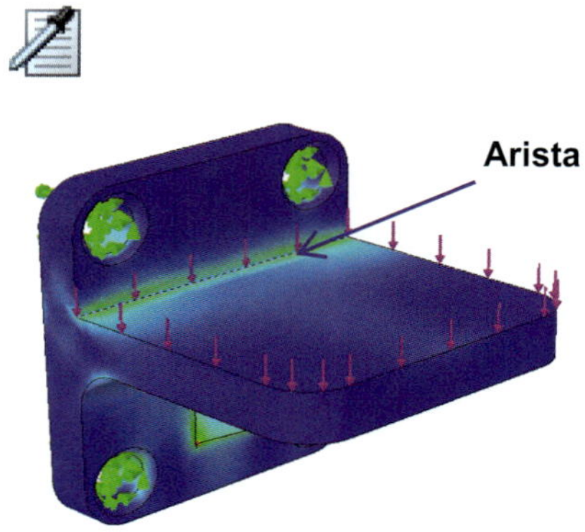

Para determinar las tensiones en una arista principal:

1. Pulse el icono **Listar selección** desde la barra de herramientas de **Solid**Works **Simulation** o pulse con el botón derecho del ratón sobre el trazado **Tensiones1 (vonMises)** desde el Gestor de Simulación. Seleccione la opción **Listar selección**. En **Opciones** marque **Entidades seleccionadas**.

2. En **Resultados** seleccione la arista del modelo (Arista <3>) y pulse **Actualizar**. Observe el calor de la tensión en cada uno de los nodos.
3. Pulse en **Plot** para representar la variación de los valores de la tensión en la arista del modelo.

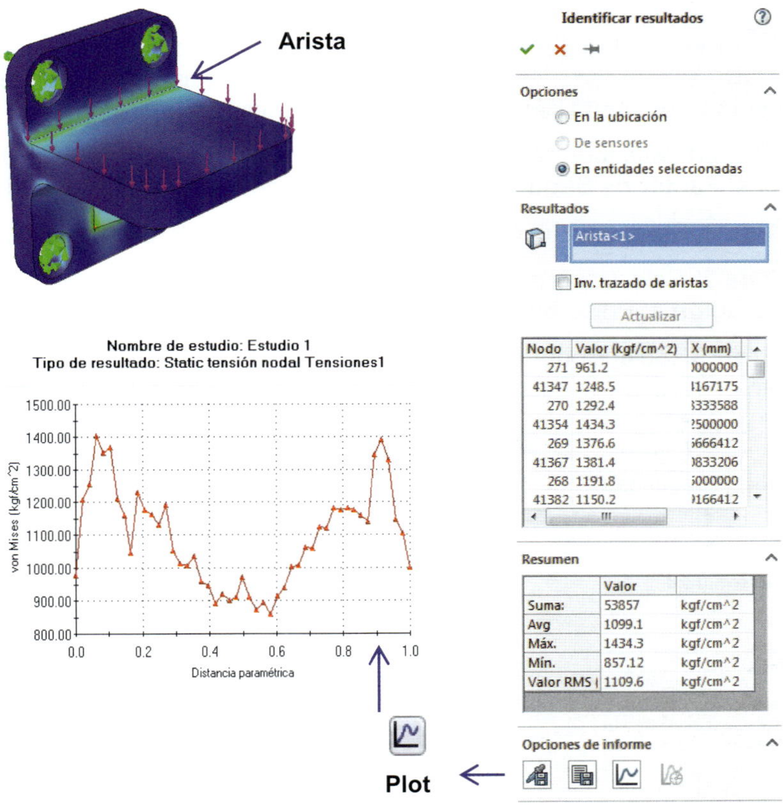

Observe, en el gráfico adjunto, la variación de los valores de tensión en la arista principal del modelo ensayado. Los extremos tienen mayores tensiones que la parte media.

Si selecciona la opción **En la ubicación** puede pulsar con el botón izquierdo del ratón sobre los puntos de su modelo en los que desea conocer el valor de la tensión. De esta forma puede conocer el valor de la tensión en cualquier ubicación.

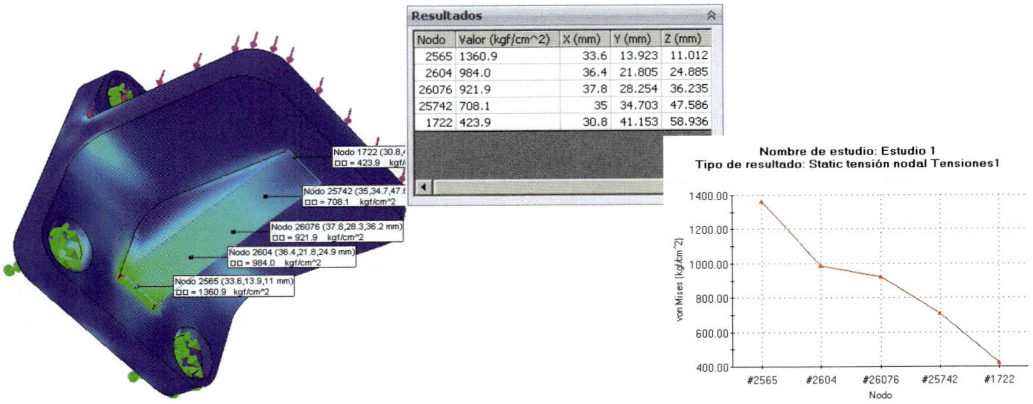

14. Definición del trazado del Factor de seguridad

Localice las zonas de su modelo con tensiones von Mises por encima del valor del **Límite elástico** para el material seleccionado. Estas zonas del modelo son las que inician la deformación plástica permanente al incrementarse la carga de aplicación.

1. Para definir el trazado de **Factor de seguridad** pulse con el botón derecho del ratón sobre la carpeta **Resultados** del Gestor de Simulación y seleccione la opción **Definir trazado de Factor de seguridad**. También puede acceder pulsando el icono **Asistente para Verificación de diseño** desde la barra de herramientas principal.
2. En el *PropertyManager* aparece el **Asistente para Verificación de diseño** que permite estudiar el **Factor de Seguridad** en su modelo mediante un asistente de tres pasos.
3. **Paso 1 de 3**. Seleccione el **Criterio von Mises** para materiales dúctiles y pulse **Siguiente**.
4. **Paso 2 de 3**. Seleccione las **Unidades** N/mm^2 (MPa) y **Límite elástico** con un **Factor de multiplicación** 1. Pulse **Siguiente**.
5. **Paso 3 de 3**. Seleccione la opción **Áreas por debajo del factor de seguridad**. Pulse **Aceptar**.

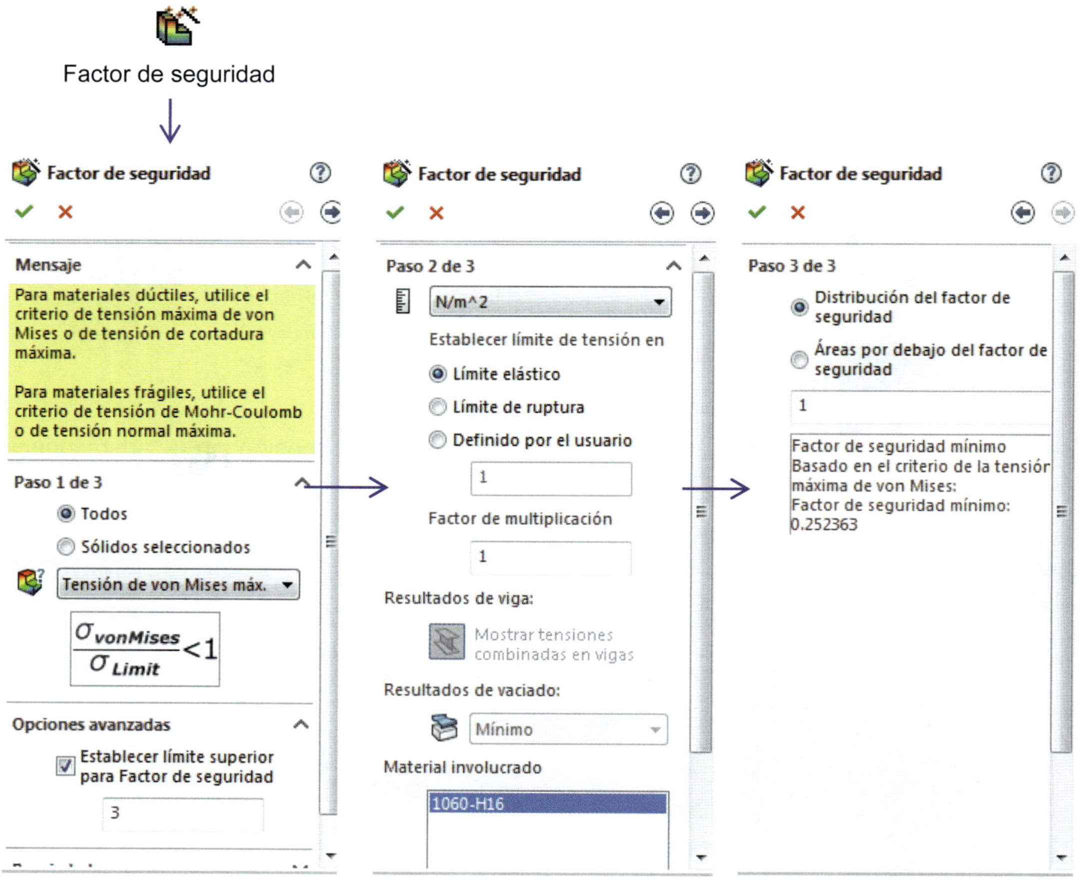

Repita el estudio del **Factor de seguridad** pero seleccionando las opciones **Límite de ruptura** como **Limite de tensión** en el **Paso 2 de 3**. Para el material seleccionado el límite de ruptura es de 448.082 N/mm^2 (MPa).

1. Pulse con el botón derecho del ratón sobre el Trazado **Factor de seguridad (Tensión de von mises Max)** y seleccione la opción **Editar definición**.
2. En el **Paso 1 de 3** pulse **Siguiente**.
3. Seleccione la opción **Límite de ruptura** en el **Paso 2 de 3** y pulse **Siguiente**.
4. Seleccione la opción **Áreas por debajo del factor de seguridad** en el **Paso 3 de 3**. Pulse **Aceptar** para visualizar el trazado.

Todo el modelo aparece de color azul excepto en las zonas inferiores del nervio donde existe riesgo de ruptura.

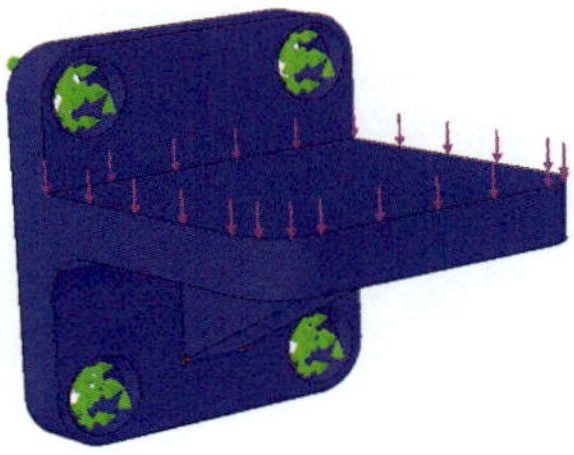
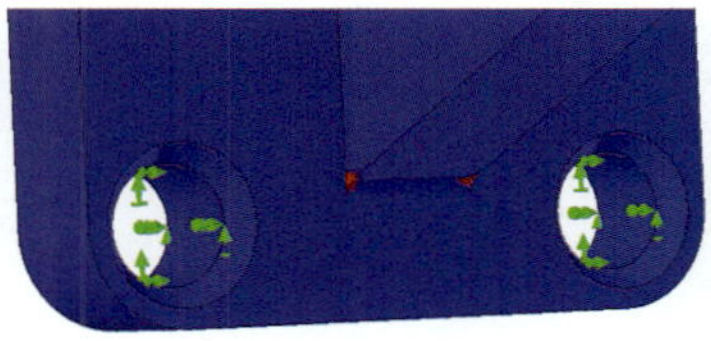
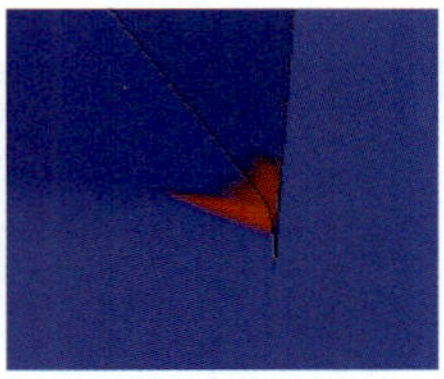

15. Refinamiento de malla

Observe como en las aristas inferiores del nervio y en la zona superior del mismo las tensiones son las mayores que soporta el modelo bajo las cargas definidas.

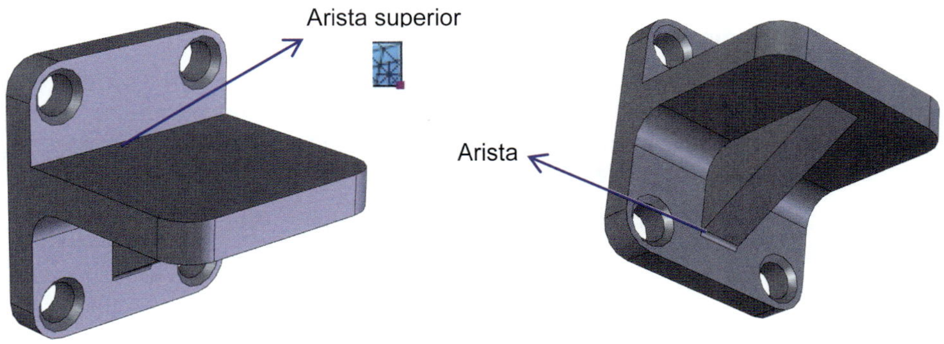

Cree un nuevo estudio y realice un remallado en las aristas indicadas. El remallado debe tener un tamaño menor.

1. Pulse el icono **Nuevo Estudio** y seleccione **Estudio Estático**. En nombre del estudio indique Practica-3R. Pulse **Aceptar**. Observe como en la barra de estado aparece la etiqueta con el nombre del nuevo estudio.
2. Copie cada uno de los elementos de definición del estudio. Pulse sobre la etiqueta Práctica-1. Seleccione con el botón derecho del ratón sobre el icono PRACTICA-1 del Gestor de Simulación. Pulse sobre **Copiar**.
3. Pegue las características del material en la etiqueta de la nueva práctica. Seleccione la etiqueta de la Practica-1R. Pulse con el botón derecho del ratón sobre el icono PRACTICA.1. Seleccione la opción **Pegar**. Observe como se han copiado las propiedades del material en el nuevo estudio creado.
4. Repita el mismo proceso con las **Sujeciones**, las **Fuerzas** y el **Mallado**.

Para redefinir las características del mallado en las aristas, independientemente del mallado general del modelo, pulse sobre el icono **Aplicar control de mallado** o seleccione, pulsando con el botón derecho del ratón **Malla**, la opción **Aplicar control de mallado**.

1. En **Entidades seleccionadas** seleccione las dos aristas (arista superior e inferior).
2. Seleccione un **Tamaño de elemento** de 0,5 mm y pulse **Aceptar**.
3. Pulse con el botón derecho del ratón sobre **Malla** y seleccione la opción **Crear malla**. Pulse **Aceptar**.
4. Observe el mallado general (3 mm) y el mallado más denso de las aristas.

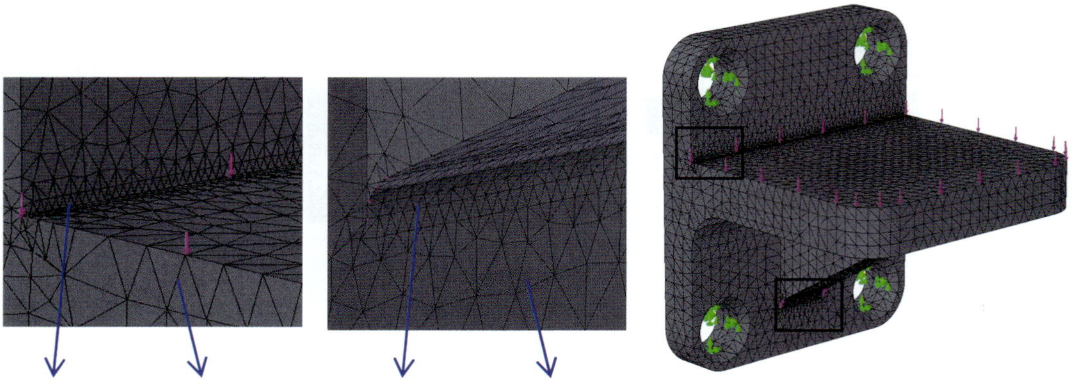

0.5 mm 3 mm 0.5 mm 3 mm

16. Comparación de estudios

Compare los resultados obtenidos en el trazado de tensiones para el modelo con diferente mallado. Ejecute el análisis para este último estudio y observe como en las zonas de malla refinada aparece una mejor definición del trazado de tensiones. Para comparar los resultados de los dos trazados pulse sobre **Comparar resultados**.

1. Pulse el icono **Comparar resultados** desde la barra de herramientas de Simulation.
2. Seleccione la opción **Comparar el resultado seleccionado en los estudios**.
3. Seleccione los estudios Practica-1 y Práctica 1R. Recuerde que esta última es la que tiene la malla refinada en las aristas.
4. Pulse **Aceptar**.

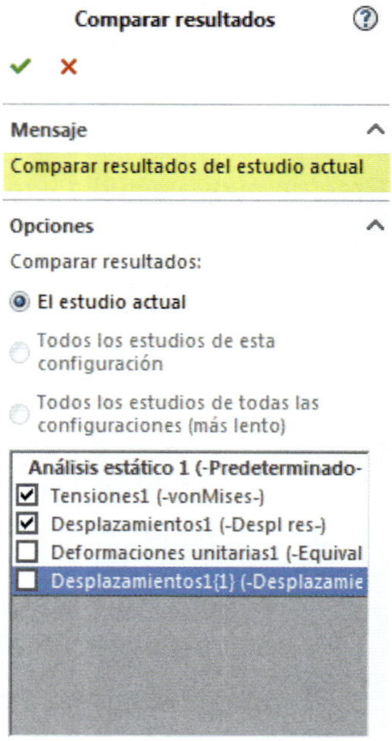

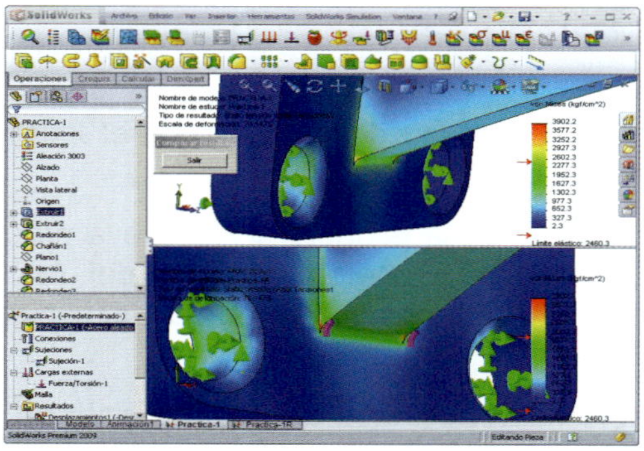

17. Generar un informe

Cree un informe con los resultados del análisis en formato DOC o HTML. Para ello, seleccione la opción **Informe** desde la barra de herramientas de Simulation.

1. Pulse sobre el icono de **Informe**.
2. En **Opciones del informe** defina el **Estilo del Informe** (Moderno). Seleccione la portada, las suposiciones, las propiedades del material y las conclusiones. Son los apartados que aparecerán en el informe.
3. En **Configuración de documento** indique un nombre para el documento y la ruta donde desea guardarlo.
4. Seleccione **HTML** o **Word**.
5. Pulse **Aceptar**.

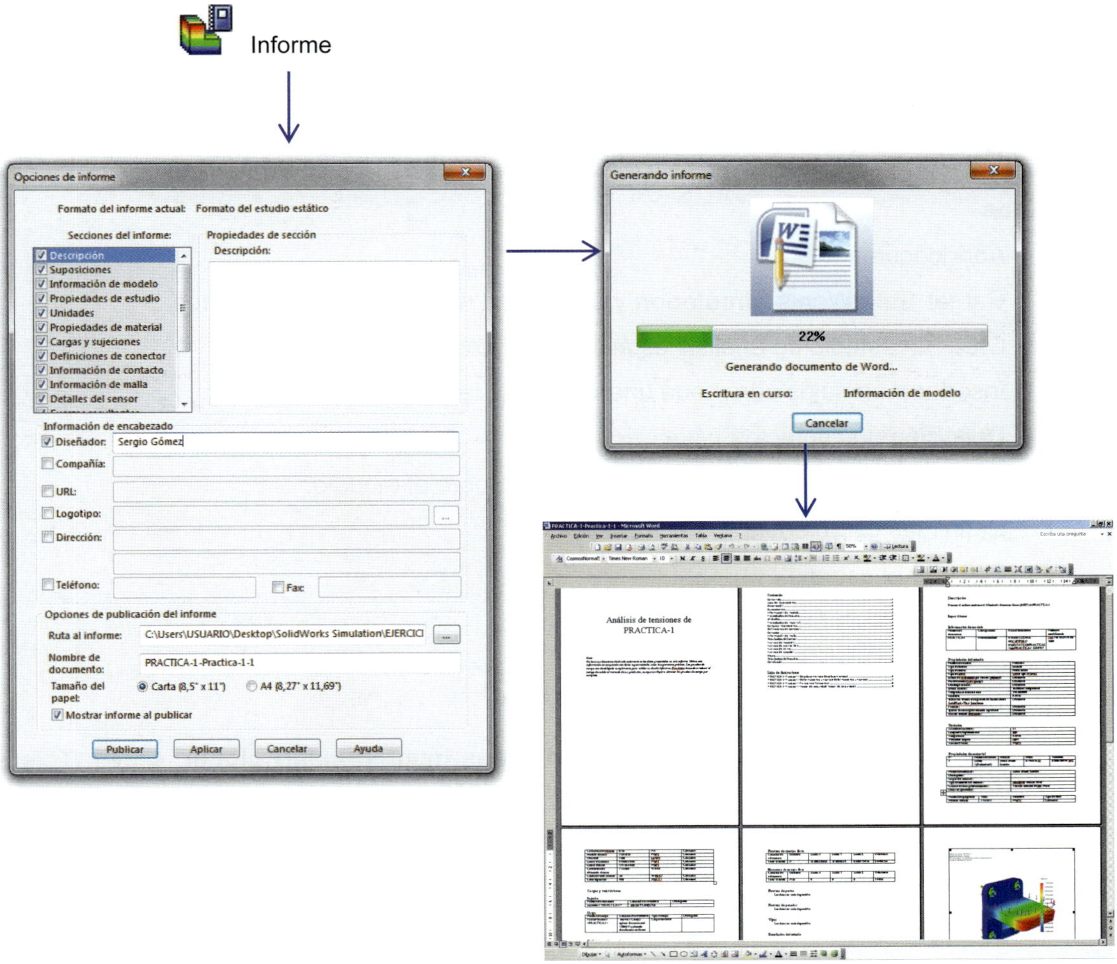

Para crear el informe en formato **Word** debe tener instalada la versión 2003 de Microsoft Office® o superiores.

2.15 Práctica 2-7. Análisis de contacto

Evalúe el comportamiento del ensamblaje indicado en la figura adjunta. Puede descargar el modelo desde el DVD que acompaña el libro.

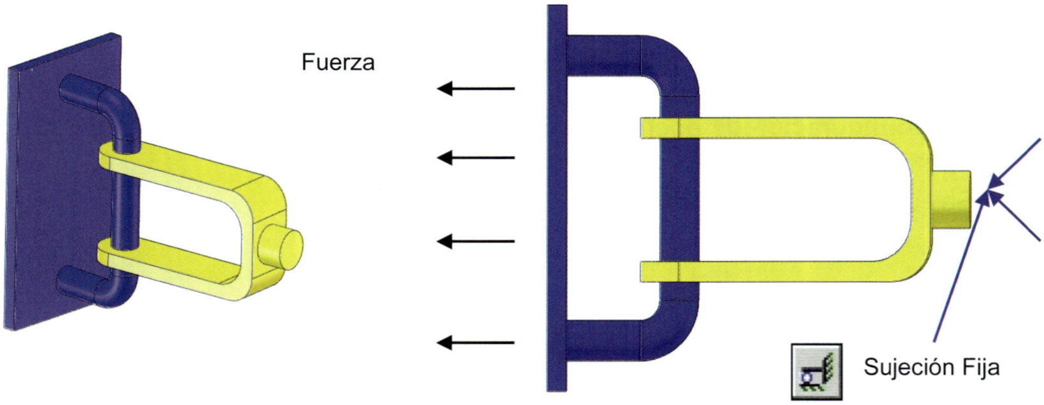

Aspectos

- Abrir documento.
- Cargar **Solid**Works **Simulation** y sus barras de herramientas flotantes.
- Crear un estudio de análisis estático en un ensamblaje.
- Insertar materiales para cada una de las piezas.
- Definición de contactos.
- Aplicar las sujeciones y la carga de fuerza sobre el modelo.
- Definir las características del mallado.
- Ejecutar el estudio.
- Ver resultados básicos del análisis estático.

Características

- Malla sólida. **Mallador**: Estándar. **Unidades**: mm. **Tamaño global**: 4 mm. **Tolerancia**: 0,20 mm. **Transición automática**: Desactivado.
- **Material**. Acero galvanizado y Acero aleado.
- **Sujeción fija**.
- **Fuerza** 2 500 N.
- **Contacto global sin penetración**.

1. Activación de SolidWorks Simulation y abrir el modelo a analizar

1. Active el complemento **Solid**Works **Simulation** desde el menú de persiana **Herramientas**, **Complementos**.
2. Pulse sobre el menú de persiana **Archivo** y seleccione **Abrir**. Abra el modelo desde el DVD que acompaña el libro.

2. Selección del análisis Estático

1. Pulse sobre **Estudio** desde el menú de persiana **Solid**Works **Simulation**. Seleccione la opción **Estático** y escriba el nombre de su simulación en **Nombre del estudio**. Pulse **Aceptar**.

3. Selección del material

Seleccione un material para cada una de las piezas del ensamblaje:

1. Pulse con un doble clic sobre la primera carpeta de piezas desde el Gestor de Simulación. Observe las dos piezas que conforman el modelo de ensamblaje. Pulse con el botón derecho del ratón sobre la primera (Pieza-1-1) y seleccione **Aplicar/Editar material**. Asigne un acero aleado.
2. Repita la misma operación para la pieza-2-1 y asigne un acero galvanizado.
3. Pulse **Aceptar**.

4. Creación de la sujeción

Debe restringir el movimiento de las pieza-2-1 aplicando una sujeción **Fija**. Para ello:

1. Pulse sobre **Sujeciones** con el botón derecho del ratón desde el Gestor de Simulación. Seleccione la opción **Geometría Fija**. Seleccione, desde la zona de gráficos, la cara plana del cilindro de la pieza-2-1. Pulse **Aceptar** para crear la **Sujeción**.

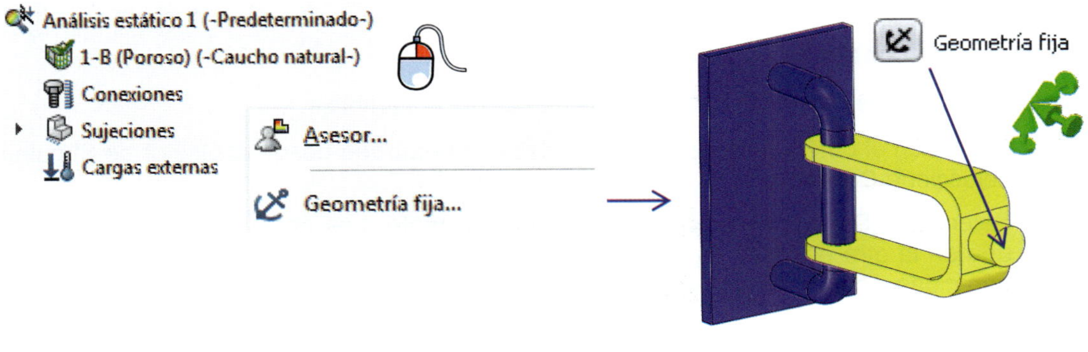

5. Definición de las cargas

Para definir una **Fuerza** de 2 500 N sobre la cara mayor de la pieza-1-.

1. Pulse con el botón derecho del ratón sobre **Cargas externas** desde el Gestor de Simulación y seleccione **Fuerza** o seleccione el icono de **Fuerza** desde la barra principal de **Solid**Works **Simulation**.
2. En la pestaña **Tipo** seleccione la cara de la pieza-1-1. Pulse sobre **Normal**. Observe como sobre la cara del modelo se representan flechas en dirección de la fuerza aplicada.
3. Seleccione **Sistema Internacional (SI)** en **Unidades** y en la pestaña **Fuerza (por entidad)** indique la fuerza de 2 500 N. Active la casilla **Invertir dirección** si desea cambiar la dirección de la fuerza aplicada.
4. Pulse **Aceptar** para crear la **Fuerza** actuante sobre su modelo.

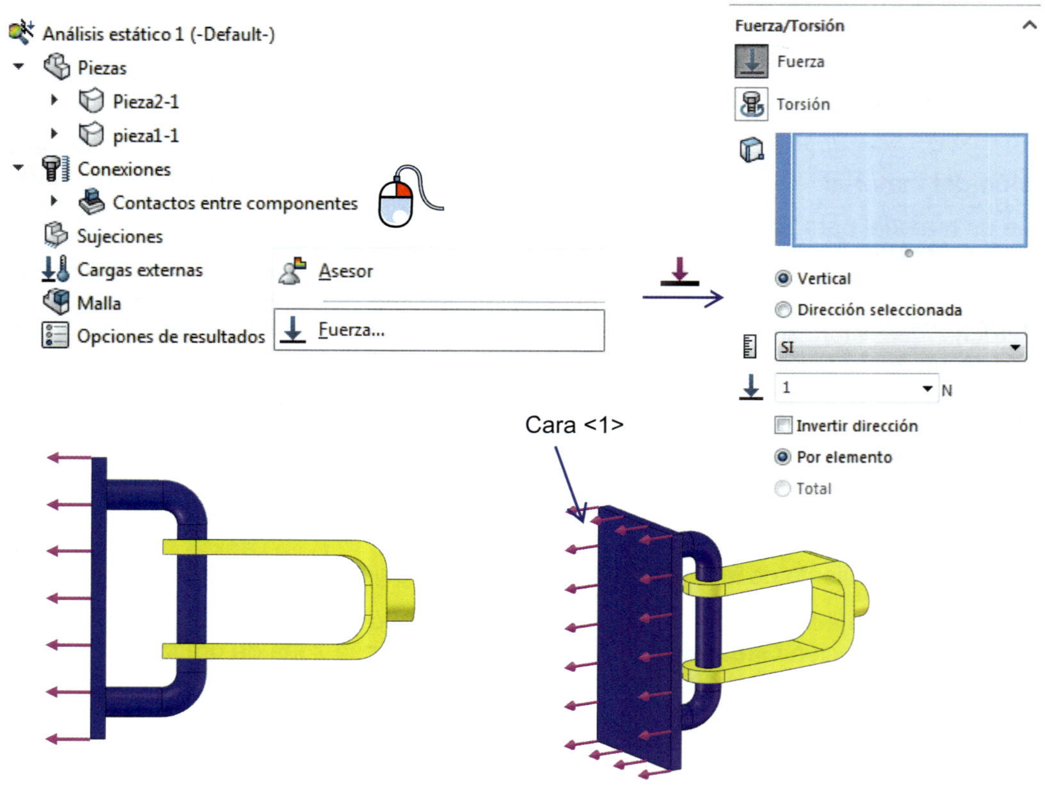

6. Definición de contactos/conexiones

Para definir el **tipo de contacto** entre las dos piezas del ensamblaje:

1. Pulse con el botón derecho del ratón sobre **Conexiones** desde el Gestor de Simulación y seleccione **Contacto**.
2. Seleccione **Sin penetración** en **Caras en contacto**. Las caras en contacto no penetran una en la otra después de aplicar la fuerza. Recuerde que las caras deben tener formas parecidas y compartir una zona de contacto común.
3. Pulse **Aceptar**.

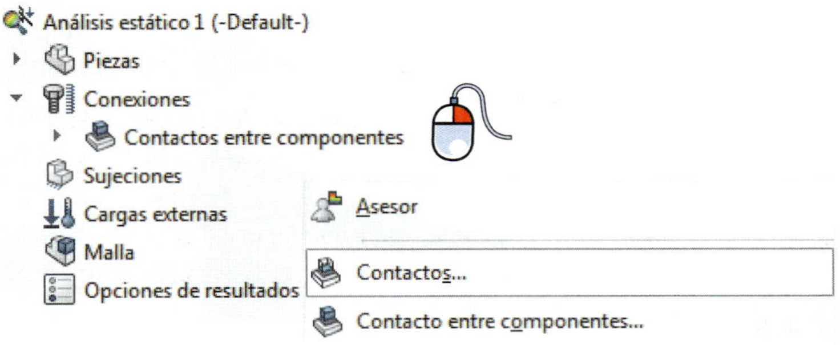

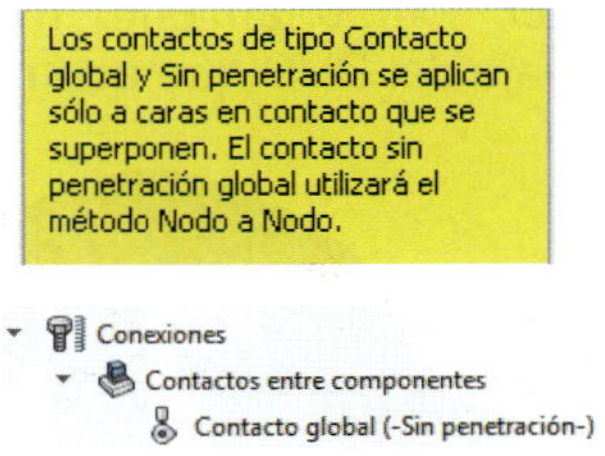

7. Definición del mallado

Para definir la **Malla** sobre su modelo:

1. Pulse con el botón derecho del ratón sobre **Malla** desde el Gestor de Simulación o pulse sobre el icono **Malla** de la barra de herramientas. Seleccione del cuadro de diálogo emergente la opción **Crear malla**.
2. En **Parámetros de mallado** seleccione las opciones con la siguiente configuración: **Mallador**: Estándar. **Unidades**: mm. **Tamaño global**: 4 mm. **Tolerancia**: 0,20 mm. **Transición automática**: Desactivado.
3. Pulse **Aceptar** para crear el mallado en su modelo.

8. Ejecución y visualización de resultados

1. Pulse con el botón derecho del ratón sobre la primera de las etiquetas de su Gestor de Simulación. En la ventana emergente seleccione la primera de las opciones, **Ejecutar**.
2. Al finalizar se crea la carpeta **Resultados** en el Gestor de Simulación. Realice un doble clic sobre **Tensiones**, **Desplazamientos** o **Deformaciones unitarias**.

Deformaciones

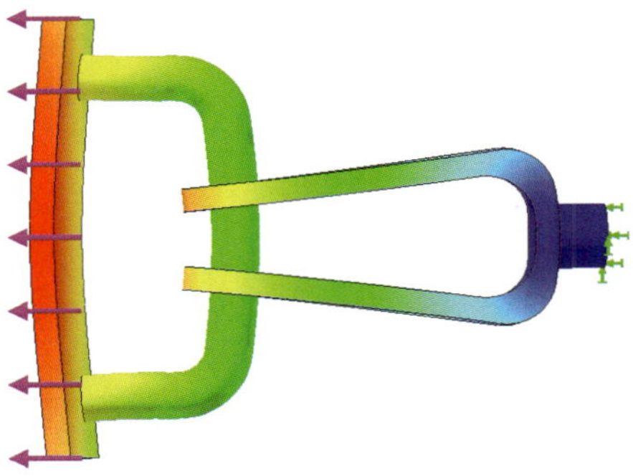

Tensiones

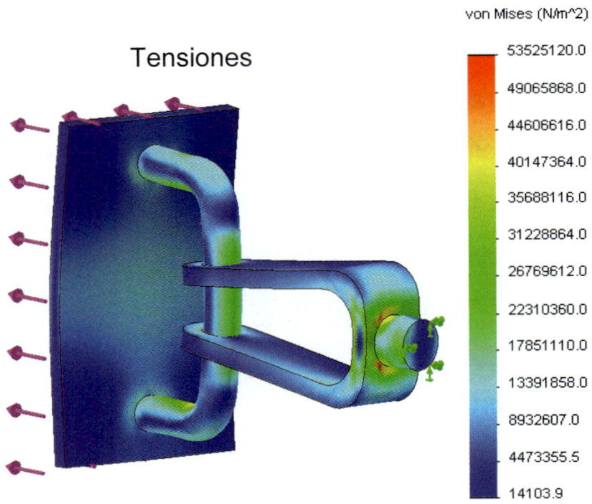

2.16 Práctica 2-8. Análisis de un ensamblaje

Evalúe el comportamiento mecánico del ensamblaje de la figura. Descargue las piezas del ensamblaje del DVD que acompaña el libro.

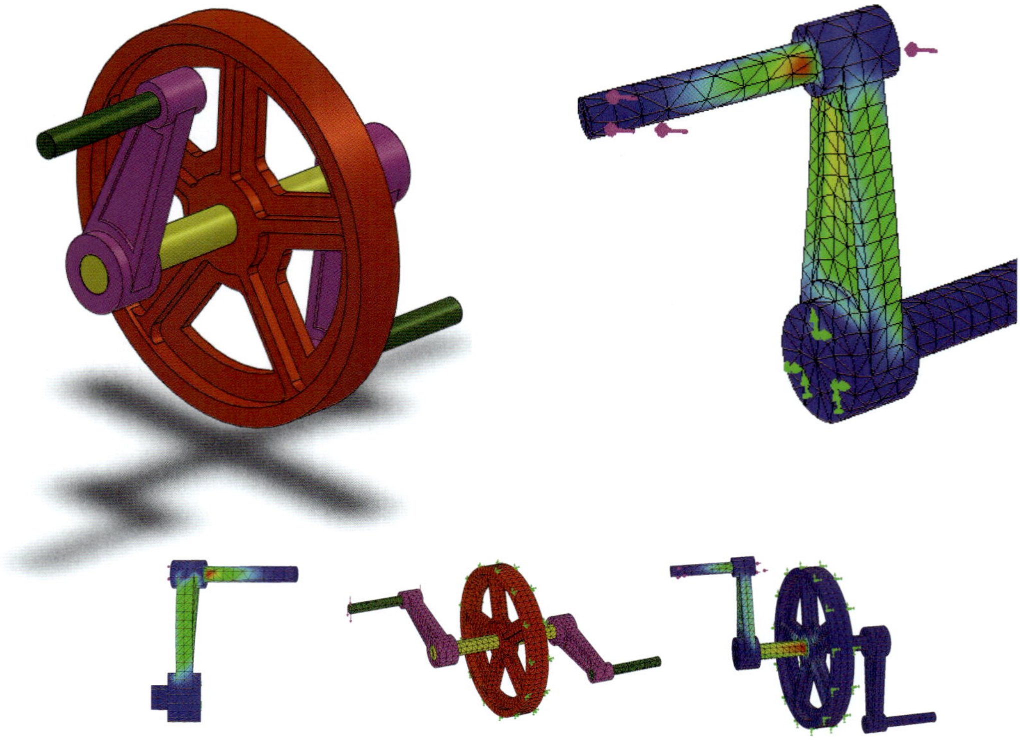

Aspectos

- Cargar **Solid**Works **Simulation** y sus barras de herramientas flotantes.
- Asignar un material a cada una de las piezas del ensamblaje.
- Crear un estudio de análisis estático.
- Aplicar sujeciones y la carga sobre el modelo.
- Definir las características del mallado y remallar.
- Ejecutar el estudio.
- Ver resultados de tensiones en el modelo.

Características

- **Material**: Acero aleado, Acero aleado fundido y AISI 1035.
- **Mallado**. Estándar. **Unidades**: mm. **Tamaño global**: Calculado por el programa. **Tolerancia**: Calculado por el programa. **Transición automática**: Desactivado. **Menú Puntos jacobianos** configurado en **4 puntos**. **Malla con calidad de borrador**: desactivado. **Pruebas automáticas para sólidos**: seleccionado. **Número de intentos**: 3.

1. Activación de SolidWorks Simulation y abrir el modelo a analizar

1. Active el complemento **Solid**Works **Simulation** desde el menú de persiana **Herramientas**, **Complementos**.
2. Descargue el modelo de ensamblaje desde el DVD que acompaña el libro. Pulse sobre el menú de persiana **Archivo** y seleccione **Abrir**. Localice el modelo y pulse **Aceptar.**

2. Selección del análisis Estático

1. Pulse sobre **Estudio** desde el menú de persiana **Solid**Works **Simulation** y seleccione la opción **Estático** y escriba el nombre de su simulación en **Nombre del estudio**. Pulse **Aceptar**.
2. Observe que el Gestor de Simulación creado contiene varias carpetas: **Conexiones**, **Sujeciones**, **Cargas externas** y **Malla**.
3. En la carpeta **Conexiones** se define un **Contacto global** de **Unión rígida**. Este tipo de conexiones aparece de forma predeterminada cuando tenemos un ensamblaje para analizar y supone que las piezas del ensamblaje están completamente unidas por sus áreas de contacto. Si desea crear otro tipo de contacto entre cada una de las piezas debe modificar las condiciones de contacto desde esta carpeta.

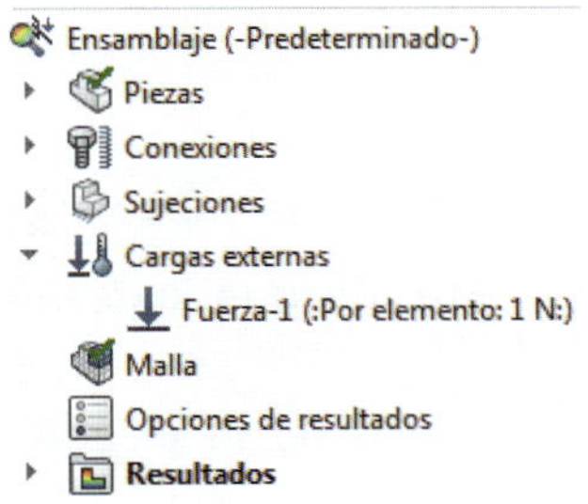

3. Selección del material

Seleccione un material para cada una de las piezas del modelo. Observe que en el Gestor de Diseño aparece una carpeta con el nombre **Piezas** dónde se tienen cada una de los modelos 3D que conforman el ensamblaje. Pulse con un doble clic sobre **Piezas**. Puede ver las 6 piezas que conforman el ensamblaje de la práctica.

Para seleccionar un **material** para cada una de las piezas de su ensamblaje:

1. Pulse con un doble clic sobre la carpeta **Piezas** desde el Gestor de Simulación. Observe las 6 piezas que conforma el ensamblaje de la práctica.
2. Pulse con el botón derecho del ratón sobre la primera de las piezas y seleccione **Aplicar/Editar material**.
3. Localice el material **Acero aleado** en la carpeta de aceros.
4. Pulse **Aceptar**. Observe como la rueda (Pieza1-1) aparece en el Gestor de Simulación con una marca verde y el nombre del material asignado.
5. Repita los mismos pasos (1-4) y seleccione los materiales para el resto de piezas del ensamblaje, tal y como se presenta en la figura adjunta.

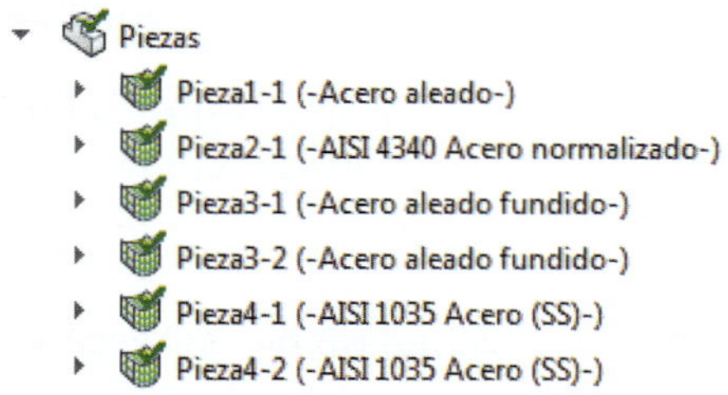

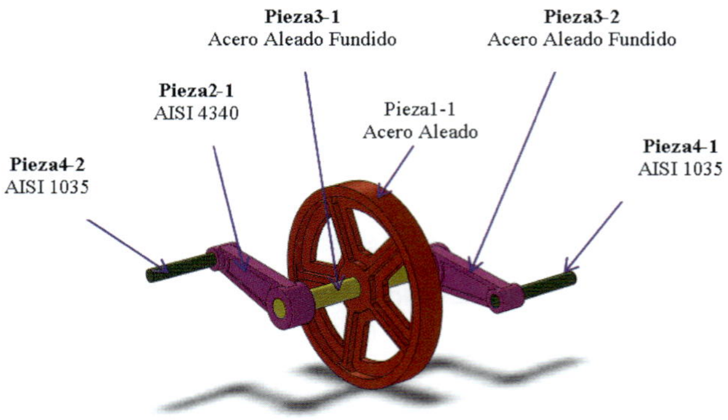

4. Selección de las sujeciones

Debe restringir el movimiento de la rueda mediante una **Sujeción** de **Geometría fija**.

1. Pulse sobre **Sujeciones** con el botón derecho del ratón desde el Gestor de Simulación. Seleccione la opción **Geometría fija**.
2. Seleccione, desde la zona de gráficos, el área exterior de la polea (p1-1).
3. Pulse **Aceptar** para crear la **Sujeción**.

5. Definición de la fuerza

Para definir una **fuerza** de 2 500 N/m^2 sobre la cara superior del modelo:

1. Pulse con el botón derecho del ratón sobre **Cargas externas** desde el Gestor de Simulación y seleccione **Fuerza**.
2. En la pestaña **Tipo** seleccione la cara cilíndrica de la pieza4 (pedal) y seleccione la opción **Dirección seleccionada**. Desde la zona de gráficos seleccione el plano **Vista Lateral** desde el Gestor de Diseño.
3. En **Unidades** seleccione SI y en **Fuerza** indique 2 500 N en **Normal al plano**. Pulse sobre **Normal**. Observe como sobre la cara del modelo se representan flechas en dirección de la fuerza aplicada. Pulse **Aceptar**.

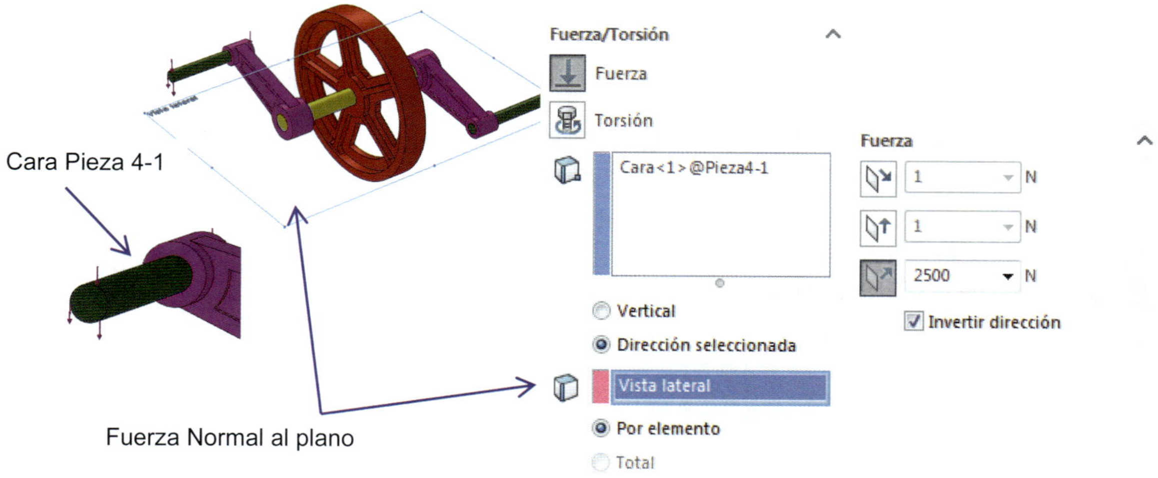

6. Definición del mallado

Para definir la **Malla** sobre su modelo:

1. Pulse con el botón derecho del ratón sobre **Malla** desde el Gestor de Simulación o pulse sobre el icono **Malla** de la barra de herramientas. Pulse sobre **Crear Malla.**
2. En **Parámetros de mallado** seleccione las opciones con la siguiente configuración: **Mallador**: Estándar. **Unidades**: mm.
3. **Tamaño global**: Calculado por el programa. **Tolerancia**: Calculado por el programa. **Transición automática**: Desactivado.
4. En **Avanzado** indique: **Menú Puntos jacobianos** configurado en **4 puntos**. **Malla con calidad de borrador**: desactivado. **Pruebas automáticas para sólidos**: seleccionado. **Número de intentos**:3.
5. Pulse **Aceptar** para crear el mallado en su modelo.

Recuerde que su modelo tiene un tipo de conexión denominada **Contacto global**: **Unión rígida** y que se va a comportar como si fuera una única pieza. **Solid**Works considera que todas las piezas que conforman el ensamblaje están unidas por sus caras de contacto.

7. Ejecución y visualización de resultados

1. Pulse con el botón derecho del ratón sobre la primera de las etiquetas de su Gestor de Simulación**.** En la ventana emergente seleccione las primeras de las opciones, **Ejecutar**.
2. Al finalizar se crea la carpeta **Resultados** en el Gestor de Simulación. Realice un doble clic sobre **Tensiones**, **Desplazamientos** o **Deformaciones unitarias**.

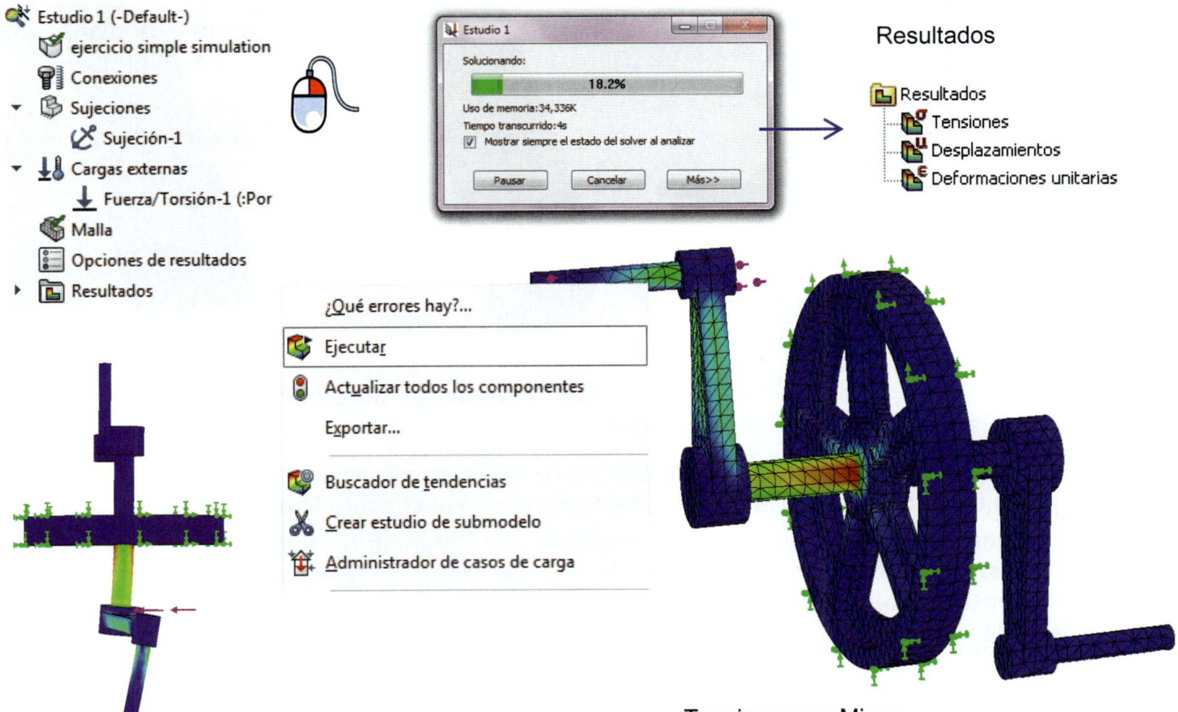

Tensiones vonMises

8. Excluir algún componente del estudio

Si desea que en los resultados no aparezca alguna de las piezas o componentes de su ensamblaje:

1. Pulse con el botón derecho del ratón sobre la pieza que desea excluir desde el Gestor de Simulación. Seleccione la opción **Excluir del análisis**.
2. Repita la misma operación con el resto de piezas que desee ocultar y no tener en cuenta en la simulación. Excluiremos las piezas: Pieza1-1, Pieza 3-2 y Pieza 4-2.
3. Ejecute el análisis y lea la advertencia. No hay sujeciones definidas. Utilice las opciones Muelle blando o de desahogo inercial.
4. Pulse con el botón derecho del ratón sobre **Sujeciones** y seleccione **Geometría fija**. Seleccione la cara cilíndrica de la pieza2-1.

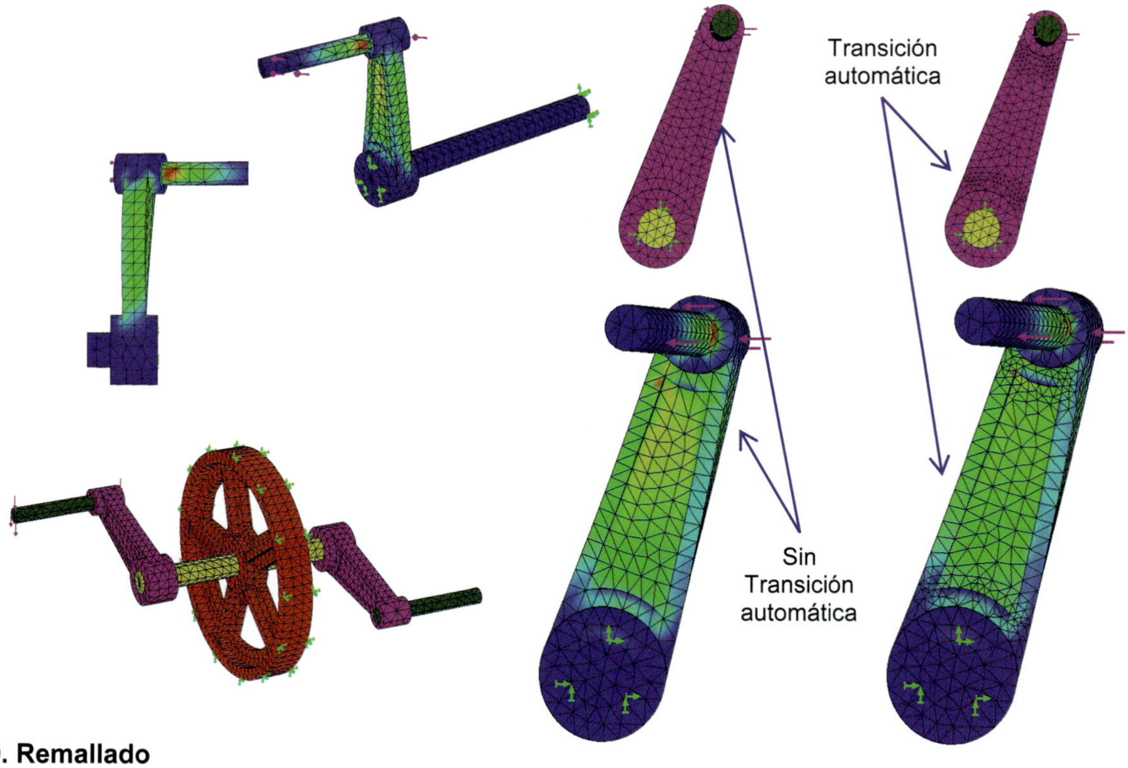

9. Remallado

Vuelva a mallar su modelo y active la opción **Transición automática** para incrementar la resolución de la malla en las zonas necesarias.

1. Pulse con el botón derecho del ratón sobre **Malla** desde el Gestor de Simulación o pulse sobre el icono **Malla** de la barra de herramientas. Pulse sobre **Crear malla.**
2. En **Densidad de malla** pulse **Restablecer**. En Parámetros de malla active la casilla de **Transición automática**. En **Avanzado** indique: **Menú Puntos jacobianos** configurado en **4 puntos**. **Malla con calidad de borrador**: desactivado. **Pruebas automáticas para sólidos**: seleccionado. **Número de intentos**: 3.
3. Pulse **Aceptar** para crear el mallado en su modelo. Compare el modelo mallado con la opción **Transición automática** activa y desactiva y compare los resultados.

2.17 Análisis no lineal

El análisis no lineal establece relaciones entre las cargas aplicadas y las deformaciones provocadas que no son lineales. Así, si se duplica la carga aplicada los desplazamientos, deformaciones, fuerza de reacción o tensiones no tienen por qué duplicarse.

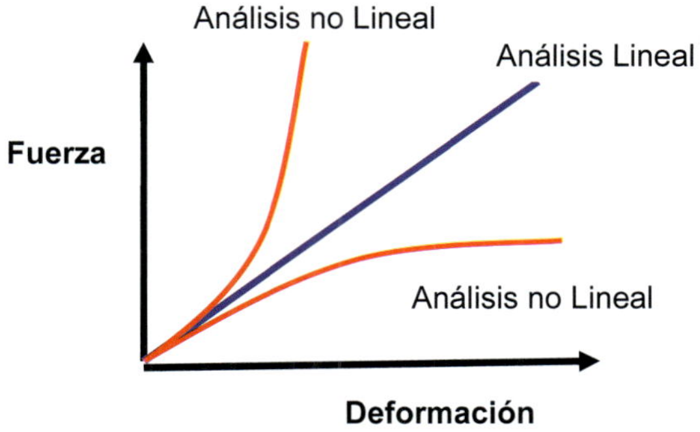

El comportamiento no lineal observado en todas las estructuras reales es consecuencia de las propias geometrías, de los materiales, las condiciones de contacto y de los grandes desplazamientos.

- **Grandes desplazamientos**. Los nodos sometidos a grandes desplazamientos experimentan cambios geométricos que provocan rigidización o ablandamiento (comportamiento no lineal).
- **Material**. Los problemas de plasticidad, los efectos térmicos (termofluencia y termoplasticidad) provocan que los materiales no se comporten de forma lineal.
- **Contactos**. La modificación de las condiciones de contacto durante el análisis también son causas de no linealidad.

Aun así, los ensayos lineales son de gran utilidad en muchos casos por su simplicidad de cálculo, pero solo son correctos en los casos que:

a. Los materiales cumplan la Ley de Hook (las tensiones son proporcionales a la deformación según la pendiente definida por el módulo de Young). Los materiales se comportan de esta manera para pequeñas deformaciones elásticas. Cuando las tensiones aplicadas superan el límite elástico se pierde la linealidad.

b. La deformación obtenida es suficientemente pequeña y no provoca incremento de dureza por deformación o acritud.

c. Las condiciones de contorno se mantienen constantes durante el ensayo.

Para crear un **análisis no lineal (dinámico)** deben tenerse en cuenta las curvas de tiempo para definir cómo cambian las cargas durante el tiempo o los distintos pasos de solución según:

1. Pulse sobre **Nuevo Estudio** y **Estudio no lineal**. Seleccione (**Estático** o **Dinámico**). El segundo es dependiente del tiempo por lo que realizará los cálculos para los diferentes pasos de solución o tiempo.
2. Pulse con el botón derecho sobre el icono del estudio y seleccione **Propiedades**. Especifique la **Hora de Inicio**, **Final** e **Incremento de tiempo** desde la pestaña **Solución** (Véase figura). Desde **Opciones Avanzadas** puede definir el **Método Iterativo**. Puede incluir efectos térmicos y fluidicos desde la misma ventana de configuración. Pulse **Aceptar**.

3. Defina el tipo de **Material**, las **Cargas** y **Restricciones** y **Malle** el modelo de la misma forma que se ha realizado en todos los casos anteriores.
4. Para cada una de las cargas y restricciones definidas puede asociar una curva de tiempo o definir la amortiguación si el ensayo es dinámico no lineal.
5. Pulse sobre **Opciones** con el botón derecho del ratón y defina dónde guardar los resultados del análisis.
6. **Ejecute** el estudio y visualice los resultados en los distintos tiempos (**Intervalos**).

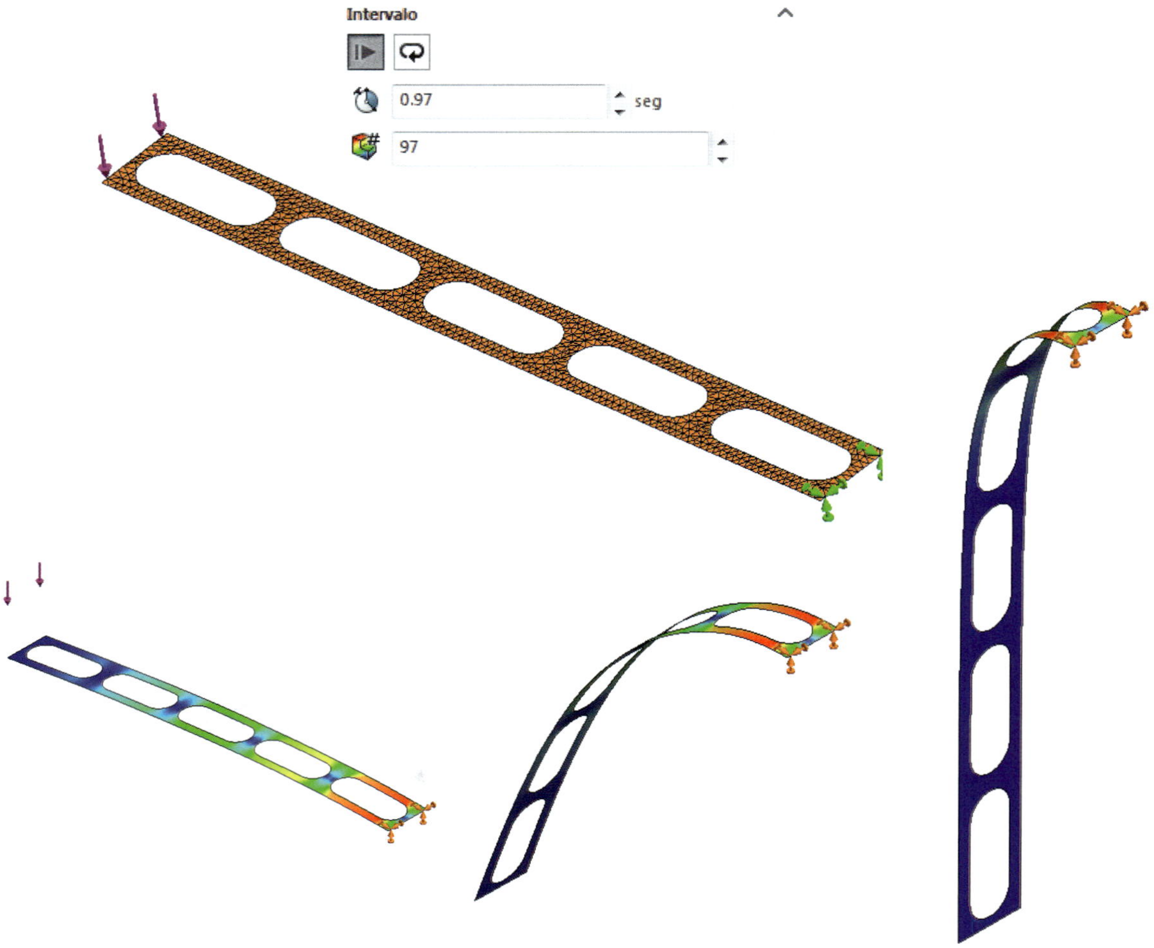

En el modelo de superficie de la figura se ha restringido (**Sujeción fija**) una de las aristas laterales mientras que sobre la otra (la opuesta) se ha impuesta una fuerza de 200 N en la dirección normal. Observe el comportamiento (distribución de tensiones de von Mises) sobre el modelo en distintos intervalos.

Los estudios **Dinámicos No lineales** calculan los resultados para los distintos tiempos por los que las necesidades de cálculo son mucho más exigentes.

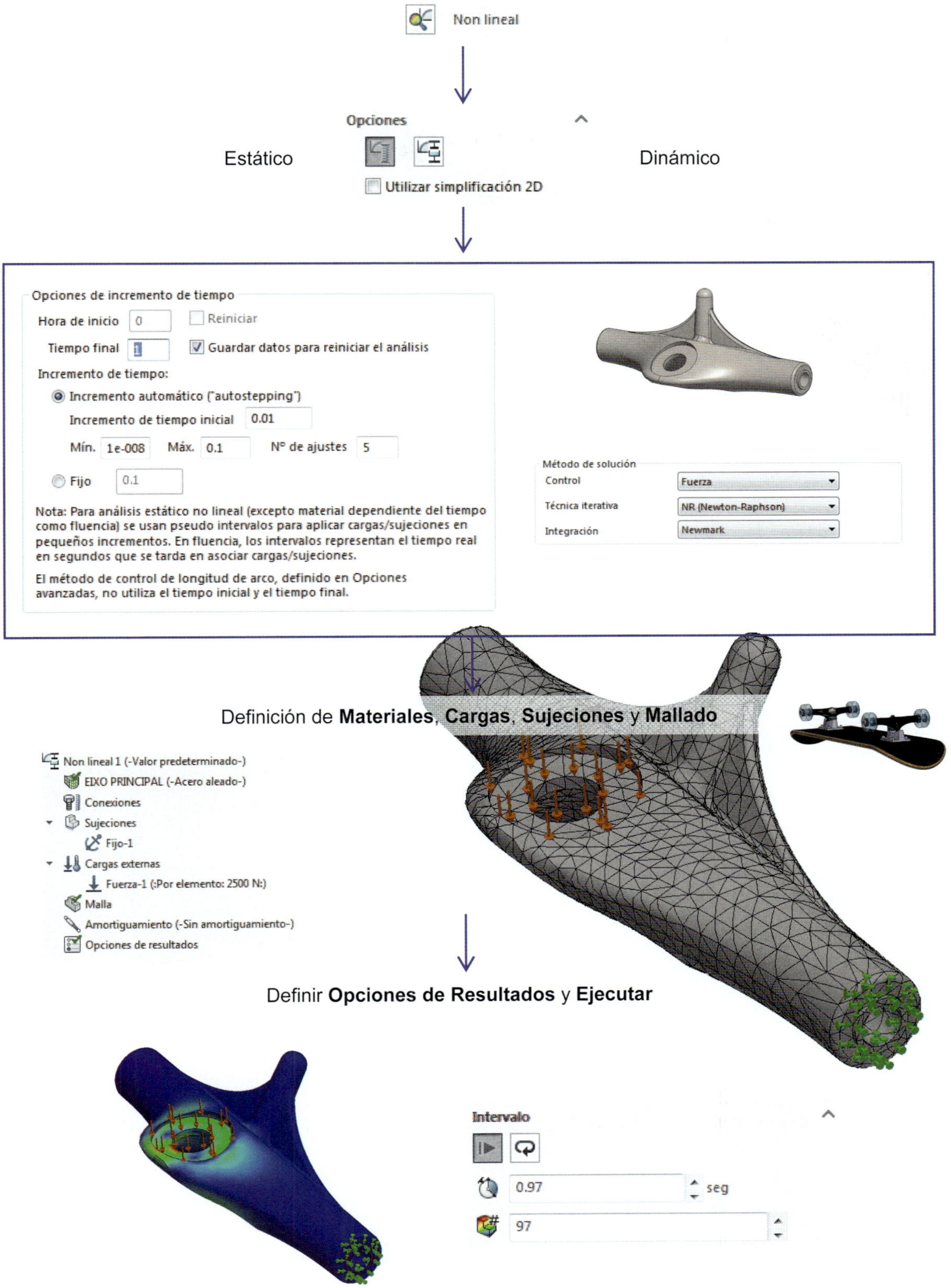
Non lineal
Opciones
Estático
Dinámico
Utilizar simplificación 2D
Opciones de incremento de tiempo
Hora de inicio 0
Reiniciar
Tiempo final 1
Guardar datos para reiniciar el análisis
Incremento de tiempo:
Incremento automático ("autostepping")
Incremento de tiempo inicial 0.01
Mín. 1e-008 Máx. 0.1 Nº de ajustes 5
Fijo 0.1
Nota: Para análisis estático no lineal (excepto material dependiente del tiempo como fluencia) se usan pseudo intervalos para aplicar cargas/sujeciones en pequeños incrementos. En fluencia, los intervalos representan el tiempo real en segundos que se tarda en asociar cargas/sujeciones.
El método de control de longitud de arco, definido en Opciones avanzadas, no utiliza el tiempo inicial y el tiempo final.
Método de solución
Control Fuerza
Técnica iterativa NR (Newton-Raphson)
Integración Newmark
Definición de Materiales, Cargas, Sujeciones y Mallado
Non lineal 1 (-Valor predeterminado-)
EIXO PRINCIPAL (-Acero aleado-)
Conexiones
Sujeciones
Fijo-1
Cargas externas
Fuerza-1 (:Por elemento: 2500 N:)
Malla
Amortiguamiento (-Sin amortiguamiento-)
Opciones de resultados
Definir Opciones de Resultados y Ejecutar
Intervalo
0.97 seg
97

Capítulo 3
Estudio térmico

Introducción

El análisis térmico permite conocer cómo evoluciona la temperatura y la transferencia de calor en los componentes estudiados y su alrededor con el fin de detectar problemas de seguridad y/o rendimiento. La transferencia de calor se produce cuando existe un gradiente térmico entre piezas en contacto. Después de un tiempo se alcanza el equilibrio térmico y la temperatura se acaba igualando.

La transferencia de calor se produce por tres mecanismos: conducción, convección y radiación. El estudio térmico de **Solid**Works® Simulation permite realizar análisis térmicos en las piezas y ensamblajes diseñados a partir de la definición de las cargas térmicas que participan en el proceso. El estudio puede realizarse de forma estable (el flujo de calor no cambia con el tiempo) o de forma transitoria, cuando el flujo térmico evoluciona con el tiempo.

En este capítulo se estudian los conceptos teóricos de la transferencia de calor y su aplicación en **Solid**Works® Simulation. Al finalizar el capítulo conocerá las etapas necesarias en la creación de un estudio térmico y será capaz de interpretar los resultados obtenidos por las herramientas de visualización.

Se presenta una práctica guiada con la que podrá practicar los conceptos descritos.

Contenido

- Conceptos teóricos introductorios de Transferencia de calor.
- Etapas en la creación de un ensayo Térmico con **Solid**Works®.
- Configuración de las opciones del ensayo.
- Selección de materiales y propiedades de material termodependiente.
- Definición de cargas térmicas, contactos y condiciones de contorno.
- Definición del mallado y ejecución del análisis.
- Trazados de resultados, trazados ISO de temperatura y trazados térmicos vs. tiempo.
- Creación de estudios térmicos transitorios y cargas térmicas variables con el tiempo.
- Práctica resuelta y propuesta de análisis térmico.

3.1 Introducción

El análisis térmico permite estudiar cómo evoluciona la temperatura y la transferencia de calor en los componentes de pieza o ensamblaje y su alrededor con el fin de detectar problemas de seguridad y/o rendimiento. La transferencia de calor es la transmisión de la energía térmica entre las partes de una pieza o piezas debido a las diferencias térmicas. La transferencia de calor se produce por tres mecanismos: conducción, convección y radiación.

- **Conducción:** Es la transferencia de calor producida por la agitación molecular cuando existe una diferencia térmica entre las regiones en contacto. La transferencia por conducción se da en sólidos hasta alcanzar el equilibrio térmico en todos sus puntos. La cantidad de calor transferida se determina por la ley de Fourier. La velocidad de conducción de calor por unidad de sección es proporcional al gradiente térmico existente en el cuerpo de estudio.

  La conductividad térmica W/m·K (J/s·m·°C) es una propiedad intrínseca de los materiales e inversa a la resistividad térmica o capacidad de los materiales para oponerse a la conducción del calor. El valor de la conductividad varía con la temperatura. A menor temperatura menor agitación térmica y mejor conductividad.

  Para un flujo de calor estacionario y en una única dirección el calor transmitido es proporcional al área de flujo, a la conductividad del material y a la diferencia de temperaturas, y es inversamente proporcional al espesor según:

$$\frac{Q}{\Delta t} = \frac{kA}{x}(T_1 - T_2)$$

  Donde $Q/\Delta t$ es el calor transmitido por unidad de tiempo, k es la conductividad térmica, A la sección de las superficies en contacto, $(T_1\text{-}T_2)$ la diferencia térmica entre el foco caliente y el frío y x es el espesor del material.

- **Convección:** La transferencia de calor se produce por el movimiento de un fluido (líquido o gas) desde las regiones más frías a las más calientes (movimiento convectivo). Se expresa con la Ley del enfriamiento de Newton según la expresión:

$$\frac{dQ}{dt} = hA_S(T_S - T_l)$$

  Donde h es el coeficiente de convección, A_s el área del cuerpo en contacto con el fluido, T_s y T_l son las temperaturas del cuerpo en contacto con el fluido y la temperatura del fluido, respectivamente.

- **Radiación:** Es el intercambio de calor producido por la radicación calorífica emitida por un cuerpo caliente sin necesidad de estar en contacto con otro ni tener fluidos intermedios. La intensidad de la radiación emitida por un cuerpo caliente depende de su temperatura y de la longitud de onda de la radiación electromagnética. Para que sea percibido el fenómeno se requieren temperaturas bastante elevadas porque la transferencia térmica depende de las temperaturas a la cuarta potencia: $T_a^4 - T_b^4$.

Tipos de transferencia de calor

El estudio de la transferencia de calor con **Solid**Works **Simulation** se puede hacer en un estado estable o transitorio.

- **Análisis térmico en estado estable.** Se determinan las condiciones térmicas del sólido estudiado cuando llega al equilibrio térmico sin importar el tiempo requerido.
- **Análisis térmico en régimen transitorio.** Se estudian las condiciones térmicas del sólido a diferentes tiempos de evolución.

3.2 Etapas en la creación de un estudio de pandeo

Para realizar un estudio **térmico**:

1. Cree un nuevo **Estudio**. Pulse sobre **Estudio** desde el menú de persiana **Solid**Works **Simulation** y seleccione la opción **Térmico**. En **Nombre del estudio** indique un nombre para su estudio. Pulse **Aceptar**. Observe la creación del Gestor de Simulación.
2. **Definición de las propiedades del ensayo**. Pulse con el botón secundario del ratón sobre el nombre del estudio térmico y seleccione la opción **Propiedades del estudio**. Defina el tipo de estudio (**Transitorio** o estado **Estable**) y la interacción con Flow Simulation. Además, puede definir el **Solver** a utilizar y la carpeta donde va a guardar los resultados del análisis.
3. **Selección del material**. Pulse con el botón secundario del ratón sobre el nombre de su ensayo desde el Gestor de Simulación y seleccione **Aplicar/Editar material**. Puede seleccionar un material de la biblioteca de materiales. También puede definirlo indicando sus propiedades térmicas y mecánicas. Es necesario especificar la conductividad térmica (KX) en los estudios térmicos de estado estable. La densidad y el calor específico son necesarios para los estudios transitorios.
4. **Conexiones**. Defina el tipo de contacto entre las piezas de un ensamblaje o piezas multicuerpo. Recuerde que las condiciones de contacto establecen la forma en la que se produce el flujo de calor.
5. **Seleccione las Cargas térmicas**. Pulse con el botón secundario del ratón sobre **Cargas térmicas** desde el Gestor de Simulación y defina temperaturas, convección, flujo de calor, energía térmica y radiación). En el caso de los estudios transitorios puede definir las cargas y restricciones térmicas en función del tiempo.
6. **Creación del mallado**. Pulse con el botón secundario sobre **Malla** desde el Gestor de simulación y defina las características del mallado.
7. **Ejecución de la simulación**. Pulse sobre **Ejecutar** y visualice los resultados.
8. **Visualice los resultados obtenidos**. En la carpeta **Resultados** del Gestor de Simulación puede ver los resultados en diferentes trazados. Para crear nuevos trazados pulse sobre la carpeta **Resultados** con el botón secundario del ratón y seleccionar **Trazado térmico** (temperatura, gradiente térmico y flujo de calor).
9. **Creación de informes**. Cree el informe con los resultados de su **Estudio Térmico** pulsando con el botón secundario del ratón sobre la carpeta **Informe**.

> Los cambios de temperatura en un sólido pueden producir tensiones, deformaciones unitarias y desplazamientos.

3.2.1 Creación del estudio de pandeo

Para crear un estudio térmico pulse el icono **Estudio** desde la barra de herramientas flotantes de **Solid**Works **Simulation** y seleccione **Estudio Térmico**. Indique el nombre el análisis. Observe como aparece el Gestor de Simulación justo debajo del Gestor de Diseño.

Las carpetas incluidas en el **Estudio térmico** son las mismas que las incluidas en un **Estudio Estático** (**Pieza, Conexiones** y **Malla**) y además contiene **Cargas térmicas**.

Para crear un **Estudio térmico** debe definir las opciones generales del ensayo, el material, las conexiones y las cargas térmicas (temperatura, convección, flujo de calor, energía térmica y radiación) a las que está sometido el modelo de estudio. A continuación, realice el mallado y ejecute el análisis para visualizar los resultados.

3.2.2 Configuración de Opciones del ensayo térmico

El cuadro de diálogo **Opciones del ensayo térmico** permite definir las características del estudio y el **Tipo de solución** (**Transitorio** o **Permanente**) además de incluir coeficientes de convección desde FlowSimulation y seleccionar el tipo de **Solver** a utilizar.

Para su configuración pulse con el botón secundario del ratón sobre el nombre de su estudio desde el Gestor de Simulación y seleccione **Propiedades**. En el cuadro de diálogo emergente puede definir el **Tipo de solución**, **Incluir el coeficiente de convección de fluidos desde SolidWorls FlowSimulation**, definir el **Solver** e indicar la **Carpeta de resultados.**

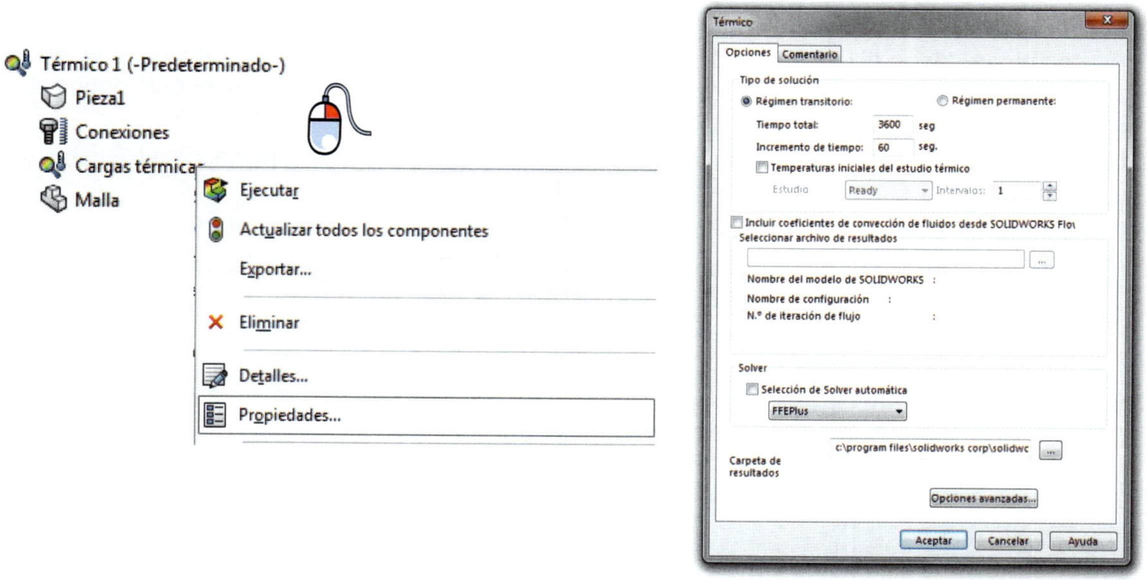

Tipo de solución. Seleccione entre **Transitorio** o **Permanente**. Recuerde que en el régimen transitorio se estudian las condiciones térmicas del sólido a diferentes tiempos de evolución mientras que el permanente tan solo considera las condiciones térmicas después de llegar al equilibrio. En el primer caso debe indicar el **Tiempo total** (tiempo total del análisis a realizar), el **Incremento de tiempo** (Incremento de tiempo para realizar el ensayo: como valor predeterminado se toma 0,1 segundos) y puede activar la casilla **Temperaturas iniciales del estudio térmico** (emplea las temperaturas ya calculadas de un estudio térmico como condición para un nuevo estudio térmico transitorio).

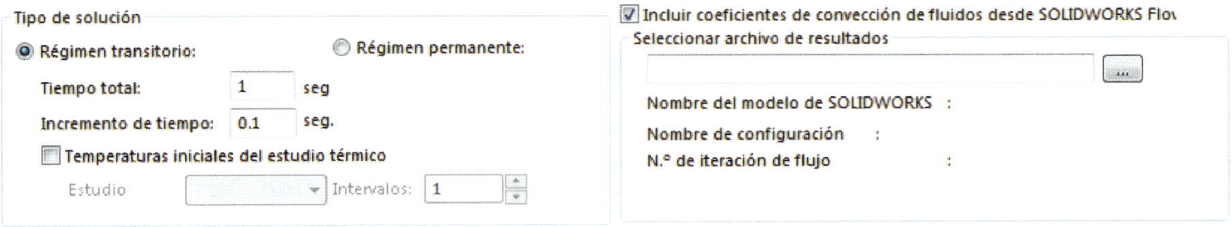

El incremento de tiempo (Δt) recomendado depende de las propiedades del material y de la longitud del elemento. A mayor difusividad térmica menor incremento del tiempo (Δt).

$$\Delta t \leq \delta^2 / 4\alpha$$

α = Difusividad térmica = K / ρc (longitud^2/tiempo)

δ = Longitud de conducción (en elementos lineales representa la longitud del elemento; en elementos planos o volumétricos, la diagonal del círculo o la esfera inscritos)

K = conductividad

ρ = densidad de masa

c = calor específico

Incluir el coeficiente de convección de fluidos desde SolidWorls FlowSimulation. Seleccione la opción para incluir el coeficiente de convección calculado previamente en un estudio de Flow Simulation. Pulse sobre **Seleccionar archivo de resultados** y localice el archivo (*.fld) generado en la simulación.

Solver. Puede definir el *Solver* a emplear en el **Estudio Térmico**. Seleccione alguna de las tres opciones (**FFEPlus**, **Direct Sparse solver/Intel** o **Cluster Sparse de Intel**).

- **Direct Sparse**. Es usado en casos en los que se produzca intersección entre varias áreas en contacto. El *Solver* tipo **Direct Sparse** es muy rápido cuando su ordenador dispone de mayor memoria.
- **FFEPlus**. Es un *Solver* rápido en la resolución de problemas con más de 100 000 grados de libertad. Es más eficaz cuanto mayor sea el problema a resolver. Se recomienda su uso en estudios no lineales con más de 50 000 grados de libertad.

En **Opciones avanzadas** puede definir las opciones de convergencia para el estudio térmico. La convergencia determina la exactitud entendida como la diferencia entre la solución exacta y la solución obtenida en la simulación computacional si incrementa el número de elementos o nodos. En **Tolerancia de convergencia** puede establecer la tolerancia de temperatura relativa que se emplea para la convergencia de equilibrio. El **Factor de subrelajación** permite cambiar la velocidad de cambio de la solución durante las iteraciones. La opción **Fijo** permite especificar un valor directamente. Valores inferiores a 1 hacen mantener la solución cerca de la suposición inicial e incrementa las probabilidades de convergencia (útil en radiación) mientas que valores cercanos a 1 permiten que la solución sea más rápida pero no se garantiza la convergencia.

3.2.3 Selección del material

Pulse con el botón secundario del ratón sobre la primera carpeta del Gestor de Simulación y seleccione **Aplicar/Editar material**. Defina las propiedades mecánicas de su modelo o seleccione uno de la base de datos de **Solid**Works **Simulation**. Si desea más información acerca de la selección de materiales, revise el capítulo 2.

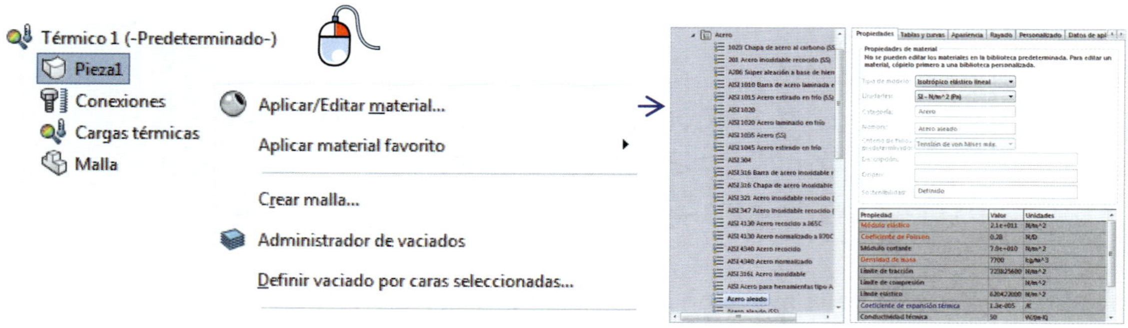

Asegúrese de que las propiedades térmicas **Conductividad térmica**, **Calor específico** y **Coeficiente de expansión térmica** están definidas (marcadas en azul en el cuadro de propiedades).

3.2.4 Definición de las Conexiones

Pulse sobre **Conexiones** con el botón secundario del ratón desde el Gestor de Simulación. Defina los Contactos entre los componentes en caso de tener un ensamblaje. Recuerde que desde el PropertyManager de **Contacto** puede buscar de forma automática los contactos existentes en un modelo (**Buscar automáticamente conjuntos de contacto**) y su selección manual (**Seleccionar manualmente conjuntos de contactos**). Además de definir el **Tipo de contacto** (Sin penetración, unión rígida, ajuste por contracción, libre, pared virtual, etc.) puede seleccionar las entidades a relacionar y definir las propiedades de **fricción** entre las superficies en contacto.

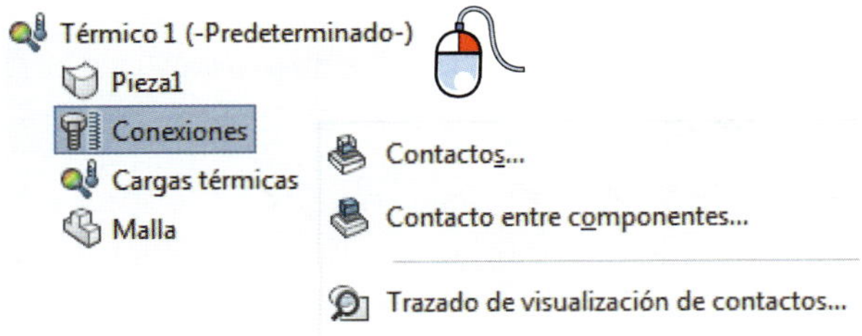

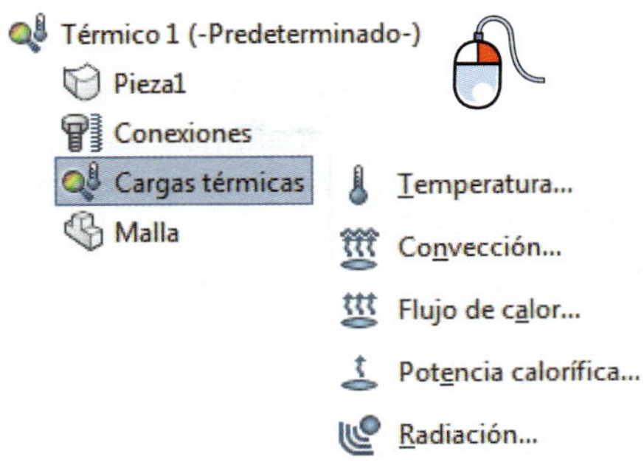

3.2.5 Definición de las Cargas térmicas

Pulse sobre **Cargas térmicas** con el botón secundario del ratón desde el Gestor de Simulación y defina: **Temperatura**, **Convección**, **Flujo de Calor**, **Potencia calorífica** o **Radiación**.

3.2.5.1 Temperatura

La opción **Temperatura** establece la condición de temperatura en el modelo evaluado. Es posible definir temperaturas iniciales distintas en las diferentes regiones de la pieza a evaluar.

Para definir la **Temperatura** en el modelo de estudio:

1. Pulse con el botón derecho del ratón sobre **Cargas térmicas** y seleccione la opción **Temperatura**.
2. Desde el PropertyManager defina el **Tipo** en **Temperatura Inicial** o **Temperatura**. La primera permite definir la temperatura inicial en análisis térmicos transitorios.
3. Seleccione las **Caras**, **Aristas** y/o **Vértices** donde desee aplicar la temperatura. Puede seleccionar la opción **Todas las caras expuestas**.
4. En **Temperatura** defina el valor de la temperatura y pulse **Aceptar** para finalizar.

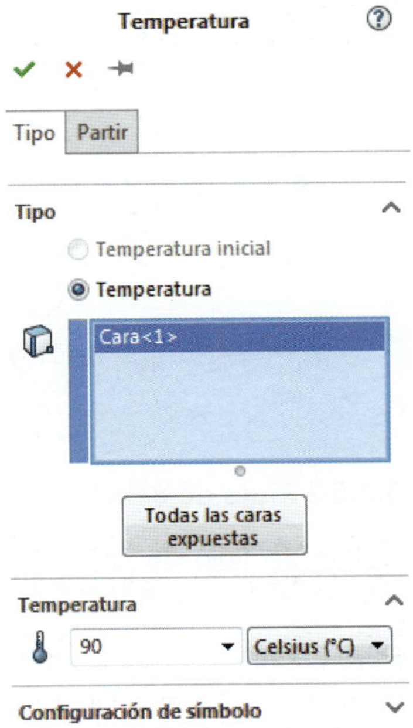

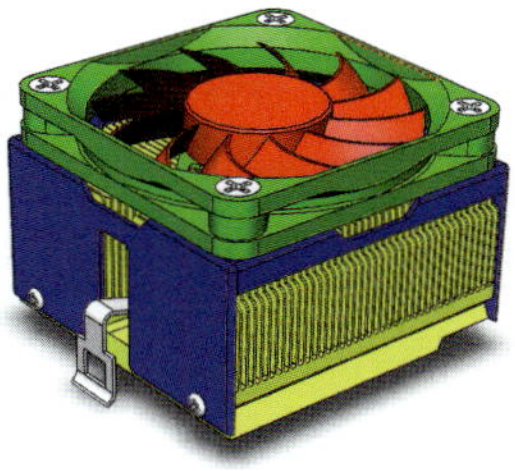

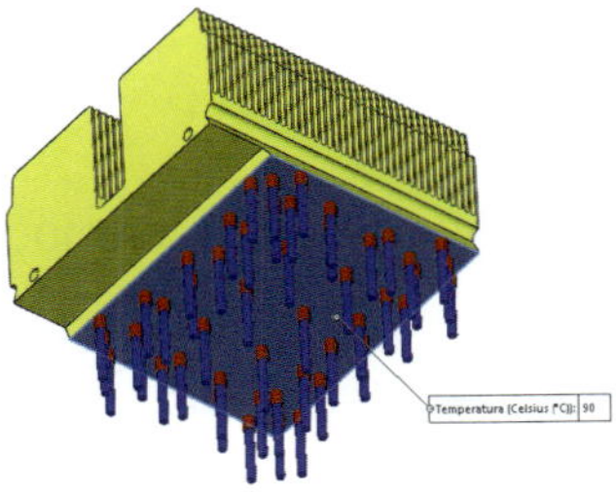

En el caso de realizar un **estudio térmico transitorio** o **no lineal** puede definir la temperatura de forma dependiente con el tiempo. Pulse sobre **Variación de tiempo** y, desde **Curva de tiempo**, defina la curva de tiempo o su evolución temporal. En la figura se define la temperatura de 90 °C sobre un disipador térmico.

3.2.5.2 Convección

Introduce la convección sobre algunas o todas las caras del modelo en estados estables o transitorios. La opción Curva de temperatura permite definir la variación de la temperatura por convección en función del tiempo.

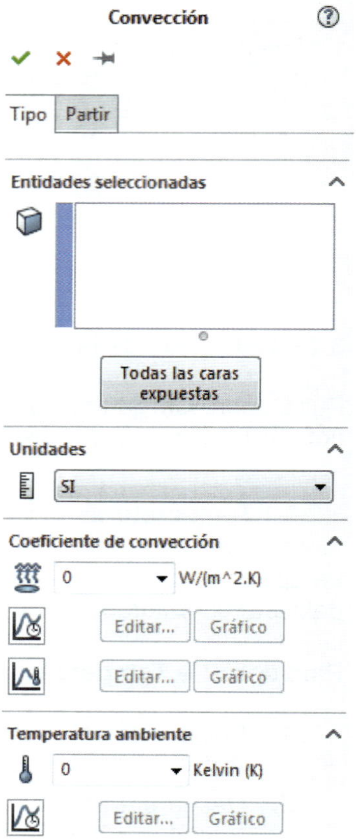

Para establecer un fenómeno de **Convección** en el modelo de estudio:

1. Pulse con el botón derecho del ratón sobre **Cargas térmicas** y seleccione la opción **Convección**.
2. Desde el PropertyManager seleccione las caras expuestas a la convección o pulse sobre **Todas las caras** y defina el **Coeficiente de Convección** (W/m^{2}k) y la **Temperatura inicial**.
3. Si desea asignar una curva de variación del coeficiente de convección o de la temperatura ambiente pulse sobre **Editar**. Pulse **Aceptar** para finalizar.

La **curva de tiempo** se emplea en estudios térmicos transitorios y no lineales y permite definir la variación de la temperatura con el tiempo mediante la introducción de sus valores en una tabla X e Y. Puede introducir hasta 5 000 puntos.

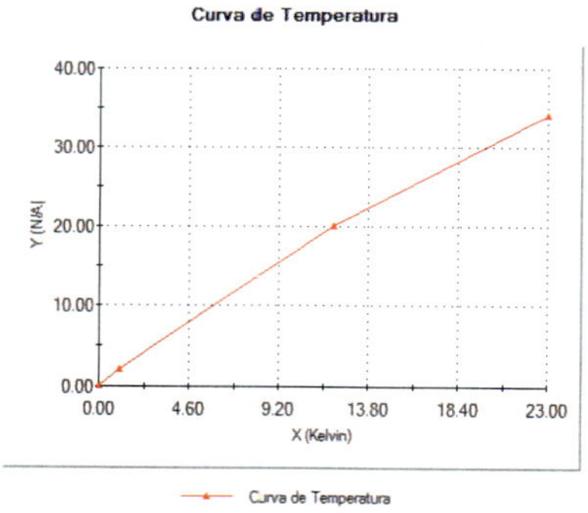

Recuerde que la convección es la transferencia de calor que se produce por el movimiento de un fluido desde las regiones más frías a las más calientes según la ley de Newton.

3.2.5.3 Flujo de calor

Define un flujo de calor a las caras seleccionadas del modelo a evaluar en estudios estables o dependientes de la temperatura.

Para definir un **Flujo de calor** en el modelo de estudio:

1. Pulse con el botón derecho del ratón sobre **Cargas térmicas** y seleccione la opción **Flujo de calor**.
2. Desde el PropertyManager seleccione las caras expuestas a la convección o pulse sobre **Todas las caras** y defina el **Flujo de calor** (W/m^2) y el **Termostato (Transitorio)**. Seleccione un vértice para la localización del termostato. Defina el **Límite inferior** de la temperatura y el superior y pulse **Aceptar** para finalizar.

3.2.5.4 Potencia calorífica

Define una energía térmica en los vértices, aristas, caras y componente del modelo de estudio. La potencia calorífica (vatios) aplicada es aditiva de forma que en caso de asignar 1 000 vatios en una cara y 500 en un vértice la potencia total aplicada es de 1 500 vatios. Un valor positivo de la potencia calorífica significa calentamiento mientras que un valor negativo es entendido como una absorción de calor o enfriamiento.

Para definir un **Flujo de calor** en el modelo de estudio:

1. Pulse con el botón derecho del ratón sobre **Cargas térmicas** y seleccione la opción **Potencia calorífica**.
2. Desde el PropertyManager seleccione las caras expuestas a la convección o pulse sobre **Todas las caras** y defina la **Potencia** (W). De la misma forma que en el resto de opciones puede definir las curvas de tiempo, de temperatura y establecer **Termostato (transitorio)**.
3. Para finalizar pulse **Aceptar**.

3.2.5.5 Radiación

Aplica una radiación de superficie a ambiente o de superficie a superficie.

Para definir una **Radiación** en el modelo de estudio:

1. Pulse con el botón derecho del ratón sobre **Cargas térmicas** y seleccione la opción **Radicación**.
2. Desde el PropertyManager seleccione las caras expuestas a la convección o pulse sobre **Todas las caras** y defina **la temperatura ambiente** (°C) y el **Factor de Emisividad**.
3. En caso de definir una radiación tipo de la Superficie a ambiente defina el **Factor de Vista**.
4. De la misma forma que en los casos anteriores pude definir **Curvas de tiempo** y **de temperatura.**
5. Pulse **Aceptar** para finalizar.

3.2.6 Definición de la malla

Pulse sobre **Malla** con el botón secundario del ratón desde el Gestor de Simulación y defina su **Densidad** o el **Tamaño global** y la **Tolerancia**. También puede establecer un mallado con **Transición automática** para adaptarlo a las geometrías con elementos complejos. Para más información consulte el capítulo 2.

3.2.7 Ejecución del análisis y resultados

Pulse con el botón secundario del ratón sobre la primera de las etiquetas de su gestor de diseño. Seleccione la primera de las opciones, **Ejecutar**. También puede pulsar el icono **Ejecutar** desde la barra de herramientas principal de Simulación. Al finalizar el proceso de cálculo se crea la carpeta **Resultados** en el Gestor de Simulación con el **Trazado Térmico (-Temperatura-).**

3.3 Práctica 3-1. Análisis térmico

Evalúe el comportamiento térmico del disipador de la figura cuando está expuesto a una temperatura inicial de 20 °C y de 80 °C en la cara inferior.

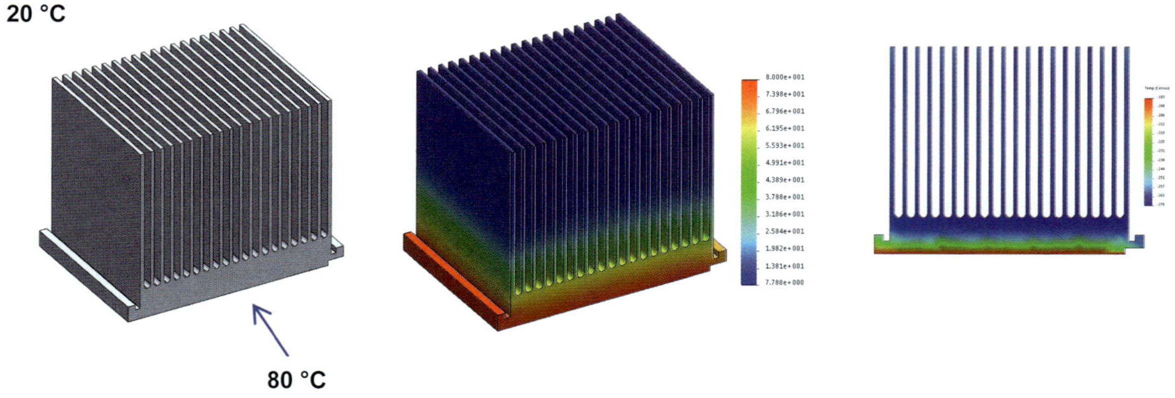

ASPECTOS A ESTUDIAR

- Abrir documento.
- Cargar **Solid**Works **Simulation** y sus barras de herramientas flotantes.
- Crear un estudio térmico.
- Configurar opciones de análisis térmico.
- Asignar un material al modelo.
- Aplicar cargas térmicas.
- Definir las características del mallado.
- Ejecutar el estudio.
- Visualizar e interpretar los trazados obtenidos.

CARACTERÍSTICAS DEL ENSAYO

- Malla basada en curvatura de combinado con un tamaño máximo de elemento de 8 mm.
- Aleación de aluminio y cobre.
- Temperatura inicial 20 °C. Temperatura de la cara inferior 80 °C.
- Análisis transitorio de 2 segundos (incremento 0,1 segundos).

1. Selección del Estudio de Pandeo

1. Diseñe un modelo de disipador como el de la figura o descargue uno semejante de Grabcad (www.grabcad.com). Pulse sobre **Estudio** desde el menú de persiana **Solid**Works **Simulation** y seleccione la opción **Térmico**. En **Nombre** escriba Práctica Pandeo. Pulse **Aceptar**.

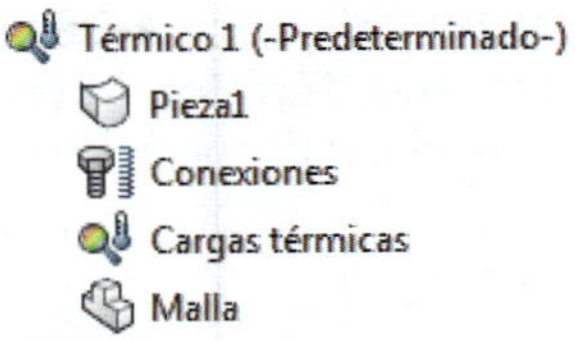

2. Configuración de Opciones de pandeo

1. Pulse con el botón derecho sobre la Térmico 1 y seleccione **Opciones del ensayo térmico**. En el **Tipo de solución** seleccione **Transitorio**. En **Tiempo total** indique 30 segundos y en **Incremento de tiempo,** 1 segundo. Active la casilla **Temperaturas iniciales del estudio térmico**.

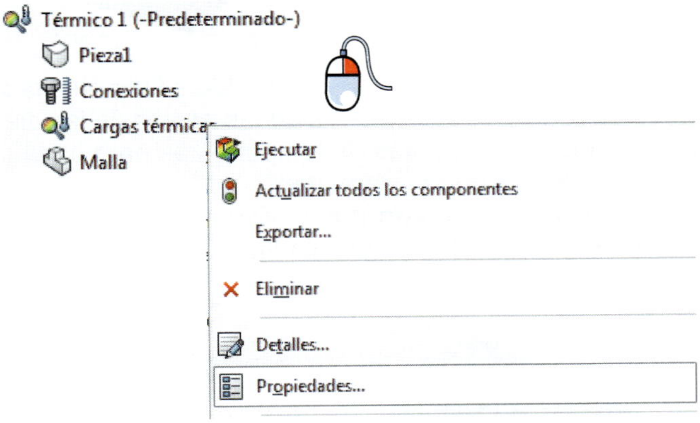

3. Selección del material

1. Pulse con el botón secundario del ratón sobre la primera de las carpetas y seleccione **Aplicar/Editar material**. En **Origen del material** seleccione **Archivos de biblioteca** y localice un material de elevada conductividad (cobre o aluminio) de la biblioteca de materiales. Pulse **Aceptar**.

4. Definición de las cargas térmicas

1. Pulse con el botón derecho del ratón sobre **Cargas térmicas** y seleccione la opción **Temperatura**. Desde el PropertyManager seleccione todas las caras y establezca 20 °C en **Temperatura Inicial.** Pulse **Aceptar**. Repita la operación 1 y seleccione la cara inferior del disipador desde **Caras expuestas** y defina la temperatura de 80 °C. Pulse **Aceptar**.
2. Para introducir el coeficiente de convección pulse con el botón derecho sobre **Cargas térmicas** y seleccione la opción **Convección**. Seleccione todas las caras excepto la inferior. Establezca un valor de 25 W/m^2k y pulse **Aceptar**.

5. Definición del mallado, ejecutar y visualización de resultados

1. Pulse con el botón secundario del ratón sobre **Malla** desde el Gestor de Simulación. Seleccione la opción **Malla basada en curvatura de combinado** con un tamaño máximo de elemento de 8 mm. Pulse **Aceptar** para crear el mallado en su modelo.
2. Pulse con el botón derecho sobre el nombre del análisis (Térmico 1) y seleccione **Ejecutar**.
3. Al finalizar los cálculos se crea la carpeta **Resultados** en el Gestor de Simulación con el **Trazado Térmico (-Temperatura-)**. Pulse sobre el trazado con el botón derecho del ratón y seleccione la opción **Play**. Observe cómo evolucionan los perfiles de temperatura con el tiempo.

4. Con el botón derecho sobre el trazado térmico, seleccione la opción Identificar resultados. Active la casilla **En entidades seleccionadas** y seleccione una de las aristas de las aletas disipadoras. Pulse sobre **Actualizar** y observe los valores de temperaturas para cada uno de los nodos localizados en la arista seleccionada. Para mejor interpretación de los resultados pulse sobre **Plot** desde **Opciones de informe** y visualice cómo varía la temperatura a medida que la geometría se aleja de la fuente calorífica.

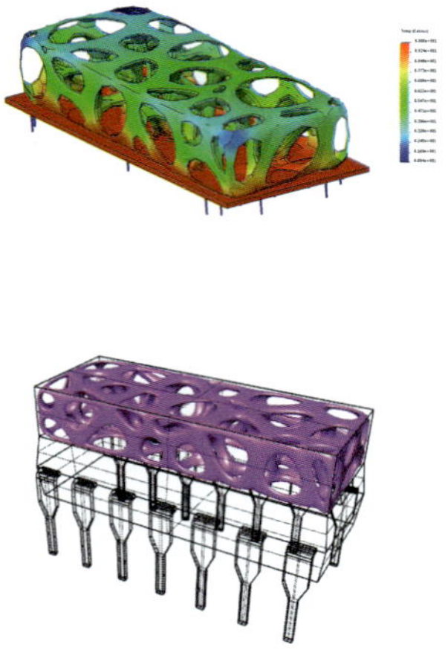

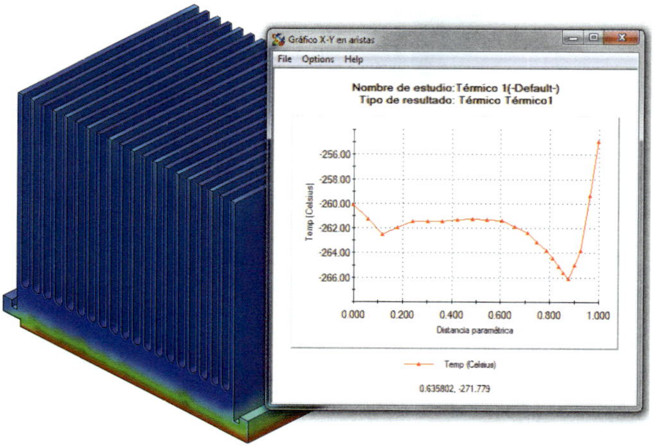

Disipadores térmicos porosos simulados con SolidWorks Simulation.

Capítulo 4
Estudios de frecuencia

Introducción

Cualquier estructura o modelo mecánico empieza a vibrar cuando alcanza ciertas frecuencias llamadas naturales o resonantes. Para cada una de estas frecuencias, la estructura adopta una forma denominada forma modal. Cuando las cargas dinámicas se aplican con algunas de sus frecuencias naturales o resonantes, el modelo experimenta grandes deformaciones y tensiones que pueden llegar a romperlo.

La aplicación de análisis de frecuencia con **Solid**Works **Simulation** nos ayuda a conocer las frecuencias propias y las formas modales del modelo. Nos ayuda a evitar que el modelo entre en resonancia por el rediseño de la geometría, las propiedades del material y las condiciones de restricciones establecidas.

En este capítulo se estudian los conceptos teóricos de frecuencia y las etapas en la creación de un estudio de frecuencia con **Solid**Works **Simulation**. Además, se describe cómo realizar la configuración de las opciones de frecuencia y las opciones de visualización e interpretación de los resultados (listas de frecuencias resonantes, listas de participación de masa, definir trazados de desplazamientos o definir trazado de deformaciones).

Al final del capítulo se presenta una práctica guiada paso a paso y una práctica propuesta. En la primera se estudian los aspectos relativos a la configuración del ensayo, la asignación de materiales, las cargas externas, las sujeciones, el mallado y la interpretación de los trazados obtenidos.

Contenido

- Conceptos previos sobre el estudio de frecuencias.
- Etapas en la creación de un estudio de frecuencias en **Solid**Works®.
- Configuración de las opciones de frecuencia.
- Inclusión de efectos térmicos en los ensayos.
- Selección de material, sujeciones, cargas y mallado.
- Ejecución del estudio.
- Definición de trazados de frecuencias resonantes, amplitud y listado de participación de masa.
- Práctica resuelta y práctica propuesta.

4.1 Introducción al estudio de frecuencia

Cualquier estructura o modelo mecánico empieza a vibrar cuando alcanza ciertas frecuencias llamadas naturales o resonantes. Para cada una de estas frecuencias, la estructura adopta una forma denominada forma modal. Cuando las cargas dinámicas se aplican con algunas de sus frecuencias naturales o resonantes, el modelo experimenta grandes deformaciones y tensiones que pueden llegar a romperlo.

El estudio de frecuencias se realiza para determinar las diferentes frecuencias resonantes y sus formas modales.

Un ejemplo clásico de estructura sometida a resonancia lo constituye el puente de Tacoma Narrows de 1600 metros de longitud, construido con vigas de acero ancladas en hormigón, que como consecuencia del viento se rompió por las grandes deformaciones y ondulaciones.

La aplicación del análisis de frecuencia con **Solid**Works **Simulation** nos ayuda a conocer las frecuencias propias y las formas modales del modelo. Nos ayuda a evitar que el modelo entre en resonancia por el rediseño de la geometría, las propiedades del material y las condiciones de restricciones establecidas.

En la siguiente figura puede ver los 4 primeros modos de frecuencia para el modelo con caras cortas fijas.

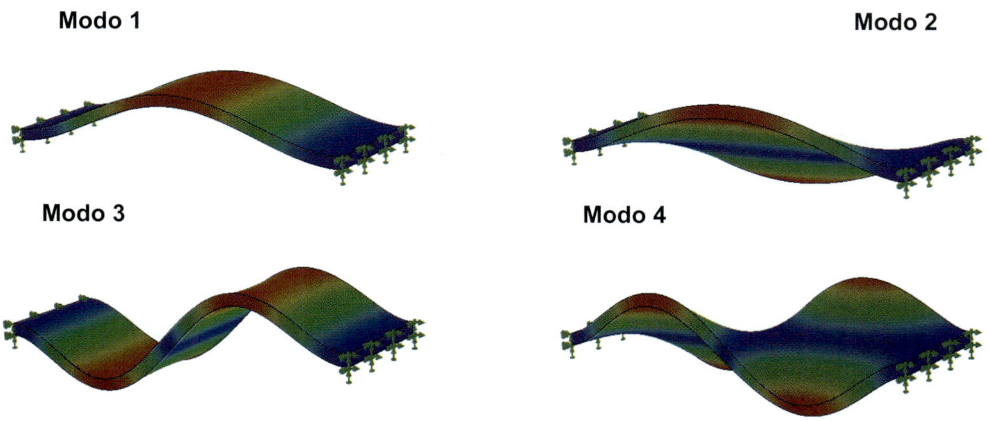

4.2 Etapas en la creación de un estudio

Para realizar un estudio de **frecuencia**:

1. **Creación de un nuevo Estudio de frecuencia**. Pulse sobre **Estudio** desde el menú de persiana **Solid**Works **Simulation** y seleccione la opción **Frecuencia**. En **Nombre del estudio** indique un nombre para su estudio. Pulse **Aceptar**. Observe la creación del gestor de simulación.
2. **Definición de las propiedades del ensayo de Frecuencia**. Pulse con el botón secundario del ratón sobre el nombre del estudio y seleccione la opción **Propiedades**. Defina el número de frecuencias a calcular y el *solver* a emplear en el estudio (**Automático**, **Direct Sparse** o **FFEPlus**). Además, puede seleccionar la carpeta donde va a guardar los resultados del análisis.

3. **Selección del material**. Pulse con el botón secundario del ratón sobre el nombre de su ensayo desde el gestor de simulación y seleccione **Aplicar/Editar material**. Seleccione un material de la biblioteca de materiales o defina sus propiedades mecánicas (no olvide incluir la densidad).
4. **Definición de las Sujeciones**. Pulse con el botón secundario sobre **Sujeciones** e indique el tipo a imponer en su modelo. No es necesario definir ninguna restricción si ha seleccionado el *solver* **FFEPlus** o **Automático**. Con el *solver* **Direct Sparse** debe indicar las sujeciones para estabilizar el modelo.
5. **Aplicación de cargas**. Pulse con el botón secundario del ratón sobre **Cargas externas** desde el gestor de simulación y defina las características de la carga que actúa sobre su modelo. No es necesario definir las cargas para realizar un análisis de frecuencias.
6. **Creación del mallado**. Defina las características del mallado pulsando con el botón secundario sobre **Malla** desde el gestor de simulación.
7. **Ejecución de la simulación**. Pulse sobre **Ejecutar** y visualice los trazados contenidos en la carpeta **Resultados**.
8. **Visualización de resultados**. En la carpeta **Resultados** del gestor de simulación puede ver los resultados en los diferentes trazados. Para crear un nuevo trazado pulse sobre la carpeta **Resultados** con el botón secundario del ratón y seleccione **Listar frecuencias resonantes**, **Listar participación de masa**, **Definir trazado de desplazamiento** o **Definir trazado de deformación**. Seleccione la opción **Animar** para crear una animación del trazado activo.

4.2.1 Creación del estudio de frecuencia

Para crear un estudio de frecuencia pulse el icono **Estudio** desde la barra de herramientas flotantes de **Solid**Works **Simulation** y seleccione **Estudio de frecuencia**. Indique el nombre del análisis y observe el gestor de simulación creado.

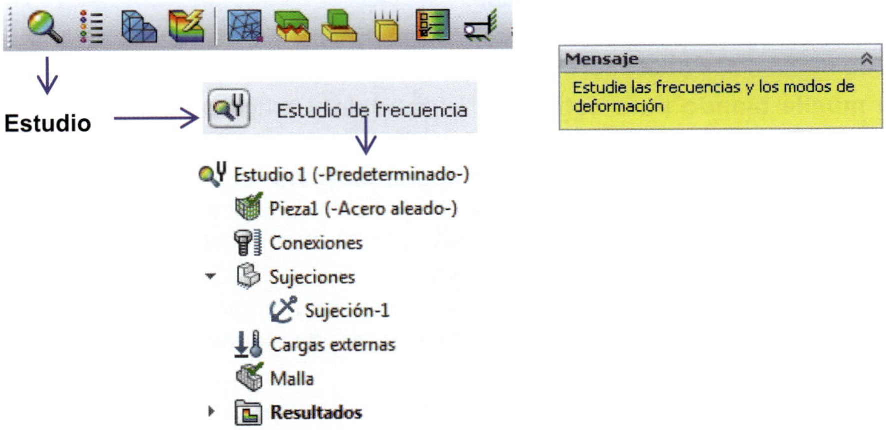

Las carpetas incluidas en **Estudio de frecuencia** son las mismas que se incluyen en un **Estudio estático** (**Pieza**, **Conexiones**, **Sujeciones**, **Cargas externas** y **Malla**).

4.2.2 Configuración de Opciones de frecuencia

El cuadro de diálogo **Opciones de frecuencia** permite definir las características del estudio, además de incluir efectos térmicos y de fluidos. Para su definición pulse con el botón secundario del ratón sobre el nombre de su estudio desde el gestor de diseño y seleccione **Propiedades**.

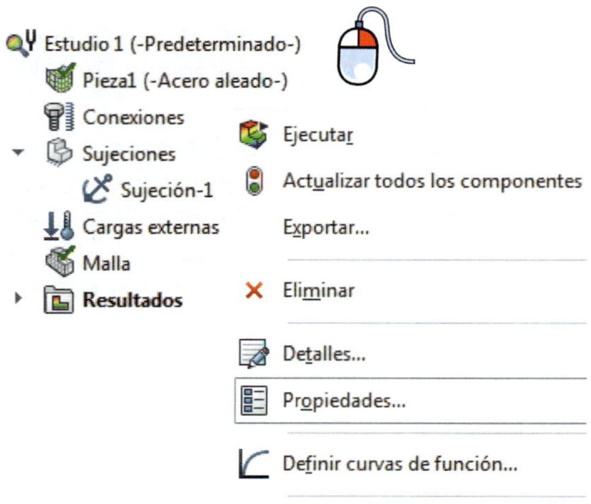

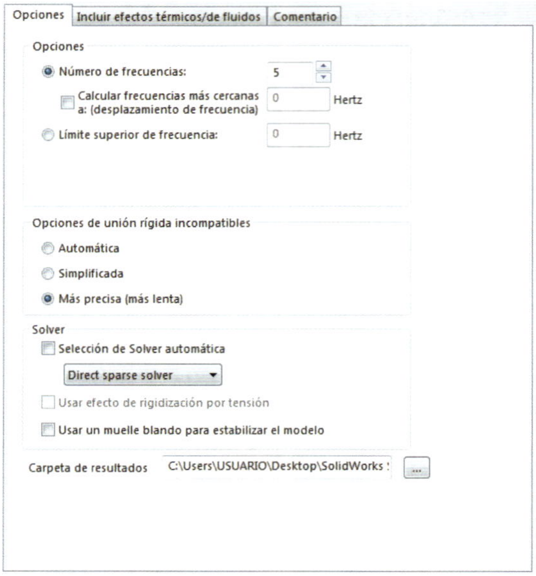

En el cuadro de diálogo emergente puede definir el **Número frecuencias, definir el *solver* a utilizar** e indicar la ubicación de la **Carpeta de resultados**, además de incluir **efectos térmicos/de fluidos** en el estudio.

- **Número de frecuencias**. Defina el número de frecuencias naturales (resonantes) que desea calcular en su modelo. **Solid**Works **Simulation** fija de forma predeterminada las cinco frecuencias más bajas.
- **Calcular frecuencias más cercanas a: (Desplazamientos de frecuencia).** Su activación permite indicar un valor de frecuencia concreto y **Solid**Works **Simulation** determina las frecuencias más próximas al valor indicado.
- **Límite superior de frecuencias**. Permite indicar un valor de frecuencia de límite superior del intervalo de frecuencias deseado.
- **Usar un muelle blando para estabilizar el modelo**. La activación de esta opción permite seleccionar muelles que ayudan a estabilizar el modelo.
- **Mejorar precisión para unir mallas incompatibles (más lento)**. Seleccione la opción para mejorar la precisión cuando tenga mallas incompatibles. El método se emplea para unir caras a caras y a aristas. Recuerde que la unión siempre es mucho más precisa cuando la malla es compatible.
- **Contacto de unión rígida simplificado**. Su activación cambia el tipo de contacto de unión rígida basado en superficie por el contacto basado en nodos. Aplicable en modelos con superficies complejas de contacto.

4.2.2.1 Solver

Puede definir el *solver* a emplear en el **Estudio de frecuencia**. Seleccione alguna de las tres opciones (**Automático**, **Direct Sparse** o **FFEPlus**).

Es posible que cuando haya ejecutado un estudio y se esté calculando, el proceso se anule y aparezca un aviso de cambio de *solver* de cálculo.

- **Direct Sparse**. Emplea técnicas numéricas exactas en la resolución de las ecuaciones matemáticas del cálculo. Se recomienda su uso cuando el modelo sea sencillo. En caso de problemas más complejos, como la resolución de ensayos con muchas piezas, el proceso de cálculo se demora y tarda más tiempo.

- **FFEPlus**. Es un método de cálculo iterativo y por aproximación. En cada iteración determina una solución y evalúa el error cometido. Se calculan iteraciones hasta obtener errores admisibles. Es un Solver rápido en la resolución de problemas con más de 100 000 grados de libertad. Es más eficaz cuanto mayor sea el problema a resolver. Se recomienda su uso en estudios no lineales con más de 50 000 grados de libertad.

- **Automático**. **Solid**Works **Simulation** selecciona el *solver* más adecuado a las condiciones de su estudio en función del rendimiento de cálculo y la efectividad.

4.2.2.2 Incluir efectos térmicos/de fluidos

Para incluir efectos térmicos y tener en cuenta la presión de flujos seleccione la pestaña **Incluir efectos térmicos/de fluidos**.

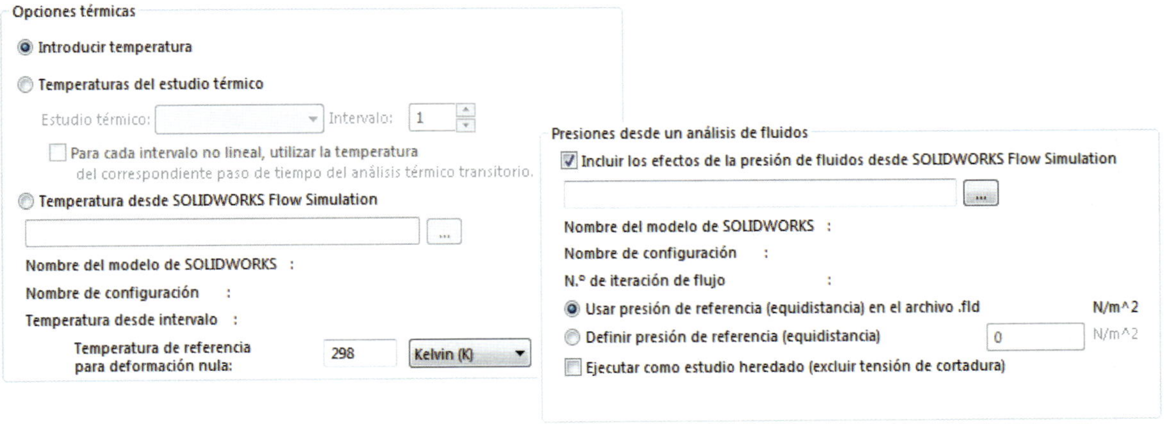

En **Opciones térmicas** puede definir las temperaturas en: **Introducir temperatura**, **Temperatura del estudio térmico** y **Temperatura desde SolidWorks Flow Simulation**.

- **Introducir temperatura**. Emplea la temperatura definida en la carpeta **Cargas externas** del gestor de simulación.

- **Temperatura del estudio térmico**. Selecciona las temperaturas definidas en un **Estudio Térmico** realizado con anterioridad. Indique el **Intervalo** cuando su estudio térmico sea transitorio.

- **Temperatura desde SolidWorks Flow Simulation**. Puede seleccionar un perfil de temperaturas (*.fld) generado por **Flow Simulation**.

En **Tempera de referencia para deformación nula** puede definir la temperatura a la que no se tienen deformaciones unitarias en el modelo. En **Presiones desde un análisis de fluidos** puede incluir cargas de presión seleccionando un fichero (*fld) desde **Solid**Works **Flow Simulation**.

4.2.3 Selección del material

Pulse con el botón secundario del ratón sobre la primera carpeta del gestor de simulación y seleccione **Aplicar/Editar material**. Defina las propiedades mecánicas de su modelo o seleccione uno de la base de datos de **Solid**Works **Simulation**. Si desea más información acerca de la selección de materiales, revise la asignación de materiales del Capítulo 2.

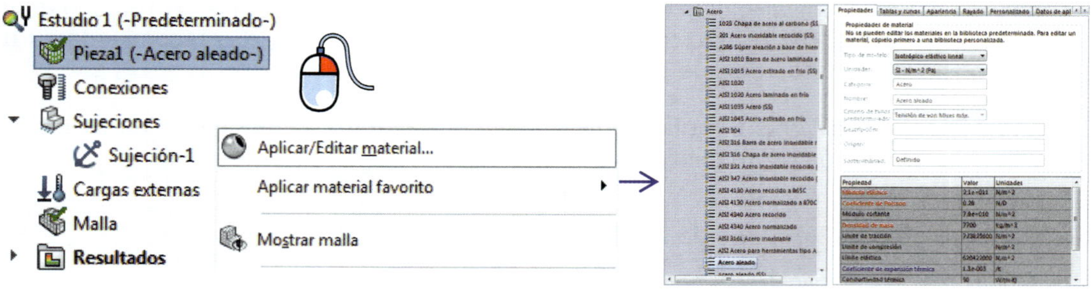

Las frecuencias resonantes son directamente proporcionales a los materiales seccionados (Módulo Elástico o de Young). Cuando seleccione un material de la biblioteca, asegúrese de que las propiedades marcadas en rojo quedan definidas para la realización del ensayo.

4.2.4 Definición de las sujeciones

Pulse sobre **Sujeciones** con el botón secundario del ratón desde el gestor de simulación. Seleccione la opción **Geometría fija** o cualquier otro tipo de sujeción, **Inamovible (sin traslación)**, **Rodillo/Control deslizante**, **Bisagra fija** en **Estándar** o **Simetría**, **Utilizar geometría de referencia**, **Sobre caras cilíndricas**, entre otras opciones si selecciona en **Avanzado**. Defina las características de la **Sujeción** desde *PropertyManager*.

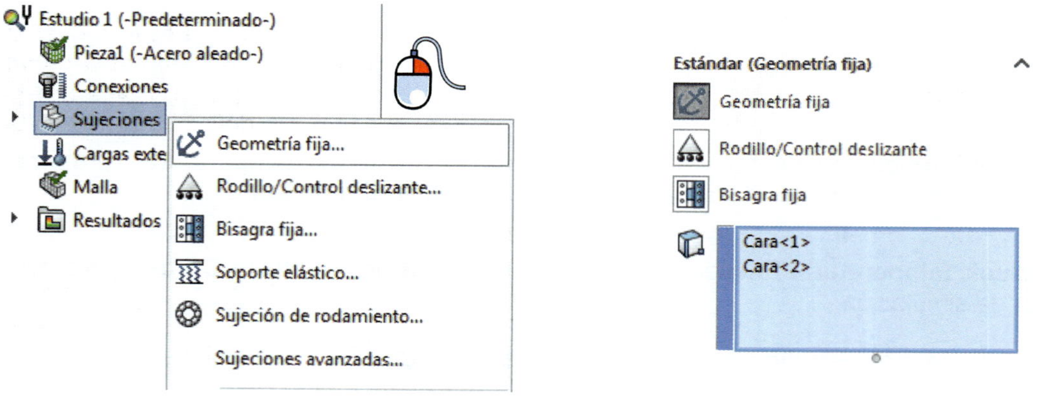

4.2.5 Definición de las cargas estructurales

Pulse con el botón secundario del ratón sobre **Cargas externas** desde el gestor de simulación, seleccione **Fuerza**, **Torsión**, **Presión** o cualquier otro tipo de carga. Desde *AnalisisManager* defina sus características. No es necesario incluir cargas en un estudio de frecuencia, pero en el caso de hacerlo debe utilizar el *solver* Direct Sparse. Si desea más información, consulte el Capítulo 2.

Las cargas influyen en las frecuencias de resonancia. Así por ejemplo, las cargas de tracción aumentan las frecuencias de resonancia, mientras que las compresivas las disminuyen.

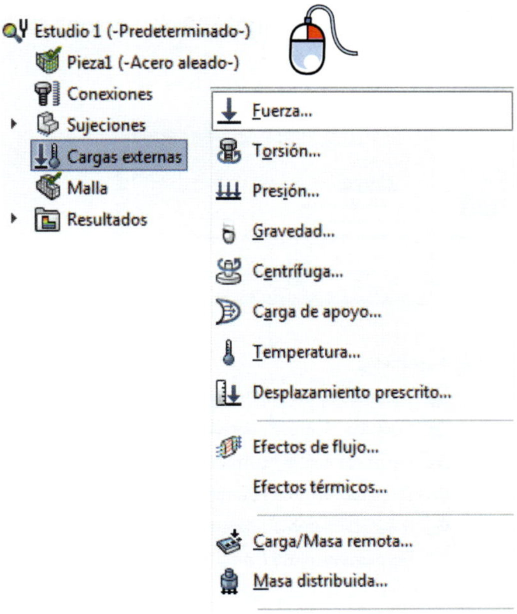

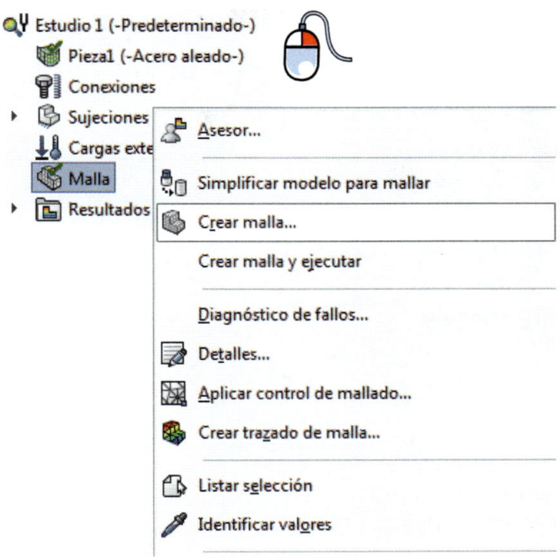

4.2.6 Definición del mallado

Para definir la malla sobre su modelo, pulse con el botón secundario del ratón sobre **Malla** y seleccione del cuadro de diálogo emergente la opción **Crear malla**. La creación de la malla se realiza de la misma forma que en los estudios estáticos.

En **Parámetros de mallado** defina el grosor de la malla (**Malla gruesa** o **Fina**) mediante la definición de su tamaño. En **Opciones** defina la **Calidad de malla** y el **Tipo de mallador**. Seleccione **Avanzado** para definir más propiedades de la malla. Pulse **Aplicar** y **Aceptar** para empezar a crear la malla en su modelo. Si desea más información acerca del proceso de mallado, consulte el Capítulo 2.

4.2.7 Ejecución del análisis

Pulse con el botón secundario del ratón sobre la primera de las etiquetas de su gestor de simulación (**Estudio**). Seleccione la primera de las opciones, **Ejecutar**. También puede pulsar el icono **Ejecutar** desde la barra de herramientas principal de la simulación.

Al finalizar el proceso de cálculo se crea la carpeta **Resultados** en el gestor de simulación con el **Trazado de desplazamientos**, **Primer modo**.

4.2.8 Resultados obtenidos

Para visualizar los resultados obtenidos haga doble clic sobre la carpeta **Resultados**. Aparecen los trazados correspondientes a los **Desplazamientos (URES, cm)** de los cinco primeros modos resonantes. Haga doble clic sobre cada uno de ellos con el botón izquierdo del ratón y visualice su deformación en la zona de gráficos.

Si desea obtener otros trazados, pulse con el botón secundario del ratón sobre la carpeta **Resultados**.

Puede obtener una lista de todas las frecuencias resonantes, trazar una forma modal concreta, listar factores de participación de masa en su modelo y crear un informe, entre otras opciones.

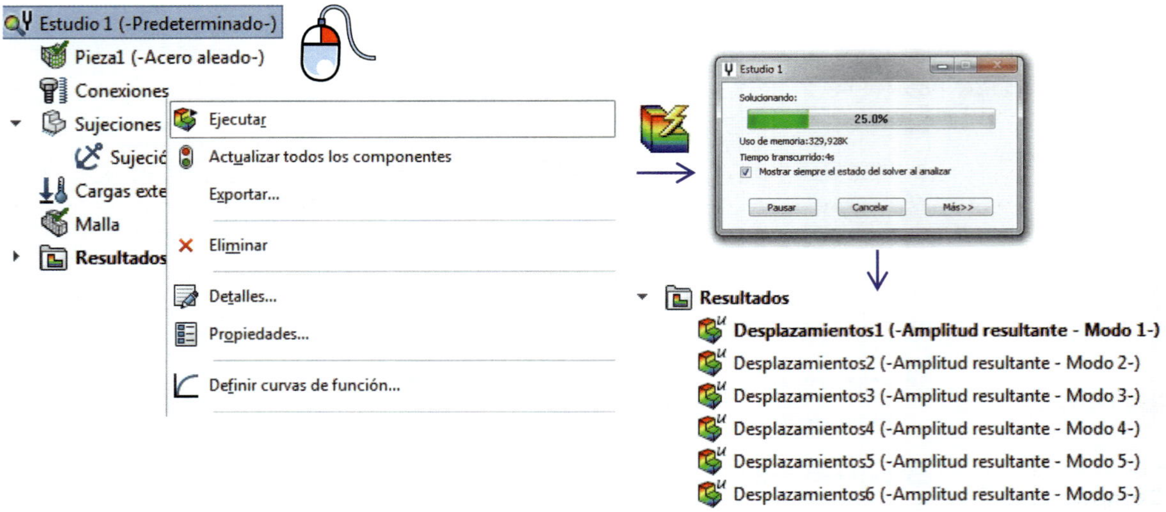

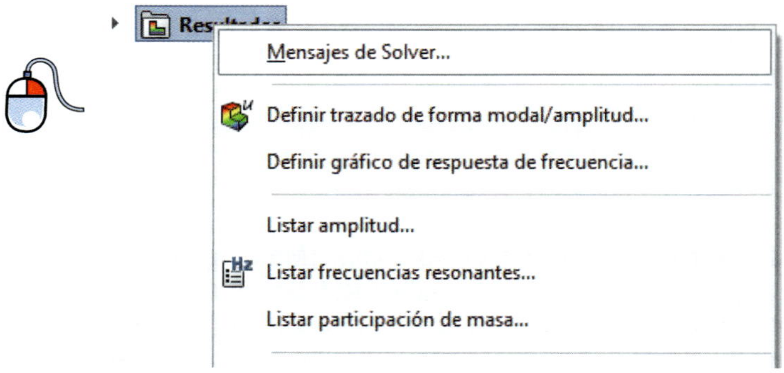

4.2.8.1 Mensajes del solver

Informa sobre el número de nodos, de elementos, de grados de libertad (GDL) y el tiempo total de cálculo empleado para obtener el resultado del estudio. Pulse en **Guardar** si desea guardar los datos obtenidos en formato TXT.

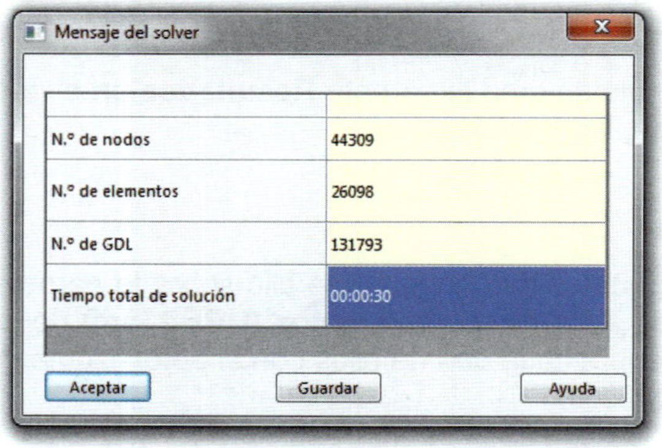

4.2.8.2 Definir trazado de desplazamientos

PropertyManager permite definir el **Trazado de los desplazamientos** de la forma modal seleccionada.

Para definir un **Trazado de deformación** para una forma modal:

1. Pulse con el botón secundario del ratón sobre la carpeta **Resultados** y seleccione **Definir trazado de forma modal/desplazamiento**.
2. Defina el tipo de desplazamiento y las unidades en **Visualizar**. En **Intervalo** seleccione la frecuencia de vibración a representar y en **Forma deformada** indique la escala de deformación.
3. Pulse **Aceptar** para visualizar el modelo en pantalla.

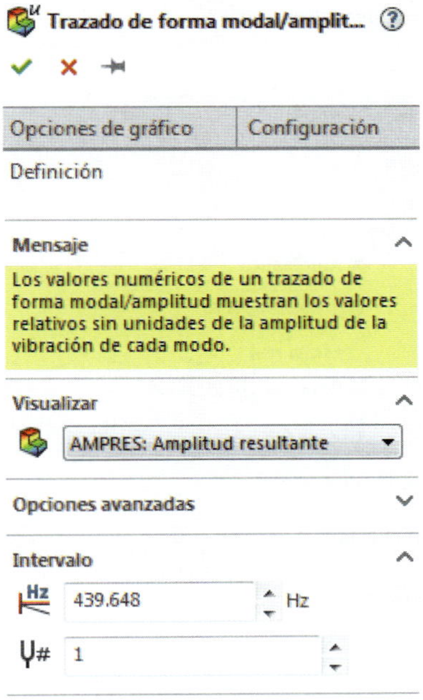

Visualizar

Permite definir el tipo de desplazamiento a calcular en **Componente**. Puede seleccionar desplazamiento en UX, UY, UZ y URES, o desplazamiento resultante. En **Unidades** seleccione la unidad para visualizar la deformación (mm, cm, m, etc.).

Opciones avanzadas

Active la casilla **Mostrar como trazado de vectores** para visualizar las deformaciones como vectores sobre su modelo.

En **Intervalo** seleccione la **Forma modal**. Observe la frecuencia correspondiente a la forma modal seleccionada. En la figura se tiene la primera forma modal y una frecuencia asociada de 439,648 Hz.

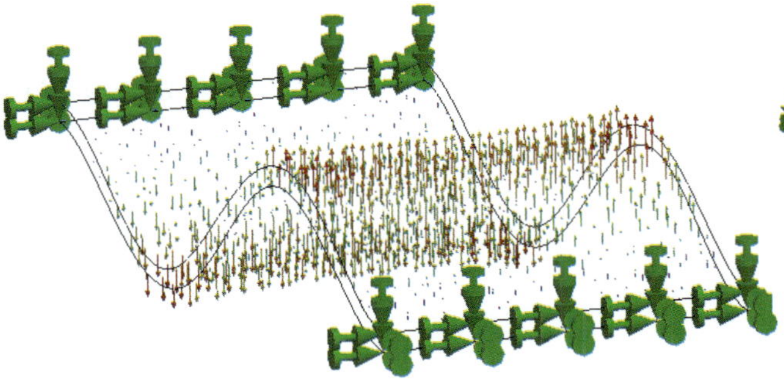

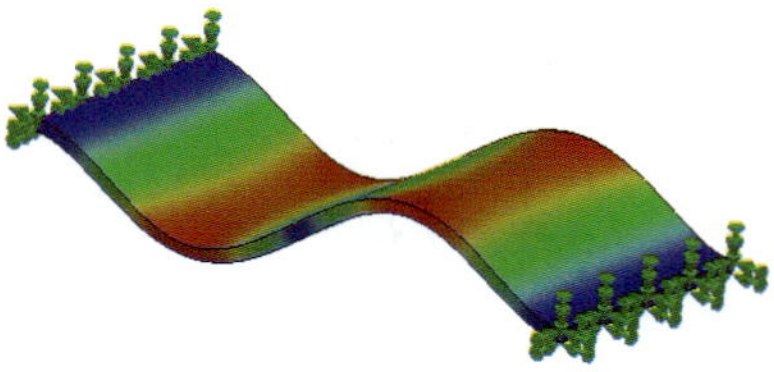

> Para crear una nueva carpeta de resultados pulse con el botón secundario del ratón sobre la carpeta **Resultados** y seleccione la opción **Crear nueva carpeta**. Observe la carpeta creada **Resultado1**.

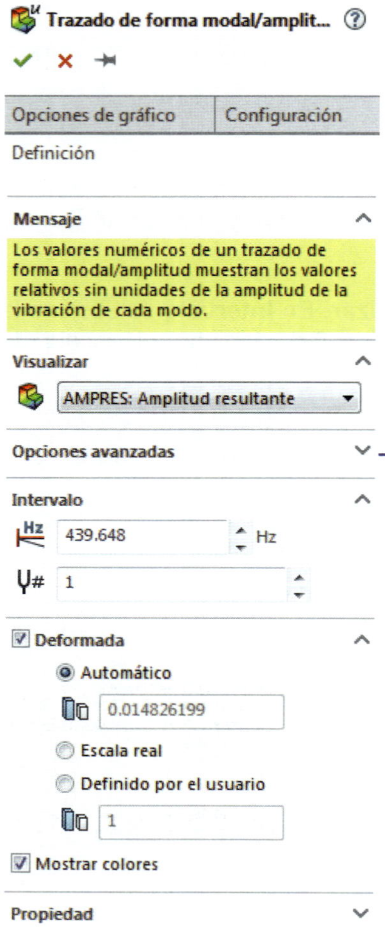
Trazado de forma modal/amplit...
Opciones de gráfico
Configuración
Definición
Mensaje
Los valores numéricos de un trazado de forma modal/amplitud muestran los valores relativos sin unidades de la amplitud de la vibración de cada modo.
Visualizar
AMPRES: Amplitud resultante
Opciones avanzadas
Intervalo
439.648
Hz
1
Deformada
Automático
0.014826199
Escala real
Definido por el usuario
1
Mostrar colores
Propiedad

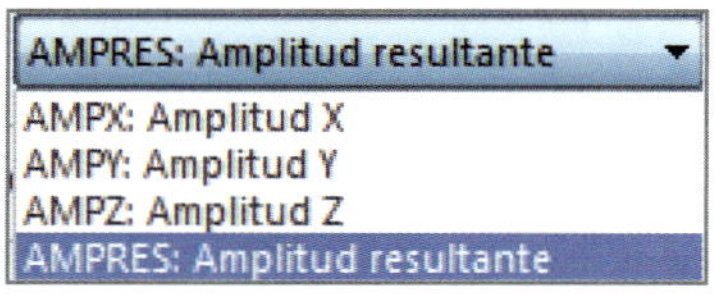
AMPRES: Amplitud resultante
AMPX: Amplitud X
AMPY: Amplitud Y
AMPZ: Amplitud Z
AMPRES: Amplitud resultante

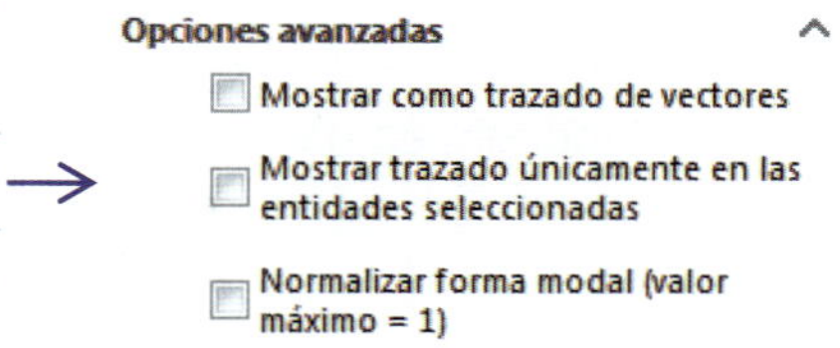
Opciones avanzadas
Mostrar como trazado de vectores
Mostrar trazado únicamente en las entidades seleccionadas
Normalizar forma modal (valor máximo = 1)

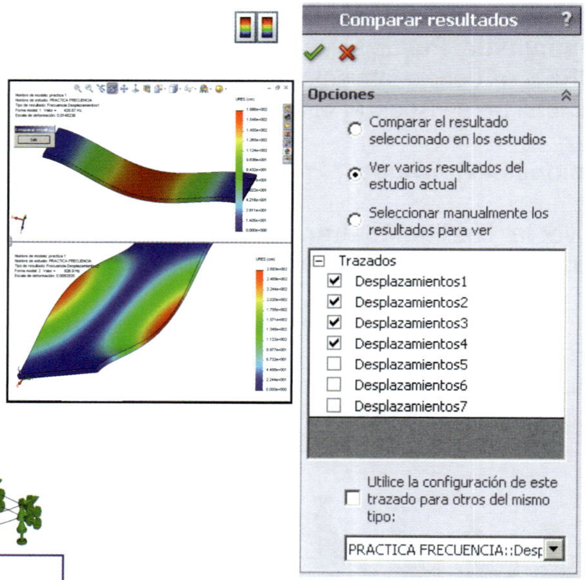
Comparar resultados
Opciones
Comparar el resultado seleccionado en los estudios
Ver varios resultados del estudio actual
Seleccionar manualmente los resultados para ver
Trazados
Desplazamientos1
Desplazamientos2
Desplazamientos3
Desplazamientos4
Desplazamientos5
Desplazamientos6
Desplazamientos7
Utilice la configuración de este trazado para otros del mismo tipo:
PRACTICA FRECUENCIA::Desp

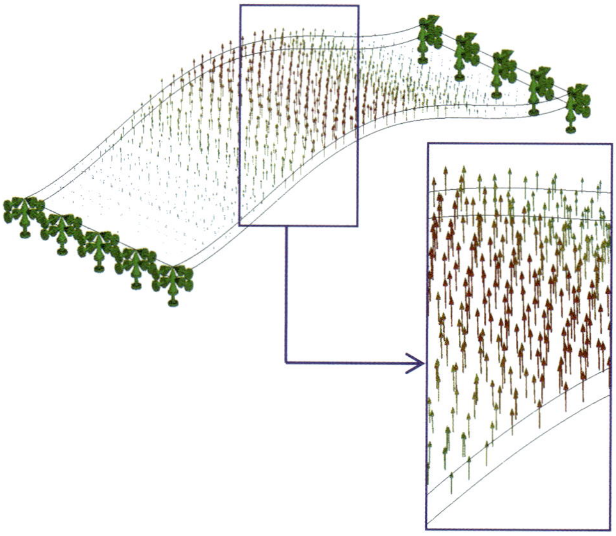

4.2.8.3 Listar frecuencias resonantes

1. Pulse con el botón secundario del ratón sobre la carpeta **Resultados** y seleccione **Listar frecuencias resonantes** o pulse su icono desde la barra de herramientas de simulación.

2. Observe el cuadro con las cinco formas modales y las frecuencias asociadas a cada una de ellas. Las frecuencias aparecen en Rad/seg, Hertz y en forma de período (segundos).

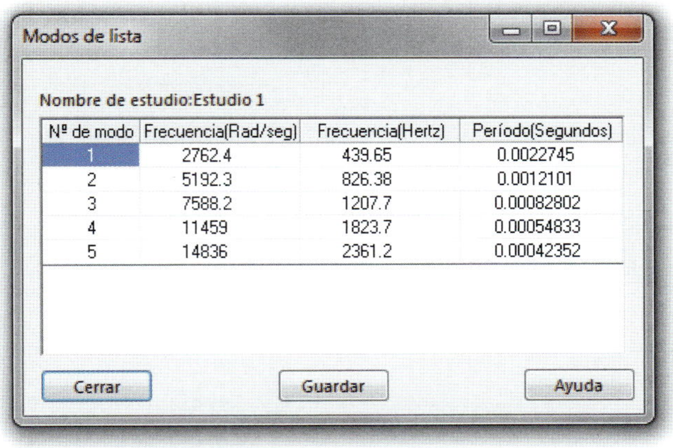

Nº de modo	Frecuencia(Rad/seg)	Frecuencia(Hertz)	Período(Segundos)
1	2762.4	439.65	0.0022745
2	5192.3	826.38	0.0012101
3	7588.2	1207.7	0.00082802
4	11459	1823.7	0.00054833
5	14836	2361.2	0.00042352

3. Para el modo 1 se tiene una frecuencia de 2762,4 Rad/seg y para el modo número 2 una frecuencia de 5192,3 Rad/seg. La frecuencia se puede visualizar en Hertz, en Rad/seg y en segundos.

4. Si desea guardar la tabla de frecuencias en formato Excel, pulse **Guardar** e indique el nombre del fichero.

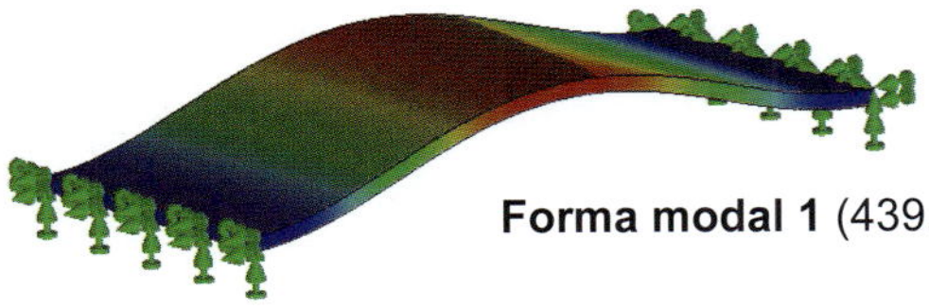

Forma modal 1 (439.65 Hz)

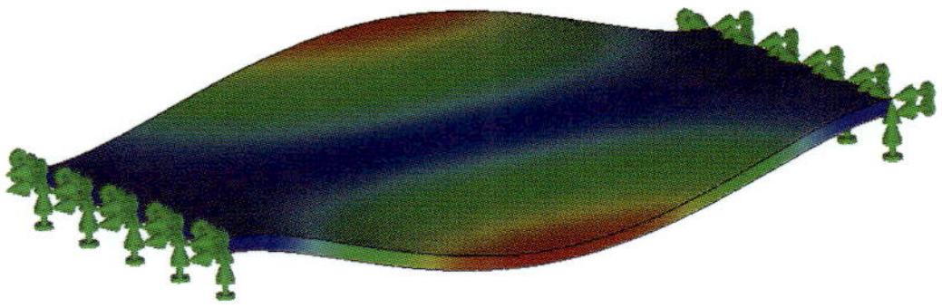

Forma modal 2 (826.38 Hz)

Forma modal 3 (1207.7 Hz)

4.2.8.4 Listar desplazamientos

1. Pulse con el botón secundario del ratón sobre la carpeta **Resultados** y seleccione **Listar amplitud**.

2. Observe el cuadro con las cinco formas modales y las frecuencias asociadas a cada una de ellas. Las frecuencias aparecen en Rad/seg, Hertz y en forma de período (segundos).

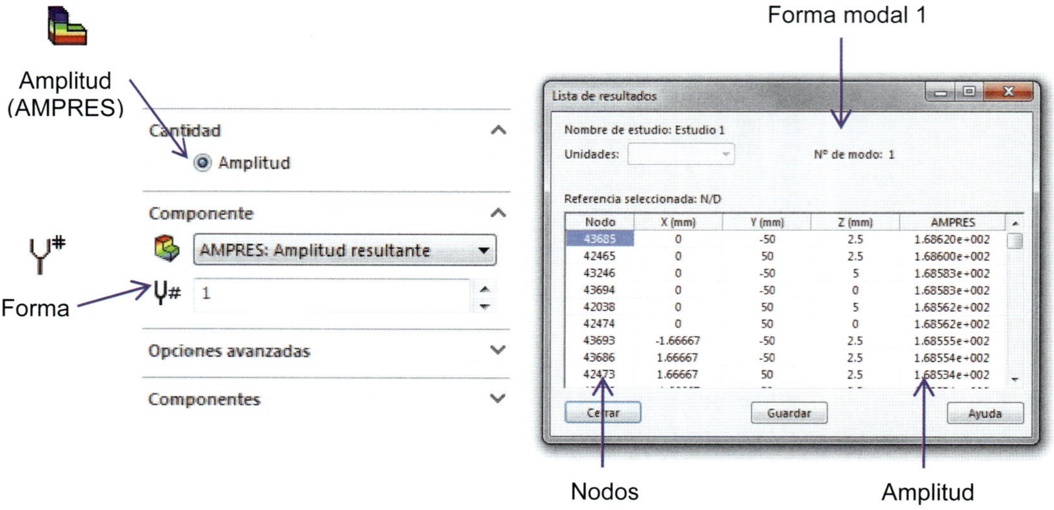

4.2.8.5 Listar participación de masa

1. Pulse con el botón secundario del ratón sobre la carpeta **Resultados** y seleccione **Listar participación de masa**. De esta forma puede calcular la participación de masa en las direcciones globales X, Y y Z respecto a la masa total.

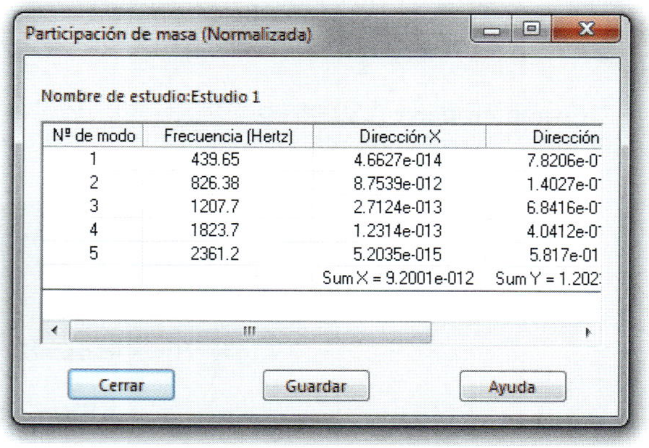

Es posible ver las relaciones de **participación de masa** en las direcciones globales X, Y y Z normalizadas con respecto a la masa total. Las relaciones de participación de masa pueden ser muy importantes en la determinación de problemas dinámicos con movimiento de base. En muchos códigos es necesario que, como mínimo, el 80 % de la masa del sistema participe en determinadas direcciones.

4.3 Práctica 4-1. Análisis de frecuencias

Realice el análisis de frecuencias y determine las frecuencias resonantes (naturales) y las correspondientes formas modales del modelo indicado en la figura. El modelo no se encuentra sometido a ningún tipo de carga y las sujeciones se localizan en las caras de los lados cortos (restricción fija). Puede abrir el modelo desde el DVD que acompaña el libro.

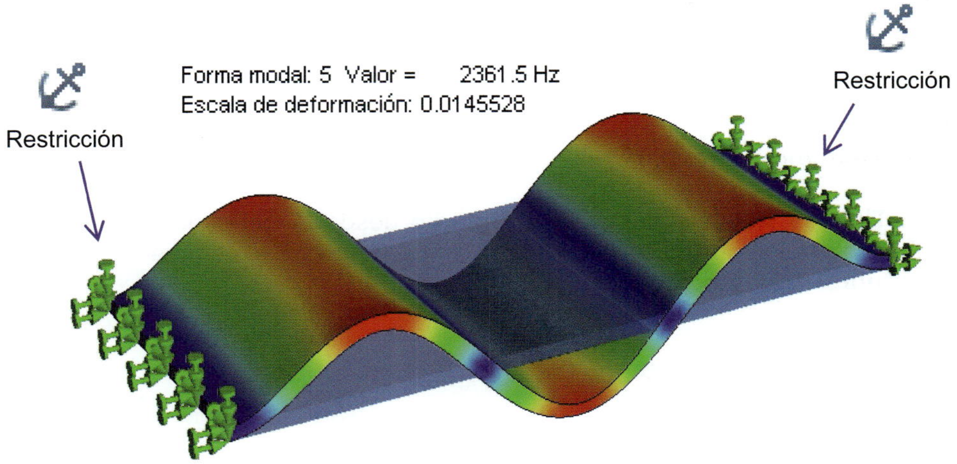

ASPECTOS A ESTUDIAR

- Abrir documento desde el DVD.
- Seleccionar el estudio de frecuencia y configurar las opciones.
- Seleccionar el material y las sujeciones.
- Mallar y ejecutar el estudio.
- Ver los resultados (listar frecuencias resonantes, listar participación de masa, definir trazados de desplazamiento y deformación, animar los resultados).

CARACTERÍSTICAS DEL ENSAYO

- Malla sólida estándar. Tamaño global de 4 mm y tolerancia de 0,2 mm.
- Acero aleado.
- Sujeción fija en las dos caras de los lados cortos.

1. Activación de SolidWorks Simulation

Active el complemento **Solid**Works **Simulation** desde el menú de persiana **Herramientas**, **Complementos**.

2. Abrir el modelo a analizar

Pulse sobre el menú de persiana **Archivo** y seleccione **Abrir**. Localice el modelo Práctica frecuencia (*.sldprt) y pulse **Aceptar**. Puede abrir el modelo desde el DVD que acompaña el libro.

3. Selección del estudio de frecuencia

Para definir el **Tipo de Análisis** pulse sobre **Estudio** desde el menú de persiana **Solid**Works **Simulation**. Seleccione la opción **Estudio de frecuencia** y escriba el nombre de su simulación en **Nombre del estudio**. Pulse **Aceptar**.

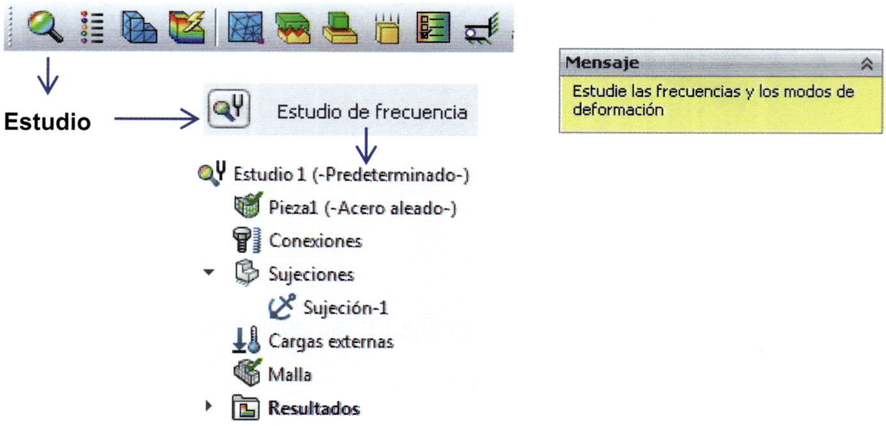

Observe el gestor de simulación creado. Contiene varias carpetas que a su vez contienen iconos. Las carpetas incluidas en **Estudio de frecuencia** son las mismas que se incluyen en un **Estudio estático** (**Pieza**, **Conexiones**, **Sujeciones**, **Cargas externas** y **Malla**). La carpeta **Resultados** aparece después de ejecutar y resolver el estudio.

4. Configuración de las opciones de frecuencia

1. Pulse con el botón secundario del ratón sobre el nombre de su estudio (Estudio-1) desde el gestor de simulación y seleccione **Propiedades**.

2. En **Número frecuencias** indique 5. De esta forma se calculan las cinco frecuencias más bajas. Como *solver* seleccione **Direct Sparse**. Este procedimiento de cálculo es adecuado para modelos sencillos que no requieran cálculos matemáticos complejos. El *solver* seleccionado resuelve las ecuaciones mediante técnicas numéricas exactas.

3. Seleccione la carpeta donde desee guardar los resultados. Pulse **Aceptar**.

5. Selección del material

1. Pulse con el botón secundario del ratón sobre la primera de las carpetas Práctica Frecuencia y seleccione **Aplicar/Editar material**.

2. Seleccione **Acero aleado** en la biblioteca de materiales.

3. Pulse **Aceptar**.

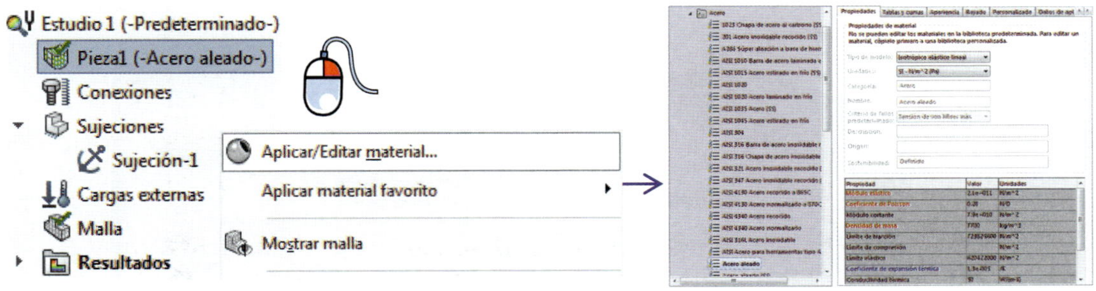

6. Selección de las sujeciones

Debe restringir el movimiento en los dos lados cortos del modelo.

1. Pulse sobre **Sujeciones** con el botón secundario del ratón desde el gestor de simulación. Seleccione la opción **Geometría fija**.

2. Seleccione en la zona de gráficos, las **Caras** de los dos lados cortos del modelo.

3. Pulse **Aceptar** para crear las **Sujeciones**.

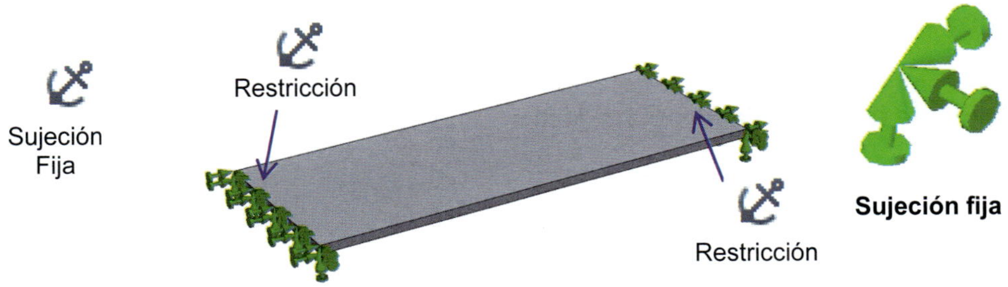

7. Definición del mallado

Para definir la **Malla** sobre su modelo:

1. Pulse con el botón secundario del ratón sobre **Malla** desde el gestor de simulación. Seleccione la opción **Crear malla.**

2. En **Parámetros de mallado** seleccione la opción con la siguiente configuración: **Mallador**: Estándar. **Unidades**: mm. **Tamaño global**: 4 mm. **Tolerancia**: 0,20 mm. **Transición automática**: Desactivado. Pulse **Aceptar** para crear el mallado en su modelo.

8. Ejecución y visualización de resultados

1. Pulse con el botón secundario del ratón sobre la primera de las etiquetas de su gestor de simulación Frecuencia. En la ventana emergente seleccione la primera de las opciones, **Ejecutar**. También puede pulsar el icono **Ejecutar** desde la barra de herramientas principal de simulación.

2. Al finalizar se crea la carpeta **Resultados** en el gestor de simulación. Haga doble clic sobre cada uno de los **trazados de desplazamientos** para ver los desplazamientos en cada una de las frecuencias más bajas.

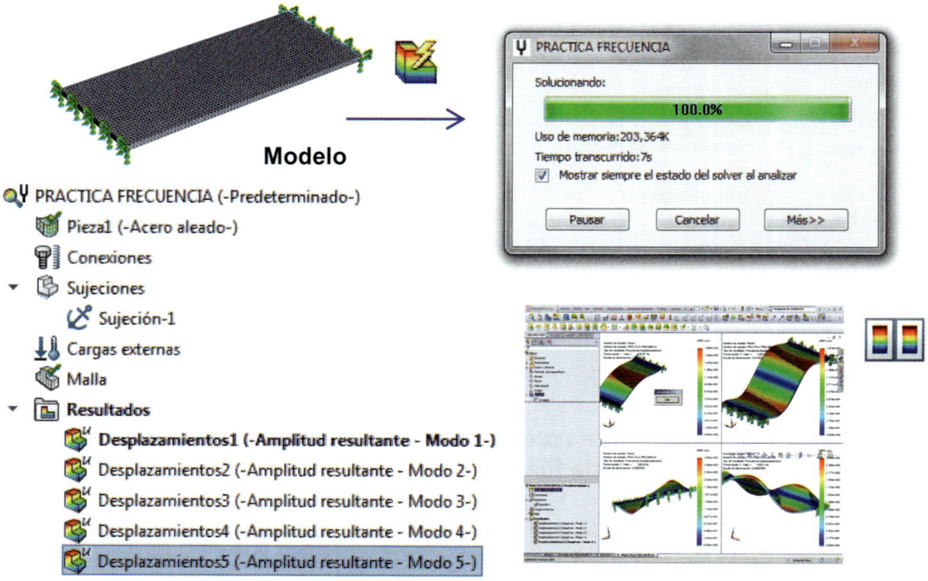

9. Definir trazado de forma modal/desplazamiento

1. Pulse con el botón secundario del ratón sobre la carpeta **Resultados** y seleccione **Definir trazado de forma modal/desplazamiento**.

2. Seleccione URES y las unidades en cm. Seleccione **Mostrar como trazado de vectores** para visualizar los desplazamientos en forma de vector.

3. En **Intervalo** seleccione **Forma modal**. Observe la frecuencia correspondiente a la forma modal seleccionada. En la figura se tiene la primera forma modal y una frecuencia asociada de 439,648 Hz.

4. Seleccione la escala de deformación **Automático** en **Forma deformada**. Pulse **Aceptar** para crear el trazado.

5. Cree un nuevo trazado de forma modal pero desactive la opción **Mostrar como trazado de vectores**.

6. Compare los dos trazados obtenidos en **Comparar resultados**. Seleccione la opción **Ver varios resultados del estudio actual**. Seleccione los trazados y pulse **Aceptar**.

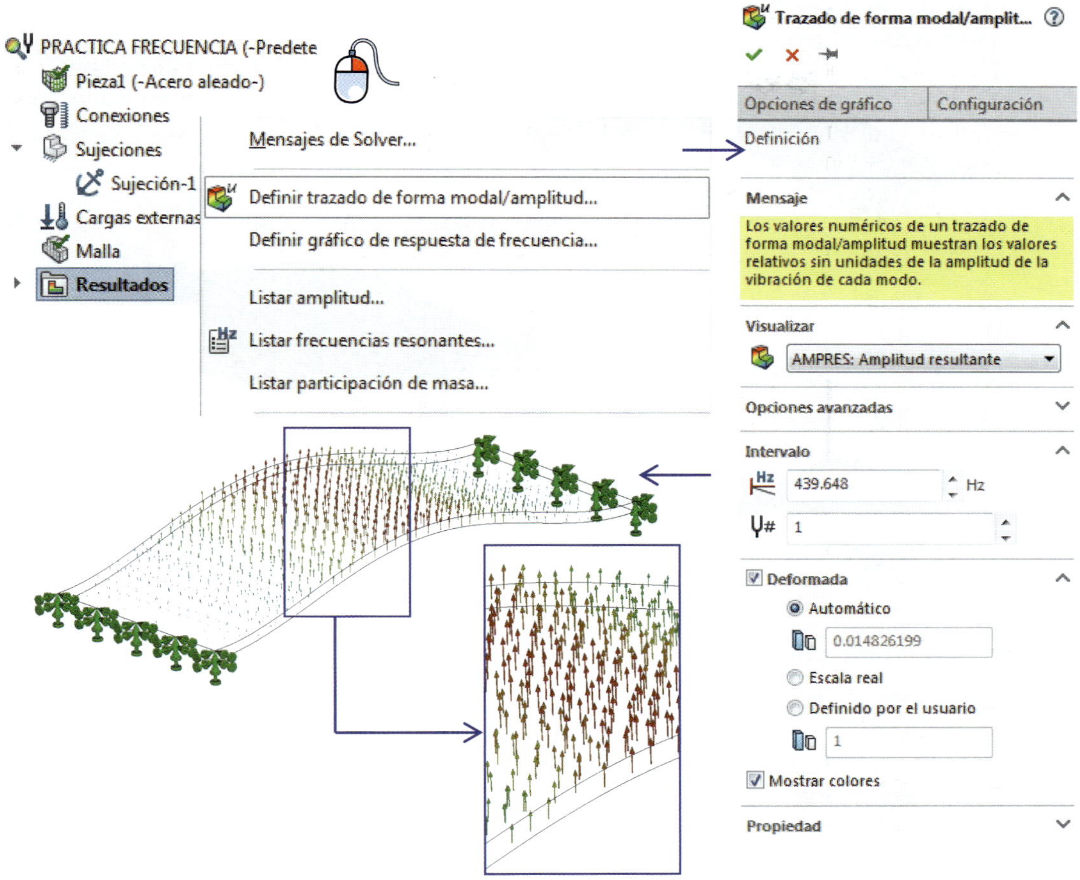

10. Listar frecuencias resonantes

1. Pulse con el botón secundario del ratón sobre la carpeta **Resultados** y seleccione **Listar frecuencias resonantes** o pulse su icono desde la barra de herramientas de simulación.

2. Observe el cuadro con las cinco formas modales y las frecuencias asociadas a cada una de ellas. Las frecuencias aparecen en Rad/seg, Hertz y en forma de período (segundos).

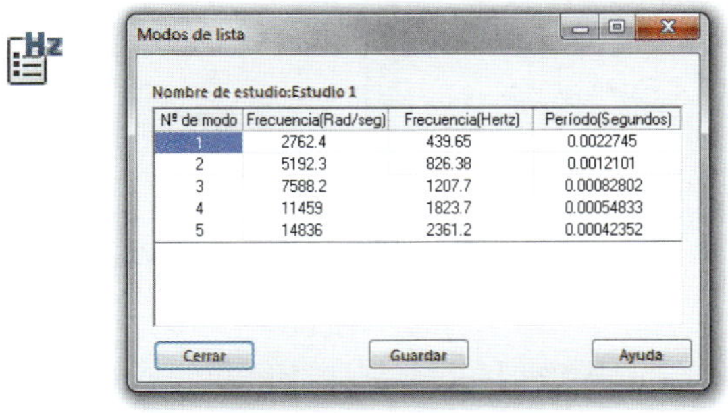
Modos de lista

Nombre de estudio:Estudio 1

Nº de modo	Frecuencia(Rad/seg)	Frecuencia(Hertz)	Período(Segundos)
1	2762.4	439.65	0.0022745
2	5192.3	826.38	0.0012101
3	7588.2	1207.7	0.00082802
4	11459	1823.7	0.00054833
5	14836	2361.2	0.00042352

Cerrar Guardar Ayuda

3. Para el modo 1 tiene se tiene una frecuencia de 2762,4 Rad/seg y el modo número 2 una frecuencia de 5192,3 Rad/seg. Puede visualizar las frecuencias en Hertz, Rad/seg. y en segundos.

4. Si desea guardar la tabla de frecuencias en formato Excel, pulse **Guardar** e indique el nombre del fichero.

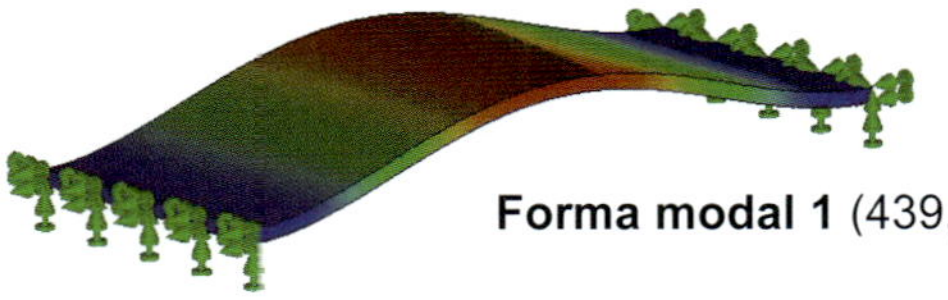

Forma modal 1 (439,7 Hz)

Forma modal 2 (826,4 Hz)

Forma modal 3 (1207,7 Hz)

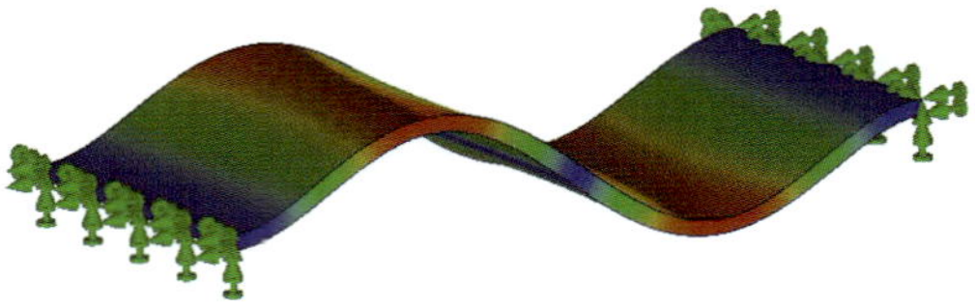

11. Listar desplazamientos

1. Pulse con el botón secundario del ratón sobre la carpeta **Resultados** y seleccione **Listar amplitud**.

2. Observe el cuadro con las cinco formas modales y las frecuencias asociadas a cada una de ellas. Las frecuencias aparecen en Rad/seg, Hertz y en forma de período (segundos).

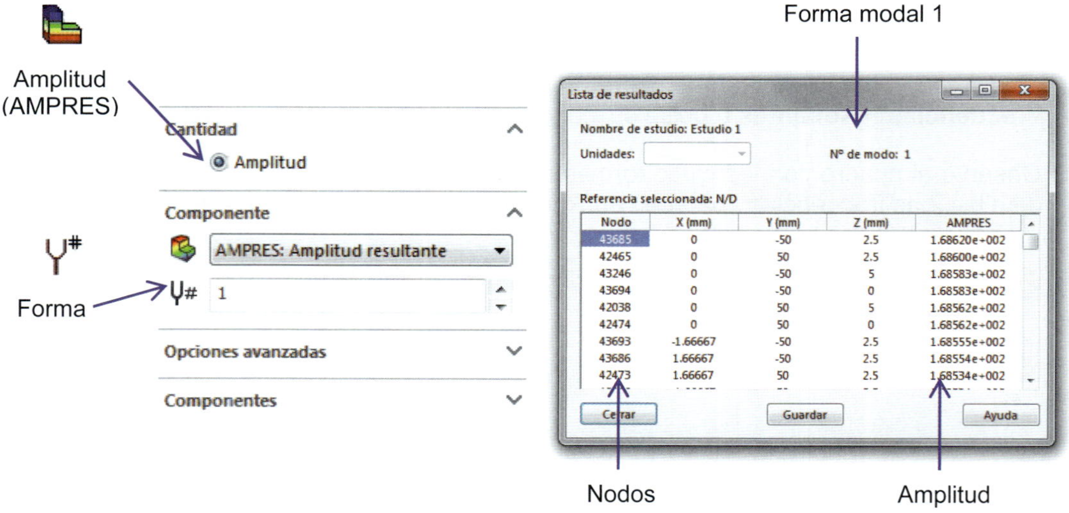

Nodo	X (mm)	Y (mm)	Z (mm)	AMPRES
43685	0	-50	2.5	1.68620e+002
42465	0	50	2.5	1.68600e+002
43246	0	-50	5	1.68583e+002
43694	0	-50	0	1.68583e+002
42038	0	50	5	1.68562e+002
42474	0	50	0	1.68562e+002
43693	-1.66667	-50	2.5	1.68555e+002
43686	1.66667	-50	2.5	1.68554e+002
42473	1.66667	50	2.5	1.68534e+002

12. Listar participación de masa

Pulse con el botón secundario del ratón sobre la carpeta **Resultados** y seleccione **Listar participación de masa**. De esta forma, puede calcular la participación de masa en las direcciones globales X, Y y Z respecto a la masa total.

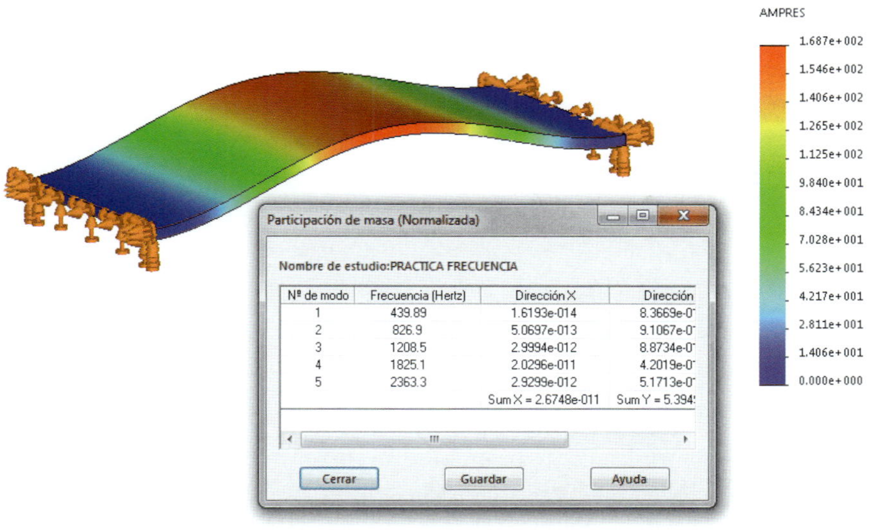

Nº de modo	Frecuencia (Hertz)	Dirección X	Dirección
1	439.89	1.6193e-014	8.3669e-0'
2	826.9	5.0697e-013	9.1067e-0'
3	1208.5	2.9994e-012	8.8734e-0'
4	1825.1	2.0296e-011	4.2019e-0'
5	2363.3	2.9299e-012	5.1713e-0'
		Sum X = 2.6748e-011	Sum Y = 5.394!

Para visualizar más de un trazado al mismo tiempo en la zona de gráficos recuerde que puede emplear la función **Comparar resultados**. Seleccione la opción **Ver varios resultados del estudio actual**. Seleccione los trazados y pulse **Aceptar**.

4.4 Práctica propuesta 4-1

Analice y estudie las frecuencias resonantes (naturales) y las correspondientes cinco formas modales del ensamblaje formado por el eje y los dos soportes indicados en la figura. Los dos soportes están fijos por la base. Emplee el solver Direct Sparse. Seleccione el material de la librería Acero aleado para las tres piezas del ensamblaje. Puede abrir el modelo desde el DVD que acompaña el libro.

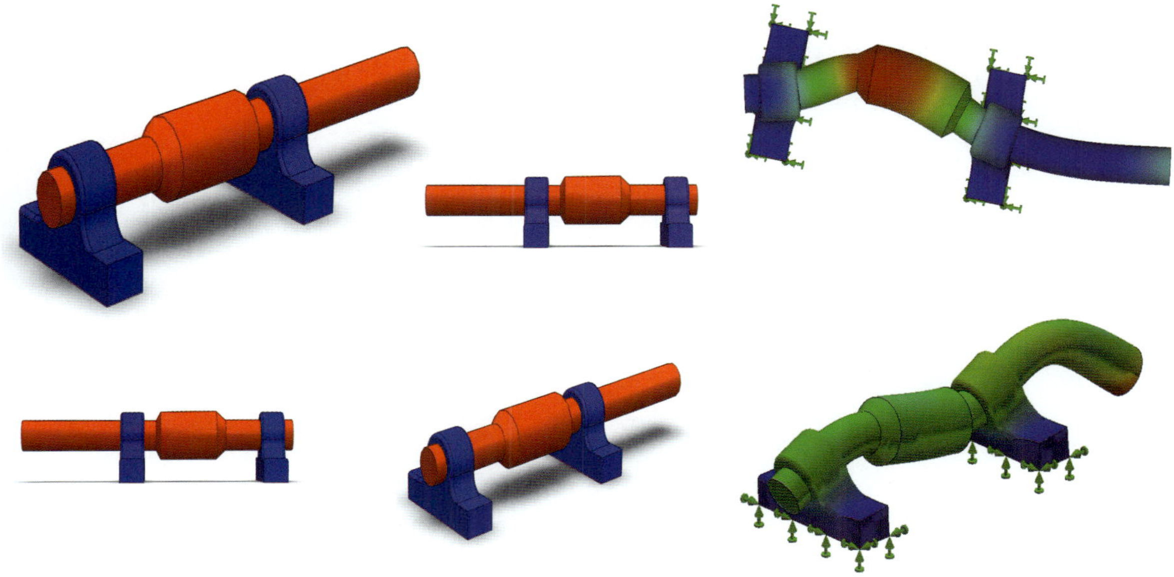

Capítulo 5
Estudios de pandeo

Introducción

Las piezas con pequeña sección respecto a su longitud experimentan grandes deformaciones laterales cuando se cargan axialmente. Las grandes deformaciones experimentadas por pandeo se producen de forma repentina y a cargas relativamente bajas. Los modelos ensayados adoptan diferentes formas de deformación (forma modal) para distintas cargas. El análisis de pandeo con SolidWorks Simulation permite conocer los diferentes modos de deformaciones por pandeo, la carga crítica para cada caso y sus coeficientes de seguridad.

En este capítulo se estudian los conceptos teóricos de pandeo y su aplicación en SolidWorks Simulation. Al finalizar conocerá las etapas necesarias en la creación de un estudio de pandeo, podrá configurar el estudio y será capaz de interpretar los resultados obtenidos por las herramientas de visualización (factores de carga crítica de pandeo, trazados de forma modal y lista de desplazamiento).

Al final del capítulo se presenta una práctica guiada y una propuesta. En la primera se desea evaluar el comportamiento mecánico de un perfil HP 8x36 de 3 metros de longitud fijo en los dos extremos y con una carga concentrada en la mitad de la misma. La práctica propuesta es un estudio de pandeo en vigas con diferentes perfiles (SC, tubo cuadrado y canal C) y con distintos empotramientos. Recuerde que puede descargar los modelos citados desde el DVD que acompaña el libro.

Contenido

- Conceptos teóricos introductorios de pandeo.
- Etapas en la creación de un ensayo de pandeo con **Solid**Works®.
- Configuración de las opciones de pandeo.
- Selección de materiales, sujeciones y cargas.
- Definición del mallado y ejecución del análisis.
- Trazados de forma modal/amplitud y otros.
- Práctica resuelta y propuesta de análisis de pandeo.

5.1 Introducción

El **pandeo** es el desplazamiento que experimenta una estructura o columna, con gran relación longitud/sección, cuando se carga axialmente. En estas condiciones, pueden romper por pandeo bajo cargas menores a las que producirían roturas por fluencia o por fractura del material.

$$P_{cr} = \frac{n^2 \pi^2 EI}{L^2}$$

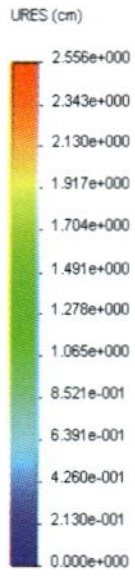

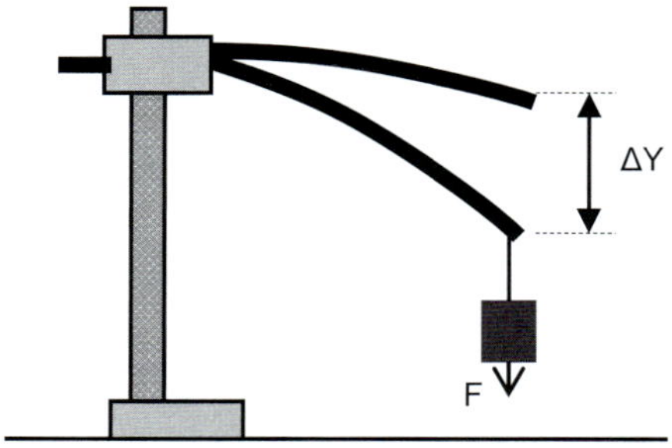

Una barra delgada empotrada en un extremo y sometida a una compresión axial se dobla lateralmente y romperá a cargas relativamente pequeñas. En la figura se representa un experimento para determinar el desplazamiento vertical del extremo libre de la barra flexionada debido a la acción de la fuerza F.

La **carga crítica de pandeo** (P_{cr}) se define según la **ecuación de Euler** como el cociente entre el producto del módulo elástico del material (E), el momento de inercia (I) y n^2, dividido por el cuadrado de la longitud de la columna (L^2).

La expresión corresponde a todos los modos de deformación por pandeo. El valor n puede adoptar cualquier número entero y corresponde a las diferentes formas modales de pandeo. Para n=1, se obtiene el valor mínimo con el que puede ocurrir el pandeo y su carga crítica es P_{cr1}. Para los distintos valores de n (N=1,2,3...) la carga crítica es:

$$P_{cr1} = \frac{\pi^2 EI}{L^2} \qquad P_{cr2} = \frac{4\pi^2 EI}{L^2} \qquad P_{cr3} = \frac{9\pi^2 EI}{L^2}$$

La menor carga crítica se da cuando **n=1**. Corresponde al **primer modo de deformación por pandeo**. Para **n** (n=2, 3, 4,...) se obtienen el resto de cargas críticas para los distintos modelos de deformación. Los tres primeros modos de deformación causados por el pandeo adoptan las formas indicadas en las figuras.

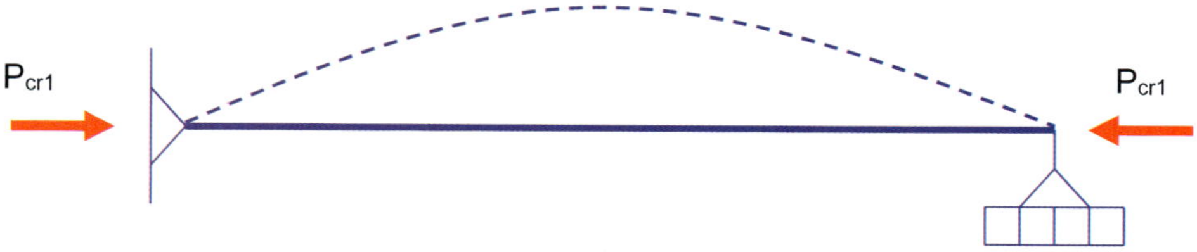

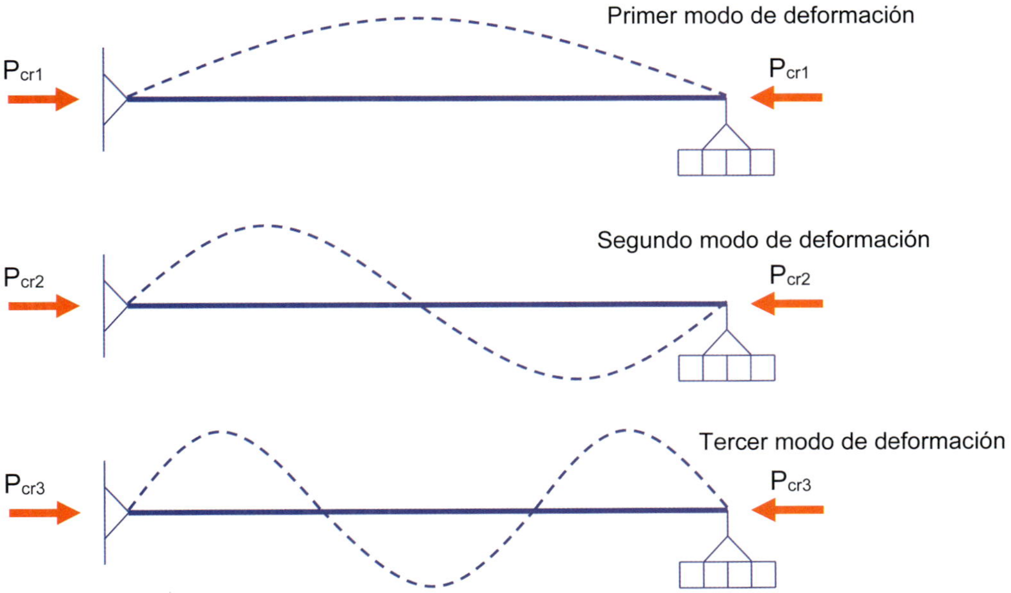

El modo más bajo (modo 1) es el que tiene la carga crítica más baja y el más usado en la validación de piezas sometidas a pandeo.

La carga crítica de pandeo en el segundo modo (n=2) de deformación es 4 veces mayor que la carga crítica del primer modo (n=1) de deformación y la del tercer modo (n=3) de deformación es 9 veces la carga crítica para el primer modo de deformación.

Cuando varían las condiciones de los bordes y pasan a estar libres, empotrados o de otra forma, la **ecuación de Euler** adopta una nueva forma. Así, por ejemplo, para el primer modo de deformación (n=1) se modifica con un **factor de forma** que afecta a la longitud de pandeo (L_P).

$$P_{cr} = \frac{\pi^2 EI}{(L_P)^2}$$

Donde L_P adopta diferentes valores en función de la situación de los extremos. Para barras articuladas en los dos extremos (L_P=L), para barras empotradas en un extremo y libre en el otro (L_P=2L) y para barras empotradas en los dos extremos (L_P=0,5L).

La expresión matemática de la **carga crítica** que produce pandeo se puede definir según la siguiente expresión. Adopta diferentes valores según las condiciones de unión de los extremos indicados en la tabla.

$$P_{cr} = \frac{C\pi^2 EI}{L^2}$$

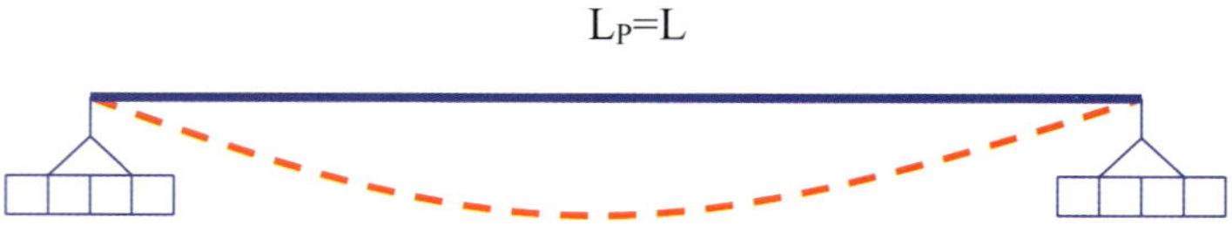

$$P_{cr} = \frac{\pi^2 EI}{(L)^2}$$

Barras articuladas en los dos extremos

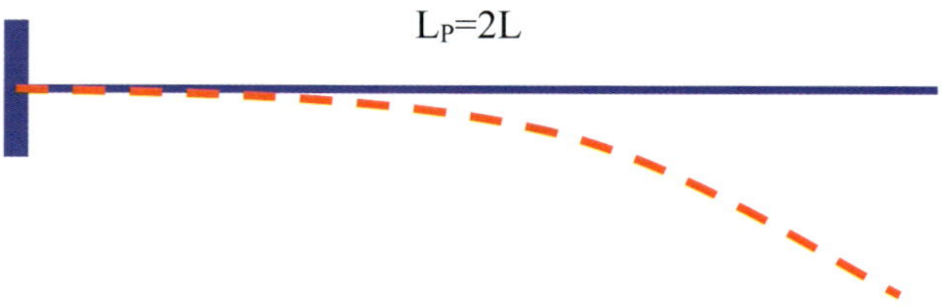

$$P_{cr} = \frac{\pi^2 EI}{(2L)^2}$$

Barra empotrada en un extremo y libre en otro

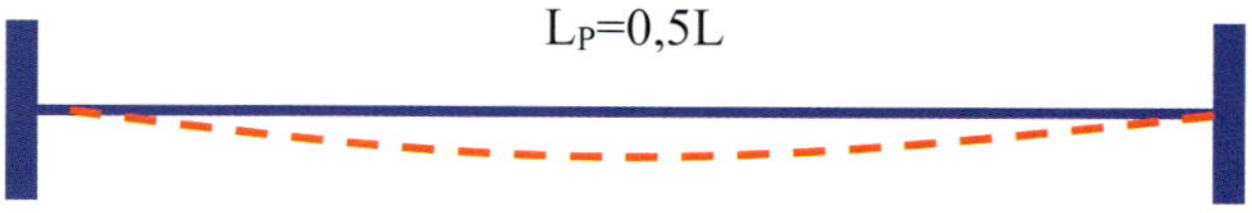

$$P_{cr} = \frac{\pi^2 EI}{\left(\frac{1}{2}L\right)^2}$$

Barra empotrada en los dos extremos

$$P_{cr} = \frac{C\pi^2 EI}{L^2}$$

Condiciones de unión	C
Empotrado-Libre	0,25
Pasador-Pasador	1
Empotrado-Pasador	2
Empotrado-Empotrado	4

5.2 Etapas en la creación de un estudio de pandeo

Para realizar un estudio de **pandeo**:

1. Cree un nuevo **Estudio de pandeo**. Pulse sobre **Estudio** desde el menú de persiana **Solid**Works **Simulation** y seleccione la opción **Pandeo**. En **Nombre del estudio** indique un nombre para su estudio. Pulse **Aceptar**. Observe la creación del gestor de simulación.
2. **Definición de las propiedades del ensayo**. Pulse con el botón secundario del ratón sobre el nombre del estudio de pandeo y seleccione la opción **Propiedades**. Defina la cantidad de modos desde la pestaña **Opciones**. El primer modo se asocia a la carga de pandeo más baja. Además, puede definir el **Solver** a utilizar y la carpeta donde va a guardar los resultados del análisis.
3. **Selección del material**. Pulse con el botón secundario del ratón sobre el nombre de su ensayo desde el gestor de simulación y seleccione **Aplicar/Editar material**. Puede seleccionar un material de la biblioteca de materiales. También puede definirlo indicando sus propiedades mecánicas.

4. **Definición de las Sujeciones de movimiento del modelo**. Defina las restricciones de movimiento del modelo a ensayar. Pulse con el botón secundario sobre **Sujeciones** e indique el tipo a imponer (**Fija**, **Rodillo/control deslizante**, **Bisagra fija**, **Soporte elástico**, etc.).
5. **Seleccione las cargas**. Pulse con el botón secundario del ratón sobre **Cargas externas** desde el gestor de simulación y defina las características de la carga que actúa sobre su modelo (**Fuerza**, **Torsión**, **Presión**, **Gravedad**, **Cargas de apoyo**, **Temperatura**, etc.).
6. **Creación del mallado**. Pulse con el botón secundario sobre **Malla** desde el gestor de simulación y defina las características del mallado.
7. **Ejecución de la simulación**. Pulse sobre **Ejecutar** y visualice los resultados. Si desea obtener los trazados de todas las formas modales, debe indicarlo previamente en el cuadro de diálogo **Opciones** (vea el paso 2).
8. **Visualice los resultados obtenidos**. En la carpeta **Resultados** del gestor de simulación puede ver los resultados en diferentes trazados. Para crear nuevos trazados, pulse sobre la carpeta **Resultados** con el botón secundario del ratón (**trazados de desplazamiento** o de **deformación** además de **Listar factores de carga crítica de pandeo)**.
9. **Creación de informes**. Cree el informe con los resultados de su **Estudio de pandeo** pulsando con el botón secundario del ratón sobre la carpeta **Informe**. Seleccione **Definir**.

5.2.1 Creación del estudio de pandeo

Para crear un estudio de pandeo pulse el icono **Estudio** desde la barra de herramientas flotante de **Solid**Works **Simulation,** y seleccione **Estudio** y **Pandeo**. Indique el nombre del análisis. Observe cómo aparece el gestor de simulación justo debajo del gestor de diseño.

Las carpetas incluidas en el **Estudio de Pandeo** son las mismas que las que se incluyen en un **Estudio Estático** (**Pieza**, **Conexiones**, **Sujeciones**, **Cargas externas** y **Malla**).

Para crear un **Estudio de Pandeo** debe definir las opciones generales del ensayo, el material, las sujeciones de movimiento y las cargas a las que está sometido el modelo. A continuación, realice el mallado y ejecute el análisis para visualizar los resultados.

5.2.2 Configuración de Opciones de pandeo

El cuadro de diálogo **Opciones de pandeo** permite definir las características del estudio, además de incluir efectos térmicos y de flujo en el ensayo si lo considera oportuno.

Para su configuración pulse con el botón secundario del ratón sobre el nombre de su estudio desde el gestor de simulación y seleccione **Propiedades**. En el cuadro de diálogo emergente puede definir el **Número de modos de pandeo, Opciones de unión rígida,** determinar el **Solver** e indicar la **Carpeta de resultados.**

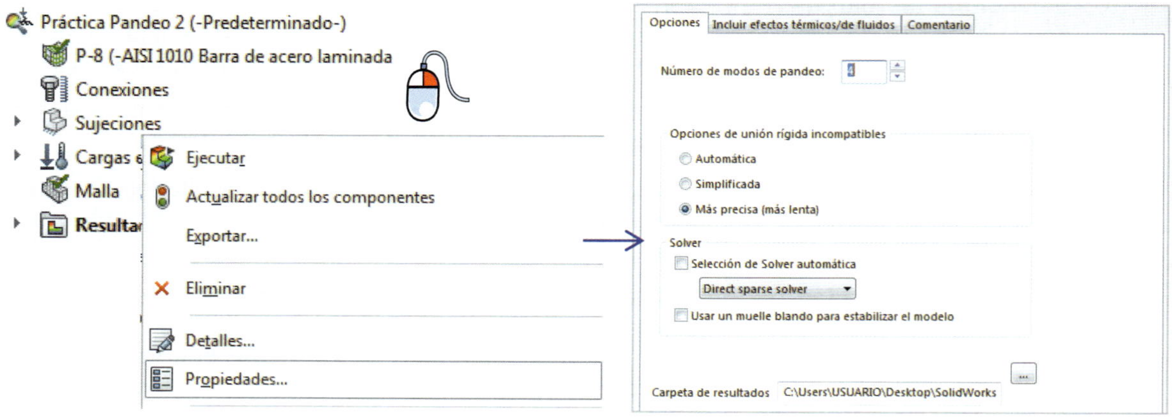

Número de modos de pandeo. Define el número de modos de pandeo a calcular en el modelo. **Solid**Works **Simulation** determina los factores de carga y los modos de pandeo asociados a cada uno de ellos.

Opciones de unión rígida incompatible. Seleccione una de las tres opciones: **Automática**, **Simplificada** o **Más precisa (más lenta)**. El método se emplea para unir caras a caras y a aristas. Recuerde que la unión siempre es mucho más precisa cuando la malla es compatible.

Solver. Puede definir el *solver* a emplear en el **Estudio de Pandeo**. Seleccione alguna de las tres opciones (**Automático**, **Direct Sparse** o **Solver tipo FFEPlus**).

- **Automático**. **Solid**Works **Simulation** selecciona el *solver* más adecuado a las condiciones de su estudio.
- **Direct Sparse**. Se usa en casos en los que se produce intersección entre varias áreas en contacto. El *solver* tipo Direct Sparse es muy rápido cuando su ordenador dispone de una mayor memoria.
- **FFEPlus**. Es un *solver* rápido en la resolución de problemas con más de 100 000 grados de libertad. Es más eficaz cuanto mayor sea el problema a resolver. Se recomienda su uso en estudios no lineales con más de 50 000 grados de libertad.

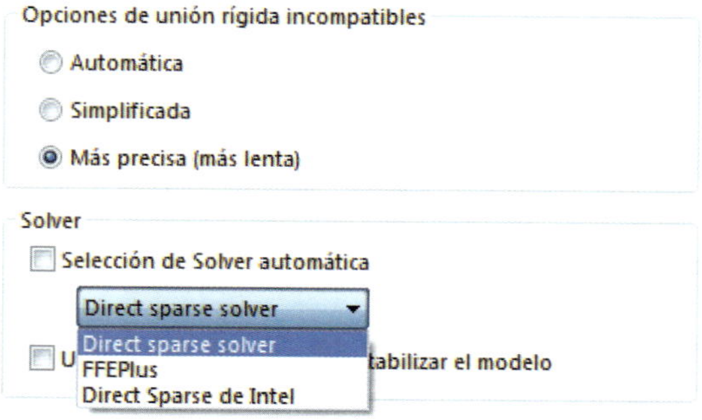

Para incluir efectos térmicos y tener en cuenta la presión de flujos en cualquier **Estudio de Pandeo** seleccione la pestaña **Incluir efectos térmicos/de fluidos**. El incremento y decremento brusco de la temperatura en modelos de piezas delgadas pueden deformarlos siguiendo un patrón de pandeo similar al que sucede en algunos componentes electrónicos. Además, puede incluir los efectos de presión de un fluido sobre su modelo. Es necesario haber realizado una simulación previa con **Solid**Works **Flow Simulation**.

En **Opciones térmicas** defina:

- **Introducir temperatura**. Emplea la temperatura definida en la carpeta **Cargas externas** del gestor de simulación.

- **Temperatura del estudio térmico**. Selecciona las temperaturas definidas en un **Estudio Térmico** realizado con anterioridad. Indique el **Intervalo** cuando su estudio térmico sea transitorio.

- **Temperatura desde SolidWorks Flow Simulation**. Puede seleccionar un perfil de temperaturas (*.fld) generado por **Flow Simulation**.

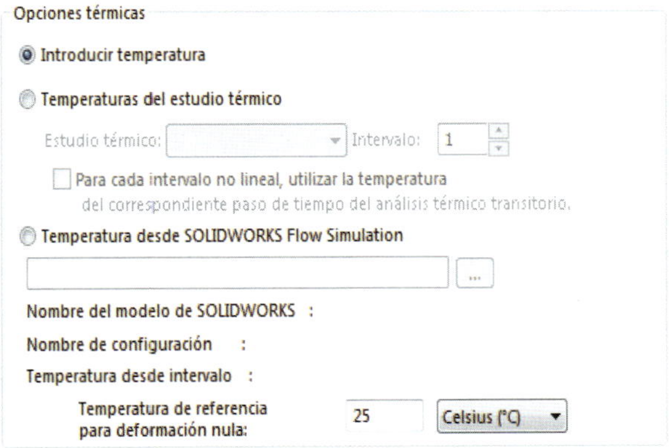

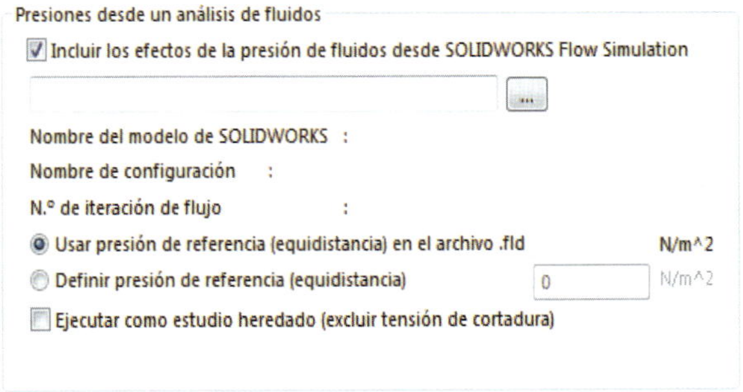

En **Tempera de referencia para deformación nula** puede definir la temperatura a la que no se tienen deformaciones unitarias en el modelo.

En **Presiones desde un análisis de fluidos** puede incluir cargas de presión seleccionando un fichero (*fld) desde **Solid**Works **Flow Simulation**.

El **Análisis de elementos finitos** resuelve, de forma simultánea, ecuaciones algebraicas mediante dos métodos: el **directo** y el **iterativo**. El **método directo** resuelve las ecuaciones planteadas en el análisis de forma exacta mientras que los métodos iterativos resuelven el problema por iteraciones sucesivas de aproximación. Para cada iteración se calcula el resultado obtenido y el error asociado. **Solid**Works **Simulation** emplea el *solver* iterativo **FFEPlus** útil en la resolución de problemas no lineales con más de 50 000 grados de libertad.

5.2.3 Selección del material

Pulse con el botón secundario del ratón sobre la primera carpeta del gestor de simulación y seleccione **Aplicar/Editar material**. Defina las propiedades mecánicas de su modelo o seleccione uno de la base de datos de **Solid**Works **Simulation**. Si desea más información acerca de la selección de materiales, revise el Capítulo 2.

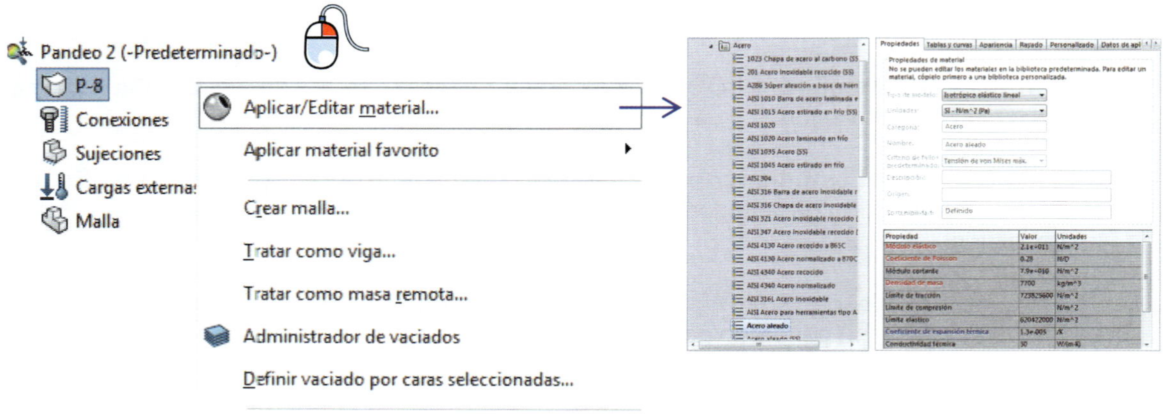

5.2.4 Definición de las sujeciones

Pulse sobre **Sujeciones** con el botón secundario del ratón desde el gestor de simulación. Seleccione la opción **Geometría fija** o cualquier otro tipo de restricción, **Inamovible (sin traslación)**, **Rodillo/Control deslizante**, **Bisagra fija** en **Estándar** o **Simetría**, **Utilizar geometría de referencia**, **Sobre caras cilíndricas**, entre otras opciones si selecciona en **Avanzado**. Defina las características de **Sujeción** desde *PropertyManager*.

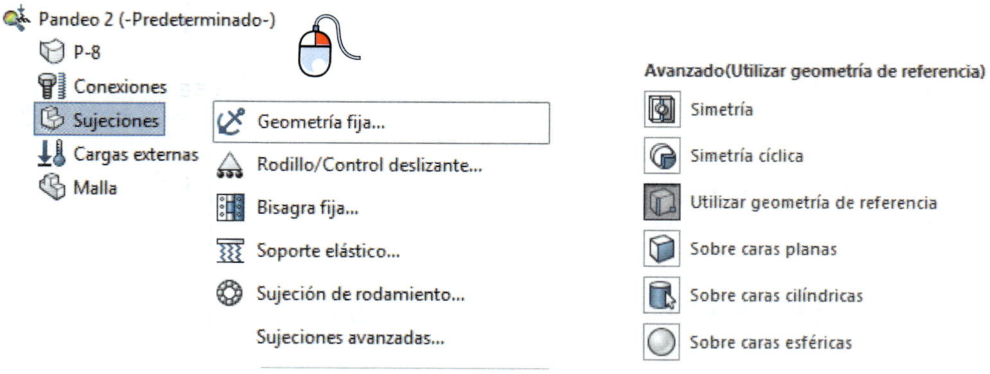

5.2.5 Definición de las cargas estructurales

Pulse con el botón secundario del ratón sobre **Cargas externas** desde el gestor de simulación seleccione **Fuerza**, **Torsión**, **Presión** o cualquier otro tipo de carga. Desde el *AnalisisManager* defina sus características. Si desea más información, vea el Capítulo 2.

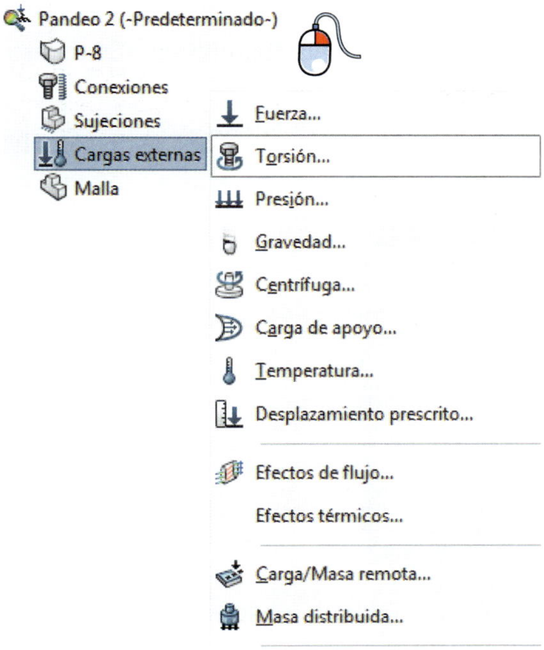

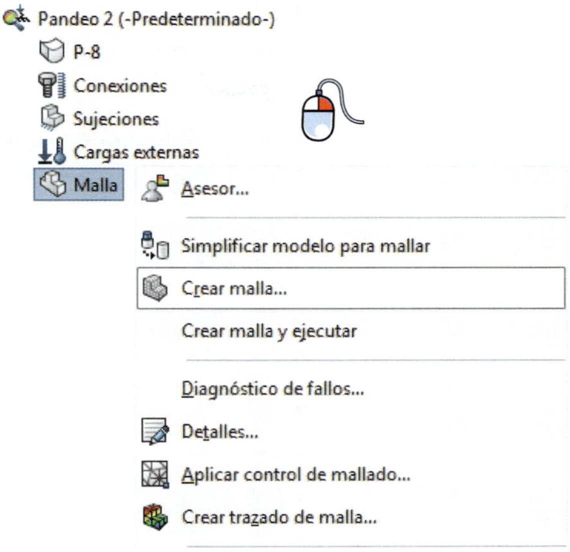

Si desea incluir efectos de flujo y térmicos recuerde que debe activar la opción **Incluir efectos térmicos/de fluido** desde el menú **Propiedades** (Consulte **Configuración de Opciones de Pandeo**).

5.2.6 Definición del mallado

Para definir la **Malla** sobre su modelo pulse con el botón secundario del ratón sobre **Malla** y seleccione del cuadro de diálogo emergente la opción **Crear Malla**. La creación de la malla se realiza de la misma forma que en los **Estudios Estáticos** y en los de **Frecuencia**.

En **Parámetros de mallado** defina el grosor de la malla (**Malla gruesa** o **Fina**) mediante la definición de su tamaño. En **Opciones** defina la **Calidad de malla** y el **Tipo de Mallador**. Seleccione **Avanzado** para definir más propiedades de la malla. Pulse **Aplicar** y **Aceptar** para empezar a definir la malla en su modelo. Si desea más información acerca del proceso de mallado vea el Capítulo 2.

5.2.7 Ejecución del análisis

Pulse con el botón secundario del ratón sobre la primera de las etiquetas de su gestor de diseño. Seleccione la primera de las opciones, **Ejecutar**. También puede pulsar el icono **Ejecutar** desde la barra de herramientas principal de Simulación. Al finalizar el proceso de cálculo se crea la carpeta **Resultados** en el gestor de simulación con el **Trazado de Desplazamientos**, **Primer modo**.

5.2.8 Resultados obtenidos

Para visualizar otros resultados pulse con un doble clic sobre la carpeta **Resultados**. Se muestran los trazados calculados.

Pulse con el botón secundario del ratón sobre la carpeta **Resultados** y seleccione la opción **Listar factor de pandeo de seguridad.**

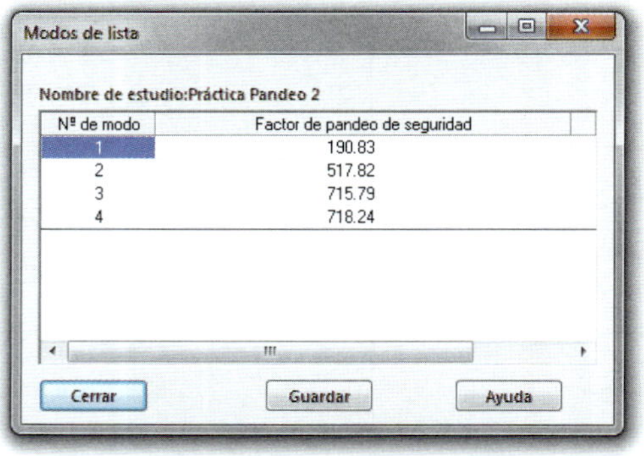

Se indica el coeficiente de seguridad para cada uno de los modos de pandeo (n=1,2,3...). Pulse **Guardar** para guardar los resultados en un archivo Excell® o TXT.

El **Factor de carga crítica de pandeo (BLF)** es el factor de seguridad contra el pandeo y puede adoptar los valores indicados en la tabla:

BLV	Estado
1<BLF	Pandeo no previsto
0<BLF<1	Pandeo previsto
BLF=1	Pandeo previsto
BLF=-1	Pandeo no previsto
-1<BLF<0	Pandeo no previsto
BLF<-1	Pandeo no previsto

Para determinar las cargas de pandeo para un modo debe multiplicar las cargas aplicadas por el **BLF** del modo a estudiar. En el ejemplo, para una carga de 100 N se tiene un **Factor de carga Crítica** de 3656.6 para el primer modo. El pandeo se produce si se aplica una fuerza que se obtiene con el producto del **Factor de carga crítica (Factor de seguridad)** por la fuerza aplicada (100 N).

5.2.8.1 Trazados de forma modal/amplitud

Para crear los **Trazados de desplazamiento** según la forma modal pulse con el botón secundario del ratón sobre la carpeta **Resultados** y seleccione la opción **Crear trazado de forma modal/amplitud**.

En **Intervalo** puede seleccionar la forma modal (N=1,2,3,4). En **Forma deformada** seleccione una escala de deformación o pulse **Escala real**, si lo que desea es visualizar el modelo con la deformación en escala 1:1.

En la carpeta **Resultados** se crean los trazados con los desplazamientos en función de la forma modal indicada.

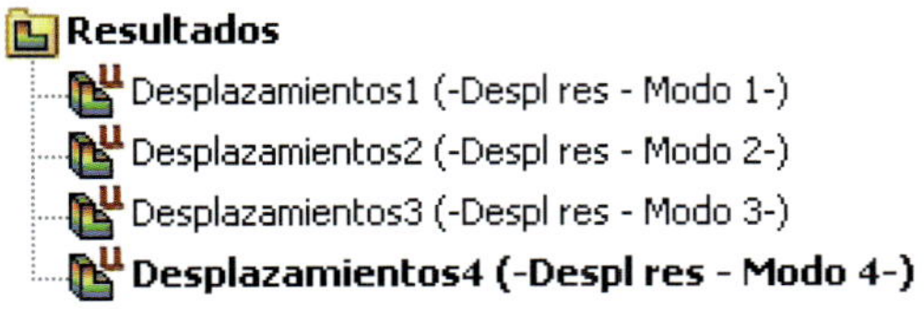

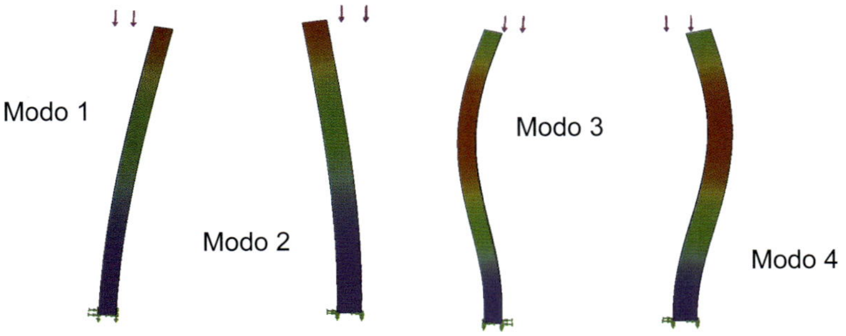

5.2.8.2 Lista amplitud

Determina los componentes de tensión, desplazamiento y deformación unitaria después de ejecutar el estudio. Es posible enumerar formas modales en los estudios de frecuencia y pandeo.

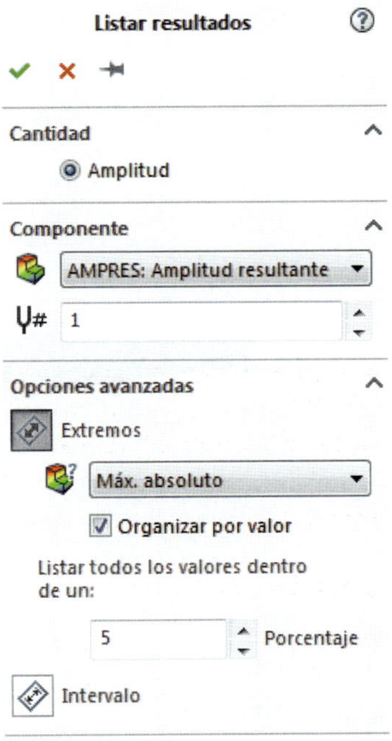

Seleccione el tipo de amplitud (X,Y y Z) y la forma model y pulse **Aceptar**. Observe los resultados en la tabla **Lista de resultados**.

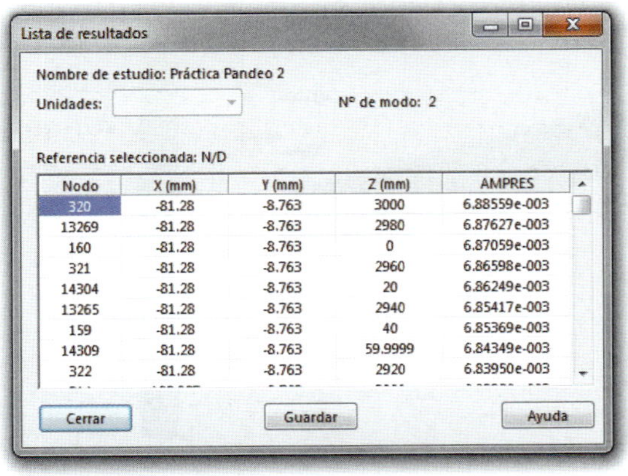
Lista de resultados

Nombre de estudio: Práctica Pandeo 2

Unidades: Nº de modo: 2

Referencia seleccionada: N/D

Nodo	X (mm)	Y (mm)	Z (mm)	AMPRES
320	-81.28	-8.763	3000	6.88559e-003
13269	-81.28	-8.763	2980	6.87627e-003
160	-81.28	-8.763	0	6.87059e-003
321	-81.28	-8.763	2960	6.86598e-003
14304	-81.28	-8.763	20	6.86249e-003
13265	-81.28	-8.763	2940	6.85417e-003
159	-81.28	-8.763	40	6.85369e-003
14309	-81.28	-8.763	59.9999	6.84349e-003
322	-81.28	-8.763	2920	6.83950e-003

Cerrar Guardar Ayuda

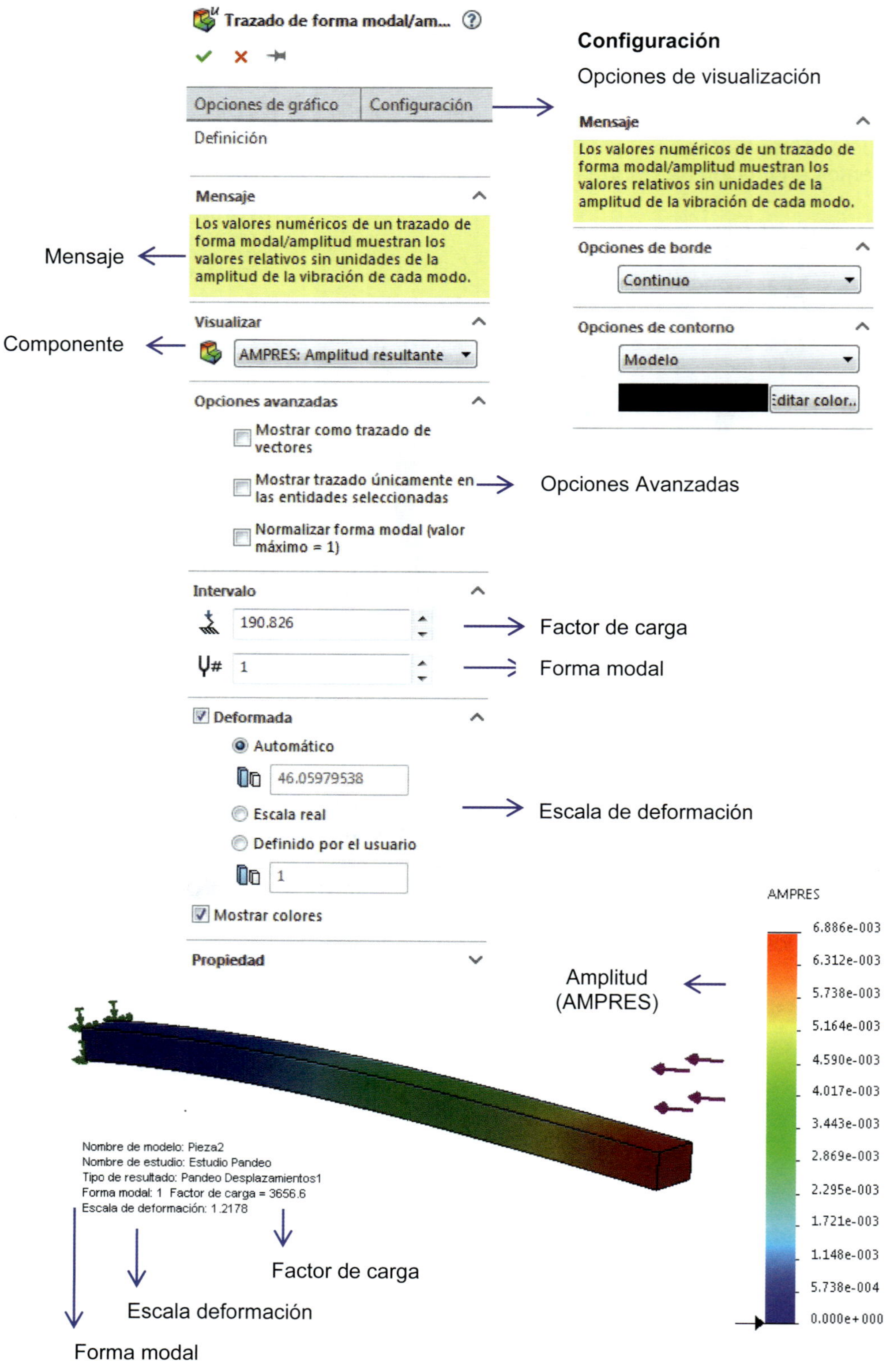
Trazado de forma modal/am...
Opciones de gráfico
Configuración
Definición
Mensaje
Los valores numéricos de un trazado de forma modal/amplitud muestran los valores relativos sin unidades de la amplitud de la vibración de cada modo.
Mensaje
Visualizar
AMPRES: Amplitud resultante
Componente
Opciones avanzadas
Mostrar como trazado de vectores
Mostrar trazado únicamente en las entidades seleccionadas
Normalizar forma modal (valor máximo = 1)
Opciones Avanzadas
Intervalo
190.826
Factor de carga
1
Forma modal
Deformada
Automático
46.05979538
Escala real
Definido por el usuario
1
Escala de deformación
Mostrar colores
Propiedad
Configuración
Opciones de visualización
Mensaje
Los valores numéricos de un trazado de forma modal/amplitud muestran los valores relativos sin unidades de la amplitud de la vibración de cada modo.
Opciones de borde
Continuo
Opciones de contorno
Modelo
Editar color..
AMPRES
6.886e-003
6.312e-003
5.738e-003
5.164e-003
4.590e-003
4.017e-003
3.443e-003
2.869e-003
2.295e-003
1.721e-003
1.148e-003
5.738e-004
0.000e+000
Amplitud (AMPRES)
Nombre de modelo: Pieza2
Nombre de estudio: Estudio Pandeo
Tipo de resultado: Pandeo Desplazamientos1
Forma modal: 1 Factor de carga = 3656.6
Escala de deformación: 1.2178
Factor de carga
Escala deformación
Forma modal

Componente. Define el tipo de desplazamiento. La opción predeterminada lista valores en URES (cm). Otros tipos son desplazamientos en UX, UY y UZ.

Unidades. Define las unidades del desplazamiento (cm, mm, m, etc.).

Forma modal. Indica el modo en el que se presenta el trazado de desplazamiento. Observe el **Factor de Carga** para el modo seleccionado.

Forma deformada. Pulse **Automático** si desea que **Solid**Works **Simulation** defina la escala de ampliación de la deformación para facilitar la visualización de los efectos del pandeo. Seleccione **Escala real** para ver la relación 1:1 entre la deformación representada en pantalla y la real. También puede definir una diferente en **Definido por el usuario**.

Propiedad. Puede indicar el nombre del trazado en **Incluir texto de título** y asociar el trazado a un tipo de vista normalizada en **Asociar el trazado con orientación de vista etiquetada**.

5.2.8.3 Mensaje del solver

Pulse con el botón secundario del ratón sobre la carpeta **Resultados** y seleccione **Mensaje de solver** para visualizar el **Número de nodos**, el **Número de elementos**, el **Número de GDL** o grados de libertad de los nodos (traslaciones y rotaciones) y el **Tiempo total de solución** o tiempo necesario para realizar los cálculos.

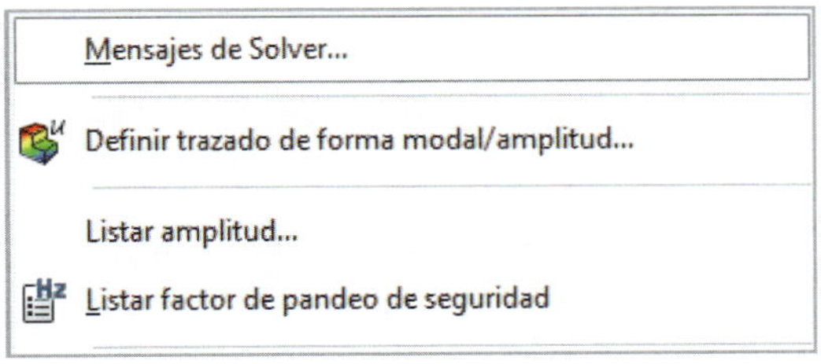

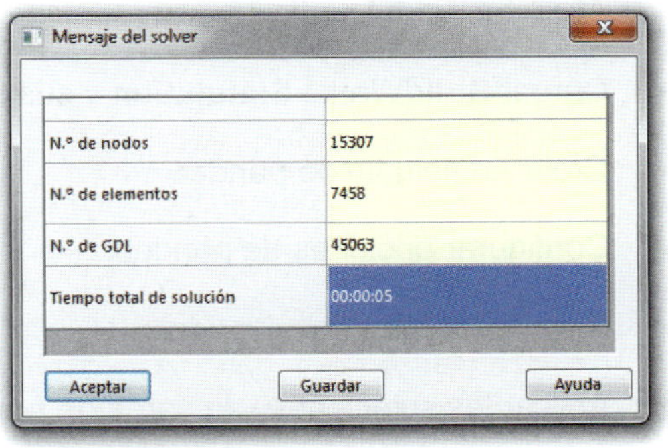

Guardar resultados como eDrawings y JPG

Pulse con el botón secundario del ratón sobre la carpeta **Resultados** y seleccione las opciones **Guardar todos los trazados como imágenes JPEG** o como **eDrawings**, para guardar los resultados en estos dos tipos de formatos.

eDrawings es una aplicación que permite visualizar ficheros CAD 2D y 3D de **Solid**Works y de otras aplicaciones como CATIA V5, Pro/ENGINEER, Inventor o AutoCAD, entre otros.

La versión de **eDrawings Profesional**, además de visualizar los modelos en 3D permite agregar marcas, comentarios, notas, medir y seccionar la pieza o el ensamblaje sin necesidad de tener **Solid**Works instalado en su ordenador.

Además, permite enviar los ficheros vía e-mail de forma comprimida (ZIP), como fichero HTML o como ejecutable (EXE) de forma que otro usuario puede ver, corregir, medir, seccionar y hacer comentarios sobre el modelo de pieza, ensamblaje con o sin estudios de simulación, sin necesidad de conocer **Solid**Works.

5.3 Práctica 5-1. Análisis de pandeo

Evalúe el comportamiento a pandeo de la columna sometida a una fuerza de 1000N y sujeción fija según se indica en la figura. La viga es una barra de acero AISI 10101 de 3 metros de longitud.

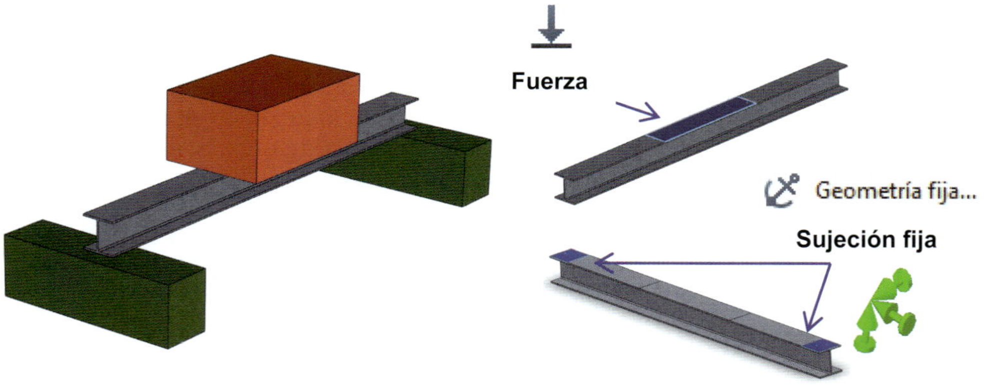

ASPECTOS A ESTUDIAR

- Abrir documento.
- Cargar **SolidWorks Simulation** y sus barras de herramientas flotantes.
- Crear un estudio de pandeo.
- Configurar opciones de pandeo.
- Asignar un material al modelo.
- Aplicar las sujeciones y la carga de fuerza sobre el modelo.
- Definir las características del mallado.
- Ejecutar el estudio.
- Visualizar e interpretar los trazados obtenidos.

CARACTERÍSTICAS DEL ENSAYO

- Malla sólida estándar.
- Material. AISI 10101.
- Carga F=1000N.
- Sujeción fija de las dos caras indicadas en la figura.

1. Primeros pasos

Pulse sobre el menú de persiana **Archivo** y seleccione **Abrir**. Localice el modelo de la práctica en el DVD que acompaña el libro.

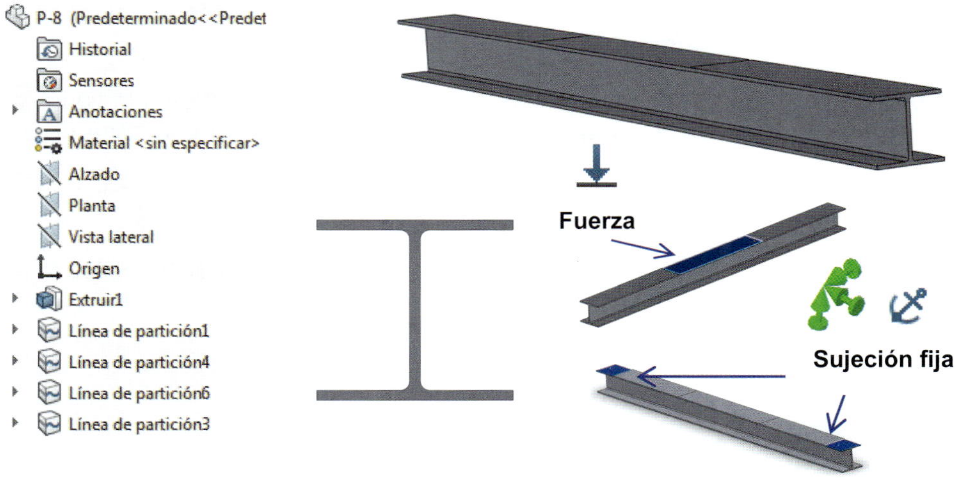

Sobre el modelo se han creado **Líneas de partición** para poder seleccionar de forma más precisa los apoyos y el área de aplicación de la carga.

2. Selección del Estudio de Pandeo

1. Pulse sobre **Estudio** desde el menú de persiana **Solid**Works **Simulation** y seleccione la opción **Pandeo**. En **Nombre** escriba *Práctica Pandeo*. Pulse **Aceptar**.

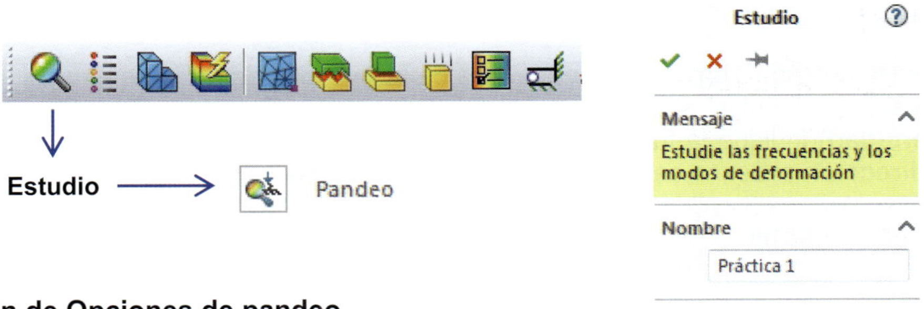

3. Configuración de Opciones de pandeo

1. Pulse con el botón secundario del ratón sobre el nombre de su estudio desde el gestor de simulación y seleccione **Propiedades**. En **Número de nodos de pandeo** indique 4 para calcular los cuatro primeros modos de deformación.

4. Selección del material

1. Pulse con el botón secundario del ratón sobre la primera de las carpetas PANDEO. Seleccione **Aplicar/Editar material**. En **Origen del material** seleccione **Archivos de biblioteca** y localice el material **AISI 10101**. Pulse **Aceptar**.

5. Definición de sujeciones

Debe restringir el movimiento de la viga en los dos extremos. Observe las líneas de partición del modelo.

1. Pulse sobre **Sujeciones** con el botón secundario del ratón desde el gestor de simulación. Seleccione la opción **Geometría Fija**.

2. Seleccione, desde la Zona de Gráficos, las dos **Caras indicadas** en la figura y obtenidas por las líneas de partición. Cada una de las áreas representa una zona de apoyo de la viga.

3. Pulse **Aceptar** para crear las **Sujeciones**.

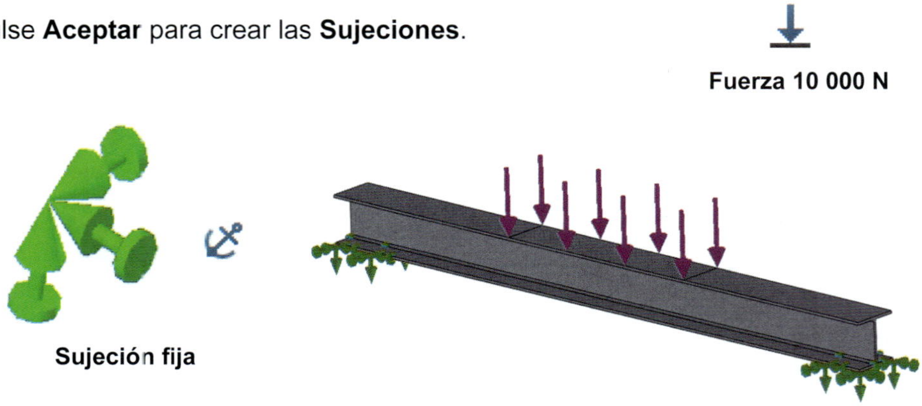

6. Definición de las cargas

Para definir una **Fuerza** de 10 000 N sobre la cara indicada en el modelo:

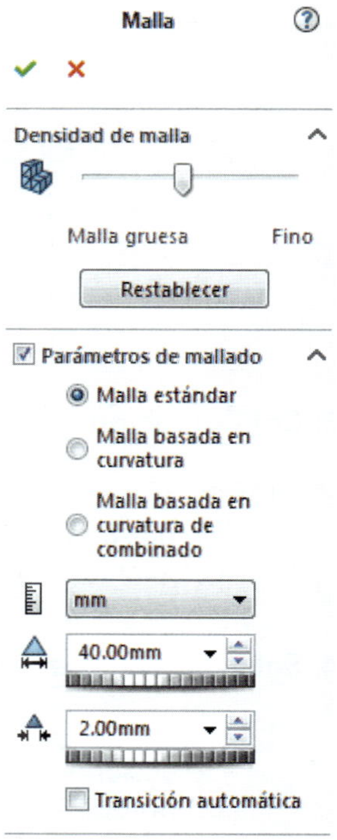

1. Pulse con el botón secundario del ratón sobre **Cargas externas** desde el gestor de simulación y seleccione **Fuerza**.

2. En la pestaña **Tipo** seleccione la cara de la viga situada a 1/3 de los lados. Pulse sobre **Normal**. En la pestaña **Fuerza (por entidad)** indique la fuerza de 10 000N. Active la casilla **Invertir dirección** si desea cambiar la dirección de la fuerza aplicada.

3. Pulse **Aceptar**.

7. Definición del mallado

Para definir la **Malla** de su modelo:

1. Pulse con el botón secundario del ratón sobre **Malla** desde el gestor de simulación. Seleccione la opción **Crear Malla.** En **Parámetros de mallado** seleccione **Mallador**: Estándar. **Unidades**: mm. **Tamaño global**: 40 mm. **Tolerancia**: 2 mm. **Transición automática**: Desactivado.

2. Pulse **Aceptar** para crear el mallado en su modelo.

8. Ejecución y visualización de resultados

1. Pulse con el botón secundario del ratón sobre la primera de las etiquetas del gestor de simulación Pandeo y seleccione **Ejecutar**.

2. Al finalizar el proceso de cálculo se crea la carpeta **Resultados** en el gestor de simulación. Pulse con un doble clic sobre cada uno de los **Trazados de desplazamiento**, para cada uno de los cuatro modos (n = 1, 2, 3 y 4).

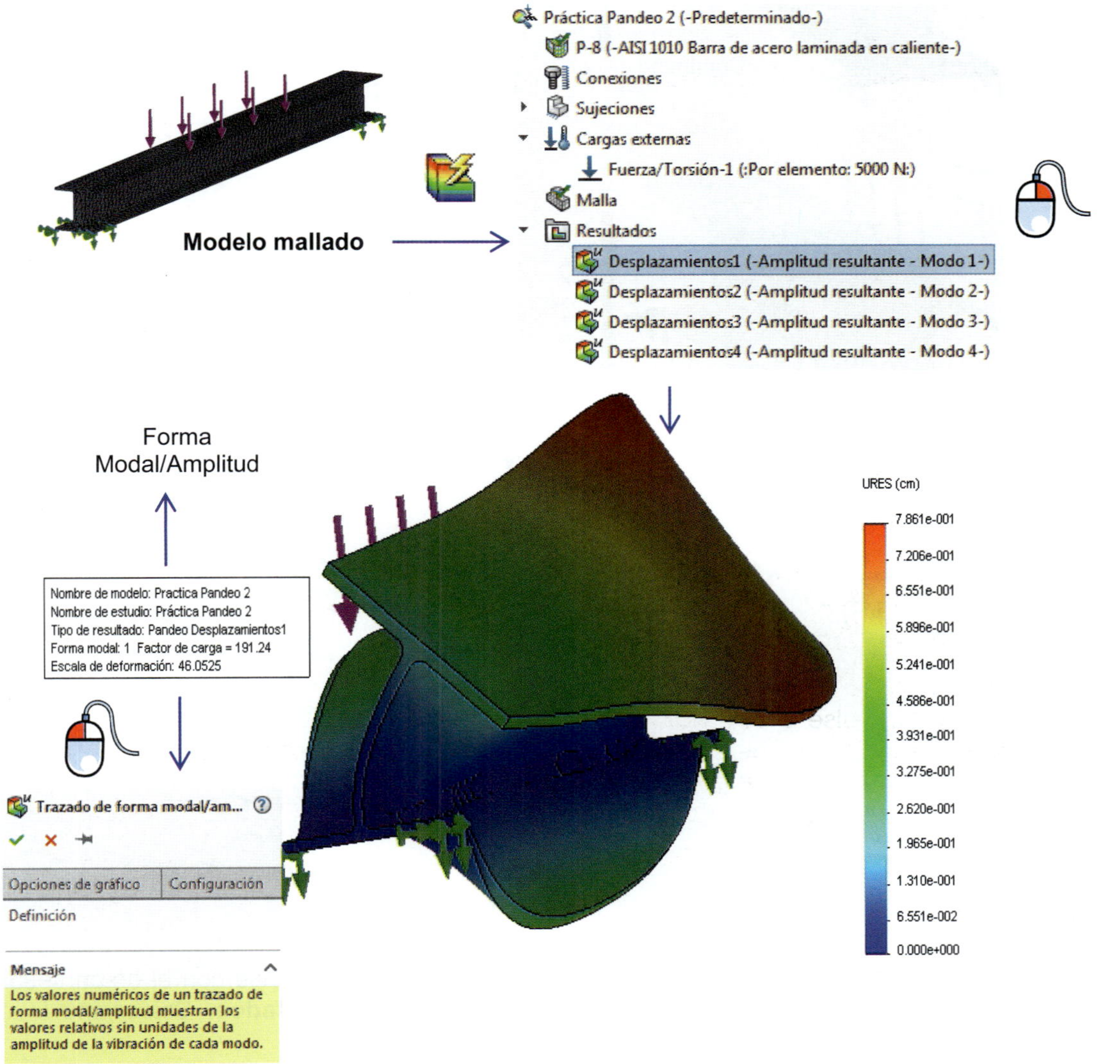

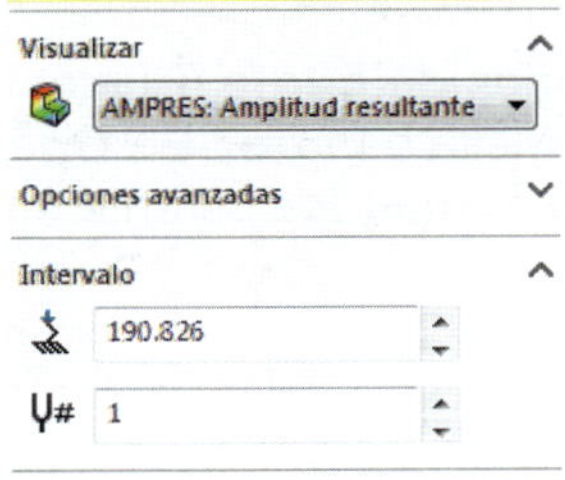

Observe la deformación en el gráfico de **Desplazamientos1** para el primero Modo (n=1). En la etiqueta informativa (leyenda) se indica un **Factor de carga** de 191.24 y una **Escala de deformación** de 46.0525.

Si desea modificar el trazado, haga doble clic con el ratón sobre la etiqueta informativa (leyenda) para activar el *PropertyManager* de trazado de forma modal desplazamiento.

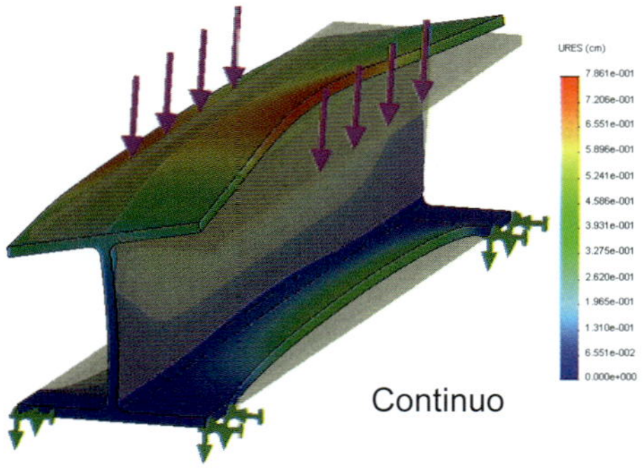

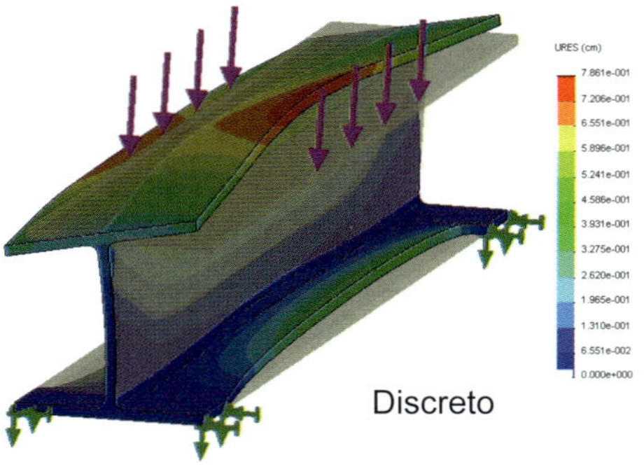

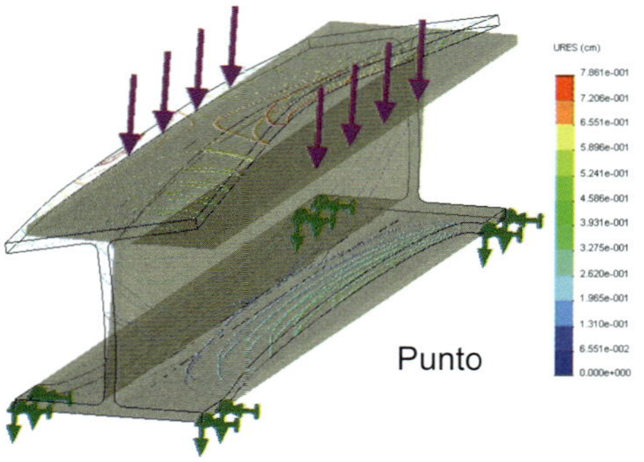

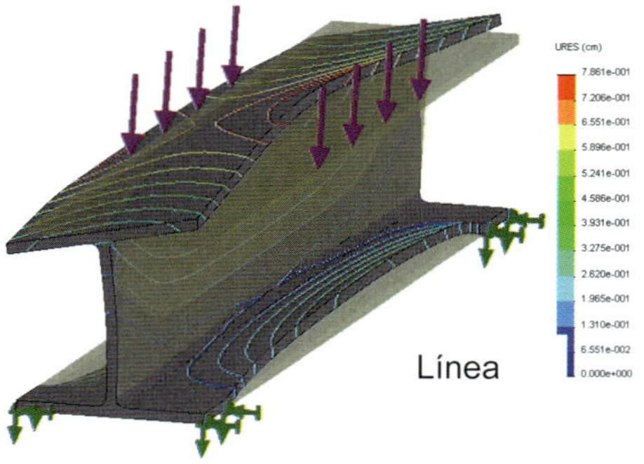

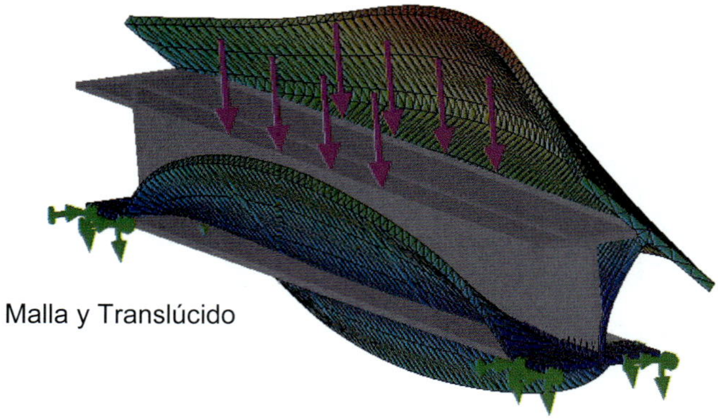

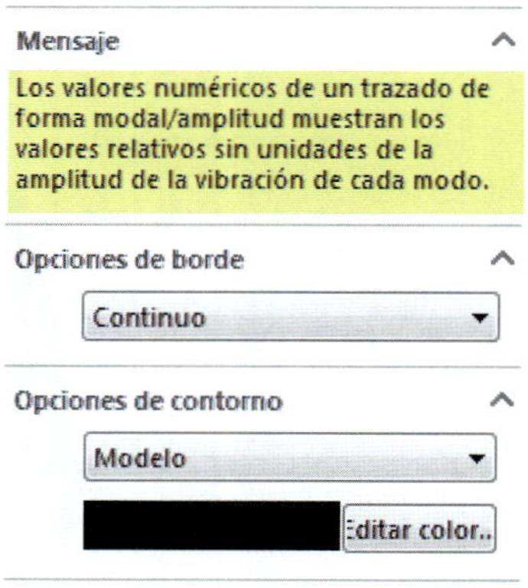

Configure el trazado para visualizar el modelo de diferente forma. Pulse con el botón secundario del ratón sobre cualquiera de los **Trazados** de la carpeta **Resultados**. Seleccione la opción **Configuración**.

En el PropertyManager de **Configuración** puede modificar las **Opciones de borde** (Punto, Línea, discreto y Continuo) y las **Opciones de contorno** (Ninguna, Modelo, Malla o mixto). En **Opciones de trazado de deformación** puede activar el modelo sin deformar de forma transparente sobre el modelo deformado.

9. Listar factores de pandeo de seguridad

Pulse con el botón secundario del ratón sobre la carpeta **Resultados** y seleccione la opción **Listar factores de pandeo de seguridad**. Observe el coeficiente de seguridad para cada uno de los cuatro modos de pandeo.

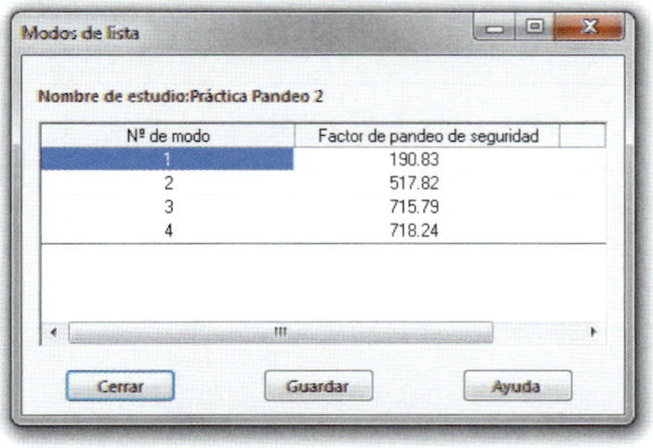

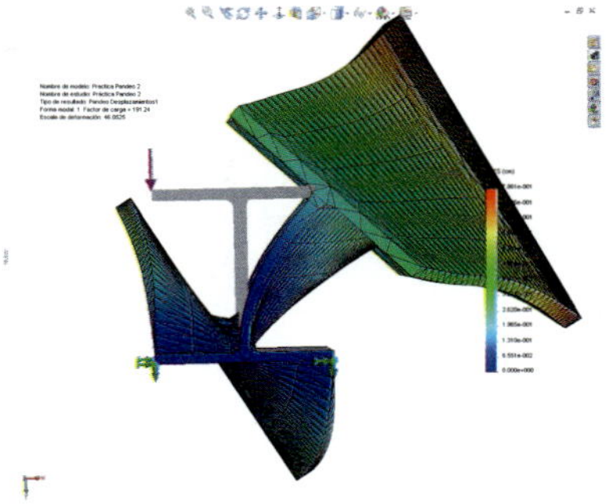

10. Listar amplitud

Pulse con el botón secundario del ratón sobre la carpeta **Resultados** y seleccione la opción **Listar amplitud**. Seleccione el **Componente** y la **Forma Modal**, y pulse **Aceptar**. En la tabla puede visualizar los desplazamientos (X, Y y Z) y URES (cm) de cada uno de los nodos después de realizar el ensayo.

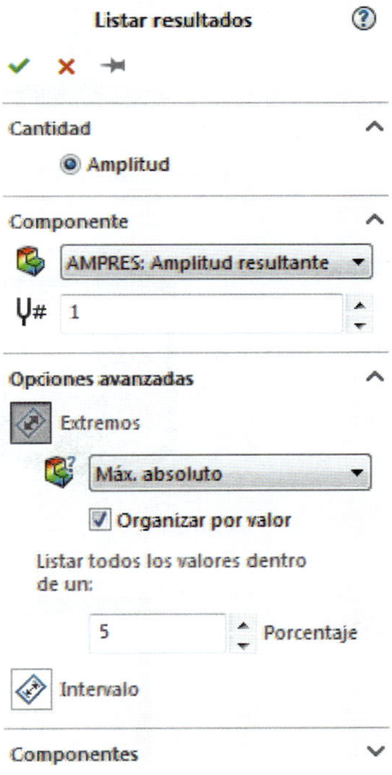

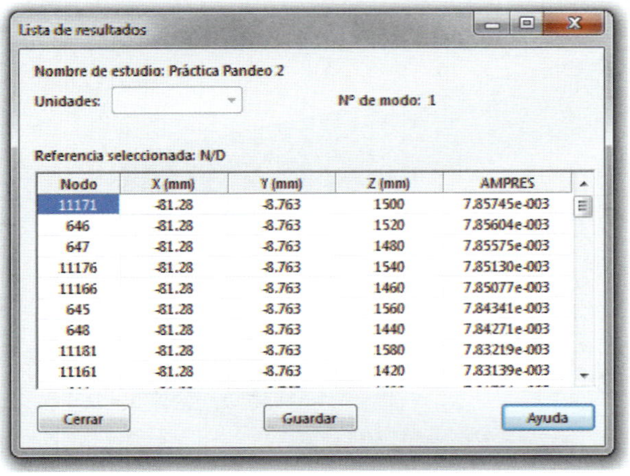

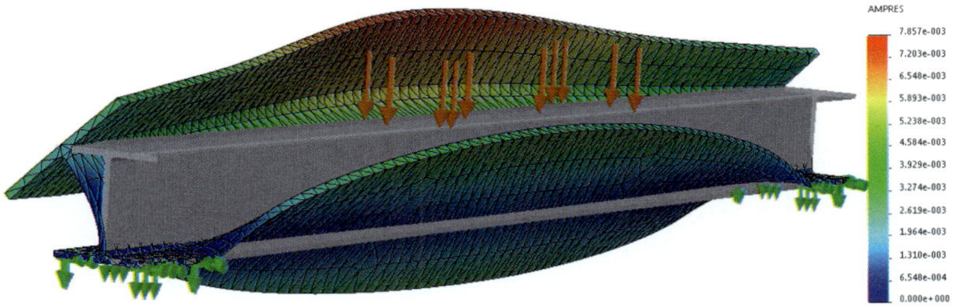

5.4 Practica propuesta 5-1

Analice y estudie cómo se produce el pandeo de las vigas con distintos perfiles (L, H, U) cuando se encuentran empotradas de diferente forma: Empotrado-Libre, Pasador-Pasador, Empotrado-Pasador y Empotrado-Empotrado.

$$P_{cr} = \frac{C\pi^2 EI}{L^2}$$

Empotrado-Libre	0,25
Pasador-Pasador	1
Empotrado-Pasador	2
Empotrado-Empotrado	4

Viga SC

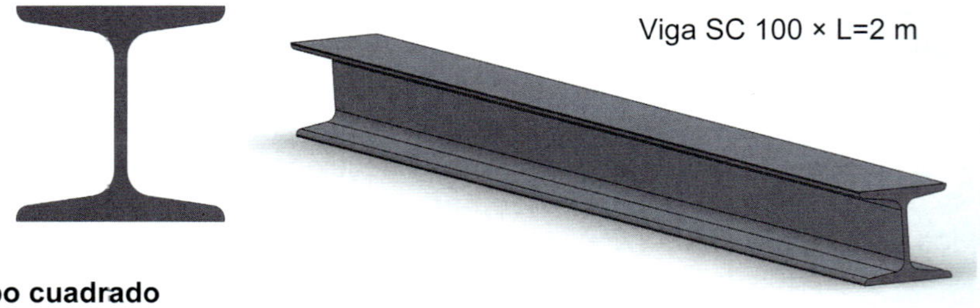
Viga SC 100 × L=2 m

Tubo cuadrado

Tubo cuadrado. 40x40x2.6 × L=0.5 m

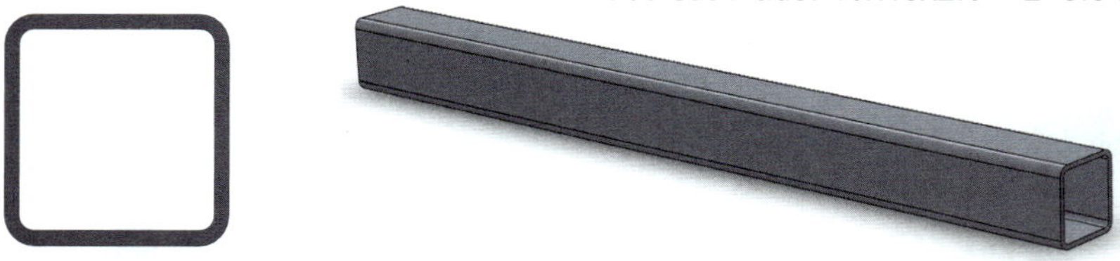

Canal C

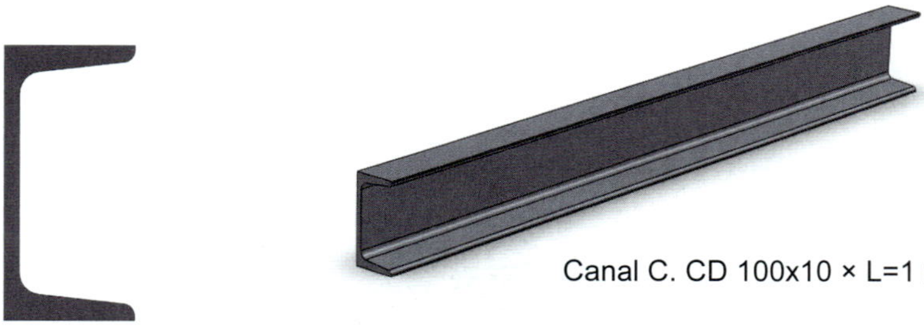
Canal C. CD 100x10 × L=1 m

> El *solver* **Automático** es la opción más recomendada para los estudios de pandeo. En el caso de tener problemas de contacto es preferible utilizar el *solver* **Direct Sparse**.

Capítulo 6
Análisis de caída

Introducción

En el presente capítulo se estudia el módulo de **Análisis de caída** como herramienta para describir el comportamiento de piezas y ensamblajes sometidos a choque o impacto. Se describen y explican las etapas necesarias a seguir para definir un ensayo de caída, así como las características necesarias que se deben configurar en el PropertyManager de este análisis. La selección del material (isotrópico elástico lineal y plasticidad de von Mises), la configuración del análisis y la definición de contactos son aspectos de suma importancia en este tipo de ensayos. Así mismo, la configuración de **Opciones de resultados** permitirá visualizar el proceso de deformación de la pieza impactada con el tiempo en los gráficos de resultados del análisis.

Junto con la parte teórica se incluyen tres prácticas guiadas paso a paso para facilitar el proceso de aprendizaje.

Contenido

- Definición física de la caída o el impacto.
- Descripción de las etapas en la creación de un estudio de caída.
- Definición de los materiales isotrópico elástico lineal y plasticidad de von Mises.
- Configuración del análisis: altura de caída, velocidad de impacto, etc.
- Condiciones de contacto y contacto global.
- Opciones de resultados.
- Resultados y trazados.
- Práctica 6-1. Estudio de caída. Impacto de una esfera de diámetro 30 mm con plasticidad de von Mises a 500 m/s contra un plano fijo.
- Práctica 6-2. Estudio de la caída de dos piezas desde una altura de 4 metros sobre una superficie rígida.
- Práctica 6-3. Estudio de la caída de una PDA protegida con un recubrimiento de PEHD. Evaluación de los daños sufridos.
- Descripción de prácticas propuestas.

6.1 Introducción y definición del estudio

El **Estudio de caída** o de impacto permite evaluar el comportamiento de un modelo tridimensional de pieza o ensamblaje bajo las condiciones de choque producidas por un impacto o una caída desde una determinada altura sin tener en cuenta otras cargas ni restricciones.

La aplicación no ofrece respuestas sobre si el modelo va a romperse o no al caer desde una determinada altura. Sin embargo, se pueden evaluar las tensiones máximas y las fuerzas de contacto que se producen en el momento del choque y en instantes inmediatamente posteriores. Las tensiones máximas y las fuerzas de contacto obtenidas en el análisis de caída ayudan a predecir si nuestro modelo romperá después de su colisión.

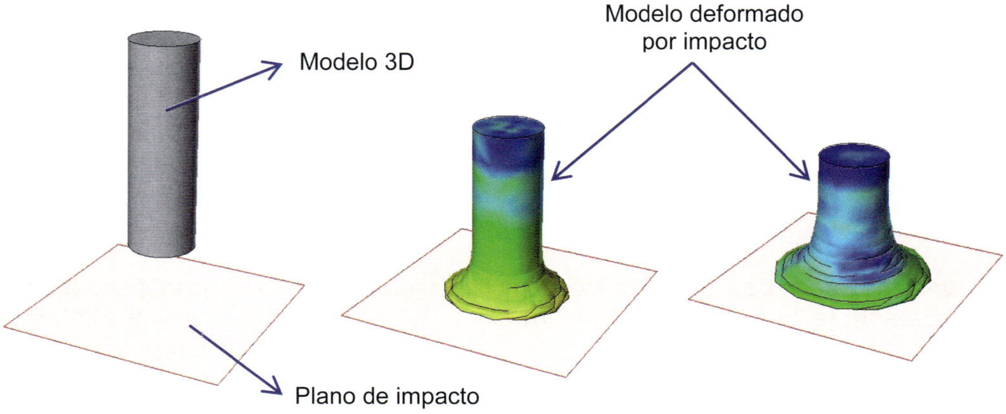

El **Estudio de caída** se debe definir indicando la **altura de caída** (h), la **aceleración de la gravedad** (g) y el **plano de impacto**, mediante su selección desde el gestor de simulación o la zona de gráficos. También se puede definir indicando la **velocidad de impacto** del modelo sin indicar la altura de caída.

Cualquier cuerpo que caiga de una altura h_1 con una velocidad inicial de impulsión nula tiene una velocidad en el momento de impacto igual a $(2\, gh_1)^{1/2}$, obtenida por la igualación de la energía potencial inicial y la energía cinética en el momento del choque. En la ecuación: g es la gravedad (9,81 m/seg^2) y h_1 la altura de caída (m).

$$\frac{1}{2}mv^2 = mgh_1$$

$$v^2 = 2gh_1$$

$$v = \sqrt{2gh_1}$$

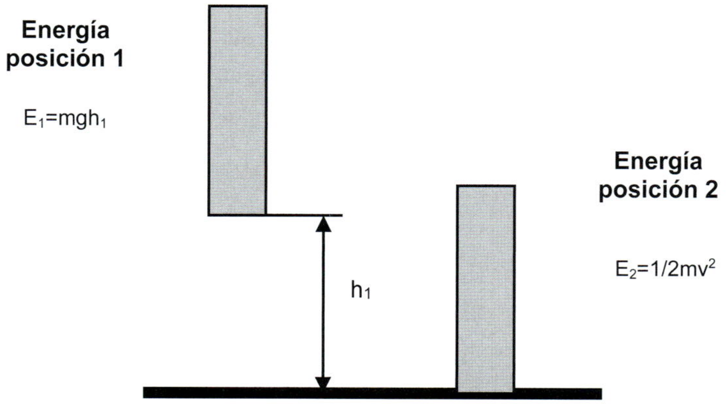

6.2 Etapas en la creación de un estudio

Para realizar un **estudio de caída**:

1. Pulse sobre **Estudio** y seleccione **Estudio de caída**. Indique un nombre para su nuevo estudio y pulse **Aceptar**.

2. Observe los siguientes elementos del gestor de simulación: **Conexiones**, **Configuración**, **Opciones de resultados** y **Malla**.

3. **Defina el material de su modelo**. Seleccione la primera carpeta del gestor de simulación con el botón secundario del ratón y seleccione **Aplicar/Editar material**. Defina las propiedades mecánicas de su modelo o seleccione uno de la base de datos de **Solid**Works **Simulation**.

4. **Configure las características de su estudio**. Pulse con el botón secundario del ratón, desde el gestor de simulación, sobre el icono **Configuración** y seleccione **Definir/Editar**. Aparece el *PropertyManager* del **Análisis de Caída**, donde puede definir las características del ensayo (altura de caída del modelo, velocidad de impacto, gravedad, plano de impacto y rigidez del suelo).

5. **Opciones de resultados**. Puede definir las opciones de resultados pulsando con el botón secundario del ratón sobre la carpeta **Opciones de resultados**. Seleccione **Definir/Editar** e indique los parámetros de tiempo de solución después del impacto y las gráficas de respuesta frente al tiempo (**Guardar resultados**).

6. **Configurar contacto**. Indique el tipo de contacto que se establece entre dos o más piezas que caen cuando el estudio de caída se refiera a un ensamblaje o a piezas multicuerpo que actúan de la misma forma.

7. **Malla**. Pulse con el botón secundario del ratón sobre **Malla** y defina sus características. Puede seleccionar **Crear malla y ejecutar** para solucionar la simulación inmediatamente después de ser mallada.

8. **Observe los resultados**. Haga doble clic sobre la carpeta **Resultados** desde el gestor de simulación para visualizar los diferentes trazados realizados. Inicialmente se crean los trazados de **tensiones**, **desplazamientos** y **deformaciones unitarias**.

9. Para crear un nuevo trazado pulse con el botón secundario del ratón sobre la carpeta **Resultados** y seleccione el trazado (tensiones, esfuerzos deformaciones, desplazamientos y fuerzas de contacto/rozamiento, historia-tiempo). Este último permite trazar gráficas de tensiones, desplazamientos, velocidad y aceleraciones en función del tiempo.

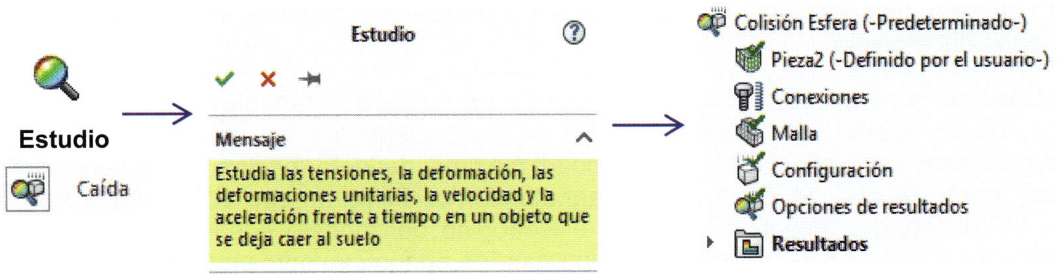

6.2.1 Definición/selección del material

Pulse con el botón secundario del ratón sobre la primera carpeta del gestor de simulación y seleccione **Aplicar/Editar material**. Defina las propiedades mecánicas de su modelo o seleccione uno de la base de datos de **Solid**Works **Simulation**.

Las propiedades que se deben definir en un **estudio de Caída** son: **EX** (Módulo de elasticidad), **NUXY** (Coeficiente de Poisson), **SIGYLD** (Límite elástico), **ETAN** (Módulo tangente), **DENS** (Densidad de masa) y **Factor de endurecimiento**.

Propiedad	Valor	Unidades
Módulo de elasticidad (1ª dir.)	2.04999!	N/m^2
Coeficiente de Poisson en dir. XY	0.29	NA
Límite elástico	282685C	N/m^2
Módulo tangente		N/m^2
Coef. de dilatación térmica (1ª dir.)	1.2e-00E	/Kelvin
Densidad	7858.00I	kg/m^3
Factor de endurecimiento (0.0-1.0; 0.0=isotrópico; 1.0=cinemático)	0.85	NA

En la pestaña **Propiedades** puede seleccionar, en **Tipo de modelo,** materiales de **Plasticidad de von Mises** e **Isotrópico elástico lineal**. Además, puede indicar las **Unidades** y ver la **Categoría**, el **Nombre**, la **Descripción** y el **Origen** del material seleccionado.

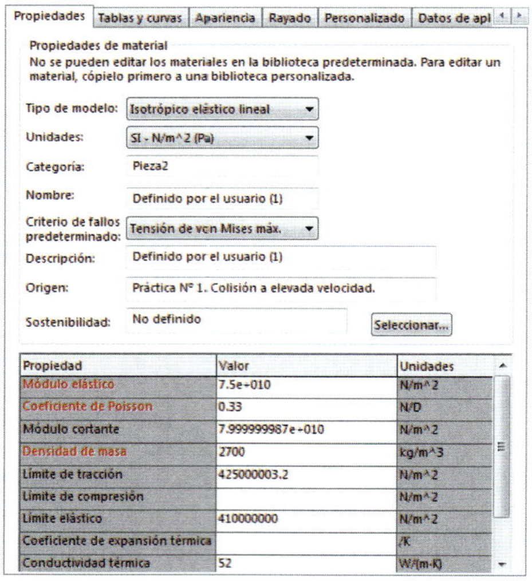

Isotrópico elástico lineal

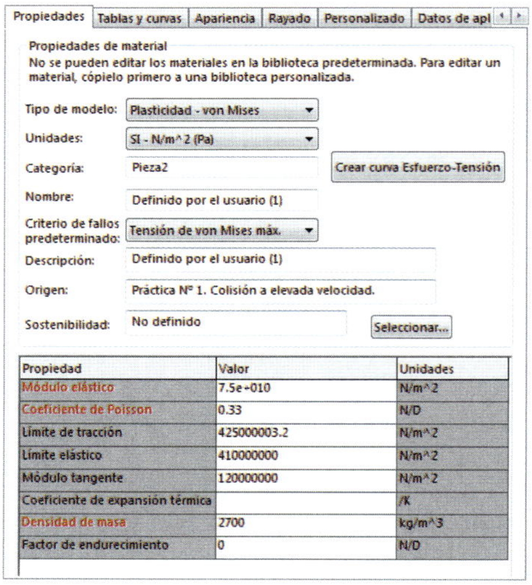

Plasticidad de von Mises

Isotrópico elástico lineal. Son materiales que después del impacto se deforman elásticamente y pueden recuperar sus dimensiones originales. Un material es isotrópico si sus propiedades no varían con la dirección, pudiendo tener la estructura microscópica homogénea o no. Tienen un módulo elástico, un coeficiente de Poisson, una conductividad térmica, etc., idénticos en todas las direcciones del espacio.

Plasticidad de von Mises. Se pueden deformar de forma permanente después del impacto. El modelo de plasticidad von Mises describe el comportamiento de los metales. El **factor de endurecimiento** está asociado a la cantidad máxima de deformación que puede soportar un material antes de que se produzca su agrietamiento. El parámetro **RK** permite establecer la proporción de endurecimiento cinemático e isotrópico del modelo ensayado. El endurecimiento isotrópico toma un valor RK = 0, mientras que para un endurecimiento cinemático RK =1.

En la definición del material puede seleccionar grandes o pequeños desplazamientos en las propiedades del estudio. El desplazamiento pequeño es típico de los materiales elásticos lineales, mientras que los grandes desplazamientos se utilizan con materiales plásticos von Mises. La opción predeterminada tiene en cuenta los grandes desplazamientos.

> Un material es **ortotrópico** cuando sus propiedades son únicas e independientes en tres direcciones del espacio perpendiculares entre sí, como sucede con los metales laminados y las maderas.

6.2.2 Configuración del análisis

Para configurar las características del ensayo pulse con el botón secundario del ratón sobre el icono **Configuración** y seleccione **Definir/Editar**. En el PropertyManager de **Configuración del análisis** puede definir las características del ensayo (la altura de caída del modelo, la velocidad de impacto, la gravedad, el plano de impacto y la rigidez del suelo).

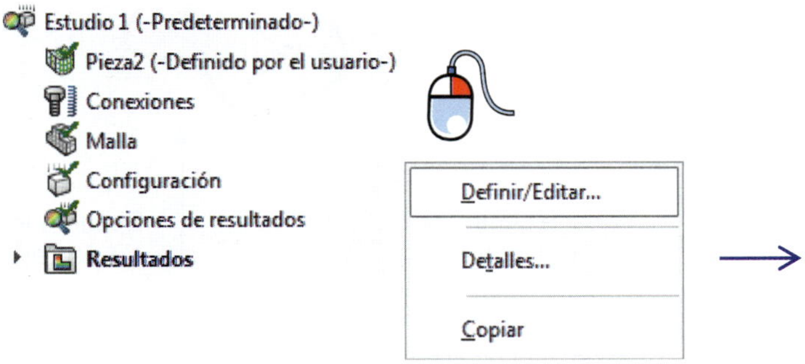

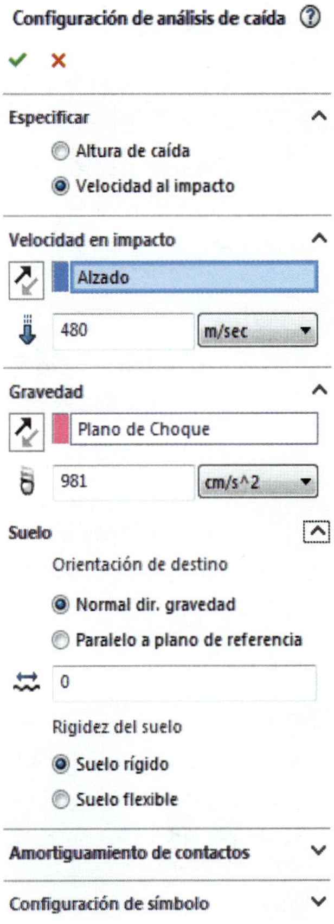

Especificar

Permite definir el tipo de análisis a realizar, **Altura de caída** o **Velocidad al impacto**.

- **Altura de caída**. El modelo cae desde una altura determinada con una velocidad de impulsión nula. Toda la energía inicial es potencial (E_p = mgh). Debe indicar la altura de caída del modelo.

- **Velocidad al impacto**. Indique la velocidad y la dirección del modelo justo en el momento en que se produce el impacto con un plano de trabajo previamente seleccionado y que actúa como suelo o plano de choque.

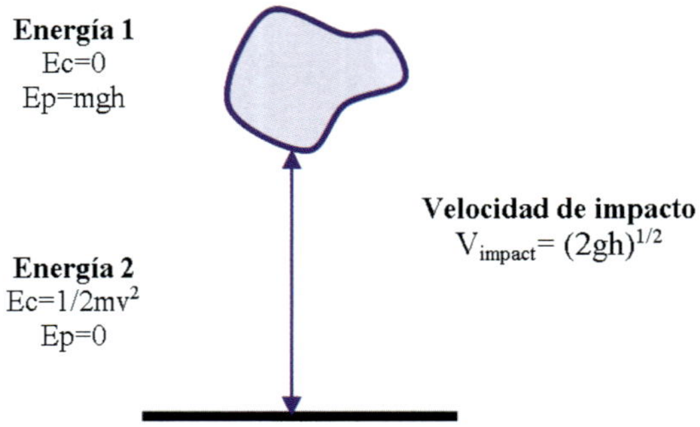

El análisis no considera la rotación del modelo hasta que no se produce el impacto

Altura

Define la altura de caída desde el centro o desde el punto más bajo del plano de impacto. Es la altura a la que se deja caer el modelo con una velocidad de impulsión nula. La distancia indicada es la que recorre el modelo antes de chocar contra el plano. La energía potencial se transforma en energía cinética y toma una velocidad que es igual a $V_{impact}= (2gh)^{1/2}$, donde *g* es la gravedad y *h* la altura de caída.

- **Desde centro de gravedad**. La altura especificada es la distancia entre el centro de gravedad del modelo y el plano de choque seleccionado en la dirección de la gravedad.
- **Desde punto más bajo**. La altura especificada es la distancia más corta entre el sólido y el plano de choque seleccionado.

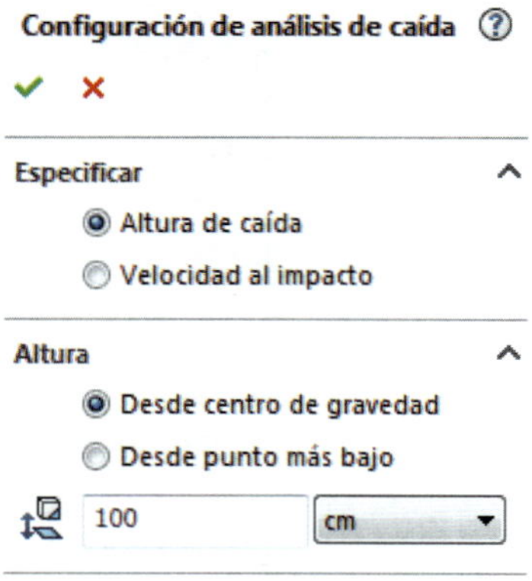

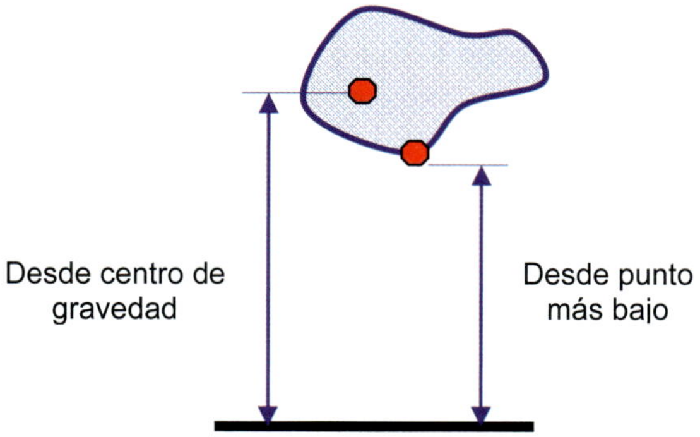

El **centro de gravedad (CG)** es el centro geométrico del sólido o punto de aplicación de la resultante de todas las fuerzas que la gravedad ejerce sobre los distintos puntos que forman el modelo. El centro de gravedad puede estar fuera del modelo. Además, en un ensamblaje el centro de gravedad coincide con el centro de gravedad del conjunto cuando todos los modelos que lo conforman tienen la misma densidad.

Velocidad en impacto

Define la dirección y el valor de la velocidad en el momento del impacto entre el modelo y el plano de choque.

En **Referencia de velocidad de impacto** puede seleccionar una entidad como arista, plano, plano de referencia o cara plana para determinar la dirección de la velocidad en el momento del impacto. **Invertir** permite cambiar la dirección de la velocidad. En **Magnitud de velocidad** defina la magnitud y la unidad de la velocidad (m/sec).

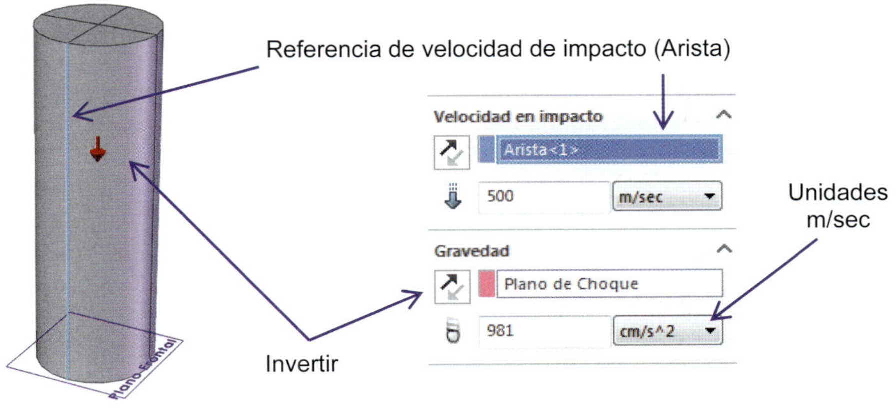

Gravedad

Define la dirección y el valor de la aceleración de la gravedad.

- **Referencia de gravedad**. Puede seleccionar una entidad como arista, plano, plano de referencia o cara plana para determinar la dirección de la gravedad. **Invertir** permite cambiar la dirección de la gravedad.
- **Magnitud de gravedad**. Establece la magnitud y la unidad de la gravedad.

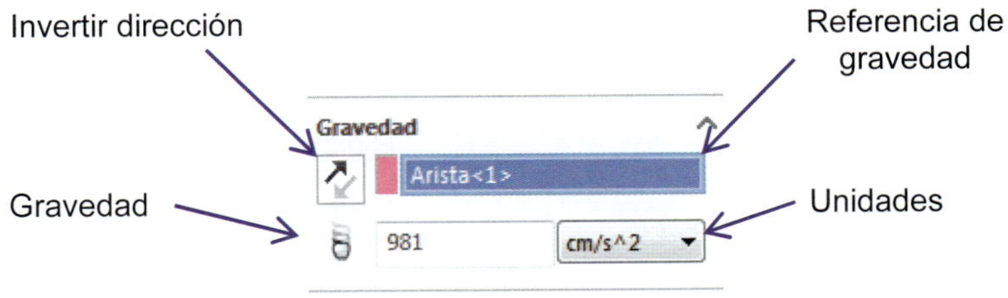

Suelo

Define la orientación del plano de impacto o choque.

- **Normal dir. gravedad**. El plano de impacto es normal a la gravedad.
- **Paralelo a plano de referencia**. El plano de impacto es paralelo al plano de referencia seleccionado.
- **Referencia para orientación del suelo**. Indique un plano de referencia desde el gestor de diseño o desde la zona de gráficos.
- **Coeficiente de rozamiento**. Establece el coeficiente de rozamiento entre el modelo y el plano de impacto.
- **Rigidez del suelo**. Seleccione **Suelo rígido** o **flexible**. La selección de suelo flexible permite definir sus características.

Si selecciona la opción **Rigidez del suelo**, puede fijar sus propiedades definiendo la **rigidez normal** y **tangente**, la **densidad de masa** y el **espesor del suelo**.

- **Unidad**. Define el sistema de unidades.
- **Rigidez normal**. Define la rigidez por área de unidad normal al plano de impacto ((N/m)/m^2).
- **Rigidez tangente**. Define la rigidez por área de unidad paralela al plano de impacto ((N/m)/m^2).
- **Densidad de masa**. Define la densidad de masa de la capa de impacto (Kg/m^3).
- **Espesor de suelo**. Define el grosor de la capa de impacto (mm).

El **Amortiguamiento de contactos** permite definir el cociente de amortiguamiento crítico cuando dos sólidos entran en contacto (sin penetración) durante el impacto. Su definición en un ensayo de caída reduce las oscilaciones de alta frecuencia y mejora la estabilidad de la solución.

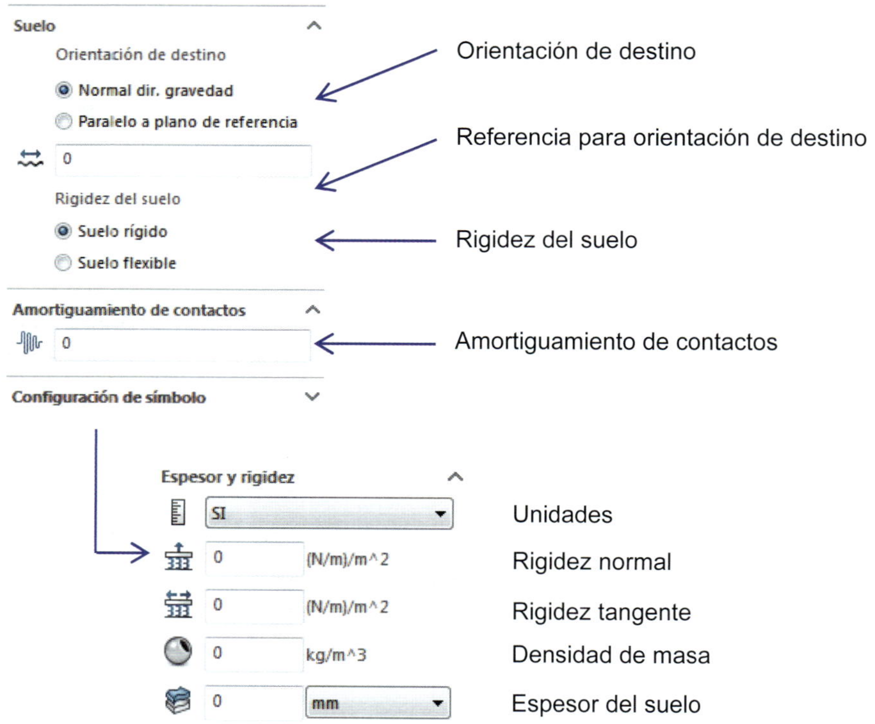

6.2.3 Condiciones de contacto

Cuando el **estudio de caída** se realiza con un sólido multicuerpo o con un ensamblaje, debe definir las **Condiciones de contacto** que se establecen entre ellos.

Para definir las **Condiciones de contacto** pulse con el botón secundario del ratón sobre **Conexiones** desde el gestor de simulación y seleccione las opciones **Contactos** o **Contacto entre componentes**. La opción **Trazado de visualización de contactos** ayuda a ver cómo los sólidos están conectados a partir del marcado de las regiones con distinto color: rojo (unión rígida), púrpura (sin penetración), verde (permitir penetración sin contacto), etc.

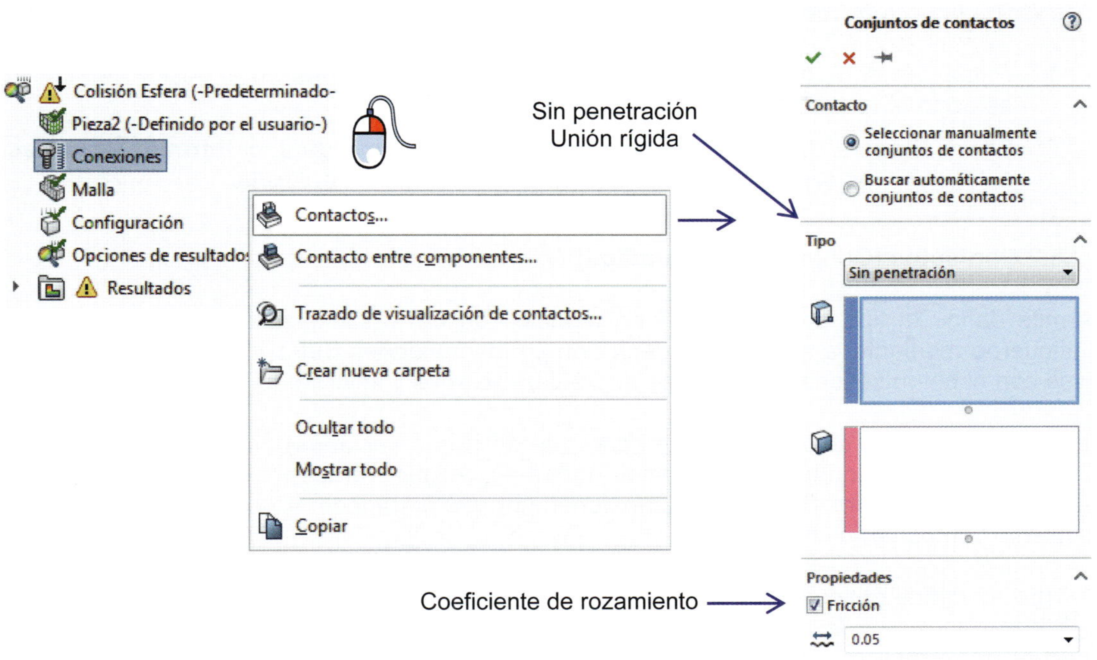

6.2.3.1 Contacto entre componentes

La opción **Contacto entre componentes** establece la condición de contacto entre las caras de distintos modelos en un ensamblaje o entre las caras de un mismo modelo multicuerpo. Las condiciones de contacto se establecen entre todas las áreas que sean comunes a dos caras en contacto íntimo. No se establece ningún tipo de condición de contacto si las caras únicamente se tocan a lo largo de una arista, un punto o un área suficientemente pequeña.

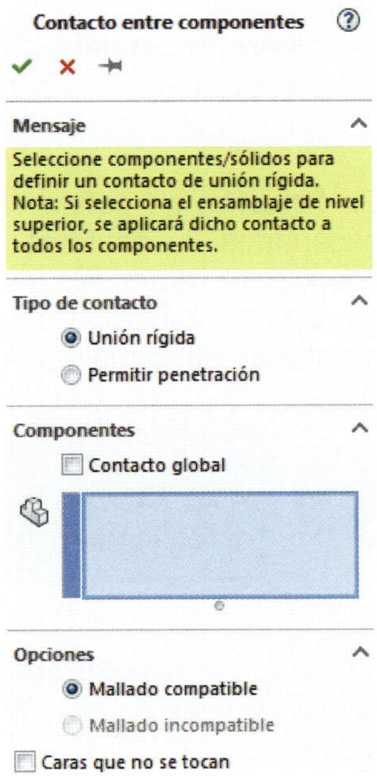

- **Unión rígida**. Se crea una unión rígida entre las entidades seleccionadas en **Set 1** y **Set 2**.
- **Permitir penetración**. Impide la interferencia entre las entidades seleccionadas en **Set 1** y **Set 2**, pero permite la formación de separaciones.

En **Opciones** puede definir el tipo de mallado solo si se ha seleccionado un tipo de contacto **Unión rígida**.

- **Mallado compatible (solo para sólidos)**. Crea una malla compatible en áreas que han estado inicialmente en contacto.
- **Malla incompatible**. Crea una malla para cada componente por separado.

Si el mallado no funciona con la opción de **Malla compatible,** la opción **Malla incompatible** puede ayudar a que el proceso de mallado se realice de forma correcta, ya que la aplicación de la malla se realiza a cada pieza de forma independiente. Sin embargo, su aplicación es menos exacta en las regiones de uniones rígidas que la **Malla compatible**.

Para definir la opción **Contacto entre componentes**:

1. Pulse con el botón secundario del ratón sobre **Conexiones** en el gestor de simulación y seleccione la opción **Contacto entre componentes**.
2. En el PropertyManager seleccione la opción **Unión rígida** o **Permitir penetración** y seleccione los componentes. En **Opciones** defina el tipo de malla.

6.2.3.2 Contactos (Conjunto de contactos)

Permite definir el tipo de contacto entre modelos de un ensamblaje o elementos de un sólido multicuerpo mediante la selección y definición de las entidades **Set 1** y **Set 2**. Para su activación pulse con el botón secundario del ratón sobre **Conexiones** y seleccione la opción **Contactos**.

Las entidades **Set 2** solo pueden ser caras (de sólidos o vaciados) mientras que las entidades **Set 1** pueden ser caras, aristas, vértices y puntos. Las entidades **Set 1** y **Set 2** no tienen por qué pertenecer a un mismo componente.

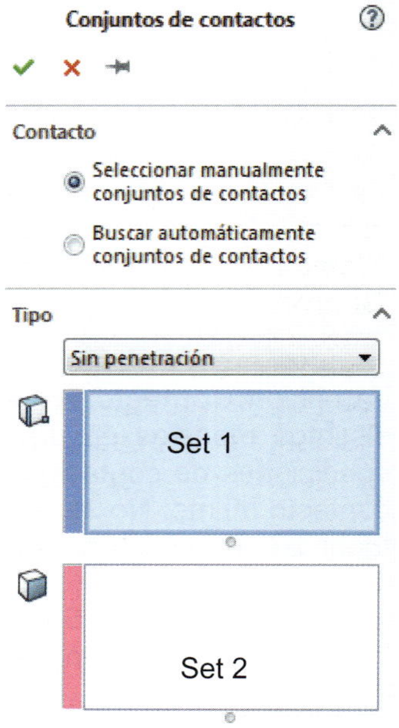

En **Tipo** se define el tipo de contacto entre las entidades **Set 1** y **Set 2**. Puede seleccionar las opciones **Sin penetración**, **Unión rígida** y **Permitir penetración**.

- **Sin penetración**. El contacto establecido entre las entidades Set 1 y Set 2 impide su interferencia o penetración, pero permite la formación de separaciones.
- **Unión rígida (Sin separación inicial).** Se establece una unión rígida entre las entidades Set 1 y Set 2. Los sólidos se comportan como si estuvieran soldados y formaran una sola unidad.
- **Permitir penetración.** Los componentes seleccionados (**Set 1** y **Set 2**) pueden penetrarse entre sí durante la simulación.

En **Fricción** se define el coeficiente de fricción entre el modelo y el plano de impacto para los escenarios de contacto con la opción de contacto **Sin penetración**. Cuando se establece un coeficiente de fricción nulo y los materiales utilizados en la simulación son elásticos lineales, el impacto no causa perdida de energía por deformación plástica permanente y el modelo continúa rebotando de forma indefinida.

El **coeficiente de rozamiento** entre el modelo y el plano de impacto se define desde el PropertyManager de **Configuración del análisis de caída**.

La selección **Buscar automáticamente conjuntos de contactos** detecta de forma automática los contactos entre cara y cara que se toquen o que se encuentren a cierta distancia (previamente definida).

6.2.3.3 Buscar contactos con el trazado de visualización de contactos

Puede emplear esta opción para buscar los contactos entre las piezas que se incluyen en un ensamblaje cuando este contiene un gran número de piezas y su selección resulta compleja. Para su activación, pulse con el botón secundario del ratón sobre **Conexiones** desde el gestor de simulación y seleccione la opción **Trazado de visualización de contactos**.

Tipo de contacto	Renderizado de color
Unión rígida	Rojo
Sin penetración	Púrpura
Permitir penetración (sin contacto)	Verde
Ajuste por contracción	Naranja
Pared virtual	Amarillo
Resistencia a contacto térmico	Púrpura
Aislado	Verde

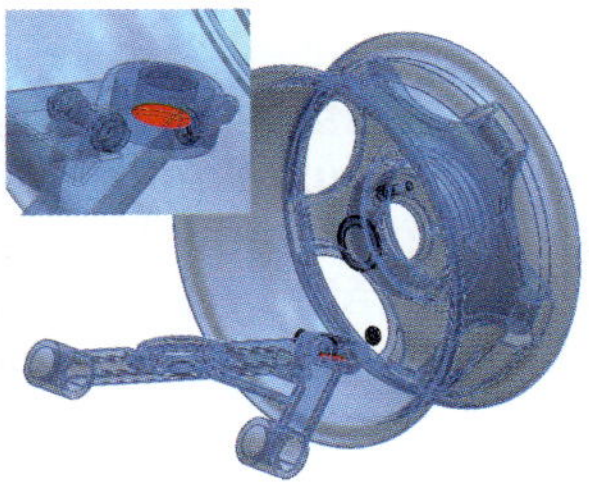

6.2.4 Opciones de resultados

Las **Opciones de resultado** se definen pulsando con el botón secundario del ratón sobre la carpeta **Opciones de resultados** y seleccionando **Definir/Editar**. Pueden fijar los parámetros **Tiempo de solución después del impacto** y las gráficas de respuesta frente al tiempo en **Guardar resultados**.

SolidWorks **Simulation** es capaz de calcular el comportamiento de su modelo al hacerlo impactar contra un plano fijo. Calcula la velocidad de la onda elástica (Ve) que se genera en el modelo en el momento del impacto y establece cómo se propaga por el mismo según la expresión indicada, donde ***Ex*** es el módulo de elasticidad y ***ρ*** es la densidad.

Para un modelo de longitud L, la onda elástica necesita un tiempo 2L/Ve que se corresponde con el tiempo de ida y vuelta a la superficie de origen. El período se define en microsegundos por ser muy corto. Si desea evaluar además del impacto cómo se produce el rebote, indique un tiempo mayor.

$$V_e = \sqrt{\frac{Ex}{\rho}}$$

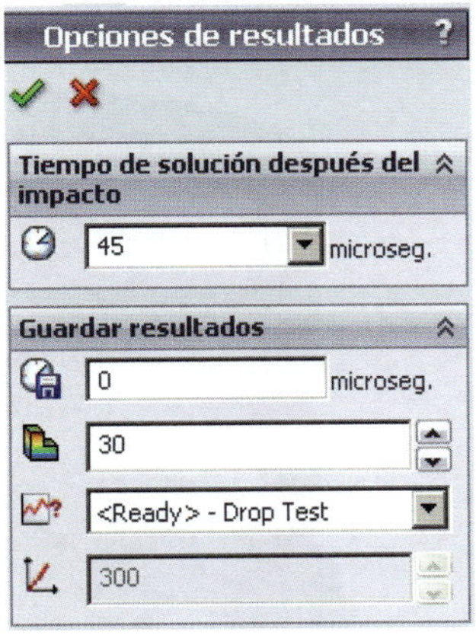

Tiempo de solución después del impacto

Guardar resultados a partir de

Nº de trazados

Lista de sensores

Número de pasos de gráficos por trazado

Tiempo de solución después del impacto. Permite definir el tiempo de duración del análisis desde el momento en que se produce el impacto hasta que se da por finalizado. Si establece un tiempo de 1000 microsegundos, **Solid**Works **Simulation** calcula y almacena todos los resultados del impacto desde que se produce el choque hasta pasado 1 segundo.

Guardar resultados a partir de. Puede definir el tiempo a partir del cual se empiezan a guardar los resultados. Si indica 0 microsegundos, significa que se empiezan a guardar los resultados desde el momento del impacto.

Las casillas **N.º de trazados** y **Lista de sensores** permiten definir la resolución de los resultados obtenidos.

Número de trazados (Np). Representa el número de veces que el programa guarda los resultados del análisis (trazados) en la pieza ensayada.

Lista de sensores. Puede seleccionar entre las opciones **Todos los sensores de datos de seguimiento** o **Ninguno**. En la primera se tienen en cuenta todos los puntos del modelo, mientras que en la segunda no se tiene en cuenta ninguno de ellos cuando se realiza un gráfico de historia-tiempo. Si desea evaluar el comportamiento de algún punto (vértice), seleccione la opción **<ReadyDrop> Drop Test**. Vea su aplicación en la práctica 9.

Número de pasos de gráfica (Ng). Número de veces que el programa guarda los resultados de las gráficas en los vértices y puntos de referencia seleccionados.

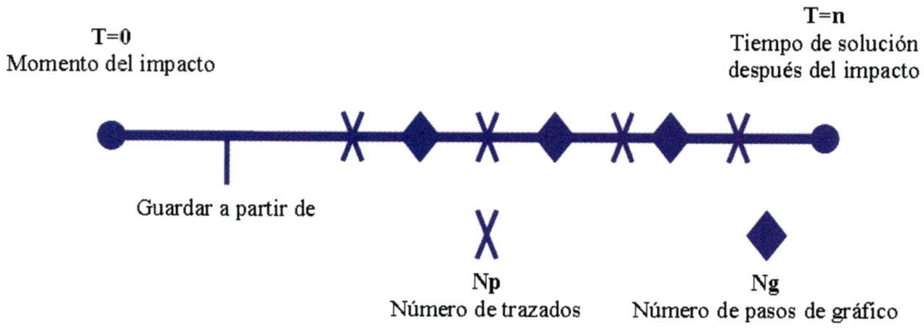

6.2.5 Ver resultados

Después de definir las características del ensayo, mallar el modelo y ejecutar el análisis aparece en el gestor de simulación una carpeta de resultados con los trazados de tensión, los desplazamientos y las deformaciones unitarias para los instantes calculados justo después del impacto. Puede evaluar la tensión 2 microsegundos después del impacto de su modelo y comparar el resultado cuando han transcurrido 10 microsegundos.

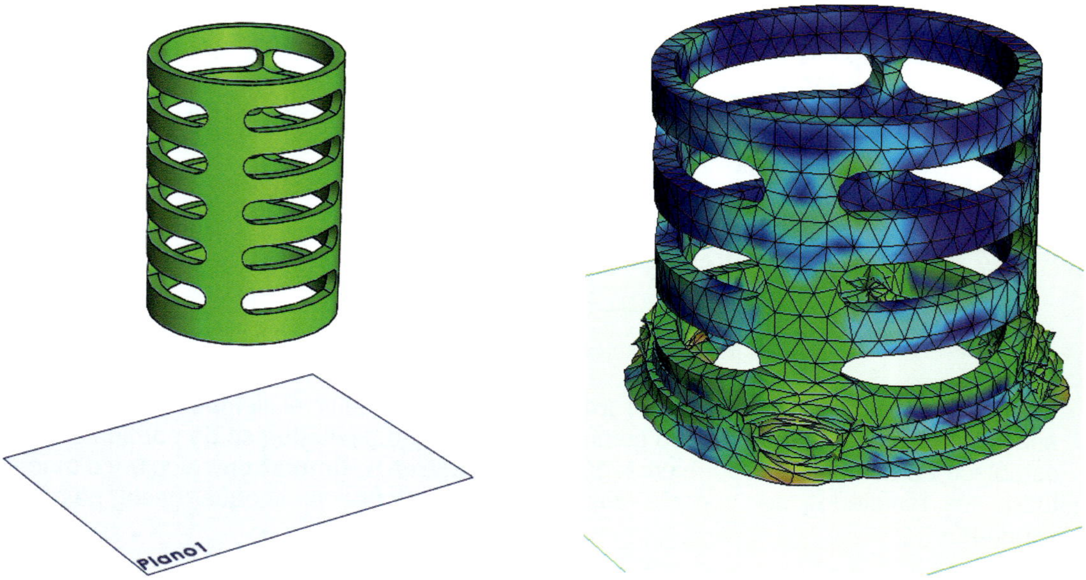

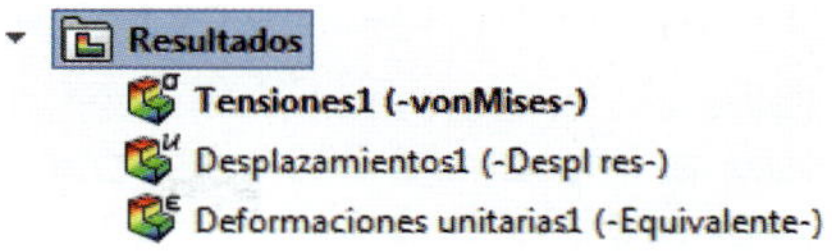

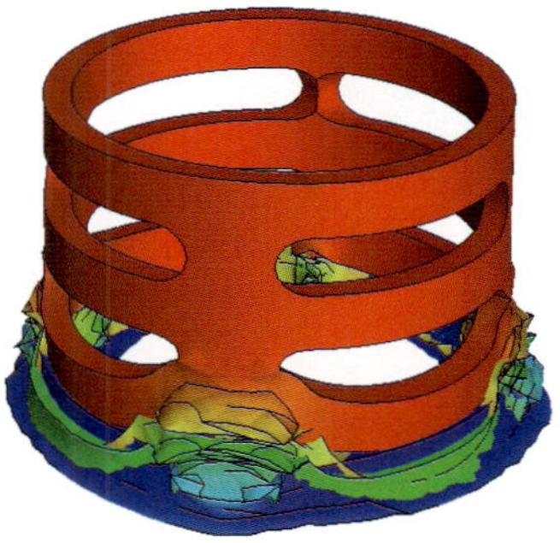

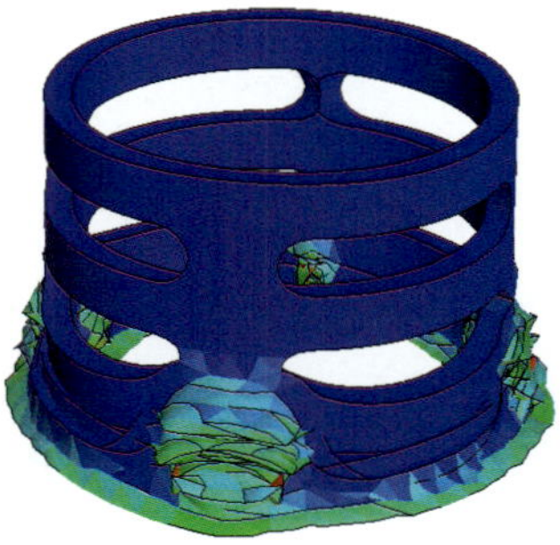

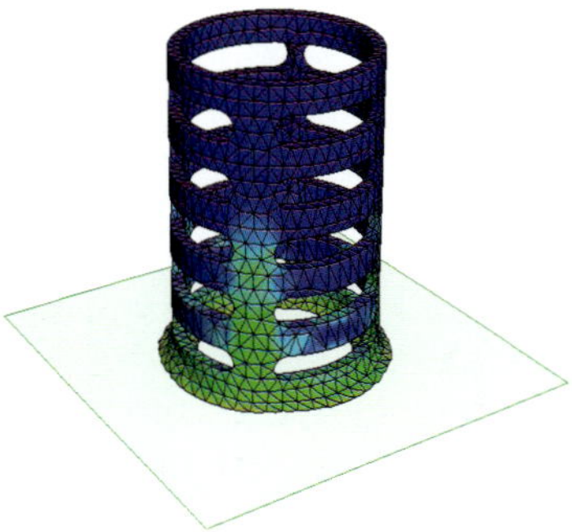

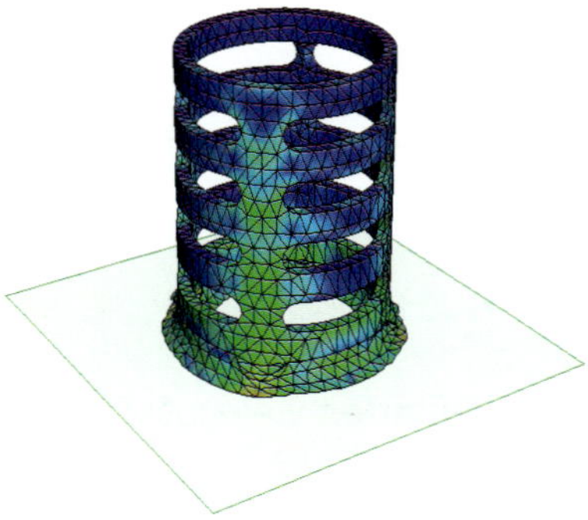

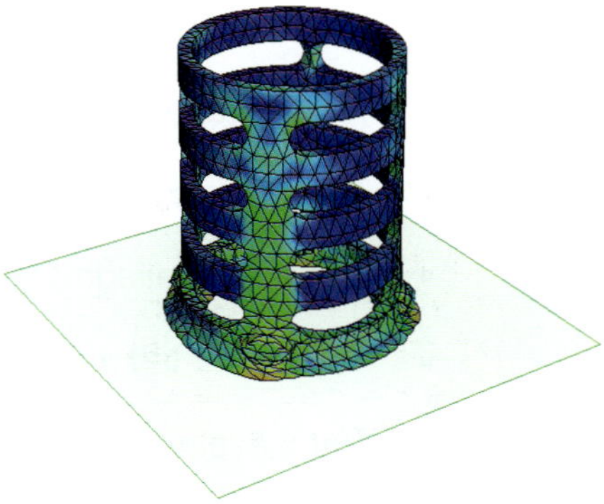

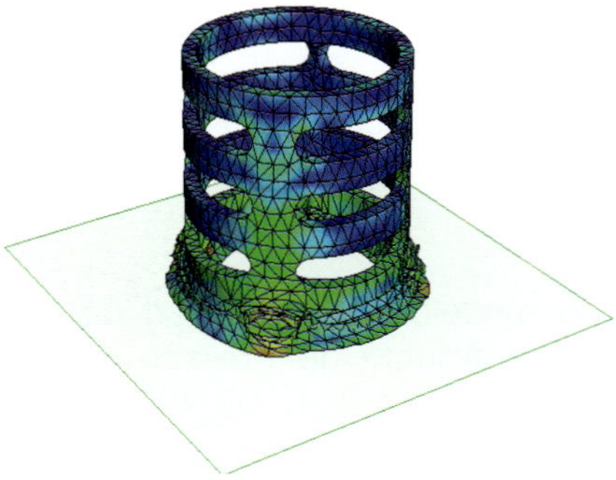

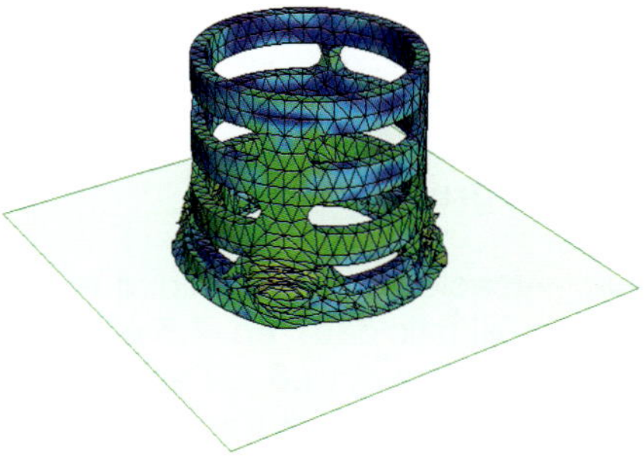

La pérdida de energía producida en el impacto se debe a la fricción, la amortiguación o la deformación plástica del modelo impactado (materiales con plasticidad de von Mises).

6.3 Práctica 6-1. Estudio de caída

Evalúe el comportamiento mecánico de una esfera de 30 mm de diámetro con plasticidad de von Mises al impactar a 500 metros/seg sobre un plano fijo. El modelo de pieza se incluye en el DVD que acompaña el libro.

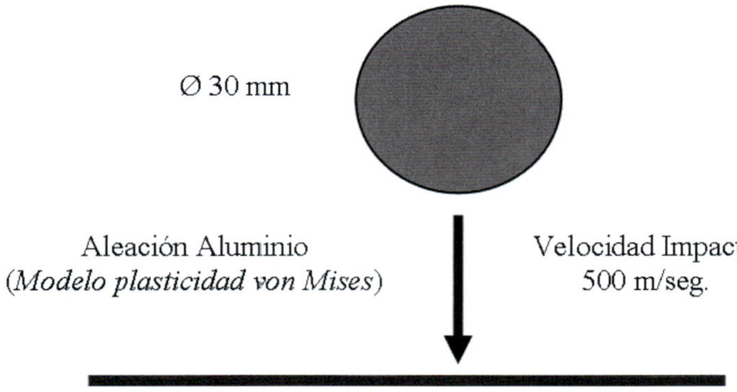

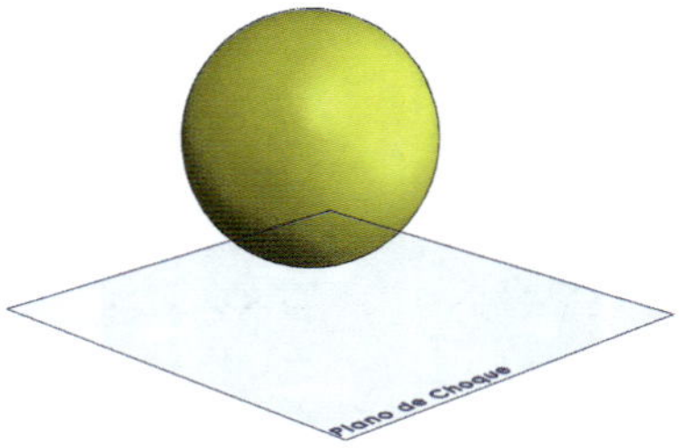

ASPECTOS A ESTUDIAR

- Crear un **Estudio de caída**.
- Asignar unas propiedades mecánicas al material del modelo de pieza.
- Definir las características del impacto.
- Definir el mallado.
- Configurar las **opciones de resultados** y ejecutar el estudio.
- Ver y evaluar los resultados de caída.
- Representar el **desplazamiento axial**, **UZ**, en los nodos después del impacto.

CARACTERÍSTICAS DEL ENSAYO

- **Malla sólida gruesa**.
- **Material**. Aleación de aluminio que sigue el modelo de plasticidad de von Mises: EX (Módulo de elasticidad) en 7.5 e10, NUXY (Coeficiente de Poisson) en 0,33, SIGYLD (Límite elástico) en 4,1 e8, ETAN (Módulo tangente) en 1,2 e8, DENS (Densidad de masa) en 2700 y **Factor de endurecimiento** en 0,0.
- Velocidad de impacto 500 m/s. Gravedad 9,81 m/s^2.
- **Tiempo de solución después del impacto** (50 microsegundos). Número de trazados (40).

1. Activación de SolidWorks Simulation

1. Active la aplicación **Solid**Works **Simulation** antes de iniciar un estudio desde el menú de persiana **Herramientas**, **Complementos**. Active la casilla de la derecha si desea que la aplicación esté activa cada vez que inicie **Solid**Works.
2. Active la barra de herramientas de simulación pulsando **Personalizar** desde el menú de persiana **Herramientas**.

2. Abrir el modelo a analizar

1. Antes de definir el **Estudio de caída** debe abrir la pieza con el modelo a ensayar. Descargue el modelo desde la Web de Ra-Ma. Pulse sobre el menú de persiana **Archivo** y seleccione **Abrir**. Localice el modelo Práctica y pulse **Aceptar.**

3. Creación del estudio de caída

1. Para definir el **Tipo de análisis** pulse sobre **Estudio** desde el menú de persiana **Solid**Works **Simulation**. También puede realizar la selección del estudio pulsando el icono **Estudio** en la barra de herramientas flotante de Simulación. Desde el *FeatureManager* seleccione la opción **Estudio de caída** y escriba *Colisión esfera* en **Nombre del estudio**. Pulse **Aceptar**.
2. Observe cómo en el gestor de simulación se crea el estudio con el nombre indicado y aparecen las carpetas **Pieza2**, **Conexiones**, **Configuración**, **Opciones de resultados** y **Malla**. A medida que se define el análisis, se completa el árbol del **AnalysisManager** o gestor de simulación.

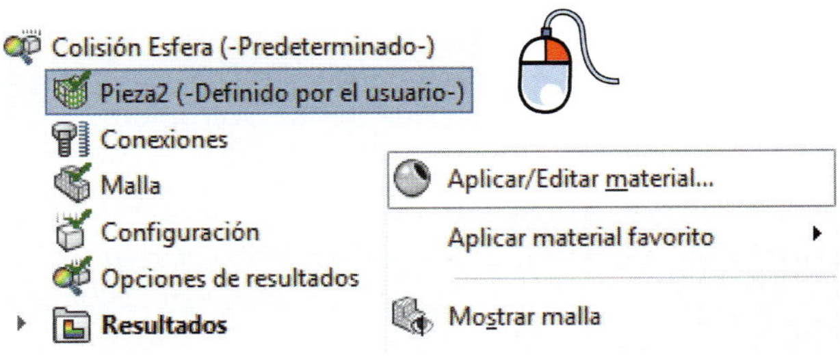

4. Definición de las propiedades del material

1. Para definir un material con plasticidad von Mises debe copiar uno preexistente de la biblioteca de materiales y editarlo.
2. Recuerde que para ello debe pulsar con el botón secundario del ratón sobre **Material** desde el gestor de diseño y seleccionar la opción **Editar Material**. De la lista de materiales seleccione uno que posea propiedades semejantes. Pulse con el botón secundario del ratón y seleccione **Copiar**. Pulse con el botón secundario del ratón sobre la carpeta **Materiales Personalizados** y seleccione **Nueva Categoría**. Cree una categoría de materiales denominada (Mis materiales). Pulse sobre la carpeta creada con el botón secundario del ratón y seleccione **Pegar**. De esta forma ha pegado el material en su carpeta de materiales. Edite el material con las propiedades indicadas en el enunciado.
3. En la **Tabla de propiedades** de material indique las siguientes características: **EX** (Módulo de elasticidad) en 7.5 e10, **NUXY** (Coeficiente de Poisson) en 0.33, **SIGYLD** (Límite elástico) en 4.1 e8, **ETAN** (Módulo tangente) en 1.2 e8, **DENS** (Densidad de masa) en 2700 y un **Factor de endurecimiento** de 0.0. Pulse **Aceptar**.

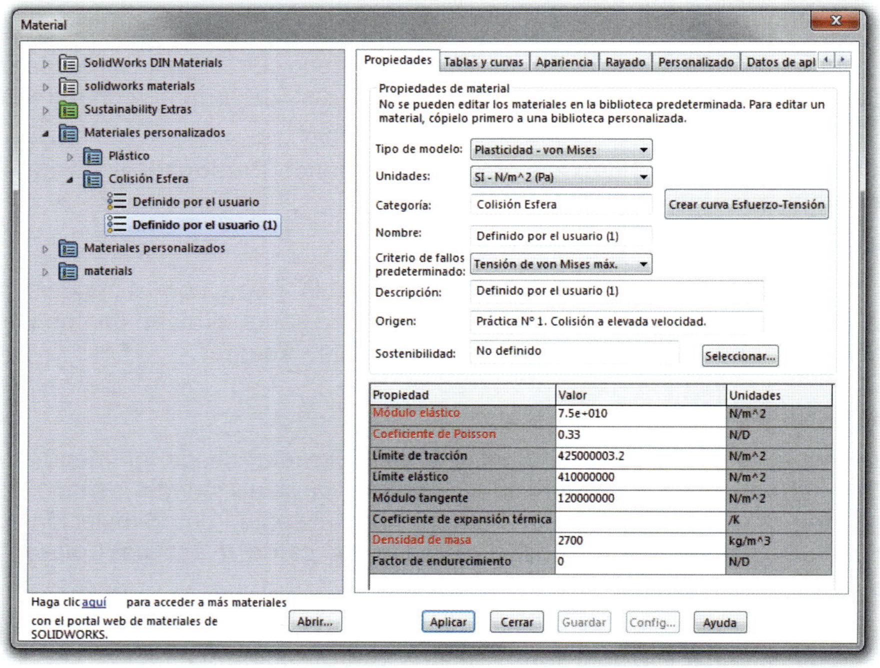

Recuerde que los materiales con **Plasticidad de von Mises** se pueden deformar de forma permanente después del impacto y el **Factor de endurecimiento** (0 a 1) está asociado a la cantidad máxima de deformación que puede soportar un material antes de que se produzca su agrietamiento. En el siguiente gráfico tensión/deformación puede apreciarse el módulo de elasticidad y el módulo tangente para un endurecimiento isotrópico.

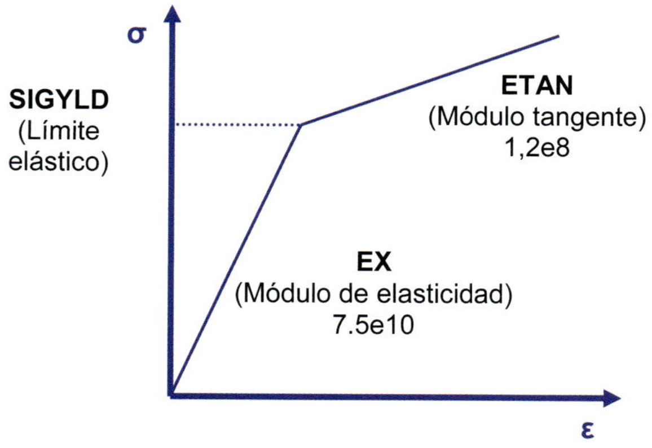

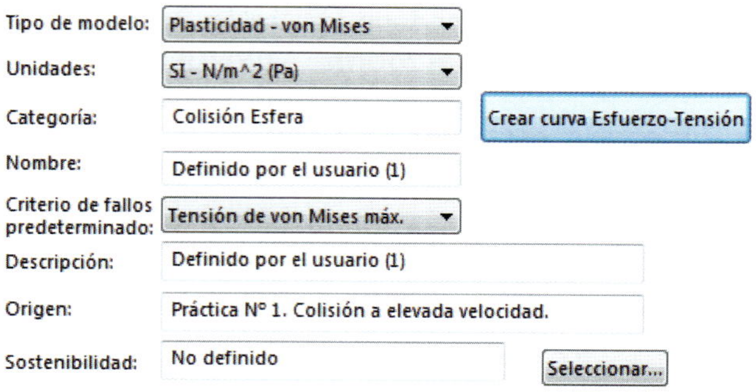

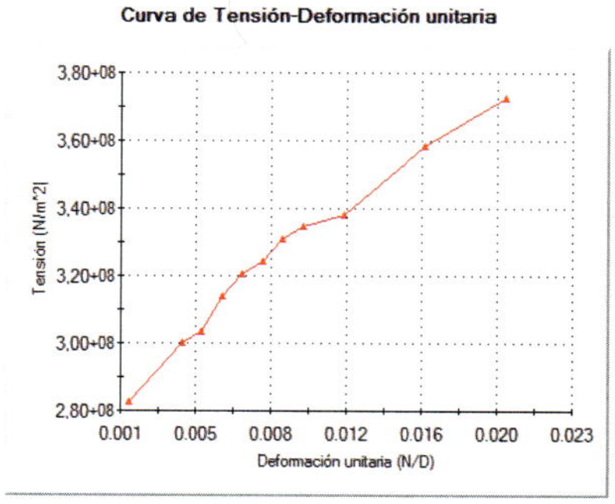

Propiedad	Valor	Unidades
Módulo elástico	7.5e+010	N/m^2
Coeficiente de Poisson	0.33	N/D
Límite de tracción	425000003.2	N/m^2
Límite elástico	410000000	N/m^2
Módulo tangente	120000000	N/m^2
Coeficiente de expansión térmica		/K
Densidad de masa	2700	kg/m^3
Factor de endurecimiento	0	N/D

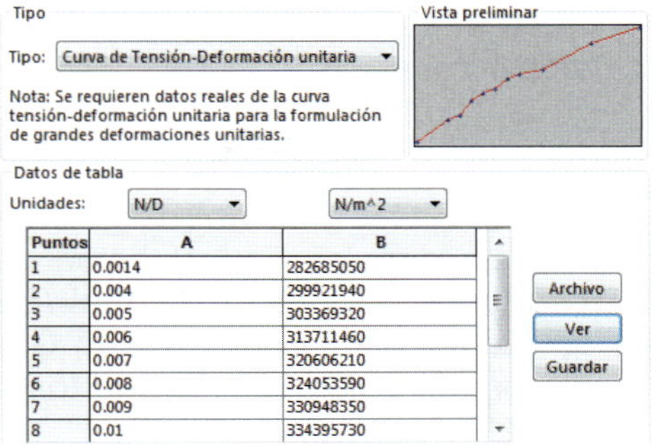

En caso de definir un material como elástico-lineal con un coeficiente de fricción nulo, el modelo rebotará de forma indefinida y no sufrirá ninguna deformación plástica. El impacto no causará pérdida de energía.

5. Definición del impacto

1. Para definir las características del impacto pulse con el botón secundario del ratón sobre el icono **Configuración** y seleccione **Definir/Editar**. En el PropertyManager seleccione **Velocidad de impacto** (500 m/sec) y el **plano** alzado. En la pestaña **Gravedad** seleccione el plano paralelo al alzado (Plano de Choque). Asegúrese de que la velocidad de impacto y la gravedad tienen la misma dirección. En caso contrario, pulse **Invertir referencia de velocidad de impacto**. En **Orientación destino** seleccione **Normal dir. gravedad** para que el plano de impacto sea normal a la gravedad. Marque la opción **Suelo rígido**.

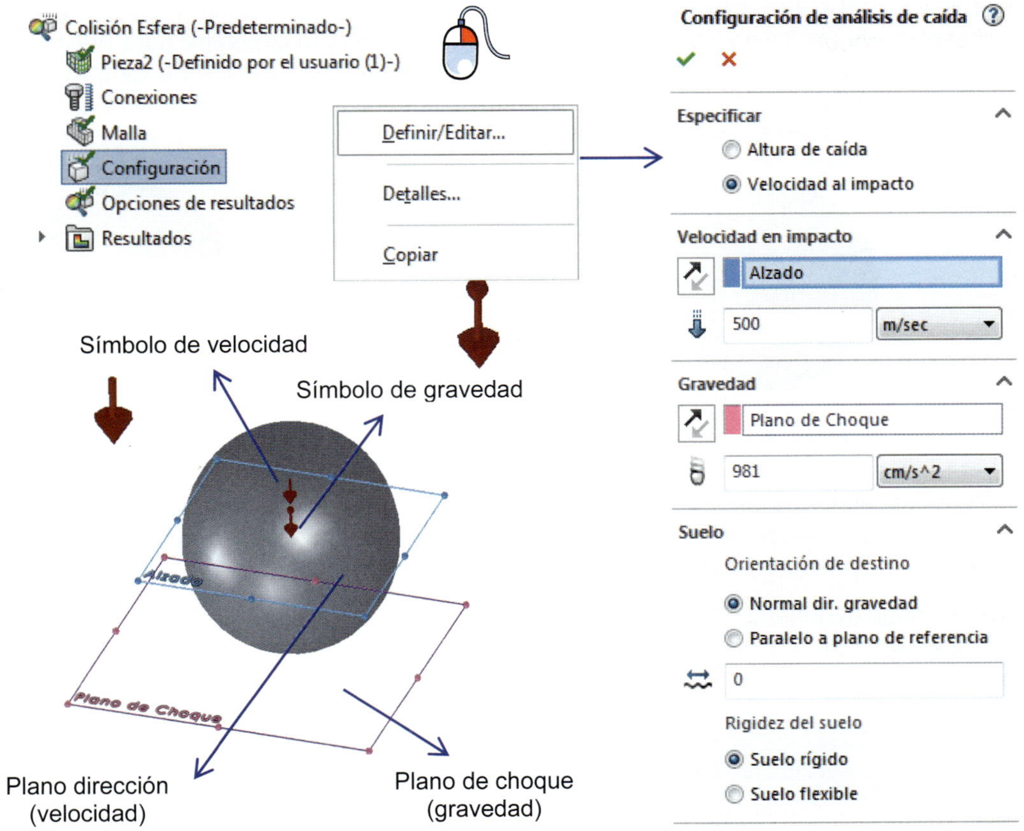

En esta práctica no debe definir las **Condiciones de contacto** puesto que su modelo únicamente está formado por una pieza.

6. Configuración de las opciones de resultados

1. Para definir los gráficos que describen cómo se produce el impacto de la esfera en función del tiempo pulse con el botón secundario del ratón sobre la carpeta **Opciones de resultados** y seleccione **Definir/Editar**. En **Tiempo de solución después del impacto** indique 50 microsegundos y en **Guardar resultados** escriba 0. En **Número de trazados** escriba 40. Seleccione **Todos los sensores de datos de seguimiento** en N.º de pasos de gráfico por trazado.

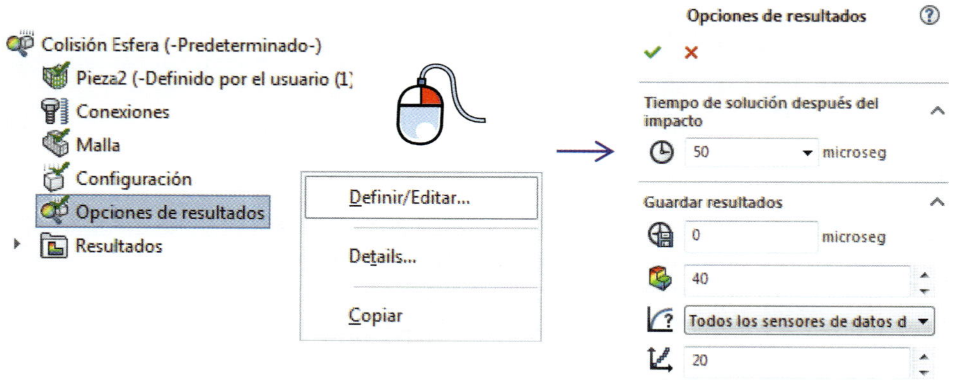

7. Mallado y ejecución del análisis

1. Pulse con el botón secundario del ratón sobre **Malla** y seleccione la opción **Crear malla**. Desplace el cursor deslizante de **Factor de malla** hacia la izquierda para definir una malla de densidad grosera (**Malla gruesa**). Pulse **Aceptar**. En estudios de caída y de impacto es conveniente seleccionar una **Malla gruesa** para evitar alargar los tiempos de procesamiento antes de obtener los resultados.

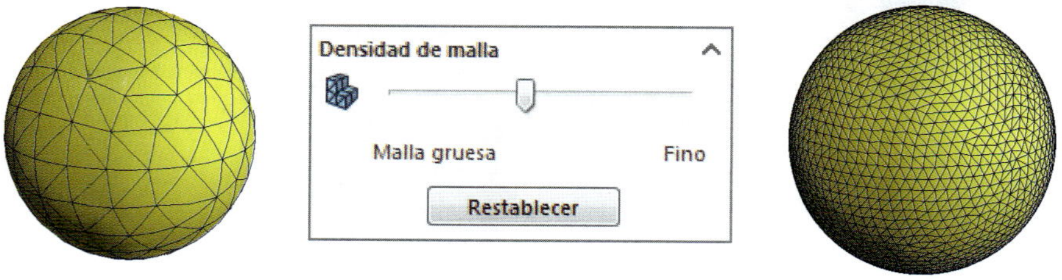

Malla gruesa Malla fina

2. Para ejecutar el análisis de impacto, pulse con el botón secundario del ratón sobre el nombre del análisis en el gestor de simulación o pulse sobre el icono **Ejecutar** desde la barra principal de Simulación.

Trazados de desplazamientos de todos los puntos de la esfera durante el choque. Los colores cálidos (rojo, naranja y amarillo) representan las mayores deformaciones, mientras que los colorares más fríos (azul y verde) indican pequeñas deformaciones.

> En caso de ejecutar el ensayo sin mallar el modelo, SolidWorks realiza la operación automáticamente.

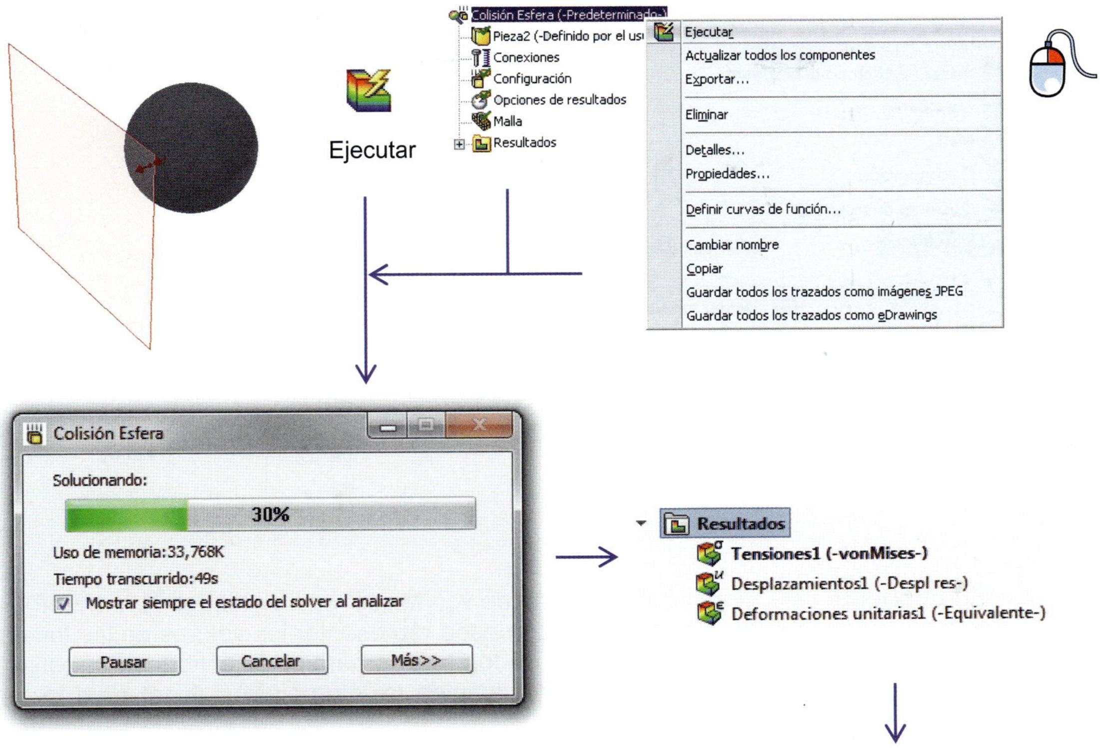

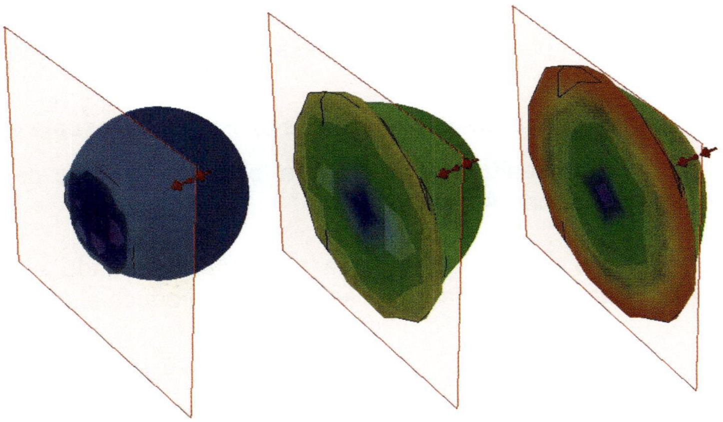

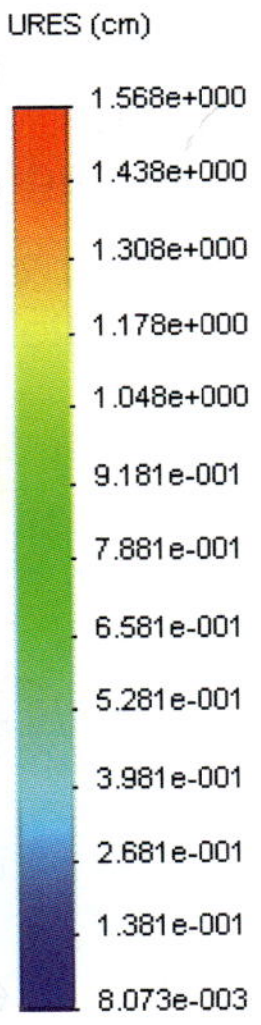

En el caso de que una simulación requiera más de 60 minutos de procesado, SolidWorks muestra un aviso de advertencia.

8. Visualización de resultados

Los resultados de caída o impacto incluyen las representaciones de las tensiones, los desplazamientos y las deformaciones. Para su visualización:

1. Pulse con el botón secundario del ratón sobre la carpeta **Resultados** desde el gestor de simulación. Seleccione **Definir trazado de tensiones**.

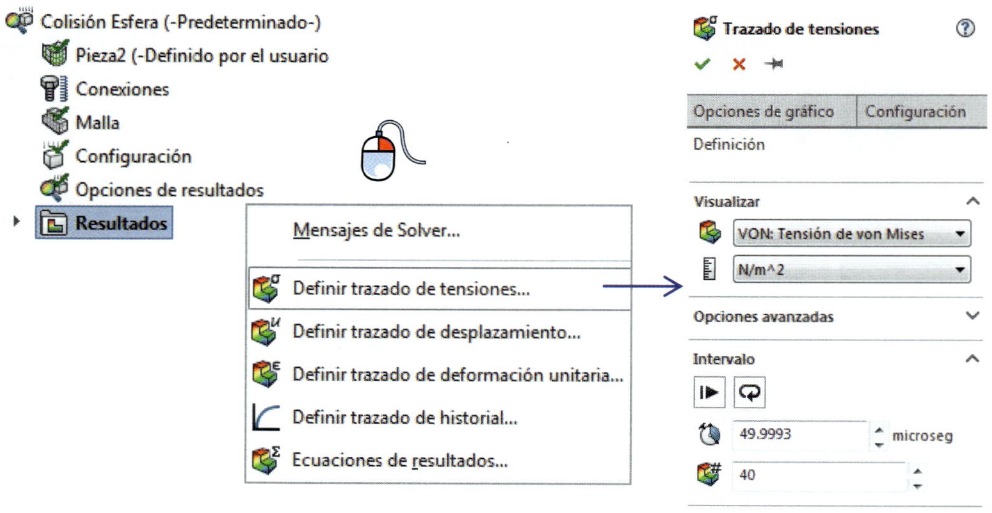

2. En **Componente** seleccione VON: Tensión de von Mises. Las **Unidades** N/mm^2(MPA). En **Opciones avanzadas** puede definir dónde desea representar los valores de las tensiones obtenidas. Seleccione la opción **Valores en los nodos** para crear el trazado de tensiones en los nodos. Recuerde que **Solid**Works emplea la interpolación lineal para crear un trazado liso.
3. En **Paso de trazado** indique 40. Esta opción define el número de pasos en que se traza el resultado seleccionado. Observe que para un **Paso de trazado** de 40 se tiene un tiempo de 49,9993 microsegundos.
4. En **Deformada** seleccione **Definido por el usuario** e indique un **Factor de escala** de 1.
5. Para animar el **Análisis de impacto** realizado pulse con el botón secundario del ratón sobre el gestor de simulación y seleccione **Animar**.

Antes de reproducir la animación disminuya la rapidez de la misma desplazando el cursor deslizante hacia la izquierda para ver, a cámara lenta, la forma en la que se produce el choque y la deformación.

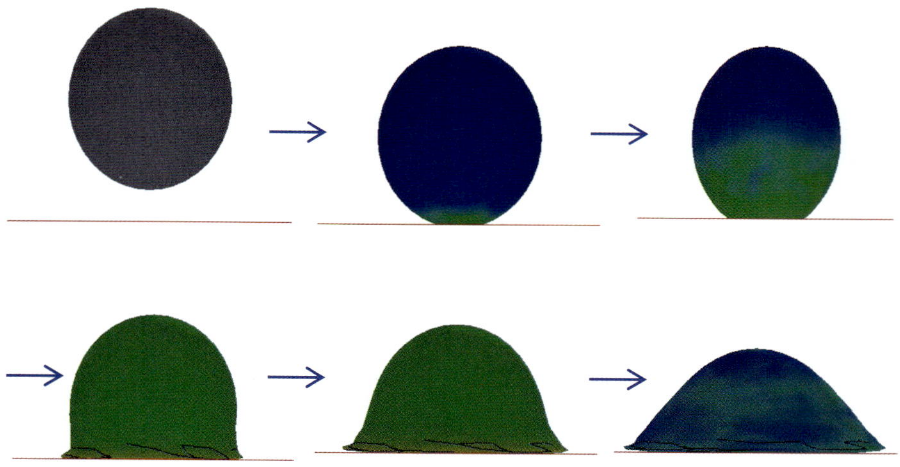

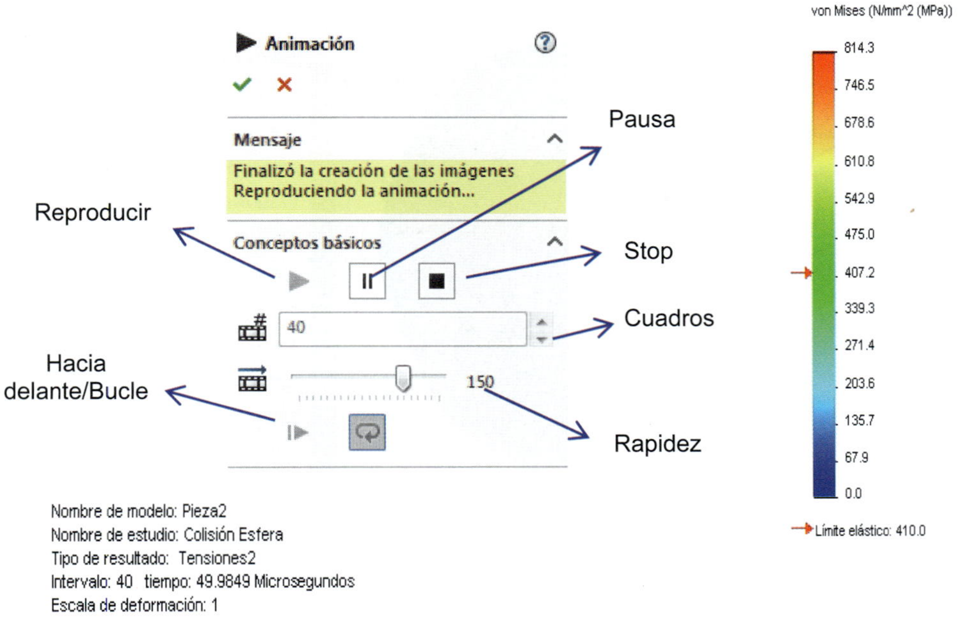

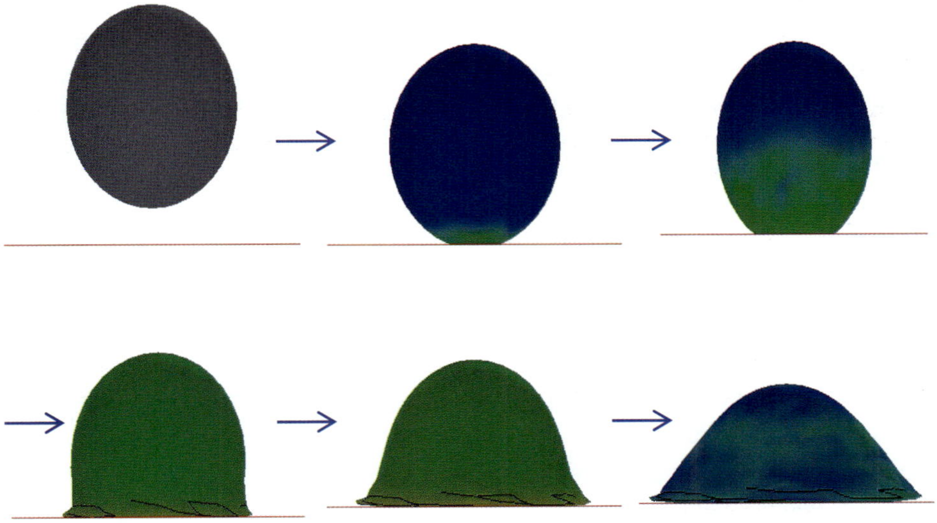

9. Trazado de desplazamientos

Puede representar los desplazamientos en la dirección de impacto (**Desplazamiento axial, UZ**). El desplazamiento se mide desde el momento en que la esfera golpea el plano de choque rígido antes de producirse la deformación hasta la deformación máxima permanente.

1. Pulse con el botón secundario del ratón sobre la carpeta **Resultados** desde el gestor de simulación. Seleccione **Definir trazado de desplazamiento**.
2. Seleccione **UZ: Desplazamiento de Z** en **Componente** y cm en las **Unidades**.
3. En **Paso de trazado** indique 40 en **Deformada** seleccione la opción **Definido por el usuario** y escriba 1 en el **Factor de escala**. Pulse **Aceptar**.
4. Pulse **Aceptar**.

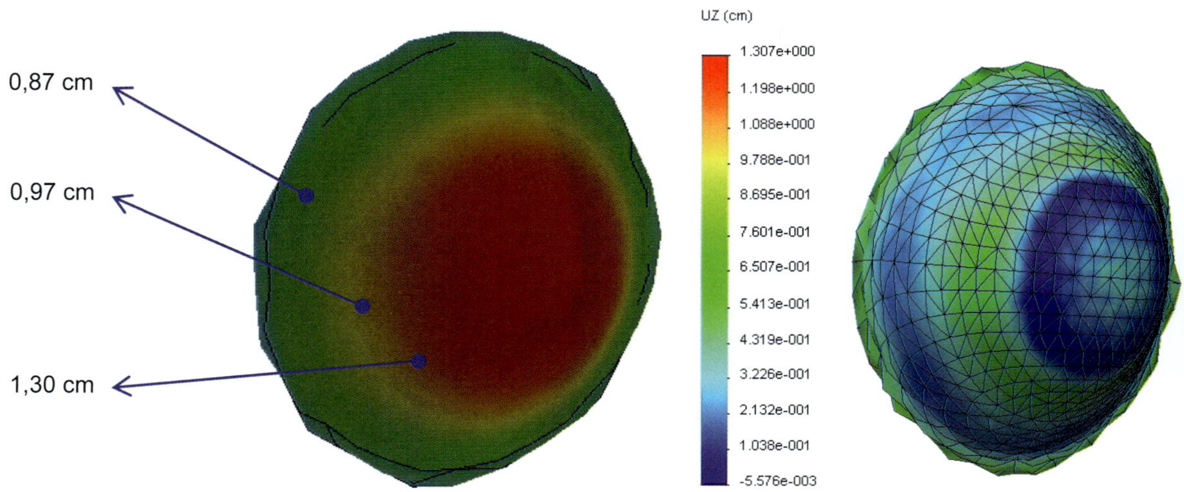

10. Gráfica Historia-Tiempo

Puede representar, en un diagrama de ejes cartesianos, los desplazamientos en la dirección de impacto (**Desplazamiento axial, UZ**), en función del tiempo. El desplazamiento se mide desde el momento en que la esfera golpea el plano de choque rígido antes de producirse la deformación hasta la deformación máxima permanente, teniendo en cuenta la recuperación elástica.

Para crear la Gráfica **Historia-Tiempo**:

1. Pulse con el botón secundario del ratón sobre la carpeta **Resultados** desde el gestor de simulación. Seleccione **Definir trazado de historial**.
2. Seleccione uno o más nodos de la lista. Observe el nodo sobre el modelo desde la zona de gráficos. En el **Eje X** (abscisas) seleccione **Tiempo** y en el **Eje Y** (ordenadas), seleccione **Desplazamiento** (**UZ:Desplazamiento en Z**). Seleccione milímetros (mm) en las **Unidades**.
3. Puede representar las gráficas de desplazamiento de hasta 6 nodos al mismo tiempo.
4. Pulse **Aceptar**.

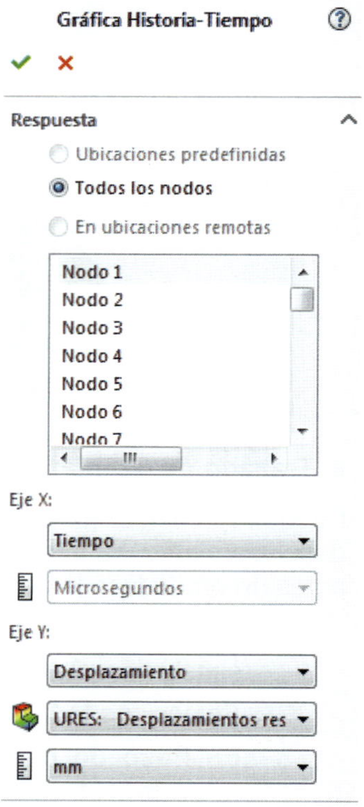

Además de los desplazamientos puede representar la variación de otras variables como la **Tensión**, la **Velocidad traslacional** o la **Aceleración traslacional**, en función del tiempo.

Los gráficos de desplazamientos en función del tiempo se realizan para **Todos los nodos** o solo para algunos de ellos. Es recomendable seleccionar únicamente algunos nodos y realizar el desplazamiento en función del tiempo, tal y como se muestra en la figura de la página siguiente.

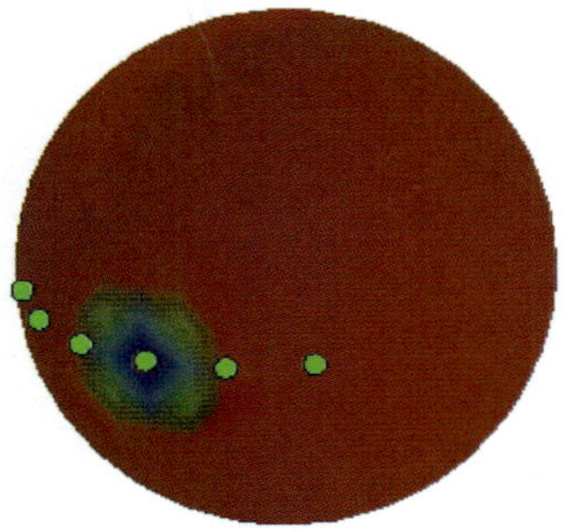

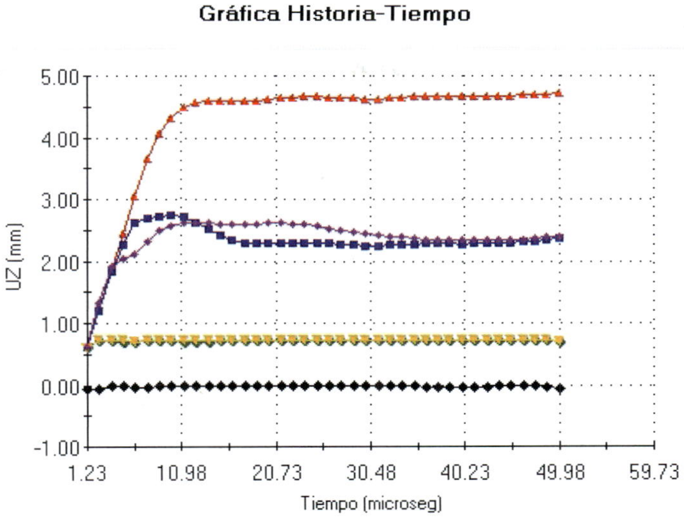

Nodo 37

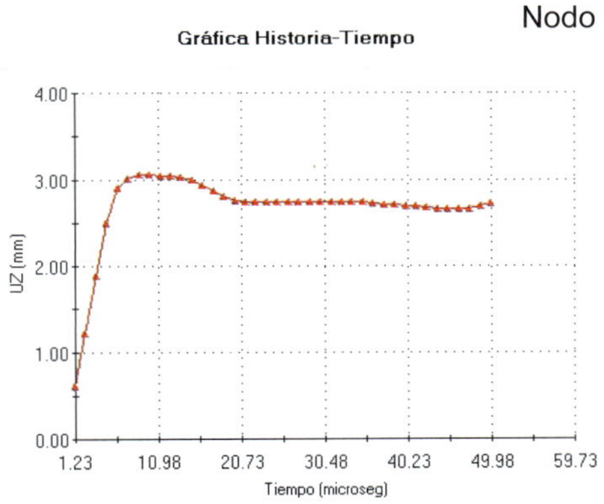

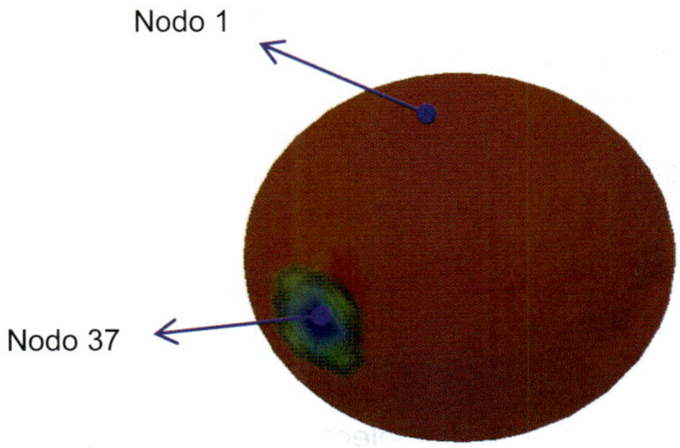

Nodo 1

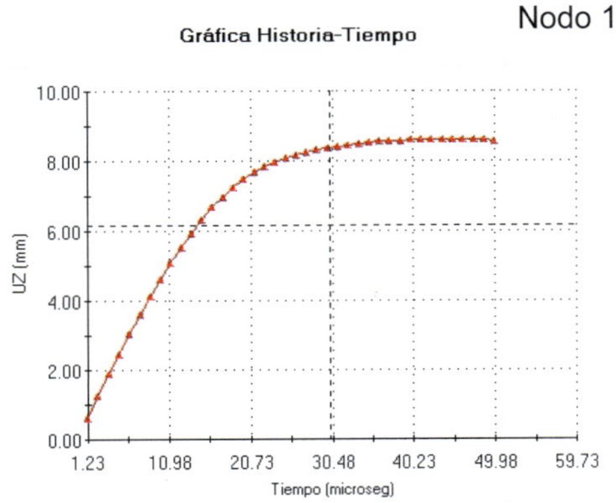

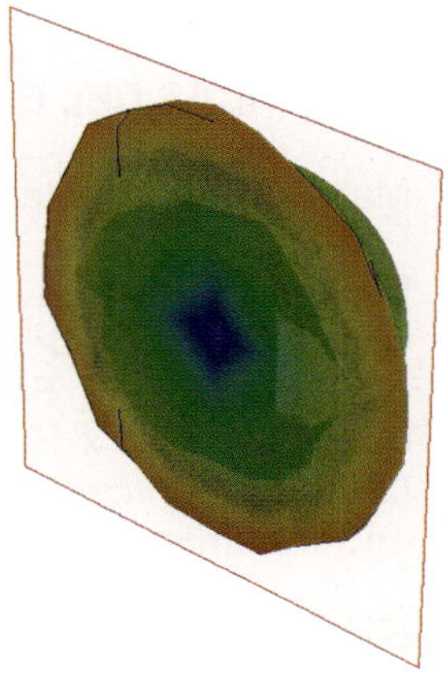

6.4 Práctica 6-2. Estudio de caída de dos piezas

Evalúe el comportamiento mecánico de la caída de las dos piezas de la figura cuando caen desde una altura de 4 metros sobre una superficie rígida (Plano fijo de choque). Descargue el modelo de ensamblaje contenido en el DVD que acompaña el libro.

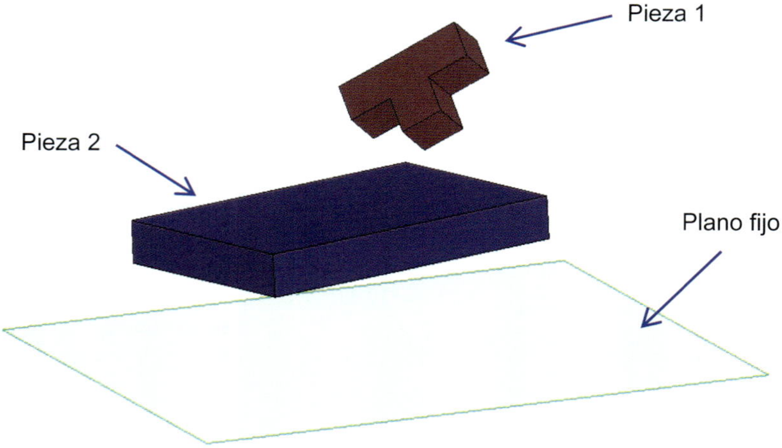

ASPECTOS A ESTUDIAR

- Crear un **Estudio de caída** y asignar material a las piezas 1 y 2 del ensamblaje.
- Definir las características del impacto y el tipo de contacto entre las dos piezas.
- Definir las características del mallado y las opciones de resultados.
- Ejecutar el estudio y definir los trazados de tensiones, deformaciones y desplazamientos.
- Definir el trazado de historial e identificar los valores.

CARACTERÍSTICAS DEL ENSAYO

- Malla sólida estándar gruesa. Tipo borrador. Puntos jacobianos 4.
- Material. **Material 1. EX**. Módulo de elasticidad (2,4 x 10^9), **NUXY**. Coeficiente de Poisson en 0,33, **SIGYLD**. Límite elástico (2,0 x 10^{10} kgf/cm^2), **DENS**. Densidad de masa (1200 Kg/cm^3) y **Factor de endurecimiento** en 0,85. **Material 2. EX**. Módulo de elasticidad (2,1 x 10^9), **NUXY**. Coeficiente de Poisson en 0,30, **SIGYLD**.Límite elástico (2.2 x 10^{10} kgf/cm^2), **DENS**. Densidad de masa (1150 Kg/cm^3) y **Factor de endurecimiento** en 0,85.
- Altura de caída (4m), desde el centro de gravedad de las piezas. Gravedad (9,81 m/s^2). Contacto sin penetración.
- Tiempo de solución tras el impacto 20 000 microsegundos. Número de trazados 50.

1. Activar SolidWorks Simulation. Abrir el modelo de ensamblaje a analizar

1. Active la aplicación **Solid**Works **Simulation** y abra el modelo de ensamblaje de la práctica. Puede descargarlo de la página Web de Ra-Ma.

2. Crear el estudio de caída

1. Pulse sobre **Estudio** desde el menú de persiana **Solid**Works **Simulation**, seleccione la opción **Estudio de caída** y escriba *Caída de piezas 2* en **Nombre del estudio**. Pulse **Aceptar**. El gestor de diseño creado debe contener las carpetas indicadas en la figura.

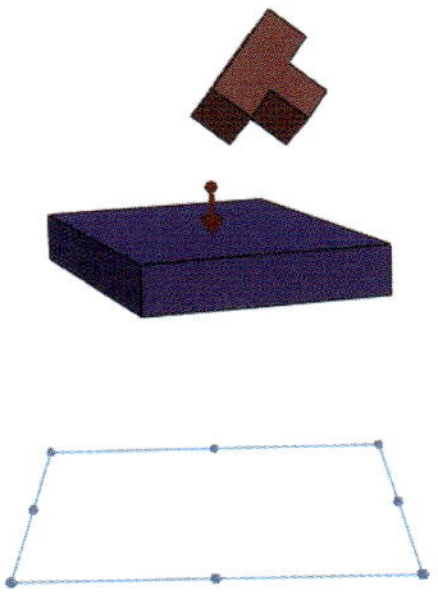

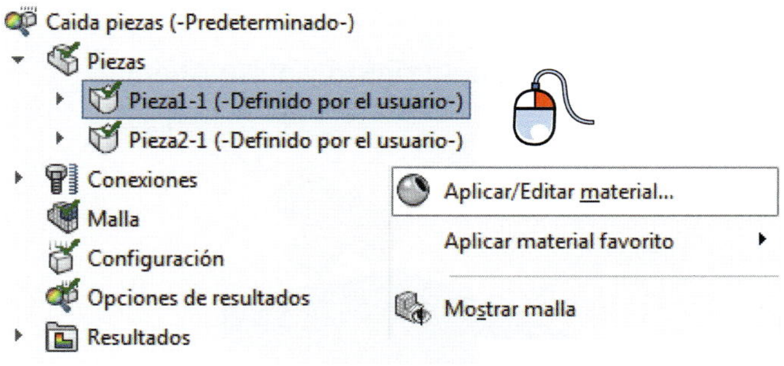

3. Definir las propiedades del material

1. Para definir el material de cada una de las dos piezas pulse con el botón izquierdo del ratón sobre el signo **+** delante de la carpeta de piezas del gestor de simulación. También puede abrir la carpeta haciendo doble clic sobre la carpeta piezas. Pulse con el botón secundario del ratón sobre la carpeta Pieza1-1 y seleccione **Aplicar/Editar material**.
2. Defina las propiedades del material desde la pestaña **Propiedades.** Recuerde que únicamente puede definir materiales personalizados, por que debería copiar uno preexistente y editarlo. Vea el capítulo 2. En la pestaña **Propiedades** y **Tipo de modelo** seleccione la opción **Plasticidad – von Mises**. En la **Tabla de propiedades** indique las características y pulse **Aceptar**. Repita el proceso para la Pieza2-1.

Propiedad	Valor	Unidades
Módulo de elasticidad (1ª dir.)	2400000000	kgf/cm^2
Coeficiente de Poisson en dir. XY	0.33	NA
Límite elástico	2e+010	kgf/cm^2
Módulo tangente		kgf/cm^2
Coef. de dilatación térmica (1ª dir.)		/Centigrade
Densidad	1200	kg/cm^3
Factor de endurecimiento (0.0-1.0; 0.0	0.85	NA

> Los materiales plásticos de von Mises pueden sufrir deformación permanente al producirse el impacto. La fórmula de grandes desplazamientos (solución no lineal) permite predecir la deformación plástica generada durante el impacto.

4. Definir el impacto

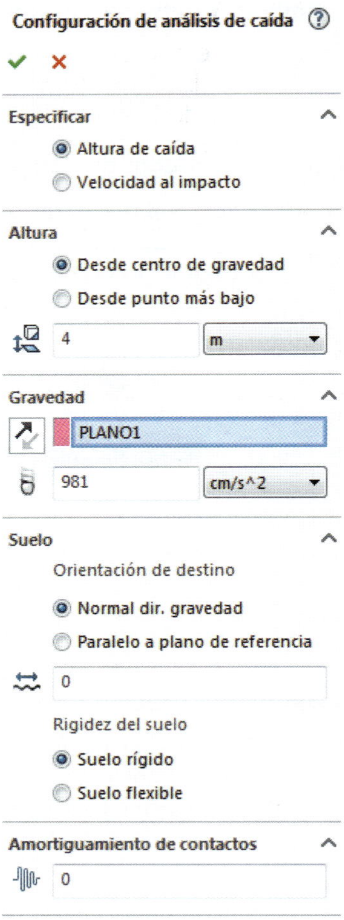

1. Pulse con el botón secundario del ratón sobre el icono **Configuración** y seleccione **Definir/Editar**. En el PropertyManager de **Configuración del análisis** seleccione **Altura de caída** (4 metros) y **Desde centro de gravedad**. En la pestaña **Gravedad** seleccione el plano denominado PLANO1 desde el árbol de operaciones del gestor de diseño.
2. En **Orientación de destino** seleccione **Normal dir. gravedad** para que el plano de impacto sea perpendicular a la gravedad.
3. Marque la opción **Suelo rígido** y pulse **Aceptar**.

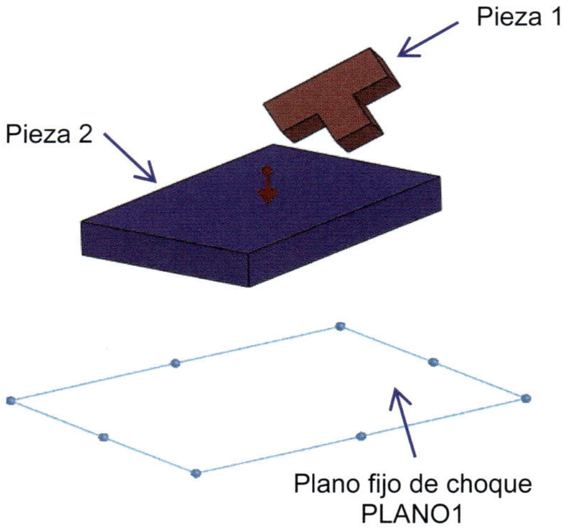

5. Definir el contacto entre las dos piezas

1. Para definir el contacto entre las dos piezas pulse con el botón secundario del ratón sobre **Conexiones** desde el gestor de simulación y seleccione la opción **Contacto**.
2. En el PropertyManager de **Contacto** seleccione **Sin penetración** y elija las caras de la Pieza1-1 indicadas en la figura para **Set1**. Seleccione la cara de la Pieza2-1 para **Set2**. Pulse **Aceptar**.

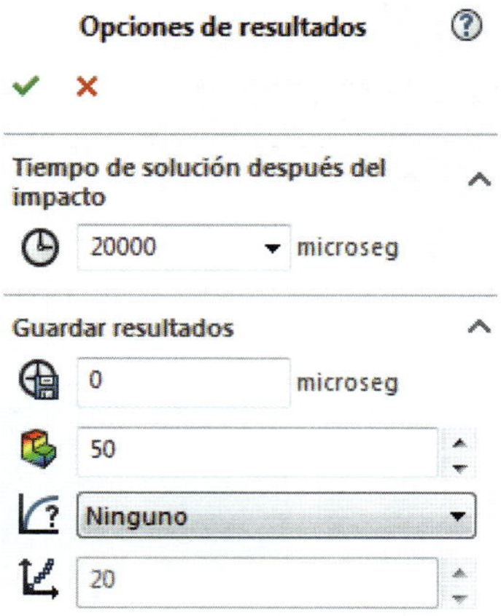

6. Configurar Opciones de resultados

1. Para definir los gráficos que indiquen cómo se produce el impacto de las dos piezas sobre el plano, pulse con el botón secundario del ratón sobre la carpeta **Opciones de resultados** y seleccione **Definir/Editar**. En **Tiempo de solución después del impacto** indique 20 000 microsegundos y en **Guardar resultados** escriba 0. En **Número de trazados** indique 50. Seleccione **Ninguno** en N.º de pasos de gráfico por trazado. Pulse **Aceptar**.

7. Mallado y ejecución del análisis

1. Pulse con el botón secundario del ratón sobre **Malla** y seleccione la opción **Crear malla**. Desplace el curso de **Factor de malla** hacia la izquierda para definir una malla de densidad grosera (Malla gruesa) y **Malla estándar**. En **Avanzado,** indique 4 en **Puntos jacobianos**. Desactive la opción **Malla con calidad borrador**. Seleccione **Pruebas automáticas para sólidos**. Escriba 3 en **Número de intentos** y pulse **Aceptar**.

2. Pulse con el botón secundario del ratón sobre el nombre del análisis en el gestor de simulación o pulse sobre el icono **Ejecutar** desde la barra principal de Simulación para empezar a resolver el análisis de caída.

8. Definir trazados de tensiones, deformaciones y desplazamientos

Los trazados de tensiones, deformaciones y desplazamientos puede obtenerlos pulsando con el botón secundario del ratón sobre la carpeta **Resultados** desde el gestor de simulación. Seleccione **Definir trazado de tensiones**, **deformaciones** o **desplazamientos**.

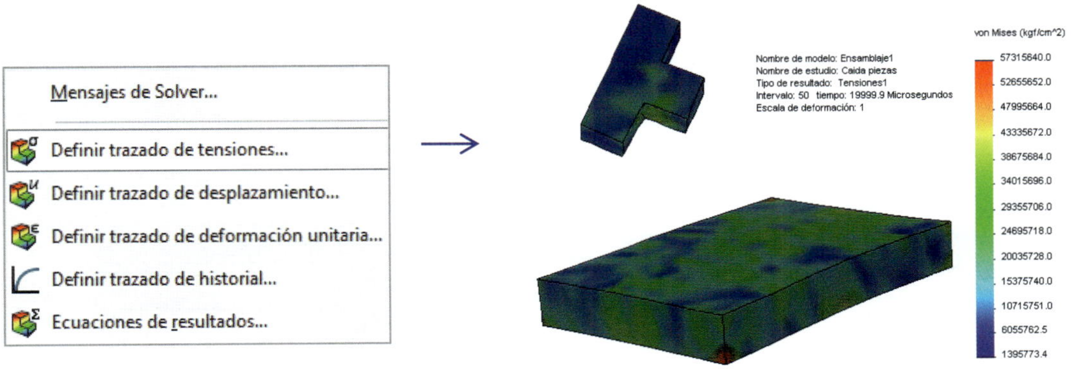

9. Animar la caída

Para animar los gráficos de tensiones, deformaciones y desplazamientos pulse con el botón secundario del ratón sobre el gestor de simulación y seleccione **Animar**. Puede observar cómo varían los trazados en función del tiempo, y cómo las piezas caen y golpean entre ellas y el plano de choque.

Durante la caída no se produce ningún tipo de rotación en las dos piezas hasta que no impactan entre sí. Observe cómo la pieza con forma de T gira sobre sí misma después de impactar con la otra pieza.

> Recuerde que puede guardar las animaciones de caída en formato AVI. Puede reproducir las animaciones creadas mediante Microsoft® Media Player© o cualquier otro reproductor.

10. Enumerar tensión, desplazamiento, deformación unitaria

Puede visualizar el nodo de cada uno de los modelos donde se producen las tensiones, deformaciones o deformaciones unitarias máximas o mínimas. Para su evaluación pulse con el botón secundario del ratón sobre la carpeta **Resultados** desde el gestor de simulación y seleccione **Enumerar Tensión, Desplazamiento, Deformación unitaria**.

En el PropertyManager de **Enumerar** seleccione **Tensión**, **Deformación** o **Deformación unitaria** en el menú **Cantidad**. En función de la variable seleccionada, puede elegir diferentes componentes. Seleccione el **Criterio** (máximo o mínimo) en la pestaña **Opciones avanzadas**. Pulse **Aceptar** para visualizar la tabla con los resultados.

Nodo	X (mm)	Y (mm)	Z (mm)	VON (kgf/cm^2)
347	-70.846	-38.0138	128.861	5.73156e+007
1864	-71.2441	-34.1025	11º25.772	5.56456e+007

Los nodos 347 y 1864 son los que experimentan una mayor tensión von Mises. Puede realizar el estudio de los desplazamientos o la deformación unitaria máxima o mínima.

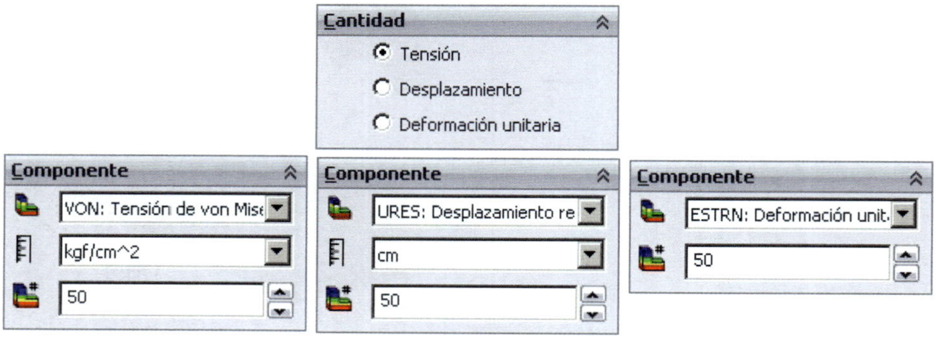

Tensión Desplazamiento Deformación

11. Definir trazado de historial

Podemos evaluar la tensión sufrida por los nodos 347 y 1864 después del impacto y estudiar cómo varía con el paso del tiempo hasta su finalización.

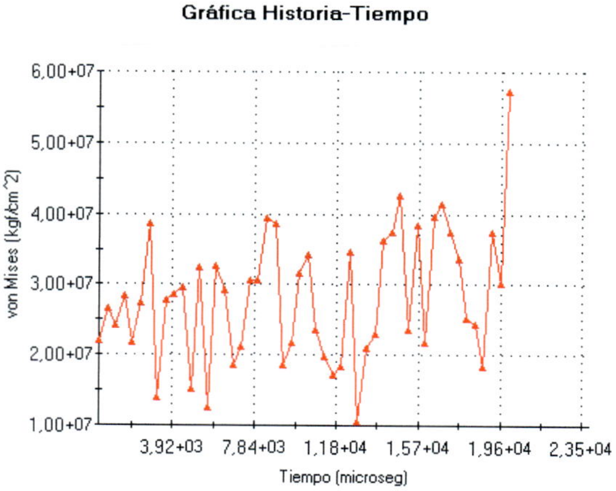

Para definir un **trazado de historial**:

1. Pulse con el botón secundario del ratón sobre la carpeta **Resultados** desde el gestor de simulación. Seleccione **Definir trazado de historial**.
2. Seleccione el nodo 347.
3. Defina como **Eje X** el tiempo y como **Eje Y** la tensión de von Mises.
4. En **Intervalo (tiempo)** puede fijar el valor máximo y mínimo, además de configurar la resolución de los pasos intermedios de la gráfica. Si, por ejemplo, indica como paso intermedio 5, los resultados se grafican cada cinco pasos de tiempo. Para la práctica seleccione la opción **Completo**.
5. Pulse **Aceptar** para crear el gráfico X-Y (tiempo-tensión).

12. Identificar valores

La opción **Identificación de valores** permite conocer los valores de la tensión, los desplazamientos o cualquier otra variable sobre los nodos de su modelo.

Así, por ejemplo, podemos determinar cómo varia la tensión en la arista seleccionada de la Pieza1-2 durante la caída del modelo.

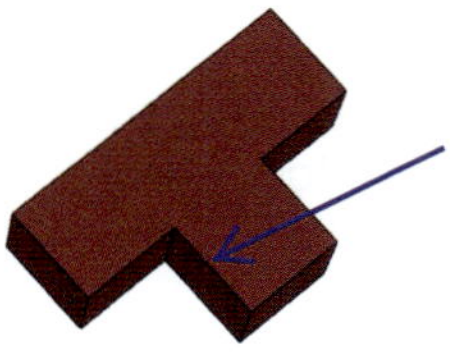

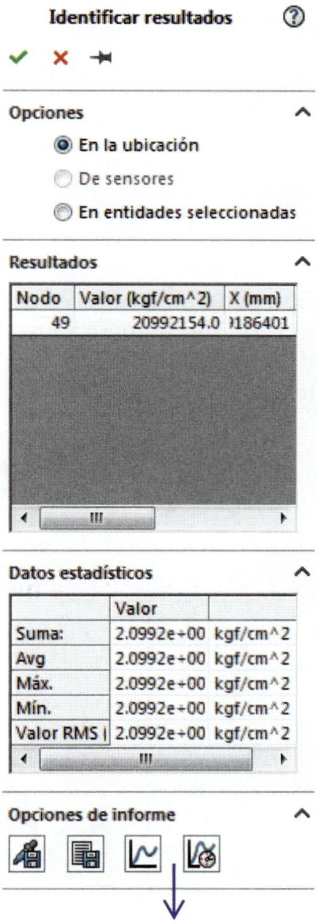

El PropertyManager de **Identificar valores** muestra, en un trazado de tensión nodal, el número de nodo, el valor de la tensión para cada uno de ellos y las coordenadas (X, Y y Z). En la parte inferior del PropertyManager tiene un **Resumen**. Pulse sobre **Respuesta** para visualizar la variación de la tensión sobre la arista a lo largo del tiempo. Cada gráfico representa la respuesta de un nodo en función del tiempo.

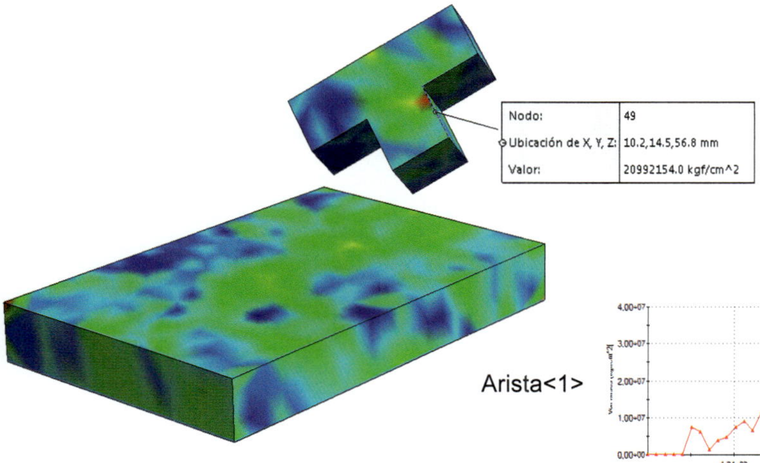

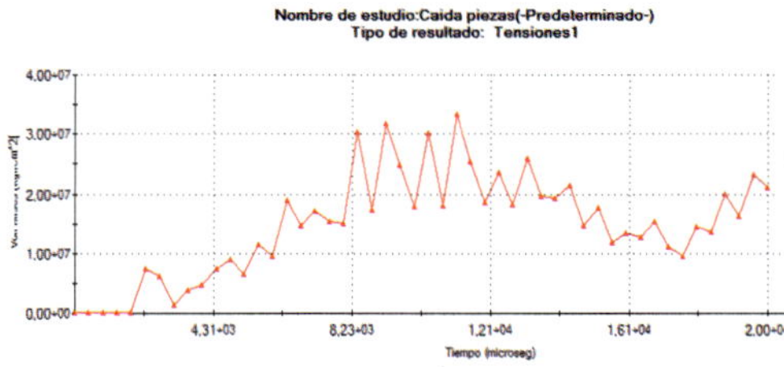

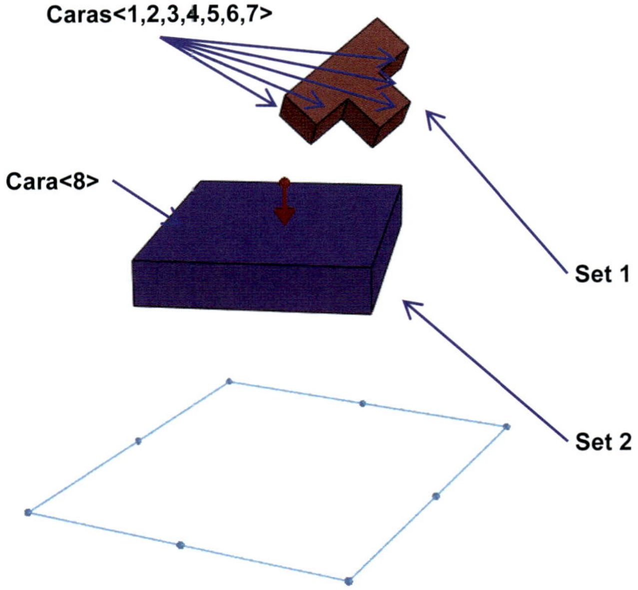

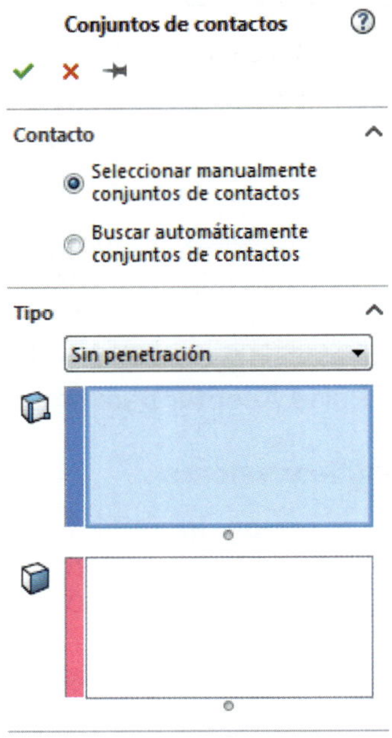

Se representan la evolución de las tensiones en cada uno de los nodos que definen la arista en función del tiempo. Observe cómo inicialmente la tensión en todos los nodos es nula y aumenta después del impacto. Los nodos más cercanos a la esquina (188, 38 y 37) presentan valores de tensión mayores.

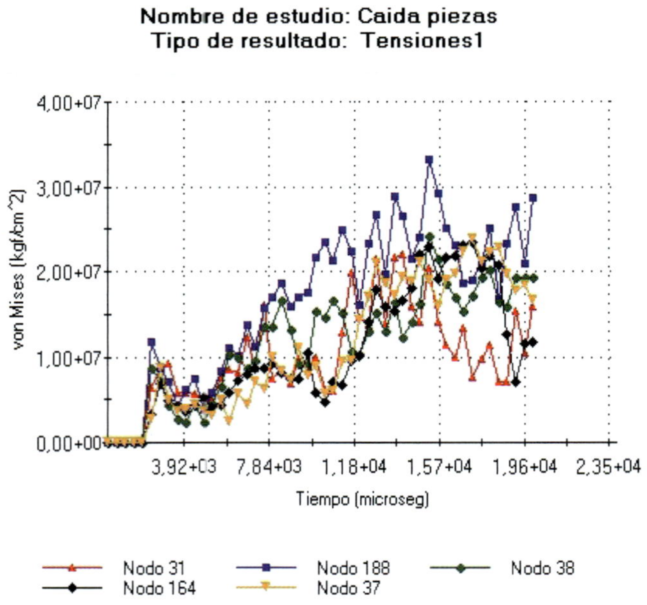

6.5 Practica 6-3. Estudio de caída PDA

Estudie la carga de choque que sufre el e-book protegido por un recubrimiento de PEHD. Descargue el modelo del DVD que acompaña el libro.

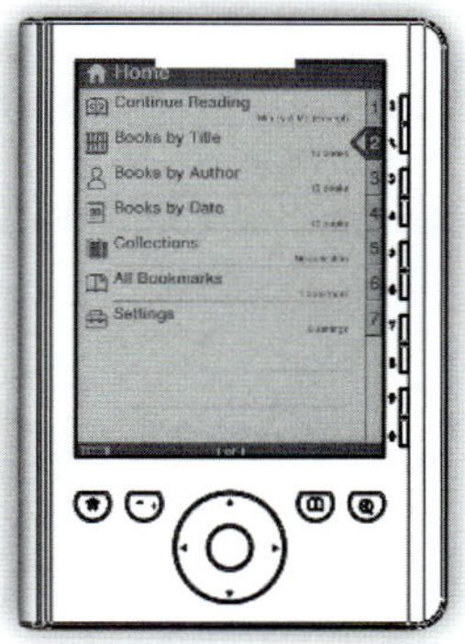

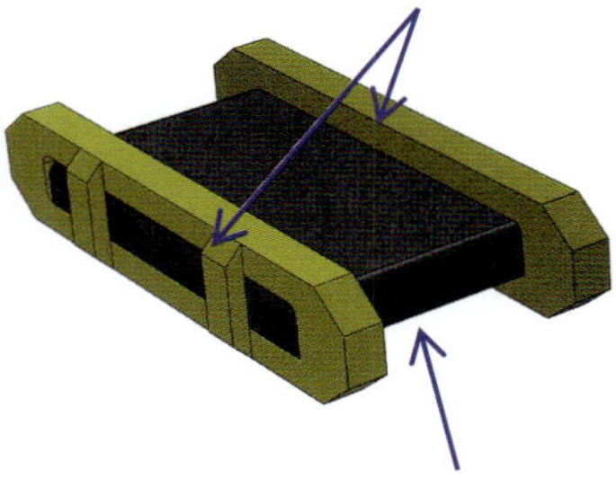

Protección anticaídas

Modelo e-book simplificado

ASPECTOS A ESTUDIAR

- Crear un **Estudio de caída**.
- Asignar un material al e-book y otro a las protecciones anticaídas (PEHD).
- Definir las características de la caída y las **opciones de resultados**.
- Definir los contactos entre el e-book y las protecciones anticaídas.
- Definir las características del mallado y ejecutar el estudio de caída.
- Ver resultados básicos del estudio.
- Evaluar la seguridad de las protecciones anticaídas.

CARACTERÍSTICAS DEL ENSAYO

- **Malla sólida estándar**. Tamaño global de 9 mm.
- **Material**. e-book formado por policarbonato de alta viscosidad (PC). Las protecciones anticaídas son de polietileno de alta densidad (PEHD).
- Altura de caída (4m), desde el centro de gravedad de las piezas. Gravedad (9,81 m/s^2). Contacto sin penetración.
- **Tiempo de solución tras el impacto**, 2000 microsegundos. Número de trazados, 25. Todos los sensores de datos de seguimiento.

1. Activación de SolidWorks Simulation y apertura del modelo a analizar

Active la aplicación **Solid**Works **Simulation** y abra el modelo de ensamblaje que puede descargar desde el DVD que acompaña el libro.

2. Creación del estudio de caída

Pulse sobre **Estudio** desde el menú de persiana **Solid**Works **Simulation**, seleccione la opción **Estudio de caída** y escriba *Caída e-book* en **Nombre del estudio**. Pulse **Aceptar**.

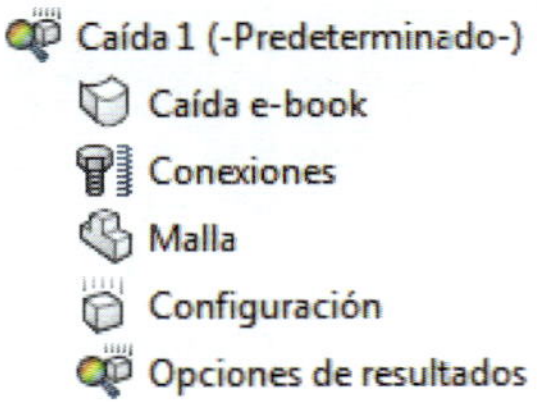

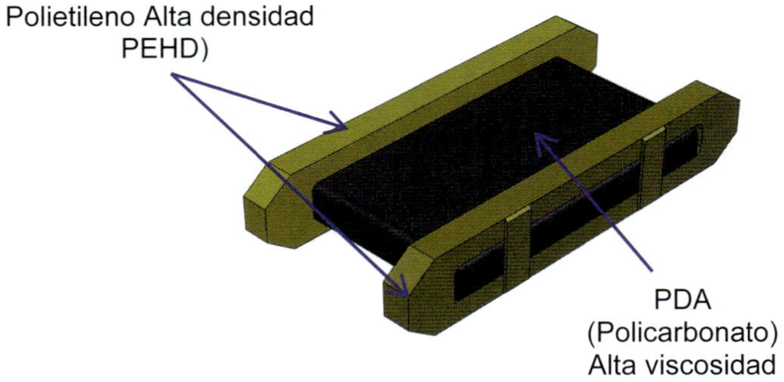

3. Definición de las propiedades del material

1. Para definir las propiedades del material pulse sobre la carpeta Pieza para ver los componentes del ensamblaje. Pulse con el botón secundario del ratón sobre la pestaña con el nombre de la pieza (practica 2-2-1) y seleccione la opción **Aplicar/Editar material**. En plásticos localice el polietileno de alta densidad (PEHD) que se emplea como protección para amortiguar los golpes.
2. Pulse **Aceptar**. Repita la misma operación para la pieza (Simetriapractica 2-21-1).
3. Para seleccionar el material que conforma el e-book (Pieza 2-1) siga los mismos pasos y seleccione un policarbonato de alta viscosidad (PC). Pulse **Aceptar**.

Módulo elástico	1070000000
Coeficiente de Poisson	0.4101
Módulo cortante	377200000
Densidad	952

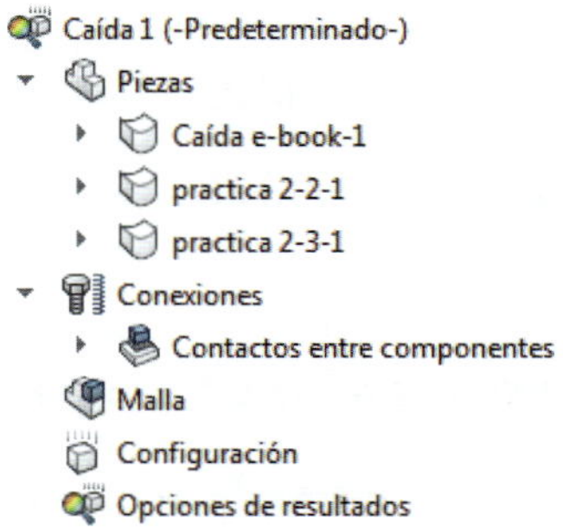

4. Definición de la caída de la PDA (Configuración de análisis)

1. Para definir la altura de la caída del e-book pulse con el botón secundario del ratón sobre el icono **Configuración** y seleccione **Definir/Editar**. En el PropertyManager de **Configuración del análisis** seleccione **Altura de caída** (4 metros) y **Desde centro de gravedad**. En la pestaña **Gravedad** seleccione el plano denominado Gravedad caída, desde el gestor de diseño. En **Orientación destino** seleccione **Normal dir. gravedad** para que el plano de impacto sea perpendicular a la gravedad. Marque la opción **Suelo rígido** y pulse **Aceptar**.

5. Configuración de Opciones de resultados

1. Utilizaremos **Todos los sensores de datos de seguimiento** en N.º de pasos de gráfico por trazado para poder estudiar cómo evoluciona la tensión, el desplazamiento, las aceleraciones y otras variables en función del tiempo en dos vértices de la PDA.
2. Para definir los gráficos que indiquen cómo se produce la caída de la PDA debe pulsar con el botón secundario del ratón sobre la carpeta **Opciones de resultados**, seleccionar **Definir/Editar** y definir las características del mismo.
3. En **Tiempo de solución después del impacto** indique 2000 microsegundos y en **Guardar resultados** escriba 0. En **Número de trazados** escriba 25. Seleccione **Todos los sensores de datos de seguimiento** en N.º de pasos de gráfico por trazado. Pulse **Aceptar**.

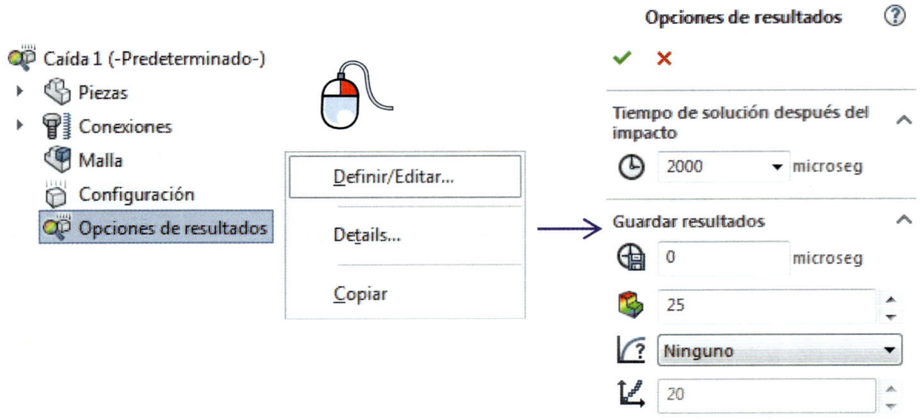

6. Definición del contacto entre el e-book y las protecciones anticaída de PEHD

1. Para definir el **Contacto** entre las caras del e-book y de las protecciones de polietileno (protecciones anticaída) pulse con el botón secundario del ratón sobre **Conexiones** desde el gestor de simulación. Seleccione la opción **Buscar sets de contacto**.

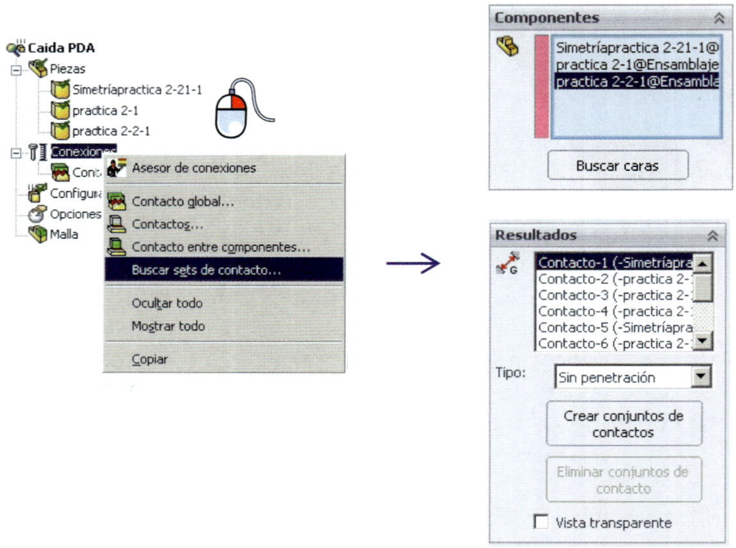

En Componentes seleccione los tres modelos (**componentes o sólidos)** que componen el ensamblaje (simetría práctica 2-21-1, práctica 2-1 y práctica 2-2-1). Pulse en **Buscar caras**.

2. En la ventana **Resultados** aparecen todos los contactos entre los tres modelos. Seleccione todos los contactos manteniendo pulsada la tecla **Mayús**. Seleccione **Sin penetración** en **Tipo** y pulse **Crear conjuntos de contactos**. Haga clic en **Aceptar** para finalizar.
3. En el gestor de simulación puede ver todos los contactos creados.

7. Mallado y ejecución del análisis

1. Pulse con el botón secundario del ratón sobre **Malla** y seleccione la opción **Crear malla**.
2. En **Parámetros de mallado** seleccione **Malla estándar** y defina el **Tamaño global** en 9 mm. Pulse **Aceptar** para crear la malla en su modelo.
3. Para ejecutar el análisis de impacto pulse con el botón secundario del ratón sobre el nombre del análisis en el gestor de simulación o pulse sobre el icono **Ejecutar** desde la barra principal de simulación.

8. Visualización de resultados

Los resultados de caída o impacto incluyen las representaciones de las tensiones, los desplazamientos y las deformaciones, entre otros. Para visualizar la tensión de von Mises sobre el la PDA:

1. Pulse con el botón secundario del ratón sobre la carpeta **Resultados** desde el gestor de simulación. Seleccione **Definir trazado de tensiones**.
2. En el PropertyManager seleccione **VON: Tensión de von Mises** y las **Unidades** en kg/cm^2. Indique valores en los nodos (trazado liso) y active la casilla **Resultados promedio a través del límite para piezas**, para promediar los resultados en los nodos comunes entre dos componentes del ensamblaje. Por último, seleccione la opción **Escala real** para visualizar la deformación de su modelo en escala 1:1.

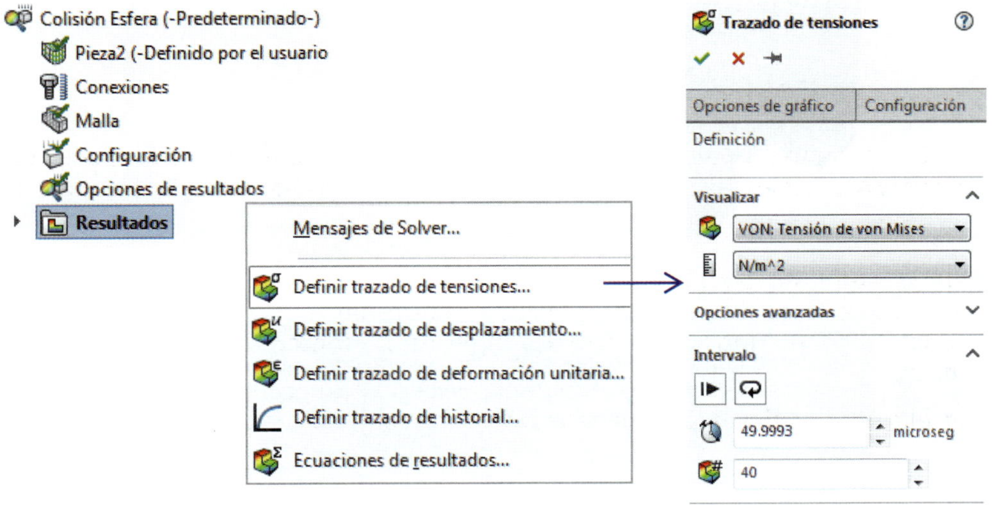

En la casilla **Intervalo** se muestra el tiempo al que corresponde el estudio de tensiones. En el caso estudiado se evalúa la tensión a los dos segundos del impacto (1999,92 microsegundos).

Si desea evaluar la tensión máxima o mínima en su modelo durante todo el tiempo de análisis, pulse sobre **Límites de trazados para todos los pasos** y seleccione máximo, mínimo o **máximo absoluto**.

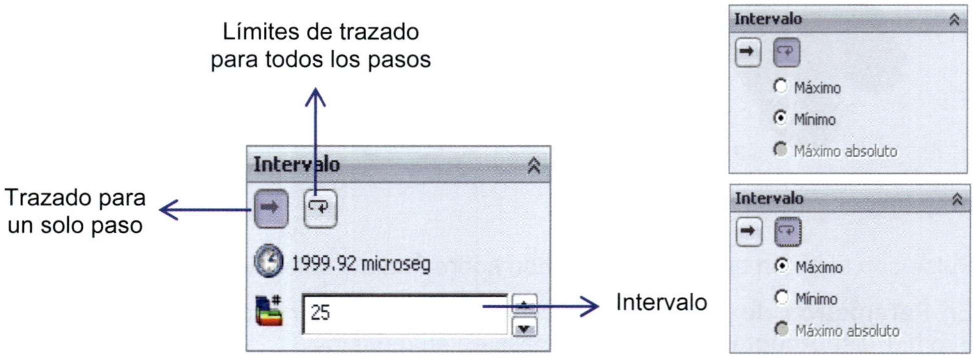

9. Animar los resultados

Para animar el trazado de las tensiones pulse **Animar** con el botón secundario del ratón sobre el icono del trazado de tensiones. Pulse sobre **Play** para reproducir la animación y en **Stop** para detenerla. En **Rapidez** es recomendable seleccionar valores bajos para ver la animación a cámara lenta y evaluar cómo se produce el impacto del e-book.

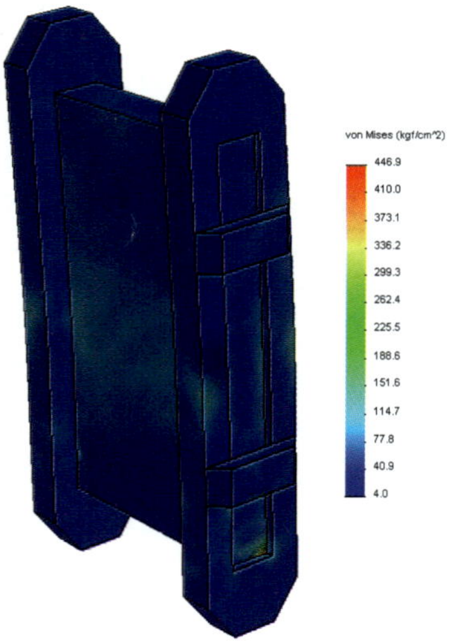

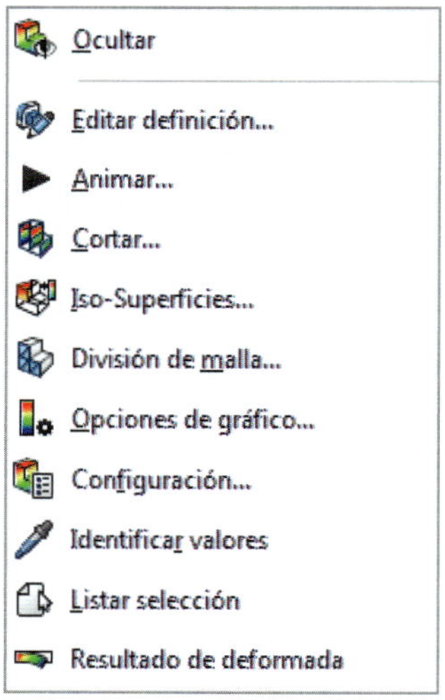

Recuerde que puede obtener otro tipo de trazados pulsando con el botón secundario del ratón sobre la carpeta **Resultados**. Los trazados disponibles son el trazado de desplazamiento y deformación unitaria, entre otros.

10. Evaluación de la evolución de la tensión en un nodo

SolidWorks **Simulation** permite evaluar el comportamiento de su modelo en un nodo concreto del mismo. Así, por ejemplo, podemos evaluar la tensión que sufre el e-book en una de sus esquinas después de haberse producido el impacto y cómo evoluciona con el paso del tiempo hasta su finalización.

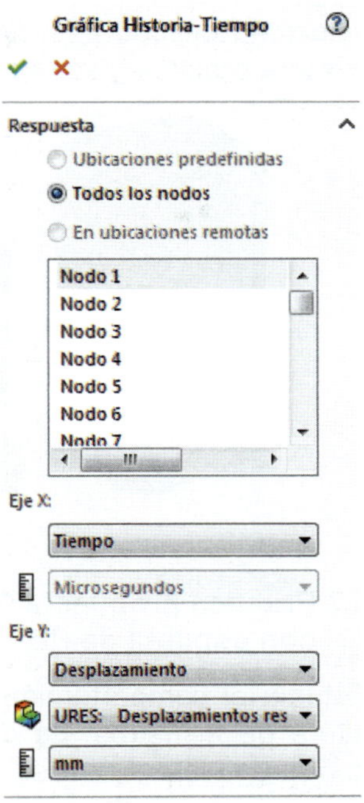

1. Pulse con el botón secundario del ratón sobre la carpeta **Resultados** desde el gestor de simulación. Seleccione **Definir trazado de historial**.
2. Seleccione los nodos (5786, 5787, 5788 y 5789) que corresponden a una de las esquinas de la PDA, donde el valor de la tensión de von Mises es mayor.

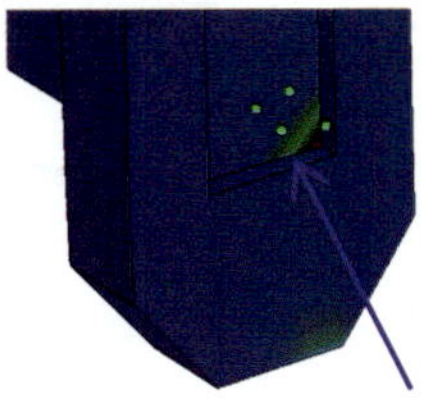

Nodos seleccionados

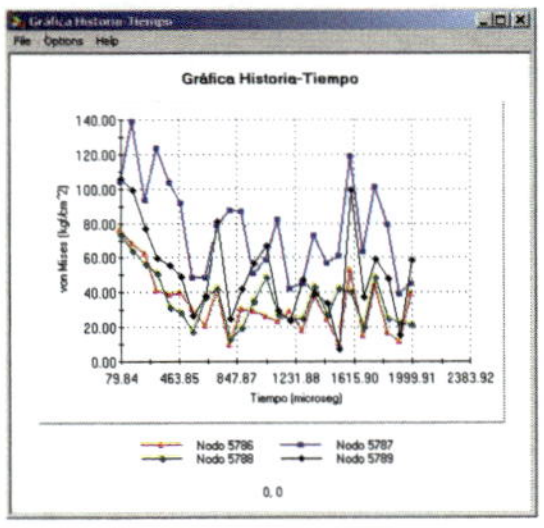

3. Defina como **Eje X** el tiempo y como **Eje Y** la tensión de von Mises.
4. En **Intervalo (tiempo)** puede definir el valor máximo y mínimo, así como configurar la resolución de los pasos intermedios de la gráfica. Si, por ejemplo, indica como paso intermedio 5, los resultados se representan cada cinco pasos de tiempo. Para la práctica seleccione la opción **Completo**.
5. Pulse **Aceptar** para crear el gráfico X-Y (tiempo-tensión).

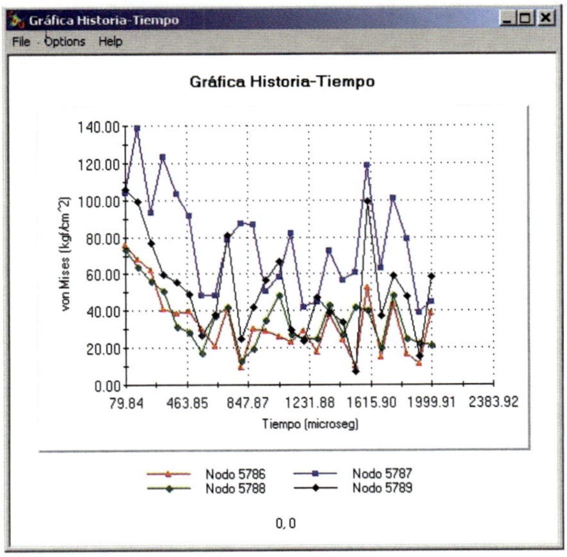

6.6 Práctica propuesta 6-1. Variación del factor de endurecimiento

Estudie el comportamiento del modelo de la figura cuando se proyecta contra un plano fijo a una velocidad de 300 m/s. Evalúe el comportamiento con el mismo material que el empleado en la primera práctica guiada pero con diferentes factores de endurecimiento (0.0, 0.25 y 0.5).

6.7 Práctica propuesta 6-2. Evaluación de la caída de una torre de ordenador protegida con espuma de PE

Estudie el comportamiento del ordenador protegido con espuma de PE cuando cae desde una altura de 2 metros. La caída debe producirse de forma que la esquina inferior derecha golpee contra un plano fijo. Estudie cómo se transmite el golpe desde las protecciones al ordenador.

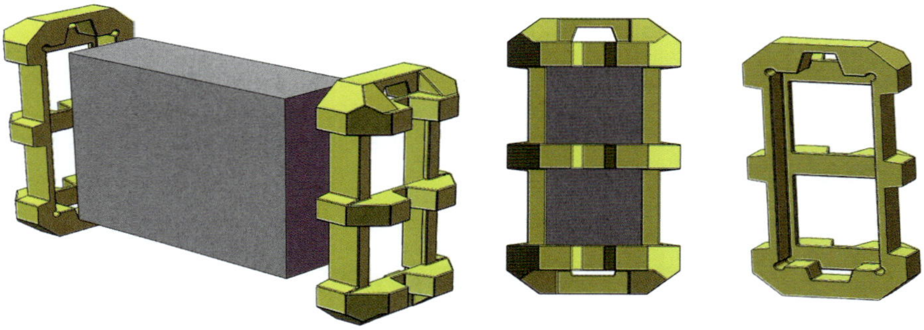

6.8 Práctica propuesta 6-3. Evaluación de la caída de un móvil con funda de protección de PE

Estudie el comportamiento del móvil protegido con una funda de PE cuando cae desde una altura de 2,5 metros. Puede descargar modelos en www.Grabcad.com

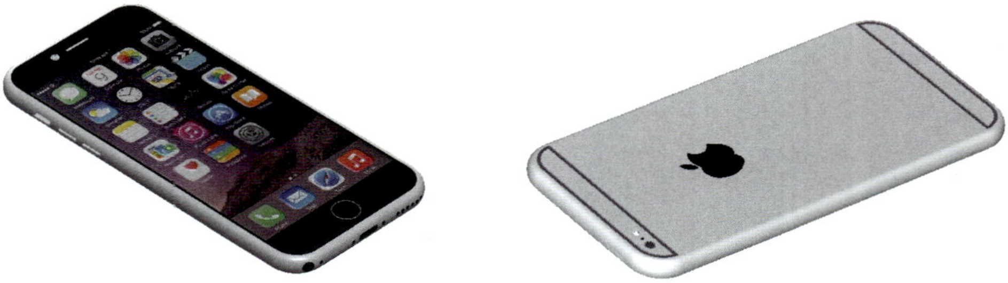

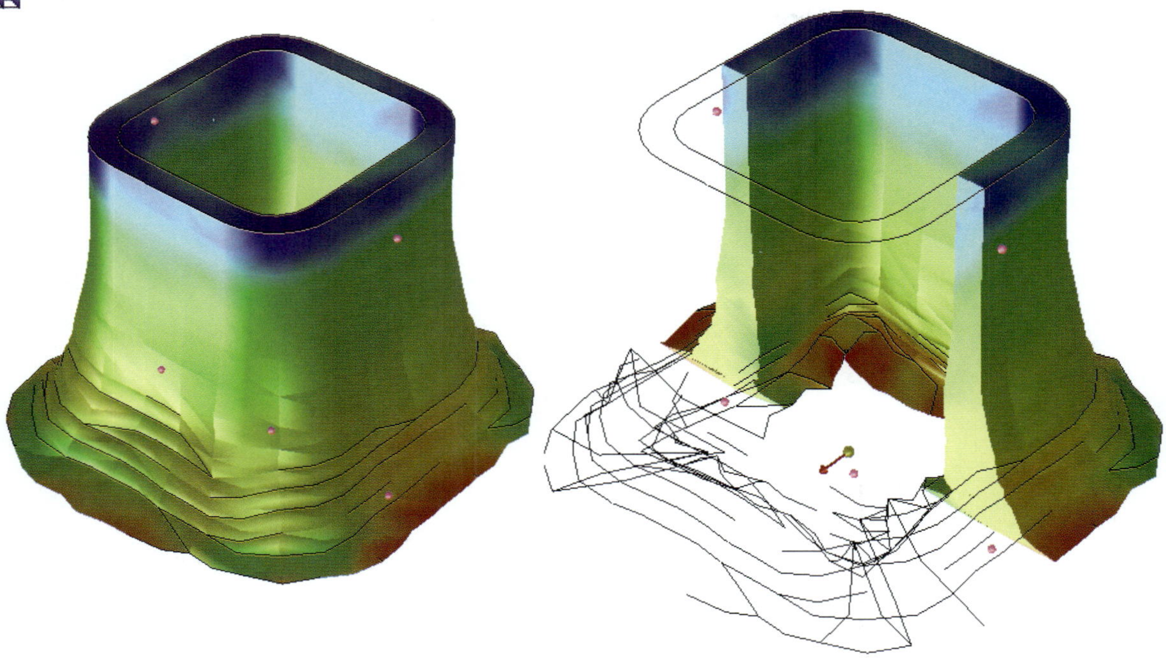

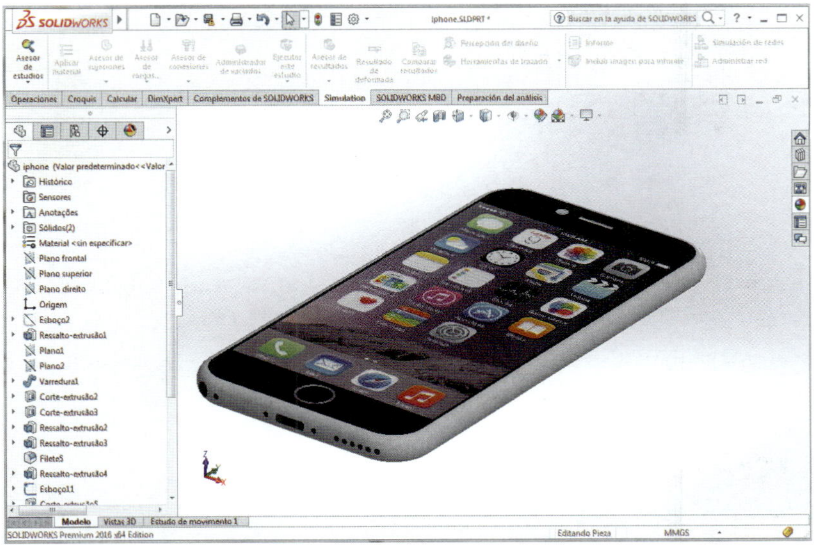

Los análisis de choque se pueden hacer en piezas y ensamblajes en los que no se presenten vaciados.

Capítulo 7
Estudio de diseño

Introducción

En los capítulos anteriores se ha estudiado cómo evaluar el comportamiento de su modelo mediante estudios estáticos, de frecuencia y pandeo. Los resultados obtenidos han servido para decidir si el diseño del modelo y sus dimensiones eran las correctas para el material seleccionado y las condiciones de contorno definidas.

Los estudios de optimización de diseño permiten seleccionar el diseño tridimensional que mejor comportamiento ofrece bajo unas condiciones determinadas de servicio sin necesidad de crear multitud de estudios de forma manual. Por ejemplo, puede estudiar cómo el cambio dimensional de algunas cotas puede afectar al peso del modelo para un nivel de tensiones aceptable, por debajo del límite elástico.

En este capítulo se estudia el concepto de optimización de diseño y sus etapas. Definición de las propiedades del estudio: objetivo, variables y restricciones, además de los distintos tipos de trazados que pueden obtenerse con el análisis de optimización.

Como prácticas se presentan dos problemas. En el primero se pretende optimizar las dimensiones de una escuadra teniendo en cuenta la restricción, el pandeo y la frecuencia. En el segundo se desea una reducción del volumen de una pieza evitando deformación plástica.

Contenido

- Conceptos de optimización de diseño con SolidWorks (objetivo, variables y restricciones).
- Etapas en un estudio de diseño.
- Definición de las propiedades de un análisis de diseño.
- Definición de las variables de diseño.
- Agregar parámetros de diseño, definición de restricciones y sensores.
- Definición del objetivo.
- Ejecución del proceso de optimización.
- Visualización e interpretación de resultados.
- Prácticas propuestas.

7.1 Introducción

Hasta ahora ha aprendido a crear estudios de forma manual. Ha definido las características del ensayo, ha mallado y ha ejecutado el análisis. Los resultados obtenidos han servido para decidir si el tipo de material, los espesores, el peso de la pieza o la geometría de la misma son adecuados.

Después de ejecutar los análisis estáticos, de frecuencia, pandeo, térmicos, etc., puede decidir modificar alguna de las variables empleadas en el diseño de su modelo. La modificación de dichas características obliga a volver a mallar y ejecutar su análisis en un proceso de prueba-error continuo.

Los **Estudios de optimización de diseño** ayudan a diseñar productos más ajustados a sus necesidades mediante la automatización del proceso de análisis rediseño paramétrico del modelo y nuevo análisis. Todo proceso de optimización se realiza en tres etapas que requieren la definición de **Objetivo**, **Variables** y **Restricciones**.

a) **Objetivo**. Es la finalidad o el propósito perseguido en el estudio de optimización. Uno de los objetivos más perseguidos por los ingenieros es la reducción de volumen o peso para fabricar el producto con un menor coste.

b) **Variables**. Son los parámetros o cotas del diseño que pueden cambiar para que el diseño se ajuste a los requisitos definidos en el objetivo.

c) **Restricciones**. Son las condiciones o requisitos mínimos o máximos que debe cumplir el diseño para ser aceptado como óptimo.

En el modelo de la figura se ha conseguido reducir el peso para unos requisitos de carga determinados.

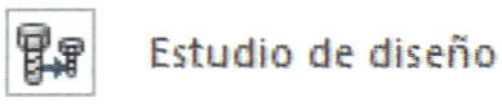

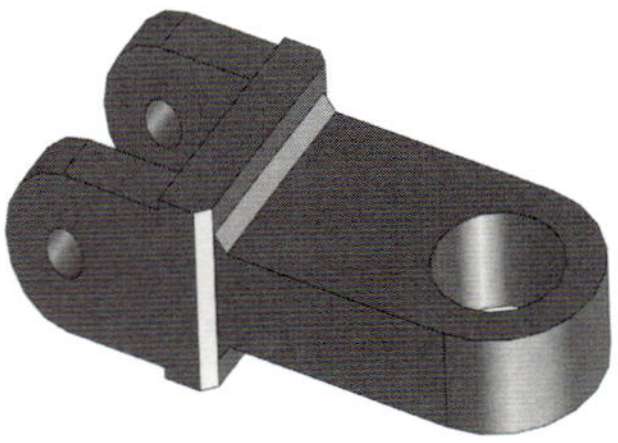

Diseño optimizado

Para crear un estudio de optimización seleccione el icono **Estudio de diseño** desde la barra de herramientas de Simulación o pulse con el botón izquierdo del ratón sobre la pestaña **Estudio** y seleccione la opción **Crear nuevo estudio de diseño**.

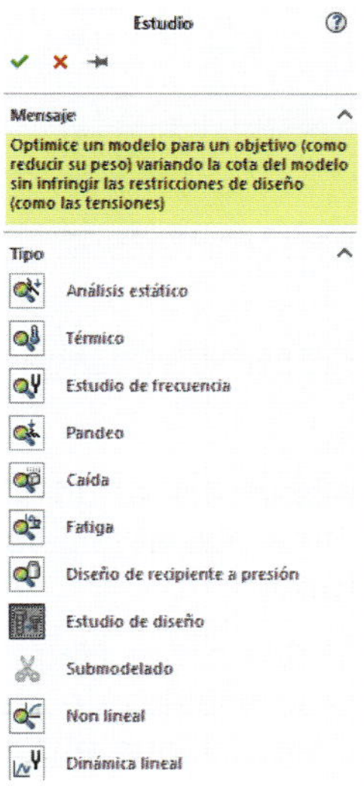

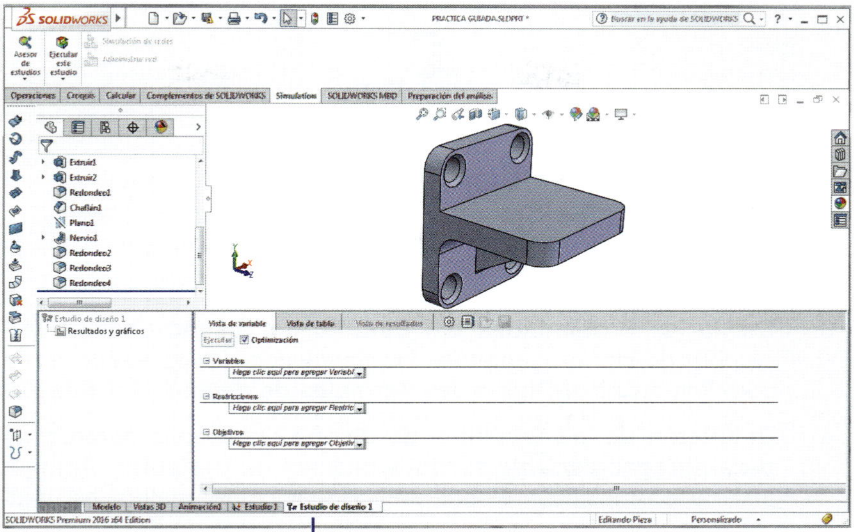

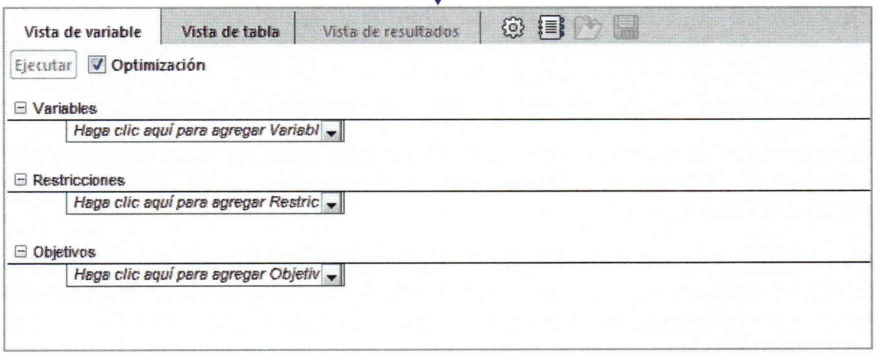

En la parte inferior de la zona de gráficos aparece una pestaña con el nombre de **Estudio de Diseño** donde pueden definirse las **Variables**, las **Restricciones** y el **Objetivo** del estudio además de ver los **Resultados y gráficas** obtenidos.

7.2 Etapas en un estudio de diseño

Etapas en la realización de un **Estudio de diseño**:

1. Cree y ejecute los estudios en su modelo de pieza o ensamblaje. Los estudios que puede crear son los estáticos, de frecuencia, pandeo y térmicos. Puede crear, por ejemplo, un estudio estático que permita conocer cómo se encuentran distribuidas las tensiones después de cargar el modelo y someterlo a sujeciones de posición y/o movimiento.

2. Cree un **Nuevo estudio de diseño**. Seleccione el icono **Estudio de diseño** desde la barra de herramientas de Simulación o pulse con el botón izquierdo del ratón sobre la pestaña **Estudio** (parte inferior de la zona de gráficos) y seleccione la opción **Crear nuevo estudio de diseño**. En la parte inferior de la zona de gráficos aparece una gran pestaña con el **Estudio de Diseño**.

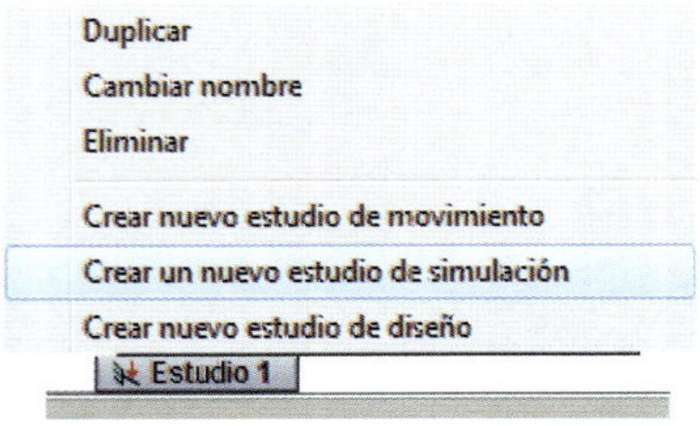

Propiedades del estudio de diseño

Estudio de diseño

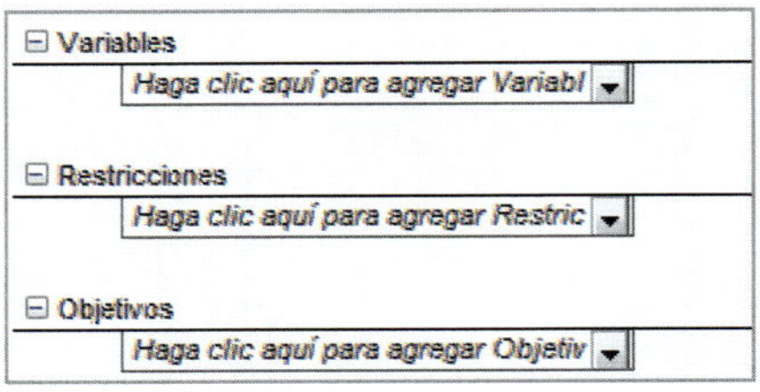

3. Defina las **Propiedades del Estudio de Diseño**. Indique la Calidad del estudio y la carpeta donde va a guardar los resultados de los estudios. Las tres etapas siguientes permiten definir el **Objeto**, las **Variables de diseño** y las **Restricciones**.

4. **Definición de las variables de diseño** empleando parámetros. Pulse sobre ***Haga clic para agregar Variable*** desde la etiqueta de **Variables**. Agregue las variables de diseño que desee modificar. Puede seleccionar cotas, materiales, malla, etc. Indique el **Límite inferior**, **superior** y la **Tolerancia** de cada una de las cotas a optimizar de su modelo de pieza o ensamblaje.

5. **Definición de las Restricciones de diseño** utilizando sensores. Pulse sobre ***Haga clic para agregar Restricción*** desde la etiqueta de **Restricciones**. Defina el tipo de respuesta (Estática, Frecuencia, Pandeo o Térmico), el **Estudio** y la **Variable de restricción** junto con sus límites permisibles (**Inferior** y **Superior**).

6. **Definición del Objetivo**. Pulse sobre ***Haga clic para agregar Objetivo*** desde la etiqueta de **Objetivo**. Seleccione **Minimizar** o **Maximizar** y la variable (**Masa**, **Volumen**, **Frecuencia**, **Pandeo**, etc.).

7. **Antes de ejecutar el estudio debe definir el tipo de acción a llevar a cabo**. Puede efectuar un estudio de evaluación o un estudio de optimización. En este último caso debe seleccionar **Optimización**. En caso contrario desactive esta opción.

8. Ejecute el estudio pulsando **Ejecutar**. Visualice los resultados obtenidos desde la pestaña **Vista de resultados**. Pulse con el botón derecho en cada uno de los escenarios creados y observe como, desde la zona de gráficos, el modelo se adapta a los valores definidos en esa iteración.

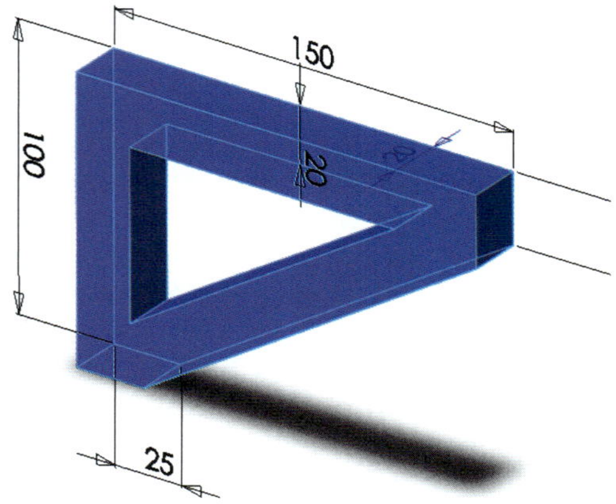

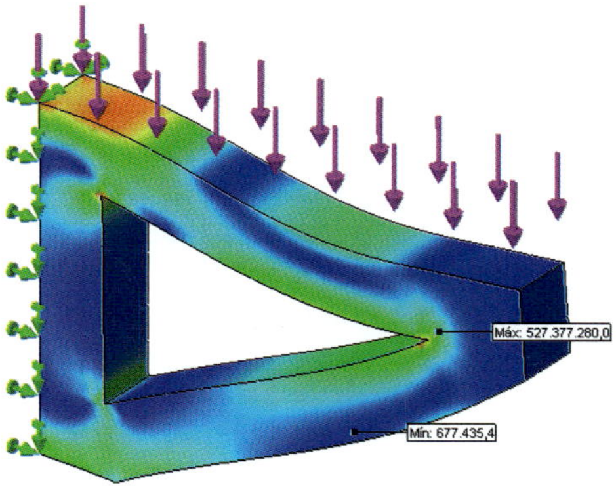

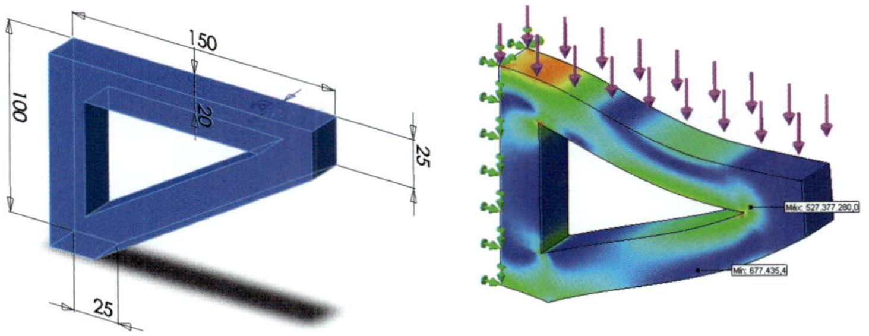

		Actual	Inicial	Óptimo (1)	Escenario 1	Escenario 2
cota		10mm	13.22809mm	6.61405mm	6.61405mm	10mm
Tensión1	> 2000 psi	62015 psi	44780 psi	1.2861e+005 psi	1.2861e+005 psi	62015 psi
Volumen1	Minimizar	31963 mm^3	35328.9 mm^3	27435.5 mm^3	27435.5 mm^3	31963 mm^3

9. Pulse con el botón derecho del ratón sobre **Resultados y Gráficos** y seleccione: **Purgar resultados**, **Definir el diseño de la gráfica del historial** o **Definir gráfica de tendencia local**.

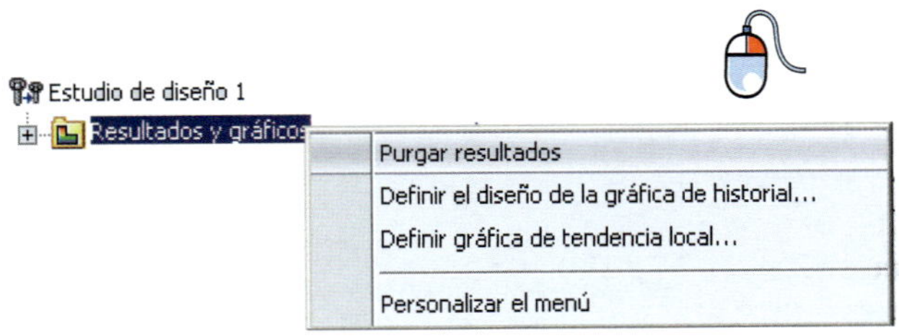

La opción **Purgar resultados** borra los resultados obtenidos pero mantiene intacto los elementos que se han utilizado en la definición del estudio. **Definir el diseño de la gráfica del historial** traza un gráfico bidimensional en el que se relaciona una variable de diseño, un objetivo o una restricción con los distintos escenarios. Finalmente, **Definir gráfica de tendencia local** representa otro gráfico en el que se correlacionan un objetivo o restricción con una variable de diseño.

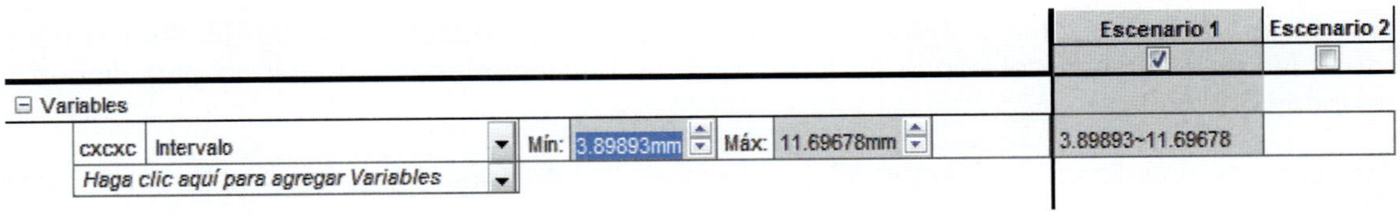

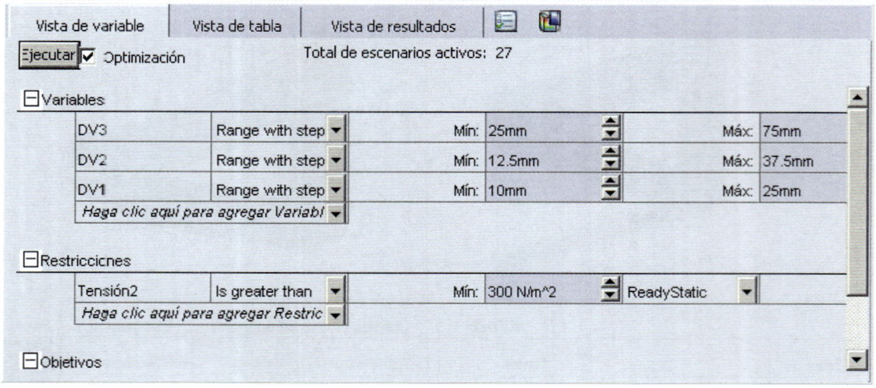

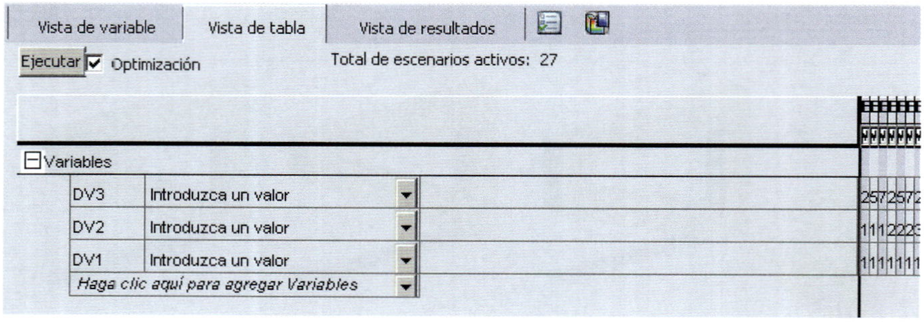

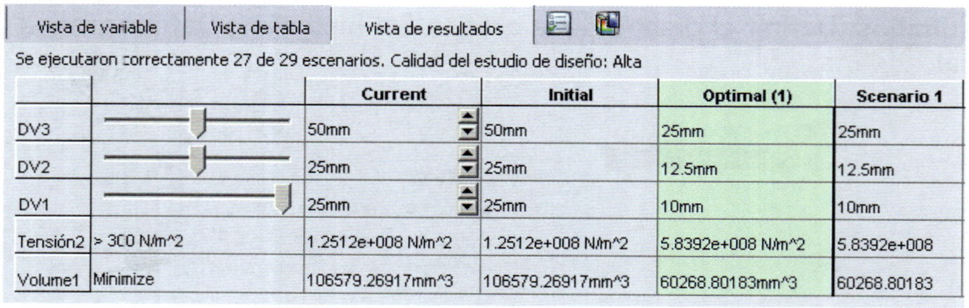

7.2.1 Creación de estudios previos

Antes de iniciar el proceso de optimización de diseño del modelo debe crear los estudios necesarios que van a actuar como sensores (**Objetivo** y **Restricciones)**. Por ejemplo, si desea optimizar el peso de su modelo primero debe evaluar el comportamiento estático del mismo y posteriormente realizar el **Estudio de Diseño/Optimización**.

En el ejemplo de la figura se busca minimizar el volumen del nervio del modelo sin exceder en el valor de la tensión máxima o desplazamientos. El **Estudio de Optimización de diseño** permite reducir las dimensiones del nervio de forma que las tensiones desarrolladas no perjudiquen a la seguridad del modelo.

El proceso de optimización es automático e iterativo. SolidWorks realiza las simulaciones para los distintos intervalos de valores de cota, entre el máximo y el mínimo, siguiendo el objetivo establecido.

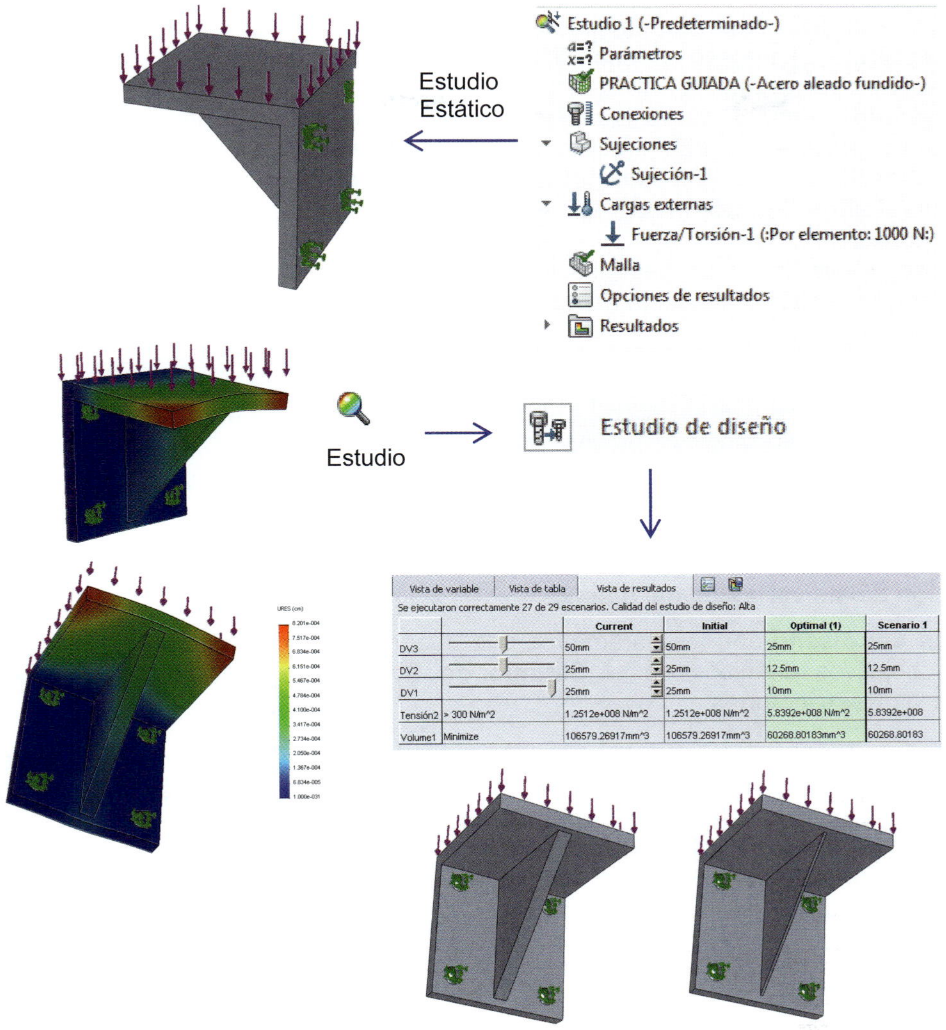

7.2.2 Definición de las propiedades del análisis

Antes de empezar a definir el **Objetivo**, las **Variables de diseño** y las **Restricciones** del **Estudio de Diseño** debe configurar la calidad del mismo configurando las **Opciones del estudio**.

Para configurar las **Opciones** pulse sobre el icono **Propiedades del estudio de diseño** y defina la calidad del ensayo.

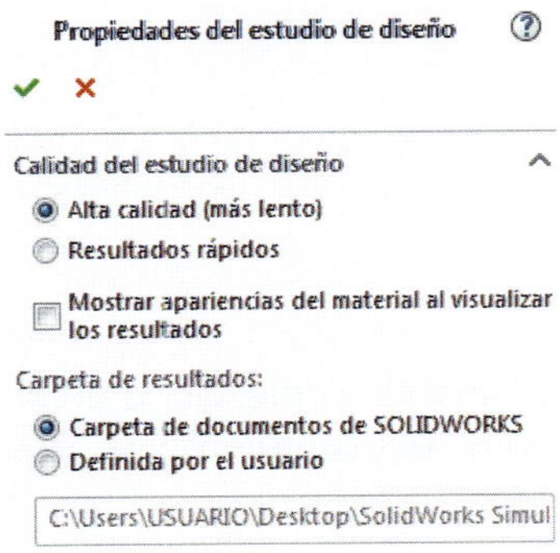

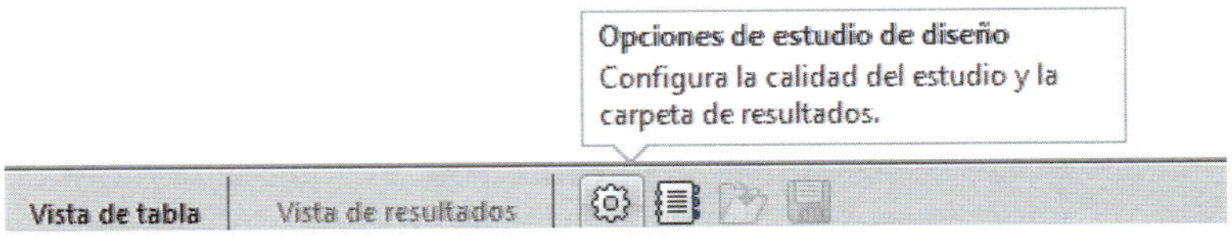

Calidad alta. El estudio resuelve el proceso con la solución óptima empleando el mayor número de iteraciones posible. El proceso de resolución es lento pero evalúa todos los escenarios posibles y ofrece las mejores soluciones.
Resultados rápidos. Emplea pocas iteraciones para la resolución del problema y resuelve de forma completa algunos escenarios e interpola resultados para el resto de ellos. Los escenarios interpolados aparecen de color gris en la pestaña de Vista de resultados.
Carpeta de resultados. Permite indicar la carpeta donde desea guardar los resultados obtenidos en las simulaciones.
En **Comentario** puede incluir un pequeño texto para que aparezca en el informe. En el texto puede indicar alguna aclaración acerca de las condiciones del estudio de diseño

> Según la licencia contratada de **Solid**Works puede emplear diferentes sensores en la realización del estudio de diseño. **Solid**Works Premium permite utilizar todas las funcionalidades en la Evaluación u Optimización disponiendo de todos los sensores (Propiedades físicas, Cota y Datos de Simulación).

7.2.3 Definición de las variables del diseño

Las **Variables del diseño** son los parámetros que puede cambiar en su modelo de pieza para alcanzar los objetivos definidos en el **Estudio de Diseño** sin contradecir las condiciones impuestas en las **Restricciones**.

En la definición de las **Variables de diseño** debe seleccionar los parámetros de su modelo que son susceptibles de poder variar según unos **límites superiores** e **inferiores** para alcanzar los objetivos definidos. El cuadro de diálogo **Parámetros** puede definir el tipo de variable a usar (**Cota del modelo**, **Variable global**, **Simulation**, **Motion** o **Material**) mientras que en el cuadro de diálogo **Editar Parámetros** puede indicar los valores máximos y mínimos para cada una de las variables seleccionadas.

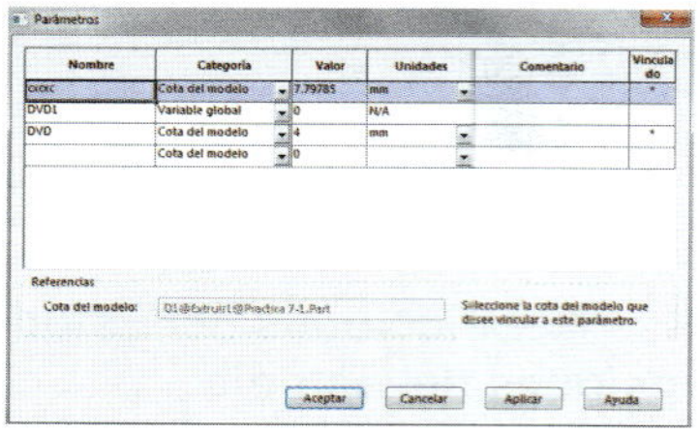

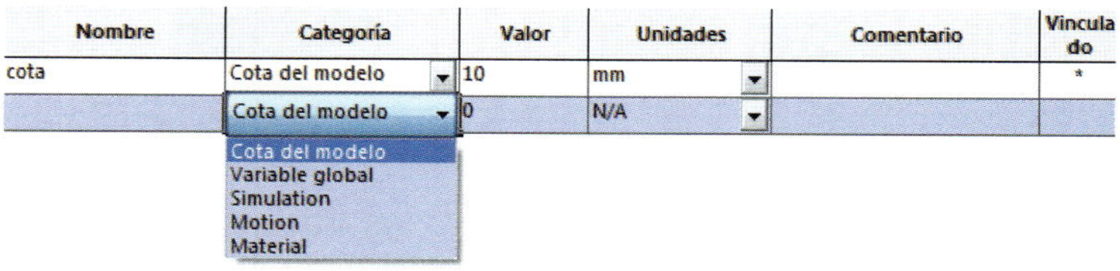

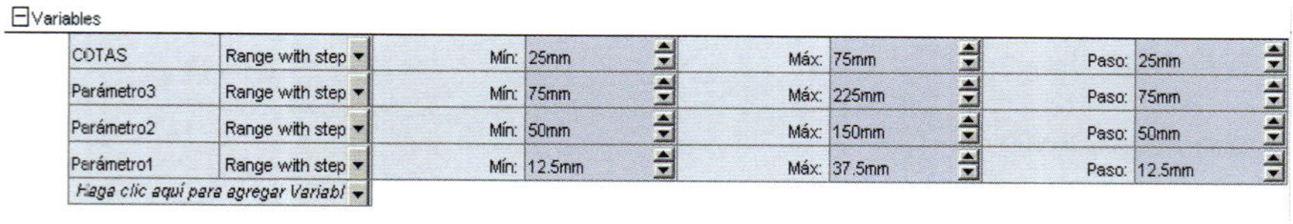

Para definir las **Variables del diseño** en el modelo:

1. Cree un **Nuevo estudio de diseño**.
2. Pulse sobre **Variable** desde el **Estudio de diseño**.
3. Pulse sobre **Agregar parámetros**, indique el nombre de la variable y seleccione el tipo de variable a emplear (**Categoría**). Puede definir variables que hacen referencia a cotas dimensionales, materiales o incluso cargas estructurales y sujeciones.

4. En el caso de escoger variable de cota seleccione la cota deseada desde la zona de gráficos. Pulse **Aceptar** y cierre el cuadro de diálogo de la variable recién creada.
5. Observe que en el cuadro de diálogo **Parámetros** aparece el nombre y la variable creada. Seleccione la variable y pulse **Aceptar**.
6. Desde la pestaña **Vista de variable** defina los **valores máximos** y **mínimos** permisibles.
7. Repita el proceso para el resto de cotas u otras variables seleccionadas. **Solid**Works **Simulation** varía cada una de las variables definidas entre el valor máximo y el mínimo indicado en la tabla de **Vista de variable** en función del objetivo final buscado.

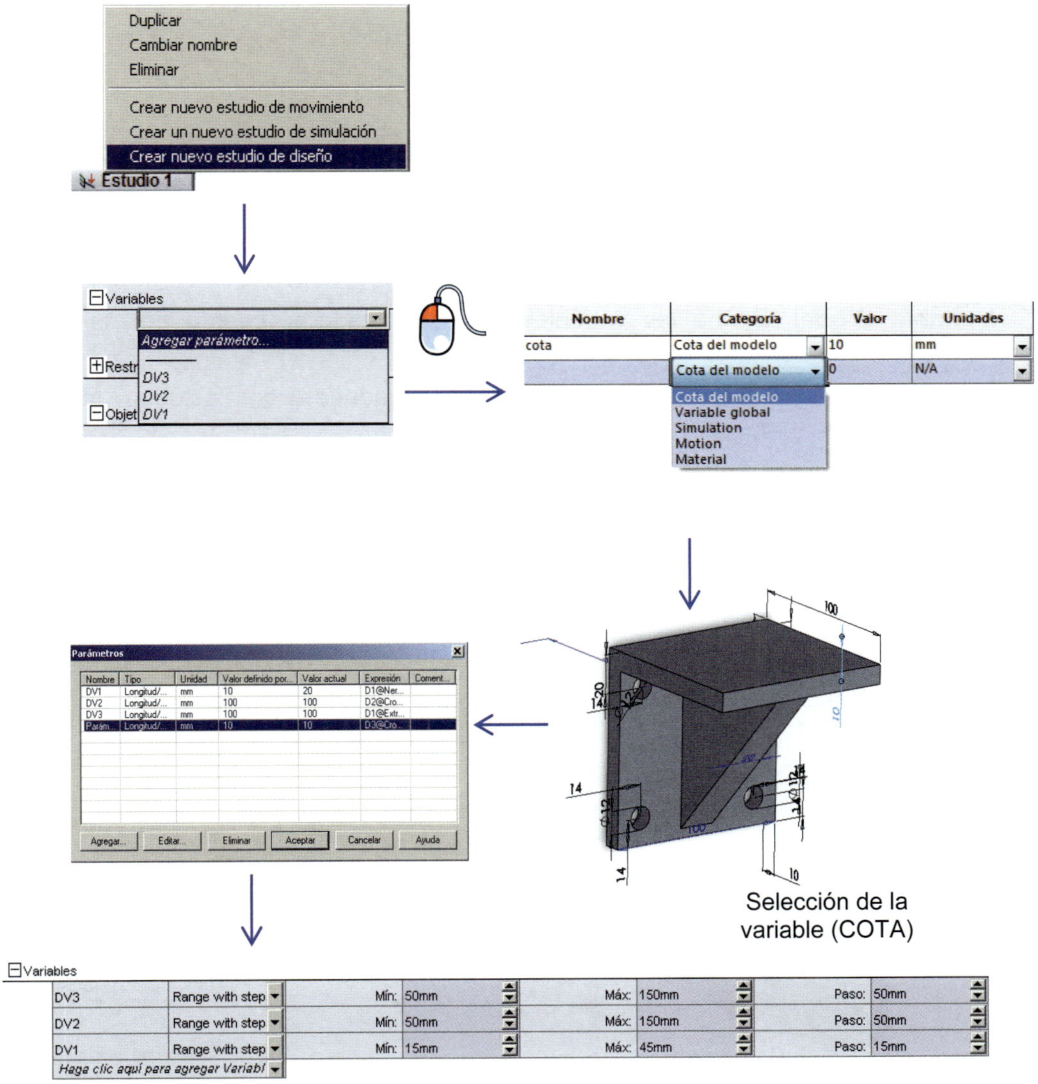

En el modelo de la figura se han seleccionado tres variables de cota que definen el modelo de pieza. Para cada una de las variables defina el **valor máximo** y el **valor mínimo** admisible. El **Paso** define la variación establecida en cada una de las iteraciones. Un paso pequeño alarga el proceso de optimización creando muchos escenarios de diseño.

Agregar parámetros

En **Agregar parámetros** debe definir los parámetros que se van a emplear en el Estudio de Diseño y los que son susceptibles de modificarse en su modelo. Si selecciona una cota dimensional, esa cota varía entre los valores máximos y mínimos establecidos.

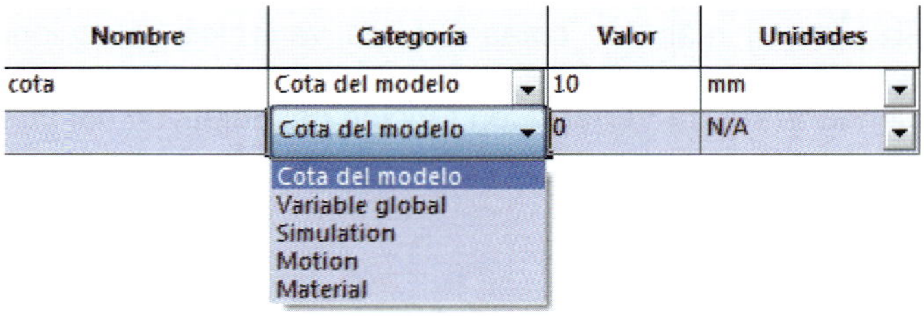

Nombre. Indique el nombre que define el parámetro.

Categoría. Seleccione el parámetro a controlar: la información que desee recordar sobre el parámetro a definir.

- **Cota del modelo**. Seleccione desde la zona de gráficos cotas lineales, angulares o instancias de una matriz.
- **Variable Global**. Defina las variables globales desde el cuadro de diálogo **Agregar ecuación**.
- **SolidWorks Simulation**. Seleccione las propiedades del estudio, malla, cargas, sujeciones, etc.
- **Material**. Indique el material de las piezas que quiere tratar.
- **SolidWorks Motion**. Seleccione las propiedades del estudio, motores, resortes, etc.

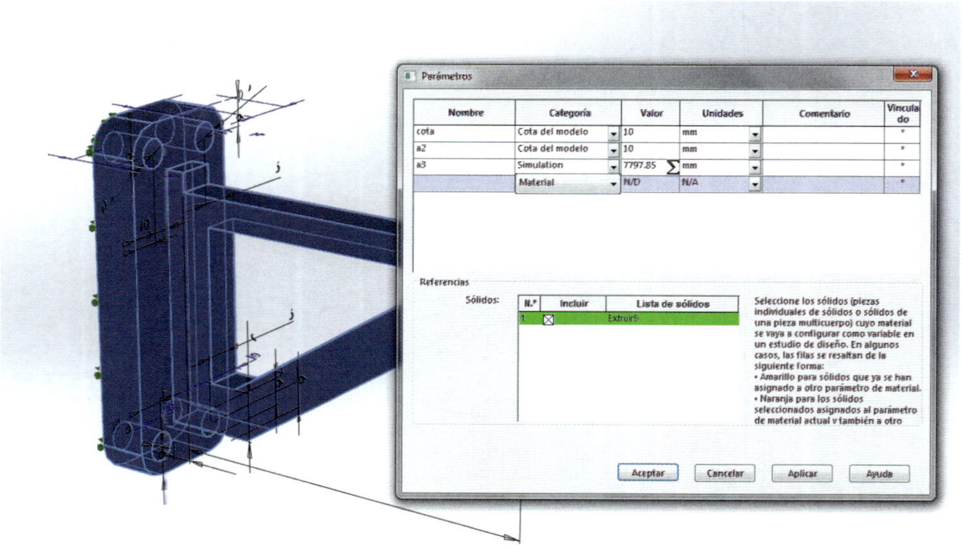

Además, puede indicar el valor numérico e indicar un comentario.

Parámetros

En la tabla de **Parámetros** aparece la lista con todos los parámetros creados. Se indica el nombre, el tipo, sus unidades, los valores actuales y los definidos por el usuario (máximos y mínimos).

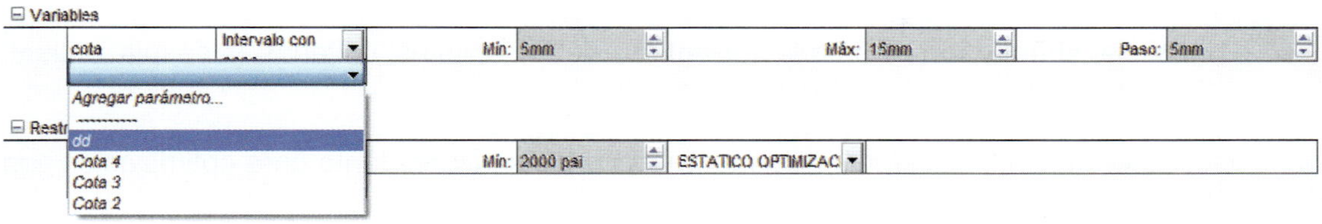

7.2.4 Definición de las Restricciones del diseño

Hasta ahora se han definido las **Variables del diseño** como aquellas variables o cotas que son susceptibles de variar entre unos límites máximos y mínimos. El siguiente paso en un **Estudio de Diseño** requiere la definición de las **restricciones** o condiciones mínimas que debe cumplir el diseño optimizado para que sea adecuado a los requisitos impuestos.

En el modelo de la figura se desea optimizar el peso sin que la tensión von Mises exceda de 100 kgf/cm^2 permitiendo la variación de tres de sus cotas (cota 4, cota 3, etc.). La tensión von Mises es el **Sensor** y las cotas se definen como las **Variables de diseño**. Las cotas pueden variar entre unos límites máximos y mínimos admisibles sin que por ello en el modelo se localicen tensiones von Mises superiores a las establecidas como **Restricción**. **Solid**Works optimiza el modelo y crea distintos escenarios.

Cada uno de los escenarios presentan distintas soluciones obtenidas en cada una de las iteraciones realizadas. El escenario marcado en color verde se define como la solución óptima mientras que los marcados en rojo no cumplen con las restricciones establecidas.

		Current	Initial	Scenario 19	Scenario 20	Scenario 21
DV3		100mm	100mm	50mm	100mm	150mm
DV2		100mm	100mm	50mm	50mm	50mm
DV1		30mm	20mm	30mm	30mm	30mm
Tensión2	> 100 kgf/cm^2	108.64 kgf/cm^2	125.28 kgf/cm^2		84.664 kgf/cm^2	115.77 kgf/cm^2

Los **Sensores** empleados por **Solid**Works **Simulation** como elementos de restricción incluyen: **Propiedades físicas**, **Cotas** y **Datos de simulación** ya realizados sobre la geometría a optimizar.

- **Propiedades físicas**. Puede controlar propiedades como el volumen, la masa, el área superficial o el centro de masas del modelo.
- **Cota**. Controla cualquier cota previamente seleccionada del modelo.
- **Datos de simulación**. Controla tensiones, deformaciones unitarias y desplazamientos obtenidos en la simulación de estudios estáticos.

Para la versión Premium **Solid**Works dispone de todos los sensores tanto para optimización como para evaluación.

Sensor predefinido

1. Si selecciona uno predefinido de la lista aparece en el cuadro de **Restricciones** tal y como indica la figura (Tensión2). Para ese sensor creado defina la forma de controlar la restricción (Solo controla, Es mayor que, Es menor que o Está entre). Indique el valor del sensor y el **Estudio** al que hace referencia. Recuerde que puede tener más de un estudio estático, de frecuencia, pandeo, etc.
2. Repita los pasos 1-3 para definir otras restricciones de la lista.

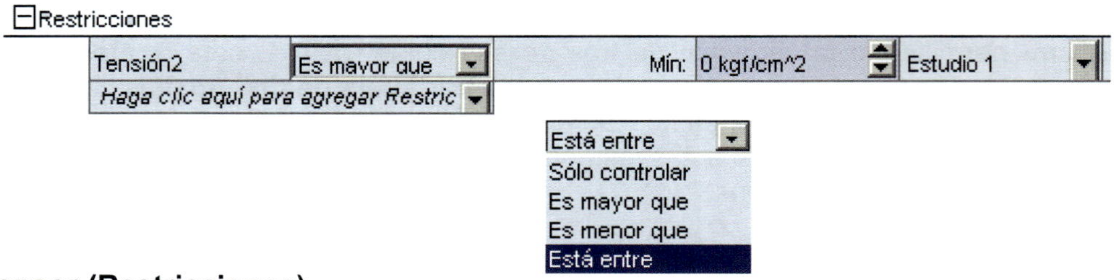

Agregar Sensor (Restricciones)

3. Si en lugar de seleccionar un sensor de la lista desea crear uno nuevo pulse sobre **Haga clic para agregar restricción**. En el Gestor de Simulación aparece el PropertyManager de **Sensor**.
4. Defina el **Tipo de sensor**, sus **Propiedades** y las **Alertas** para saber cuánto se desvía el modelo de los límites establecidos.
5. Pulse Aceptar para crear el **Sensor**.

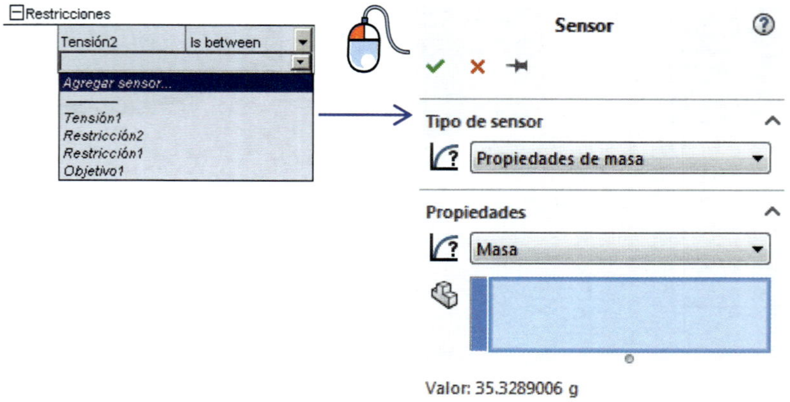

Tipos de sensores

- **Datos de simulación**. Puede seleccionar el valor de las tensiones, deformaciones unitarias, resultados de pandeo, frecuencia, estudios térmicos, etc., como sensor para el estudio de optimización. Los valores seleccionados se corresponden con estudios de simulación realizados previamente. Además, puede definir **Factores de seguridad** y **Alertas**.

- **Cota**. Este tipo de sensor controla la cota seleccionada desde la zona de gráficos. En **Alerta** defina la forma que desee que se le notifique cuando el valor del sensor se desvía de los valores límites definidos.

- **Propiedad de masa**. Defina la propiedad física: Masa, Volumen, Área superficial, Centro de masa X, Y y Z. En **Entidades a controlar** seleccione, desde la zona de gráficos, el modelo a controlar. Observe en **Valor** la lectura de la propiedad seleccionada actual.

- **Datos de costing**. Tiene en cuenta los datos calculados por **SW Costing** (Coste total, coste de material y coste de fabricación).

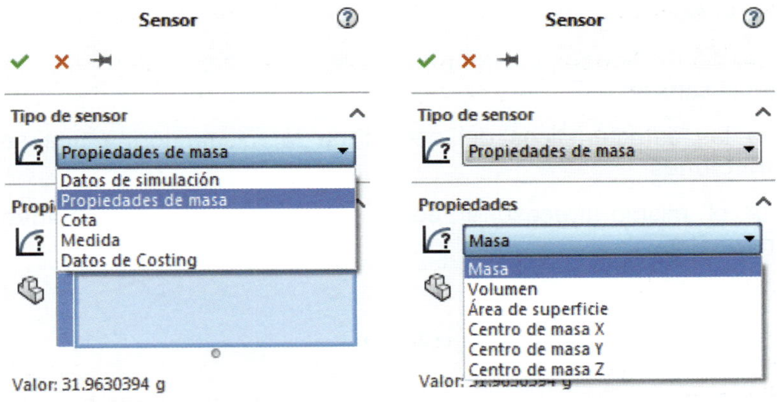

7.2.5 Definición del objetivo

Todo **Estudio de Optimización** requiere la definición de tres parámetros: el **Objetivo**, las **Variables del diseño**, y las **Restricciones**. El **Objetivo** establece la finalidad perseguida por el estudio. Solo puede definir más de un objetivo en cada simulación.

Si desea optimizar el peso de un modelo sin que sufra rotura o deformación plástica permitiendo la variación de algunas de sus dimensiones, la reducción del peso es el **Objetivo** del **Estudio de Optimización**. Las cotas que pueden ser modificadas son las **Variables del diseño** y las **Restricciones** hacen referencia a la tensión admisible en el mismo, por ejemplo.

Otros objetivos de optimización que puede usar son: **minimizar volumen**, **maximizar o minimizar frecuencias resonantes de un modo** y **maximizar el factor de carga crítica de pandeo**, entre otros muchos.

En la figura puede observar la modificación geométrica de un modelo y su reducción de peso sin que las tensiones máximas superen el límite elástico establecido para el material que lo forma.

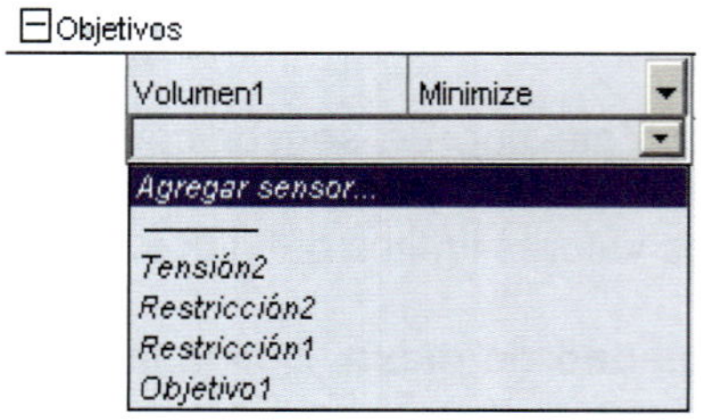

Para definir el **Objetivo** de un **Estudio de Optimización**:

1. Desde la pestaña **Vista de tabla** o **Vista de variable** pulse sobre **Objetivo** con el botón izquierdo del ratón.
2. Seleccione un **Sensor predefinido** de la lista o cree uno nuevo seleccionando la opción **Agregar sensor**.
3. Defina las características del sensor de la misma forma que se ha descrito en las **Restricciones**.
4. Repita el mismo proceso si desea crear más de un **Objetivo** en su Estudio de Optimización.

7.2.6 Ejecución del proceso de optimización

Para iniciar el proceso de cálculo y optimización pulse **Ejecutar** desde la pestaña del **Estudio de Diseño**.

En función del nivel de precisión (número máximo de bucles de optimización definidos en **Propiedades**) y el número de variables y restricciones establecidas, el proceso del cálculo puede tardar más o menos tiempo. En cada uno de los procesos de cálculo **Solid**Works **Simulation** evalúa todos los estudios asociados con los **Objetivos**, las **Variables** y las **Restricciones** impuestas. Al finalizar el proceso de cálculo y terminar con todas las iteraciones se determina el diseño óptimo y se presenta en la pestaña **Vista de resultados** y en **Resultados y gráficos**, en el Gestor de Simulación.

Cuando realice un estudio de diseño que requiera ser sometido a varios estudios previos (Estático, Frecuencia, Pandeo o Térmico), recuerde que es posible **Copiar** y **Pegar** (Ctrl + C y Ctrl + V) cada uno de los elementos que definen los estudios (Cargas, Restricciones, Mallado y materiales).

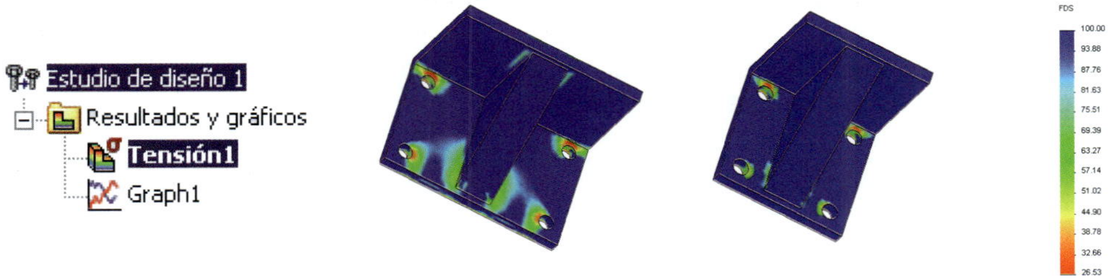

Se ejecutaron correctamente 4 de 5 escenarios. Calidad del estudio de diseño: Alta

		Current	Initial	Optimal (0)	Scenario 1	Scenario 2	Scenario 3
DV3		100mm	100mm	100mm	50mm	100mm	150mm
Tensión1	Monitor Only	26.533022	26.533022	26.533022		26.533022	17.110271
Volumen1	Minimize	293851.10658mm^3	293851.10658m	293851.10		293851.10	388851.10

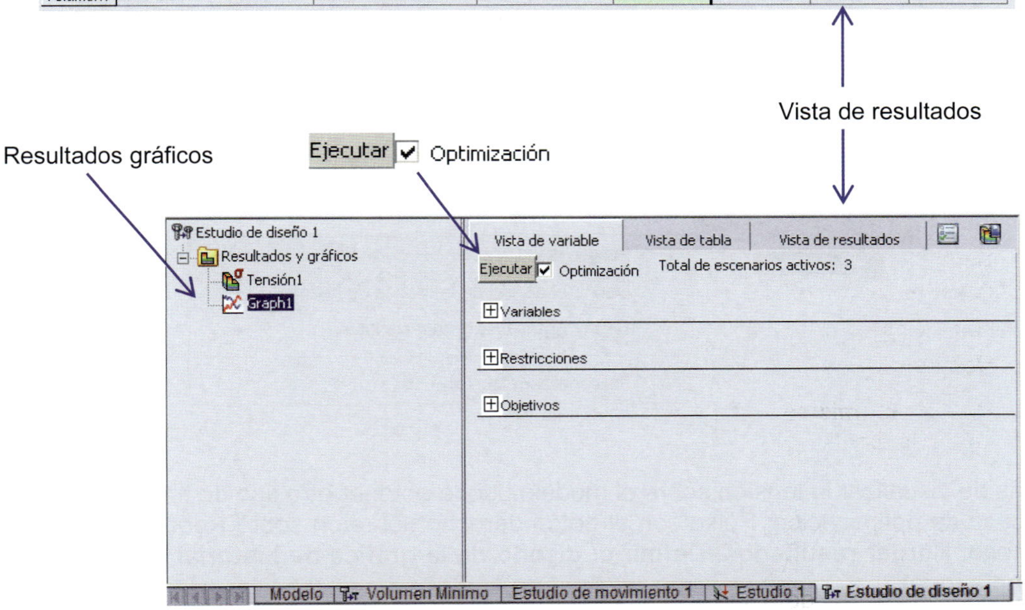

7.2.7 Visualización de resultados de optimización

Los resultados finales de la optimización puede verlos directamente desde la pestaña **Vista de resultados** o desde **Resultados y gráficos**, localizado en el marco izquierdo de la pestaña del Estudio de diseño. Son accesibles después de la finalización del proceso de cálculo.

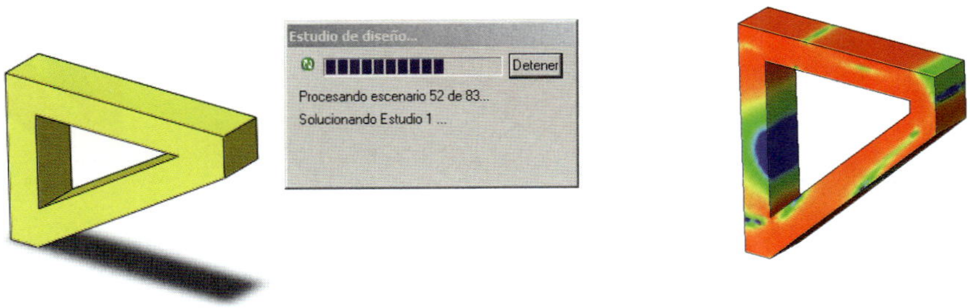

En la pestaña **Vista de resultados** se presentan cada una de las interacciones efectuadas durante el proceso de optimización. Para cada una de las iteraciones se presentan las restricciones y los objetivos. Puede mover el control deslizante localizado en la parte derecha de cada una de las variables para actualizar el modelo.

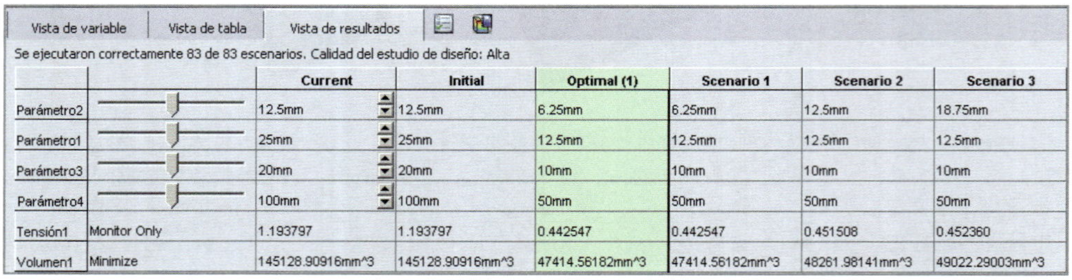
Vista de variable | Vista de tabla | Vista de resultados

Se ejecutaron correctamente 83 de 83 escenarios. Calidad del estudio de diseño: Alta

		Current	Initial	Optimal (1)	Scenario 1	Scenario 2	Scenario 3
Parámetro2		12.5mm	12.5mm	6.25mm	6.25mm	12.5mm	18.75mm
Parámetro1		25mm	25mm	12.5mm	12.5mm	12.5mm	12.5mm
Parámetro3		20mm	20mm	10mm	10mm	10mm	10mm
Parámetro4		100mm	100mm	50mm	50mm	50mm	50mm
Tensión1	Monitor Only	1.193797	1.193797	0.442547	0.442547	0.451508	0.452360
Volumen1	Minimize	145128.90916mm^3	145128.90916mm^3	47414.56182mm^3	47414.56182mm^3	48261.98141mm^3	49022.29003mm^3

Para cada una de las iteraciones realizadas puede visualizar el modelo optimizado en la zona de gráficos con las cotas actuales de la iteración. Pulse sobre el **Trazado de tensión1**. En el caso de la figura se optimiza el volumen en función de la tensión y de cuatro parámetros de cota.

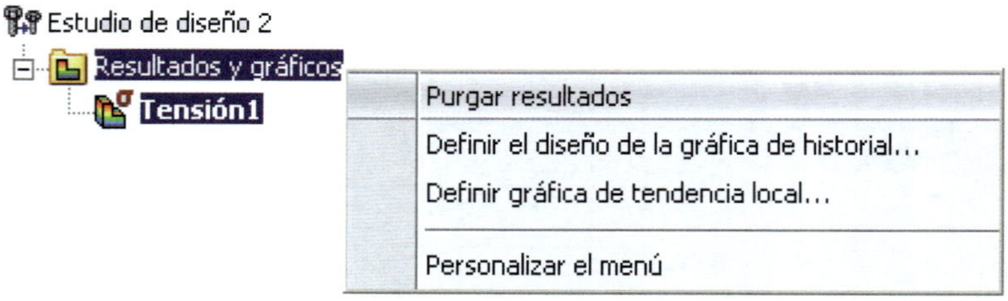

Además de visualizar la tensión sobre el modelo puede obtener otro tipo de trazados muy útiles en el proceso de optimización. Pulse con el botón derecho del ratón sobre **Resultados y gráficos** y seleccione: **Purgar resultados**, **Definir el diseño de la gráfica de historial** o **Definir gráfica de tendencia local**.

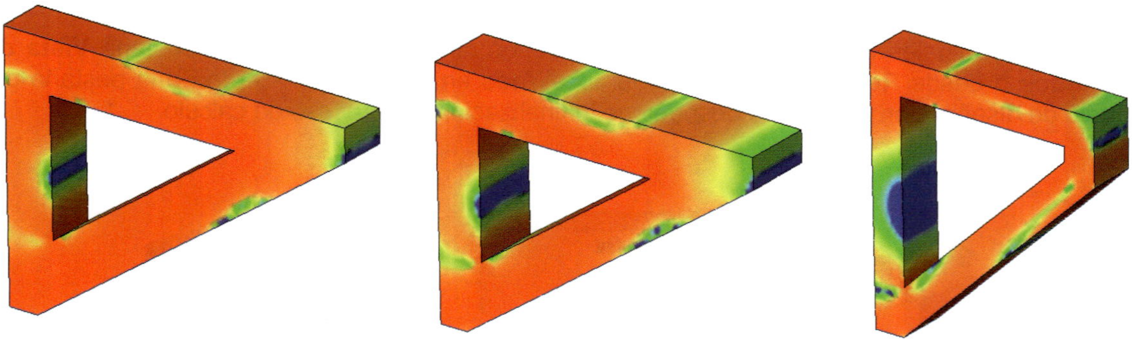

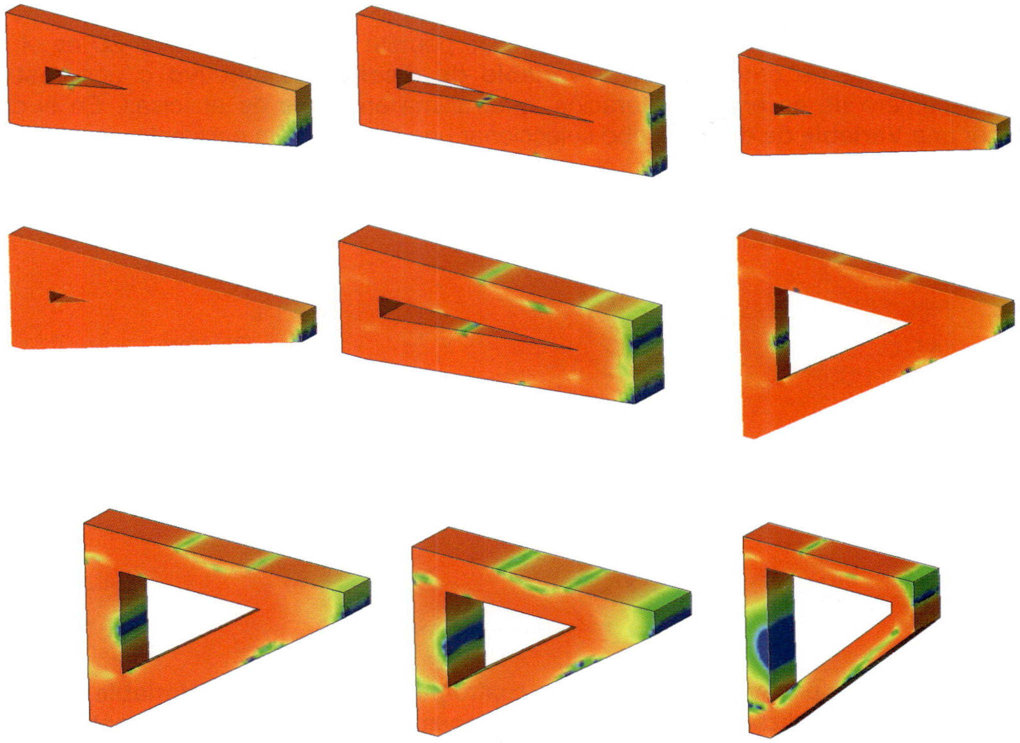

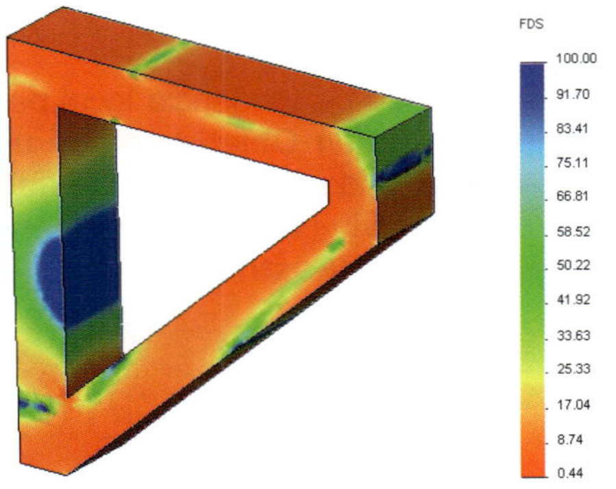
FDS
100.00
91.70
83.41
75.11
66.81
58.52
50.22
41.92
33.63
25.33
17.04
8.74
0.44

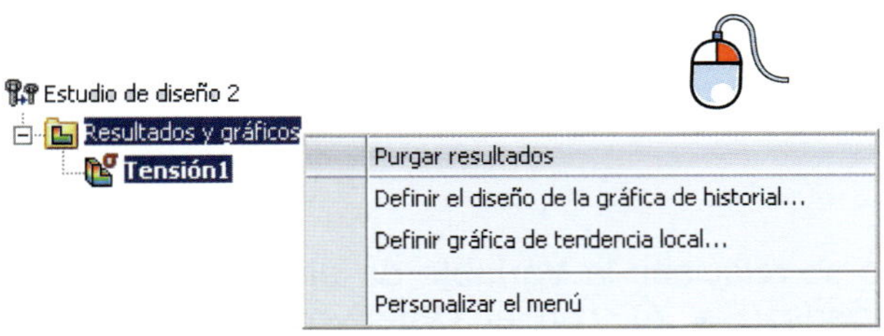
Estudio de diseño 2
Resultados y gráficos
Tensión1
Purgar resultados
Definir el diseño de la gráfica de historial...
Definir gráfica de tendencia local...
Personalizar el menú

Purgar resultados. Los resultados obtenidos son eliminados. La definición de las variables y restricciones empleadas en el estudio se conservan.

Definir el historial del ciclo de diseño. Su empleo permite obtener un gráfico 2D en el que se representa en el eje de ordenadas una **variable de diseño**, un **objetivo** o una **restricción** respecto al número de escenario o iteración, esta última en el eje de abscisas. En el caso de seleccionar una **Variable de diseño** debe seleccionar uno o más de un parámetro.

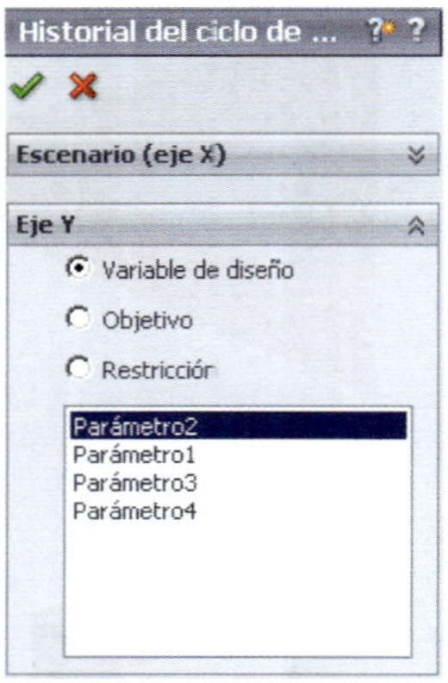

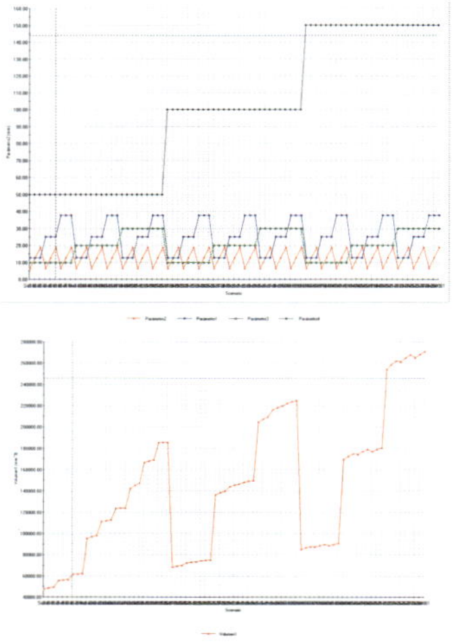

Variable de diseño
Cotas

Objetivo
Volumen

En el primer gráfico se presenta la variación de cuatro parámetros de cota (**Variable de diseño**) a medida que se van realizado más de 80 iteraciones consecutivas para la optimización del volumen. En el gráfico inferior se presenta la variación del **objetivo** (Volumen) con respecto de las iteraciones realizadas en el estudio de optimización.

Definir gráficos de tendencia local. El gráfico de tendencia local permite obtener un gráfico en el que se relaciona una **Variable de diseño** con un **Objetivo** o con una **Restricción**. El gráfico no puede ser utilizado en escenarios de diseño de alta calidad. Puede representar en un gráfico bidimensional cómo varía el espesor de un nervio (**Variable de diseño**, cota) con el volumen de su modelo (**Objetivo**) o con la tensión de von Mises (**Restricción**) para cada una de las iteraciones.

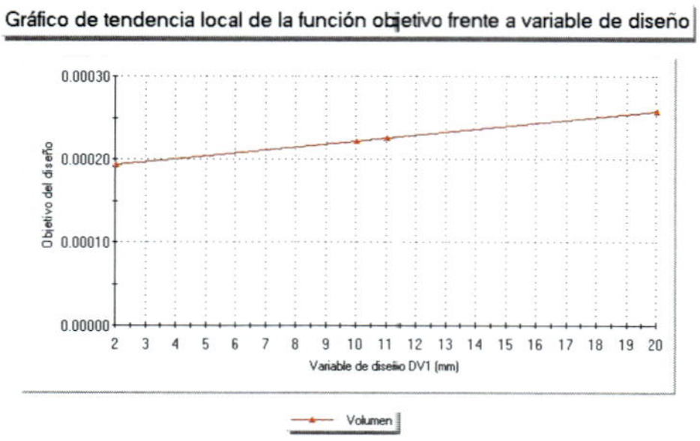

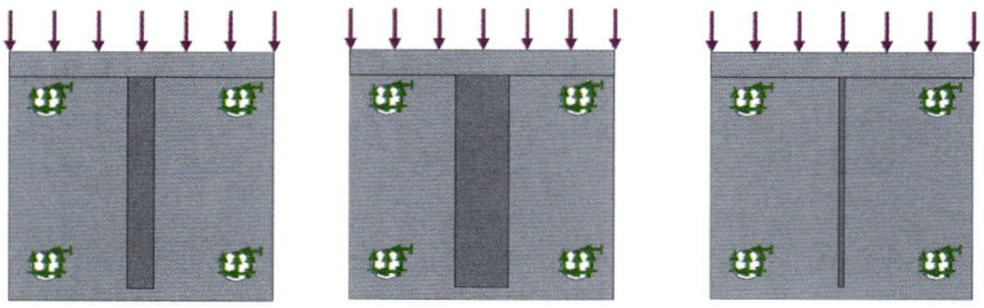

Observe en la figura cómo se relaciona la **Variable de diseño** (DV1, espesor del nervio de una pieza), en el eje de abscisas (Eje X), con el **Objetivo de diseño** (Volumen), en el eje de ordenadas (Eje Y) para cada una de las iteraciones calculadas.

7.3 Práctica 7-1. Estudio de diseño

Realice un estudio de optimización del modelo de la figura estudiado en el capítulo 2. Se trata de reducir el volumen de la pieza modificando la geometría del nervio teniendo en cuenta la tensión y el factor de seguridad.

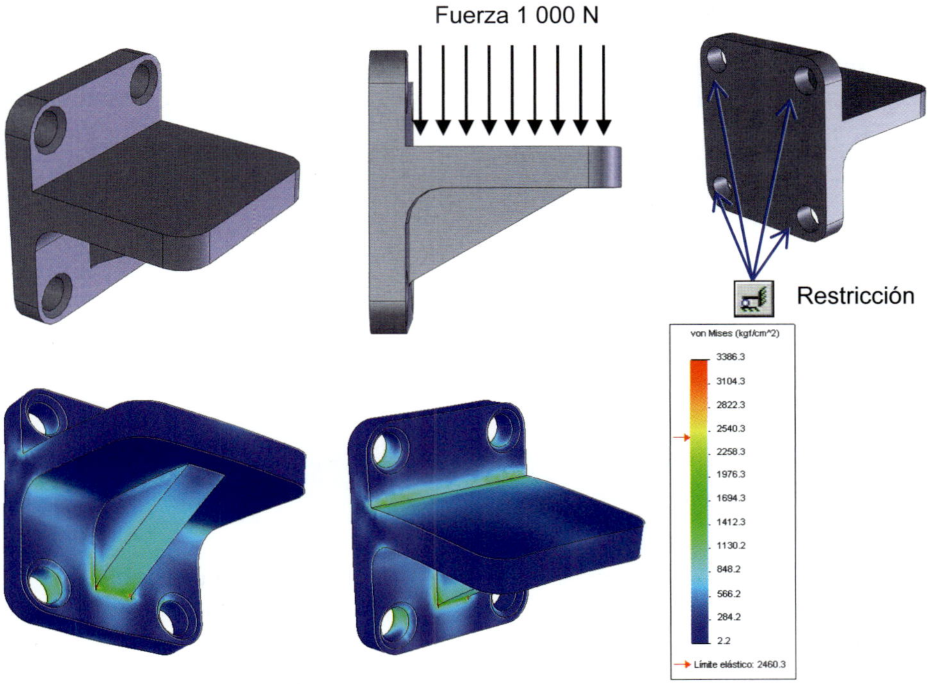

Aspectos

- Abrir el documento del modelo ensayado.
- Definición del **Estudio de diseño**.
- Definición de las **Propiedades**, **Variables de diseño**, **Restricciones** y **Objetivo**.
- Visualización de los **Resultados de optimización**.
- Visualización del **Resultado del ciclo de diseño**. **Definición del historial del ciclo de diseño**.

Características

- Calidad del estudio: Alta.
- **Variables del diseño**. Parámetros de cota del nervio.
- **Restricciones**: Tensión von Mises y Factor de seguridad.
- **Objetivo**. Reducción del volumen.

1. Abrir el modelo a analizar

Active la aplicación de **Solid**Works **Simulation** y abra el modelo resuelto de la práctica propuesta realizado en el Capítulo 2. Puede abrir el modelo desde el DVD que acompaña el libro.

2. Crear el Estudio de diseño

1. Pulse con el botón derecho del ratón sobre la pestaña **Práctica-1** (parte inferior de la zona de gráficos) y seleccione la opción **Crear nuevo estudio de diseño**. En la parte inferior de la zona de gráficos aparece una gran pestaña con el **Estudio de diseño**.

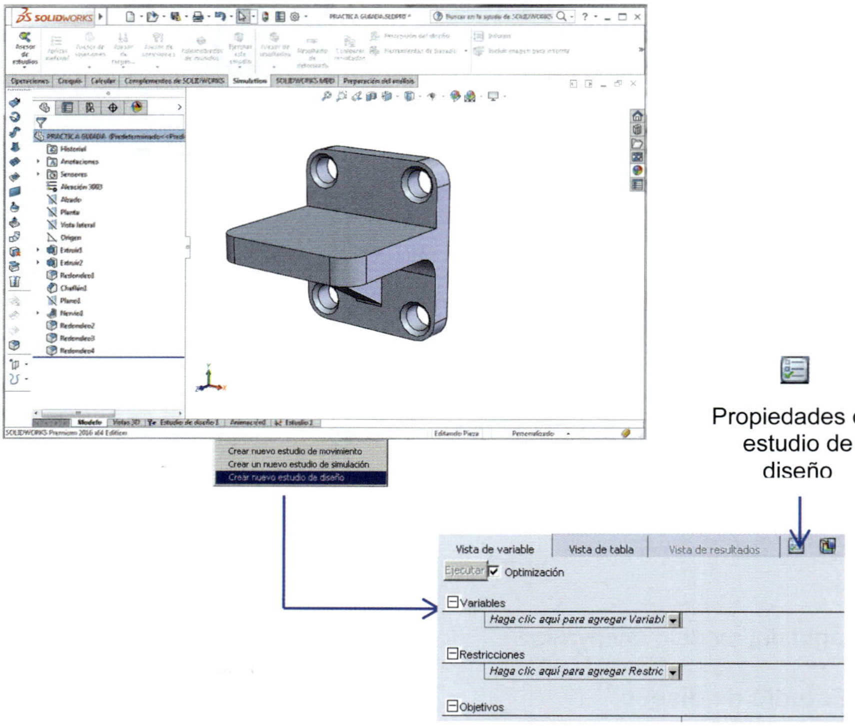

2. Pulse sobre **Opciones** del **Estudio de diseño** y seleccione **Calidad alta** para evaluar el mayor número posible de escenarios.

3. Definición de las variables del diseño

El modelo debe optimizarse modificando la geometría del nervio. En Variables del diseño debe seleccionar las cotas que definen el nervio.

1. Pulse sobre **Agregar parámetro** desde la pestaña **Vista de variable**. En el cuadro de **Agregar parámetros** indique el nombre de la variable (Cota1) y seleccione la cota que define el espesor del nervio desde la zona de gráficos. Pulse **Aceptar** y cierre el cuadro de diálogo de la variable recién creada.
2. Observe que en el cuadro de diálogo **Parámetros** aparece el nombre y la variable creada. Seleccione la variable y pulse **Aceptar**.
3. Desde la pestaña **Vista de variable** defina los **valores máximos** y **mínimos** permisibles para la cota (Mín = 7 mm, Máx = 24 mm y Paso = 5 mm).

4. Repita el proceso para las otras dos cotas que definen el nervio y que están indicadas en la figura.

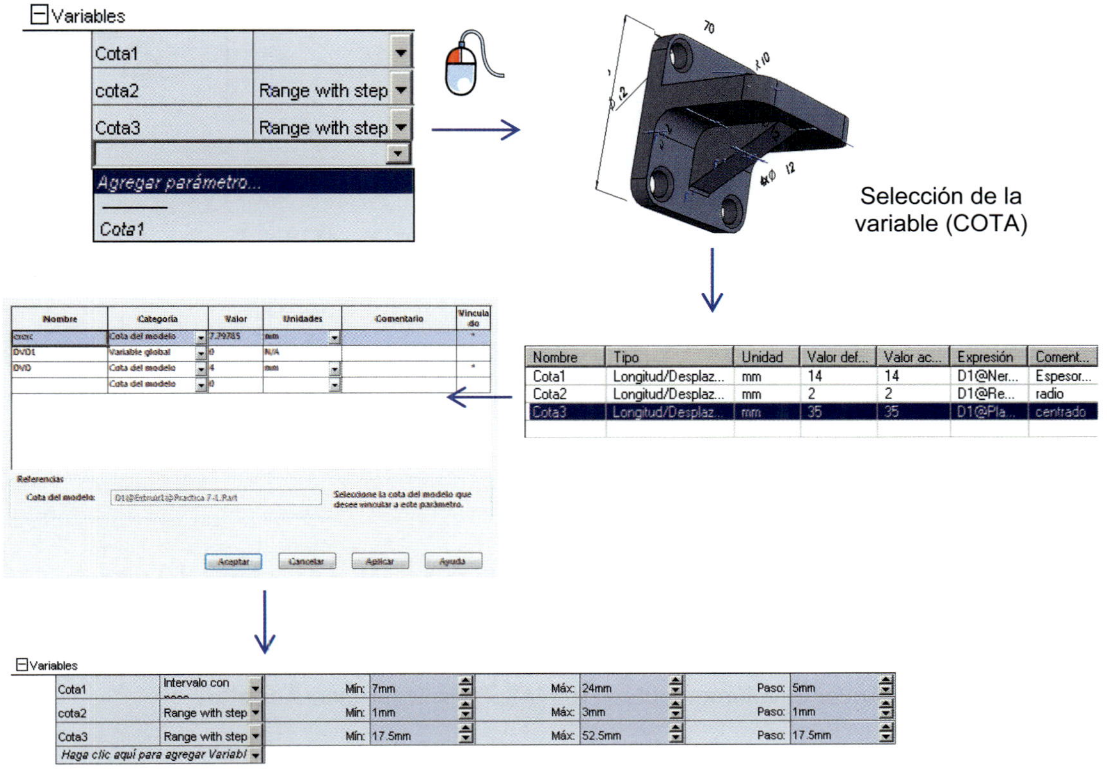

Selección de la variable (COTA)

En la tabla de variables puede ver las tres variables de cota que definen el nervio de la pieza. Para cada una de las variables defina el valor máximo y el valor mínimo admisible. El **Paso** define la variación establecida en cada una de las iteraciones. Un paso pequeño alarga el proceso de optimización creando muchos escenarios de diseño.

4. Definición de las restricciones de diseño

A continuación se definen las **restricciones** o condiciones mínimas que debe cumplir el diseño optimizado para que sea adecuado a los requisitos impuestos. Se utiliza **Datos de simulación** y se va a controlar la tensión von Mises del modelo. Para ello:

1. Desde la pestaña **Vista de tabla** o **Vista de variable** pulse sobre **Restricciones** con el botón izquierdo del ratón.

2. Seleccione **Agregar sensor**. Desde el PropertyManager de **Sensor** seleccione en **Tipo de sensor**, **Datos de Simulación**. En **Cantidad de datos** seleccione **Tensión** y VON: Tensión de von Mises. En **Propiedades** y en **Alerta** rellene los valores indicados en la figura. El valor de alerta coincide con el límite elástico del material seleccionado. Asegúrese de indicar **es menor que**.

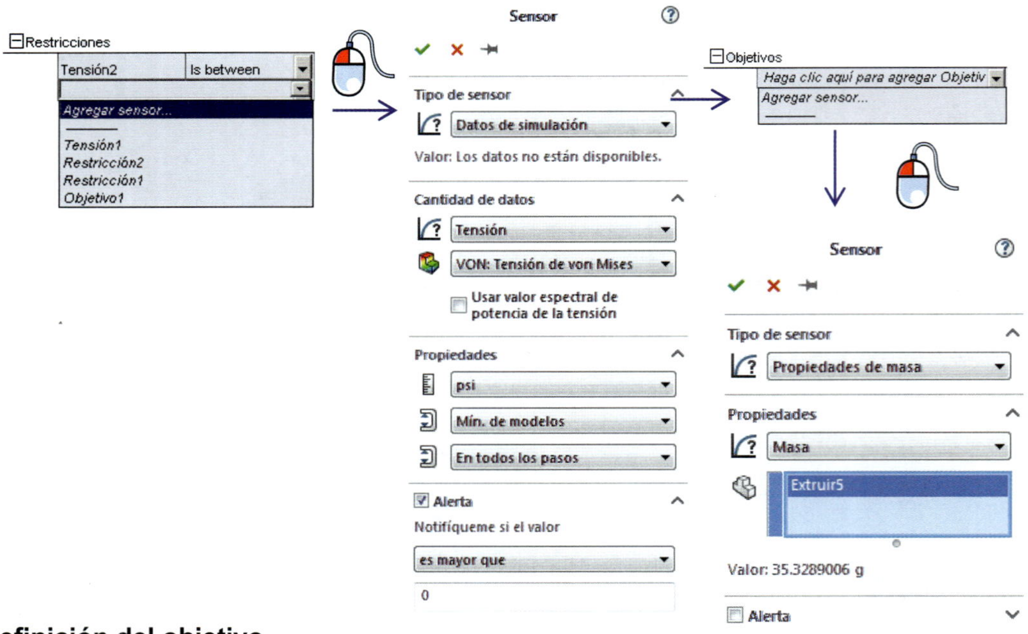

5. Definición del objetivo

El **Objetivo** o finalidad perseguida por el estudio es la reducción del volumen del modelo.

1. Pulse sobre ***Haga clic para agregar Objetivo*** desde la etiqueta de **Objetivo**. Seleccione **Propiedades de masa** y **Volumen**. Desde la zona de gráficos seleccione el modelo. En **Valor** puede ver el volumen actual 108448,774 mm^3. Pulse **Aceptar**.

6. Ejecución del estudio

Para iniciar el proceso de optimización pulse **Ejecutar** desde la pestaña del **Estudio de diseño**. Los resultados finales de la optimización puede verlos directamente en **Vista de resultados** o en **Resultados y gráficos**. Observe como se produce una reducción en la Cota1 (radio del nervio).

		Current	Initial	Optimal (1)	Scenario 1	Scenario 2
Cota1		10mm	15mm	10mm	10mm	15mm
Tensión1	< 8060.3 kgf/cm^2	3386.3 kgf/cm^2	3249.6 kgf/cm^2	3386.3 kgf/cm^2	3386.3 kgf/cm^2	3249.6 kgf/cm^2
Volumen1	Minimize	108448.7743mm^3	109199.88073mm^3	108448.7743mm^3	108448.7743mm^3	109199.88073mm^3

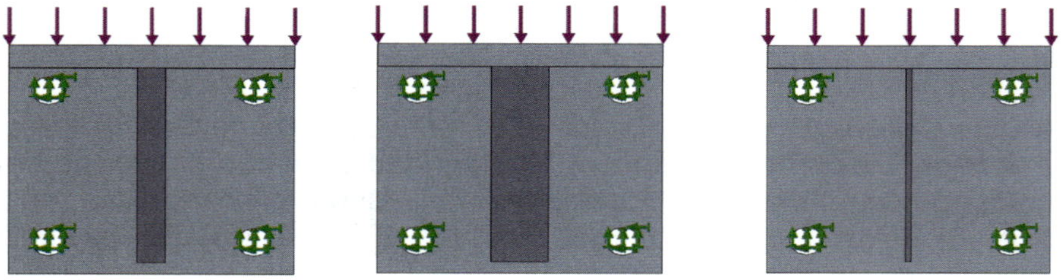

7.4 Práctica propuesta 7-1. Estudio de diseño

Realice un estudio de optimización del modelo de la figura estudiado en el capítulo 2. Se trata de reducir el volumen de la pieza modificando las cotas que definen su geometría de forma que la tensión von Mises sea inferior a su límite elástico.

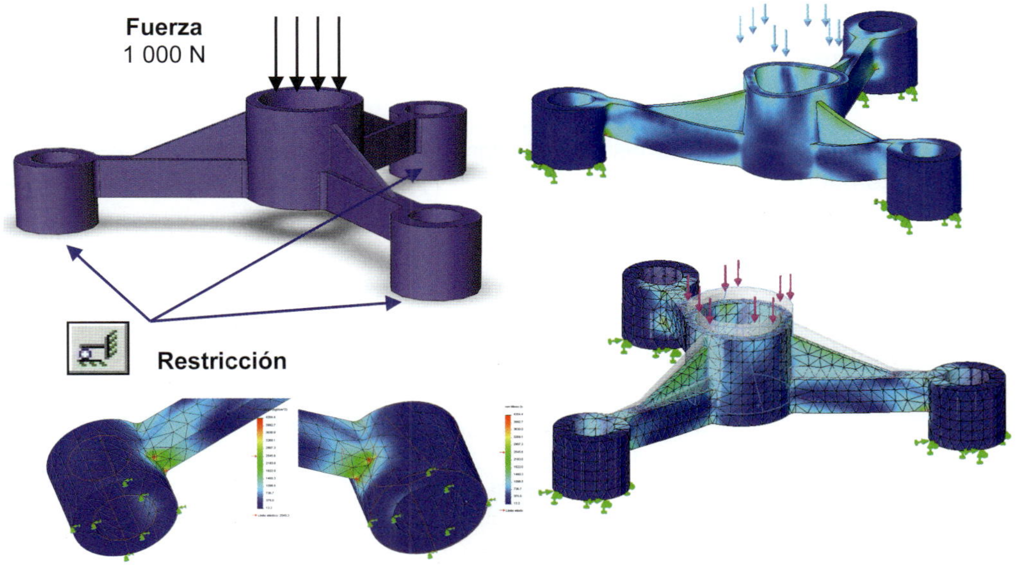

7.5 Práctica 7-2. Estudio de optimización

Minimizar el volumen de la escuadra por modificación de las dimensiones que definen la cajera interior teniendo en cuenta las características de resistencia, frecuencia y pandeo.

Aspectos a estudiar

Definir un **estudio estático** (restricciones, cargas y mallado). **Control de mallado** (reducción del tamaño de los elementos el mallado en una arista). Definición de un **Estudio de Frecuencia** (lista de frecuencias resonantes). Definición de un **Estudio de Pandeo** (lista de desplazamientos y factores de carga crítica para cada modo). Definición del **Estudio de diseño**.

Características del ensayo

Material. Superaleación base hierro A286. **Sujeciones** fijas en los cuatro taladros. **Carga**. Fuerza normal a la cara principal de 8 000 N. **Mallado estándar** con un tamaño global de 3 mm y una tolerancia de 0,15 mm. **Remallado de aristas** críticas (0,7 mm y relación a/b 1,2). **Frecuencias** y **pandeo** con las cargas y sujeciones impuestas en el estudio estático.

1. Activación de SolidWorks Simulation y abrir el modelo a analizar

Descargue el modelo de la práctica desde el DVD que acompaña el libro. Active la aplicación de **Solid**Works **Simulation** y abra el modelo.

2. Creación de los estudios

Inicialmente debe crear los estudios **Estático**, **Frecuencia** y **Pandeo** en el modelo de la práctica y después ejecutar el **Estudio de diseño**.

El **Material**, la **Fuerza** y las **Sujeciones** son exactamente las mismas en los tres estudios. Se definen en el **Estudio Estático** y se copian (Ctrl + C y Ctrl + V) en el resto de los estudios. Realizaremos lo mismo con el mallado.

3. Estudio estático

Pulse sobre **Estudio** desde el Menú de Persiana **Solid**Works **Simulation** y seleccione la opción **Estudio de estático** y escriba *Estático Optimización* en **Nombre del estudio**. Pulse **Aceptar**.

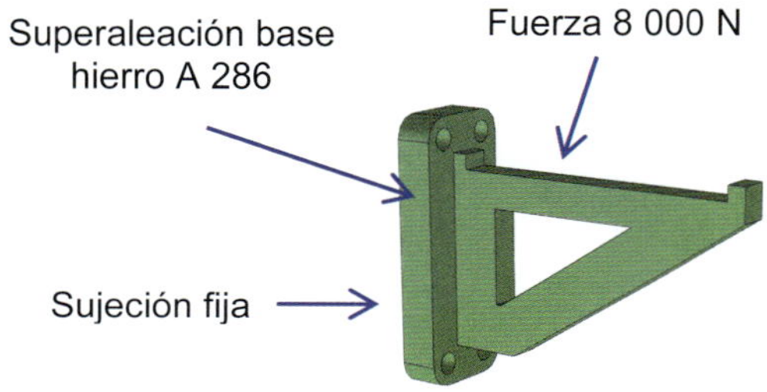

4. Definición del material

1. Pulse con el botón derecho del ratón sobre la primera de las carpetas. Seleccione **Aplicar/Editar material**.
2. Localice el material **Súper aleación base hierro A 286** desde la Biblioteca de materiales de **Solid**Works **Simulation**.
3. Observe sus propiedades mecánicas en el cuadro adjunto. Pulse **Aceptar**.

5. Definición de las Sujeciones

1. Pulse sobre **Sujeciones** con el botón derecho del ratón desde el Gestor de Simulación. Seleccione la opción **Geometría Fija**.
2. Desde el PropertyManager de **Sujeciones** seleccione el **Geometría Fija**. La restricción impuesta define todos los grados de libertad de traslación y rotación en cero.
3. Seleccione desde la zona de gráficos cada una de las **Caras** que definen los cuatro taladros del modelo.
4. Pulse **Aceptar** para crear la **Sujeción**.

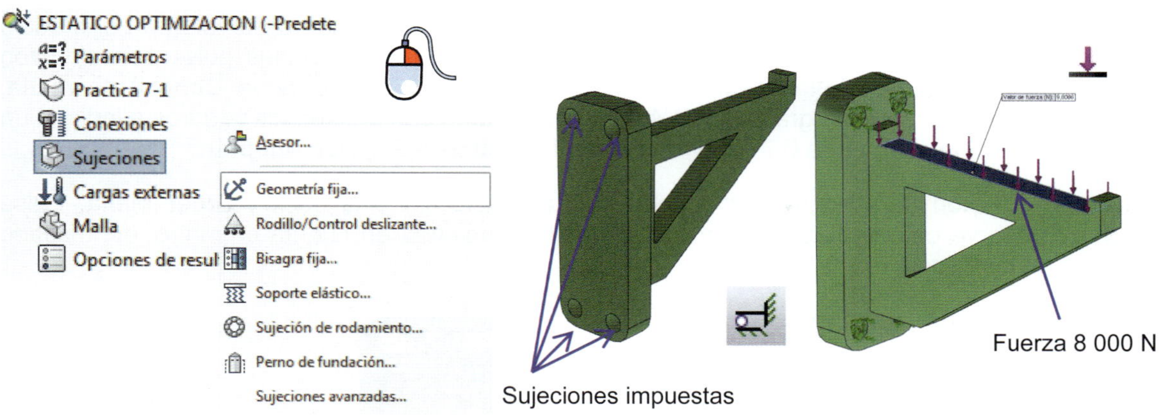

6. Definición de las cargas

Para definir una **Fuerza** de 8 000 N sobre la cara superior del modelo:

1. Pulse con el botón derecho del ratón sobre **Cargas externas** desde el Gestor de Simulación y seleccione **Fuerza**. En la pestaña **Tipo** seleccione la cara superior del modelo. Pulse sobre **Normal**. Observe como sobre la cara del modelo se representan flechas en dirección de la fuerza aplicada.
2. Seleccione **Sistema Internacional (SI)** en **Unidades** y en la pestaña **Fuerza (por entidad)** indique la fuerza de 8 000 N. Active la casilla **Invertir dirección** si desea cambiar la dirección de la fuerza aplicada. Pulse **Aceptar** para crear la **Fuerza** sobre el modelo.

7. Definición del mallado

Para definir la **Malla** con un tamaño global de 3 milímetros:

1. Pulse con el botón derecho del ratón sobre **Malla** desde el Gestor de Simulación o pulse sobre el icono **Malla** de la barra de herramientas. Seleccione del cuadro de diálogo emergente la opción **Crear Malla.**
2. En **Parámetros de mallado** seleccione las opciones con la siguiente configuración: **Mallador**: Estándar. **Unidades**: mm. **Tamaño global**: 3 mm. Pulse **Aceptar** para crear el mallado en su modelo.

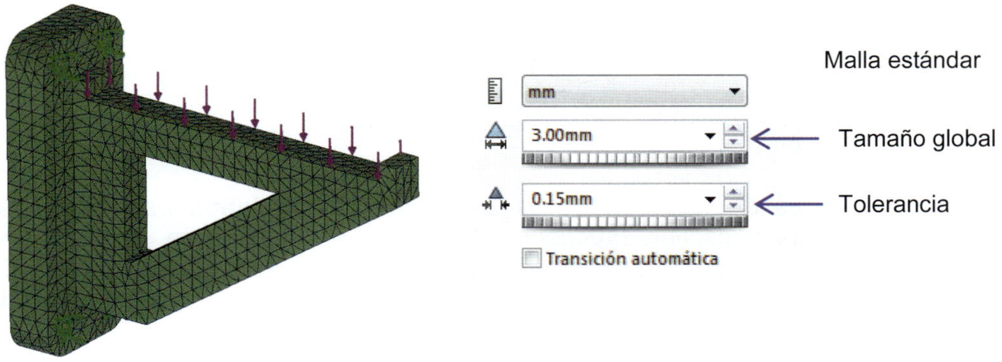

Los taladros son los elementos donde se produce mayor concentración de tensión en el modelo evaluado. Para incrementar la densidad del mallado en estas ubicaciones pulse con el botón derecho del ratón sobre **Malla** desde el Gestor de Simulación y seleccione **Control de malla**. Seleccione, desde la zona de gráficos, las 4 aristas circulares que definen los taladros e indique un **Tamaño de los elementos** de 0,7 mm y una **Relación a/b** de 1,2. Pulse **Aceptar**.

Pulse con el botón derecho del ratón sobre **Malla** y seleccione la opción **Crear Malla**. Pulse **Aceptar**. Observe como se vuelve a mallar el modelo teniendo en cuenta el control del mallado realizado en los taladros.

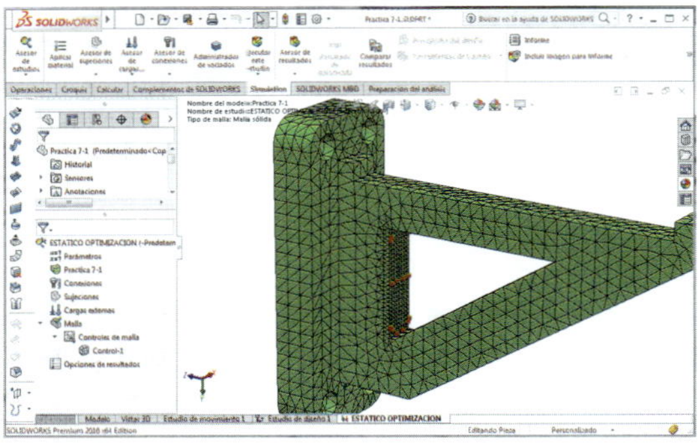

8. Ejecución y visualización de resultados

1. Pulse con el botón derecho del ratón sobre la primera de las etiquetas de su Gestor de diseño y seleccione **Ejecutar**.
2. En la carpeta **Resultados** en el Gestor de Simulación puede ver los trazados de **Tensiones**, **Desplazamientos** o **Deformaciones unitarias**.

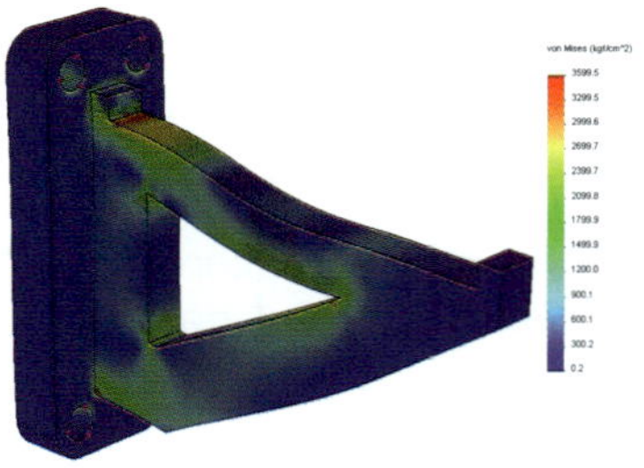

Tensiones

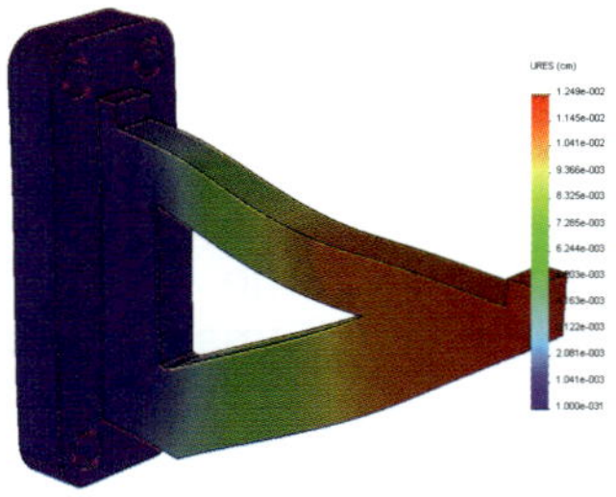

Deformaciones

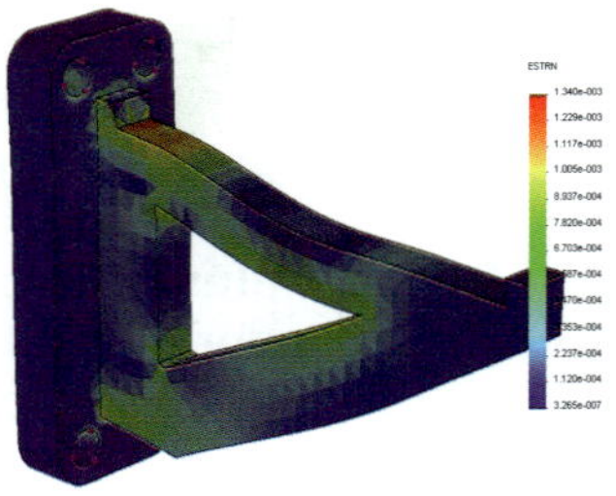

Deformaciones unitarias

9. Estudio de Frecuencia

Pulse sobre **Estudio** desde el menú de persiana **Solid**Works **Simulation** y seleccione la opción **Estudio de Frecuencia** y escriba *Frecuencia Optimización* en **Nombre del estudio**. Pulse **Aceptar**. Observe el Gestor de Simulación de **Frecuencia** y recuerde que es posible **Copiar** y **Pegar** (Ctrl + C y Ctrl + V) cada uno de los elementos que definen los estudios (**Cargas**, **Restricciones**, **Mallado** y **Materiales**).

Para **Copiar** los elementos del **Estudio de Frecuencia**:

1. Active el Gestor de Simulación del **Estudio Estático** y pulse con el botón derecho del ratón sobre Practica 7-1 (Súper aleación base hierro A 286). Seleccione la opción **Copiar**.
2. Vuelva al **Estudio de Frecuencia**, seleccione Practica 7-2 con el botón izquierdo del ratón. A continuación, pulse con el botón derecho del ratón y seleccione **Pegar**.
3. Repita el mismo proceso y copie las **Sujeciones**, la **Fuerza** y la **Malla** definida en el **Estudio Estático**.
4. Ejecute el **Estudio de Frecuencia**. Pulse con el botón derecho del ratón sobre la primera de las etiquetas del Gestor de Simulación y seleccione **Ejecutar**.
5. En la carpeta **Resultados** puede ver los trazados de cada uno de las **Frecuencias de desplazamientos**. Pulse con el botón derecho del ratón sobre la carpeta **Resultados** y seleccione **Listar frecuencias resonantes**.

En **Modos de lista** puede ver los 5 diferentes modos de las frecuencias resonantes en Rad/seg, Hertz o en período (segundos). Pulse cada uno de los trazados de desplazamiento para ver los modos resonantes en el modelo.

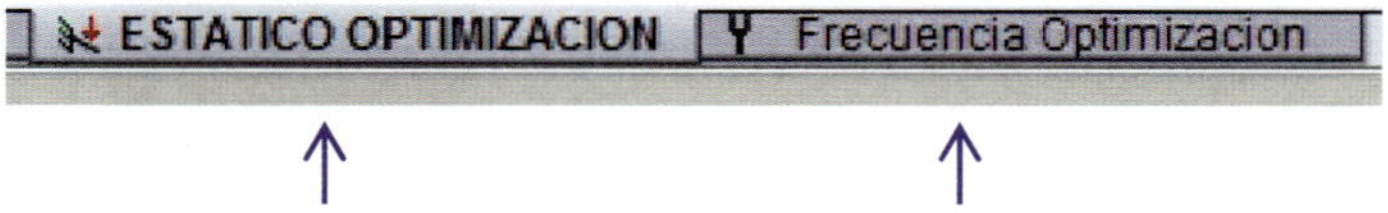

Estudio

Estudio de Frecuencias

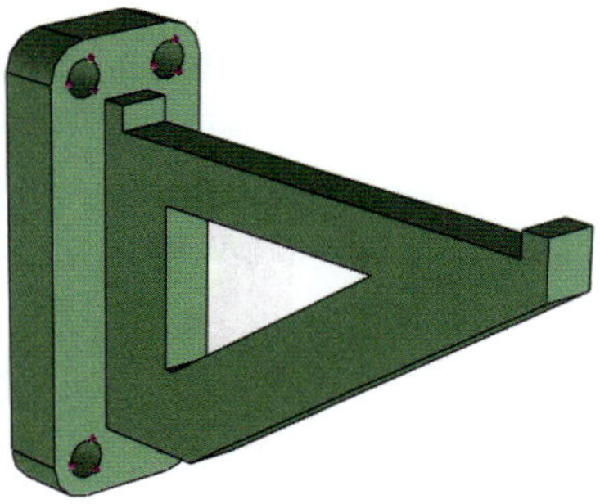

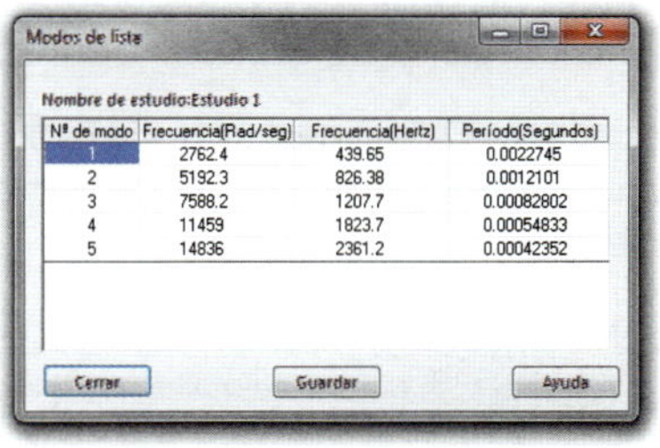

Modo 1

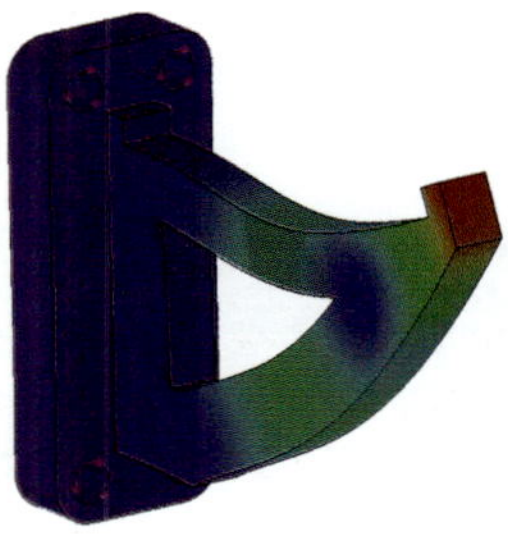

Modo 2

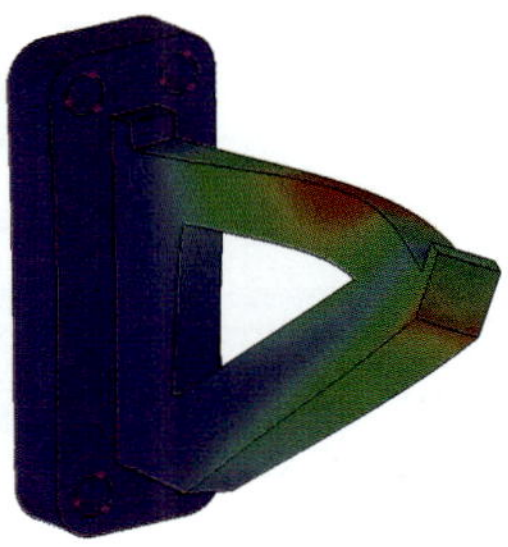

Modo 3

10. Estudio de Pandeo

Pulse sobre **Estudio** desde el Menú de Persiana **Solid**Works **Simulation** y seleccione la opción **Estudio de Pandeo** y escriba *Pandeo Optimización* en **Nombre del estudio**. Pulse **Aceptar**. El Gestor de Simulación de **Pandeo** es igual que el Gestor de **Frecuencia** y **Estático**. Copie y pegue (**Ctrl + C** y **Ctrl + V**) cada uno de los elementos que definen los estudios (**Cargas**, **Sujeciones**, **Mallado** y **Materiales**). Ejecute el análisis y observe los resultados obtenidos (**Desplazamientos**, **Listar desplazamientos** y **Listar factores de carga crítica**).

Nodo	X (mm)	Y (mm)	Z (mm)	URES (cm)
19947	0	17.7113	-71.9741	1.77550e-001
406	0	16.9168	-73.2151	1.77546e-001
407	0	18.5057	-70.7331	1.77494e-001
19952	0	16.1224	-74.4561	1.77487e-001
405	0	15.328	-75.6971	1.77382e-001
19942	0	19.3002	-69.4922	1.77370e-001
19959	0	14.5335	-76.9381	1.77233e-001
408	0	20.0946	-68.2512	1.77175e-001

Nombre de modelo: Practica 7-2
Nombre de estudio: Pandeo Optimizacion
Tipo de resultado: Pandeo Desplazamientos1
Forma modal: 1 Factor de carga = 26.248
Escala de deformación: 5.51045

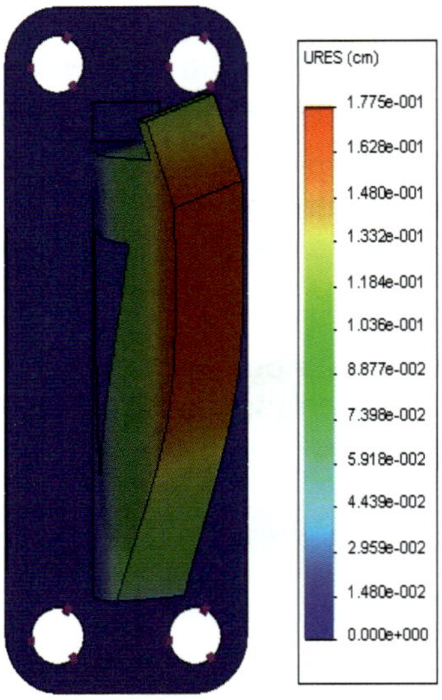

11. Crear el Estudio de diseño y sus propiedades

1. Pulse con el botón derecho del ratón sobre la pestaña **Estático Optimización** (parte inferior de la zona de gráficos) y seleccione la opción **Crear nuevo estudio de diseño**. En la parte inferior de la zona de gráficos aparece una gran pestaña con el **Estudio de diseño**.
2. Pulse sobre **Opciones** del **Estudio de Diseño** y seleccione **Resultados rápidos** para evaluar el mínimo número posible de escenarios debido a la complejidad de los cálculos necesarios.

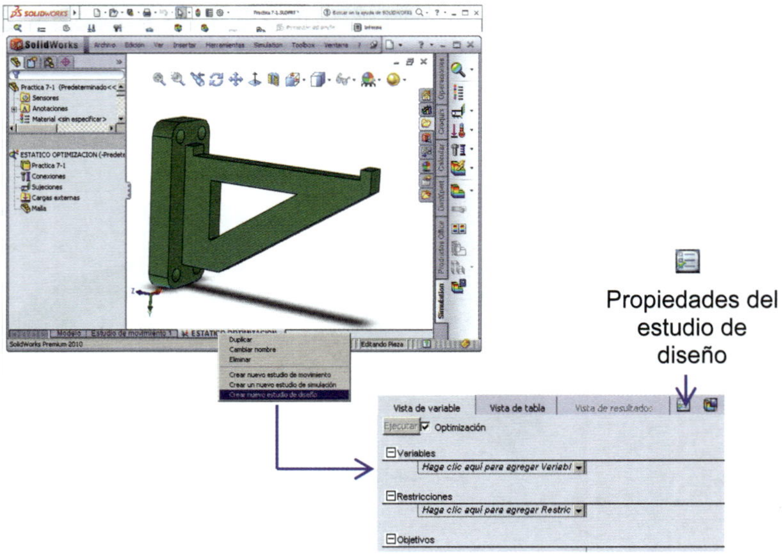

12. Definición de las variables de diseño

Para definir las **Variables de diseño** seleccione como parámetros las cotas indicadas en la tabla adjunta:

Cota	Nombre	Límite Mínimo	Límite Máximo	Paso
10	D1@Extruir3	5	15	2
10	D1@Croquis2	5	15	2
7	D1@Extruir3	3,5	10,5	1
77	D2@Croquis6	38,5	115,4	10
13	D1@Croquis5	6,5	19,5	2

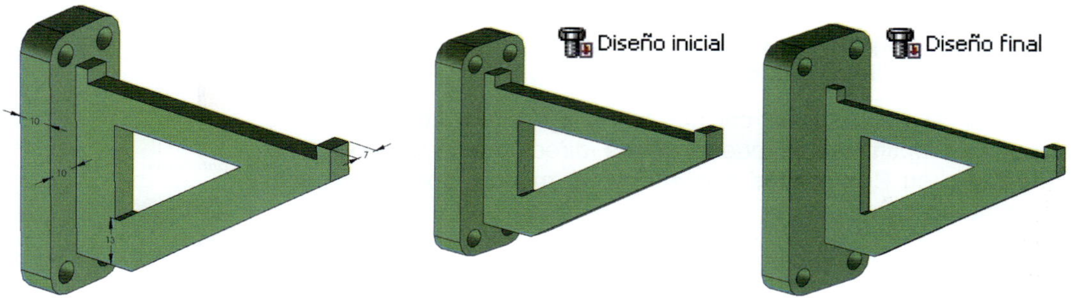

Para la selección de las cotas como **Parámetros**:

1. Pulse sobre **Agregar parámetro** desde la pestaña **Vista de variable**. En el cuadro de **Agregar parámetros** indique el nombre de la variable (D1@Extruir3) y seleccione una de las cinco cotas. Pulse **Aceptar** y cierre el cuadro de diálogo de la variable recién creada.
2. Observe que en el cuadro de diálogo **Parámetros** aparece el nombre y la variable creada. Seleccione la variable y pulse **Aceptar**.
3. Desde la pestaña **Vista de variable** defina los **valores máximos** y **mínimos** permisibles para la cota (Mín = 5 mm, Máx = 15 mm y Paso = 2 mm).
4. Repita el proceso para las otras cuatro cotas que definen el modelo y que están indicadas en la figura.

13. Definición de las Restricciones del diseño

Debe crear tres restricciones, una para cada uno de los estudios. Para definir las **Restricciones del diseño** se utilizan **Datos de simulación** para el estudio estático, el de pandeo y el de frecuencias.

1. Desde la pestaña **Vista de tabla** o **Vista de variable** pulse sobre **Restricciones** con el botón izquierdo del ratón.
2. Seleccione **Agregar sensor**. Desde el PropertyManager de **Sensor** seleccione en **Tipo de sensor**, **Datos de Simulación**. En **Cantidad de datos** seleccione **Tensión** y VON: Tensión de von Mises. Los **Límites permisibles** seleccione 0 (Inferior) y 3,5 e8 (Superior). Pulse **Aceptar** para definir la restricción del **Estudio Estático**.

3. Repita la misma operación para el **Estudio de frecuencias** y el **Estudio de Pandeo**. Para el **Estudio de frecuencias** indique la restricción sobre el primer modo de vibración y un límite superior de 930 Hz. Para el **Estudio de Pandeo**, seleccione también el primer modo de deformación e indique un factor de carga máximo de 20.

14. Definición del objetivo

Para definir el **Objetivo del Estudio de Simulación**:

1. Pulse sobre ***Haga clic para agregar Objetivo*** desde la etiqueta de **Objetivo**. Seleccione **Volumen**. Desde la zona de gráficos seleccione el modelo. En **Valor** puede ver el volumen actual 35328,9006 mm^3. Pulse **Aceptar**. Seleccione **Minimizar volumen** desde la pestaña **Vista de variable**.

15. Ejecución del proceso de optimización y visualización de resultados

Para iniciar el proceso de cálculo pulse **Ejecutar**. Los resultados finales de la optimización puede verlos directamente en **Vista de resultados** o en **Resultados y gráficos**. El modelo óptimo obtenido se presenta en la figura.

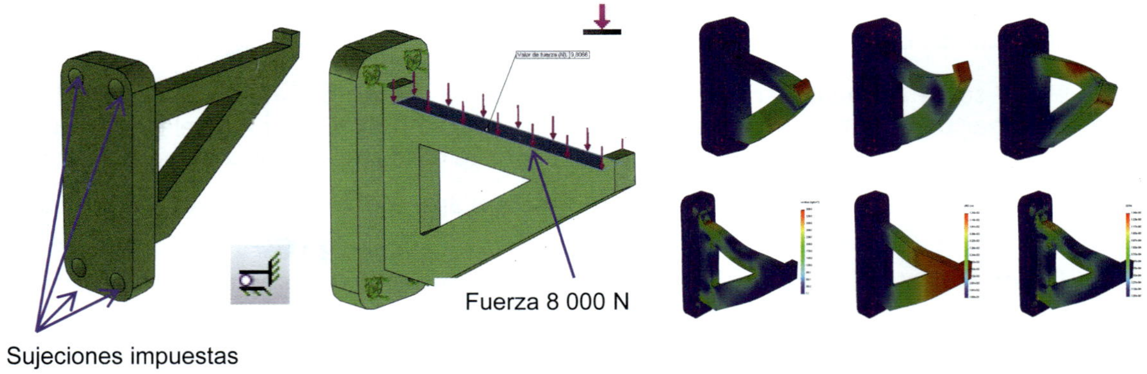

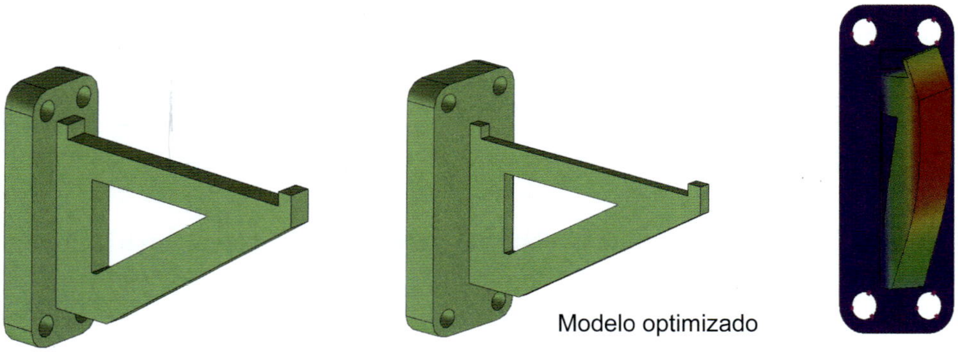

Capítulo 8
Análisis de fatiga

Introducción

La aplicación de esfuerzos cíclicos sobre una pieza puede causar que esta rompa a tensiones más bajas que las establecidas en los análisis estáticos e incluso muy por debajo del límite elástico. La rotura se presenta sin una apreciable deformación plástica cuando es sometida a un gran número de cargas cíclicas.

En estos casos es conveniente tener una herramienta de evaluación que permita predecir y conocer las zonas donde se produce mayor concentración de tensiones, así como el número de ciclos de carga y descarga que puede soportar antes de romper por fatiga.

En este capítulo se estudia cómo puede evaluar la fatiga en sus modelos de piezas con **Solid**Works **Simulation**. Se describen conceptos teóricos de rotura por fatiga, cargas cíclicas, curvas SN y los métodos de Goodman, Gerber y Soderberg, entre otros. Además, se indican y describen las etapas necesarias en la realización de un Estudio de fatiga: definición de **Propiedades** del estudio, **Sucesos de fatiga**, visualización e interpretación de los **Trazados de daño**, **Factor de seguridad** y trazado del **Indicador de biaxialidad**.

En las prácticas resueltas se evalúa el comportamiento mecánico de un eje sometido a esfuerzos cíclicos con relación de carga y descarga de 0,5 y el comportamiento mecánico de un eje sometido a distintos tipos de carga (Invertida, Base 0 y Relación de cargas R = 0,25). Como propuesta se presenta el estudio de un sistema de suspensión sometida a cargas variables y aleatorias.

Contenido

- Conceptos de fatiga.
- Etapas en la creación de un estudio de fatiga.
- Tipos de ensayos de fatiga.
- Trazados de fatiga
- Prácticas guiadas.

8.1 Introducción

La fatiga es un tipo de rotura que pueden experimentar aquellas piezas o componentes que se encuentran sometidos a cargas cíclicas o variables en el tiempo como pueden ser la tracción, compresión, torsión, flexión y vibración, entre otras. Los esfuerzos cíclicos a los que están sometidos provocan la rotura a solicitaciones más bajas que las establecidas en el análisis estático.

La rotura se presenta después de exponer la pieza a un gran número de ciclos de carga y descarga siendo la tensión aplicada, en muchos casos, inferior al límite elástico del propio material. Es un tipo de rotura difícil de reconocer porque no va acompañada de una deformación plástica apreciable. La superficie de fractura de una pieza rota por fatiga suele tener un aspecto frágil incluso en materiales dúctiles. La rotura por fatiga se produce en tres etapas: **iniciación**, **propagación** y **rotura final**.

- **Iniciación**. Se crea una grieta de pequeño tamaño sobre la superficie de la pieza. Las grietas se inician en las zonas donde se tienen concentradores de tensión, elevada rugosidad superficial, rayados causados por el montaje, marcas de ensayos de dureza, etc.
- **Propagación**. La grieta avanza por la sección transversal de la pieza de forma más o menos rápida hasta que la sección es insuficientemente grande como para soportar la tensión aplicada.
- **Rotura final**. La rotura final de la pieza se produce por el avance rápido de la grieta y la reducción de la sección efectiva de la pieza, lo que provoca que esta sea incapaz de resistir la carga aplicada.

Las piezas rotas por fatiga presentan superficies de fractura con dos zonas fácilmente diferenciables a simple vista. La primera zona tiene un aspecto mate, con superficies estriadas a modo de concha y que se genera en el punto o defecto superficial de la pieza. En esta zona se tienen las marcas de playa o crestas de forma semicircular que indican cómo se ha producido el avance de la grieta con el número de ciclos. La segunda zona de rotura tiene un aspecto brillante y se observa un grano fino debido a que es la parte que sufre una rotura final frágil. Ejemplos de rotura por fatiga se dan en tornillos, pernos, ejes, máquinas rotativas, alas de avión, puentes, plataformas marítimas, etc.

La fatiga es la primera causa de rotura de materiales metálicos, el 90 % de ellos rompe por fatiga. En aeronáutica el 18 % de las causas de accidentes se deben a la fatiga de los materiales.

8.1.1 Definiciones

Las cargas a las que puede estar sometida una pieza suelen ser **axiales** (tracción y compresión), de **flexión** o de **torsión**. Se clasifican en: **pulsatorias** y **oscilantes**.

- **Cargas pulsatorias**. La tensión oscila entre dos extremos (σ_{max} y σ_{min}) sin cambiar de signo. Son intermitentes cuando una de las tensiones es nula.
- **Cargas oscilantes**. La tensión oscila entre dos extremos de diferente signo. Se denominan alternadas cuando las tensiones extremas son opuestas.

Carga pulsatoria

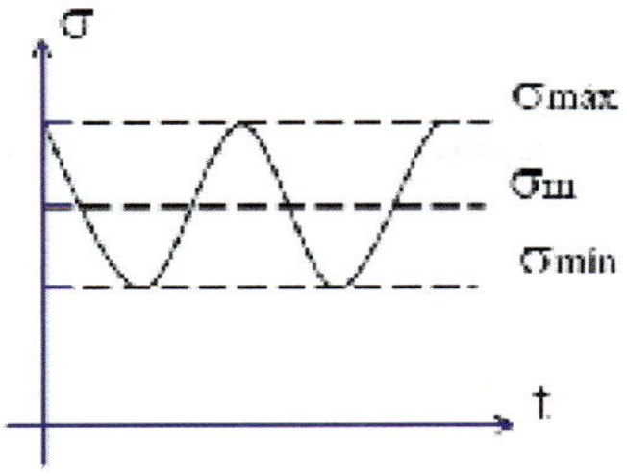

Carga oscilante

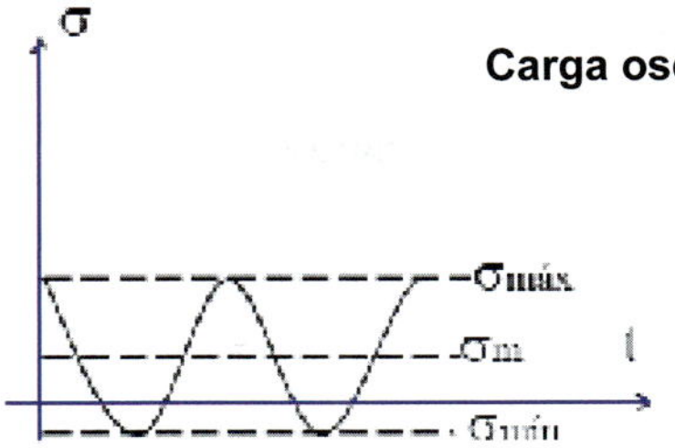

Se define σ_{max} como la tensión máxima a la que está sometido el modelo y σ_{min} como la tensión mínima. El valor de R ($\sigma_{min}/\sigma_{max}$), coeficiente de tensión o **factor de tensión** puede tomar diversos valores: **R = 1**, **R = -1** (ciclo alterno simétrico) o **R = 0** (ciclo intermitente).

Cualquier carga se puede considerar como el resultado de la superposición de dos tensiones, una constante de valor σ_m y otra alternada de amplitud σ_a.

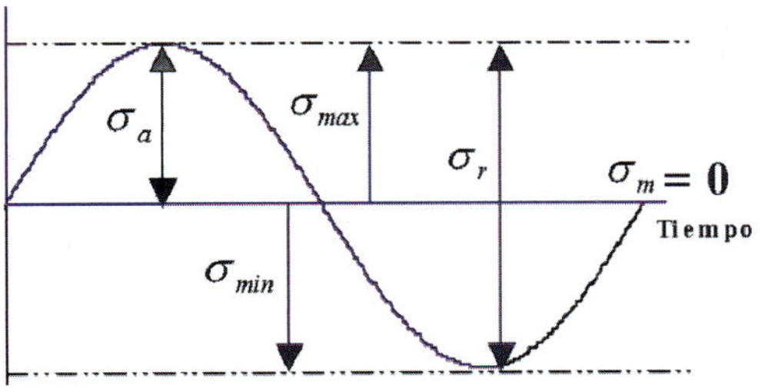

$$\sigma_{Max}(Tensión \quad Máxima)$$

$$\sigma_{Min}(Tensión \quad Mínima)$$

$$\sigma_m(Amplitud \quad Tensión) = \frac{(\sigma_{Max} - \sigma_{Min})}{2}$$

$$\sigma_m(Tensión \quad Media) = \frac{(\sigma_{Max} + \sigma_{Min})}{2}$$

$$\sigma_r(Rango \quad de \quad Tensiones) = \sigma_{Max} - \sigma_{Min}$$

$$\sigma_R(Coeficiente \ de \quad Tensión) = \frac{\sigma_{Min}}{\sigma_{Max}}$$

La **tensión media** (σ_m) se calcula a partir de la tensión de von Mises, los factores de tensión (R) y de amplitud (A), según la expresión indicada en la tabla. Los tipos de carga son:

Tipo de carga	Factores de tensión (R)	Factor de Amplitud (A)
Reversible	R = -1	A = infinito
Cero a máximo	R = 0	A = 1
Cero a mínimo	R = infinito	A = -1

El número de ciclos que puede soportar una pieza depende del valor de la tensión alterna y de la tensión media a la que está sometida durante las cargas y descargas.

8.1.2 Curvas SN

Las curvas SN o de Wöhler representan las tensiones alternas (eje de ordenadas) y el número de ciclos hasta la rotura (eje de abscisas) para un material en concreto. Para cada una de las tensiones el material soporta un número de ciclos hasta la rotura determinado.

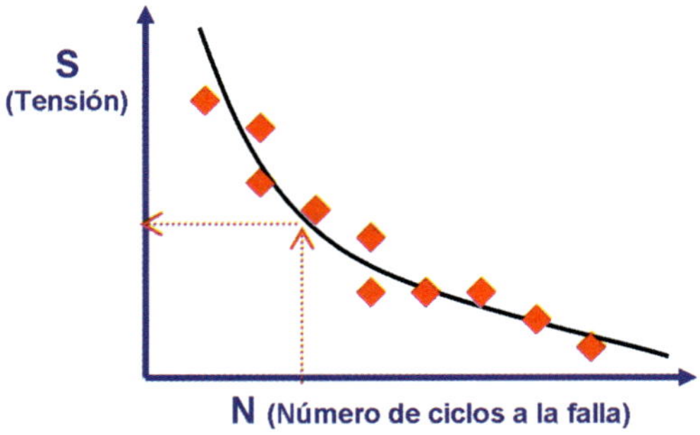

Las curvas SN se obtienen a través de unos ensayos en los que se somete a una probeta fabricada con el material a ensayar a cargas variables de amplitud (σ_a) y tensión (σ_m), generalmente 2/3 de la resistencia estática a la tracción. Se cuentan los ciclos soportados (N) por la probeta antes de su rotura y se vuelve a repetir el ensayo a una tensión ligeramente inferior a la primera. La realización de 20 o 25 ensayos permite dibujar la curva representada en la figura.

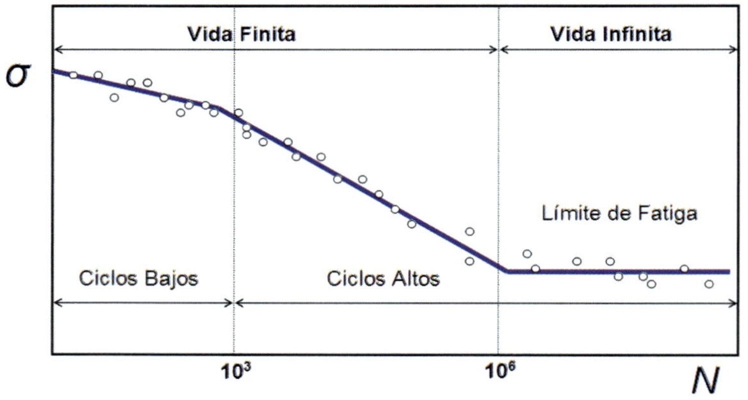

Se pueden obtener dos tipos de curvas SN. A mayores tensiones se da menor número de ciclos hasta la rotura. En algunas aleaciones férreas y en aleaciones de titanio, las curvas S-N se hacen horizontales. En estos casos se dice que tienen límite de fatiga y, por lo tanto, una tensión límite por debajo de la cual la rotura por fatiga nunca se dará.

La curva SN representada en la figura tiene tres pendientes: ciclo bajo, alto y vida infinita. La fatiga de ciclo bajo (oligofatiga) se produce cuando se emplean menos de 10 000 ciclos, mientras que las de alto número de ciclos se dan para mayores ciclos de carga y descarga.

El resto de aleaciones (aleaciones no férreas, ligeras y ultraligeras), incluidas las de aluminio, cobre, magnesio, etc., no presentan límite de fatiga. En estos casos la rotura siempre se dará independientemente de la tensión aplicada.

8.1.3 Resistencia a la fatiga

La resistencia a la fatiga se define como la máxima amplitud de tensión a que, superpuesta en ambos sentidos a la tensión media (σ_m), actúa un número ilimitado de veces sin provocar la rotura ni deformación plástica aparente de la probeta ensayada. Su valor es inferior a las obtenidas en los ensayos estáticos.

La resistencia a la fatiga σ_A se obtiene experimentalmente trazando el diagrama σ_A o de Wöhler. Las probetas sometidas a cargas variables en amplitud σ_a y en tensión σ_m determinan el número de ciclos necesario para su rotura. Se realiza también para otros valores de σ_a. Curva asintótica cuyo valor σ_{max} coincide con σ_r para N = 0 y un valor asintótico a σ_A.

La propagación de las grietas se debe a las cargas de tracción que provocan el fácil desplazamiento de la fisura por el material. Las cargas de compresión no favorecen la propagación de las grietas, por lo que la velocidad de propagación está relacionada con la tensión media y la alterna. En los casos en los que la tensión media es distinta de cero se utilizan los métodos de corrección que relacionan σ_a, σ_m y σ_A.

Los métodos se emplean únicamente cuando se tienen curvas SN obtenidas con cargas completamente simétricas (ciclo de carga de fatiga obtenido por flexión rotativa). Los métodos de cálculo empleados son: **método de Goodman**, **Gerber** y **Soderberg**.

Método de Goodman. Se emplea para materiales frágiles.

Método de Gerber. Materiales dúctiles.

Método de Soderberg. Es un método más conservador.

> **Solid**Works calcula la tensión media de las cargas (σ_m) y la tensión alterna (σ_a) para cada ciclo de amplitud variable o constante y luego corrige la tensión con el método seleccionado (***Goodman***, ***Gerber*** o ***Soderberg***).

8.2 Etapas en la creación de un estudio

Para realizar un **Estudio de Fatiga**:

1. Cree uno o varios **Estudios Estáticos** para definir las cargas y las sujeciones que actúan sobre el modelo objeto de estudio. En la definición del **Estudio Estático** debe seleccionar el material del modelo, definir sus propiedades y su **curva S-N**. La definición de las curvas S-N es indispensable para la realización del **Estudio de Fatiga**. Si en su modelo actúan varias cargas alternantes en magnitud y sentido, cree un análisis estático para cada una de ellas.

2. Pulse sobre **Estudio** y seleccione **Estudio de Fatiga**. Seleccione uno de los cuatro tipos de estudio a realizar: **Suceso de amplitud constante con ciclos definidos** o **Datos de historial de amplitud variable**, **Armónico-Fatiga de la carga sinusoidal** o **Vibración aleatoria-fatiga.** Observe cómo aparece el nombre del estudio estático y del estudio de fatiga en el gestor de simulación.

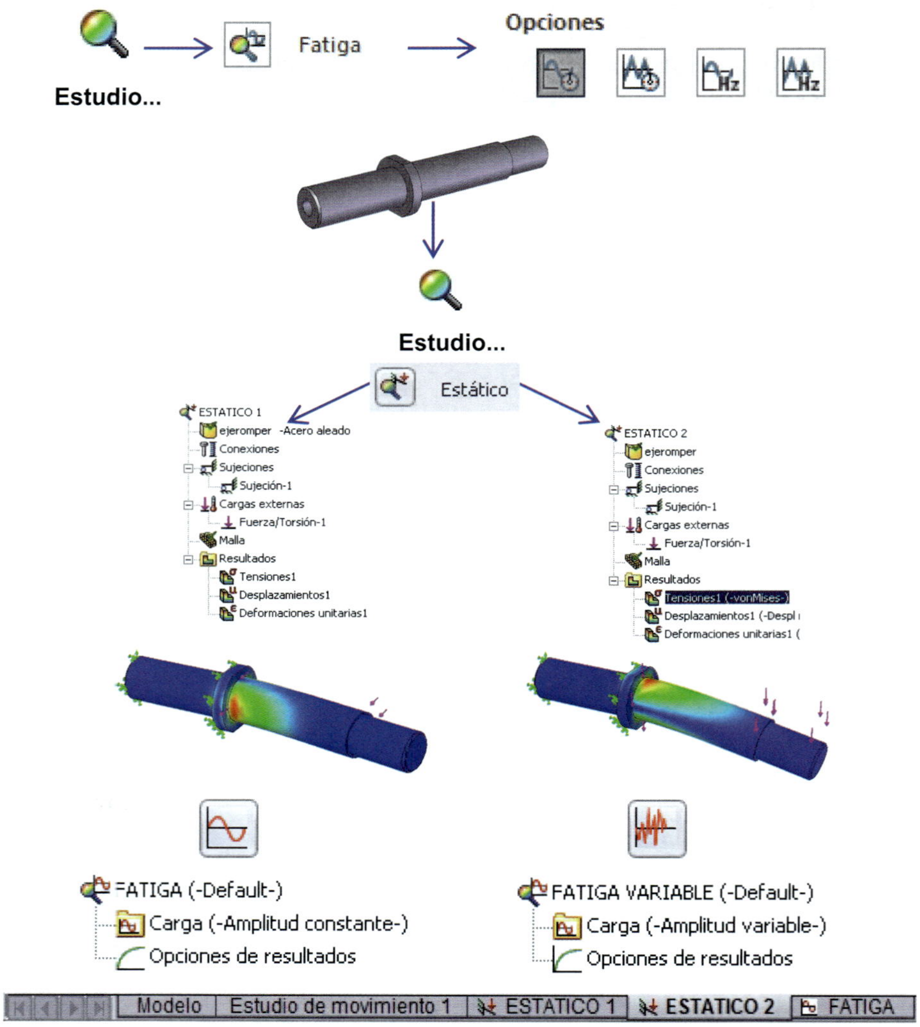

3. Defina las propiedades del análisis de fatiga pulsando con el botón secundario del ratón sobre FATIGA y seleccionando la opción **Propiedades**.

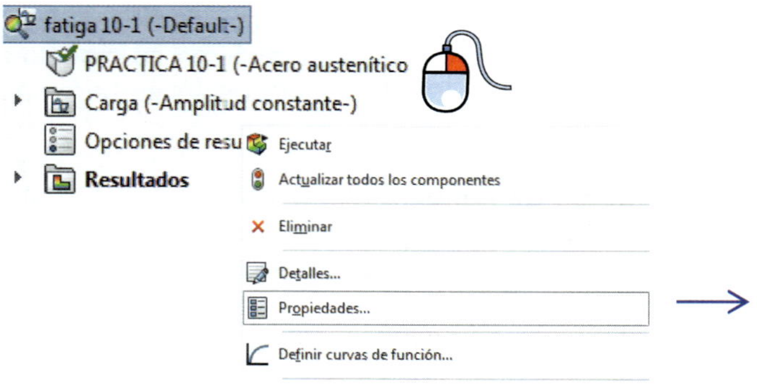

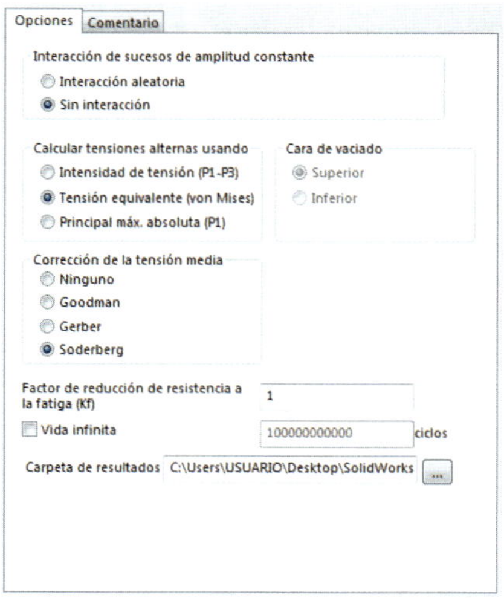

4. Agregue el suceso que define su estudio. Pulse con el botón secundario del ratón sobre **Carga** y seleccione la opción **Agregar suceso**. Puede definir el **Número de ciclos** de carga y descarga al que está sometido su modelo, así como el **Tipo de carga**. Es posible indicar más de un suceso y puede editar un suceso previamente definido (**Cambiar el tipo de suceso**).

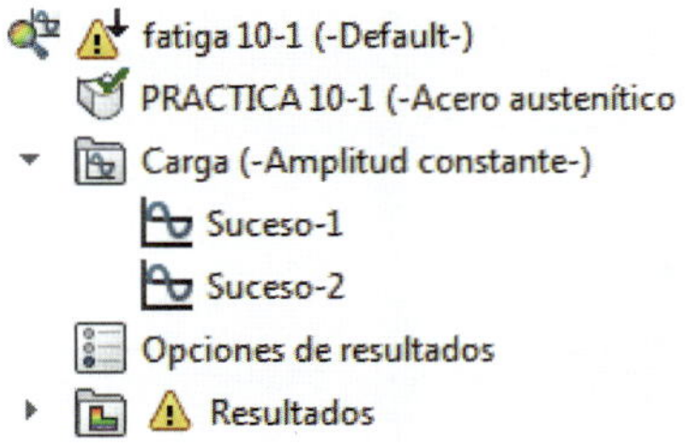

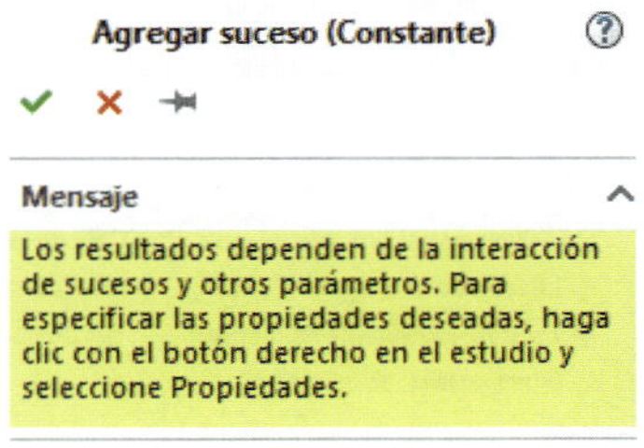

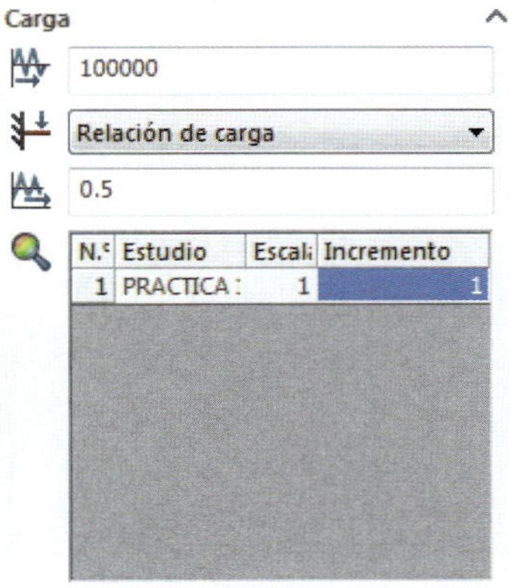

5. Pulse con el botón secundario del ratón sobre **Opciones de resultados** y seleccione **Definir/Editar**. Seleccione **Todo el modelo** o **Solo superficie**. La primera de las opciones calcula el daño en todos los nodos del modelo ensayado mientras que la segunda (**Solo superficie**) únicamente tiene en cuenta los nodos de contorno. Aunque lo normal es que el inicio de grieta se produzca en la superficie de la pieza, también es posible que se genere en su interior.

6. Ejecute el estudio pulsando sobre el icono **Ejecutar** o pulsando con el botón secundario del ratón sobre Fatiga 10-1 (ver figura) y seleccione la opción **Ejecutar**. Observe cómo en los estudios de fatiga no es necesario mallar el modelo porque ya se tiene en cuenta en los análisis estáticos.

7. Visualice los **Trazados de vida**, **de daño** y de **Factor de seguridad**.

8.3 Materiales y curvas SN

Los materiales que debe emplear en los estudios de fatiga son los que tienen asociados las curvas SN o curvas de tensión/número de ciclos. Estos materiales se distinguen por tener las siglas SN en la biblioteca de materiales. Para visualizar las curvas SN pulse con el botón derecho sobre el icono del estudio y seleccione **Definir curvas de función**.

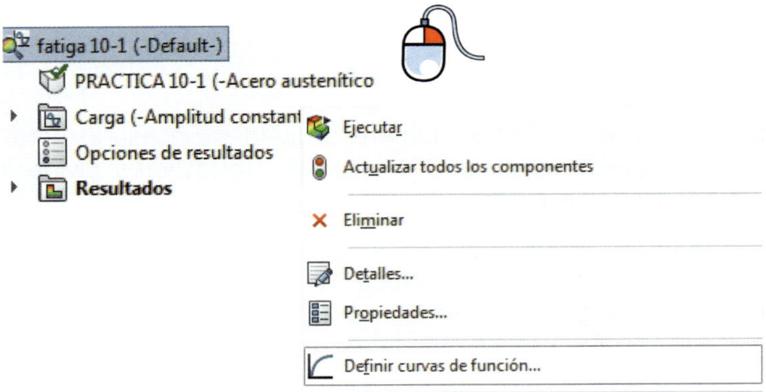

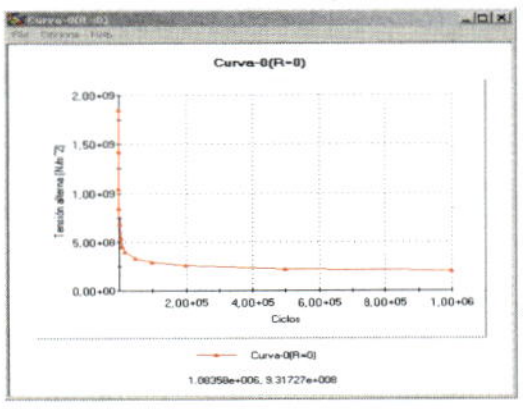

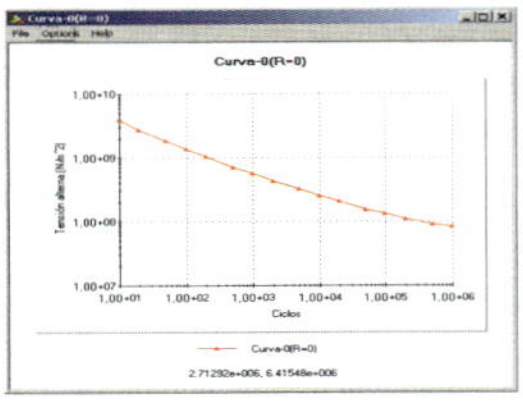

8.4 Propiedades del ensayo

Para definir las propiedades del ensayo de fatiga pulse con el botón secundario del ratón sobre la etiqueta del ensayo desde el gestor de simulación y seleccione la opción **Propiedades**.

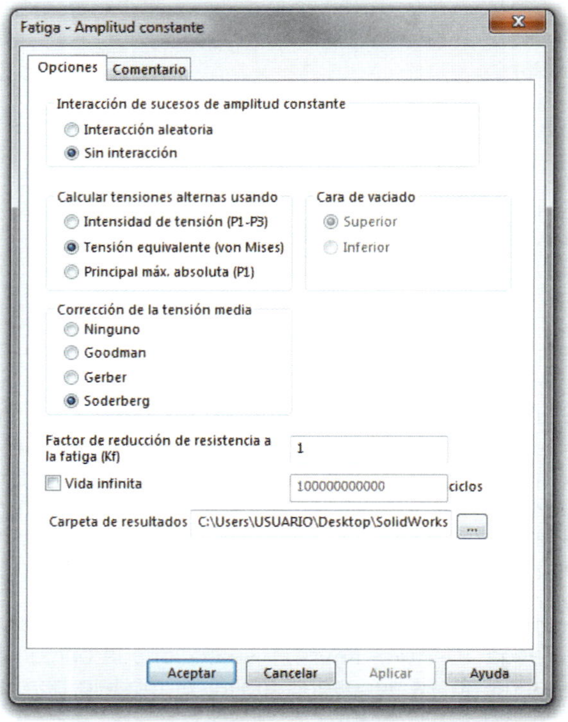

Interacción entre sucesos de amplitud constante

Puede seleccionar si la interacción entre los sucesos de amplitud constante se realiza con **Interacción aleatoria** o **Sin interacción**.

- **Interacción aleatoria**. La opción permite mezclar tensiones pico de cada uno de los sucesos para evaluar la tensión alterna. Es la recomendada por las Normas ASME para el diseño de recipientes a presión y calderas.
- **Sin interacción.** Aplica cada uno de los sucesos establecidos por el usuario sin interacción entre ellos y de manera secuencial, van actuando uno tras otro.

Opciones de sucesos de amplitud variable

- **N.º de cajas para el conteo Rainflow**. Define el número de celdas necesario para la descomposición del registro de amplitud variable. Si indica 25, **Solid**Works divide las cargas en 25 intervalos constantes y equidistantes.
- **Filtrar los ciclos de carga siguientes**. Permite filtrar los ciclos de carga cuando tienen intervalos inferiores al porcentaje aquí indicado. Si indica 10, **Solid**Works no tiene en cuenta los ciclos con intervalos de carga inferiores al 10 % del intervalo máximo del historial de carga.

Calcular tensiones alternas usando

Define el tipo de tensión que se debe aplicar para determinar las tensiones alternas equivalentes y conocer, a partir de los diagramas SN, el número de ciclos a rotura. Puede seleccionar **Intensidad de la tensión (P1-P3)**, **Tensión equivalente (de von Mises)**, **Principal máx. absoluto (P1)**.

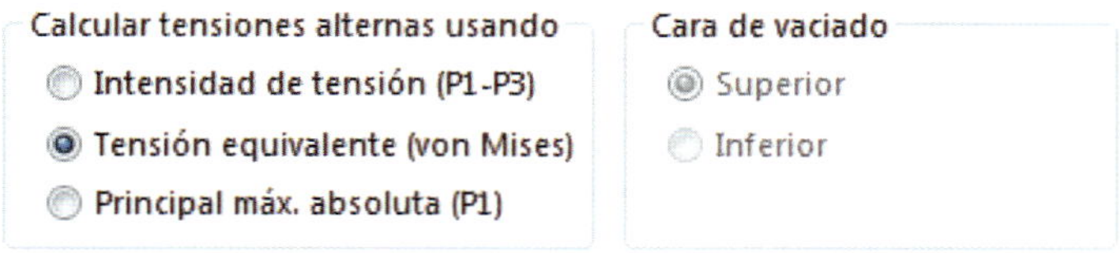

Cara de vaciado

Define la cara de vaciado para la que se realiza el análisis de fatiga. En la opción **Superior** el análisis de fatiga se realiza para caras de vaciado superiores, mientras que en **Inferior** se realiza en caras de vaciado inferiores.

Corrección de tensiones medias

Determina el método de corrección de la tensión media. Puede seleccionar cualquiera de los criterios indicados: **Goodman**, **Gerber** o **Soderberg**.

La tensión empleada en la ecuación de estimación de vida a fatiga (**Tensión-vida, *Stress-Life***) es la tensión equivalente. En **Corrección de tensiones medias** puede seleccionar uno de los cuatro principios (**Ninguno**, **Gerber**, **Goodman**, **Soderberg**) para determinar la tensión equivalente y poderla aplicar en la ecuación de Tensión-Vida.

El método de **Goodman** se emplea en materiales frágiles, el de **Gerber** en materiales dúctiles. El método de **Soderberg** es el más conservador.

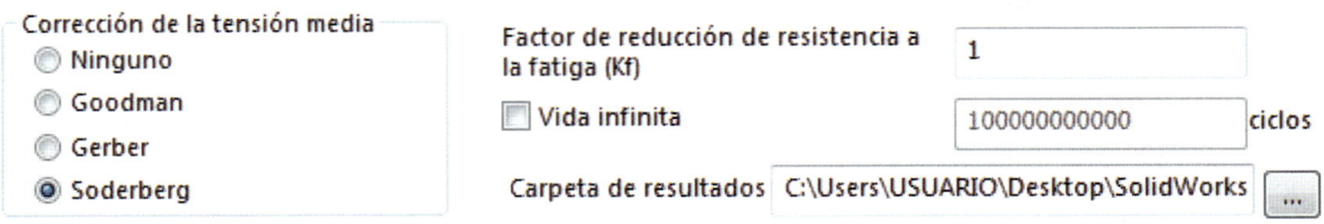

Factor de reducción de resistencia a la fatiga (Kf)

Seleccione un valor de Kf entre 0 y 1 para su análisis. **Solid**Works **Simulation** divide la tensión alterna por el valor Kf. El resultado obtenido lo emplea para determinar el número de ciclos empleando la curva S-N. Si indica un valor de Kf = 1, la tensión alterna a la que está sometido su modelo se emplea directamente para calcular el número de ciclos a la fatiga en las curvas S-N. Si el coeficiente es 0,5, se emplea el doble de su tensión alterna.

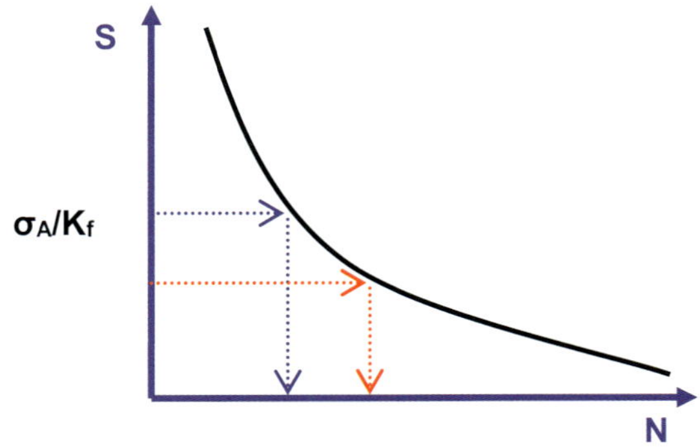

Recuerde que el valor Kf hace referencia a reducir el número de ciclos a la fatiga, por lo que se ve afectado por aspectos como el acabado superficial, las entallas, las marcas de mecanizado o los golpes en superficie, entre otros aspectos.

Vida infinita. Si selecciona la opción, debe indicar, en la casilla **ciclos**, el número de ciclos que se deben usar cuando la tensión alterna corregida sea menor que el límite de resistencia. En los cálculos se emplea el número indicado en lugar de emplear el último número de ciclos registrado en la curva S-N para el límite de resistencia del material objeto de estudio.

Carpeta de resultados. Puede definir la carpeta donde se almacenan los resultados obtenidos con los análisis de fatiga.

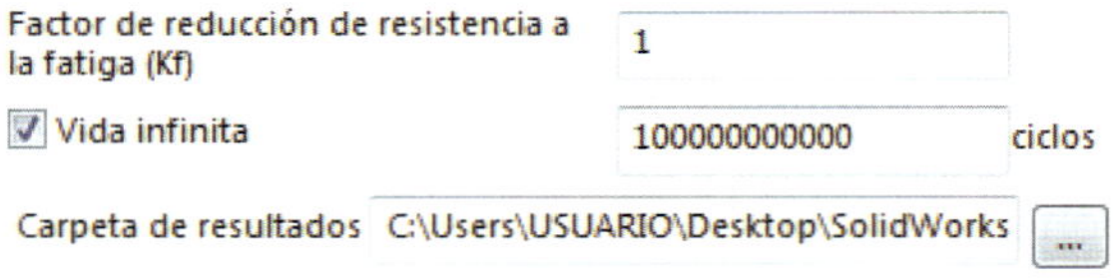

En la pestaña **Comentarios** puede incluir anotaciones que aparecerán en el informe del ensayo de fatiga realizado junto con el resto de información.

8.5 Sucesos de fatiga

La opción **Sucesos de fatiga** permite definir el **Número de ciclos**, el **Tipo de carga** y otras variables asociadas a su modelo de ensayo, y asociarlo a un estudio estático de referencia para cualquier tipo de análisis donde la amplitud de la carga sea **Constante (Suceso de fatiga constante)**, **Variable (Suceso de fatiga variable)**, **Armónica** o de **Vibración aleatoria**.

Un **Suceso de amplitud constante** puede asociarse a uno o más ensayos estáticos, mientras que uno **Variable** solo se puede referir a un único ensayo estático. En cada uno de los ensayos estáticos puede definir el tipo de restricción y las cargas de forma diferente.

Suceso de amplitud constante con ciclos definidos

Datos de historial de amplitud variable

Armónico-fatiga de la carga sinusoidal

Vibración aleatoria-fatiga de la vibración aleatoria

8.5.1 Suceso de amplitud constante

Se define a partir de una carga aleatoria de amplitud constante: completamente invertida (LR = -1), de base cero (LR = 0) o de cualquier relación de carga. En este último caso debe definir el valor de σ_{max} y σ_{min} a partir del factor de carga. Las cargas de fatiga definidas hacen referencia a uno o más estudios estáticos previamente resueltos. También pueden hacer referencia a un estudio dinámico lineal de historial-tiempo o no lineal.

Para crear un **Suceso de fatiga constante** en su modelo:

1. Cree un **Ensayo estático** definiendo el material, las cargas y las restricciones. Malle el modelo y ejecute la simulación. Para más información, consulte el Capítulo 2.
2. Cree un estudio de **Fatiga** y seleccione **Suceso de amplitud constante con ciclos definidos**. Pulse con el botón secundario del ratón sobre **Carga** desde el gestor de simulación de **Estudio de fatiga**.
3. Pulse con el botón secundario del ratón sobre **Carga** y seleccione **Agregar suceso**.
4. Defina la carga aplicada en su modelo indicando el **Número de ciclos** y el **Tipo de carga** (LR = -1, LR = 0, Relación de carga o Buscar picos del ciclo).
5. Asocie el **Suceso** de fatiga a un **Estudio estático** previamente definido (etapa 1). Defina la **Escala** a tener en cuenta para computar la carga real empleada en el estudio de fatiga.
6. Pulse **Aceptar** para crear el **Suceso de fatiga**.
7. Observe en el gestor de simulación cómo aparece, dentro de la carpeta **Carga**, el **Suceso** definido. Pulse con el botón secundario del ratón sobre el mismo para: **Suprimir**, **Editar definición**, **Eliminar** o **Copiar** el suceso.

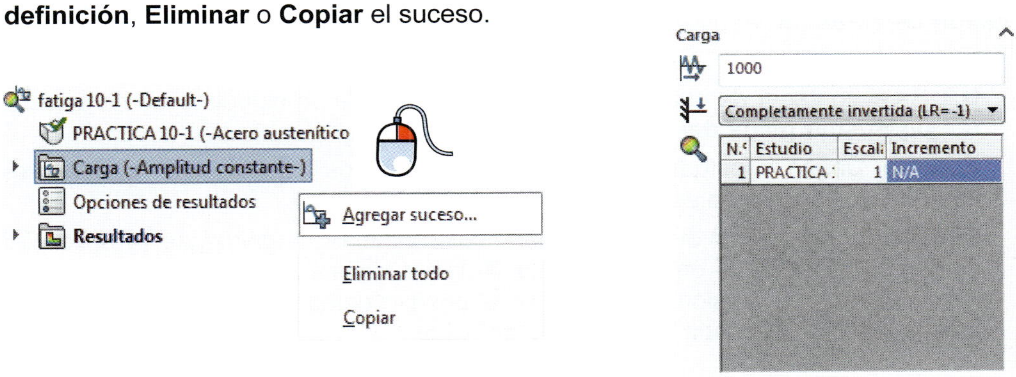

N.º de ciclos. Define el número de ciclos (carga y descarga) a los que se somete el modelo. Recuerde que la fatiga de ciclo bajo u oligofatiga se produce a menos de 10 000 ciclos, mientras que las de alto número de ciclos se dan para ciclos mayores.

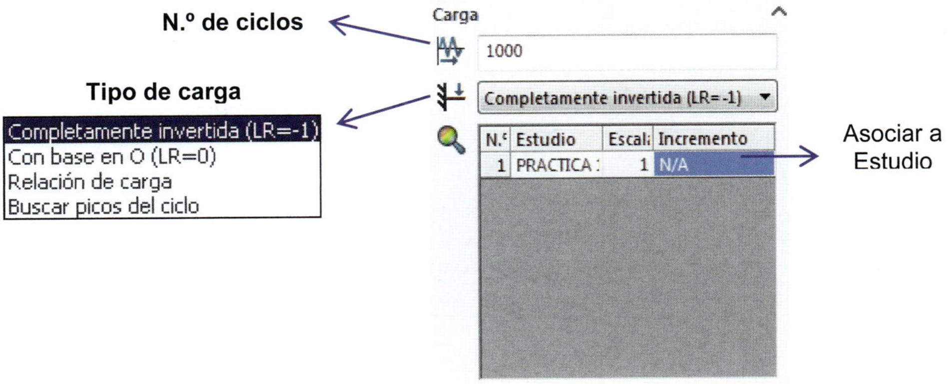

Tipo de carga. Puede seleccionar entre:

- **Completamente invertida (LR = -1)**. La carga es totalmente reversible. Las cargas aplicadas al modelo invierten por completo su dirección de aplicación en función de los ciclos especificados.
- **Con base en 0 (LR = 0)**. Las tensiones cambian desde valores máximos (máximos o mínimos) hasta valores nulos.
- **Relación de carga**. El modelo está sometido a un ciclo de carga y descarga senoidal con una carga máxima (σ_{max}) y una mínima definida por el producto de la tensión máxima por la **Relación de carga** (R), R*σ_{max}. Una relación negativa indica inversión de la dirección de carga.
- **Buscar picos de ciclo**. Se emplean los resultados de más de un estudio estático para la determinación de la tensión alterna más alta sufrida por cada uno de los nodos.

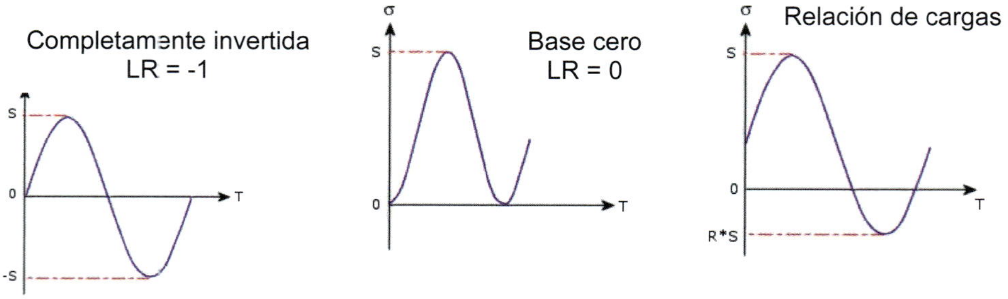

Asociación de estudios. Asocie las características de la carga definidas a un estudio estático ya creado.

- **N.º.** Es el contador de estudios. Puede indicar más de un estudio si se ha seleccionado la opción **Buscar picos del ciclo**.
- **Estudio.** Define el estudio estático de referencia. Los estudios que aparecen en la lista son aquellos que están asociados al modelo en cuestión.
- **Escala.** Puede definir una escala para determinar la magnitud de la aplicación de las cargas definidas en el ensayo estático. Si indica escala 2, **Solid**Works multiplica por dos los resultados de tensión obtenidos en el ensayo estático para determinar el valor de la tensión alterna necesaria en el estudio de fatiga.

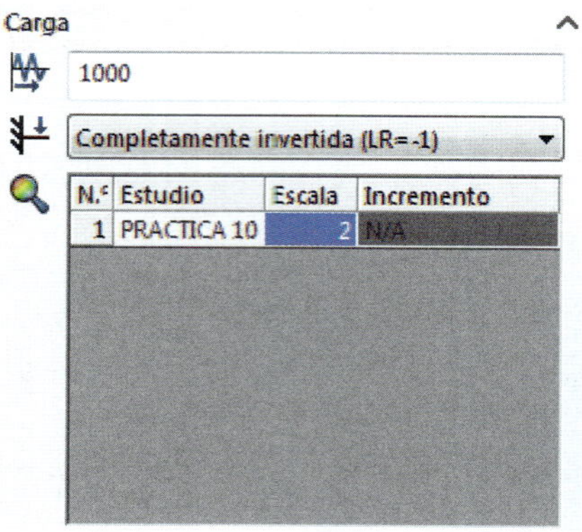

Se consideran que las cargas de fatiga son proporcionales solo cuando las direcciones de las tensiones principales de cada uno de los nodos son idénticas para todos los estudios de referencia. En el resto de casos se consideran no proporcionales.

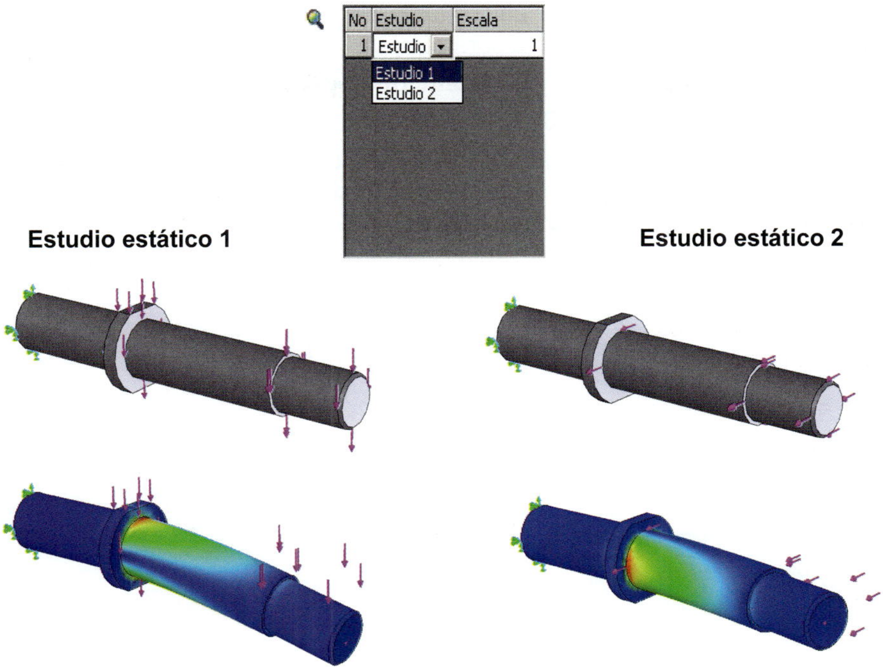

En la figura se representan dos estudios estáticos realizados sobre el mismo modelo. Cada estudio se ha realizado en unas condiciones de carga distintas pero mantienen en común el material seleccionado y las características del mallado. Los ensayos estáticos se toman como cargas de amplitud constante en el ensayo de fatiga.

> Recuerde que solo es posible asociar un **Suceso** a un **Estudio estático cada vez**. Puede asociar un segundo **Suceso**, con diferente tipo de **Carga** y **Número de ciclos** a otro **Estudio estático** y evaluar cómo los dos sucesos afectan al comportamiento de fatiga de su modelo.

8.5.2 Suceso de fatiga variable

Simula las condiciones de fatiga de amplitud variable a partir de la definición o selección de curvas de historial de cargas en función del tiempo. Estas curvas se pueden definir de forma manual o se pueden cargar de la biblioteca de ejemplos SAE.

Para crear un **Suceso de fatiga de amplitud variable** en su modelo:

1. Cree un **Ensayo estático** definiendo el material, las cargas y las restricciones. Malle el modelo y ejecute la simulación. Para más información, consulte el Capítulo 2.
2. Cree un estudio de **Fatiga** y seleccione **Datos de historial de amplitud variable**.
3. Pulse con el botón secundario del ratón sobre **Carga (amplitud variable)** desde el gestor de simulación y seleccione **Agregar suceso**.
4. En **Obtener curva** puede seleccionar una curva de historial de carga de amplitud variable predefinida por **Solid**Works Simulation. También puede ser definida por el usuario. En **Ver** se muestra la curva SN.

5. Asocie el **Suceso** de fatiga a un **Estudio estático** previamente definido como referencia. Defina la **Escala** a tener en cuenta para computar la carga real empleada en el estudio de fatiga.
6. En **Opción** defina el **Número de repeticiones** y la **Hora de inicio**.
7. Pulse **Aceptar** para crear el **Suceso de fatiga**.
8. Observe en el gestor de simulación cómo aparece, dentro de la carpeta **Carga**, el **Suceso** definido. Pulse con el botón secundario del ratón sobre el mismo para: **Suprimir**, **Editar definición**, **Eliminar** o **Copiar** el suceso.

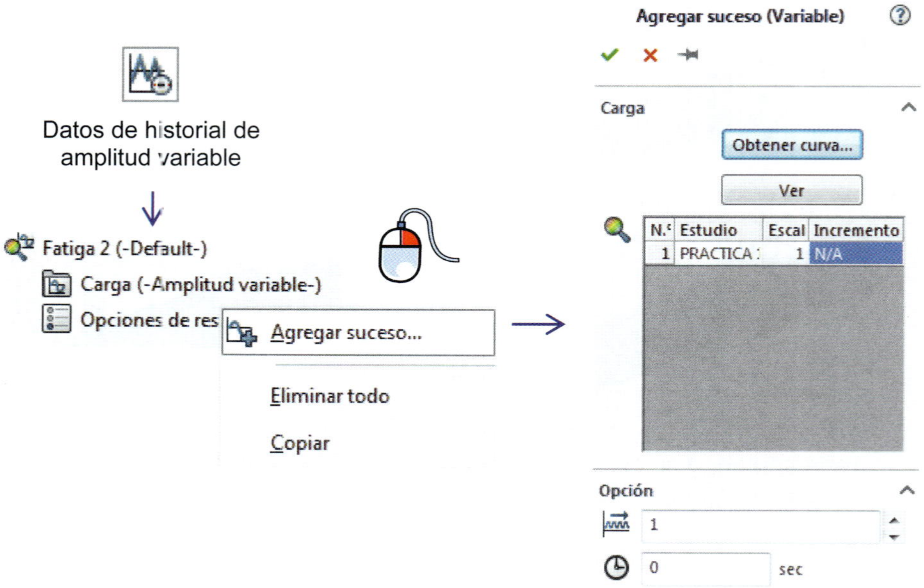

Obtener curva

Pulse sobre la pestaña **Obtener curva** desde el PropertyManager de **Agregar Suceso (variable)**. En la ventana **Cargar curva de historial** seleccione una curva previamente definida y guardada en la biblioteca de curvas de ejemplos SAE. Las curvas definen unas cargas variables en función del tiempo. También puede definir la curva de forma manual indicando cómo varía la carga en función del tiempo.

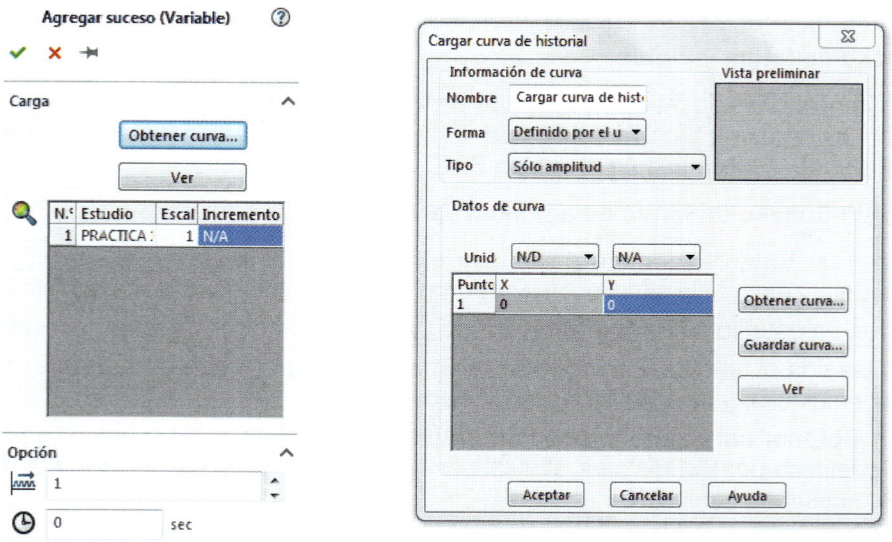

Pulse en **Obtener curva** y cargue el fichero *Sample SAE Curves.cwcur*, localizable en c:/Archivos de programa\SolidWorks corp\SolidWorks Simulation\ CWLang\Spanish\.

Seleccione uno de los tres modelos de curvas variables (Bracket, Suspension y Transmission). Observe los **Datos de la curva** y pulse **Ver** para mostrar la gráfica de cargas-tiempo. Pulse **Aceptar** para asociar la curva a su estudio.

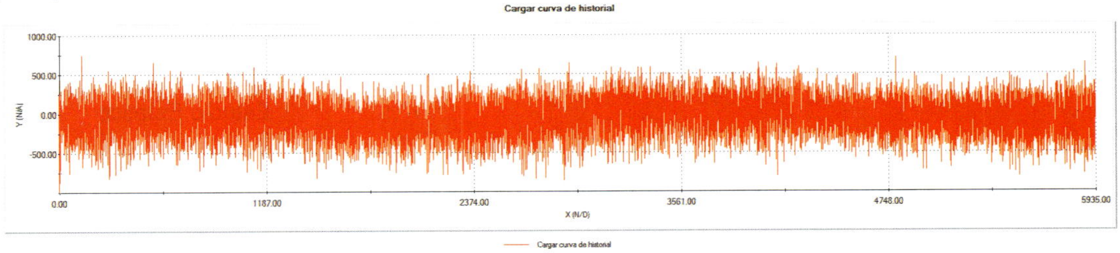

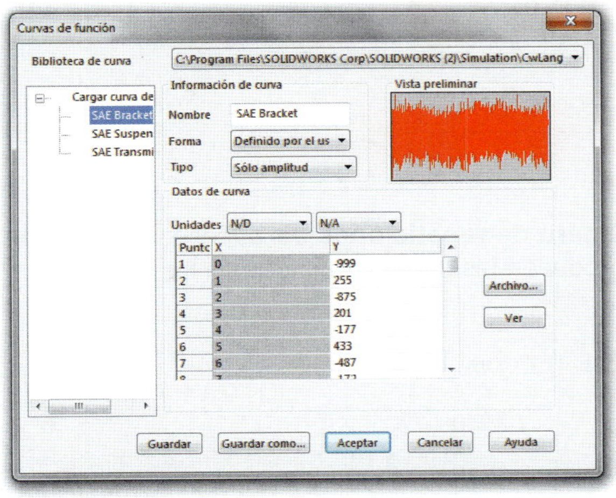

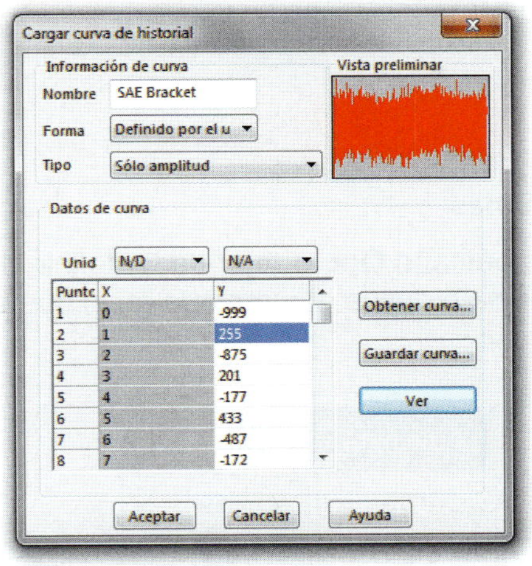

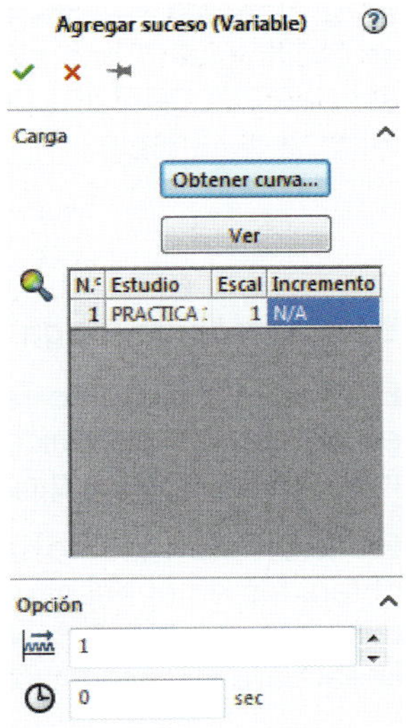

Nombre. Define el nombre de la gráfica.

Tipo. Establece el tipo de curva.

Solo amplitud. Se presenta solo la columna con los datos de la amplitud.

Coeficiente de muestreo y amplitud. Se presenta la amplitud y puede definir un valor de tiempo (segundos) para asignar la frecuencia de muestreo.

Tiempo y amplitud. La curva se define por la selección de la amplitud y el tiempo (las dos columnas): X (tiempo) e Y (amplitud).

1. En **Asociación de estudios** seleccione uno de los estudios estáticos activos de referencia. Solo se incluyen los estudios con la configuración actual.
2. En **Escala** puede seleccionar el factor de escala que relaciona la carga indicada en el **Estudio Estático** con las amplitudes definidas en la **Curva de historial de carga variable**. Pulse **Ver** para visualizar la gráfica de cargas variables.

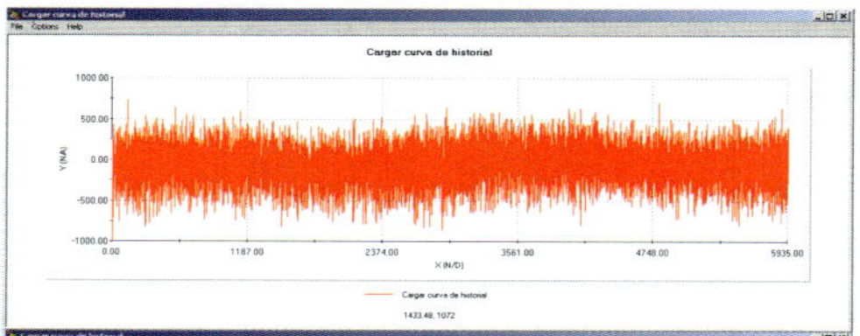

SAE Bracket
Estudio Estático

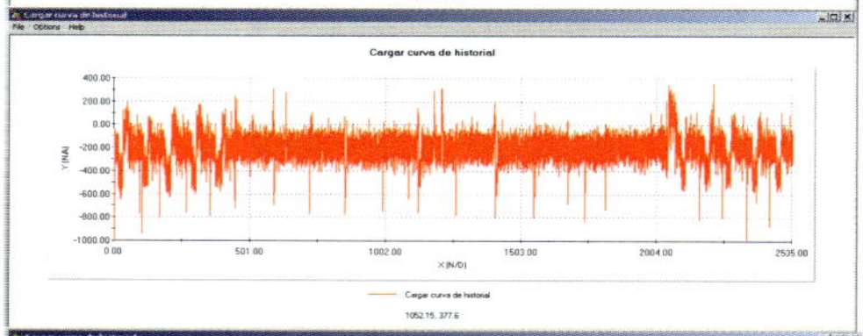

SAE Suspension
Estudio Estático

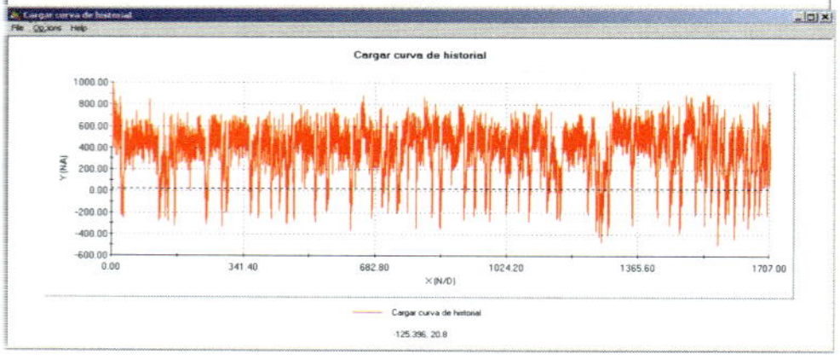

SAE Transmission

Opciones

En la pestaña **Opciones** puede definir el **Número de repeticiones** del suceso. En **Hora de inicio** del suceso define el momento en el que se producen las cargas definidas en las curvas.

X (tiempo)	Y (amplitud)
0	589
1	63
2	449
3	205

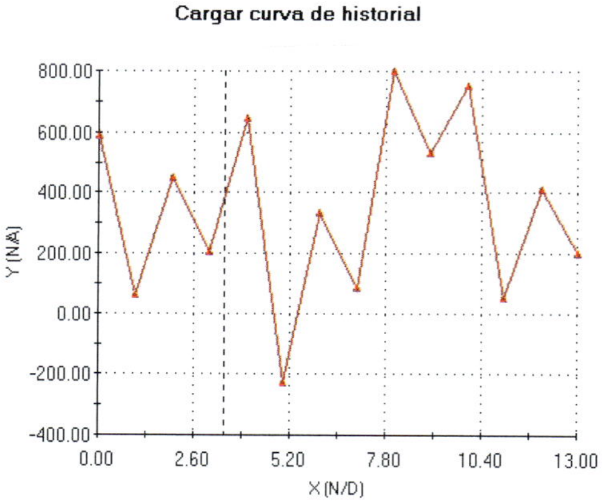

8.5.3 Armónico-fatiga y vibración aleatoria

El ensayo **Armónico-fatiga** debe definir un suceso de fatiga a partir de los resultados obtenidos en un estudio armónico dinámico lineal. Es un ensayo útil para predecir el daño y la vida útil en modelos sometidos a cargas cíclicas con determinadas frecuencias.

En **Vibración-aleatoria** se establece un suceso de fatiga basado en los resultados previos obtenidos en el ensayo de frecuencia (vibración aleatoria dinámica). El proceso de definición es el mismo que en los casos anteriores, pero en este caso requiere un estudio armónico dinámico lineal para su realización.

> Puede definir una **Curva de historial de carga** de forma manual completando la tabla (tiempo, amplitud) y guardarla para usarla en otros estudios.

Para crear un suceso de fatiga basado en resultados de un estudio **armónico dinámico lineal**:

1. Cree un **estudio armónico lineal**. Consulte el Capítulo 2.
2. Pulse sobre estudio de **Fatiga** y seleccione la opción **Armónico-fatiga de la carga sinusoidal**.
3. Pulse con el botón derecho del ratón sobre **Carga armónica** y seleccione **Agregar suceso**.
4. Desde **Agregar suceso** seleccione el estudio armónico lineal realizado previamente. En **Paso de trazado**, indique la frecuencia de la carga de fatiga sinusoidal. En **Ajustar a escala y ciclos** puede definir el **Número de ciclos** al que estará sometido su modelo, así como el **Factor de escala** del estudio armónico. Pulse **Aceptar** para finalizar.
5. Pulse con el botón derecho sobre estudio y seleccione la opción **Definir curvas de función**. De esta forma puede asociar una curva SN al material. **Solid**Works utiliza la tensión de von Mises para calcular la tensión alterna equivalente y extraer el número de ciclos hasta el fallo a partir de la curva SN.
6. Para finalizar pulse sobre **Ejecutar** desde el estudio de fatiga. Una vez finalizado el estudio, puede visualizar los resultados desde **Definir trazado de fatiga**. Los gráficos disponibles son: **Vida** (número de ciclos que causan fallos de fatiga), **Daño** (porcentaje de la vida útil de la pieza consumido por este suceso de fatiga) y **Factor de carga de seguridad contra fallo por fatiga**.

Para crear un suceso de fatiga basado en resultados de un **estudio dinámico de vibración aleatoria**:

1. Cree un estudio dinámico lineal de vibración aleatoria.
2. Pulse sobre estudio de Fatiga y seleccione la opción **fatiga de la vibración aleatoria**.
3. Pulse con el botón derecho del ratón sobre el estudio de fatiga y seleccione Cargas (vibración aleatoria).
4. Desde **Estudio de vibración aleatoria** asocie el suceso de fatiga. En **Duración** indique el tiempo de actuación de la carga aleatoria aplicada. Pulse **Aceptar** para finalizar.
5. Pulse con el botón derecho sobre **Estudio** y seleccione la opción **Aplicar/Editar datos de fatiga** con el objetivo de asociar la curva SN del material. Observe cómo es posible introducir las dos constantes de *Basquin* de la curva SN: B y m.
6. Finalmente, seleccione el método de cálculo desde el cuadro de diálogo de Fatiga-Vibración aleatoria (**Banda estrecha**, **Steinberg** o **Wirsching**). Aunque se recomienda ejecutar el método de banda ancha por presentar resultados más conservadores, es importante que utilice los tres procedimientos y compare los resultados de estimación de daño.
7. Para finalizar pulse sobre **Ejecutar** desde el estudio de fatiga. Una vez finalizado el estudio, puede visualizar los resultados desde **Definir trazado de fatiga**. Los gráficos disponibles son: **Vida** (número de ciclos que causan fallos de fatiga), **Daño** (porcentaje de la vida útil de la pieza consumido por este suceso de fatiga) y **Factor de carga de**

seguridad contra fallo por fatiga (un factor de daño de 1 indica que la pieza ha fallado durante el tiempo determinado de la carga aleatoria).

La **ecuación de Basquin** relaciona la Ley de potencia que describe la relación lineal entre los ciclos de tensión (S) y el número de ciclos (N) en una escala Log-Log según:

$$N = \frac{B}{(S_r)^m}$$

Sr es el valor de referencia de resistencia a la fatiga y *m* la pendiente de la curva de fatiga en su representación Log S vs Log N. La pendiente (*m*) de la ecuación de Basquin es:

$$m = \frac{\log(N_1) - \log(N_2)}{\log(S_{r2}) - \log(S_{r1})}$$

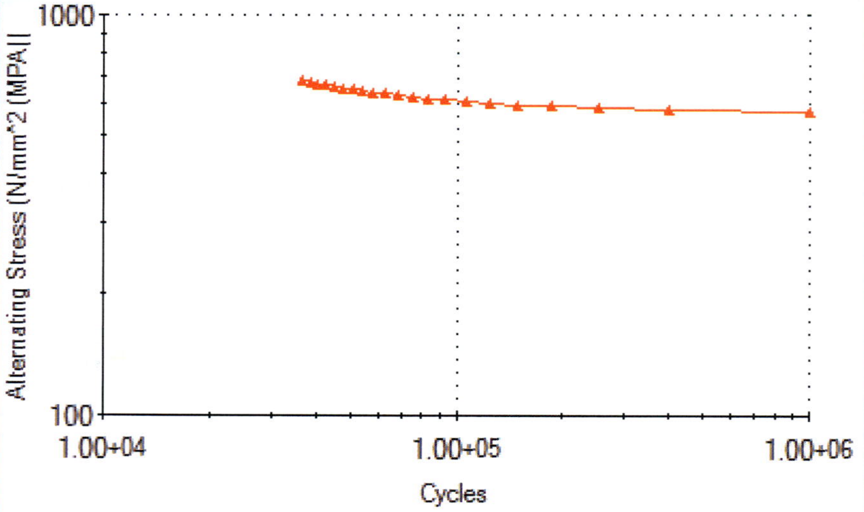

N	S (MPa)
36704	682.581
38445	676.989
40366	671.398
42498	665.806

Fuente: Ayuda SolidWorks. Derivación de constantes de Basquin de la curva S-N

8.6 Trazados de fatiga

Después de ejecutar el análisis en el gestor de simulación aparece la carpeta de **Resultados** en la que se presentan los trazados de **Daño** y **Vida**. Haga doble clic sobre cada uno de ellos para su visualización en la zona de gráficos. Los trazados de fatiga que puede obtener son: **Vida**, **Daño**, **Factor de carga** e **Indicador de biaxialidad**.

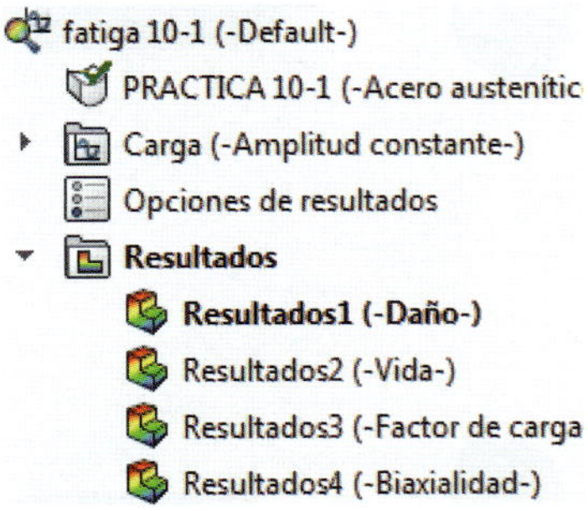

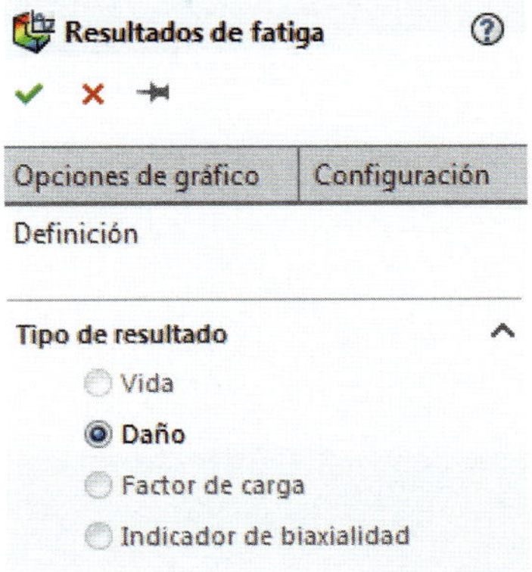

8.6.1 Trazado de vida (ciclos)

Para cada una de las zonas del modelo se representa el número de ciclos que provocan el fallo de fatiga. En el ejemplo de la figura, la zona de color rojo es la región más crítica del eje y provocará la rotura a los 5316 ciclos de carga y descarga. En el resto de zonas el modelo necesita mayor número de ciclos para provocar el fallo. El trazado solo se puede activar cuando el **Estudio de Fatiga** se define con un único suceso.

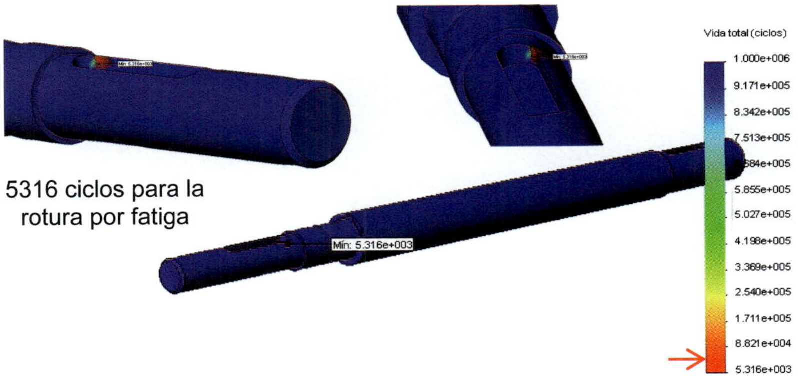

El trazado **Recorte de sección** es muy útil para visualizar los resultados del trazado de vida dentro del mismo modelo. También puede emplear la opción **Iso-superficies** que permite desplazar las superficies de la vista de sección dinámicamente para los trazados de superficies iso.

Recorte de sección

Iso-superficies

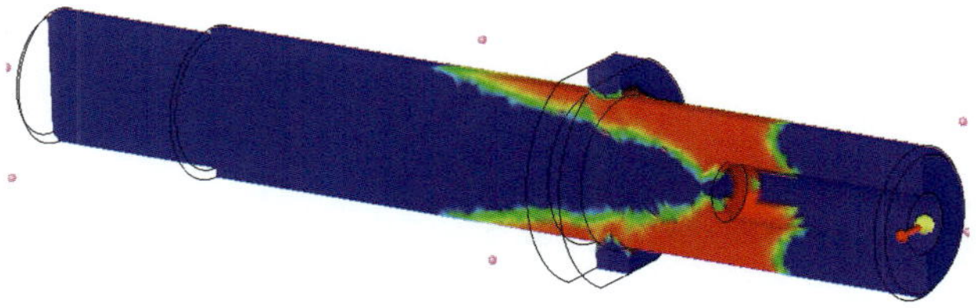

Iso-superficies

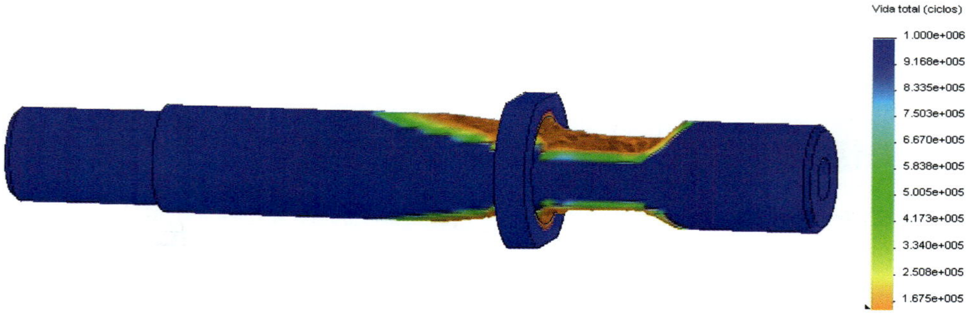

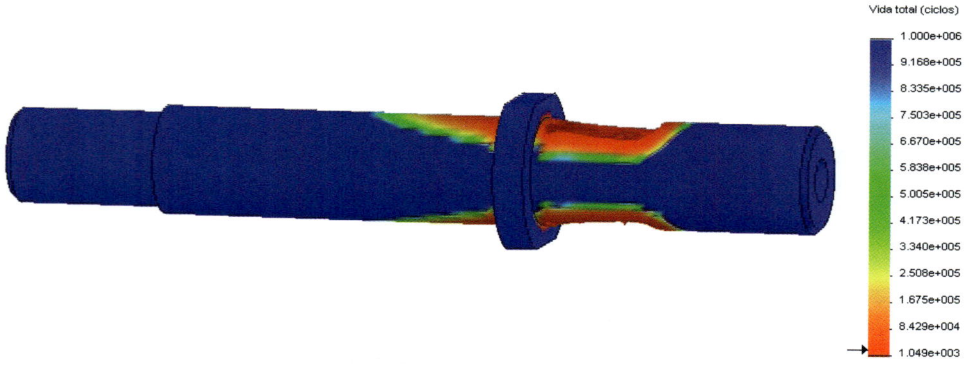

El **Trazado de vida** solo se puede emplear en estudios de fatiga con un único suceso. El resultado obtenido se fundamenta en las curvas SN y en la tensión alterna aplicada en cada uno de los nodos.

8.6.2 Trazado de daño

El trazado representa el porcentaje de vida consumido por la fatiga en cada una de las zonas. Así, por ejemplo, en el chavetero el daño es de 1,881e+001, que indica que los sucesos de fatiga consumen un 0,1881 % de la vida. El trazado está disponible para ensayos de vibración aleatoria-dinámico lineal.

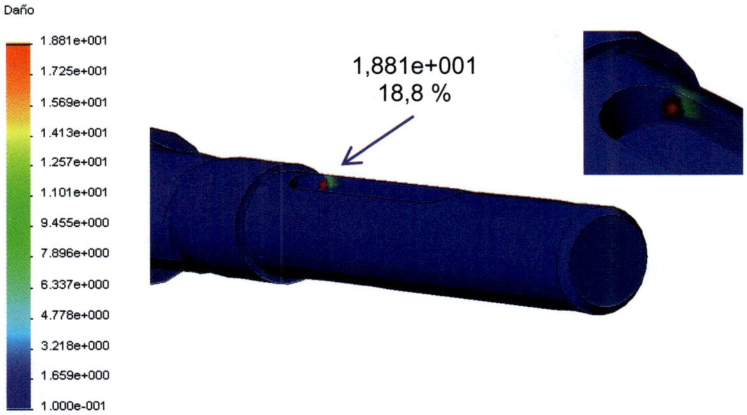

8.6.3 Definición de otros trazados de fatiga

Para definir otros trazados de fatiga pulse con el botón secundario del ratón sobre la carpeta de **Resultados** desde el gestor de simulación y seleccione **Definir trazado de fatiga**. En la ventana emergente seleccione el trazado que desee visualizar (**Vida**, **Daño**, **Factor de seguridad (Factor de carga)**, **Indicador de biaxialidad**).

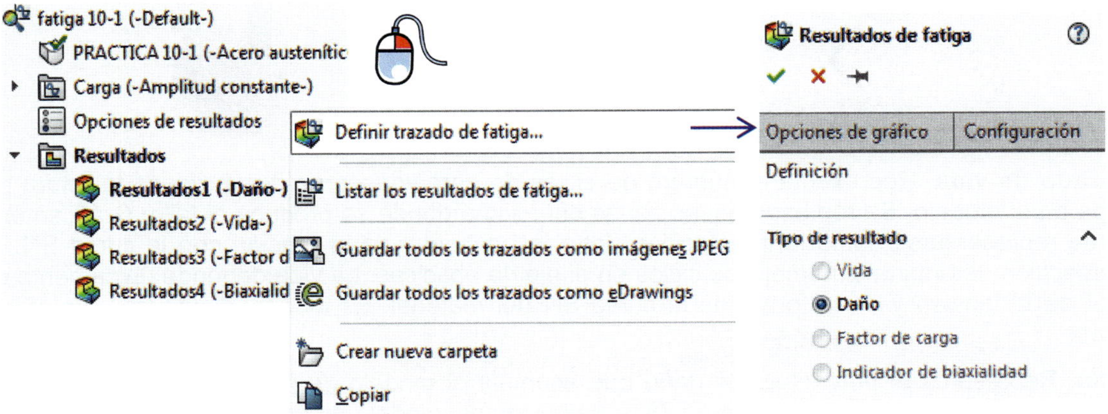

8.6.4 Trazado de factor de carga

El resultado del **Factor de carga** indica que el eje romperá debido a la fatiga si las cargas se multiplican por el factor de seguridad mínimo. En el caso de tener una pieza que trabaje a vida infinita (no hay rotura por fatiga), se obtiene un coeficiente de seguridad con el que trabaja la pieza. El trazado solo puede activarse cuando el **Estudio de Fatiga** se define con un único suceso.

8.6.5 Trazado de indicador de biaxialidad

Representa la relación entre la tensión alterna principal menor dividida por la tensión alterna mayor. Cuando los valores son iguales a 1, se tiene un estado biaxial puro, mientras que un valor igual a -1 presenta un estado cortante.

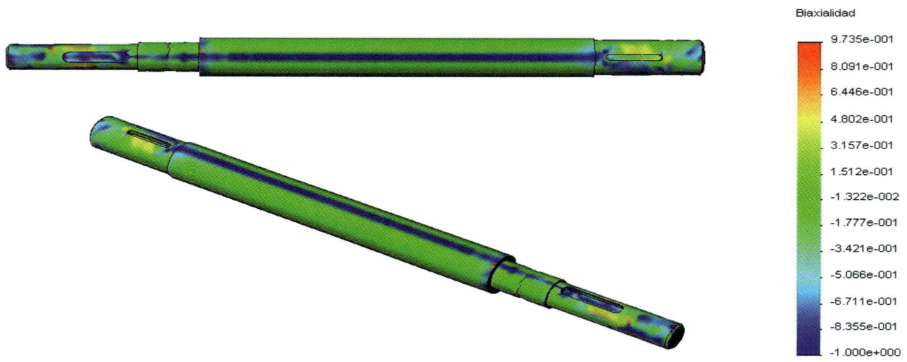

8.6.6 Resumen de los trazados

Trazado de vida. Representa el número de ciclos de carga/descarga que produce la rotura por fatiga en el modelo. Se representan las zonas del mismo donde se produce el fallo. Gráficamente puede representarse como la intersección entre la horizontal de la tensión con la curva SN. La intersección determina el número de ciclos en el eje de abscisas. La vida depende únicamente del valor de la tensión y de la forma de la curva SN del material. Es independiente del número de ciclos.

Daño. Representa el porcentaje de daño que acumula el modelo de pieza ensayado. Recuerde que un porcentaje de 0,75 consume un 75 % de la vida del modelo en esa zona de la pieza.

Factor de Seguridad. Representa la relación entre el valor de la tensión que origina el fallo de fatiga con la tensión. Los modelos ensayados rompen cuando las cargas aplicadas sobre el modelo se multiplican por el resultado del factor de seguridad mínimo en esa zona.

Trazado de biaxialidad. Representa la relación entre la tensión alterna principal menor dividida por la tensión alterna mayor. Los resultados iguales a 1 indican un estado biaxial puro mientras que los valores iguales a -1 indican un estado cortante.

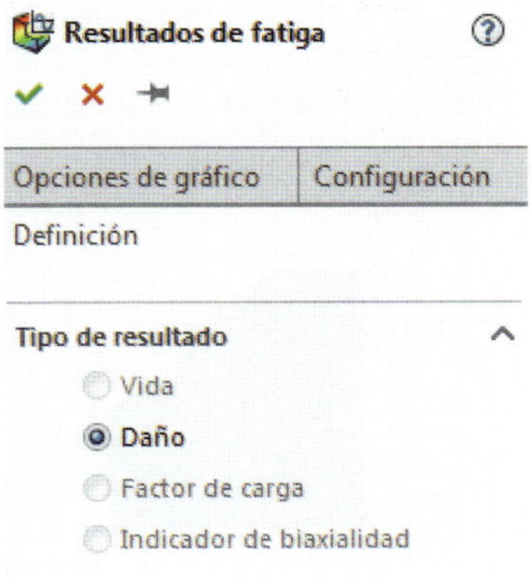

Factor de carga

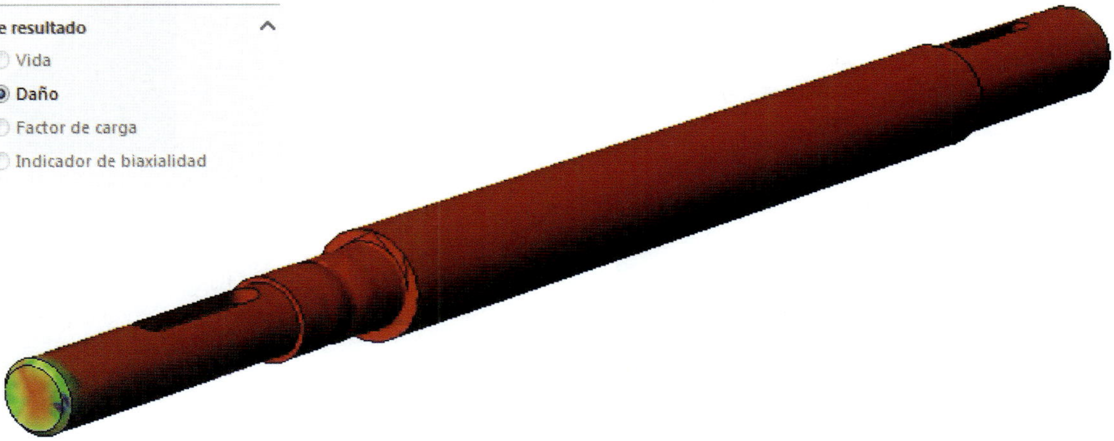

Biaxialidad

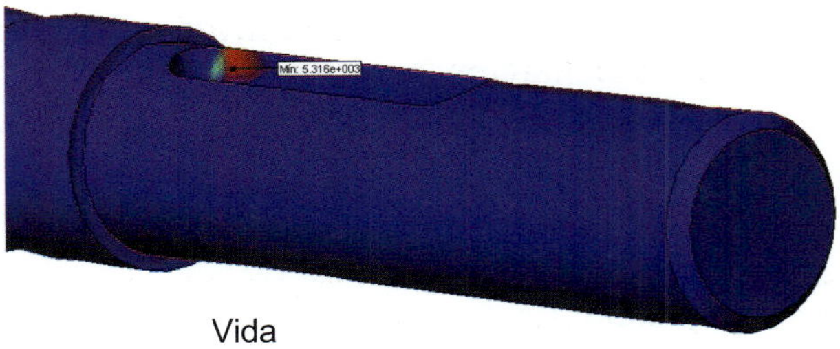

Vida

8.7 Practica 8-1. Fatiga de un eje

Evalúe el comportamiento mecánico del eje sometido a esfuerzos cíclicos de carga y descarga. Puede abrir el modelo desde el DVD que acompaña el libro.

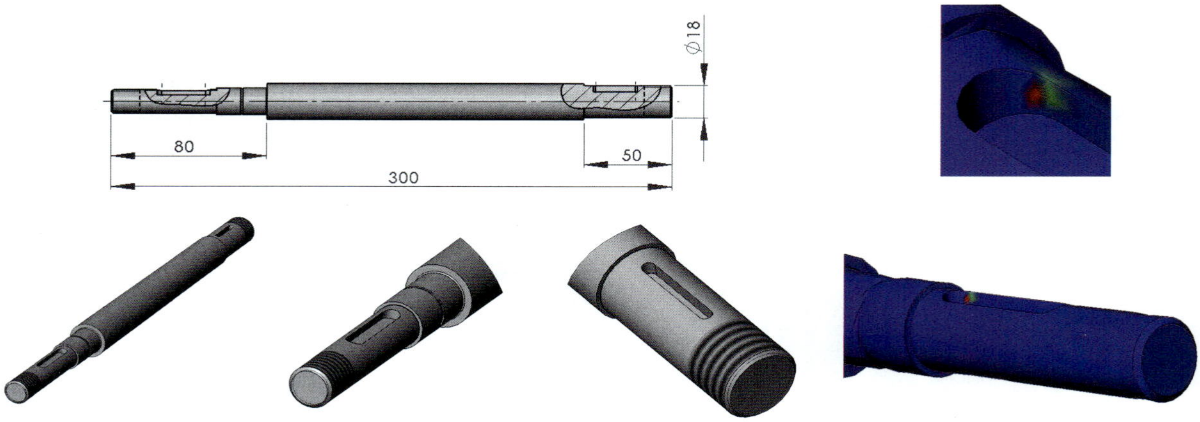

ASPECTOS A ESTUDIAR

- Crear **Estudios Estáticos**.
- Definir las propiedades mecánicas del material del modelo.
- Definir las características de las cargas, sujeciones y el mallado para cada uno de los estudios estáticos.
- Crear un **Estudio de Fatiga** y definir las propiedades del ensayo.
- Definir los **sucesos de fatiga de amplitud constante**.
- Ver los trazados de fatiga para el modelo evaluado.

CARACTERÍSTICAS DEL ENSAYO

- **Malla**. Configuración de la malla: **Mallador**: Estándar. **Unidades**: mm. **Tamaño global**: 3 mm. **Tolerancia**: 0,15 mm. **Transición automática**: Desactivado.
- **Material**. Acero aleado (SS).
- **Cargas:** 400 N sobre el chavetero.
- **Fatiga**. Características: **Amplitud constante**. **Ciclo** 100 000. **Relación de carga** = 0,5. **Escala** = 1.

1. Activación de SolidWorks Simulation y apertura del modelo a analizar

Active la aplicación de **Solid**Works **Simulation** desde el menú de persiana **Herramientas**, **Complementos** y abra el modelo de la práctica. Puede localizar el modelo de la práctica en el DVD que acompaña el libro.

2. Creación del estudio

Para efectuar un **Estudio de Fatiga** de un componente sometido a cargas variables en magnitud y sentido, antes debe realizar un **Estudio Estático** del mismo, en el que se definen las sujeciones y las cargas. El modelo objeto de estudio de la práctica es un eje sometido a una carga de 350 N sobre uno de los chaveteros que tiene una rotación constante.

Pulse sobre **Estudio** desde el menú de persiana **Solid**Works **Simulation**, seleccione la opción **Estudio Estático** y escriba *Practica 10-1* en **Nombre del estudio**. Pulse **Aceptar**.

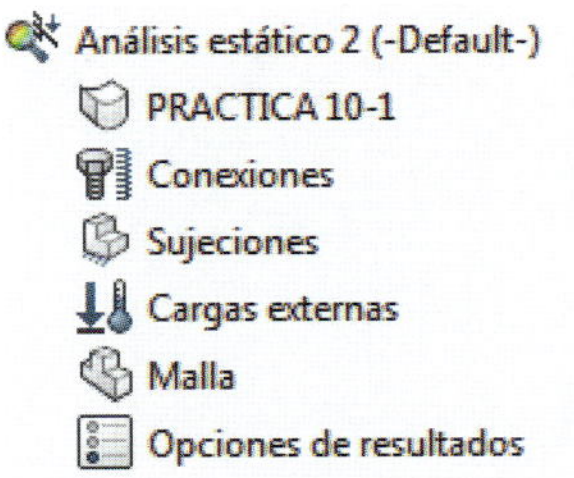

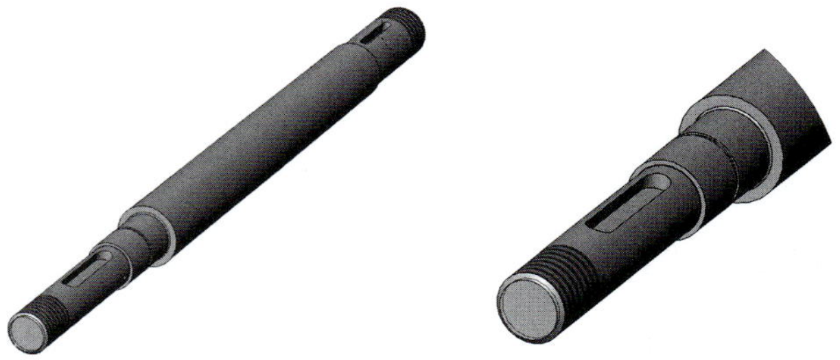

Observe cómo en el **gestor de simulación** se crea el estudio con el nombre indicado. A medida que se define el análisis con la selección de **Material**, **Conexiones**, **Sujeciones**, **Cargas externas** y **Malla** se completa el árbol del **AnalysisManager.**

3. Selección del material

1. Pulse con el botón secundario del ratón sobre la primera de las carpetas. Tiene el nombre del fichero. Seleccione **Aplicar/Editar material**.
2. Localice el material **Acero aleado (SS)**. Observe sus propiedades mecánicas en el cuadro de **Propiedades** y consulte las curvas S-N de fatiga pulsando la pestaña **Curvas S-N de fatiga**. Marque la opción **Derivar a partir de Mód. de elasticidad del material** y luego la opción **Basado en curvas ASME para aceros al carbono**. Si pulsa sobre **Ver**, puede ver las curvas S-N en una nueva ventana y a mayor resolución.
3. Pulse **Aceptar**.

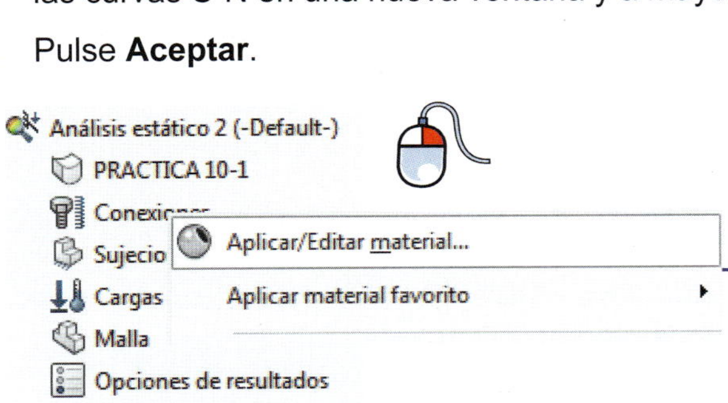

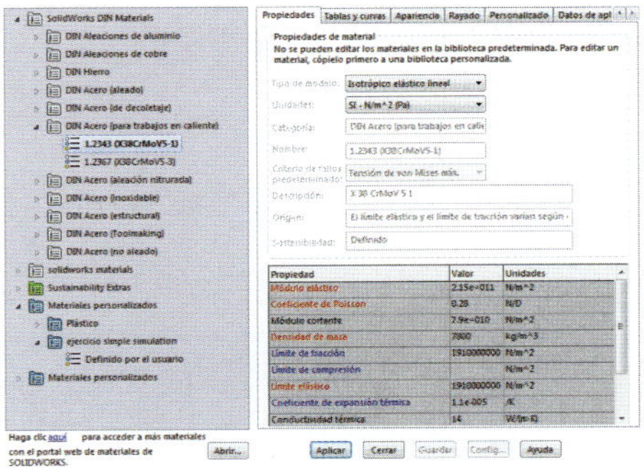

Propiedades

Curvas S-N de fatiga

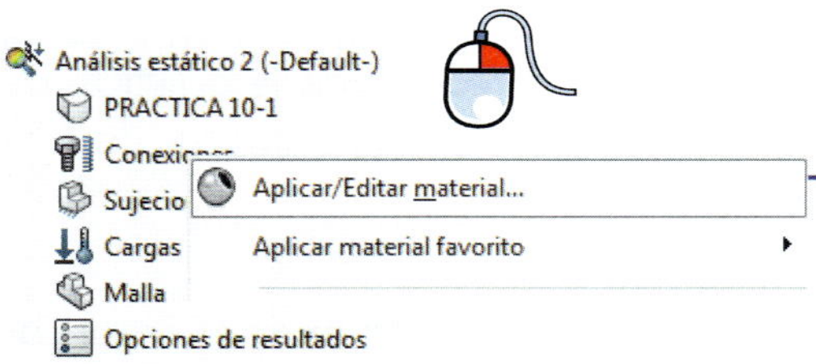

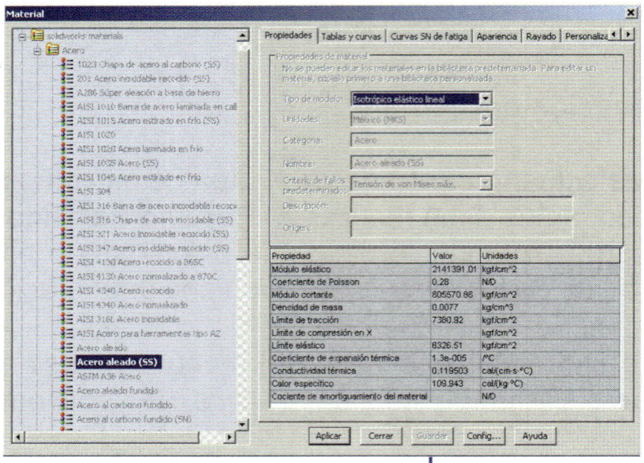

Propiedad	Valor	Unidades
Módulo elástico	2141391.01	kgf/cm^2
Coeficiente de Poisson	0.28	N/D
Módulo cortante	805570.88	kgf/cm^2
Densidad de masa	0.0077	kg/cm^3
Límite de tracción	7380.92	kgf/cm^2
Límite de compresión en X		kgf/cm^2
Límite elástico	6326.51	kgf/cm^2
Coeficiente de expansión térmica	1.3e-005	/ºC
Conductividad térmica	0.119503	cal/(cm·s·°C)
Calor específico	109.943	cal/(kg·°C)
Cociente de amortiguamiento del material		N/D

Log-Log

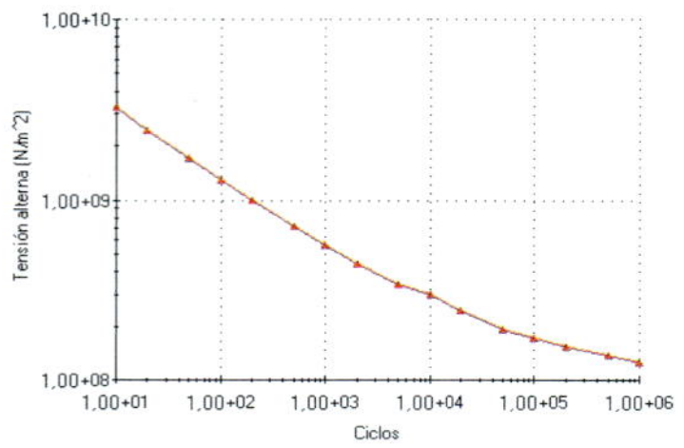

Semi-Log

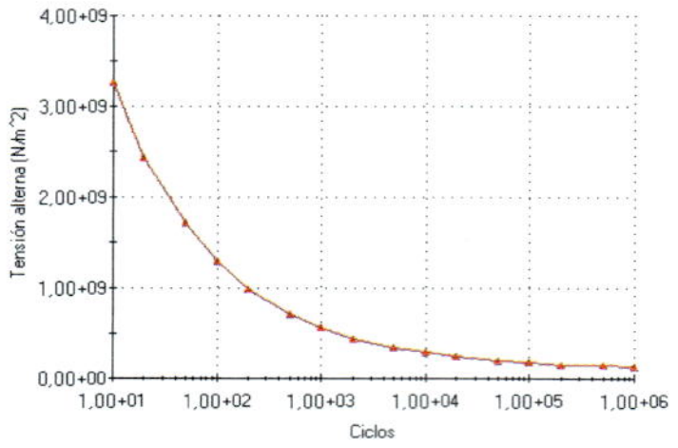

Lineal

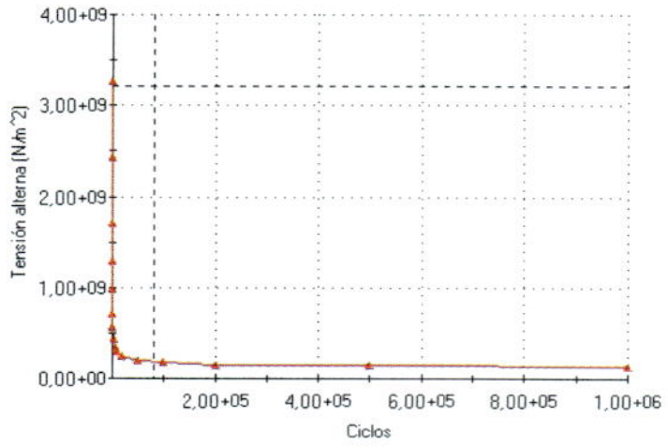

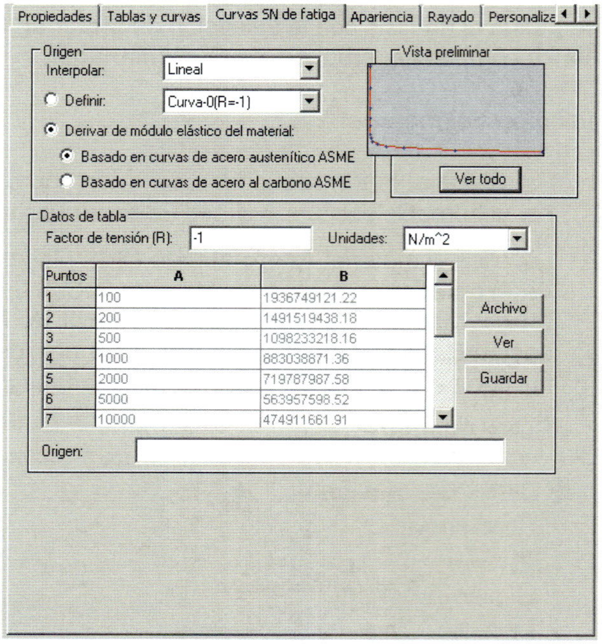

Recuerde que para visualizar las curvas SN de fatiga debe pulsar con el botón derecho del ratón sobre el icono del estudio y seleccionar **Definir curva de función**.

4. Definición de sujeciones

El eje se encuentra sometido a una fuerza de 400 N en uno de los chaveteros y restringido en el otro. Para crear la **Sujeción** del **Estudio Estático**:

1. Debe aplicar Sujeciones al movimiento de su modelo en uno de los chaveteros. Para ello, pulse sobre **Sujeciones** con el botón secundario del ratón desde el gestor de simulación. Seleccione **Geometría fija**.
2. Desde el *PropertyManager* de **Sujeciones** seleccione **Geometría fija**. La restricción impuesta define todos los grados de libertad de traslación en cero.
3. Seleccione desde la zona de gráficos las **Caras** internas del chavetero y pulse **Aceptar** para crear la **Sujeción**.

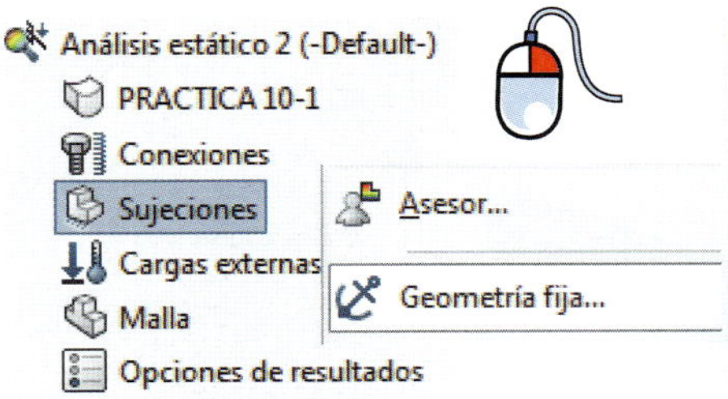

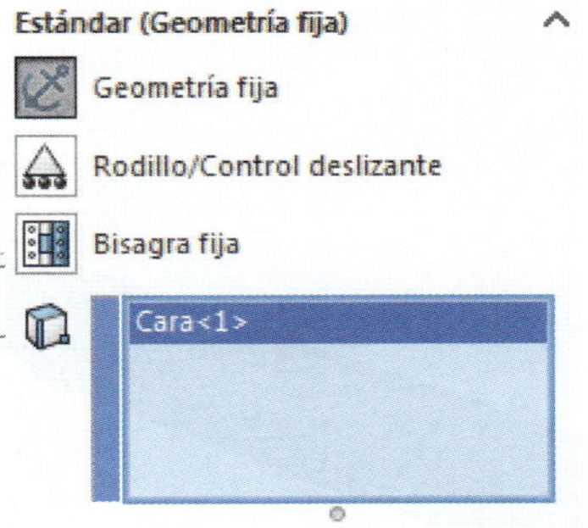

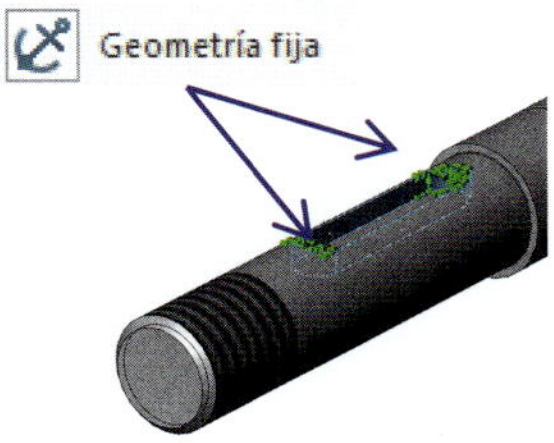

5. Definición de las cargas

Para definir una **Fuerza** de 400 N sobre la cara del chavetero:

1. Pulse con el botón secundario del ratón sobre **Cargas externas** desde el gestor de simulación y seleccione **Fuerza**.
2. En la pestaña **Tipo** seleccione la cara superior del modelo. Pulse sobre **Normal**. Observe cómo sobre la cara del modelo se representan flechas en dirección de la fuerza aplicada.
3. Seleccione **Sistema Internacional (SI)** en **Unidades** y en la pestaña **Fuerza (por entidad)** indique la fuerza de 400 N. Active la casilla **Invertir dirección** si desea cambiar la dirección de la fuerza aplicada. Pulse **Aceptar** para crear la **Fuerza** que actúa sobre su modelo.

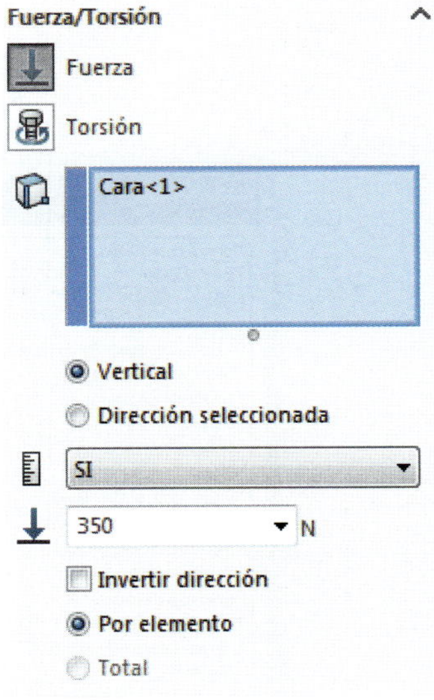

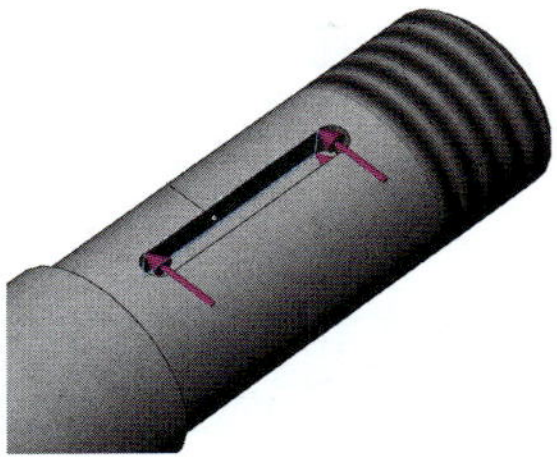

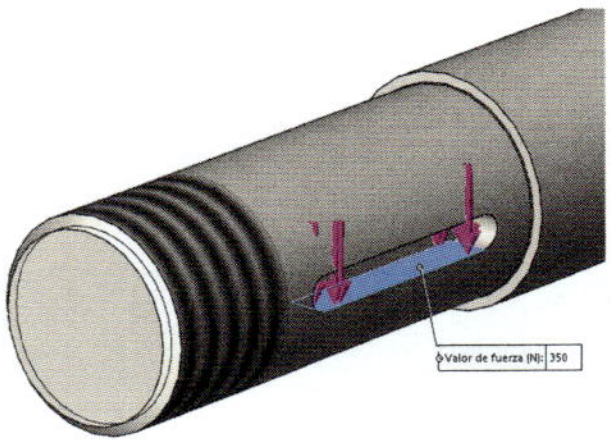

6. Definición del mallado

Para definir la **Malla** sobre el modelo:

1. Pulse con el botón secundario del ratón sobre **Malla** desde el gestor de simulación o pulse sobre el icono **Malla** de la barra de herramientas. Seleccione del cuadro de diálogo emergente la opción **Crear Malla.**
2. En **Parámetros de mallado** seleccione las opciones con la siguiente configuración: **Mallador**: Estándar. **Unidades**: mm. **Tamaño global**: 3 mm. **Tolerancia**: 0,15 mm. **Transición automática**: Desactivado. La malla creada tiene una densidad considerablemente fina.
3. Pulse **Aceptar** para crear el mallado en su modelo.

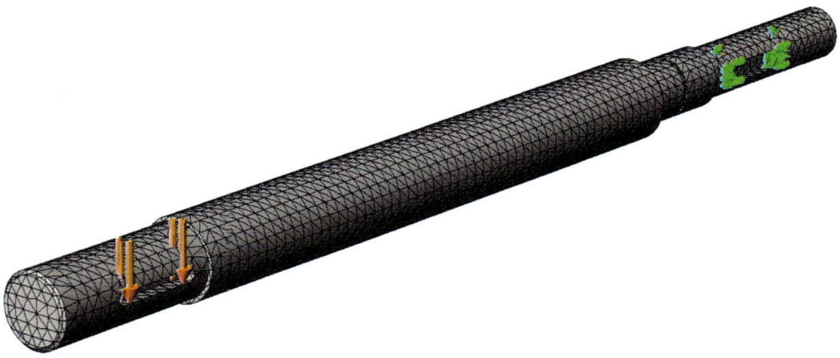

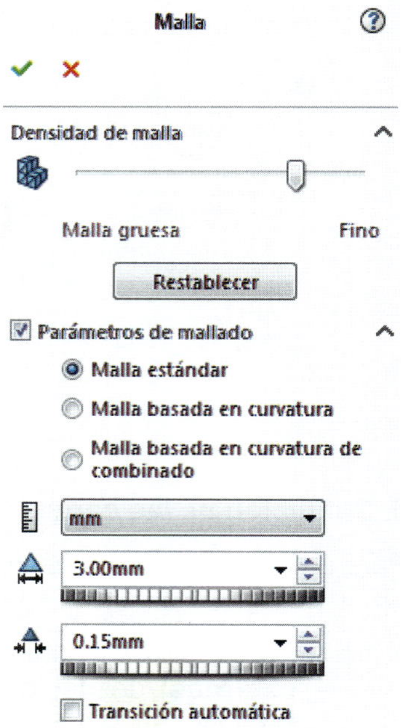

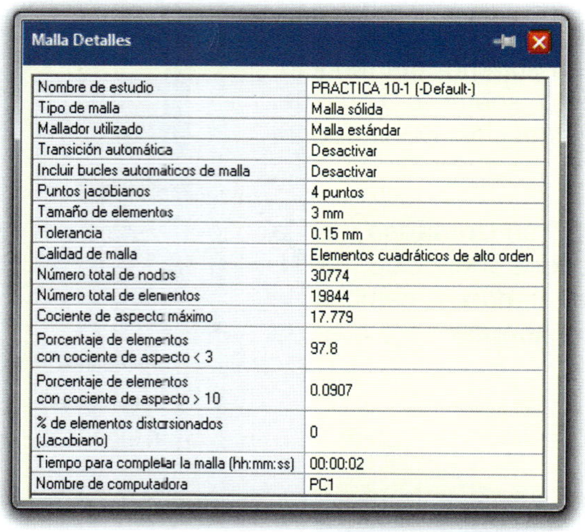
Malla Detalles

Nombre de estudio	PRACTICA 10-1 (-Default-)
Tipo de malla	Malla sólida
Mallador utilizado	Malla estándar
Transición automática	Desactivar
Incluir bucles automaticos de malla	Desactivar
Puntos jacobianos	4 puntos
Tamaño de elementos	3 mm
Tolerancia	0.15 mm
Calidad de malla	Elementos cuadráticos de alto orden
Número total de nodos	30774
Número total de elementos	19844
Cociente de aspecto máximo	17.779
Porcentaje de elementos con cociente de aspecto < 3	97.8
Porcentaje de elementos con cociente de aspecto > 10	0.0907
% de elementos distorsionados (Jacobiano)	0
Tiempo para completar la malla (hh:mm:ss)	00:00:02
Nombre de computadora	PC1

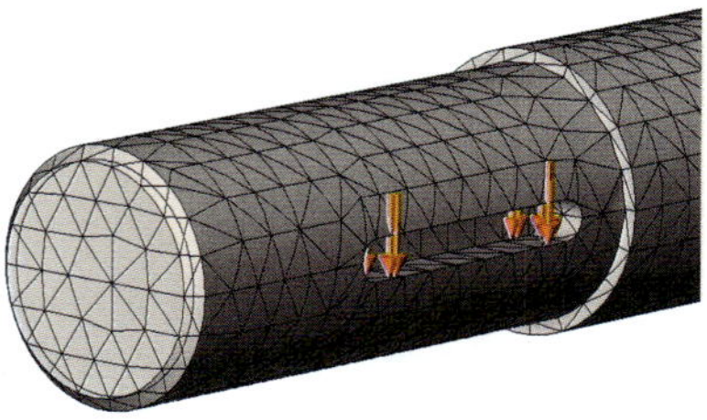

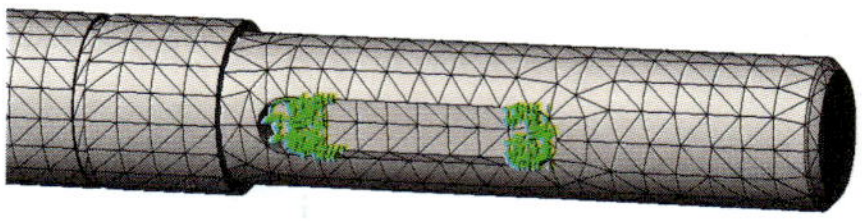

Para obtener más información sobre los distintos tipos de mallado consulte el Capítulo 2.

7. Ejecución y visualización de resultados

1. Pulse con el botón secundario del ratón sobre la primera de las etiquetas de su gestor de diseño (PRACTICA 10-1). En la ventana emergente seleccione la primera de las opciones, **Ejecutar**. También puede pulsar el icono **Ejecutar** desde la barra de herramientas principal de **Simulación**.

2. Transcurridos unos segundos finaliza el proceso de cálculo y **Solid**Works **Simulation** crea la carpeta **Resultados** en el gestor de simulación con los trazados de **Tensiones**, **Desplazamientos** o **Deformaciones unitarias**.

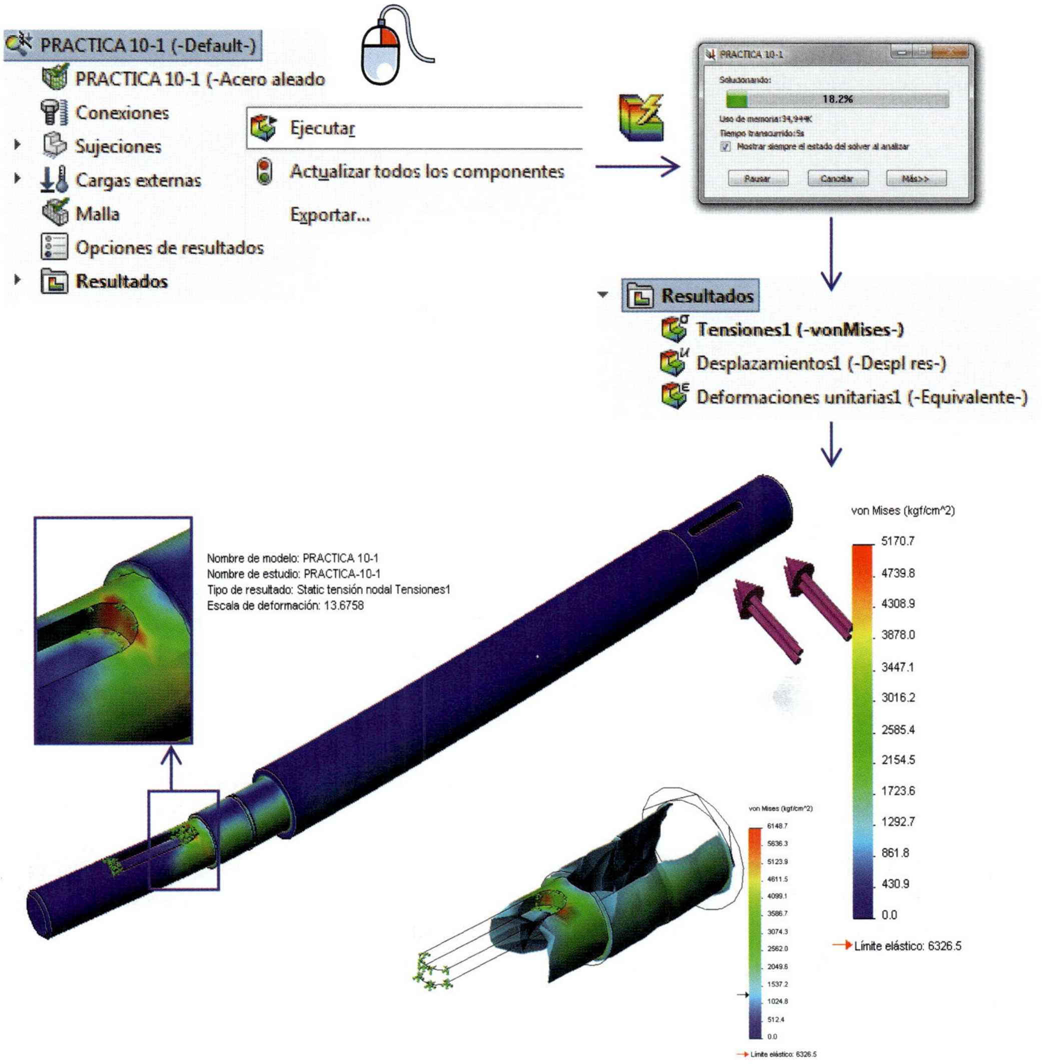

8. Creación del Estudio de Fatiga

Pulse sobre **Estudio** desde el menú de persiana **Solid**Works **Simulation** y seleccione la opción **Estudio Fatiga**. Seleccione **Suceso de amplitud constante con ciclos definidos**. Escriba *FATIGA 10-1* en **Nombre del estudio**. Pulse **Aceptar**.

Observe cómo en el **gestor de simulación** se crea el estudio con el nombre Fatiga 10-1. También tiene la carpeta **Carga** y **Opciones de resultados**.

9. Definición de las características del ensayo de fatiga

1. Para definir las características del ensayo pulse con el botón derecho del ratón sobre el nombre del estudio de fatiga (Fatiga 10-1), desde el gestor de simulación.

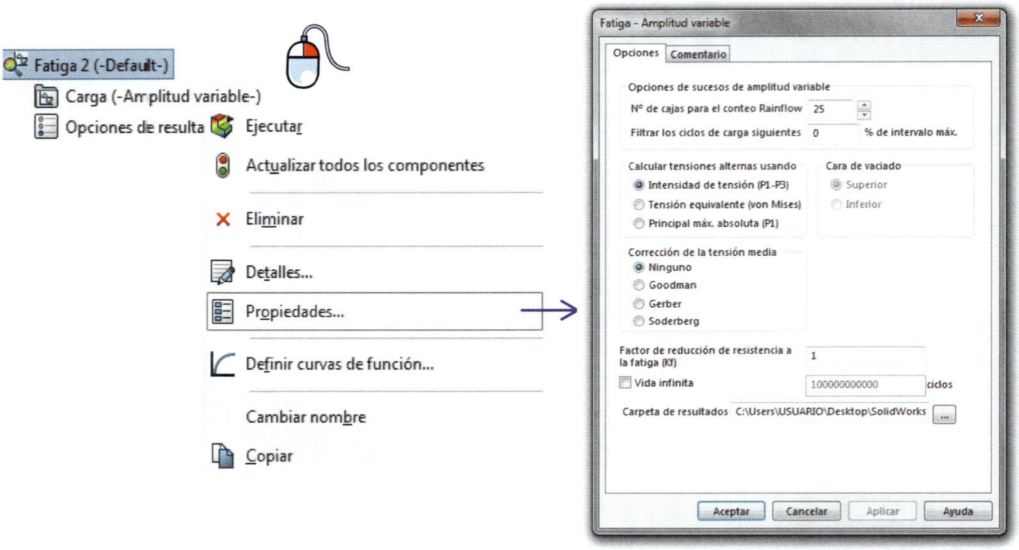

2. En **Interacción entre sucesos de amplitud constante** seleccione la opción **Sin interacción**. Indique que desea calcular las tensiones alternas mediante el criterio de **Tensión equivalente (von Mises)**. Para corregir las tensiones medias seleccione **Criterio de Soderberg**.

3. El **Factor de reducción de resistencia a la fatiga** (Kf) depende de factores como el acabado superficial, el tipo de carga aplicada, la existencia de chaveteros o concentradores de tensión, las dimensiones del modelo, el tratamiento superficial, entre otros. Indique 0,8 y pulse **Aceptar**.

10. Definición del suceso

La definición del suceso permite indicar el número de ciclos, el tipo de carga y seleccionar el **Estudio Estático** al que se van a aplicar las condiciones de fatiga definidas. Para definir el suceso:

1. Pulse con el botón secundario del ratón sobre **Carga**, desde el gestor de simulación. Seleccione **Agregar suceso**.

2. En **Número de ciclos** indique 100 000.

3. En **Distribución de la carga** puede seleccionar **Completamente invertida** (LR=-1), **Con base en 0** (LR = 0), **Relación de carga** y **Buscar picos de ciclo**. Seleccione **Relación de carga** y escriba 0,5 en **Relación de carga** para definir una relación simétrica de flexión rotativa del eje.

4. En **Asociación de estudio** seleccione el estudio estático definido en la primera parte de la práctica (Practica 10-1). Pulse **Aceptar**.

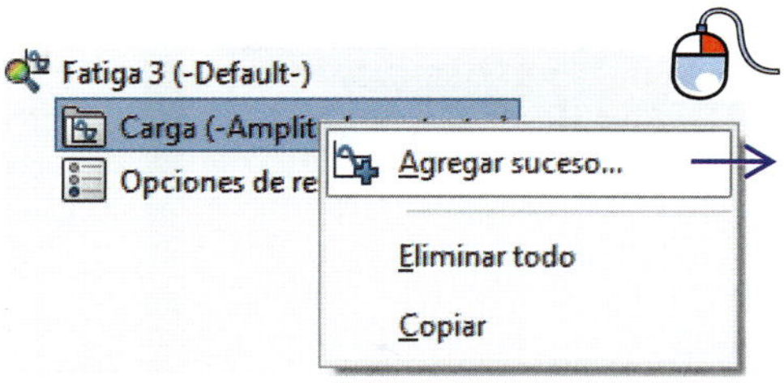

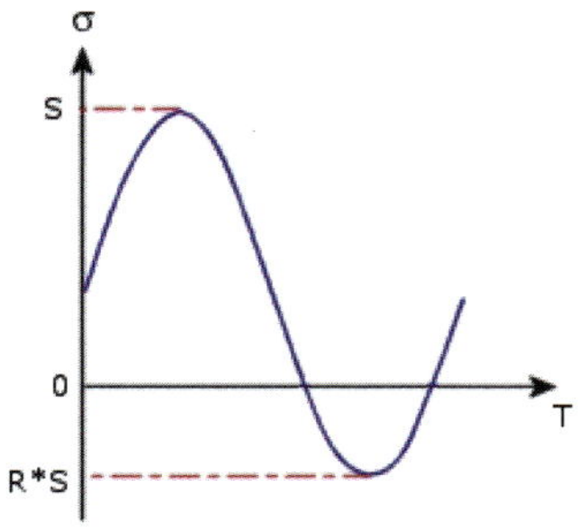

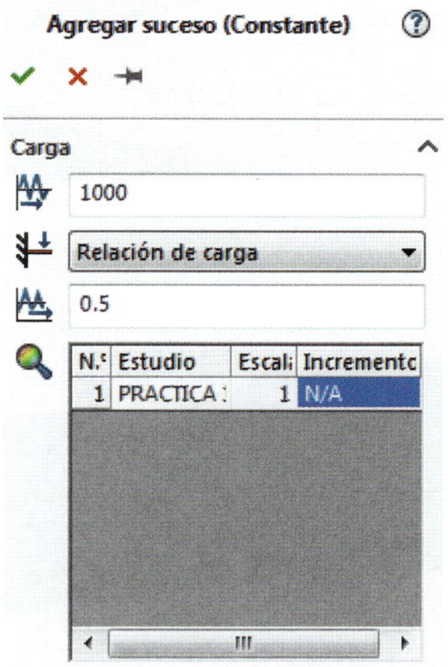

Cada una de las cargas y descargas a las que está sometido el eje se basan en las cargas definidas en el **Estudio Estático**. El eje está sometido a un ciclo de carga y descarga senoidal con una carga máxima ($\sigma_{max.}$) y una mínima definida por el producto de la tensión máxima por la Relación de carga (R), R*σ_{max}. Una relación negativa indica inversión de la dirección de carga.

11. Ejecución del análisis

Pulse sobre el icono **Ejecutar** para empezar con el análisis. Puede seleccionar el icono **Ejecutar** o pulsar sobre el nombre de su análisis desde el gestor de simulación (**AnalysisManager**) y seleccionar la opción **Ejecutar**.

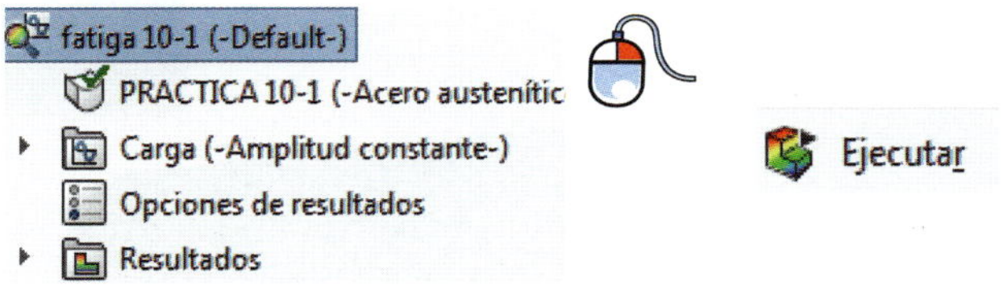

En el gestor de simulación se ha creado una carpeta de **Resultados** en la que inicialmente puede encontrar los trazados de **Daño** y **Vida**.

12. Trazado de Vida (ciclos)

Pulse doble clic sobre **Resultados2 (-Vida-)**, desde el gestor de simulación. En la zona de gráficos se representa el número de ciclos que provocan el fallo de fatiga para cada una de las partes del modelo. En el chavetero se sitúa la zona más crítica del eje (5316 ciclos de carga y descarga provocan la rotura por fatiga).

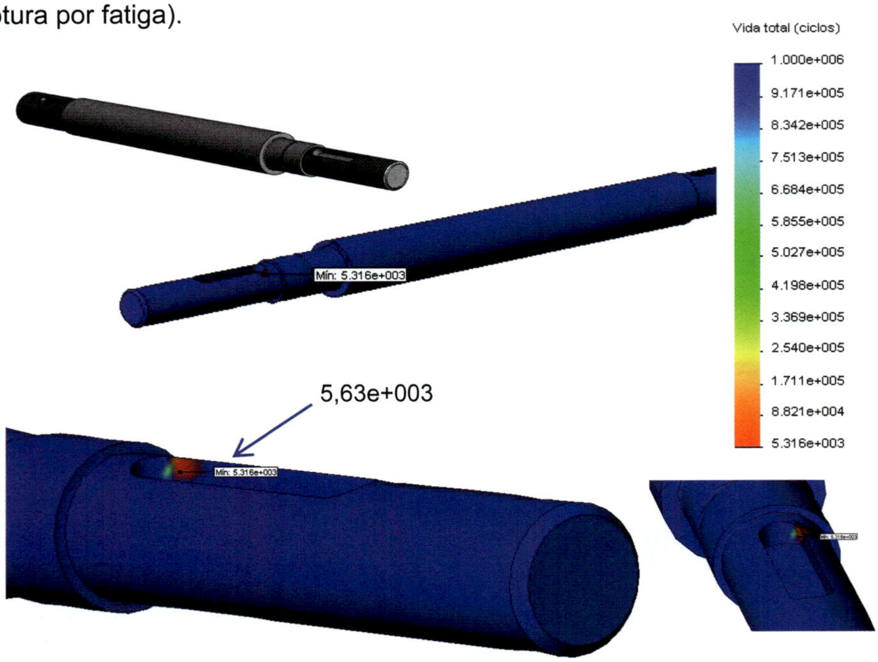

El **Trazado de vida total** (ciclos) solo se puede representar si el estudio de fatiga se ha definido con un único suceso.

13. Trazado de daño

Pulse doble clic sobre **Resultados1(-Daño-)** desde el gestor de simulación. Observe el trazado de daño en la zona de gráficos. El trazado representa el porcentaje de vida consumido por la fatiga en cada una de las zonas. Así, por ejemplo, en el chavetero el daño es de 1,881e+001, que indica que los sucesos de fatiga consumen un 0,1881 % de la vida.

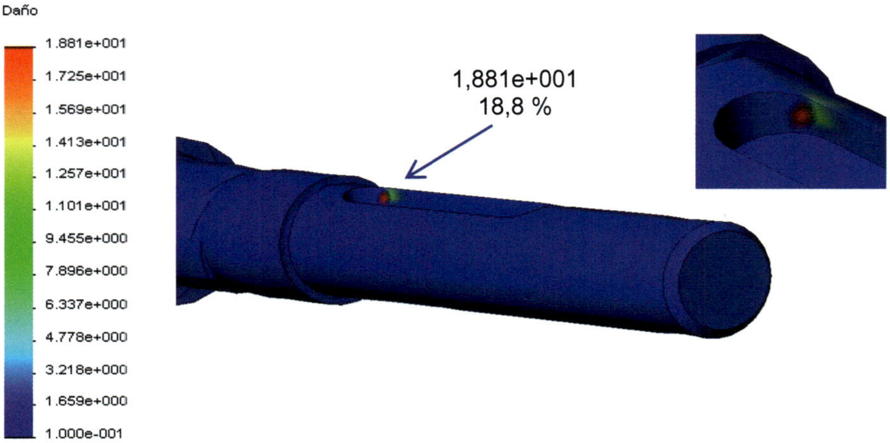

14. Definición de otros trazados de fatiga

Para definir otros trazados de fatiga pulse con el botón secundario del ratón sobre **Resultados** desde el gestor de simulación y seleccione **Definir trazado de fatiga**. En la ventana emergente seleccione el trazado que desee visualizar (**Vida total**, **Daño acumulado**, **Factor de Seguridad**, **Trazado de indicador de biaxialidad**).

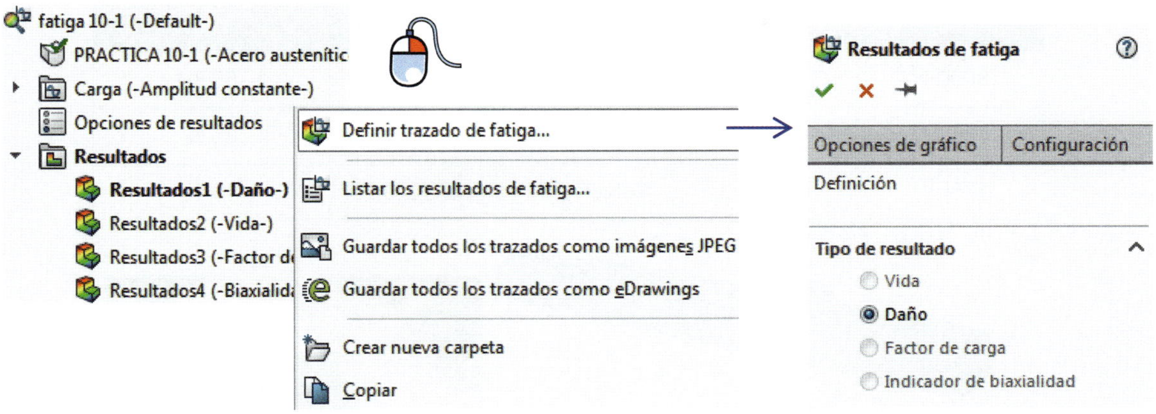

15. Trazado de Factor de seguridad

El resultado del factor de seguridad indica que el eje romperá debido a la fatiga si las cargas se multiplican por el factor de seguridad mínimo. En el caso de tener una pieza que trabaje a vida infinita (no hay rotura por fatiga), se obtiene un coeficiente de seguridad con el que trabaja la pieza.

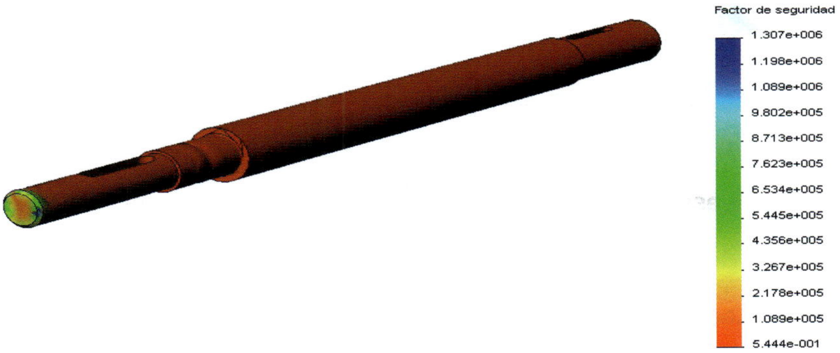

Un factor de seguridad de 5,444e-001 (0,5444), representando por el color rojo, indica que se presentará una rotura por fatiga en las zonas cuando la carga definida en el **Estudio Estático** se multiplique por 0,5444.

16. Trazado de indicador de biaxialidad

Representa la relación entre la tensión alterna principal menor dividida por la tensión alterna mayor. Los valores iguales a 1 indican un estado biaxial puro mientras que un valor igual a -1 presenta un estado cortante.

8.8 Practica 8-2. Fatiga varios sucesos

Evalúe el comportamiento mecánico del eje de la figura sabiendo que está sometido a las cargas indicadas en la tabla:

Fuerza (N)	Dirección	Tipo de carga	Porcentaje de uso (%)
3000 N	Eje X	LR = -1 (invertida)	55 %
1800 N	Eje Z	LR = 0 (Base 0)	35 %
1750 N	Eje Y	Relación de cargas R = 0,25	10 %

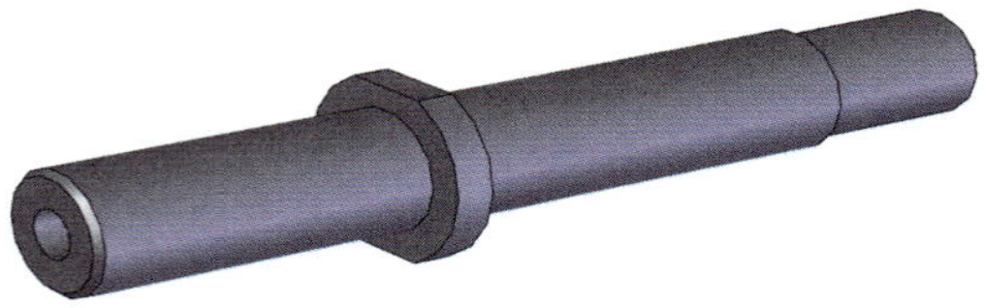

ASPECTOS A ESTUDIAR

- Crear tres estudios estáticos.
- Asignar propiedades mecánicas al material del modelo de pieza.
- Crear **Estudio de Fatiga** con varios sucesos.
- Evaluar el **Trazado de daño**.

CARACTERÍSTICAS DE ENSAYO

- **Malla**: Estándar. **Unidades**: mm. **Tamaño global**: 3 mm. **Tolerancia**: 0,15 mm. **Transición automática**: Desactivado.
- **Material**. Acero aleado (SS).
- **Cargas** 3000, 1800 y 1750 N. En varios ejes.
- **Tipos de carga: Invertida, base 0 y R = 0,25.**
- **Fatiga**. Características: **Amplitud constante**. Varios sucesos.

1. Activación de SolidWorks Simulation y apertura del modelo a analizar

Active la aplicación de **Solid**Works **Simulation**. Abra el modelo incluido en el DVD que acompaña el libro.

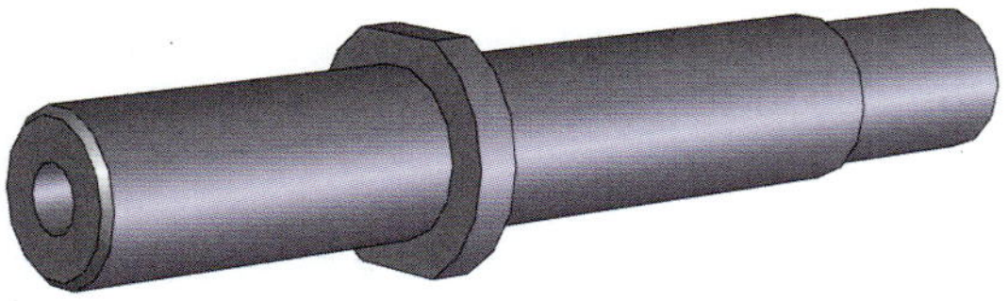

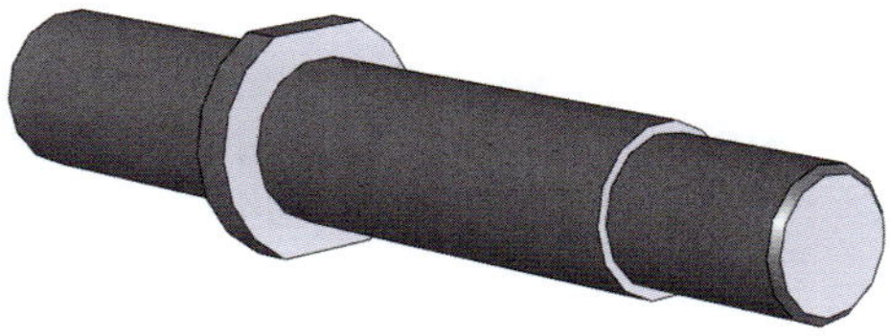

2. Creación de los estudios estáticos

Para efectuar un **Estudio de Fatiga** de sucesos múltiples primero debe definir cada uno de los sucesos en distintos estudios estáticos. El modelo es un eje sometido a tres sucesos de carga distintos:

3. Estudio estático (Eje X)

Fuerza (N)	Dirección	Tipo de carga	Porcentaje de uso (%)
3000 N	Eje X	LR = -1 (invertida)	55 %
1800 N	Eje Z	LR = 0 (Base 0)	35 %
1750 N	Eje Y	Relación de cargas R = 0,25	10 %

Pulse sobre **Estudio** desde el menú de persiana **Solid**Works Simulation, seleccione la opción **Estudio Estático** y escriba *Eje X* en **Nombre del estudio**. Pulse **Aceptar**.

4. Selección del material (Eje X)

1. Pulse con el botón secundario del ratón sobre la carpeta **eje** y seleccione **Aplicar/Editar material**.
2. Seleccione desde la biblioteca de materiales un **Acero aleado (SS)**. Observe sus propiedades mecánicas en el cuadro de **Propiedades** y observe las curvas S-N pulsando la pestaña **Curvas S-N de fatiga**. Marque la opción **Derivar a partir de Mód. de elasticidad del material** y la opción **Basado en curvas ASME para aceros al carbono**. Si pulsa sobre **Ver**, puede ver las curvas S-N en una nueva ventana y a mayor resolución.
3. Haga clic en **Aceptar**.

5. Definición de sujeciones (Eje X)

El eje se encuentra sometido a una fuerza de 3000 N sobre las caras indicadas en la figura. La cara interior del taladro está restringida mediante una restricción de **Geometría fija**. Para crear la **Sujeción** del **Estudio Estático**:

1. Debe aplicar restricciones al movimiento de su modelo en el taladrado. Pulse sobre **Sujeciones** con el botón secundario del ratón desde el gestor de simulación. Seleccione la opción **Geometría fija**.

2. Desde el *PropertyManager* de **Sujeciones** seleccione **Geometría fija** y seleccione la cara interior del taladro desde la zona de gráficos. Pulse **Aceptar**.

6. Definición de las cargas

Para definir una **Fuerza** de 3000 N sobre el eje:

1. Pulse con el botón secundario del ratón sobre **Cargas externas** desde el gestor de simulación y seleccione **Fuerza**.

2. En la pestaña **Tipo** seleccione las caras del eje indicadas en la figura. Pulse sobre **Dirección seleccionada** y seleccione el plano **Derecha** desde el gestor de simulación. Observe cómo sobre la cara del modelo se representan flechas en dirección de la fuerza aplicada.

3. Seleccione **Sistema Internacional (SI)** en **Unidades** y en la pestaña **Fuerza (por elemento)** indique la fuerza de 3000 N. Active la casilla **Invertir dirección** si desea cambiar la dirección de la fuerza aplicada.

4. Pulse **Aceptar** para crear la **Fuerza** actuante sobre su modelo.

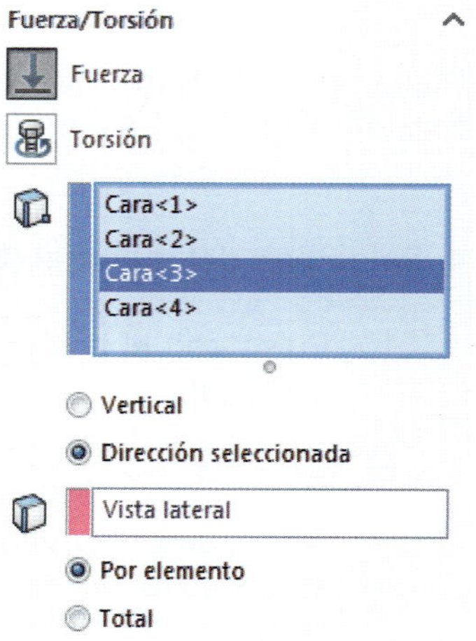

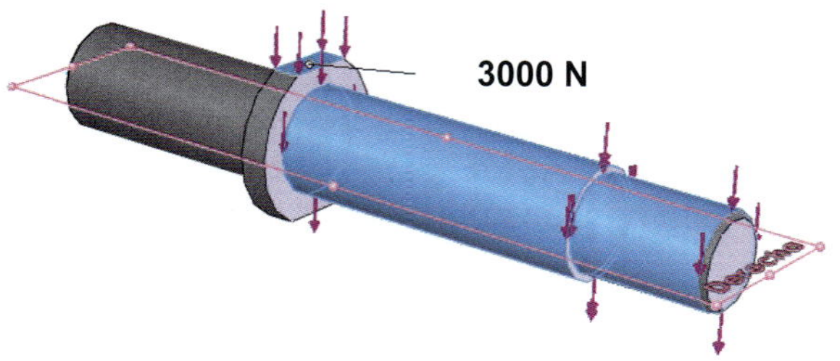

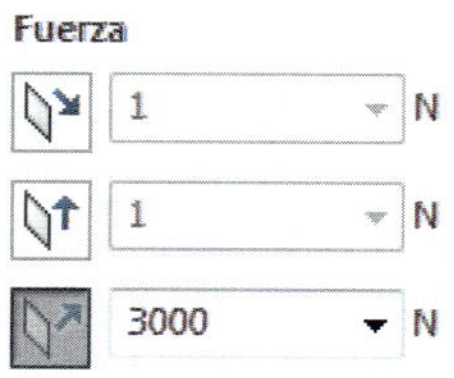

7. Definición del mallado

Para definir la **Malla** sobre su modelo:

1. Pulse con el botón secundario del ratón sobre **Malla** desde el gestor de simulación o pulse sobre el icono **Malla** de la barra de herramientas. Seleccione del cuadro de diálogo emergente la opción **Crear Malla.**

2. En **Parámetros de mallado** seleccione las opciones con la siguiente configuración: **Mallador**: Estándar. **Unidades**: mm. **Tamaño global**: 3 mm. **Tolerancia**: 0,15 mm. **Transición automática**: Desactivado. La malla creada tiene una densidad considerablemente fina.

3. Pulse **Aceptar** para crear el mallado en su modelo. Las características del mallado deben ser iguales en los tres **Estudios Estáticos** para que se pueda resolver bien el **Estudio de Fatiga**. Si emplea diferentes características en el mallado, no se solucionará el **Estudio de Fatiga**, apareciendo un error en el mismo.

8. Ejecución y visualización de resultados

1. Pulse con el botón secundario del ratón sobre la primera de las etiquetas de su gestor de simulación. En la ventana emergente seleccione la primera opción, **Ejecutar**. También puede pulsar el icono **Ejecutar** desde la barra de herramientas principal de Simulación.

2. Transcurridos unos segundos finaliza el proceso de cálculo y **Solid**Works Simulation crea la carpeta **Resultados** en el gestor de simulación con los trazados de **Tensiones**, **Desplazamientos** o **Deformaciones unitarias**.

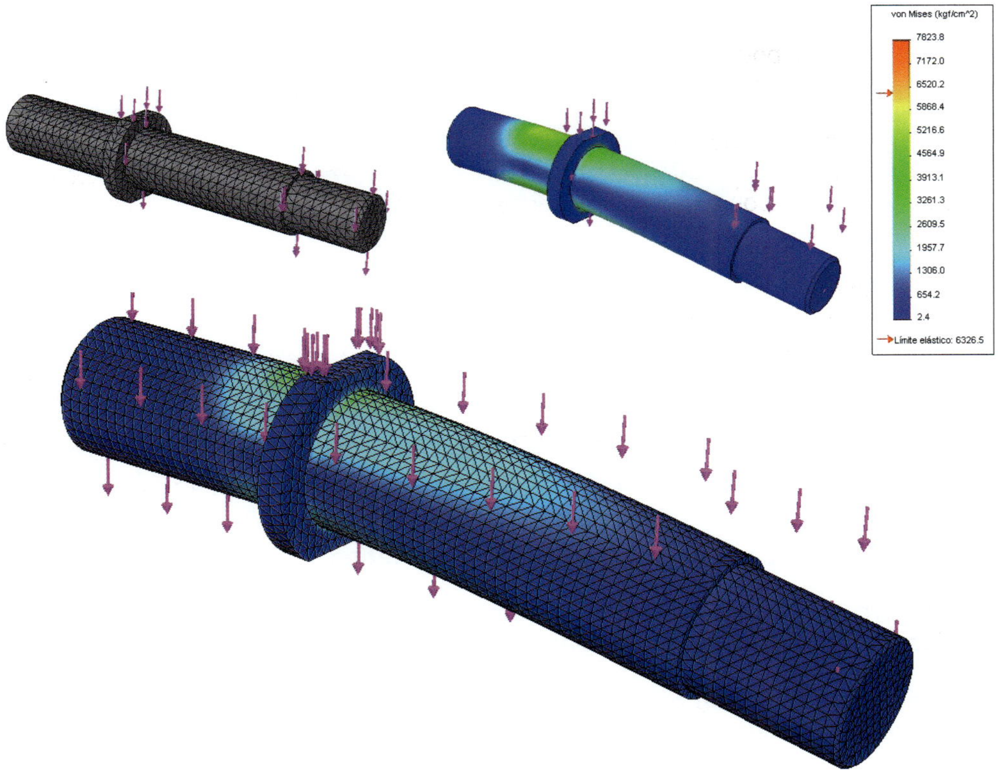

Repita los pasos anteriores y defina el **Estudio Estático** para el Eje Z y para el Eje Y. Las Sujeciones son las mismas que las definidas en el **Estudio Estático** del Eje X. Las cargas debe aplicarlas en los ejes Z e Y, tal y como se indica en las siguientes figuras. Recuerde que puede usar la opción de copiar-pegar (materiales, sujeciones, fuerzas y características del mallado).

3000 N	Eje X	LR = -1 (invertida)	55 %
1800 N	Eje Z	LR = 0 (Base 0)	35 %
1750 N	Eje Y	Relación de cargas R = 0.25	10 %

1800 N

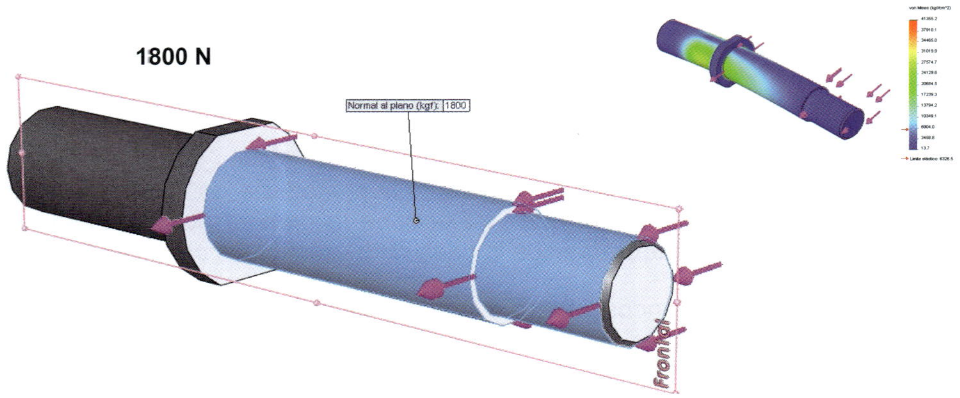

1750 N

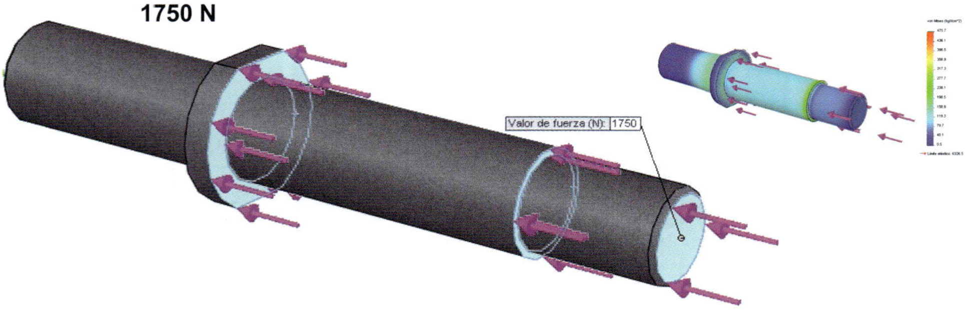

9. Creación del Estudio de Fatiga

Pulse sobre **Estudio** desde el menú de persiana **Solid**Works Simulation y seleccione la opción **Estudio Fatiga** y escriba *Práctica de fatiga* en **Nombre del estudio**. Pulse **Aceptar**.

10. Definición de las características del ensayo de fatiga

1. Pulse con el botón secundario del ratón sobre el nombre del estudio de fatiga (Práctica de fatiga) desde el gestor de simulación y seleccione la opción **Propiedades**.

2. Seleccione la opción **Sin interacción** para que cada uno de los tres sucesos que van a definirse no tengan interacción entre ellos. Los sucesos actúan de manera secuencial, uno detrás del otro.

3. En **Calcular tensiones alternas** seleccione **Tensión equivalente (de von Mises).** Así se determinarán las tensiones alternas equivalentes necesarias para conocer, a partir de los diagramas S-N el número de ciclos a la rotura.

4. Seleccione el método de corrección de **Goodman** (método conservador) para las tensiones medias e indique un **Factor de reducción de resistencia a la fatiga** de 0,9.

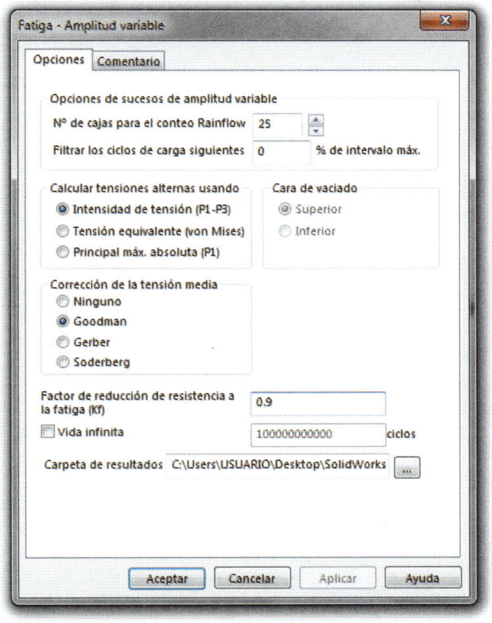

11. Definición del suceso

Debe agregar tres sucesos (constantes) para definir el **Estudio de Fatiga**. Para cada uno de ellos indique el **número de ciclos** y la **distribución de la carga**, y asocie las características a los estudios estáticos anteriormente definidos.

Para definir el **primer suceso**:

1. Pulse con el botón secundario del ratón sobre **Carga**, desde el gestor de simulación. Seleccione **Agregar suceso**.
2. En **Número de ciclos** indique 55 000. El número total de ciclos es de 100 000.
3. En **Distribución de la carga** puede seleciconar **Completamente invertida** (LR=-1) y en **Asociación de estudio** seleccione el Estudio X definido en la primera parte de la práctica.
4. Pulse **Aceptar**.

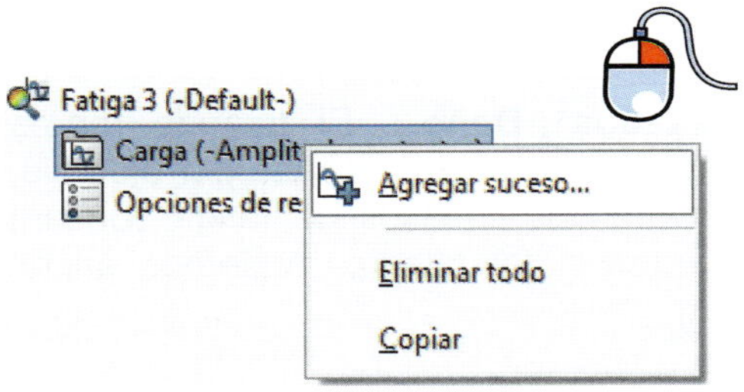

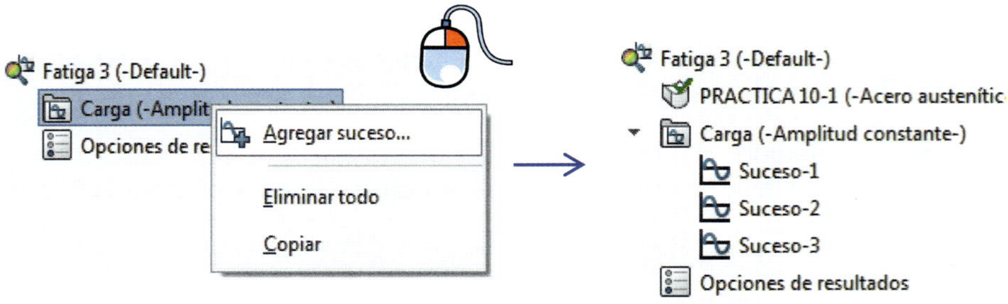

Suceso-1
Estudio X

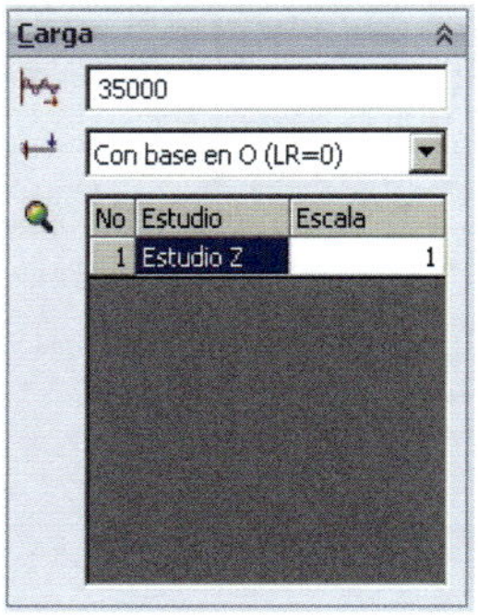

Suceso-2
Estudio Z

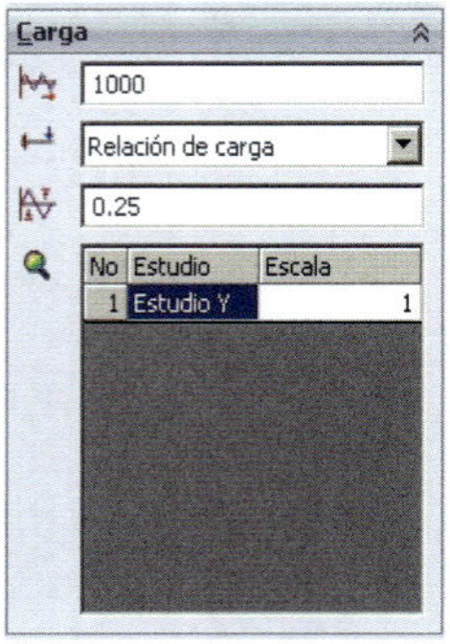

Suceso-3
Estudio Y

Primer suceso	3000 N	Eje X	LR = -1 (invertida)	55 %
Segundo suceso	1800 N	Eje Z	LR = 0 (Base 0)	35 %
Tercer suceso	1750 N	Eje Y	Relación cargas R = 0.25	10 %

Defina el **suceso-2** y el **suceso -3** de la misma forma y según se muestra en la figura.

12. Ejecución del análisis

Pulse sobre el icono **Ejecutar** para empezar con el análisis. Puede seleccionar el icono **Ejecutar** o pulsar sobre el nombre de su análisis desde el gestor de simulación, y seleccionar la opción **Ejecutar**.

13. Trazado de daño

Haga doble clic sobre **Resultados1(-Daño-**). El trazado representa el porcentaje de vida consumido por la fatiga en cada una de las zonas. Así, por ejemplo, en las zonas verdes el daño es de 1,782e+002, que indica que los sucesos de fatiga consumen el 1,78 % de la vida del modelo. Si observa la parte interior del taladro, podemos encontrar daños superiores a los indicados.

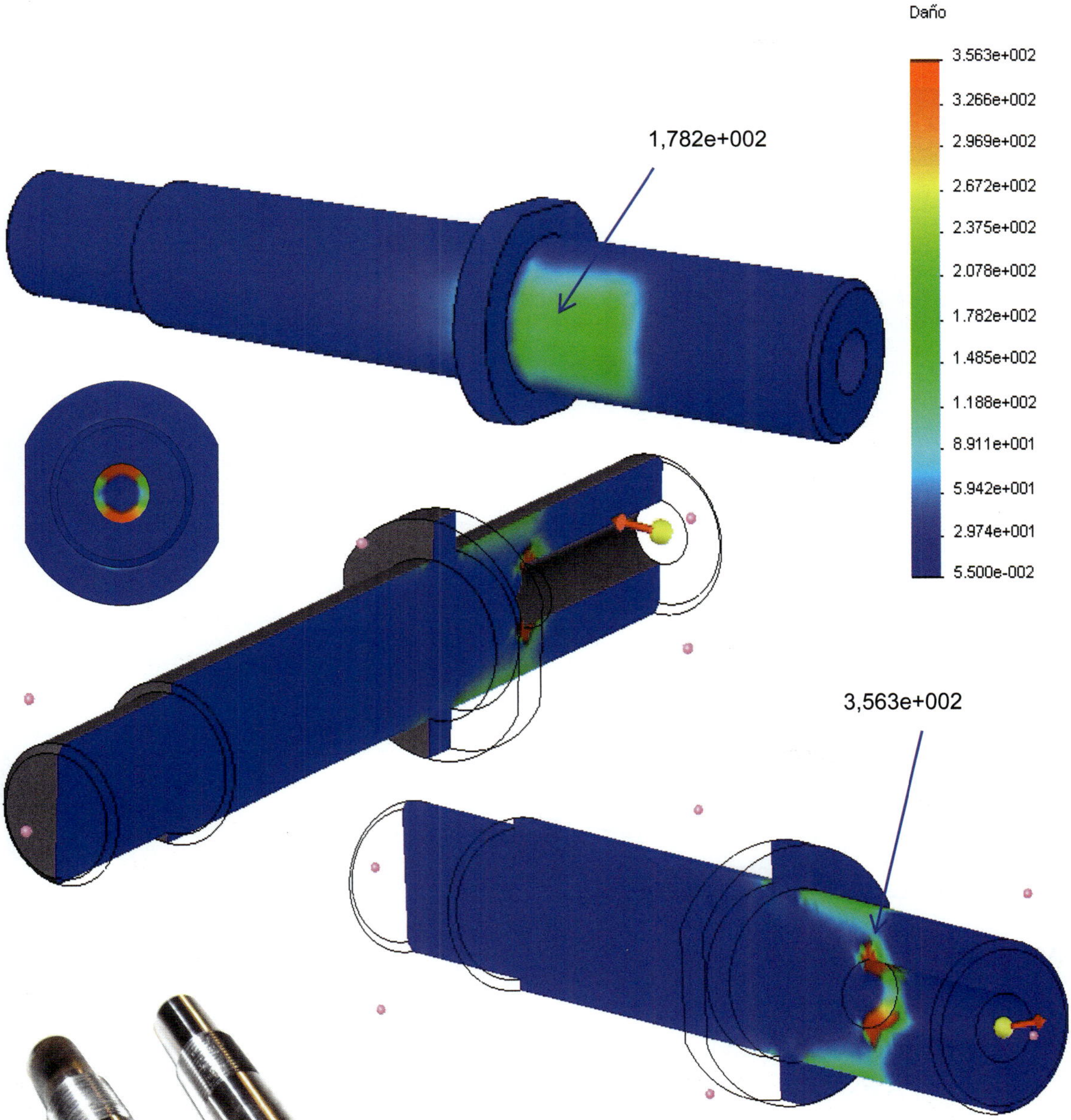

Es posible que la incubación de la grieta de fatiga se haya realizado en el propio taladro donde el daño es el máximo por ser un gran concentrador de tensiones. La grieta ha podido progresar hasta provocar la fractura sin aparentemente deformación plástica.

8.9 Practica 8-3. Análisis previo (comprobación de fatiga)

Realice un análisis previo de comprobación de fatiga para carga invertida completa de la pieza aeronáutica contenida en el DVD que acompaña el libro.

Fuerza (N)	Dirección	Tipo de carga	Porcentaje de uso (%)
F_1 = 3000 N	Oblicua	LR = -1 (invertida)	10 %
F_2 = 1000 N	Eje X	LR = 0 (Base 0)	60 %
F_3 = 2000 N	Eje Y	Relación de cargas R = 0.25	30 %

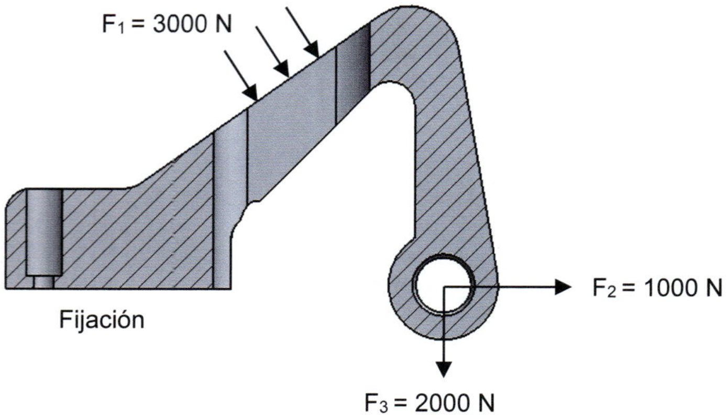

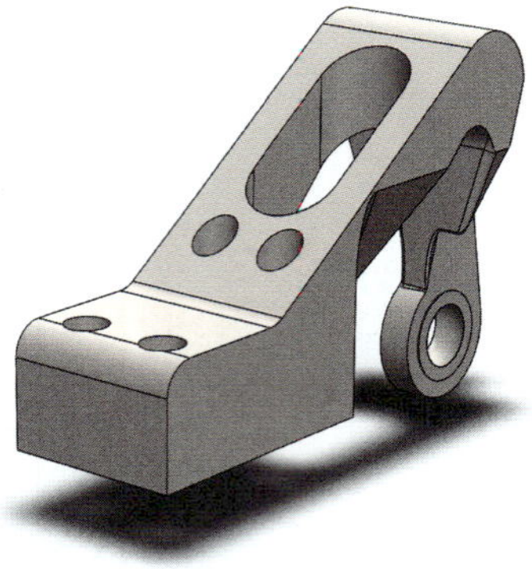

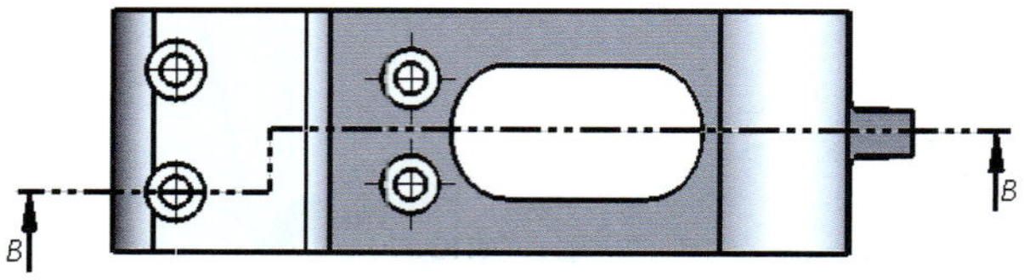

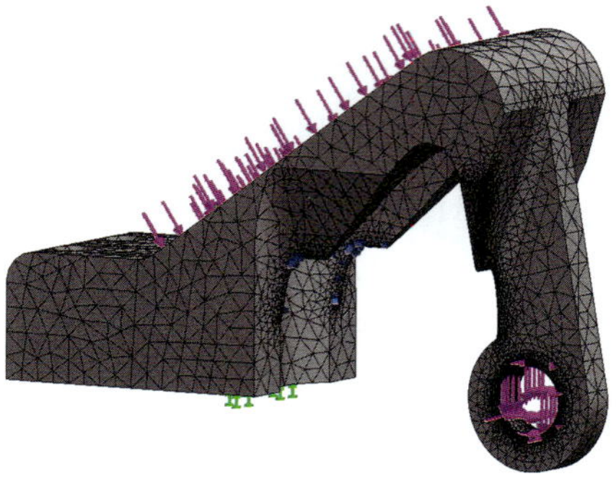

ASPECTOS A ESTUDIAR

- Análisis previo estático.
- Asignar unas propiedades mecánicas al material del modelo de pieza.
- Crear la **Comprobación de fatiga** con las condiciones establecidas.
- Evaluar el **Trazado de daño** obtenido.

CARACTERÍSTICAS DE ENSAYO

- **Malla**. Configuración de la malla: **Mallador**: Estándar. **Unidades**: mm. **Tamaño global**: 3 mm. **Tolerancia**: 0,15 mm. **Transición automática**: Desactivado. Remallar.
- **Material**. Ti 8Al-1Mo-1V.
- **Cargas**. Ver cuadro resumen.

1. Activación de SolidWorks Simulation y apertura del modelo a analizar

Active la aplicación **Solid**Works **Simulation** desde el menú de persiana **Herramientas**, **Complementos** y abra el modelo de la práctica. Puede localizar el modelo de la práctica en el DVD que acompaña el libro.

2. Creación del estudio

Para efectuar el **análisis previo de comprobación de fatiga** de la pieza aeronáutica antes debe realizar un **Estudio Estático** del mismo en el que se definen las sujeciones y las cargas. El modelo objeto de estudio de la práctica es una pieza sometida a tres tipos de cargas y fija en sus uniones atornilladas.

Pulse sobre **Estudio** desde el menú de persiana **Solid**Works **Simulation**, seleccione la opción **Estudio Estático** y escriba *Practica 7-3* en **Nombre del estudio**. Pulse **Aceptar**. Observe cómo en el **gestor de simulación** se crea el estudio con el nombre indicado. A medida que se define el análisis con la selección del **Material**, **Conexiones**, **Sujeciones**, **Cargas externas** y **Malla** se completa el árbol del **AnalysisManager.**

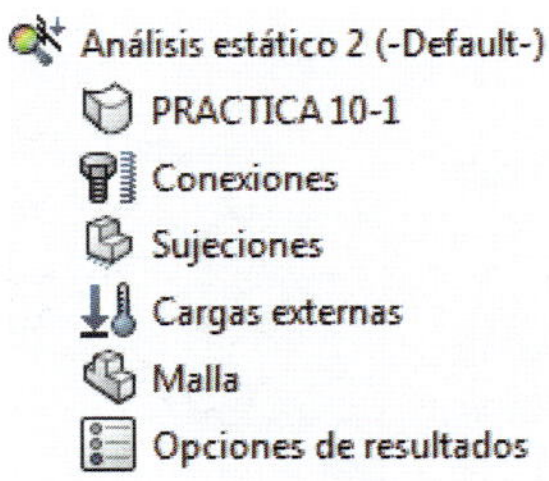

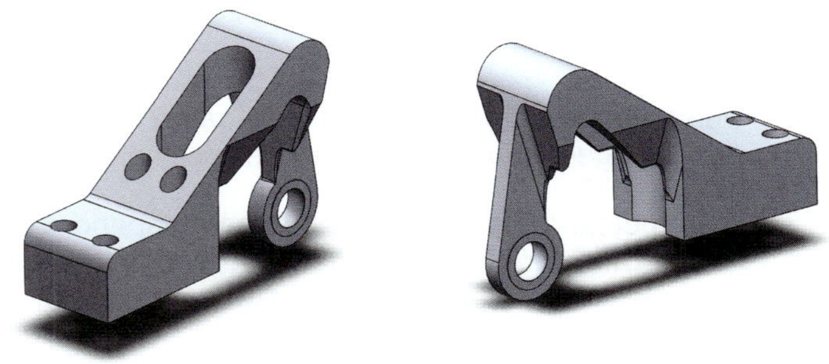

3. Selección del material

1. Pulse con el botón secundario del ratón sobre la primera de las carpetas. Tiene el nombre del fichero. Seleccione **Aplicar/Editar material**.

2. Localice el material **Ti 8Al-1Mo-1V**. Observe sus propiedades mecánicas en el cuadro de **Propiedades** y observe las curvas S-N pulsando la pestaña **Curvas S-N de fatiga**. Pulse **Aceptar**.

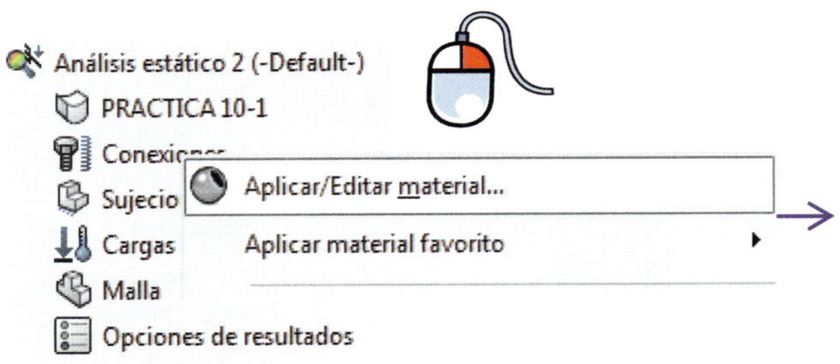

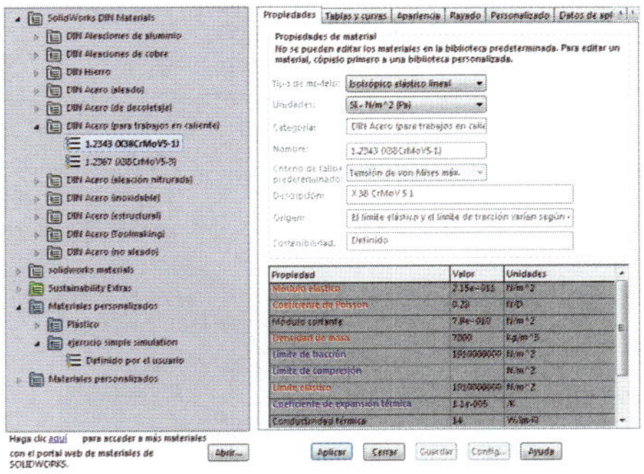

4. Definición de sujeciones

1. La pieza de estudio se encuentra sometida a tres fuerzas distintas (F1, F2 y F3) y restringida en los taladrados roscados. Para crear la **Sujeción** del estudio estático pulse sobre **Sujeciones** con el botón secundario del ratón desde el gestor de simulación. Seleccione **Geometría fija**.

2. Desde el *PropertyManager* de **Sujeciones** seleccione **Geometría fija**. La restricción impuesta define todos los grados de libertad de traslación en cero. Seleccione desde la zona de gráficos las **Caras** internas de los taladros roscados y pulse **Aceptar** para crear la **Sujeción**.

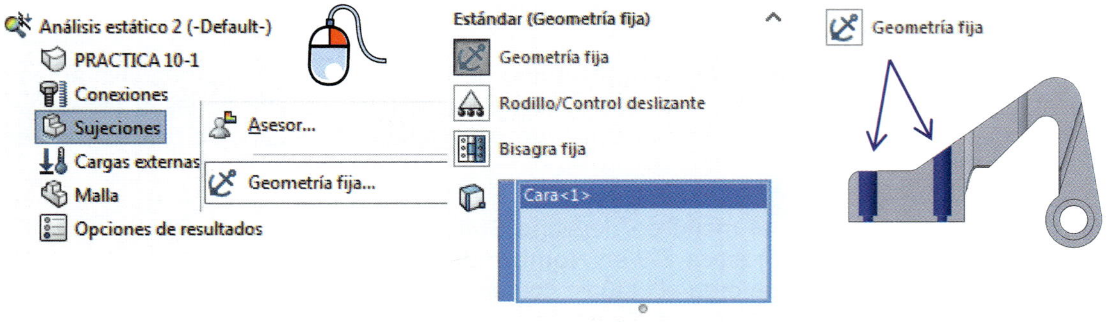

5. Definición de las cargas

Para definir las **Fuerzas**:

1. Pulse con el botón secundario del ratón sobre **Cargas externas** desde el gestor de simulación y seleccione **Fuerza**.

2. En la pestaña **Tipo** seleccione la cara superior del modelo. Pulse sobre **Dirección seleccionada** y, desde la zona de gráficos, seleccione el plano **Planta** (se representan flechas en la dirección de la fuerza aplicada).

3. Seleccione **Sistema Internacional (SI)** en **Unidades** y en la pestaña **Fuerza (por entidad)** indique las fuerzas y active la casilla **Invertir dirección** si desea cambiar la dirección de la fuerza aplicada. Pulse **Aceptar** para crear la **Fuerza** actuante sobre su modelo.

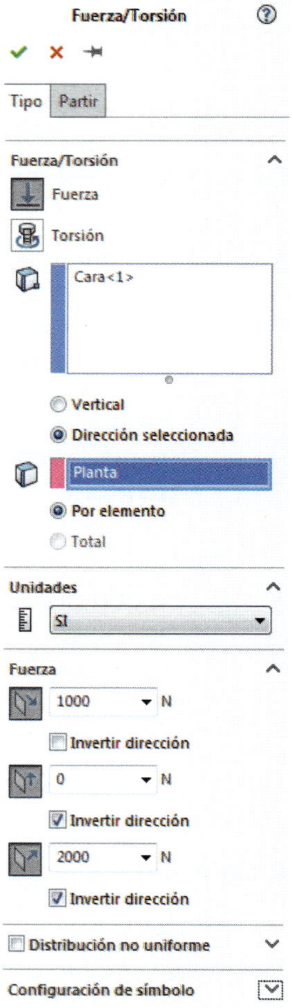

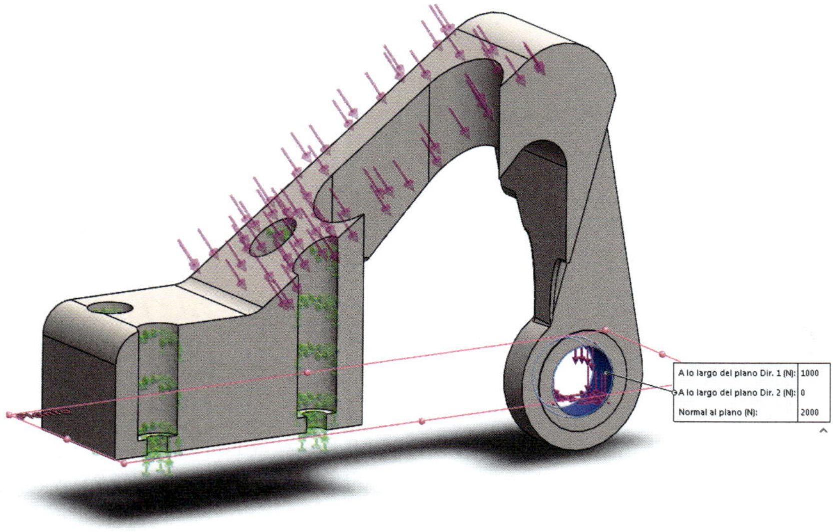

6. Definición del mallado

Para definir la **Malla** sobre su modelo:

1. Pulse con el botón secundario del ratón sobre **Malla** desde el gestor de simulación o pulse sobre el icono **Malla** de la barra de herramientas. Seleccione en el cuadro de diálogo emergente la opción **Crear Malla.**

2. En **Parámetros de mallado** seleccione las opciones con la siguiente configuración: **Mallador**: Estándar. **Unidades**: mm. **Tamaño global**: 3 mm. **Tolerancia**: 0,15 mm. **Transición automática**: Desactivado. La malla creada tiene una densidad considerablemente fina. Pulse **Aceptar** para crear el mallado en su modelo.

3. Para redefinir la malla en las regiones de mayor interés pulse con el botón derecho del ratón sobre **Malla** desde el gestor de simulación y seleccione la opción **Aplicar control de mallado.** Desde la zona de gráficos seleccione las zonas a remallar e indique una densidad de malla fina: **Tamaño de elementos = 1.12** y **Ratio = 1.5**. Pulse **Aceptar** para remallar esa región.

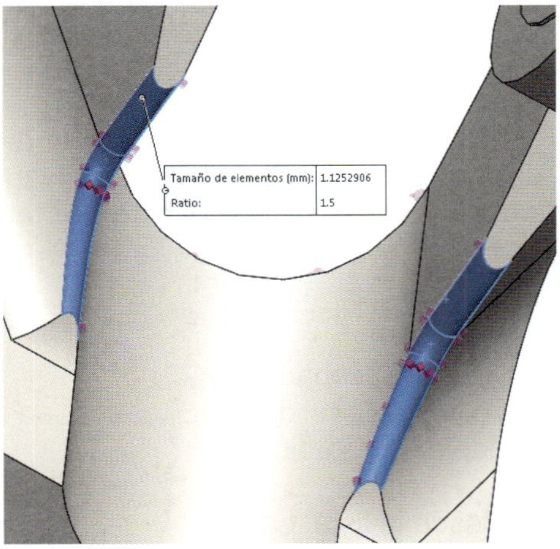

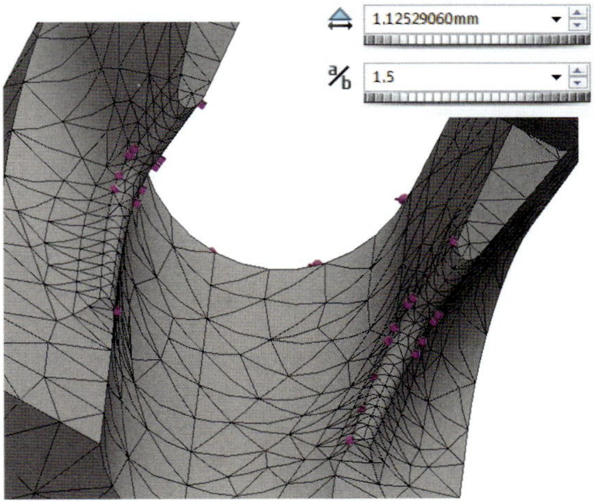

7. Ejecución y visualización de resultados

1. Pulse con el botón secundario del ratón sobre la primera de las etiquetas de su gestor de diseño y seleccione la primera de las opciones, **Ejecutar**. También puede pulsar el icono **Ejecutar** desde la barra de herramientas principal de Simulación.

2. Transcurridos unos segundos finaliza el proceso de cálculo y **Solid**Works **Simulation** crea la carpeta **Resultados** en el gestor de simulación con los trazados de **Tensiones**, **Desplazamientos** o **Deformaciones unitarias**.

3. Observe los gráficos de **tensiones**, **deformaciones** y **deformaciones unitarias**. Para crear el gráfico de **Definir trazado de comprobación de fatiga...** pulse sobre la carpeta **Resultados** con el botón derecho del ratón y seleccione este trazado.

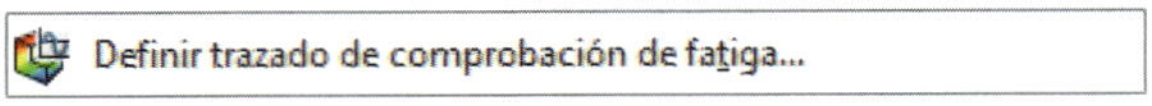

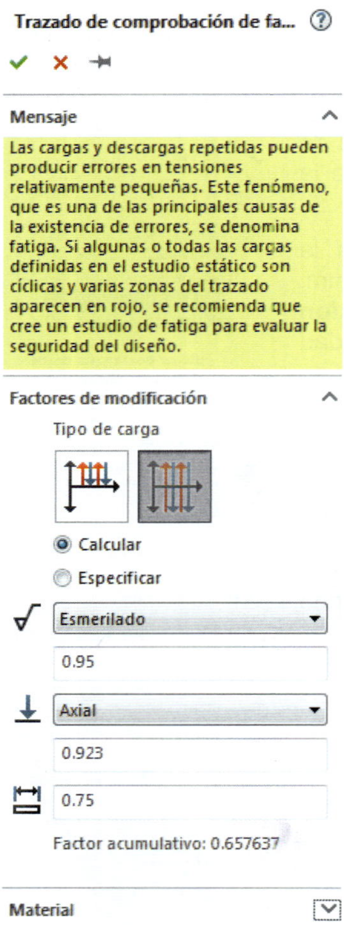

El trazado permite detectar las regiones del modelo que pueden llegar a fallar por la aplicación de cargas de fatiga. Los resultados obtenidos son una simplificación y tan solo están basados en un único evento de amplitud constante con carga reversible o basada en cero.

Tipo de carga

Carga activada/desactivada. Establece una carga de fatiga basada en cero para determinar las tensiones media y alterna.

Carga invertida completa. Establece una carga completamente invertida para determinar las tensiones media y alterna.

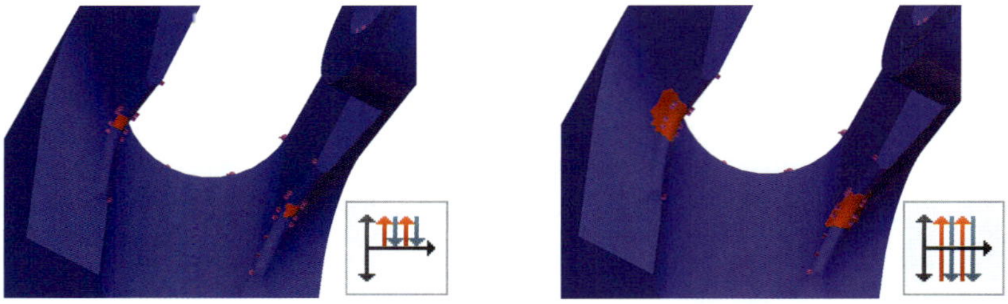

Calcular

Define los factores de reducción de resistencia a la fatiga: **Factor de acabado superficial**, **Factor de carga** o **Factor de tamaño**.

Factor de acabado superficial. Las piezas con mejor acabado superficial (menor rugosidad) soportan mayor número de cargas de fatiga. Seleccione el tipo de acabado superficial del modelo de estudio.

Factor de carga. Seleccione un tipo de carga u otros desde la lista. La influencia del tipo de carga es crucial en el comportamiento final del modelo.

Factor de tamaño. Las piezas mayores tienen límites de fatiga inferiores a las piezas más pequeñas. Una mayor superficie define una mayor probabilidad de iniciación de grita de fatiga.

Especifique. Define el factor de reducción acumulado de resistencia a la fatiga.

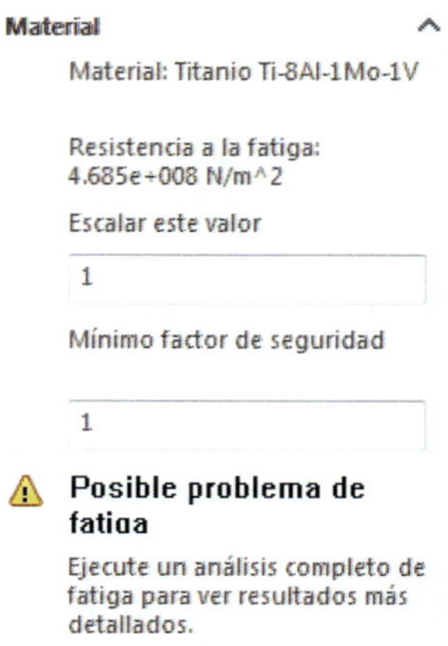

En **Material** puede ver el material seleccionado y su resistencia a la fatiga, además de poder definir: **Escalar toda la resistencia a fatiga** (multiplica la resistencia a la fatiga de los modelos seleccionados por el factor especificado) y **Mínimo factor de seguridad** (divide la resistencia a la fatiga del modelo seleccionado por el factor de seguridad especificado).

4. Desde **Factores de modificación** pulse sobre **Carga activada/desactivada** para definir una carga basada en cero para determinar la tensión media y alterna. En **Factor de acabado superficial**, seleccione **Esmerilado**. En **Factor de carga**, seleccione **Axial**. En **Factor de tamaño**, escriba 0,80.

5. Al ejecutar el **análisis de trazado de comprobaciones de fatiga** sobre el modelo, se indica con el color rojo las áreas que pueden llegar a fallas por fatiga. Para visualizar al mismo tiempo las tensiones y la comprobación de fatiga pulse con el botón derecho sobre el gráfico de **Comprobación de fatiga** y seleccione la opción **Comparar resultados**. Seleccione los trazados a comparar y pulse **Aceptar**. Observe cómo la zona de gráficos se divide en dos y se muestran los trazados seleccionados.

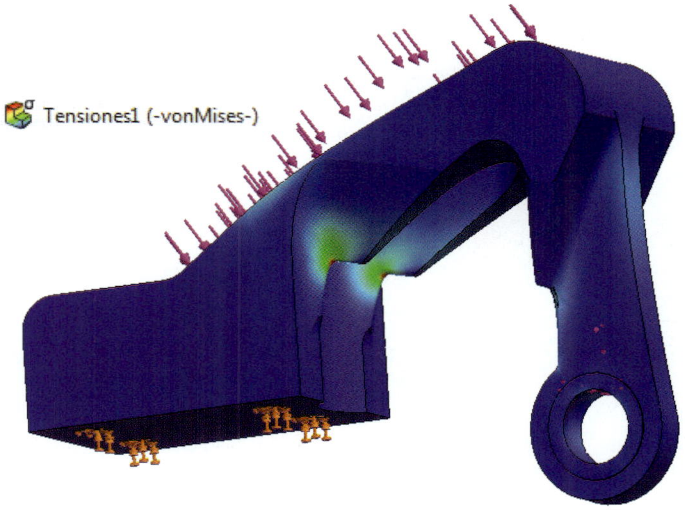

SolidWorks Simulation considera la resistencia a la fatiga de materiales como la mitad del límite de tracción del material. El factor acumulativo es igual al producto de los tres factores de reducción y reduce la resistencia a la fatiga del material en 0,7.

8.10 Practica propuesta 8-1. Carga variable

Evalúe el comportamiento a fatiga de la pieza indicada en la figura perteneciente a un sistema de amortiguación de un coche de radio control. La carga es de amplitud variable. Puede emplear el ciclo de carga SAE Suspensión. Las cargas a las que se encuentra sometida la pieza de estudio se encuentran representadas en la figura. Abra el modelo desde el DVD que acompaña el libro.

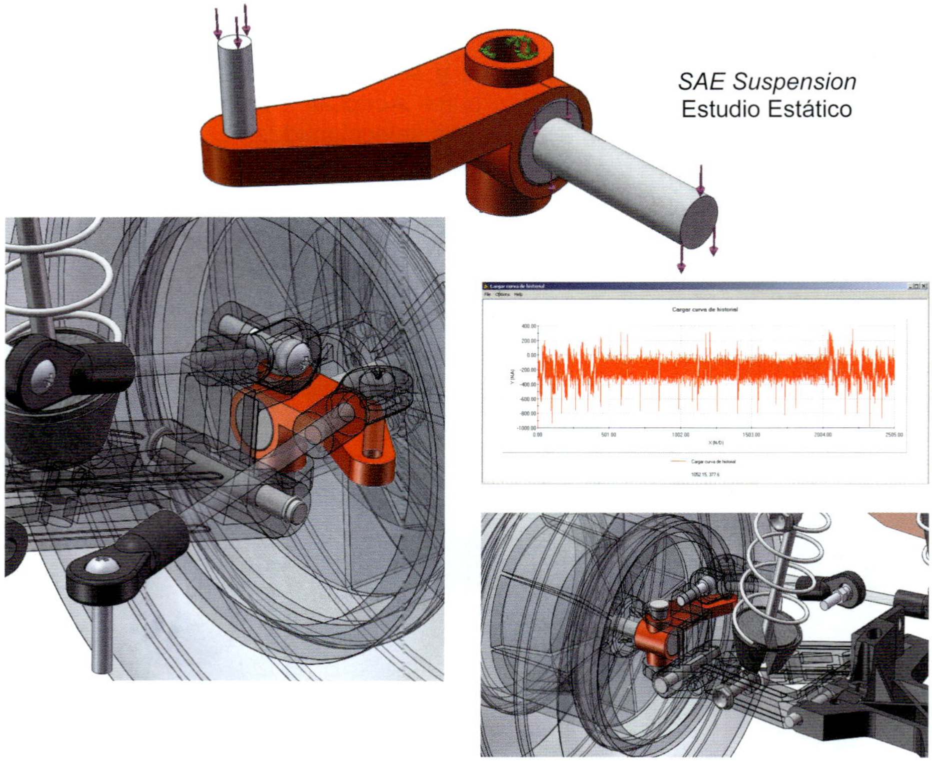

Vehículo eléctrico de Formula Student diseñado y fabricado por un equipo de estudiantes universitarios de la Escola Universitària d'Enginyeria Tècnica Industrial de Barcelona (EUETIB), miembro de la Universitat Politècnica de Catalunya (UPC), que cursa entre segundo, tercer y cuarto año de distintos grados de Ingeniería. Entre estos grados encontramos grado en Ingeniería Mecánica, Eléctrica, y Electrónica Industrial y Automática. Su propósito es desarrollar un vehículo de Formula Student con el que participar en diversas competiciones internacionales. http://www.etechracing.euetib.upc.edu/.

Capítulo 9
Análisis de vigas

Introducción

SolidWorks **Simulation** puede calcular el comportamiento mecánico de vigas y estructuras metálicas formadas por miembros estructurales de forma rápida en un **Estudio Estático**. La utilización de estudios estáticos sobre vigas y miembros estructurales permite obtener el resultado de deformaciones, tensiones a lo largo de la viga o el miembro estructural, además de visualizar trazados con tensiones axiales y torsionales, entre otras.

Las vigas y los miembros estructurales simulados tienen perfiles normalizadas. Sin embargo, **Solid**Works **Simulation** simplifica las secciones y representa cada miembro de la estructura como un elemento viga formado por dos nodos (inicial y final) y una sección constante.

Su aplicación permite obtener un diagrama de **viga** mediante la definición de cargas, sujeciones y la definición de juntas para obtener diagramas de corte y momento, además de ver las tensiones de flexión. En los casos más complejos, puede realizar un análisis estático de una **cabeza de armadura** mediante la definición de las juntas, cargas y sujeciones.

Una **cabeza de armadura** es un elemento de viga que solo puede resistir la deformación axial, mientras que los elementos de **Viga** pueden resistir cargas de flexión, cortantes y de torsión

Contenido

- Conceptos previos sobre creación de miembros estructurales (piezas soldadas).
- Etapas en la creación de un análisis de vigas.
- Tratar como viga o tratar como sólido.
- Selección de materiales, sujeciones, cargas y mallado.
- Ejecución del estudio.
- Diagramas de viga, corte, momento y listado de fuerzas de viga.
- Trazados de desplazamientos, fuerzas de reacción, factor de seguridad.
- Prácticas guiadas.

9.1 Introducción

La creación de miembros estructurales puede realizarse a partir de los elementos normalizados que se incluyen en la biblioteca de diseño. Su utilización requiere la activación previa del **Toolbox**. Para ello, seleccione **Complementos** desde el menú de persiana **Herramientas**. Active **SolidWorks Toolbox** y **Toolbox Browser**. Desde la biblioteca de diseño en la parte superior derecha de la zona de gráficos seleccione **Biblioteca de diseño** y pulse sobre **Toolbox**. En la carpeta ISO puede localizar todos los elementos normalizados de los que consta toolbox (anillos tóricos, arandelas, chavetas, pasadores, pernos y tornillos, rodamientos, transmisor de potencia, tuercas y miembros estructurales). Seleccione esta última carpeta para definir la viga. Los miembros estructurales definidos de esta forma no permiten crear estructuras complejas. Para su definición, extraiga la barra de herramientas flotante **Piezas Soldadas** pulsando sobre cualquier icono con el botón derecho del ratón.

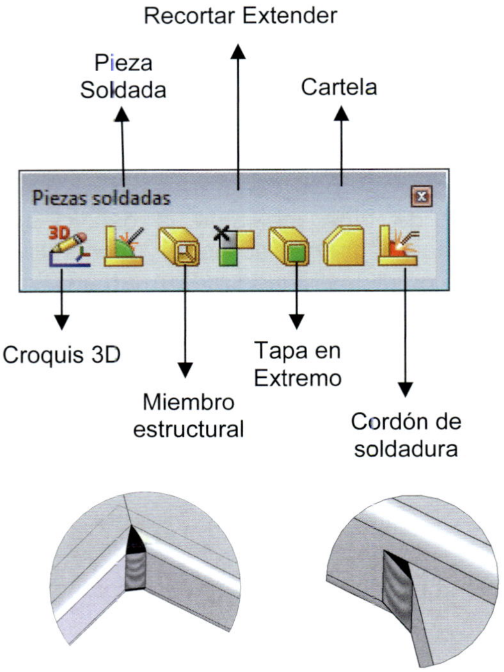

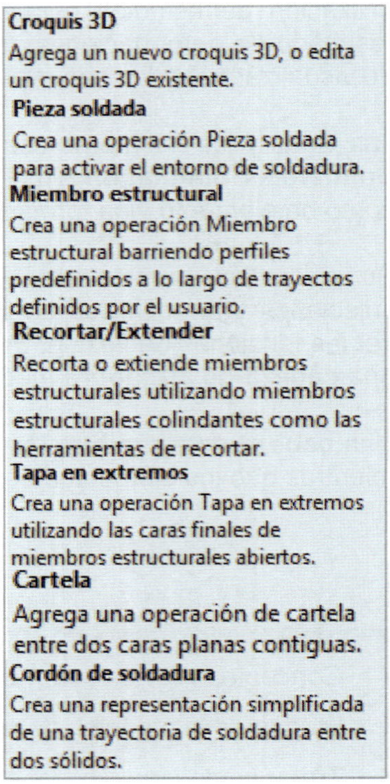

A continuación, el proceso de diseño de una estructura metálica se inicia con el croquizado en 2D o 3D del contorno de la misma y el empleo posterior de la herramienta **Miembro estructural**. Esta herramienta utiliza perfiles normalizados como: **Canal en forma de C**, **Tubería**, **Tubo cuadrado** o **Rectangular**, entre otros. La selección de un perfil normalizado y del croquis que define su recorrido permite realizar, de forma automát ca, un barrido del **Miembro estructural**.

La creación de una estructura mediante **Miembro estructural** activa las herramientas de **Soldadura** y crea una etiqueta **Operación de pieza soldada** en el **Gestor de diseño** y dos configuraciones en **ConfigurationManager**: una **configuración padre Predeterminada <Como mecanizada>** y otra, **hija** o **derivada, Predeterminada <Como soldada>.**

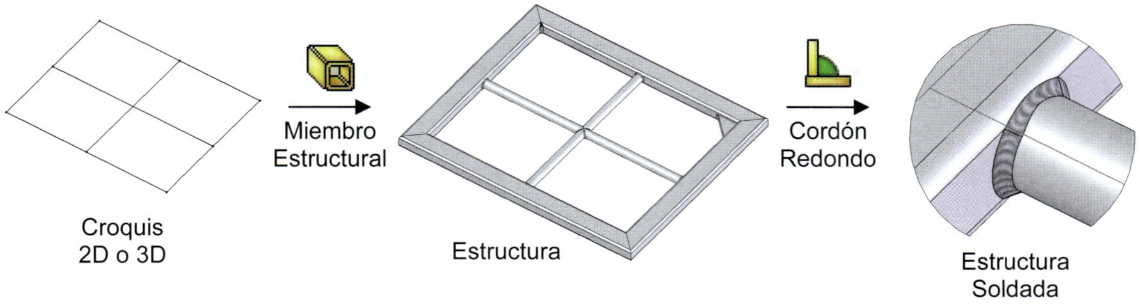

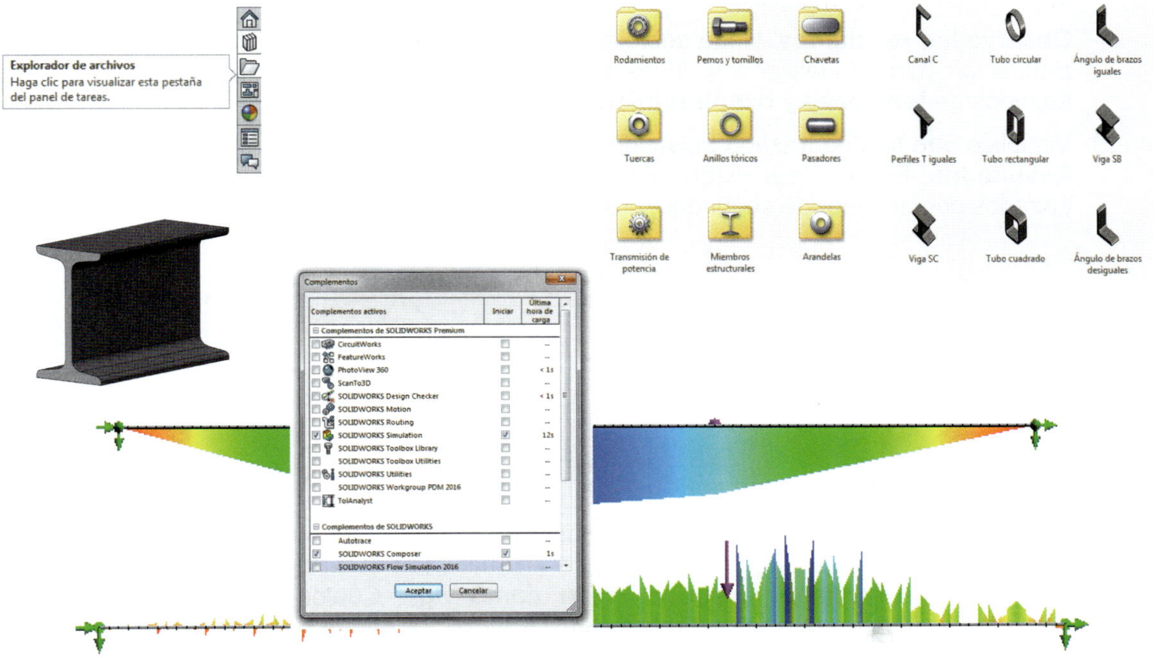

Una vez creada la estructura, las etapas a seguir son:

Para realizar un **Análisis de una Viga** o de una **Cabeza de armadura**:

1. Pulse sobre **Estudio** y seleccione **Estudio estático**. Indique un nombre para su nuevo estudio y pulse **Aceptar**.
2. Observe los siguientes elementos del gestor de simulación: **Conexiones**, **Configuración**, **Opciones de resultados** y **Malla**.
3. Trate el modelo 3D como una viga. Para ello seleccione la opción **Tratar como viga pulsando** con el botón secundario del ratón sobre el nombre de su modelo desde el gestor de simulación.
4. Cree las **Juntas** de la viga. Pulse con el botón secundario sobre **Grupo de juntas** y seleccione la opción **Editar**. En el PropertyManager pulse **Calcular** para que aparezcan las juntas en **Resultados**.

5. Defina las **Cabezas de armadura** si es necesario. Para ello, pulse con el botón secundario del ratón sobre cada uno de los sólidos que conforman la estructura y seleccione **Editar definición**. Desde el PropertyManager marque la casilla **Cabeza de armadura** y pulse **Aceptar**.
6. **Defina el material de su modelo**. Seleccione la primera carpeta del gestor de simulación con el botón secundario del ratón y seleccione **Aplicar/Editar material**. Defina las propiedades mecánicas de su modelo o seleccione uno de la base de datos de **Solid**Works **Simulation**.
7. **Defina las Cargas y la Sujeciones**.
8. **Malla**. Pulse con el botón secundario del ratón sobre **Malla** y seleccione **Crear malla y ejecutar** para solucionar la simulación inmediatamente después de ser mallada.
9. **Observe los resultados**. Haga doble clic sobre la carpeta **Resultados** desde el gestor de simulación para visualizar los diferentes trazados realizados. Inicialmente se crean los trazados de **tensiones** y **desplazamientos**.
10. Visualice otro tipo de trazado pulsando con el botón secundario del ratón sobre la carpeta **Resultados**. Puede crear diagramas de momentos, listar las fuerzas de reacción, crear trazados con el factor de seguridad, crear diagramas de viga, entre otros.

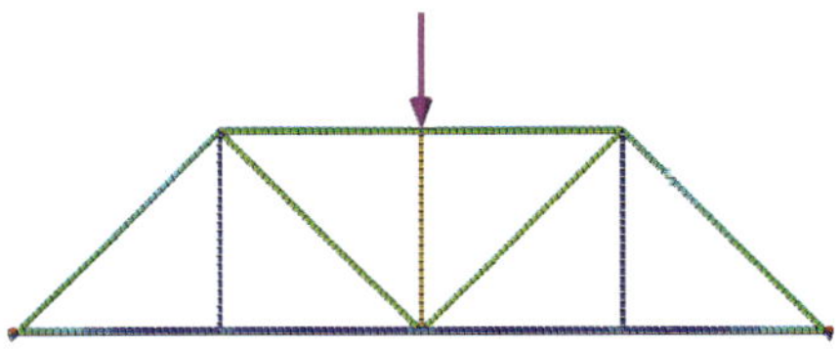
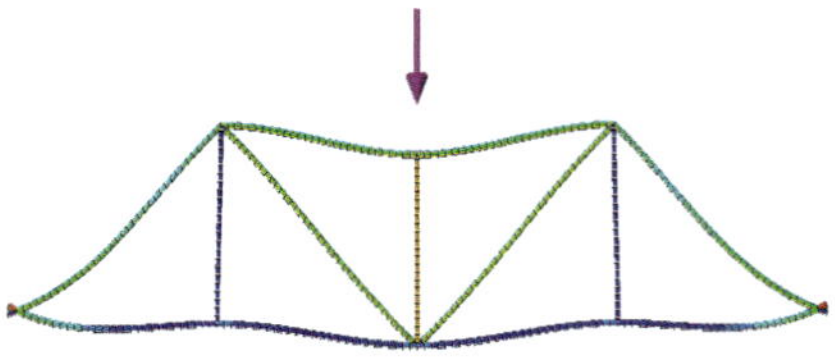

9.2 Tratar como viga o tratar como sólido

En versiones anteriores a la 2016 cualquier modelo en 3D realizado con operaciones como la extrusión o el barrido, incluso aquellos miembros estructurales realizados con Toolbox deben transformarse en viga mediante la opción **Tratar como viga**. Cualquier viga puede volver a tratarse como un sólido con la opción **Tratar como sólido**. Se puede acceder a estas opciones pulsando con el botón derecho del ratón sobre el nombre del modelo 3D desde el gestor de simulación. En versiones posteriores a la 2016 los miembros estructurales se transforman de forma automática a elementos de viga.

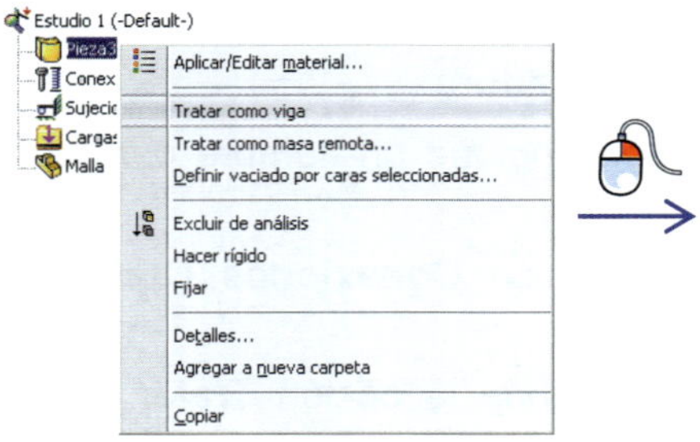

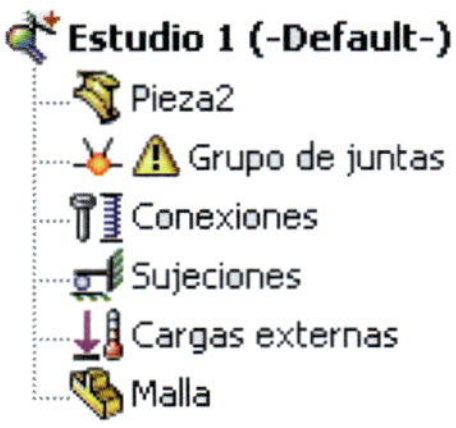

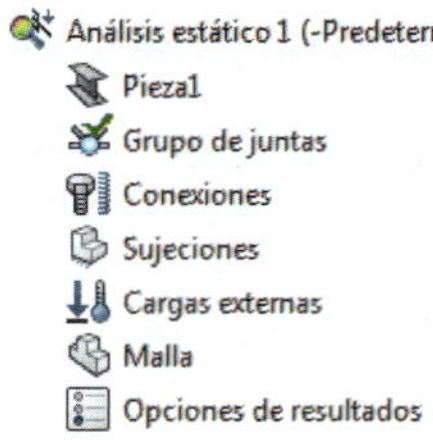

Al tratar como viga una pieza obtenida por extrusión o barrido, el gestor de diseño cambia su icono por el de una viga y mantiene el nombre de la misma. Si crea una viga mediante el toolbox y la opción **Miembro estructural**, no es necesario ejecutar la opción **Tratar como viga** puesto que ya se considera como tal a efectos de simulación.

Aplicar/Editar Viga

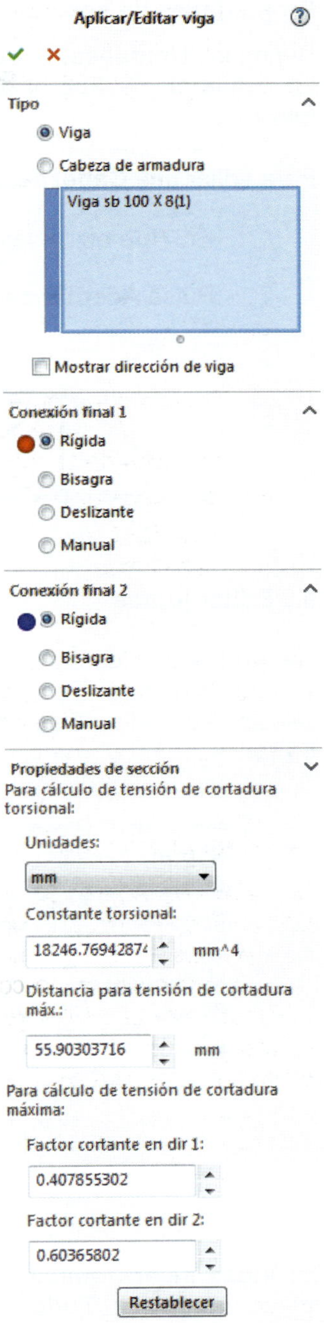

Los miembros estructurales se definen mediante el PropertyManager **Aplicar/Editar Viga**. Se puede acceder a él pulsando con el botón derecho del ratón sobre **Viga** desde el gestor de simulación seleccionando la opción **Editar viga** o haciendo doble clic con el botón derecho.

En el PropertyManager de **Aplicar/Editar viga** debe seleccionar el **Tipo** de viga (**Viga** o **Cabeza de armadura**) y el tipo de **Conexiones finales 1** y **finales 2** (**Rígida**, **Bisagra**, **Deslizante** o **Manual**).

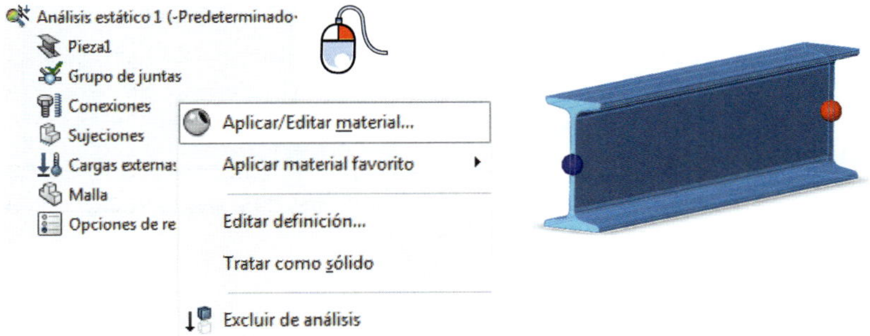

Una **cabeza de armadura** es un elemento de viga que solo puede resistir deformación axial, mientras que los elementos de **Viga** pueden resistir cargas de flexión, cortantes y de torsión

Para editar una **Viga**:

1. En **Tipo** active la casilla **Viga**.
2. Defina la **Conexión final 1** y la **Conexión final 2**. Puede seleccionar (**Rígida**, **Bisagra**, **Deslizante** o **Manual**).
3. La **Conexión final 1** aparece definida en la zona de gráficos con un color rojo mientras que la **Conexión final 2** aparece de color azul.
4. Defina las **Propiedades de sección** para el cálculo de la tensión de cortadura. Pulse **Aceptar** para crear la viga.

Tipos de conexión

- **Rígido**. No se liberan momentos o fuerzas en el extremo seleccionado.
- **Bisagra**. El extremo puede girar y no transfiere ningún momento a la junta.
- **Deslizante**. El extremo puede trasladarse sin transferir ninguna fuerza a la junta.

Manual. Permite definir de forma manual si cada uno de los componentes de la fuerza o el momento tienen un valor nulo.

Propiedades de sección

Defina las **Unidades**, la **Constante torsional** y la **Distancia para tensión de cortadura máxima**. La definición de **Factor cortante** es indispensable para el cálculo de la tensión de cortadura máxima.

Para editar una **Cabeza de armadura**:

1. En **Tipo** active la casilla **Cabeza de armadura**.
2. Pulse **Aceptar** para crear la **Cabeza de armadura**.

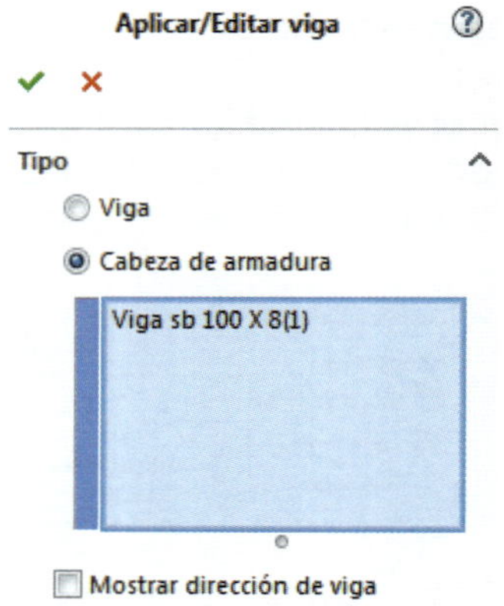

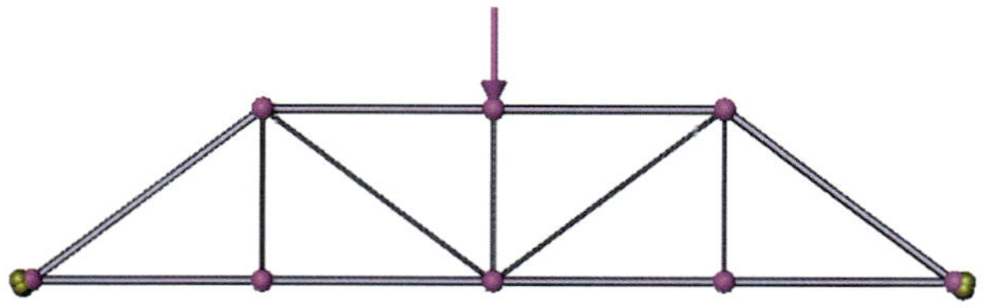

9.3 Editar juntas

Las **juntas** son los extremos de un miembro estructural o la intersección de dos o más miembros en una estructura. Es necesario definir las juntas en el modelo a estudiar para la realización del cálculo. Para ello pulse con el botón secundario del ratón sobre **Grupo de juntas** y seleccione **Editar**.

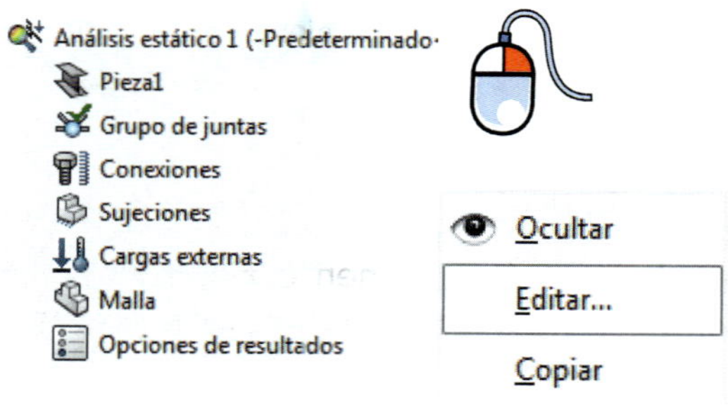

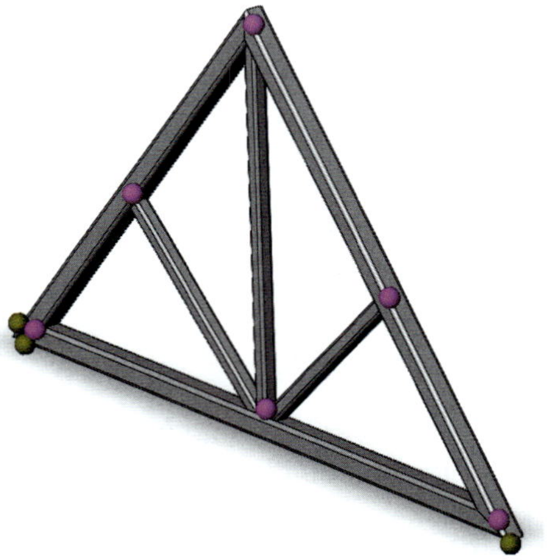

En **Vigas seleccionadas** puede seleccionar, desde la zona de gráficos, las vigas a evaluar. Si marca la opción **Todo** y pulsa **Calcular**, se determinan todas las juntas del modelo. En **Resultados** puede ver las juntas determinadas.

En la zona de gráficos se resaltan las juntas con un color **rosa** cuando se entrecruzan dos o más miembros estructurales. El **verde** se emplea para los extremos y puntos medios.

La activación de la opción **Mantener junta modificada al actualizar** permite guardar todas las modificaciones efectuadas al calcular las juntas.

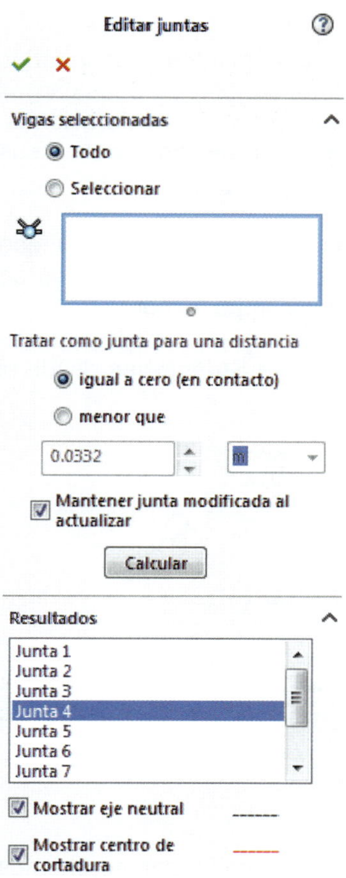

Visualizar eje neutral. Su activación permite calcular el eje neutral de las vigas seleccionadas.

La opción **Tratar como junta para una distancia menor que** establece la distancia admitida para definir los miembros estructurales que no se tocan.

Se resaltan en color rosa las juntas en las que se intersecan dos o más miembros de estructuras, mientras que el color verde se utiliza para definir las juntas en sus extremos.

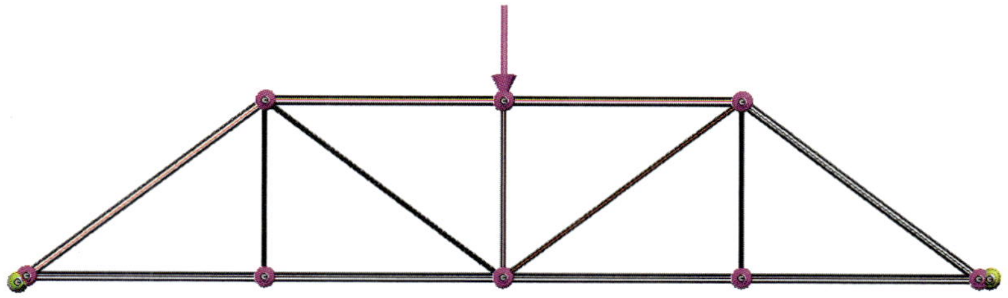

SolidWorks detecta automáticamente los miembros estructurales en contacto, los que no están en contacto y los que tienen interferencia dentro de un margen de tolerancia, y calcula las juntas. Tenga en cuenta algunas operaciones sólidas como las extrusiones o los barridos porque pueden no considerarse como vigas. En ese caso, pulse sobre la misma con el botón derecho del ratón y seleccione **Tratar como viga**.

Selección de materiales

Los materiales aptos para este tipo de análisis son aquellos que tienen definido el módulo de elasticidad y el coeficiente de Poisson. En caso de que se consideren cargas gravitaciones también es importante definir la densidad del mismo.

Propiedad	Valor	Unidades	Dependencia d
Módulo elástico	2.05e+011	N/m^2	Constante
Coeficiente de Poisson	0.32	NA	Constante
Módulo cortante	8e+010	N/m^2	Constante
Densidad	7850	kg/m^3	Constante
Límite de tracción	1110000000	N/m^2	Constante
Límite de compresión		N/m^2	Constante
Límite elástico	710000000	N/m^2	Constante
Coeficiente de dilatación térmica	1.23e-005	/Kelvin	Constante
Conductividad térmica	44.5	W/(m.K)	Constante
Calor específico	475	J/(kg.K)	Constante
Cociente de amortiguamiento del material		NA	Constante

Cargas y sujeciones

Las cargas que se pueden aplicar a las vigas comprenden las fuerzas y momentos concentrados en juntas y puntos de referencia, las cargas distribuidas a lo largo de toda su longitud o las cargas gravitacionales que el mismo programa calcula en función de la densidad y las aceleraciones. Para su selección pulse con el botón secundario del ratón sobre **Cargas externas** y defina sus características.

Las **Sujeciones** se deben aplicar a las juntas de la viga o del miembro estructural. No se puede aplicar una restricción a una cara o arista de la misma. Cada junta dispone de seis grados de libertad de traslación, por lo que puede aplicar traslaciones y rotaciones distintas de cero.

Las sujeciones se definen pulsando con el botón secundario del ratón sobre **Sujeciones** desde el gestor de simulación.

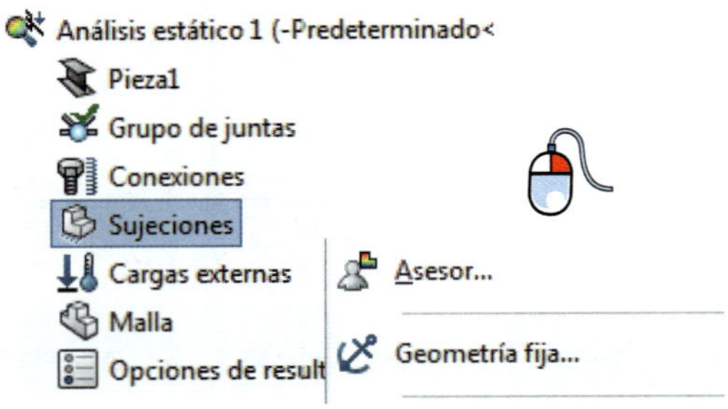

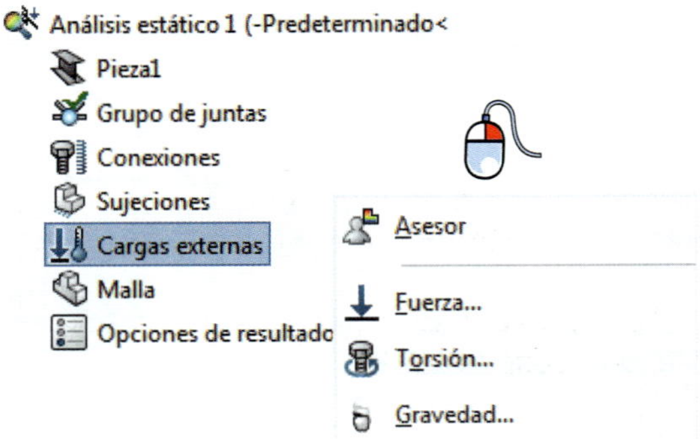

Mallado

Al mallar un miembro estructural, este se transforma en un cilindro formado por segmentos uniformes que nada tienen que ver con la forma de la sección transversal verdadera. Este tipo de mallado facilita la visualización de los dos resultados más importantes del análisis: la deformación y las tensiones.

Para mallar el modelo pulse con el botón secundario del ratón sobre **Malla** desde el gestor de simulación y seleccione la opción **Crear Malla**. Automáticamente **Solid**Works **Simulation** empieza a mallar el modelo en pantalla sin permitir al usuario definir los parámetros de malla estudiados en otros estudios de simulación.

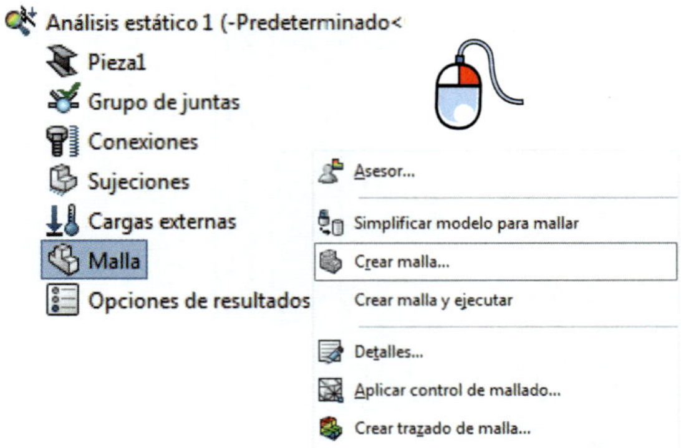

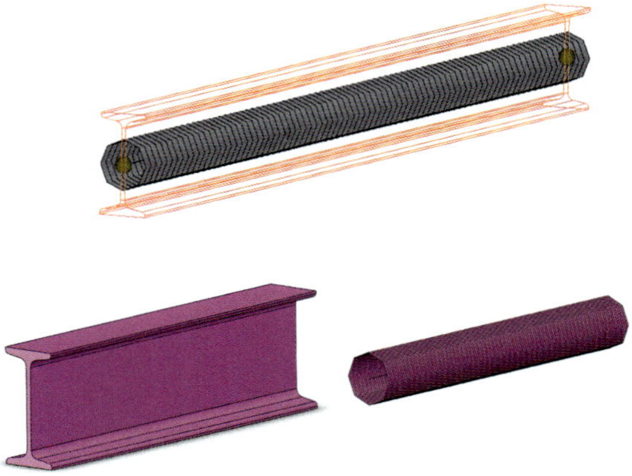

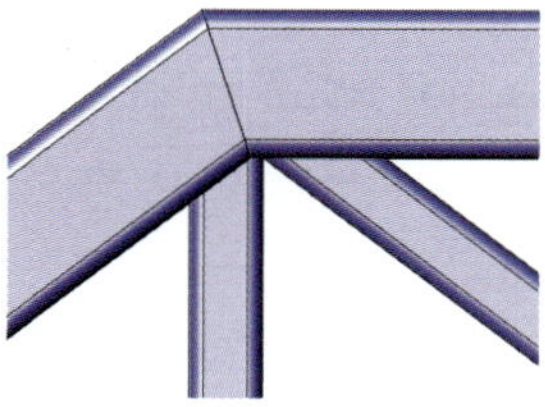

Modelo inicial

Modelo mallado

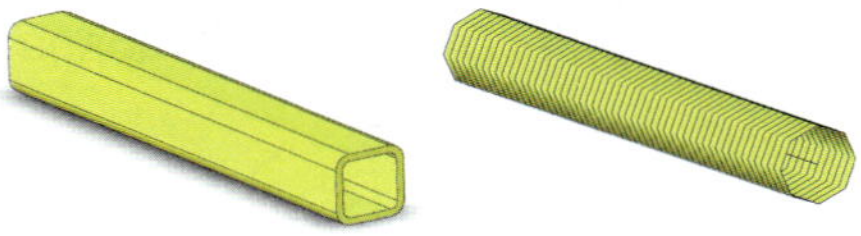

Modelo perfil cuadrado inicial y mallado

Todas las cabezas de armadura y miembros de viga después de mallarse aparecen como cilindros sólidos sin importar su sección inicial. En la siguiente figura se representa una viga en forma de I y otras de sección cuadrada antes y después de ser malladas.

Resultados

En el cálculo de **vigas** pueden obtener trazados de tensiones axiales uniformes, torsionales, tensiones de flexión en dos direcciones ortogonales (dir 1 y dir 2) y tensiones del peor caso en las fibras de los extremos, generadas por la combinación de tensiones axiales y de flexión.

En el caso de **cabezas de armadura** puede obtener los resultados acerca de las tensiones axiales y fuerzas, desplazamientos y trazados de deformación.

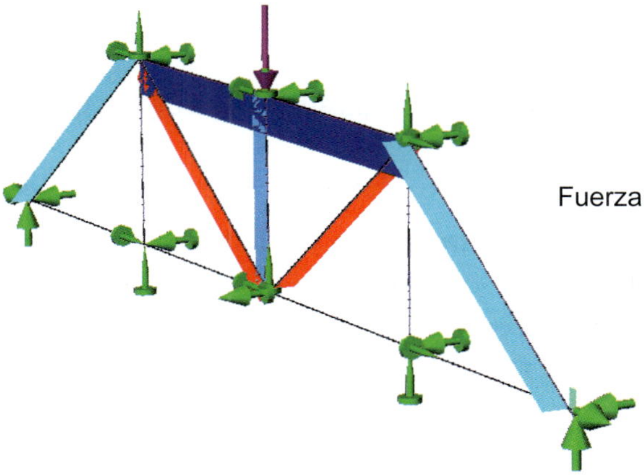

Fuerza axial

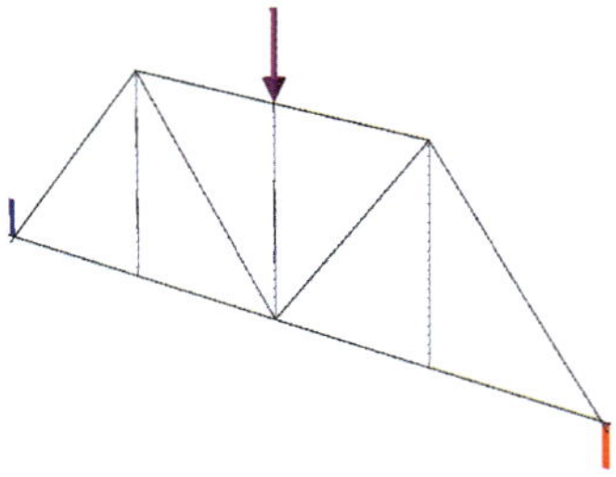

Fuerza Cortante Dir.1

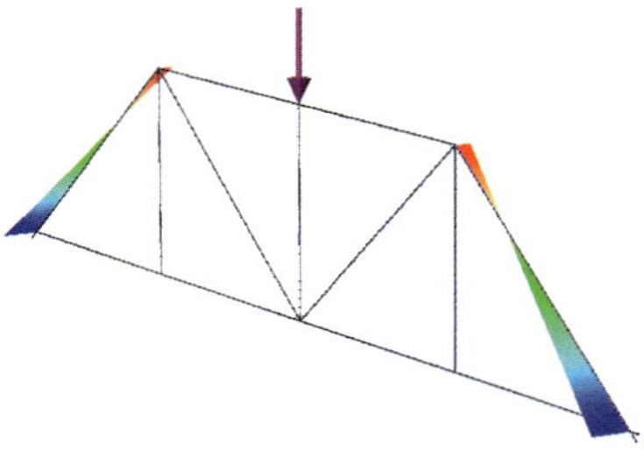

Momento Dir.1

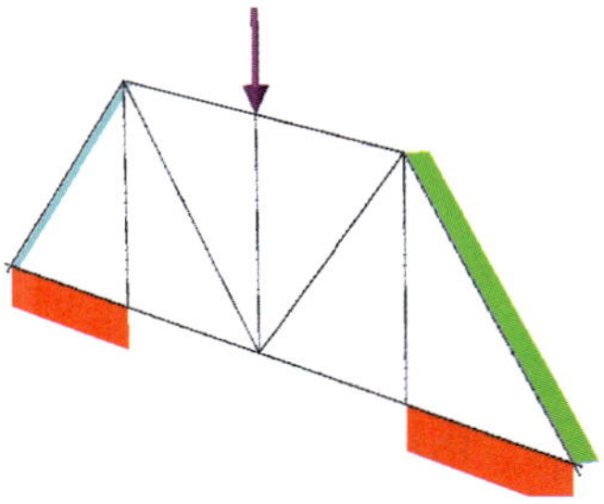

Torsión

9.4 Práctica 9-1. Viga simple

Evalúe el comportamiento de la viga sometida a las cargas y las sujeciones indicadas en la figura, y contenida en el DVD que acompaña el libro.

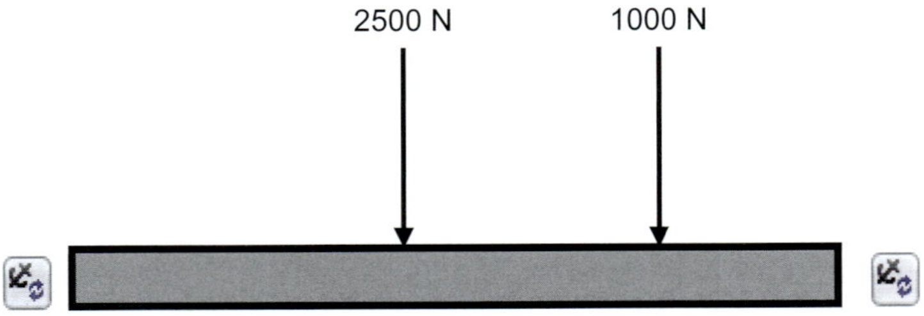

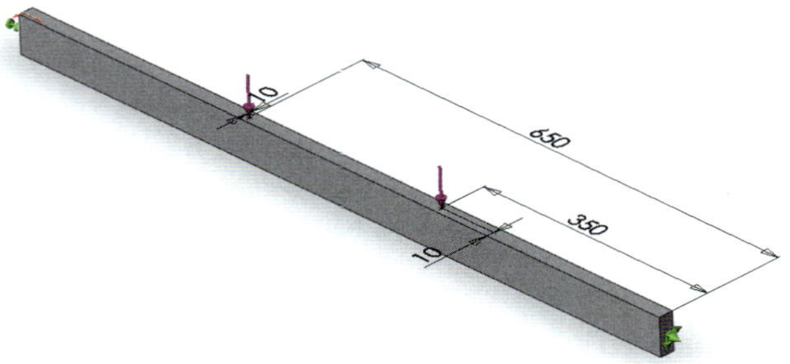

ASPECTOS A ESTUDIAR

- Seleccionar **Estudio Estático** y la definición de la **viga**.
- Seleccionar el material, las fuerzas y las sujeciones de los extremos.
- Mallar y ejecutar el estudio.
- Ver los **diagramas de corte y momento** y el **listado de fuerzas de viga**.

CARACTERÍSTICAS DEL ENSAYO

- Malla estándar.
- Acero aleado.
- Sujeción fija inamovible en los dos extremos.

Pasos de resolución

1. Abrir el modelo a analizar y definir el estudio

1. Pulse sobre el menú de persiana **Archivo** y seleccione **Abrir**. Localice el modelo de la práctica. Recuerde que puede localizar el modelo en el DVD que acompaña el libro.
2. Pulse sobre **Nuevo estudio** desde la barra de herramientas de **Simulation**.

3. En el PropertyManager defina el nombre del análisis (Viga-1) y seleccione **Estático**. Pulse **Aceptar**.

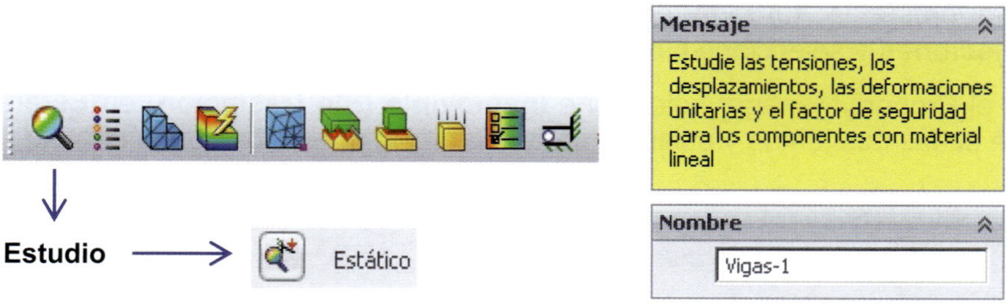

4. En el gestor de simulación pulse con el botón secundario sobre Viga-1 o el nombre asignado, y seleccione la opción **Tratar como viga**. Al tratarse de un sólido es necesario hacer esta operación previa. Observe cómo cambia el icono que representa el modelo 3D.

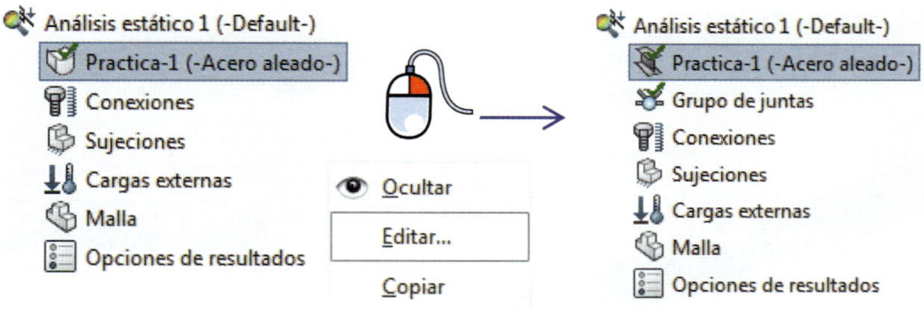

Pulse con el botón secundario sobre **Grupo de juntas** y seleccione la opción **Editar**. En el PropertyManager pulse **Calcular** para que aparezcan las juntas en **Resultados**. En nuestro caso aparecen las dos juntas de los extremos. Pulse **Aceptar**.

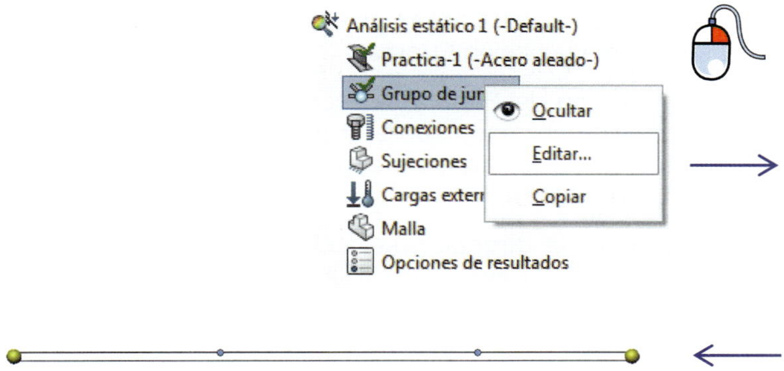

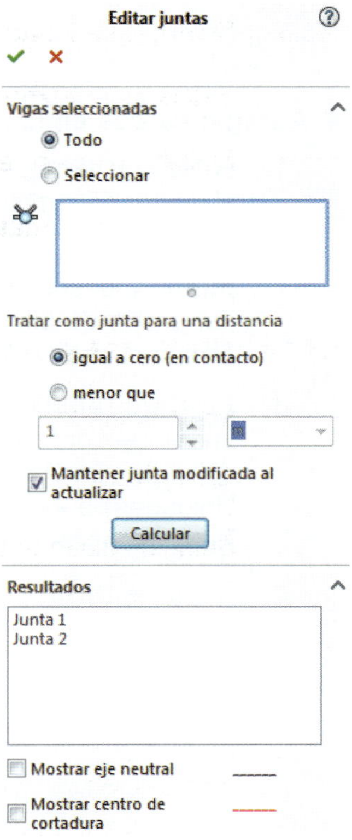

2. Asignación de materiales

1. Pulse con el botón derecho del ratón sobre el modelo en 3D (Viga) desde el gestor de simulación y seleccione la opción **Aplicar/Editar material**.
2. Seleccione un **Acero aleado** desde la biblioteca de **Solid**Works. Pulse **Aceptar** para asignar el material a la viga.

3. Agregar sujeciones

1. Para definir la sujeción de la viga pulse con el botón secundario del ratón sobre **Sujeciones** y seleccione **Geometría fija**.
2. En el PropertyManager seleccione **Inamovible (Sin traslación)** en **Estándar**. Seleccione una de las dos juntas y pulse **Aceptar**. Repita la operación con la otra junta.

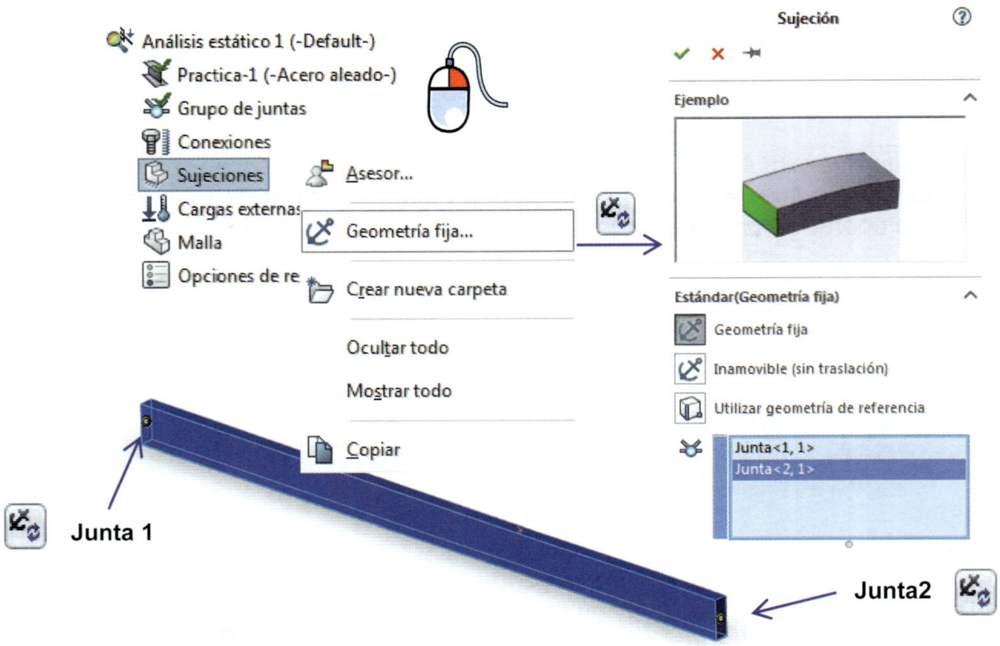

4. Agregar cargas en los puntos

1. Pulse con el botón derecho del ratón sobre **Cargas externas** en el gestor de simulación y seleccione la opción **Fuerza**.
2. En el PropertyManager de definición de **Fuerza** seleccione el **punto 1** desde la zona de gráficos pulsando sobre el punto 1 del gestor de diseño. Recuerde que debe expandir el gestor de diseño cuando está en la zona de gráficos.
3. En **Cara, arista, plano o eje para la dirección** seleccione la arista que define la viga para indicar la dirección de la fuerza aplicada. En **Unidades** seleccione **SI** (Sistema Internacional de Unidades) e indique 1000 N (newtons) en la casilla de **Fuerza**. Pulse **Aceptar** para terminar con la definición.
4. Repita el paso 11-14 para definir la fuerza de 2500 N que actúa sobre el punto 2.

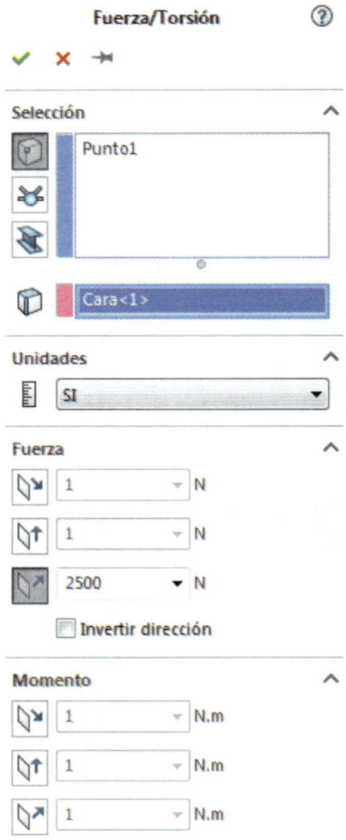

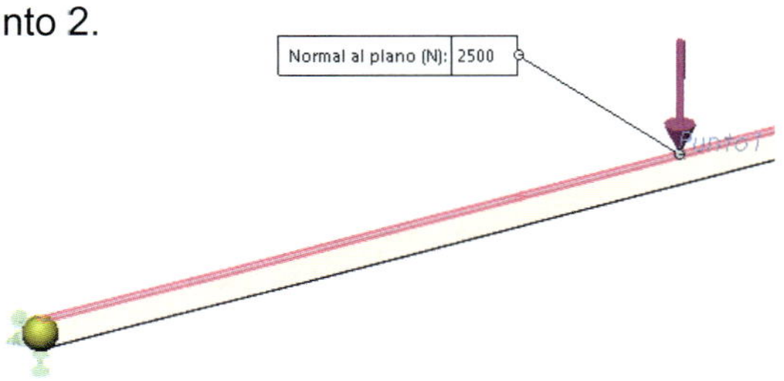

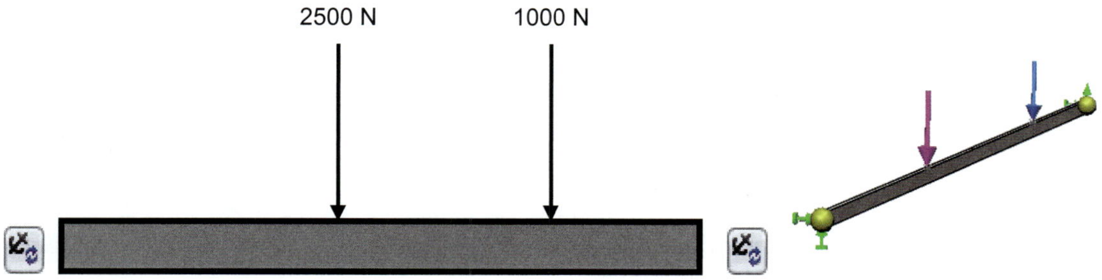

5. Creación de mallado y ejecución del análisis

1. Pulse con el botón derecho del ratón sobre **Malla** en el gestor de simulación. Seleccione **Crear Malla**. La viga se divide en un número de elementos de viga.
2. Para ejecutar el análisis pulse con el botón derecho del ratón sobre el nombre del análisis en el gestor de simulación y seleccione **Ejecutar**.

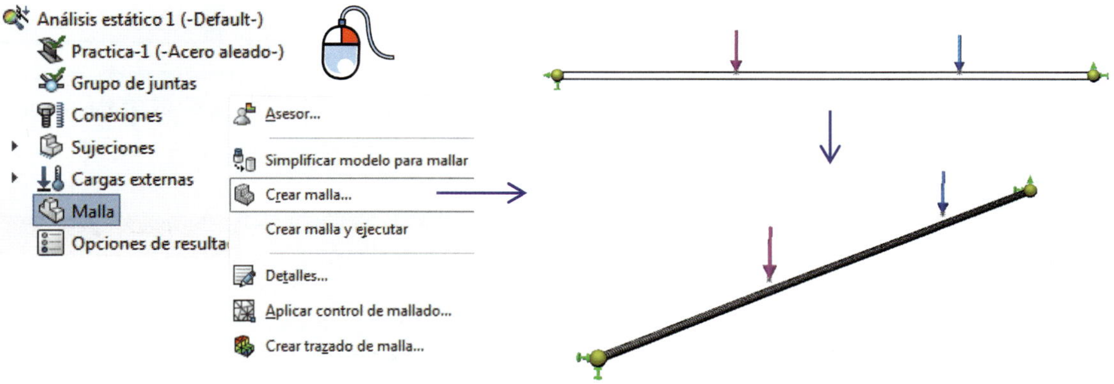

6. Visualizar los resultados

1. Observe cómo aparecen los diagramas de **tensiones** y **desplazamientos** en la carpeta **Resultados**. Haga doble clic con el botón izquierdo sobre cada uno de ellos para visualizarlos en pantalla.

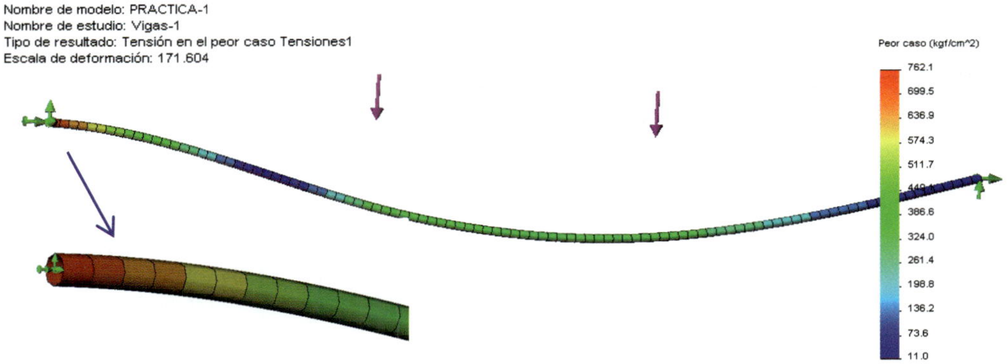

7. Crear diagrama de corte

1. Para crear un diagrama de corte pulse con el botón derecho del ratón sobre la carpeta **Resultados** y seleccione **Definir diagrama de vigas**.
2. En el PropertyManager de diagrama de vigas seleccione **Fuerza cortante en Dir.1** en la pestaña **Visualizar**. En **Unidades** marque la opción **N** (newtons).
3. Pulse **Aceptar** para crear el diagrama.

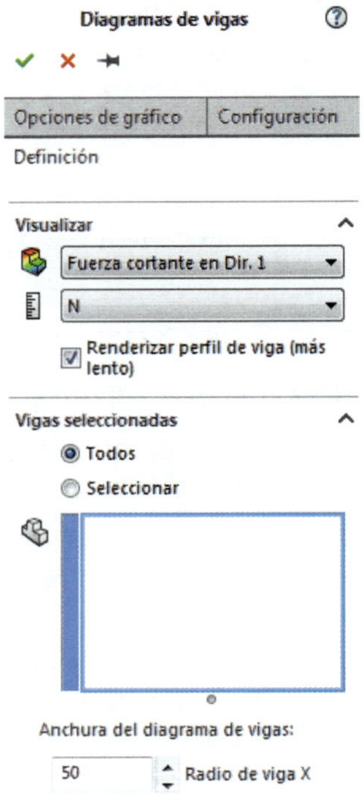

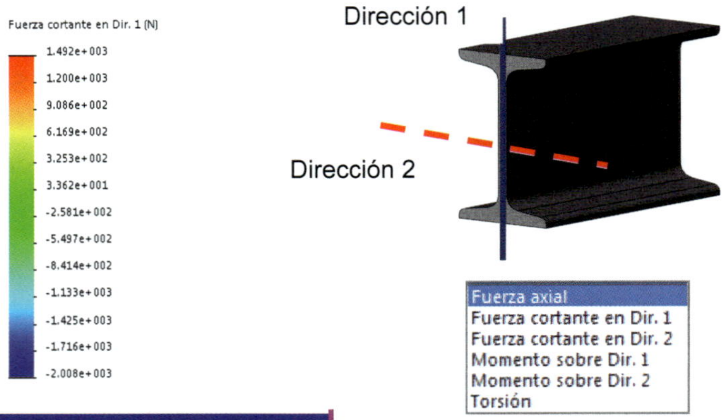

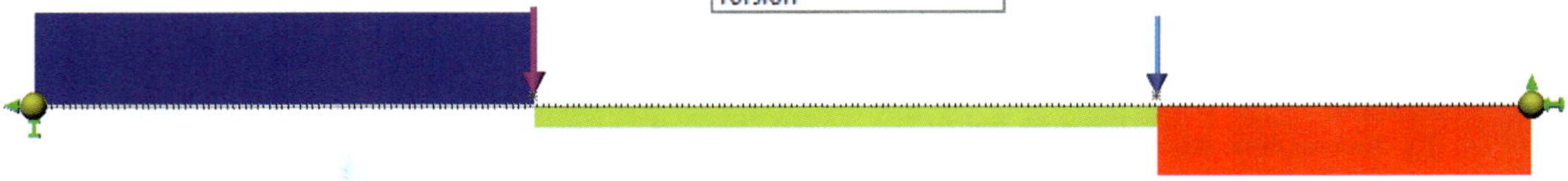

8. Crear diagrama de momento

1. Para crear un diagrama de momentos pulse con el botón derecho del ratón sobre la carpeta **Resultados** y seleccione **Definir diagrama de vigas**.
2. En el PropertyManager seleccione **Momento en Dir.2** en la pestaña **Visualizar**. La dirección 1 siempre representa el lado más largo de la sección de una viga mientras que la dirección 2 representa la más corta. En **Unidades** marque la opción **N** (newtons).
3. Pulse **Aceptar** para crear el diagrama.

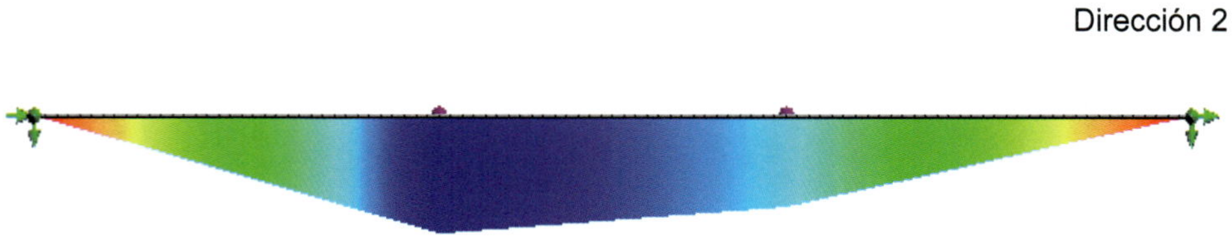

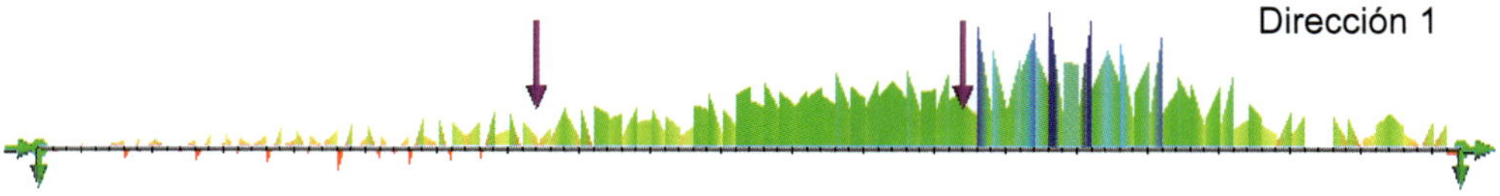

9. Listar las fuerzas de viga

1. Para crear un listado con las fuerzas en cada uno de los puntos de la viga pulse con el botón derecho del ratón sobre la carpeta **Resultados** y seleccione **Listar fuerzas de vigas**.
2. En el PropertyManager seleccione **Fuerzas** y el sistema de **Unidades** (newtons).
3. Observe para cada uno de los elementos la condición inicial y final, y los valores de fuerza axial, cortante1, cortante2, Momento 1, Momento 2 y torsión.
4. Pulse **Cerrar** para finalizar.

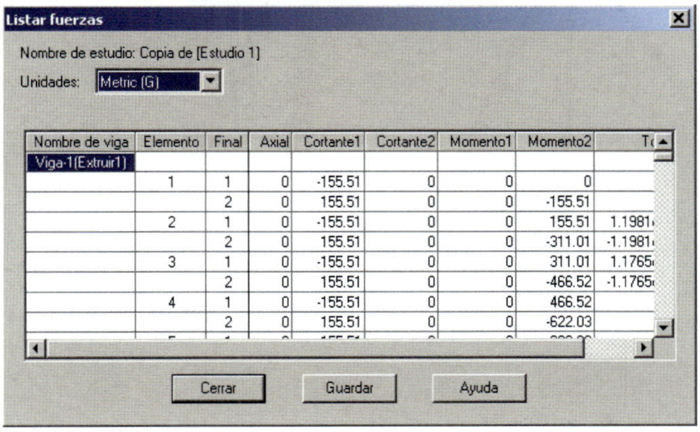

Nombre de viga	Elemento	Final	Axial	Cortante1	Cortante2	Momento1	Momento2	T
Viga-1(Extruir1)								
	1	1	0	-155.51	0	0	0	
		2	0	155.51	0	0	-155.51	
	2	1	0	-155.51	0	0	155.51	1.1981
		2	0	155.51	0	0	-311.01	-1.1981
	3	1	0	-155.51	0	0	311.01	1.1765
		2	0	155.51	0	0	-466.52	-1.1765
	4	1	0	-155.51	0	0	466.52	
		2	0	155.51	0	0	-622.03	

La función Tratar como viga no se puede utilizar cuando la relación entre la longitud de la viga y su distancia transversal ortogonal más larga sea menor de 3. Solo se puede aplicar a un miembro estructural creado a partir de extrusión, revolución o barrido.

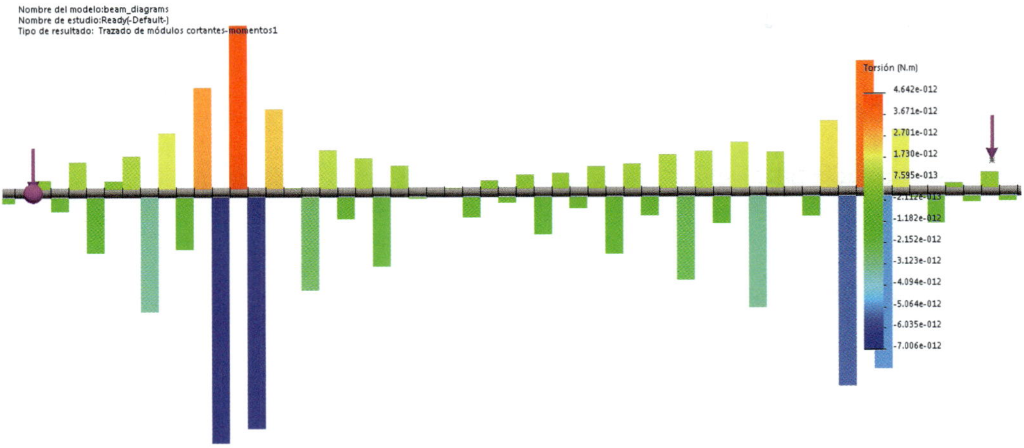

Recuerde que los elementos de viga pueden ser tratados en estudios estáticos, de frecuencia, pandeo y no lineales. La solución de grandes desplazamientos puede usarse en vigas.

9.5 Práctica 9-2. Cabezas de armadura

Evalúe el comportamiento de la estructura sometida a las cargas y las sujeciones indicadas en la figura. El modelo puede descargarlo desde el DVD que acompaña el libro.

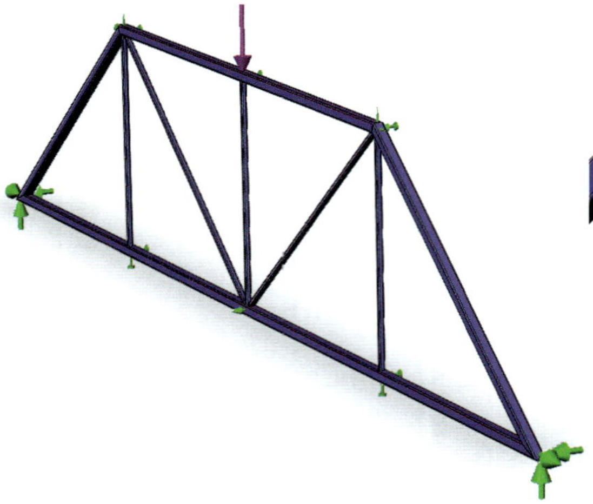

ASPECTOS A ESTUDIAR

- Crear un Estudio Estático.
- Crear **Cabezas de armadura**.
- Seleccionar el material, las fuerzas y las sujeciones de los extremos.
- Mallar y ejecutar el estudio.
- Crear **Trazados de desplazamiento en UY**, **Fuerzas de reacción** e **Identificar valores**.
- Crear **Diagramas de viga** y determinar el **Factor de seguridad**.

CARACTERÍSTICAS DEL ENSAYO

- Fuerza de 5000 N.
- Malla estándar.
- Acero laminado en caliente.
- Sujeción fija inamovible en los dos extremos.

Resolución

1. Abrir el modelo a analizar y definir el estudio

1. Descargue el modelo de la práctica desde el DVD que acompaña el libro. Pulse sobre el menú de persiana **Archivo** y seleccione **Abrir**. Localice el modelo de práctica y pulse **Aceptar.**

2. Pulse sobre **Nuevo estudio** desde la barra de herramientas de **Simulation**.
3. En el PropertyManager defina el nombre del análisis (Viga-1) y seleccione **Estático**. Pulse **Aceptar**.

El modelo descargado se ha creado mediante el empleo de la herramienta **Miembro estructural** incluida en la barra de herramientas de **Piezas soldadas**. Inicialmente debe crearse un croquis con el perfil de la estructura y posteriormente debe crearse el miembro estructural pulsando sobre el icono y seleccionando las entidades de croquis desde la zona de gráficos.

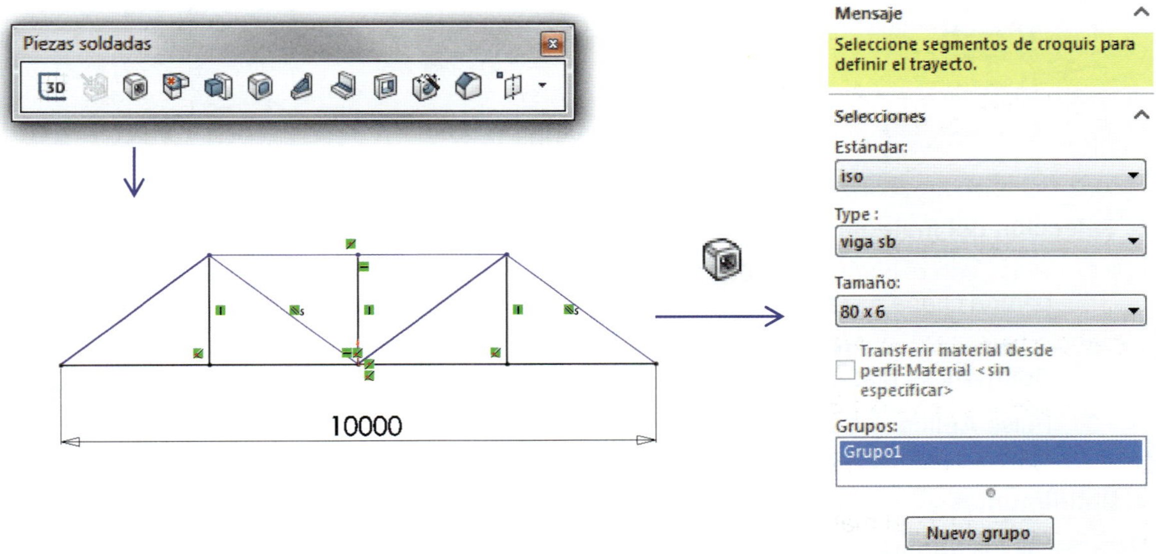

Seleccione los segmentos de croquis y defina sus características desde el PropertyManager de **Miembro estructural** (**Estándar**, **Tipo**, **Tamaño** y **Grupo de croquis**). Debe repetir el proceso para el resto de elementos estructurales.

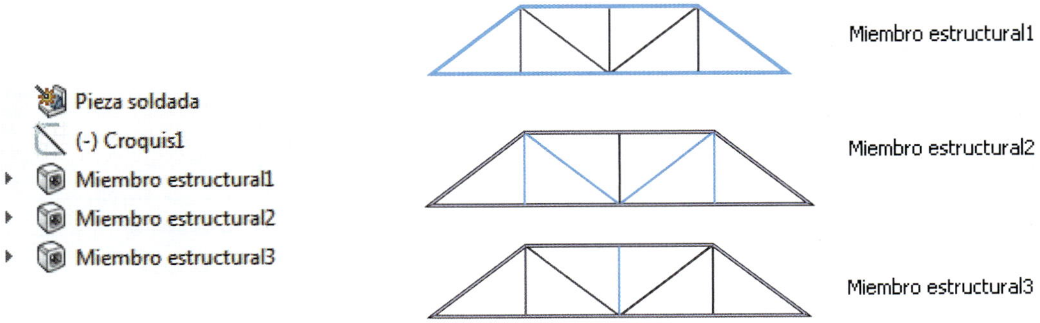

2. Creación de cabezas de armadura

Para definir las **Cabezas de armadura** en la estructura pulse con el botón secundario del ratón sobre cada uno de los sólidos que conforman la estructura y seleccione **Editar definición**. Desde el PropertyManager marque la casilla **Cabeza de armadura** y pulse **Aceptar**.

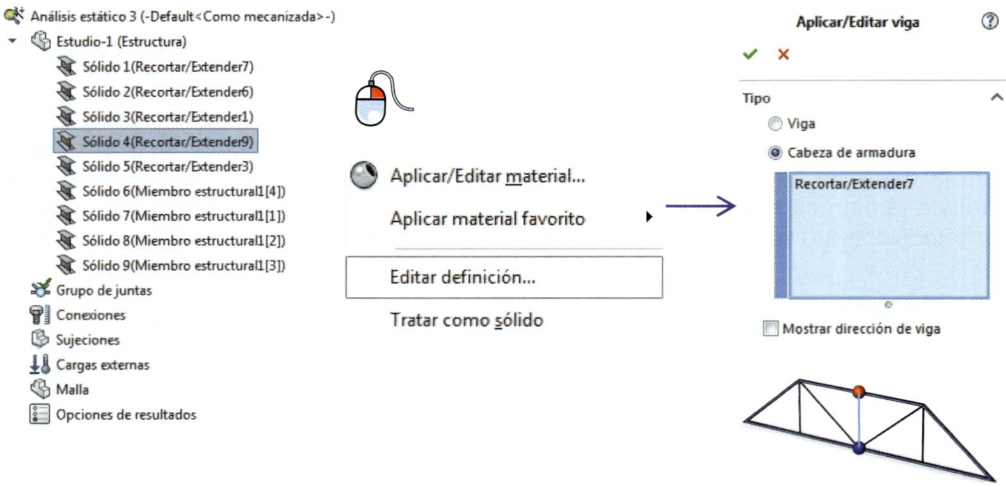

3. Selección del material

1. Pulse con el botón secundario del ratón sobre la primera de las carpetas (contiene el icono de una chapa metálica). Seleccione **Aplicar/Editar material a todos los sólidos**.
2. Seleccione el material **Barra de acero laminada en caliente** desde la carpeta **SolidWorks Materiales, Aceros**.
3. Pulse **Aplicar** y **Cerrar**.

4. Definir juntas

Para definir las **Juntas** en su modelo:

1. Pulse con el botón secundario del ratón sobre **Grupo de juntas** desde el gestor de simulación y seleccione **Editar**.
2. Seleccione **Todo**, pulse **Calcular** y **Aceptar**.

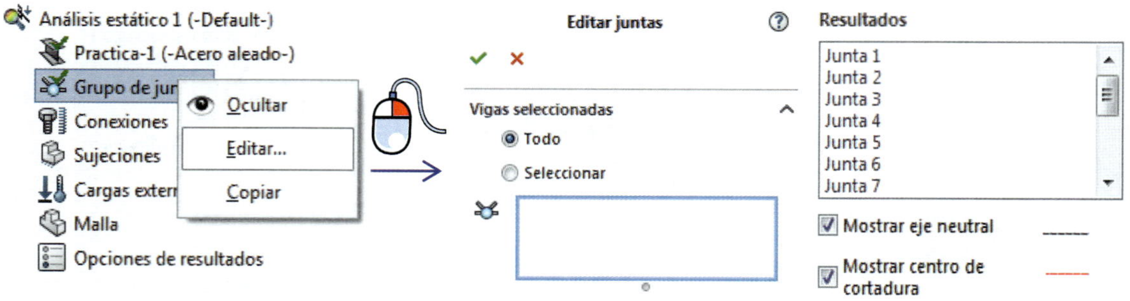

5. Asignar carga

Para definir la **Fuerza** de 5000 kilogramos en su modelo:

1. Pulse con el botón secundario del ratón sobre **Cargas externas** desde el gestor de simulación y seleccione **Fuerza**.

2. Active la casilla de **Juntas** y seleccione desde la zona de gráficos la junta superior de la estructura <14,1>. Seleccione el plano **Alzado** desde gestor de diseño.

3. En **Unidades** seleccione **SI** y en **Fuerza** indique 5000 N **a lo largo del plano de dirección 2**. Pulse **Invertir dirección** para que la fuerza se apunte hacia abajo.

4. Pulse **Aceptar** para crear la fuerza.

6. Creación de sujeciones (fijas e inamovibles)

Para crear las **sujeciones** en la estructura:

1. Pulse con el botón secundario del ratón sobre **Sujeciones** desde el gestor de simulación y seleccione **Geometría fija**.

2. Seleccione cada una de las juntas indicadas en la figura. Pulse **Aceptar**.

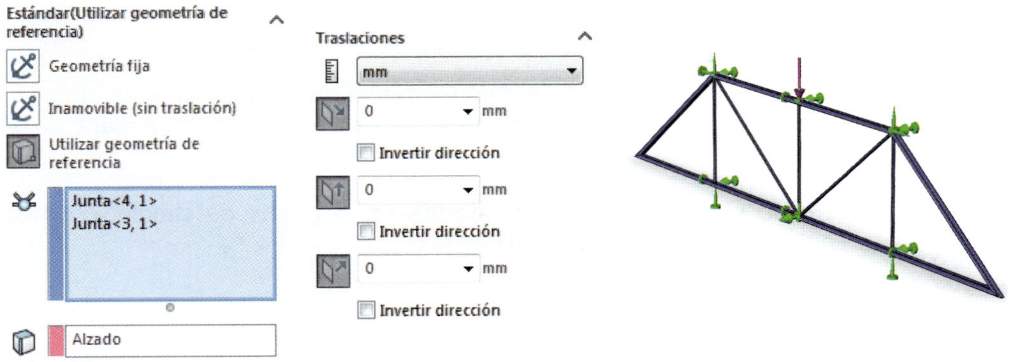

3. Seleccione **Utilizar geometría de referencia**. En **Cara, arista, plano o eje para la dirección** indique el plano frontal desde el gestor de diseño.

4. En **Traslaciones** pulse sobre **Normal al plano** e indique 0 milímetros de desplazamiento permitido. Pulse **Aceptar**.

5. Vuelva a repetir el primer paso, pero ahora seleccione **Inamovible (sin traslación)**. Seleccione las dos juntas de los extremos. Pulse **Aceptar**.

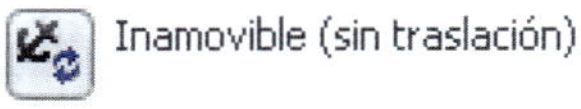

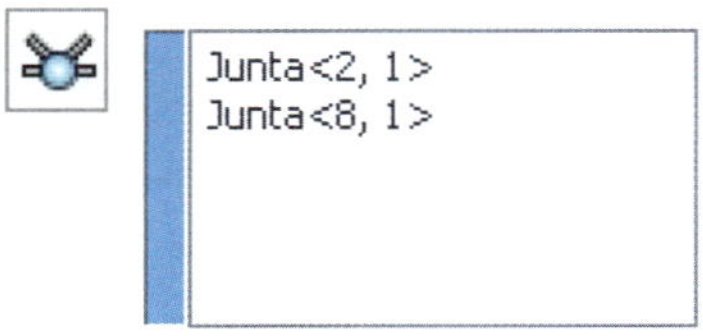

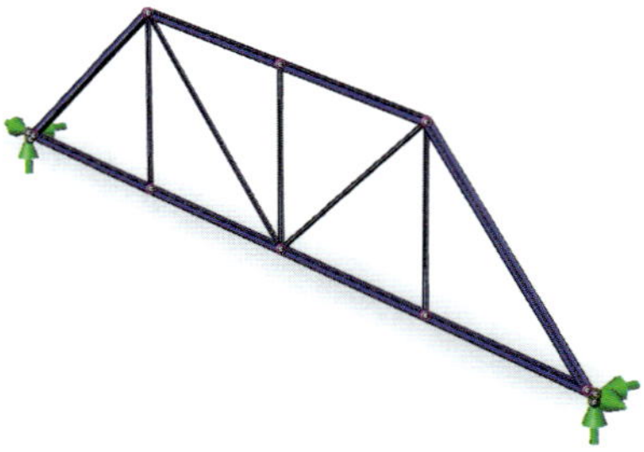

7. Definición del mallado y ejecución

Para definir la **malla** sobre su modelo:

1. Pulse con el botón secundario del ratón sobre **Malla** desde el gestor de simulación o pulse sobre el icono **Malla** de la barra de herramientas. Seleccione del cuadro de diálogo emergente la opción **Crear Malla**.

2. No puede definir las características de la malla en la creación de vigas. Pulse **Aceptar** para crear el mallado en su modelo.

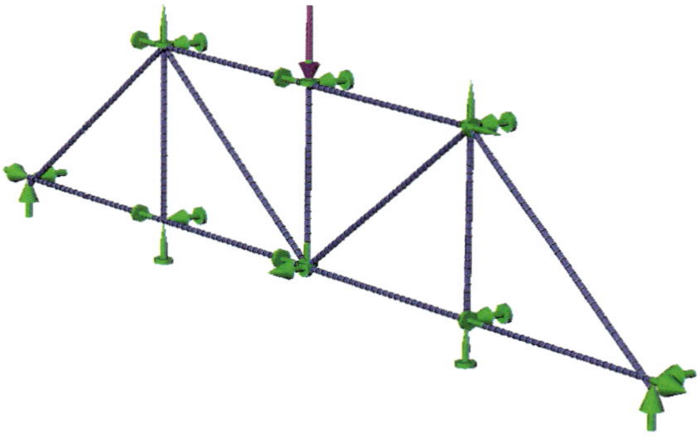

8. Ejecución y visualización de resultados

1. Pulse con el botón secundario del ratón sobre la primera de las etiquetas de su gestor de diseño **(Estudio 1).** En la ventana emergente seleccione la primera de las opciones, **Ejecutar**.

2. Al finalizar se crea la carpeta **Resultados** en el gestor de simulación. Haga doble clic sobre **Tensiones1** o **Desplazamientos1**.

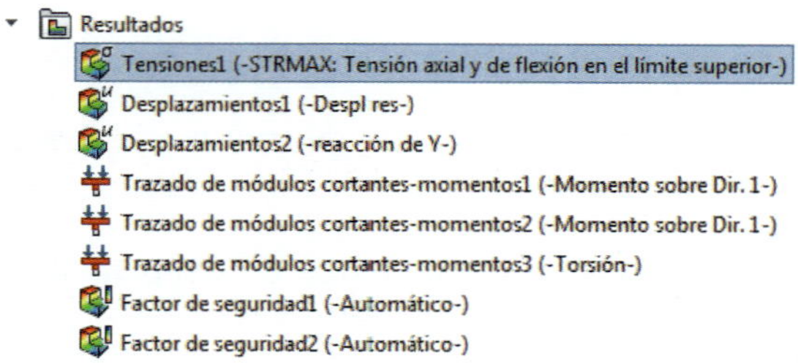

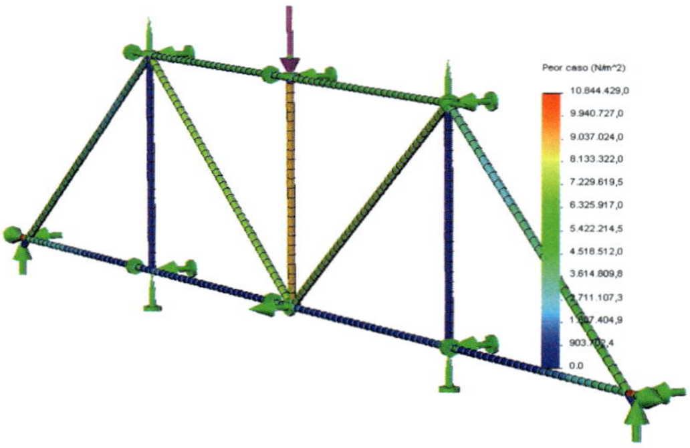

9. Gráfico de desplazamientos

Para crear el **gráfico de desplazamientos**:

1. Pulse con el botón secundario del ratón sobre la carpeta **Resultados** desde el gestor de simulación. En la ventana emergente seleccione **Definir trazado de desplazamientos**.

2. En el PropertyManager seleccione **UY: Desplazamiento de Y** en **Componente** y milímetros en las **Unidades**.

3. En **Forma deformada** seleccione **Escala real**.

4. Pulse **Aceptar** para crear el trazado.

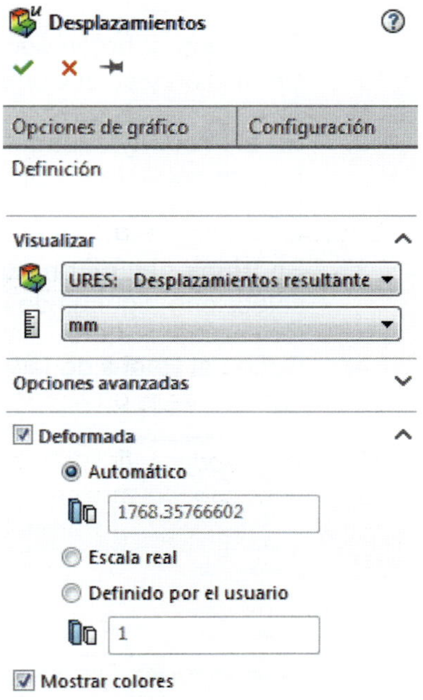

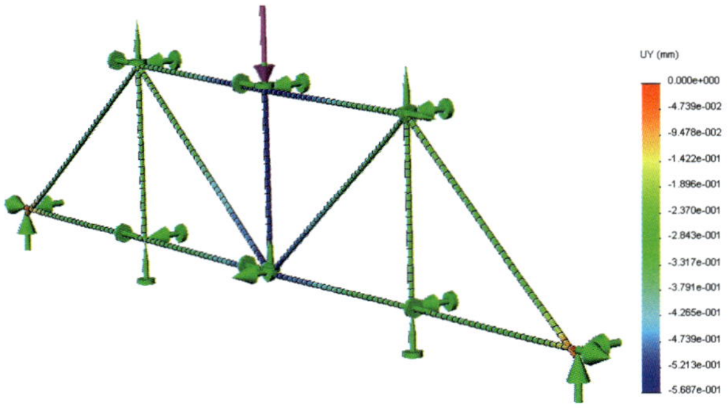

10. Gráfico de fuerzas de reacción

Para crear el **trazado de fuerzas de reacción** sobre la estructura:

1. Pulse con el botón secundario del ratón sobre la carpeta **Resultados** desde el gestor de simulación. Seleccione **Definir trazado de desplazamientos**.

2. En el PropertyManager seleccione **RFY: Fuerza de reacción de Y** en **Componente** y milímetros en **Unidades**.

3. En **Forma deformada** seleccione **Escala real**.

4. Pulse **Aceptar** para crear el trazado.

11. Identificar valores de fuerzas de reacción

1. Pulse con el botón secundario del ratón sobre el trazado de **Desplazamientos1** desde gestor de simulación. Seleccione **Identificar valores**.

2. Seleccione los nodos desde la zona de gráficos. Observe el valor de la fuerza de reacción para cada uno de los nodos seleccionados.

3. Pulse **Aceptar**.

12. Diagrama de vigas

Puede crear un trazado de fuerza de corte, momento, torsión o axial para vigas o cabezas de armadura. Para su definición:

1. Pulse con el botón secundario del ratón sobre la carpeta **Resultados** desde el gestor de simulación y seleccione **Diagrama de vigas**.

2. En el PropertyManager de **Diagrama de vigas** seleccione el **Componente** (Fuerza axial, Fuerza cortante en Dir. 1, Fuerza cortante en Dir. 2, Momento en Dir. 1, Momento en Dir. 2 o Torsión).

3. En **Vigas seleccionadas** pulse en **Todos** para realizar el trazado sobre todas las vigas o seleccione algunas de ellas desde la zona de gráficos.

4. Defina el **Radio de la viga** y pulse **Aceptar**.

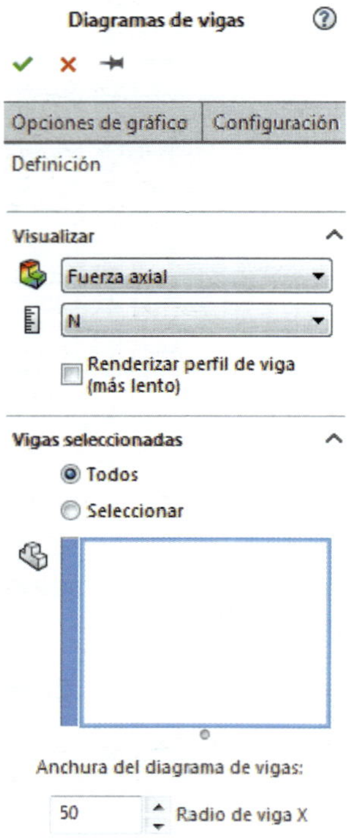

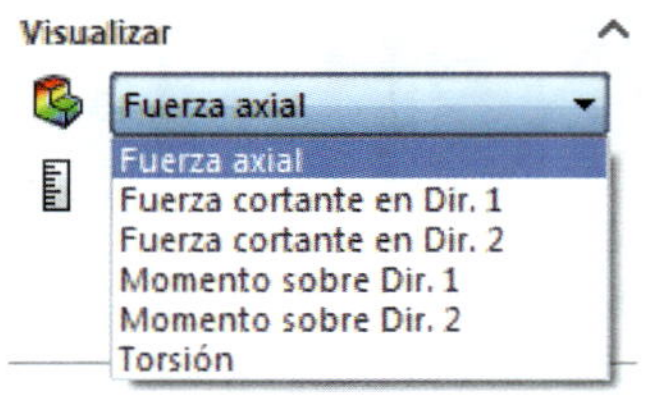

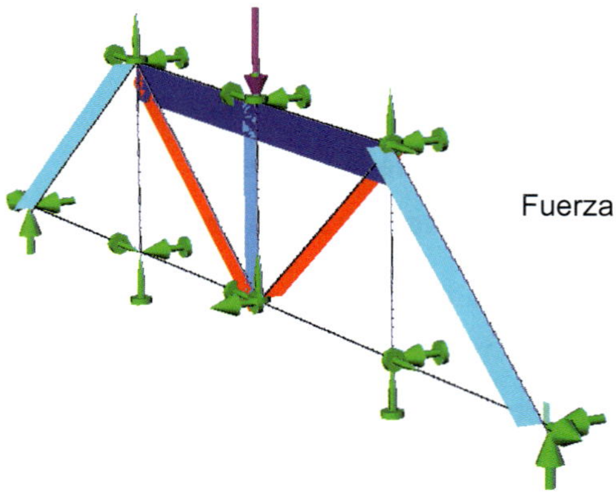

Fuerza Axial

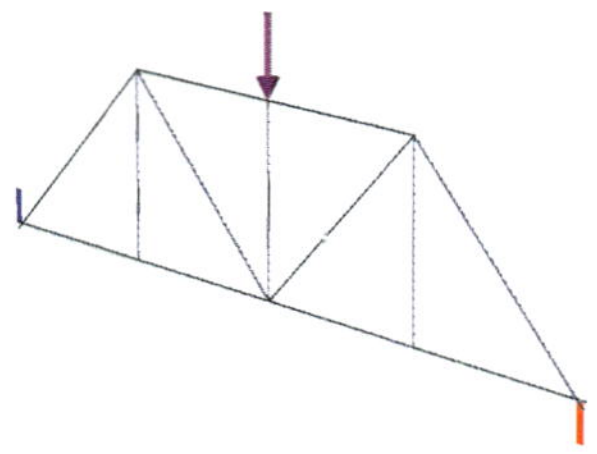

Fuerza cortante Dir.1

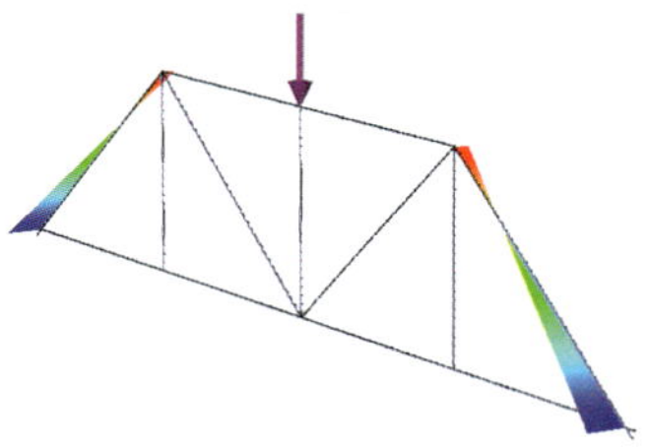

Momento Dir.1

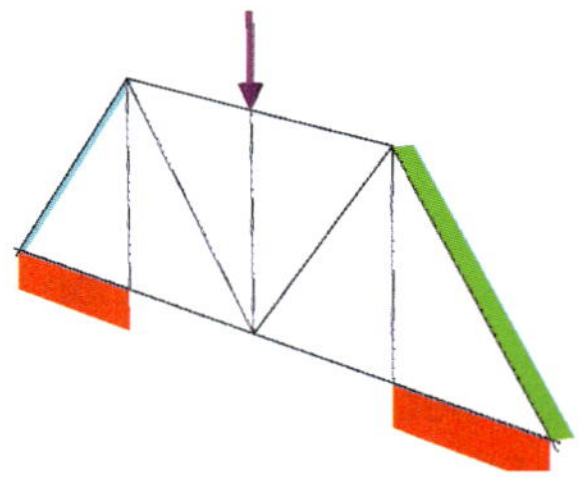

Torsión

13. Factor de seguridad

Cree el trazado para determinar el **factor de seguridad** en la estructura:

1. Pulse con el botón secundario del ratón sobre la carpeta **Resultados** desde el gestor de simulación y seleccione **Definir trazado de factor de seguridad**.

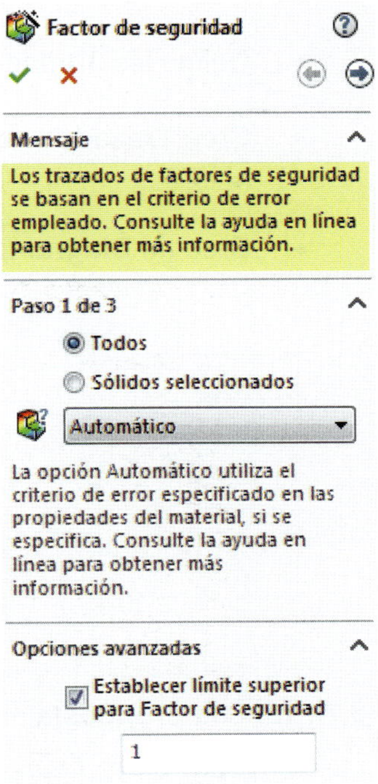

2. En el **Paso 1/3** seleccione **Todos** los **Componentes** y **Automático** en el **Criterio** de cálculo a utilizar. Pulse **Siguiente.**
3. En el **Paso 2/3** seleccione 1 como **Factor de multiplicación**.
4. **Paso 3/3**. Seleccione **Áreas por debajo del factor de seguridad**.
5. Observe desde la zona de gráficos las áreas rojas del modelo que se encuentran por debajo del **Factor de Seguridad**.

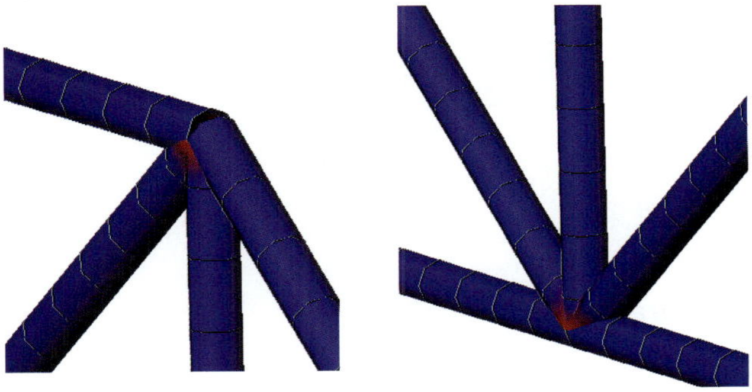

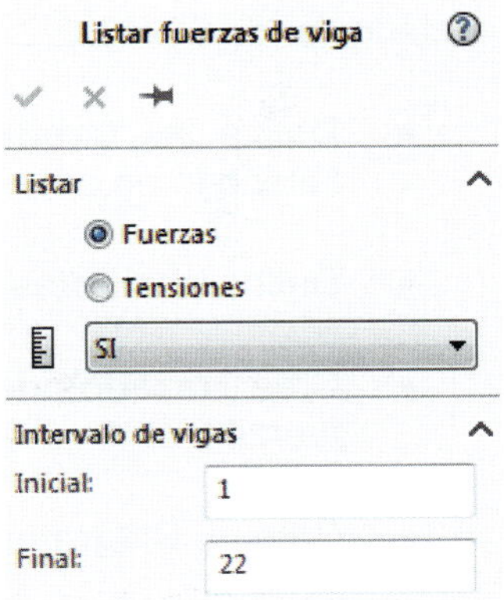

14. Listar fuerzas de viga

Para crear un listado con todas las fuerzas que intervienen en la viga:

1. Pulse con el botón secundario del ratón sobre la carpeta **Resultados** desde gestor de simulación y seleccione **Listar fuerzas de viga**.
2. En el PropertyManager seleccione **Fuerzas** o **Tensiones**. En **Fuerzas** se muestran los valores axiales, de corte y momento en las direcciones 1 y 2, y de tensión alrededor de la dirección axial. En **Tensiones** se indican los valores de la tensión axial, de flexión, cortante, torsional y la de peor resultado.
3. Seleccione las **Unidades** y el **Intervalo de vigas**. Defina un valor para **Inicial** y otro para **Final**. Recuerde que los números se corresponden con la lista de la carpeta de **Vigas** del gestor de simulación. Pulse en **Guardar**. Puede guardar la tabla de forma que sea compatible con Excel. Pulse **Aceptar**.

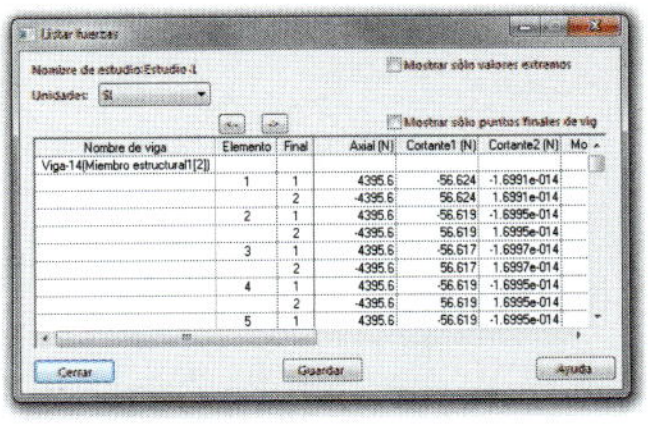

9.6 Práctica propuesta 9. Estructura 1

La estructura de la figura se carga con tres fuerzas de 8000 N cada una. Se encuentra fija de forma inamovible en los extremos. La sección del perfil de viga es un tubo cuadrado de 80x80x5.

- Defina las **Cabezas de armadura** y seleccione el **Material** para la estructura (acero laminado en caliente).
- Defina las **Juntas** y asigne las **Cargas** y **Sujeciones** del modelo.
- Cree **Trazados de desplazamiento en UY**, **Fuerzas de reacción** e identifique valores de fuerza.
- Cree un **Diagrama de viga** y determine el **Factor de Seguridad**.

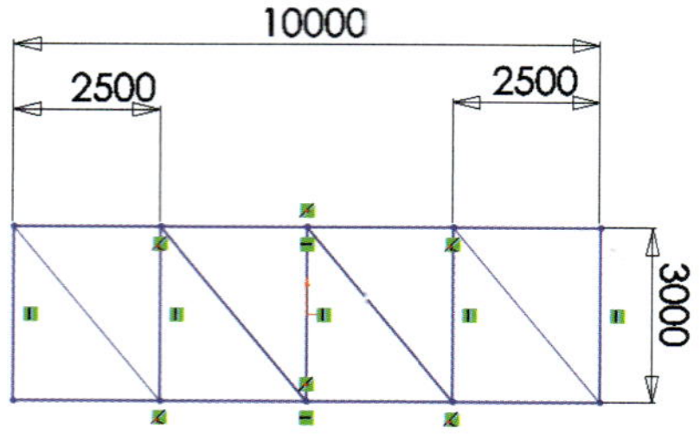

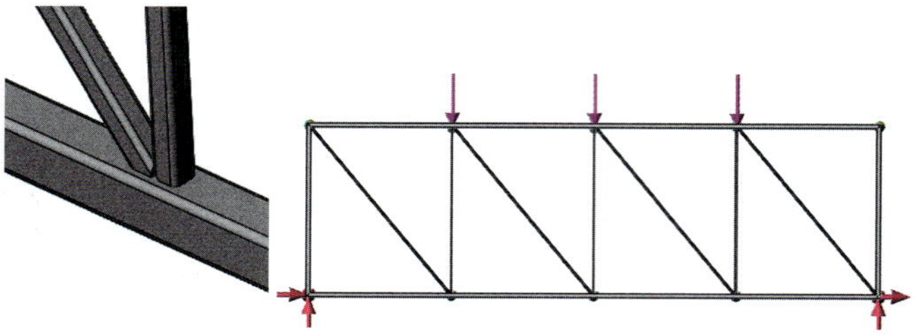

9.7 Práctica propuesta 10. Estructura 2

La estructura de la figura se carga con una fuerza de 10000 N según se indica en la figura. Se encuentra fija de forma inamovible en los extremos. La sección del perfil de viga es un tubo rectangular de 60x40x3,2.

- Defina las **Cabezas de armadura** y seleccione el **Material** para la estructura (acero laminado en caliente).
- Defina las **Juntas** y asigne las **Cargas** y **Sujeciones** del modelo.
- Cree **Trazados de desplazamiento en UY**, **Fuerzas de reacción** e identifique valores de fuerza.
- Cree un **Diagrama de viga** y determine el **Factor de Seguridad**.

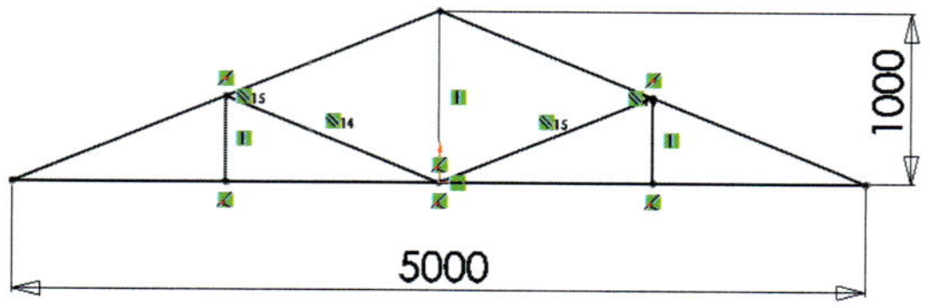

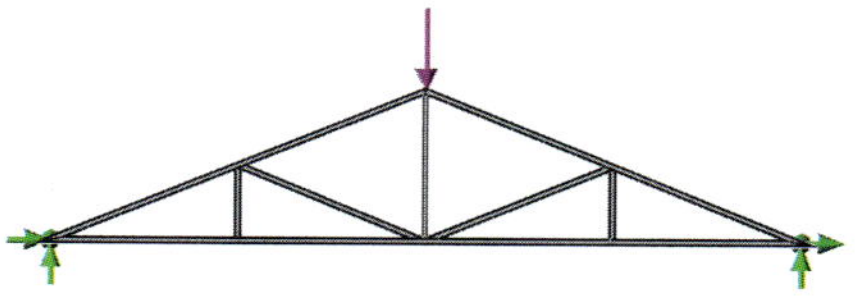

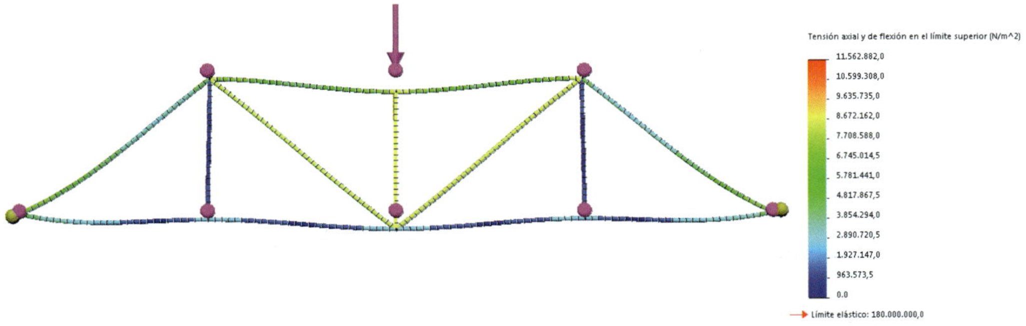
Tensión axial y de flexión en el límite superior (N/m^2)
11.562.882,0
10.599.308,0
9.635.735,0
8.672.162,0
7.708.588,0
6.745.014,5
5.781.441,0
4.817.867,5
3.854.294,0
2.890.720,5
1.927.147,0
963.573,5
0.0
Límite elástico: 180.000.000,0

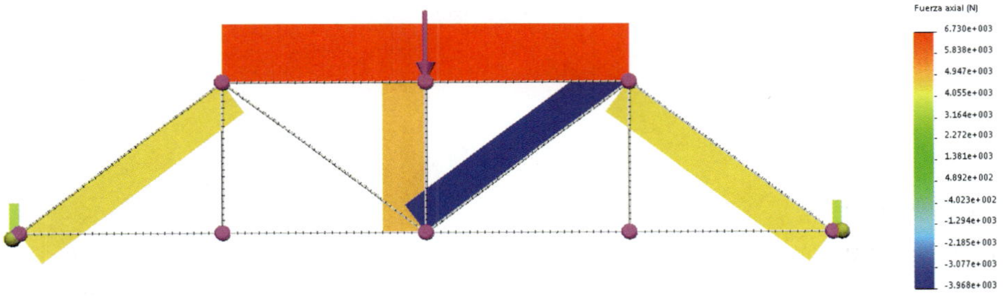
Fuerza axial (N)
6.730e+003
5.838e+003
4.947e+003
4.055e+003
3.164e+003
2.272e+003
1.381e+003
4.892e+002
-4.023e+002
-1.294e+003
-2.185e+003
-3.077e+003
-3.968e+003

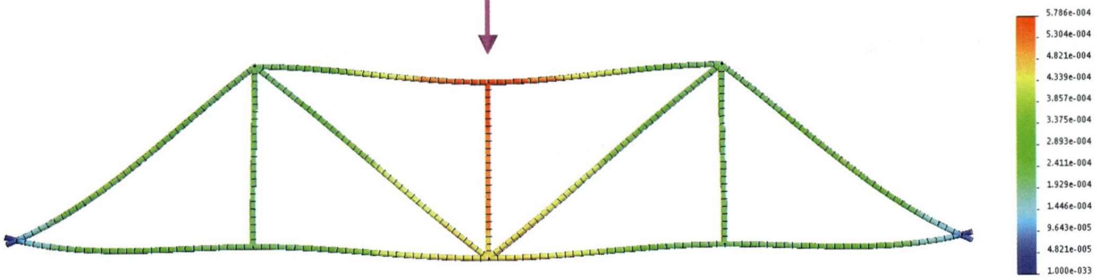
5.786e-004
5.304e-004
4.821e-004
4.339e-004
3.857e-004
3.375e-004
2.893e-004
2.411e-004
1.929e-004
1.446e-004
9.643e-005
4.821e-005
1.000e-033

Capítulo 10
Diseño de recipientes a presión

Introducción

El estudio del diseño de recipientes a presión permite conocer el comportamiento de un recipiente cuando está sometido a un conjunto de diferentes cargas vivas, muertas, térmicas o sísmicas.

El estudio de recipientes a presión combina los resultados obtenidos en otros estudios permitiendo definir varios escenarios distintos de carga y ver cómo estos afectan al modelo evaluado de forma conjunta.

En este capítulo se estudia cómo puede llegar a afectar la presión, la temperatura interna, la gravedad y otros tipos de carga a un recipiente a presión. En la práctica resuelta se evalúa el comportamiento de un recipiente a presión mediante la combinación de tres estudios estáticos (presión interna, gravedad y masa remota) y un estudio térmico.

Contenido

- Introducción al diseño de recipientes a presión.
- Conceptos teóricos.
- Etapas en la creación de un ensayo de recipientes a presión.
- Práctica resuelta y práctica propuesta.

10.1 Introducción y definición del estudio

Los estudios de **Diseño de recipientes a presión** emplean los resultados obtenidos en otros estudios estáticos o térmicos mediante la combinación de sus resultados.

La combinación de los resultados de cada uno de los estudios puede hacerse de forma lineal o mediante la raíz cuadrada de la suma de los cuadrados (SRSS). Al ejecutar un estudio de **Diseño de recipientes a presión SolidWorks Simulation** no calcula todas las ecuaciones involucradas al mismo tiempo, sino que las calcula por separado y después las combina de forma lineal o cuadrática (SRSS). El empleo de la raíz cuadrada de la suma de los cuadrados (SRSS) como método para combinar los resultados de los estudios no puede crear trazados de deformación o desplazamiento debido a que los componentes que tienen desplazamientos negativos pasan a ser positivos al elevarlos al cuadrado y se producen errores cuando finalmente se suman. Observe que al seleccionar SRSS no obtendrá ese tipo de trazados.

Es condición indispensable que el material empleado, las condiciones de contorno y las restricciones, así como la geometría del modelo y el mallado sean idénticas en cada uno de los estudios a combinar. En el caso de variar por ejemplo la geometría de la pieza o el material, los resultados no se pueden combinar y aparecerá una señal de error.

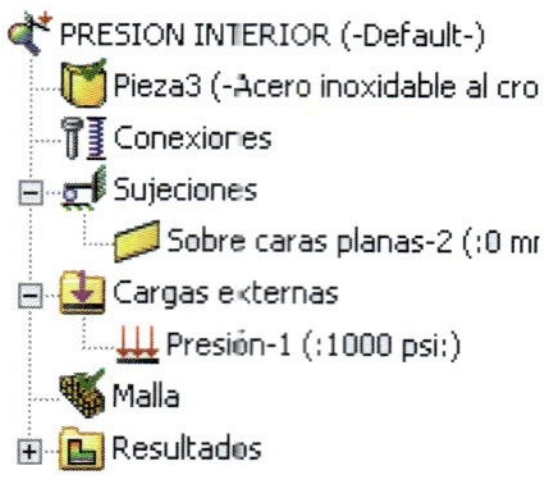

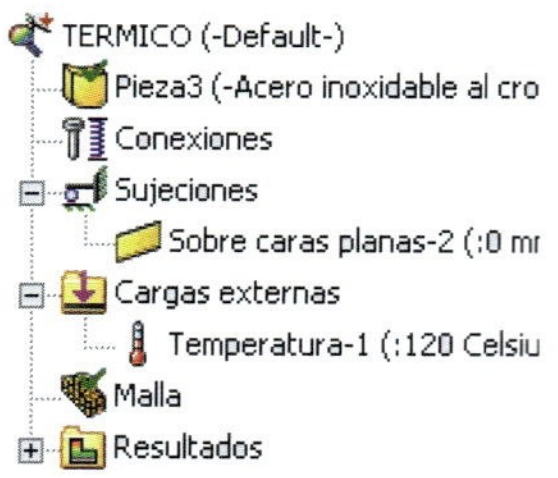

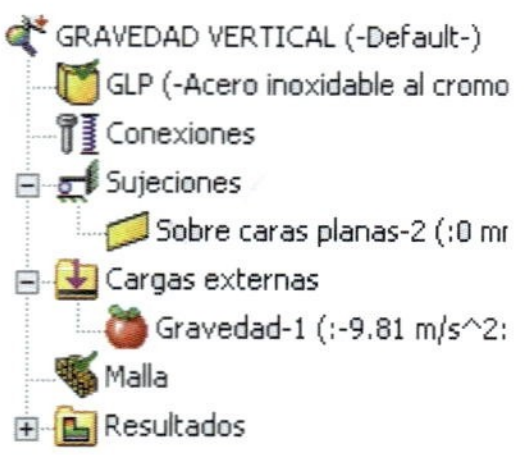

No puede realizar un estudio de **Diseño de recipientes a presión** en modelos que sufren grandes desplazamientos y en modelos de ensamblaje configurados con contacto sin penetración.

Para crear un ensayo de **Diseño de recipientes a presión**:

1. Cree los estudios estáticos o térmicos necesarios en su modelo. Asegúrese de que en todos los estudios creados la malla, los materiales y las sujeciones son idénticos. Recuerde la opción de copiar y pegar materiales, sujeciones y cargas.
2. Ejecute cada uno de los estudios y observe los trazados de resultado obtenidos para cada uno de ellos. Los resultados, en cada caso, hacen referencia únicamente a cada uno de los estudios por separado.

3. Cree un **Nuevo estudio** y seleccione **Diseño de recipientes a presión**. Pulse **Siguiente**.

4. En el PropertyManager de **Diseño de recipientes a presión** pulse con el botón secundario del ratón sobre **Configuración** y seleccione **Definir/Editar**.

5. Desde el PropertyManager de **Configuración de la combinación de resultados** defina el tipo de combinación a realizar (**Combinación lineal** o **Raíz cuadrada de la suma de cuadrados**) y seleccione los estudios que se deban combinar.

6. Pulse sobre la celda azul debajo de **Estudio** y seleccione el estudio estático o térmico previamente resuelto. Indique un **Factor** de escalado para cada uno de ellos.

7. Pulse **Aceptar** y ejecute el estudio de **Diseño de recipientes a presión** pulsando con el botón secundario del ratón sobre el nombre del estudio desde el gestor de simulación y seleccionando **Ejecutar**.

8. Observe los trazados creados.

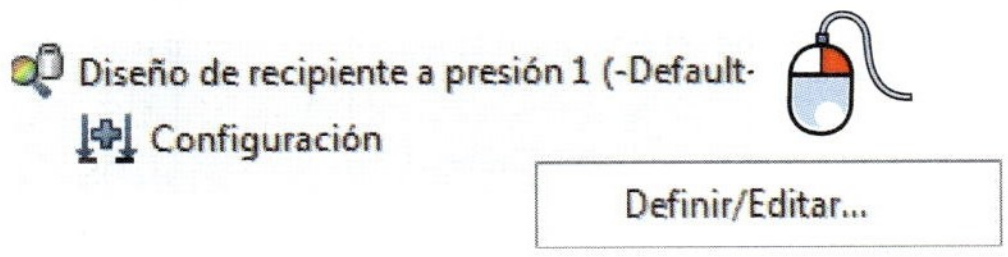

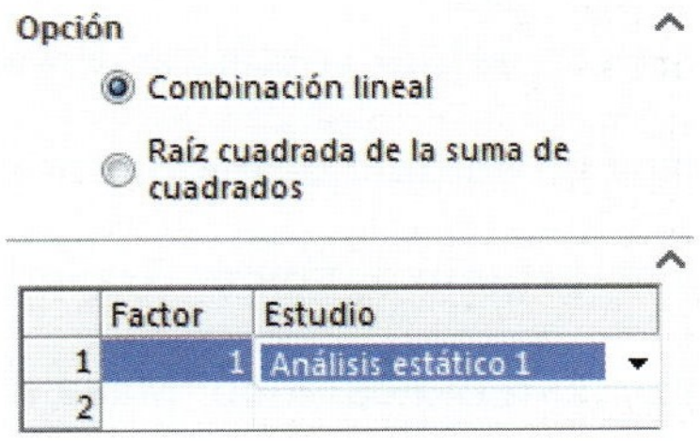

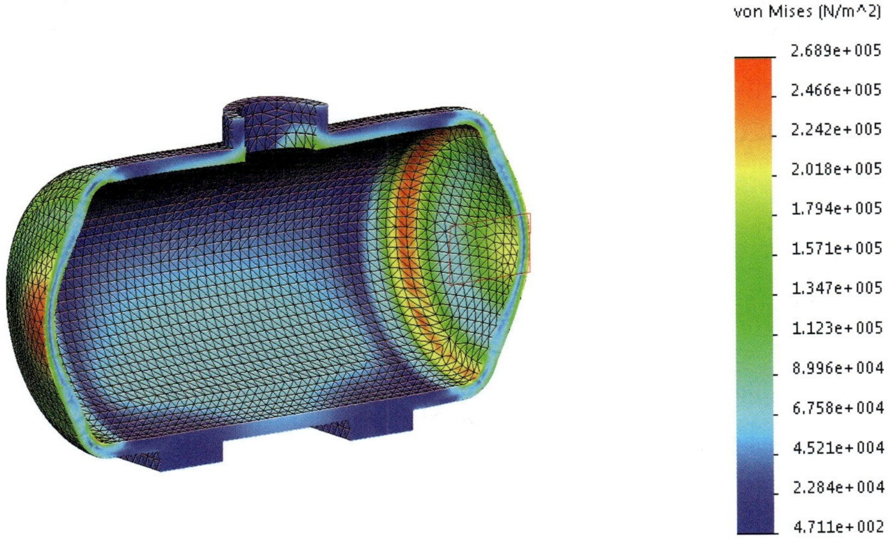

Copie la malla, el material y las sujeciones de uno al resto de estudios para ahorrar tiempo. Asegúrese de que son iguales en todos los estudios.

10.2. Práctica 10-1. Recipiente a presión

Evalúe el comportamiento de un tanque cilíndrico horizontal para almacenar Gases Licuados del Petróleo (GLP). Se emplean para almacenar productos químicos como ácidos, álcalis, además de combustibles y lubricantes. Abra el modelo 3D desde el DVD que acompaña el libro.

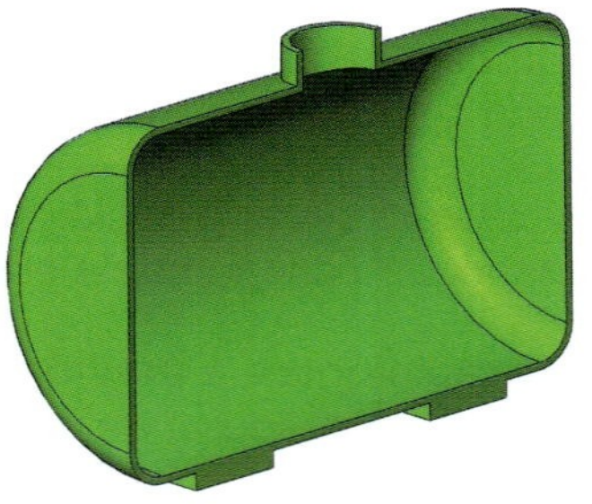

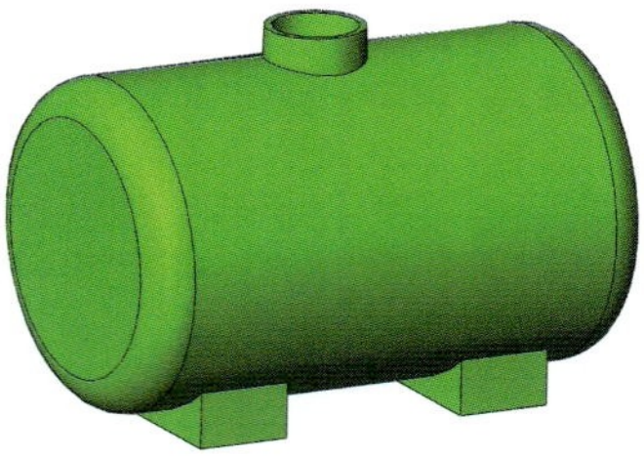

ASPECTOS A ESTUDIAR

- Definir un **estudio estático** (**Presión interna** de 70 Kg/cm^2).
- Definir un **estudio térmico**. Caras expuestas a una temperatura de 80 grados Celsius.
- Definir **estudio estático** (**Gravedad**).
- Definir **estudio estático** (**Masa distribuida** de 100 Kg).
- Definir un **estudio de recipiente a presión** con los anteriores estudios.
- Ver los diagramas trazados resultantes obtenidos.

CARACTERÍSTICAS DEL ENSAYO

- Malla estándar.
- Acero inoxidable al cromo.
- Sujeción fija inamovible en las bases del recipiente.

1. Abrir el modelo a analizar y definir los estudios a combinar

Se van a crear cinco estudios previos, cuatro de ellos estáticos y uno térmico, para definir las cargas a las que está sometido el recipiente GPL. Más tarde, los cinco estudios se van a combinar en el **Estudio de recipiente a presión**.

2. Creación del primer estudio estático (Presión interna)

1. Pulse sobre el menú de persiana **Archivo** y seleccione **Abrir**. Localice el modelo contenido en el DVD que acompaña el libro. Pulse **Aceptar.**
2. Pulse sobre **Nuevo estudio** desde la barra de herramientas de **Simulation**. Seleccione **Estático**. En **Nombre** escriba *Presión interior* y pulse **Aceptar**.

3. Para crear la presión interior dentro del recipiente es recomendable crear una **Vista de sección** que le permita seleccionar las caras interiores. Seleccione como plano de sección el **Alzado** y pulse **Aceptar**.

4. **Selección del material**. Pulse el botón secundario sobre la primera carpeta del gestor de simulación y seleccione **Aplicar/Editar material**. Asigne un acero inoxidable al cromo.

5. **Creación de la sujeción**. Debe restringir el movimiento del recipiente aplicando una **Sujeción Avanzada Sobre caras planas**. Para ello pulse sobre **Sujeciones** con el botón secundario del ratón desde el gestor de simulación. Seleccione la opción **Sujeciones Avanzadas** y pulse en **Sobre caras planas**. Seleccione, desde la zona de gráficos, cada una de las caras que definen los apoyos del GLP con el suelo. Observe cómo las caras seleccionadas aparecen en el PropertyManager. Active una **traslación Normal a la cara** e indique una cantidad de 0 mm.

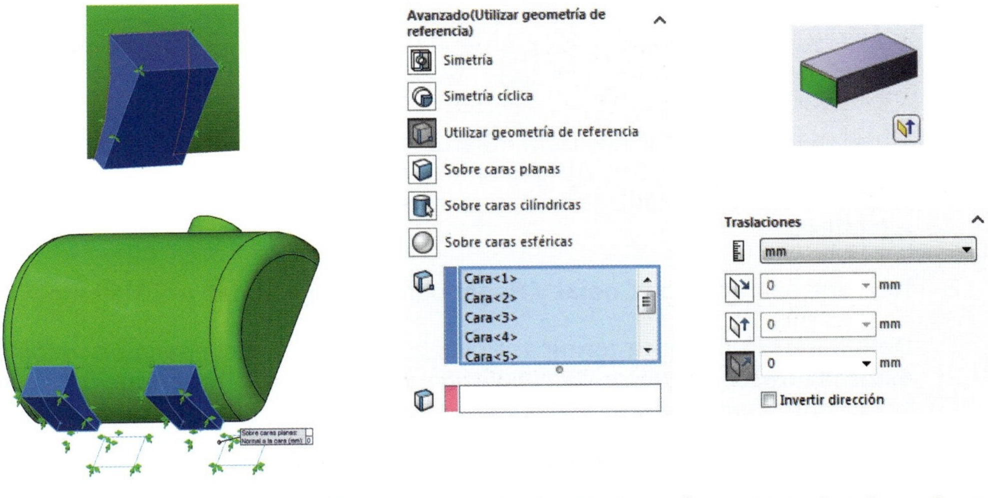

6. **Definición de las cargas.** Se aplica una presión de 70 Kg/cm^2 en el interior de cada una de las caras del recipiente. Pulse con el botón secundario del ratón sobre **Cargas externas** desde el gestor de simulación y seleccione **Presión**. En la pestaña **Tipo** seleccione **Normal a la cara**. Desde la zona de gráficos seleccione todas las caras internas del modelo. Observe cómo, sobre las caras internas del modelo, se representan flechas en dirección de la fuerza aplicada. Establezca una presión de 70 Kg/cm^2.

7. **Definición del mallado**. Pulse con el botón secundario del ratón sobre **Malla** desde el gestor de simulación. Seleccione del cuadro de diálogo emergente la opción **Crear malla** y cree una malla estándar.

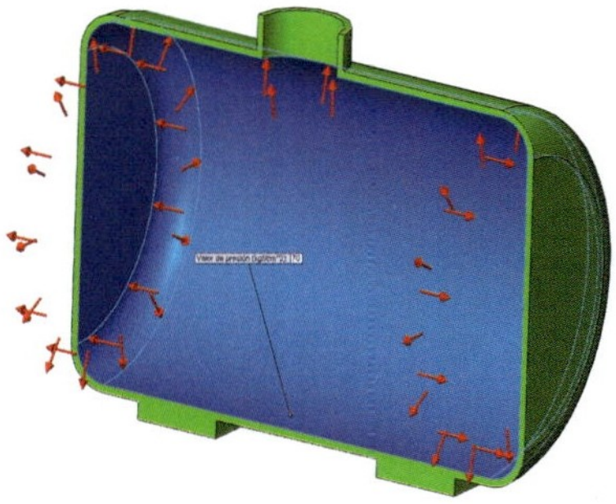

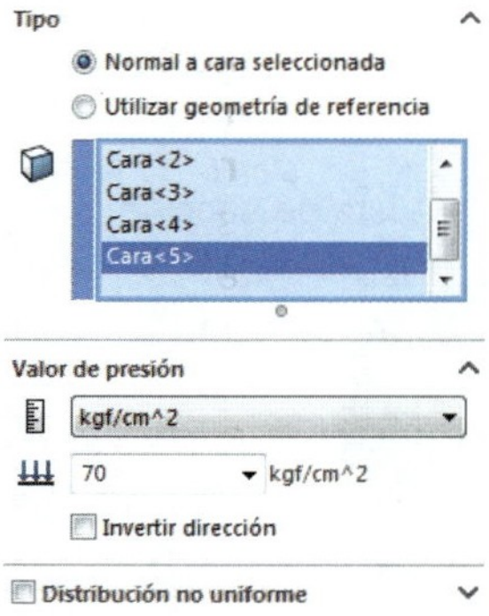

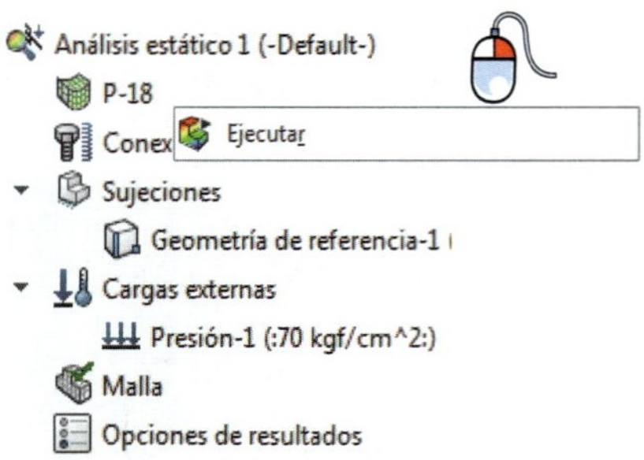

8. **Ejecución y visualización de resultados.** Pulse con el botón secundario del ratón sobre la primera de las etiquetas de su gestor de simulación. En la ventana emergente seleccione la primera de las opciones, **Ejecutar**.

3. Creación del estudio térmico

1. Pulse sobre **Nuevo estudio** desde la barra de herramientas de **Simulation**. Seleccione **Térmico**. En **Nombre** escriba *Térmico* y pulse **Aceptar**.

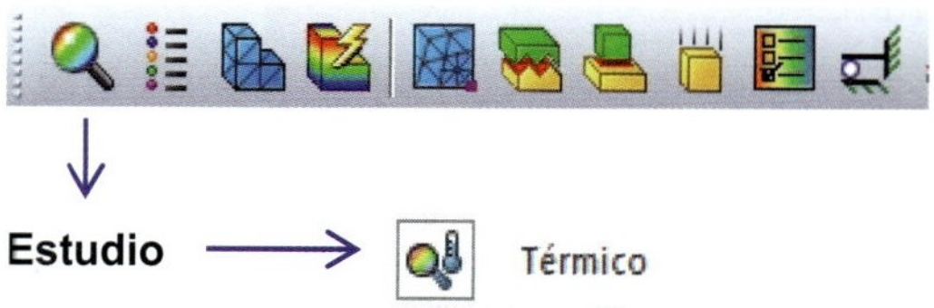

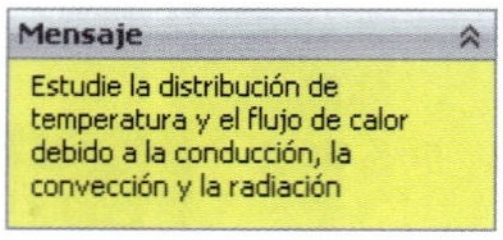

Observe el gestor de simulación. Para definir el **Material** vaya al estudio estático anterior y seleccione la carpeta GPL del gestor de simulación. Pulse **CTRL+C** o seleccione la opción **Copiar**. Vuelva al estudio térmico y pulse sobre el icono GLP. Seleccione la opción **Pegar** o **CTRL+V**.

2. Repita la operación de **Copiar** y **Pegar** para las **Sujeciones** y el **Mallado**.

3. **Definición de la carga térmica**. Pulse con el botón secundario del ratón sobre **Cargas externas** desde el gestor de simulación y seleccione **Temperatura**. En la pestaña **Tipo** seleccione **Temperatura** e indique un valor de 80 grados Celsius. Pulse **Aceptar** y **Ejecutar**. Observe los trazados de tensiones y deformaciones obtenidos.

Se va a producir un incremento térmico de 80 °C que va a provocar una deformación unitaria por dilatación en el modelo evaluado. Cualquier cambio de temperatura puede provocar dilatación o contracción en los materiales en función de la variación de la temperatura, el coeficiente de dilatación lineal (**coeficiente de expansión térmica KX**, en **Solid**Works Simulation) y de las características dimensionales del mismo. En nuestro caso, el modelo GLP a evaluar está sometido a cambios térmicos y al mismo tiempo está restringido mediante **Sujeción**, evitando su expansión/contracción, por lo que se crean tensiones inducidas que se deben tener en cuenta.

Para tener en cuenta el efecto térmico, pulse con el botón secundario del ratón sobre **Cargas externas** y seleccione **Efectos de térmicos**. En la pestaña **Incluir efectos térmicos/de fluido** puede indicar la temperatura inicial a la que se encuentra el recipiente (**Temperatura de referencia para deformación nula**). Asegure de que el valor es de 24 °C.

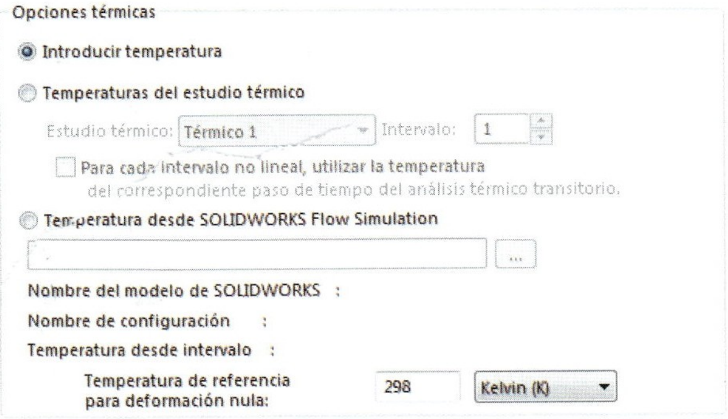

Deformaciones

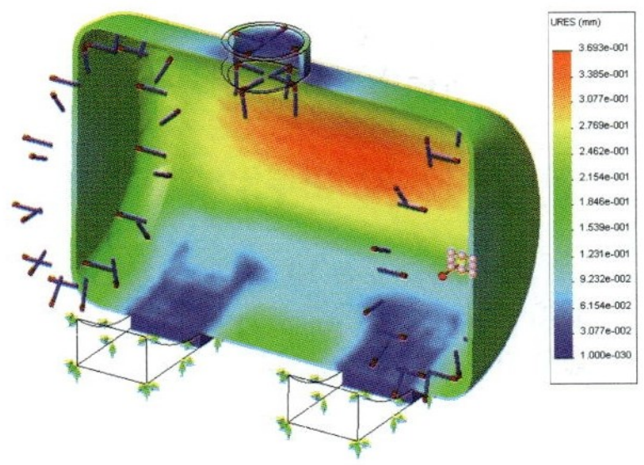

Creación del segundo estudio estático (Gravedad)

1. Pulse sobre **Nuevo estudio** desde la barra de herramientas de **Simulation**. Seleccione **Estático**. En **Nombre** escriba *Gravedad* y pulse **Aceptar**.
2. Repita la operación de **Copiar** y **Pegar** para definir el **Material**, las **Sujeciones** y el **Mallado**.
3. **Definición de la gravedad**. Pulse con el botón secundario del ratón sobre **Cargas externas** desde el gestor de simulación y seleccione **Gravedad**. En la pestaña **Referencia seleccionada** seleccione una arista o cara vertical que defina la dirección de la fuerza de la gravedad. Indique una gravedad de 9,81 m/s^2. Pulse **Aceptar** y **Ejecutar**. Observe los trazados de tensiones y deformaciones obtenidos.

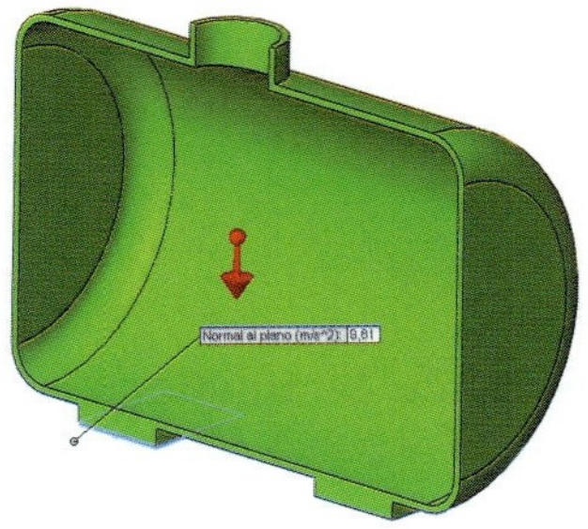

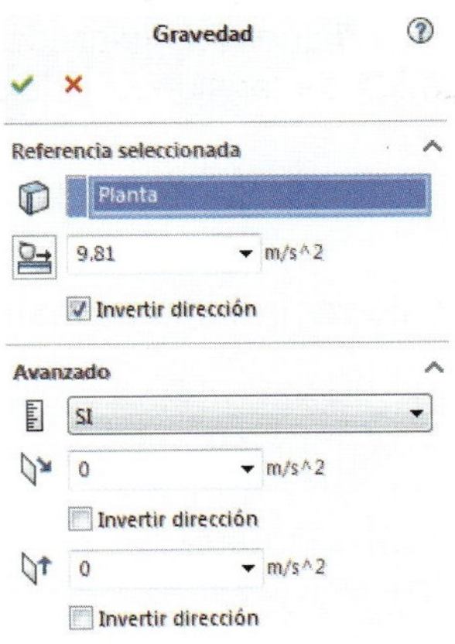

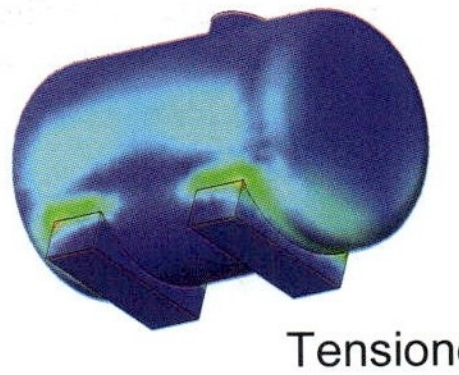

Tensiones

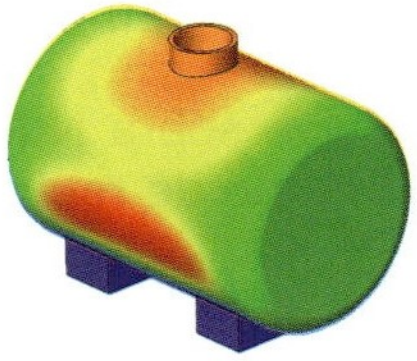

Deformaciones

4. Creación del cuarto estudio estático (Masa del gas)

En el último de los estudios se tiene en cuenta la carga de gas dentro del recipiente a presión. En este caso debe emplear la opción de carga **Masa distribuida**.

Recuerde que esta opción se utiliza para definir la masa que uno o varios componentes pueden ejercer sobre las caras seleccionadas de otro sin que se tenga que incluir el modelo, sino únicamente el efecto de su masa. Esta opción es muy interesante en aquellas aplicaciones en las que la carga generada por la masa del modelo se encuentra homogéneamente distribuida sobre las caras seleccionadas y no se consideran efectos rotativos.

Para crear la **Masa del gas distribuida**:

1. Pulse sobre **Nuevo estudio** desde la barra de herramientas de **Simulation**. Seleccione **Estático**. En **Nombre** escriba *Masa del gas* y pulse **Aceptar**.
2. Repita la operación de **Copiar** y **Pegar** para definir el **Material**, las **Sujeciones** y el **Mallado**. Recuerde que es necesario que estas condiciones de contorno sean exactamente iguales en todos los estudios a combinar.
3. **Definición de la masa distribuida del gas contenido**. Pulse con el botón secundario del ratón sobre **Cargas externas** desde el gestor de simulación y seleccione **Masa distribuida**. Seleccione las caras internas del recipiente que soportarán el peso del gas licuado. En la pestaña **Masa total** indique las unidades SI y en **Masa distribuida** indique el peso total del gas contenido en el GLP, 100 Kg.
4. Recuerde que la creación de una carga mediante una **Masa distribuida** solo tiene efecto en el modelo evaluado cuando además se definen la **Gravedad** y su dirección.
5. Pulse **Aceptar** y **Ejecutar**. Observe los trazados de tensiones y deformaciones obtenidos.

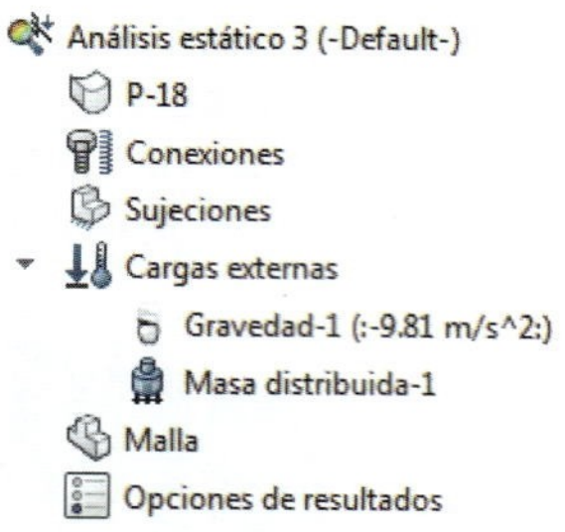

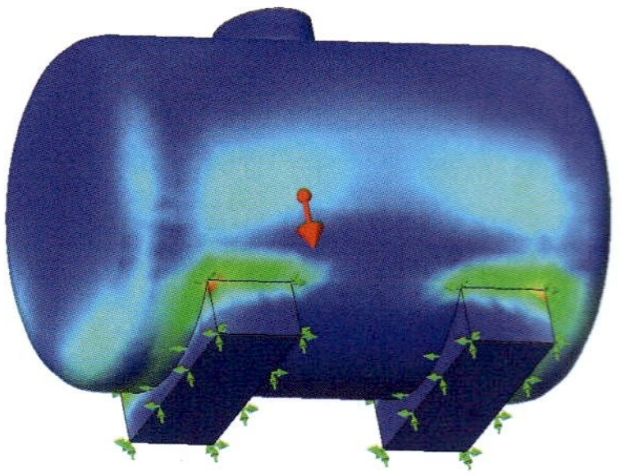
Tensiones

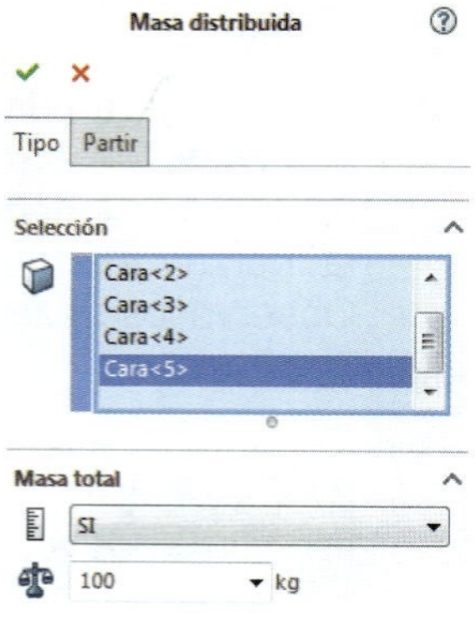

5. Creación del estudio de diseño de recipiente a presión

1. Pulse sobre **Nuevo estudio** desde la barra de herramientas de **Simulation**. Seleccione **Diseño de recipiente a presión**. En **Nombre** escriba *Estudio 1* y pulse **Aceptar**.
2. Observe el gestor de simulación, porque únicamente tiene el icono **Configuración**. Pulse con el botón secundario sobre él y seleccione **Definir/Editar**.

3. En el PropertyManager seleccione **Combinación lineal** y seleccione los cuatro estudios creados en los pasos anteriores. Indique un **Factor** unitario para cada uno de ellos. Pulse **Aceptar**.

4. Ejecute el estudio de **Diseño de recipiente a presión**. Pulse con el botón secundario del ratón sobre el nombre del estudio (Estudio-1) y seleccione la opción **Ejecutar**. Para obtener los trazados por combinación lineal del resto de trazados creados debe haber ejecutado todos los estudios estáticos y térmicos previamente.

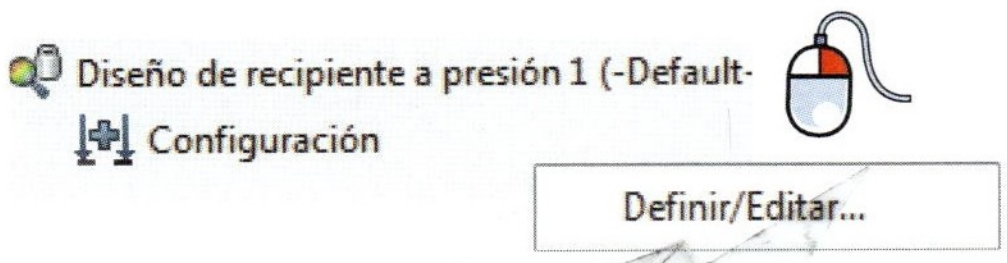

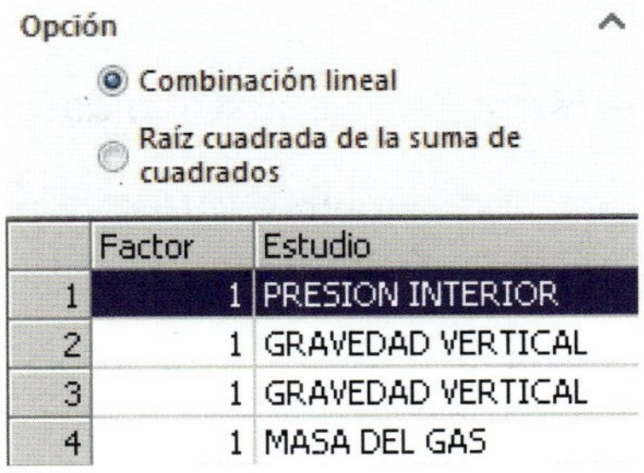

El estudio de **Diseño de recipientes a presión** combina los resultados existentes del resto de estudios y los presenta después de haberlos integrado. Observe los resultados de las tensiones y deformaciones en el modelo. Las paredes circulares laterales son las que soportan mayores cargas.

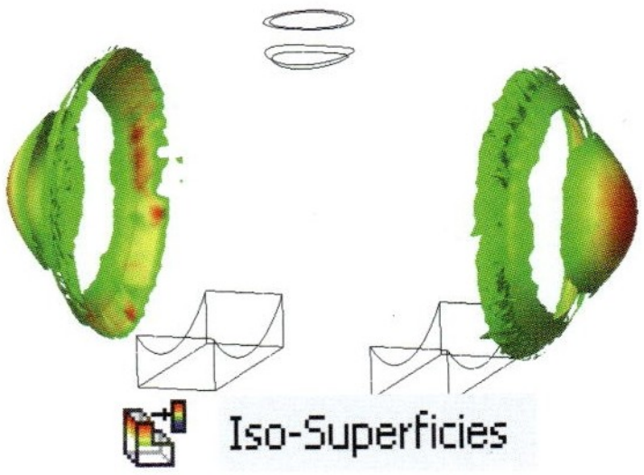

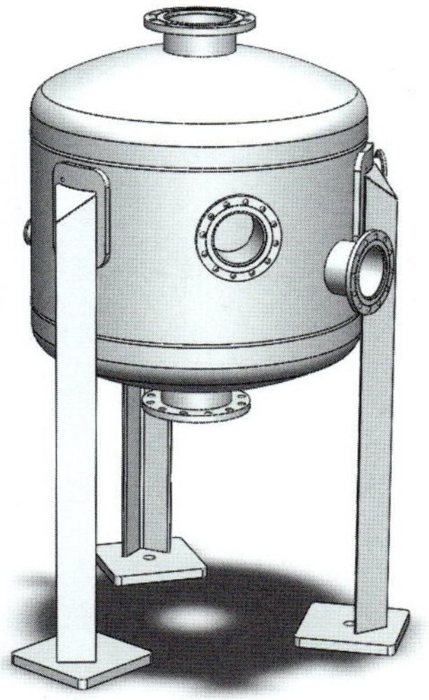

10.3 Práctica propuesta 10-1

Evalúe el comportamiento mecánico del recipiente a presión incluido en la figura bajo las condiciones de **Presión interna** de 120 Kg/cm^2, **Gravedad**, **Temperatura interna** 90 ºC y **Masa distribuida** de 200 Kg, de forma semejante que en el ejercicio propuesto. El modelo 3D puede descargarlo desde la web de **GrabCAD** (www.grabcad.com) con el nombre **Pressure Vessel** (Daniel José).